汲古叢書90

佐藤公彦著

清末のキリスト教と国際関係

―太平天国から義和団・露清戦争、国民革命へ―

汲古書院

序

本書は、前著『義和団の起源とその運動——中国民衆ナショナリズムの誕生』（研文出版、一九九九年）を上梓した後、ここ十年ぐらいの間に書いた清末のキリスト教や義和団をめぐる問題についての文章をまとめたものである。前著を書いた後、「義和団」に関しては決着をつけたのだから、研究はもうこれくらいにして、別な領域に重点を移そうと考えていたのだが、しかし、どうもそう簡単には問屋が卸してくれず、このような形にまとめることになった。本書の目次を見ると、一見雑然としている各章であるが、研究者本人にとってはそれなりの必然的な内的繋がりがあるものである。その繋がりについて解題風に簡単に述べておきたい。

まず、本書各章の初出雑誌は次のようである。

第一章　近代中国におけるキリスト教布教と地域社会——その受容と太平天国——（原載『歴史評論』六九〇号、二〇〇七年一〇月）

第二章　一八九一年の熱河・金丹道反乱——（原載『東洋史研究』第四十三巻二号、一九八四年九月）

第三章　一八九五年の福建・古田教案——日清戦争・斎教・プロテスタント外交の転換——（『アジア・アフリカ言語文化研究』七二号、二〇〇六年九月、実際の発行は二〇〇七年）

第四章　一八九五年の四川・成都教案——都市反教会暴動とイギリス・アメリカ・フランスの宗教外交——（原載『東京外国語大学論集』七三号、二〇〇七年三月）
第五章　ドイツ連邦文書館所蔵の義和団関係資料について——（原載『東京外国語大学論集』七二号、二〇〇六年七月）
　付論「義和拳の『八卦兜肚』『万宝符衣』と『掲帖』一篇」（書き下ろし）
第六章　露清戦争——一九〇〇年満洲、ロシアの軍事侵攻——「アムール川の虐殺」はなぜ起きたか——（書き下ろし）
第七章　一九〇一年のロシア人の義和団論——A・B・ルダコフの義和団研究——（原載『クアドランテ』第一〇号、東京外国語大学海外事情研究所発行、二〇〇八年三月）
第八章　義和団事件とその後の清朝体制の変動——（原載『近代東アジア研究』四号、二〇〇一年三月）
第九章　近代中国ナショナリズムの展開と蔣介石——清末義和団から国民革命へ——（原載、黄自進編『蔣中正与近代中日関係』、稲郷出版、二〇〇六年六月、二〇〇四年の台北での同名国際学会への提出論文）
第十章　日本の義和団研究百年・附・日本文義和団研究文献目録（原載『義和団研究百年』、斉魯書社、二〇〇〇年、『クアドランテ』第三号、二〇〇一、に日本文の研究百年を再掲した）

もう義和団研究は終了だ、というわたし本人の頭の中と、社会（他者）の研究者を見る眼にはかなりの差があるらしく、前著書出版後も義和団周辺のテーマで幾つか文章を書かざるを得なかった。それらが、

第十章（日本の研究史整理）、第九章（義和団後の政治変動＝清末新政）、第八章（一九二〇年代の反キリスト教運動）、の各文章である。それらの文章を書いているうちに、前著の周辺でまだ十分に解明しきってなかった問題に手をつけざるを得なくなるのではないか、と予感するようになっていった。

しかし、それにはかなり難しい問題があって、困難が予想されて腰が引けていたのだが、あるとき、少し発奮する契機があった。それは「あとがき」で触れるが、その経験が、これをバネに、では、少し残務整理から始めようかと重い腰を上げさせた。それで、中途まで書いたまま筐底にあったものを取り出して手をつけ、第五章の「ドイツ連邦文書館」の文章と、第七章の「ルダコフ論文」についての原案文章をまとめてみた。書いてみると、これらの文章の中に出てくるロシア軍の満洲侵攻・占領の問題を本格的に考え、扱わざるを得なくなってきた。またルダコフ論文が批判する上海の英米プロテスタント宣教師たちの見解がどういう文脈で出てくるのかも気になった。それで、気を取り直して、二〇〇三年に福建で筆写させてもらった資料と、アメリカ公文書館から取り寄せたマイクロフィルムをプリントアウトして、第三章の古田教案の問題に取り掛かった。そのフィルムの最後に本書に収録した写真を発見したことは大きな刺戟になった。劣化した原写真のマイクロ写真を高橋情報システムにデジタル化してもらったが、綺麗になった写真を見ながら、これは何としてもまとめねば、映っている人々の霊に済まないと感じた。殺害された人々も、事件を引き起こした男たちも、なぜ、このような「運命」に遭わねばならなかったのか、駐福州アメリカ領事ヒクソンさえミステリーだとした、その歴史的理由に、納得のいく説明を与えられるのは自分しかいないだろうと思った。それが「歴史家」の役目でもあろうとも思った。自分なりに納得のいく解明に辿り着くにはそれなりの苦闘の時間が要った。果たして本書の説明で諸霊は納得されるかどうかは分からない。しかし、精一杯の仕事だった。

これを書きながら、この事件の解決の仕方が成都教案の処理と二重化していることに戸惑い、成都教案の外交処理を整理して呈示する必要が出てきて、今度は英米外交を問題にすることになった。これは、東京大学総合図書館にあるF・O文書（マイクロフィルム）と *Foreign Relations of the United States* を使って、概略をまとめ提示することにした。これが第四章「成都教案」の原論文である。しかし、同文書の中の手書き英文の報告やパンフレット（小冊子）を十分に利用する時間的余裕が無かったため、いささか中国語史料に寄りかかり過ぎて示すことになった。それでも概略はいいのだが、本書に収録する際に、改めて全面的に英文史料を読んでみて、かなり修正を施すことになった。英文史料を読んでいくと、なぜ彼ら上海あたりの英米プロテスタント宣教師たちがこの事件に大きな反応を見せ、外交圧力を行使するよう本国政府に陳情し圧力をかけたかが、一層良く理解できるようになった。この時期の彼らの思考発話形式（ディスコース）が、その後の義和団事件の捉え方の枠を形づくったのだということが改めて納得できた。

このディスコースについては、前著の中国語版序文（『義和団的起源及其運動』中国社会科学出版社、二〇〇七）にも書いたのだが、ルダコフ論文が批判する、英米プロテスタント宣教師たちの義和拳の教義思想の把握の誤りと、義和拳と政府との関係についての認識の誤りは、ここに淵源するのである。A・スミスの義和団団練起源説、それを受けたG・N・スタイガーの団練説はこのディスコースの延長線から出てくる。それを、ルダコフの研究は明らかにし、プロテスタント宣教師の現場報告が、ある偏差を持った言説だったことを照らし出すものだった。それで第七章「ルダコフ論文」を整理して雑誌に公開したのだが、その意味で、第三、第四章は、第七章のロシア人の義和団論（ルダコフ論文）と呼応するかたちで底流で内容的に繋がっている。ルダコフ論文は英米プロテスタント宣教師の報告を相対化する現場証言・報告になっていて、今日では、こちらのほうが実態的に優れた観察であることが、証明されたと言ってよい。なぜかかる学説史の展開になったのかについては本論を読まれたい。

さて、こうしてルダコフ論文やらを紹介した以上、その背景にあるロシア軍による満洲占領を正面から問題にせざるを得なくなった。さてどう手を着けたものか迷っていたが、引っ掛かりは、第五章「ドイツ連邦文書館」の中の *China Times* 英文記事の「晋昌」についての記述にあった。それで、彼を軸に満洲の事態をフォローしてみようと、G・アレクサンダー・レンセンの研究を導きに進めてみた。しかし、参考になる研究は矢野仁一と園田一亀の戦前の不十分なものしかない。中国の研究は愛国主義のワンパターンで参考にならず、数年かかる苦しい作業になった。第六章「露清戦争」が何とか目鼻立ってくると、その最後で、ロシア軍の熱河朝陽への進出と、義和団に包囲されていたカトリック教会の解放、鄧莱峰の拒洋社会の問題が出てきた。となると、嘗て書いた一八九一年の熱河朝陽の「金丹道蜂起」との関連を考えざるを得なくなった。折りしも、内モンゴル出身の留学生の研究報告で、先の論文の発表後に知った汪国鈞『蒙古紀聞』が最近公刊されていることを知り、読んでみると、金丹道から義和団への道筋が書いてある。そして、モンゴル側から見た金丹道や当時の社会、ロシア軍の姿も分かってきた。

前論文は、鎮圧した清朝政府側の漢文檔案史料を中心にまとめたものだったから、当時のわたしの狭隘な歴史意識もあって、これを民族間対立の問題として捉えることが弱く、階級闘争論風の、移住貧窮農民たちの宗教団体を母体とした組織による支配的勢力たるモンゴル王公とカトリック教会に対する反抗闘争、という叙述だったのを深く反省させられた。それで、その観点を組み込んで改めて、再考してみた。すると、この反乱事件はその後の、義和団事変や日露戦争、外モンゴル独立の動きに大きな影を落としていることが見えてきた。それで、大幅に書き加えてまとめたのが第二章「金丹道」である。第一章は、最近わたしが古田教案などを取り上げているのを知った知人が、雑誌特集へ寄稿を依頼してきたのを機会に、今までの太平天国研究に少し疑問を感じていたところを、プロテスタント布教側から接近してみて、洪秀全を例にキリスト教の受容と反発を考えたものである。文章はその後の反キリスト教事件へ序曲の意味も持たせたので、若干書き加えて本書の最初に入れることとした。

こうして、一連の繋がりが一応の形になった。それで、いつも呟いている「十年一仕事」説に従い、一応のまとめとして公刊することとした次第である。

以上、本論文集は一体いかなる内的統一性があるのかということについての、筆者なりの考えを述べた。勿論、不充分な論考であるが、前著と相互補完的な関係にあり、両著を合わせると、宗教や民衆運動をめぐるこの時代の全体性を見ることができるものとなろう。大方のご指正をいただければ幸いである。

比企山中、二〇〇九

目　次

清末のキリスト教と国際関係

――太平天国から義和団・露清戦争、国民革命へ――

第一章　近代中国におけるキリスト教布教と地域社会

――その受容と太平天国――

はじめに

「中国とキリスト教」というのは魅惑的なテーマなのだが、取り扱いがきわめて難しい。その交叉する歴史過程の性格を総括的に表現すれば、〈受容〉と〈反発〉ということになるのだろうが、それとて、それぞれ多様な受容と反発があるのだし、歴史的にも一様ではない。地域社会とて、華北と華南とは違うのだし、人々の感じ方・思想も時代によって少し異なるから、複雑なのだ。ともかく一概に論じきれない複雑な問題であることを承知の上で、いくつか考えてみることにしよう。

近年、「西洋の衝撃」論に疑問を呈する向きも散見するが[1]、総体的に言って、中国の近代をウエスタン・インパクト（西洋の衝撃）を軸に考えることは間違いではない。政治や軍事は勿論、ここで問題とする、文化・思想のレベルではとりわけそうである。この〈衝撃―応答〉構造がやはり近代中国の政治・文化のあり方を大きく規定している。その応答が、〈受容〉と〈反発〉の両相で、それを代表するのが太平天国と義和団だといってよいであろう。太平天国・洪秀全の宗教をキリスト教の中国的〈受容〉の一典型、義和団のそれを中国的〈反発〉の典型として考えてみるのが良い。近代中国のキリスト教をめぐる問題の諸相はこの二つの大事件の間を浮動しつつ現象したとも言える。わたしは昔、中国の太平天国研究の大家に、太平天国の宗教はその敗北とともに、雲散霧消してしまい、宗教改革のように後年もその宗教を守り通した人々が見られないのはどうしてでしょう、と尋ねたことがあった。勿論、明治維新後の長崎で外国人神父がキリシタンを「発見」したかの感動的な話が頭にあったことは否定しない。大家の答えは、それは曾国藩流の伝統文化防衛論の流行と、一八六〇年代以後のキリスト教の内地布教に対する反発の高まりとのなかで、太平天国の宗教は国内で足場を持たなくなったのだ、という答えだった。客家教会のようにかろうじて生き残りの一線を見出せることもあるが、ほぼ納得できる説明といってよい。この中国の太平天国を導き出したのは、カトリシズムではない。プロテスタンティズムだった。

一、近代中国へのプロテスタント布教と太平天国

明末清初のカトリック布教は「典礼問題」＝「礼儀之争」を契機に大きく転換した。この問題は、清朝帝国臣民である中国人の「身」と「心」をどのように取扱うかであった。康熙帝の皇帝教皇主義は、イエズス会のように中国の習俗（＝孔子崇拝、祖先崇拝）に妥協し、それを尊重する天主教は認めるが、それらを否定する政教二元論の、「身」は世俗の王に、「心・霊魂」は教皇に属す、というローマ教皇の通達・布教を、清朝臣民の「身」も「心」も一元的に清朝皇帝に属するのだ、として認めなかった。争いの後、清朝はカトリックの信仰と布教を禁じ、外国人宣教師を、北京の欽天監等を除いて、国外追放に処した。神父を失った各地の教会・信者団体は次第に衰退して行った。そして教会財産もいつの間にか村の土地や他人の名義になり、失われていった。しかし日本と違って外部と完全に断たれた

のではなかった。マカオがあったからだ。ポルトガル支配下のここから、中国人に変装して秘密裏に内地に入った神父たちがわずかながら存在しつづけたのである。これらの神父の活動が発覚して、地方官によって捕らえられ、広州に追放されたり、処刑されたりした（再び名前を変えて入って捕らえられ、処刑された神父さえいた）。それらの神父を頼りに、広大な中国大陸の中の孤島のような天主教の村々が残りつづけた。なかでも四川や貴州のカトリック宣教は零細な宣教線を残していた。しかし当然、摘発と弾圧が彼らを襲った。清代中期の多くの天主教摘発事件が、「白蓮教」と通称される民間宗教の「邪教」事件とともに宗教弾圧の記録に残されている。これらはカトリック側からすると、「教難」として記憶されることになる。[2]この禁教の長さと、時に厳しく時に緩やかだった歴代皇帝によるキリスト教への弾圧は、かつてのローマ帝国によるキリスト教弾圧と似たものだと想起されるが、しかし、その解禁後に国教化したローマ帝国とは大きく異なる。

清朝政府は一七二七年に対外貿易（交通）を、広州一港に限定した。キリスト教徒の西洋人はカントン・ファクトリーに閉じ込められ、恩恵として貿易が許されたが、監視された。東インド会社も貿易利益を犠牲にする布教は嫌ったから、ここを拠点に布教するのは不可能だった。清朝優位のこの体制は、アヘン戦争後の五港開港で最初の転換をみるまで続くのだが、この体制の枠内で何とか中国布教を試みようとするイギリス・アメリカのプロテスタントが登場してきたのである。

その背景をなすのが、西ヨーロッパでの十八世紀中末期の「福音復興運動」「大覚醒」、「第二次大覚醒」（一八〇〇年頃）である。この影響の波及を受けて、イギリスでは一七九五年に超教派の海外布教団体ロンドン・ミッショナリー・ソサエティ（London Missionary Society）が組織され、アメリカでは一八一〇年に教派を跨いだアメリカン・ボード（American Board of Commissioners for Foreign Missions、ＡＢＣＦＭ、以下アメリカン・ボードと略）が組織されることになる。この二つの宣教団体を代表として、その後中国に来たプロテスタント宣教団体は十九を数えることになる。こうして、近代ではプロテスタントが中国布教の新局面を開くことになった。(3)

太平天国の宗教指導者・洪秀全のキリスト教〈受容〉を語るには、ロンドン・ミッショナリーのロバート・モリソンから始めなければならない。スコットランドの農民の子だったモリソンは牧師になって海外伝道をしようと志した。そしてロンドン・ミッショナリーへの応募に採用され、イギリスで医学・天文学・中国語を学び、中国語学習（辞典編纂と学習指南書作成）、聖書翻訳を任務として与えられて、一八〇七年、中国赴任の途に就いた。しかし、貿易の障害になることを恐れた東インド会社は、清朝禁制の宗教を布教する宣教師を船に乗せて運ぶのを拒否した。それでかれはニューヨーク経由で――この時、アメリカの宣教団体と接触し連絡を取った――、マカオ・広州に着き、ファクトリーのフランス行に住んで活動を始めた。その後東インド会社はモリソンの中国語能力を認めて、会社の広州商館の中文訳員に採用した。モリソンは二足のわらじを履きつつ、『新訳聖書』の中文小冊子を作成・配布し始めたが、それには中国人協力者が要った。だが、この冊子配布の行動はやはり問題化した。モリソンはカントンシステムの構造の枠内で活動したのであるが、その枠を超えようと、一八一二年に二人目の宣教師ミルン夫妻が派遣されてきた。しかしマカオ当局はプロテスタントの拠点化に難色を示し、ファクトリーでは清朝の取締りで活動できなかった。広州―マカオ地区から締め出されたミルンは、中国人が移住集住していたマラッカやジャワに拠って、中国本土―南洋地区で文書伝道をするという宣教戦略を採ることになった。モリソンとミルンは、一八一九年に聖書中国語版を印刷（モリソン訳）、小冊子・雑誌を印刷して配布したり、英華学院開設などの活動をおこなう。一八一七年にこれにメドハーストが加わり、やがて九名の宣教師からなる「ガンジス以東伝道団」が作られた。この厳格なミルンの助手の木版印刷工として雇用され、毎日の礼拝と説教に出ることを強制されつつ、やがて一八一六年にキリスト教に改宗したのが梁発という人物である。梁発は中国人向けの宗教冊子を書いて広州で配った。一八二二年にミルンが死去した後、かれはロンドン・ミッショナリーの伝道師・牧師になったが、自身のキリスト教への改宗記録と聖書理解を書いて、モリソンの審査を経て宗教論集を出版した。後に洪秀全に霊感を与えることになる『勧世良言』（一八三二年刊）である。(4)

東インド会社の中国貿易独占権が廃止され、会社がファクトリーを引き払った一八三四年にモリソンが死去した。かれに代わってメドハーストが広州に入った。この頃、梁発は広州周辺への伝道旅行を行なって、宗教冊子を配布し始めていた。ついで、清朝学政の後をついて諸県城を廻り、各地の科挙受験生に宗教冊子を渡し始め、その延長で、華南で最も科挙受験生が集中する広州貢院での冊子配布を開始し、三三、三四年にはそれを行なっている。一八三六年に二十三歳の洪秀全は、広州から五十キロ程北にある故郷・花県官禄㘵村から、二度目の府試を受験するために広州に行き、貢院近くの路上で外国人と広州人の奇妙な二人連れが、通訳（この広州人）を介しながら人々に語りかけ、願いをかなえてやろうと、算命《うらない》のような人生への呼びかけをしているのに出会う。翌日も別の通りでこの二人を見かけた。この時、一人が一冊の本を差し出し、洪秀全はそれを受け取った。九巻本の『勧世良言』であった。この二人連れは、一八三二年から広州にいたアメリカ海員友誼会牧師のエドゥイン・スティーブンスと、梁発の仲間で唯一広州に残っていた中国人だった。(5)

アメリカ人宣教師の中国行きは、広州でモリソンの支持者になったオリファント商会が関与した。一八二七年、広州ファクトリーのアメリカ人が、アメリカン・ボードが宣教師を中国に派遣するのがいいだろうというモリソンの提案に賛同し、それを本国に持ち帰って提案した。オリファントはその派遣事業を支援し、アメリカン・ボードの宣教師の船賃を免除し、一年間の生活費を負担した。それでアメリカン・ボードはブリッジマンを派遣、加えてD・アビールをアメリカ海員友誼会のための牧師として派遣した（西洋人商人船員への宗教奉仕を任務とした、一八三〇年着）。これが嚆矢である。しかしアビールは健康を害し同三〇年末に広州を離れた。ブリッジマンはファクトリーのアメリカ行のオリファント商会に住み、聖書冊子の頒布などの活動をした。梁発はモリソンの紹介でアメリカン・ボードに協力するようになり、ブリッジマンは梁発ら中国人キリスト教徒と連繋を持つようになった。文書伝道を主とし、シンガポールやマラッカで印刷された冊子は梁発らによって広州に持ち込まれ、広東・広西に撒かれたが、清朝の取締りも厳しく、摘発弾圧を受けた。一八三四年に梁発らは南洋に逃れざるを得なかった。かれらはまた、中国沿岸地区、ペナン、ジャワ、シンガポール、ビルマ等の中国人集住地でこれらの冊子を撒布した。

アビールの後任として広州に来たのがスティーブンス（一八〇八―三六）だった。イェール時代に「大覚醒」の影響を受け、中国布教を志して赴任してきたのだ。かれは黄埔沖で西洋人船員たちに礼拝儀式を施していたが、まもなくアメリカン・ボードの宣教師になり、ブリッジマンの同僚になった。生真面目な堅物で非社交的なかれは、梁発と語らい、その文書伝道を見習ってそれに近づくことが必要だと思った。それで一八三五年三月に、K・ギュッツラフとともに船で中国沿岸を北上して福建に到り、閩江を遡航しつつ上陸して、中国人に向かって説教し小冊子を撒いた。その後再び、三八年八月から一〇月までロンドン・ミッショナリーのメドハーストとともにアメリカ船を雇って二万冊余の小冊子を持って中国沿岸を北上、山東半島まで行った。そして各地で布教し戻って来た。かれは、あれらの冊子の福音は中国人に救いへの道を教えるだろうと思った。三五年の航海の後かれは広州で日常活動をしていたのだが、城門衛兵を買収して城内に入り、貢院で冊子を配布し説教したのだった。通訳の広州人はというと、梁発は当局の弾圧を避けて三四年にシンガポールに逃げていたから、かれではない。かれの息子でもない。かれの中国人キリスト教徒のグループの姓名不詳の一人の広州人だったという。

十九世紀初期の広州―マカオ地区に限定された活動枠、その後のマラッカ等の南洋と広州地区を結んだモリソン・

ミルンの布教活動の枠、これを超えようとしたのが、この福建沿岸での布教活動を含む、ギュッツラフの三度の非合法の北航沿岸布教活動だった。その成功は、西洋諸国の宣教師に衝撃を与えた。清朝が許す枠内での布教ではなく、その枠を超えた冒険ができるのだし、中国各地の住民は福音を待っているのだというメッセージになったからである。注目すべきは、こうした活動を展開したのは、本国の教会や伝道会本部の指示に従って布教していた宣教師ではなく、「独立宣教師」とも言える人々だったことである。彼らは、地域の実情に合わせた布教、説教の方法を工夫し、直接中国人に接触した。中国布教で見るべき成果をあげたのはみなこうした人々だった。代表的なのは、ギュッツラフとその「福漢会」、ロバーツとその「粤東施蘸聖会」、そしてその後のハドソン・テイラーの「内地会」である。教会宣教、伝道会宣教は彼らのように中国社会の内部の深いところに達していない。しかし教会正統派からみると、これら「独立宣教師」の苦闘への評価は毀誉褒貶が激しい。ギュッツラフがその代表的例だが、しかしかれの福漢会とロバーツの教会こそが、洪秀全のキリスト教受容＝拝上帝会の一つの源泉になったのである。

二、カール・ギュッツラフとI・ロバーツ

K・ギュッツラフ（一八〇三―五一）、プロイセンのポメラニア州出身、貧しく馬具工になったが、一八二〇年にウィルヘルム三世に詩を献上して求学、政府がベルリンの宣教学校で学ばせた。一八二三年にオランダ伝道会の招きで、ロッテルダムで東南アジアオランダ植民地での宗教活動に備えマレー語を学習、二六年にバタビアに赴任、ここで「ガンジス以東伝道団」に加入し、その後ジャワに移った。かれはビルマや朝鮮、日本への伝道を望み、オランダ伝道会を無視して中国語の学習を始め、ペナン、シンガポール、マラッカの中国人移民たちの中で布教した。そうした

ことがあって、一八二八年に伝道会との関係を絶って独立宣教師になった。しかしロンドン・ミッショナリーとの関係は保持し、バンコクで活動した。かれは語学の天才振りを発揮し、漢語、広東語、福建語、ビルマ語を操った。三一年、かれは中国服に身を包み中国船に乗って天津・遼東に北航、広州以外の沿岸と天津で施療をしながら布教を行ない、マカオに戻った。これをモリソンが歓んで迎えた。この航海は中国の閉ざされた門を打開する可能性を感じさせた。翌三二年にアマースト号で福州、長江へ航行、そして山東、琉球を経て七ヶ月後にマカオに帰った。三度目は三三年にアヘン販売人ジャーディンのシルフ号に乗って北行、説教し施療し、書籍を頒布しながら活動し、半年後に戻った。この三度の非合法航海は、広州以外に行ったら殺される、という広州・マカオの西洋人の固定観念を打破し、西洋社会が持っていた中国との閉ざされた関係を打開したいという願望によく合致したから、ヨーロッパで大きな反響を生んだ。また、体制の既成枠におとなしく留まっていたロンドン・ミッショナリーとアメリカン・ボードの布教のあり方に対する挑戦でもあった。かれは、中国人の偶像崇拝を攻撃し、かれらの賭博、アヘン吸引の道徳的腐敗を批判した。しかし独立宣教師のかれを資助したのはアヘン商人たちだった。三三、三四、三五年とかれは船に乗って沿岸布教に出た。三五年の航海には前述したようにスティーブンスが一緒に乗って布教の旅に出た。三四年、東インド会社の中国貿易独占廃止とモリソンの死去を受けて、その年の年末にかれはイギリス貿易監督官の中文秘書・通訳になり、給与をもらうようになって、アヘン商人との関係を断った。

かれは一八三三年から三九年まで、十度の沿岸旅行をおこない、説教し小冊子を撒発した。そして四四年に聖書翻訳を完成させた（ギュッツラフ訳聖書）。日本で有名な一八三七年の「モリソン号」事件だが、この船は広州のオリファント商会の船で、日本人漂流民の送還のために日本に接近したのだが、その船の上にはギュッツラフら宣教師の姿があったのだ。[6]この年に、一人のアメリカ人バプチスト宣教師がマカオに着いた。のちに洪秀全に大きな影響を与える、イッサッチャー・ロバーツ（一八〇二―七一）である。

アメリカのバプチストはシュックをビルマに、ロバーツを中国に派遣したのだが、先に出発したシュックが途中で行先を中国に変更し、マカオに着いていた。しかしここは、アメリカン・ボードとロンドン・ミッショナリーの伝道領域だったから、かれらの不興を買い、活動しにくかった。ここにさらにロバーツがやって来た。西部テネシー州出身で余り高い教育を受けなかった彼は、「大覚醒《セントリバイバル》」を受けて独学で宣教師になり、ギュッツラフの航海記に触発されて中国伝道を志願、何度も挫折した後、伝道会には属するが給与をもらわない宣教師としてやって来たのだった。事実上の独立宣教師だった。だから東部出身のシュックとはそりが合わず、同じ境遇のギュッツラフと活動をともにし、その影響を受けた。ロバーツは一八三七年から四二年までマカオ付近で冊子を配って文書伝道に努めた。その資金は、ギュッツラフと同じ馬具製造とテネシーなど西部五州のバプチストの献金によっていた。一八四一年、アヘン戦争の最中に彼は正式のバプチスト宣教師になった。四二年にイギリスが香港を割譲させると、戦争中マカオに避難していた多くの宣教師たちと同じように香港に移ってきて、シュックらと共に活動したが、香港島南端の赤柱を担当させられた。ここで彼は阿春ら中国人の助手を得て、かなり多くの中国人信徒を獲得した。直接中国人の中に入って伝道したバプチストはロンドン・ミッショナリーなどの他教派よりも成功したのである。しかしロバーツはシュックの指示に不満を持った。四三年、アヘン戦争中イギリス軍に従軍していたギュッツラフが香港に戻り、ロバート・モリソンの息子が死去したあとを受けてイギリス駐華公使団の中文秘書になると、ロバーツはギュッツラフとともに住み、伝道、冊子撒布活動をおこなうようになった。そしてギュッツラフの支援で一八四四年に、アヘン戦争後最初に広州に戻った外国人として広州に移り、ついで東石角（現在の天字嗎頭）に教会を建て、「粤東施蘸聖会（The Uet-tung Baptist Church）」をつくり、中国服を着て客家語で宣教した。この教会に周道行らの中国人信者が集まっていた。ロバーツと伝道会、シュックとの関係はギクシャクしたもので、合州国バプチストが奴隷所有をめぐる対立から南北に分裂した影響を受けて、ロバーツは南部浸礼会に属したが、やがて除名される。かれは怒りっぽいことで知られ、人格作風に独行的なところがあったのだった。一八四七年にかれの指導の下で、洪秀全はこの教会でギュッツラフ訳聖書を勉強するのである。J・スペンスは、ヨーロッパの千年王国的で黙示的な信仰はカトリック教会に挑戦した後も、再び強まった強烈さをもって挑戦していて、植民地北アメリカに移植され、ピューリタン主義の幻想家たちはそこに「ニュー・エルサレム」を見出したが、それが後退した後も、「連邦主義者の千年王国論」を通して生き続け、その本能的衝動は、とりわけアメリカ人のバプチスト宣教師を通じて十九世紀はじめに中国に持ち込まれたのだと言っている(7)。洪秀全の聖書理解はこの線に沿ってなされたというのである。が、それはもう少し先のことだ。

このように、アヘン戦争後に沿岸の五つの港が開かれ、そこでのキリスト教活動と中国人のキリスト教信仰が認められると、以前よりは宣教師の活動も足場を持つようになった。しかしかれら外国人が内地に入って中国人と直接接触することは許されなかった。とくに、独身のカトリック神父と違って妻子を連れたプロテスタント宣教師には不可能だった。その枠をどう超えるか、ここで、独立宣教師的な人々は、中国人信者を訓練して、組織的に内地に送り込もう、それで内地布教を開拓しようという風に転換した。この試みもギュッツラフによって為されることになった。それが、「福漢会」である。

三、ギュッツラフの福漢会(8)

ギュッツラフは二つの意味で限界を感じていた。一つは、外国人は内地布教が禁止されて、内陸に入れないという客観状況。もう一つは、外国人による宣教は神学知識の浅い中国人信者による布教よりも役に立たないという、漢語習得の難しさと文化的差異への自覚だった。この二つの限界を突破しようというのが福漢会（Chinese Union、漢会）で、アヘン戦争後の一八四四年に香港で組織された、中国人信徒を訓練し、中国人に拠って中国人に向かって伝道しようという内地伝道組織である。これは戦争前にマカオでロバーツとともに生活困窮の中国人信者を内地に送って布教させたのが濫觴だが、それを再建したのだった。この方式は、ドイツのモラビアン兄弟会の信仰（霊的兄弟・共同生活の思想）の影響だといわれる。中国内地にキリスト教の光を差し入れるものではあったが、いくつか問題もあった。その一つは布道者、冊子撒布者の質の問題である。教派背景の無い伝教団体だから、教義の統一性が無く、伝道内容に逸脱が生じ易かったし、ギュッツラフが与えた金銭を会員が浪費したり、指定地区に行かずに広州周辺に留まったりしたことが後に問題になった。ロバーツは四五年に福漢会を離れたが、その事務を助けていて、関係は保持していた。福漢会員にはロバーツの助手の周道行の紹介で入ったものもおり、同じ布教志向を持っていたと考えてよい。かれの離会後、協力者を必要としたギュッツラフの援助要請に応じてバーゼル宣教会が派遣してきたのがハンバーグとレヒラーである。ハンバーグは後に、広東から逃れてきた洪仁玕が語る洪秀全のキリスト教受容と蜂起についての話を『洪秀全の幻想と広西の乱の起源』（一八五二年）として香港で出版することになる。この福漢会組織は、一八四九年には千八百人の成員、訓練を受けた宣教師百余人、受洗者六百九十五名を擁し、布教者の半分は広東の郷村や城鎮へ、半分が江西、広西、福建に派遣された。四八年には八十箇所の拠点を持ち、支部が広西にあり、その一支部が太平天国蜂起の地点、桂平にあったという(9)。こうして、一八四〇年代のギュッツラフやロバーツらの内地布教の試みと拝上帝会との繋がりがおぼろげに浮かび上がってくる。拝上帝会へのキリスト教の影響は洪秀全のルートだけではないようなのだ。

ギュッツラフは、自分の収入だけで福漢会を維持するのは困難だったから、ヨーロッパに支援を求めることにした。かれは四九年九月にヨーロッパに戻り、福漢会について宣伝して援助を求めている。このかれの活動を窺わせるのが、マルクスが、「ギュッツラフがもたらした中国の特徴的な奇聞」を記した次の文章である。この文章はマルクス側から何度となく論じられてきたが、ギュッツラフ側から見ると少し様相が異なってくる。

「この国の……過剰人口は、……社会関係を国民の大多数にとってひどく重苦しいものにしている。そこへイギリス人が来て、五港で自由貿易を強要した。何千というイギリスとアメリカの船が中国に行き、まもなく……安価な機械製品でいっぱいになった。手労働にもとづく中国の工業は機会の競争に屈した。ゆるぎない中華帝国は社会的危機を経験した。……国家は破産に瀕し、住民は大衆的に貧窮に陥り、反乱を起こし、……すでに暴力革命がさし迫っている。……暴動を起こした民衆の間に一方の貧困と他方の富を指摘し、財産の再分配、それどころか私有財産の全廃を要求している人々が現われた。ギュッツラフ氏は二〇年間の不在の後、……ヨーロッパ人の間に戻ったとき、彼は人々が社会主義というのを聞いて、それは何かと尋ねた。人々がそれを彼に説明すると、彼は恐れをなして叫んだ。『それでは私はこの有害な学説からどこでも逃げられないのか？　まさにこれと同じことが、しばらく前から中国の暴徒の中の多くの人々によって説かれているのだ。』（傍点、引用者）」「わがヨーロッパの反動派が……逃亡の際、万里の長城にたどり着き、……門前に立ったとき門の上に次の題字を見ないと誰が知ろう。中華共和国《リパブリック・シノワ》　自由《リベルテ》・平等《エガリテ》・友　愛《フラテールニテ》　ロンドン、一八五〇年一月三一日」（『マルクス・エンゲルス全集』大月書店、第七巻、二二八頁。原載『新ライン新聞、政治経済評論』）

ここでギュッツラフが「中国の暴徒の」「社会主義」といっているのが拝上帝会の思想（後の「聖庫」や「天朝田畝制」につながる思想）を指すことは明らかだが、かれはその主張を中国を離れる前に知っていて、四九年末にヨーロッパで語ったのだということになる。拝上帝会の「団営」（一八五〇年八、九月）よりかなり前の頃の状況である。香港にいた彼はどういうルートで広西のこの「社会主義的」な動きを知ったのだろうか。おそらく、彼の福漢会のルートである。この福漢会ルートが広西桂平の拝上帝会の中に入っていたのはかなり確かなことだろう。後に太平軍将軍となる天地会系の羅大綱は福漢会に入っていたともいう。帰欧したギュッツラフが何を語り、マルクスは何でこれを知ったのか、これらの点を、ヨーロッパの中国研究者に是非明らかにしていただきたいものである。もしギュッツラフの残した原資料があるとすれば、なお多くのことが明らかになるのではなかろうか。

四、洪秀全のキリスト教受容と拝上帝会の形成

さて、その洪秀全（客家人）のキリスト教受容だが、かれは一八三六年に広州貢院付近で『勧世良言』を貰っても、きちんと読まずに部屋に置いていた。翌三七年に三度目の府試に失敗し、意気消沈して帰る気力さえ無くし、輿を雇って帰郷し、何日も気息奄々と床に伏した。この時、かれは幻夢《ヴィジョン》を見た。天使に輿で天上に送られ、そこで穢れたかれの五臓を新しい臓器に取り替えてくれ、そして巻物を広げて物語を読ませてくれた。終えると母が来て、俗界で穢れた身体を川の中で洗ってくれた。そして父・天の主宰者の老人から、生きてきた俗界は妖魔に惑わされていることを示され、宝剣を与えられ、兄の助けを借りてこの妖魔閻羅王と戦った。そして名を変えて再び地上に戻り人々を迷いから救い出す使命を与えられたのだが、「下凡」するに当たり、父は「おまえを守ろう」と言った。七年後の一八四三年、四度目の試験に失敗した洪秀全は村塾の教師をしていたが、訪ねて来た縁者の李敬芳の示唆で、放っておいた『勧世良言』を読んだ。そしてかの不思議な幻夢《ヴィジョン》の謎は解かれた。かの父こそ唯一の真神エホバで、兄はイエス

だ、妖魔とは偶像崇拝のことだ、と。内臓を入れ替え罪を洗い清め（再生し）た自分は「神の息子」だ、この世の無数の妖魔をやっつけねばならぬ、天上で読んだ話はこの書の話だったのだ。この書は悪の源と善の意味に焦点を当て、偶像を否定していた、またイザヤ書の部分は広州を巻き込んだアヘン戦争の災禍の世界を説明しているかのようで、かれの脳髄と心霊を開いたと感じさせた。かれは偶像崇拝を否定し「上帝」のみを拝し、戒律を守らねばならぬと決心した。しかし従兄弟の洪仁玕と馮雲山（客家人）ら以外はこの宗教を受け容れなかった。そこでかれと馮雲山は放浪伝教の旅に出た（一八四四年四月）。しかし広東では受け入れられなかった。それで転じて広西省貴県賜谷村の客家の表兄王盛均家に行くことにし（五月）、そこで布教した。貴県の洪秀全は馮雲山らを先に帰し、やがて広東に戻ったが、馮雲山はそこから桂平県北方の紫荊山区に入って、ここにかれらの「拝上帝」教を受け入れる「共鳴盤」を見つける。この共鳴盤こそ、移住性の地域社会の山地で斜面を耕し、炭焼や簡単な手工業、きつい労働に従事していた生死の線上にいた人々だった（後述）。貴県賜谷村の王家も氏族間抗争に巻き込まれていたが、やがて本地人との対立（土客械闘）で緊迫した中にあった客家人や、差別視されていた人々・壮族の人などが加わり、この地方でも宗教グループが形成され始めた。賜谷村の後方の山あいでは、人目を避けた宗教集会がおこなわれるようになった。この洪秀全・馮雲山の内地伝教活動は、まさに「福漢会」が行なおうとしていた内地布教活動と同じ活動、それを先取りするような活動だったことが分かるだろう。そしてそれがかなり成功した。

四四年末に広東に戻った洪秀全は故郷で宗教書の著述に専念した。四五、四六年に書かれた「原道救世歌」「原道醒世訓」である。その冊子執筆頒布は福漢会などの冊子撒布方式に倣ったものだろう。四六年後半、洪秀全は広州城から来たある中国人改宗者にロバーツの東石角教会でその説教を聴いたらいいと勧められた。ロバーツも洪秀全が梁発の本を読んで改宗し、郷村を放浪伝教したことを知って、高級助手の周道行（福漢会員でもある）に手紙を書かせて官禄㘵村の洪秀全の家に送り、教会に来て宣教を助けないかと言った。四七年三月二三、四日、洪秀全と洪仁玕はロバーツの教会に来た。ここで洪秀全はロバーツに自分の幻夢《ヴィジョン》について語った。王慶成は、それを聞いたロバーツの三月二七日付の手紙が、洪秀全の幻の話を『使徒言行録』10.1-7 の百人隊長コルネリウスの幻と同じようなものと比定していることからして、洪秀全が見た夢というのは、後の『太平天日』や『洪秀全の幻想』がいうような、「神の啓示」で、自分は神の次男、イエスの弟、この世の太平天子だというのではなく、もっと原始的で素朴なものだったろうという。(10) しかし、その希有の経験と「物語」こそが、かれに非凡なる使命を確信させたのも事実である。そして三ヶ月余りロバーツの指導の下でギュッツラフ訳聖書を読んで学んだ。洪秀全は、洗礼を受けて、教会の助手になりたいと希望したが、中国人仲間が自分の教会の職を失うのを恐れて智恵を授けたのが、却って怒りっぽいロバーツの、不純な経済目的の信仰ではないかとの不信を招き、洗礼は延期され、洪秀全は教会を去った。この時点までの洪秀全は、偶像崇拝を否定し、唯一真神の宗教と戒律を信じる宗教改革者の道を歩もうとした人物だったと言ってよい。かれは再び広西に向かった。途中で強盗に遭ったこの旅の苦難はかれをいっそう強くし、神の庇護を確信させた。

事態が大きく変化するのは、洪秀全が広西に着いた一八四七年の秋からである。かれは紫荊山中で馮雲山に会い、馮の拝上帝会を知ったのである。この間の馮雲山の布教活動がどんなものであったかは、その後の太平天国を考える上で決定的に重要である。それを整理しておこう。

一八四四年九月に貴県賜谷村で洪秀全と分かれた馮雲山は、広東に戻らず、潯州府（桂平県）に来た。ここで水門番の張永秀という人物と知り合い、かれの紹介で紫荊山区への入口にある古林社にやって来て、ここに住み着き、雇われ労働をやって過ごした。かれはその働きと人格、文才によって雇主や人々の信頼を得、その紹介を得て紫荊山区で読み書きを教えるために山区に入って行った（四五年）。張との関係で、まず、紫荊河の本谷から更に山道を奥へ入って行った高（過）坑村の張家に住んだが、ここで布教を行ない、炭焼きの盧六を信徒にし、彼を助手のようにした。次いで大冲村の曾玉珍家（富農商人）を紹介され、この庇護者の曾家の支援で村の前の川近くに小さな家屋を建て、ここで曾家の子供達などに書を教えた（四六年）。その教屋には「暫借荊山栖彩鳳　聊將紫水活蛟龍」という対聯を掲げていたという。夜には提灯を灯して山道を歩いて各村で布教活動をおこなった。客家語、白語（広東語土語）を話せた彼のこうした堅忍不抜の布教活動は超人的で、「宣教師」として賞賛に値するものといってよい。

かれは労働をし、読み書きを教えながら山間の人々に信頼され、宗教小冊子の内容を説き、上帝を敬え、これこそ唯一の真の教え（唯一真教）だと説き、いろいろな人間関係を通じて山奥の村々に信者を得はじめた。「共鳴盤」として彼が見出したのは、貧しく苦しい生活を送っていた農民や労働者、客家や壮族、瑤族の男女だった。さらに山奥に居た楊秀清、蕭朝貴などの青年もかれの活動範囲で知り合った人間関係を通じて入信した。馮雲山は、洪秀全の幻夢、宗教経験を語り、唯一真神たる上帝を信じることこそ「真道」だと説いた。そして大冲村の家の近くにあった盤王廟をはじめ、いろいろな偶像崇拝を否定し、それを棄てるよう説き、行動した。

この馮雲山の信仰グループに、個人個人がどのような動機で加わったのかは、それぞれ個人によって違うだろう。しかし「かれ」は分からないが、「かれら」は分かる。「かれら」は当地の既成の秩序（政治的、社会的、文化的）に安定的に包摂されていたのではなく、その周縁にいて、それぞれが何らかの社会的対立や矛盾、差別や疎外感や問題を抱えていて、既存宗教から離れて新しい宗教的つながり——宗教が、神と人、人と人との新たな結びつきを再建しようとするものだという意味で——のグループに移り、それに帰属することが心理的に容易だった。加えて、ここ紫荊山の移住性社会の宗教秩序は、冷えて固まった秩序ではなく、多種の民俗的な宗教を混在させた、まだ熱い非定型な、流動的で可塑性のあるものだったことが、その移行を更に容易にした。

盧六は炭焼きをして三江墟（紫荊山東部の市場町）に持って行って売買する移動性に富んだ生活をしていたらしく、山々の谷合（冲という）の村々を歩き回って信者たちに連絡し、彼らを結びつける宣教師（馮雲山）の助手の役割を勤めたらしい。曾家の子供達も入信して助手的に働いた。本谷筋から離れ、歩いて山を越えねばならない山奥の谷間の村々を結ぶ、宗教的コミュニティがこうして出来はじめた。それらの村々の近くでの宗教集会、説教、洗礼儀式が行なわれたのである。かれの布教活動は紫荊山を出て、周辺各県にも伸び始めていった。

当然、馮雲山らの教えと行動は人々から不審なものと噂され、偶像否定の説教と動きは異質な危険なものとして既成地域秩序側からの疑念を受けた。これが、本谷のやや広い耕地が見られる蒙冲村から西に少し上がった石人村に住んでいた地主秀才・王作新らの動きである。その動きの中心にいる「宣教師」馮雲山は疑わしい人物と見なされた。

この宗教グループは宗教的な疑念を生んだだけでなく、社会的対立をその内部に抱え込むことになった。馮雲山の主家の曾玉珍家は広東からの移住客家だったが[11]、三江墟で商売をして富を蓄え、紫荊山の四大富戸の一つになっていたのだが、この石人村の科挙功名ある地主・王作新ら[12]と土地をめぐって対立していた。その他にも、この狭隘な経済環境の中で必死に生きる人々はさまざまな対立と抗争の中を生き抜いていた。科挙受験者だった知識人・「宣教師」の馮雲山は、この対立を含む在地の幾つかの対立紛糾に介入し、曾家など、劣勢な側に助力したらしい（鐘文典『太平天国人物』）。こうして社会的な対立は宗教的対立の相と二重化した。宗教活動は政治的・社会的要素と不可分の動き、既成秩序を破壊しようという政治性を持った集団運動として見られるようになった。このように、宗教グループの形成は単に、心や内面といった宗教領域だけにとどまらなかったのである。それはまた、かつて貴県賜谷村で洪秀全が王盛均家の抱えていた紛争に介入協力して解決してやり、信頼を得て、キリスト教宗教グループを作り、裏山の谷間で宗教集会を行なったのと同じであった。

二年ほどかかって出来た二千人程の宗教集団の形成にともなった潜在的な社会的対立を一気に表面化させたのが、一八四七年秋に洪秀全が広西に戻り、大冲村の教屋で三年ぶりに馮雲山に会って、かれの拝上帝会を知った後に行なわれた、象州の甘王廟の偶像破壊とそれにつづく紫荊山各地での偶像破壊行動だった。再会した二人は、洪秀全が持ってきたギュッツラフ訳聖書を研究し、「原道覚醒訓」などの冊子を撒いて、偶像否定を説き、活動を広げた。信者は増えた。それで、この移住社会に蔓延する土俗的偶像崇拝（＝妖魔）に対する攻撃、偶像破壊を開始したのである。甘王廟はその妖魔の象徴とされたのだろう。この一〇月の破壊行動で二人の威名は遠くまで轟いた。甘王廟の偶像破壊は洪秀全の激しい性格が生んだ、偶像否定の宗教思想――ロバーツのもとで聖書を研究し更に確信を深めた宗教的確信――の過激な実践行動だったが、その他に、ここ紫荊山の馮雲山を「大頭子」とする宗教グループに対して外在的存在だった洪秀全（「二頭子」）が、噂に聞いている「洪先生」の「威力」をその成員に示し、自分への信頼を獲得し、また彼らの信仰を堅くしようとした側面、さらには「拝上帝教」が如何に「威力」があり、民俗的宗教に優れたものであるかを地域の人々に顕示し[13]、布教を推進しようとした一面を持った行動だったといえる。それはある種のパフォーマンスを含んでいたのだが、「懇祈天父上帝、念將妖魔誅滅、大発天威」と称えて神廟を破壊する「宗教的熱狂に発展し、人数の急速な増加をもたらした[14]」。

信者の増加はまた背景にあった外的社会環境からも来ていた。土着漢人と客家との械闘に加えて、匪賊による騒乱もこの地域の人々の生活を困難にしていた。香港を領有したイギリス人が数代前から南海で活動していた海賊を掃蕩し始めると、海賊たちは次第に内陸河川に入って、広西までやって来た。そしてアヘン貿易の保護者になった。こうして天地会や河匪が勢力を持つようになり地域社会は分裂・分節化し、桂平地区は争いと混乱の巷となっていたのである。その中で拝上帝会は、客家の人々や匪賊、その他の劣勢な人々に、さまざまな方向からの圧迫や脅迫に対抗し、彼らを保護してくれる集団と映るようになっていたのである。

だが、この性急な偶像破壊という「宗教戦争」は、在地勢力の危機感と「警戒心を呼び起し」、潜在的対立を一気に激化させた。

「上帝の妖書に借りて」郷民を迷わし、数千人を結盟し、「西番の旧遺詔書（聖書）に従い、清朝法律に従わず」、各地の社稷神明を破壊したと非難する地主・秀才の王作新らが、一二月、団練を率いて馮雲山と盧六を逮捕するという行動に出た。しかしこの時、洪秀全は紫荊山を離れ、賜谷村へ行っていて、居なかった。馮雲山グループ＝拝上帝会はこれを聞き、二人を実力で奪回した。王作新らは馮雲山を桂平県に告発した。こうして対立は官府への相互の告発に発展し、王作新らはついに四八年一月に再び団練を使って馮雲山と盧六を捕らえ、巡検司に送り、桂平監獄に繋いだのである。同時に、「書を教え道を伝えることに名を借りて、実は結盟して叛を謀っている」と官府に告発した。

この最初の衝突は後年の反キリスト教事件（教案）とほとんど同じ構造を示している。一八六〇年以後のキリスト教の内地布教にともなう在地でのキリスト教宗教コミュニティの形成は、信者の村落の伝統的祭祀・迎神賽会への不参加・寄付拒絶や宗族の祖先崇拝・掃墓斎会等の拒否などを多発させ、在地秩序と激しい軋轢を生み、対立・喧嘩・訴訟沙汰に及んだのだが、それとほとんど同じ構造を示しているということだ。むしろこの偶像破壊行為は、受身的な拒否ではなく、もっと激しい否定破壊行為だったから、問題を暴力の領域に一気に進ませたといってよい。こうした訴訟沙汰は、北京条約以後は、これを外国人宣教師は条約特権を用いて教民を保護しようとした裁判介入によって有利に処理したのだが、この時点では、まだ外国人宣教師が介入する余地は無く、馮雲山は中国人「伝（宣）教師」だったから、問題は地方官の裁判裁定に委ねられたのである。

科挙受験生だった馮雲山は読書人として知力をふりしぼって、官と対論し、上帝を拝すべきは古代からのもので、古今の大典にある、上帝の伝教は皇帝が許可したもので、両広総督も条約で上帝信仰が自由になったと言っている、と抗論した。勿論、地方官は勇断を振うことも出来ず、大を小に、小を無に、と事態を鎮める方法以外なかったし、また拝上帝会員の賄賂の効き目で、外国人宣教師を広州に戻したのと同じように、「宣教師」馮雲山を広東花県への回籍処分にして、拝上帝会の解体を期待したのである。

この時、洪秀全は戻って馮雲山釈放のために懸命に工作したが、効果なく、三月に広州に向かっている。広西省省都の桂林ではなく、なぜ広東省の広州なのか。今までの解釈と違って、私は次のように解釈する。それは、西洋諸国と南京条約等の条約を締結した当事者の耆英が両広総督として広州にいたからだ。彼の西洋諸国との条約交渉を経て、道光皇帝が中国人のキリスト教信仰と布教を認めたのだから、キリスト教布教について最も詳しい彼のお墨付きを得て広西に戻って、知県に示せば、馮雲山の釈放が勝ち取れると考えたからだ、と解釈する。しかしながら、彼の如き功名の無い無官の者が両広総督からそうした保障を獲得できるのだろうか。それには相応の当てが無くてはならなかったはずだ。当てがあったからこそ、洪秀全は広西から広州に行った。それはロバーツの教会と福漢会である。(15) 福漢会・粤東施蘸聖会の周道行らを介して外国人宣教師（延いてはイギリス公使）と繋がりをつけ、そのルートを利用して耆英に申請し訴え、保障を貰い、それによって馮雲山の釈放を達成しようと考えたのである。洪秀全が外国を頼りにしていたことは、蜂起後も、「万一敗けたらイギリスに投ずればいい」と語っていたことからも推定できる。(16)

後の反キリスト教（仇教）事件との関係から言えば、紛争当事者である中国人改宗者が裁判にかけられている時、外国人宣教師が北京・天津条約によって与えられた特権（官の教会保護義務）をふるって、この教民にまでその保護を拡大しようと裁判に介入し有利に解決したのだが、それと同じように、洪秀全は、中国人改宗者（馮雲山）の保護を、外国人宣教師との繋がり、国際条約の規定を盾にして得ようとしたのだと考えるのがもっとも自然である。ところが、ロバーツの高級助手の周道行（福漢会員）から、耆英は十日前の三月一六日に離任し、北京に行ってしまったと聞かされたのである。落胆した洪秀全はロバーツのところに二、三ヶ月住んだ後、花県に戻り、やがて広西に戻っていった。一方、馮雲山は九ヶ月監獄にいて、四八年一〇月に釈放され、広東への移送途中に護送役を入信させ、いったん紫荊山に戻った。紫荊山にはそれ以前から洪秀全はいなかった。この指導者の不在という組織の危機に当たって、楊秀清の「天の父の下凡」＝シャーマン現象が起き、トランス状態で、神の名で荘重な、人を恐れさす態度で、他の人々、時には個人をさして、その罪を責め、彼等の悪事を暴露した。また善行を勧め、為すべきことを命令し、宗教集団の再結集が図られていたのだった（四八年四月から）。

『天道情理書』は、楊秀清が病気になって世の人々の罪を償ったのだとして、次のように言う。

その時に当たりて、真道の兄弟姉妹の多くは妖人に恐嚇されていて、もし天の父が下凡して教え導き、主とならなかったなら、恐らく彼らは心に定見が無かったから、どうして真道を忘却して、間違って鬼路に入らないでいられただろうか。ここに、天の父の下凡の権能の証拠を見ることが出来るのである。

これは華南民俗によく見られた降童（神霊下ろしのシャーマニズム）だが、これが組織解体の危機を救った。しかし、炭焼きの楊秀清に、馮雲山と同じようなキリスト教理解があるはずは無く、馮雲山から聞き知った程度の宗教知識だったろう。馮雲山は、いったん紫荊山に戻った時、この事態に直面したはずだが、それにどのように対処したのか、詳細は分からない。かれは間もなく紫荊山を離れ、広東花県に戻って行った。

洪秀全が紫荊山に戻ってみると、馮雲山は釈放されて、自分とすれちがいに、花県に戻って行ったことを知った。一〇月五日に蕭朝貴に「天の兄・イエス」がはじめて「下凡」し、諸事を指示した後、二四日に「洪秀全弟よ、汝は朕を知っているか」と聞いた。天王は「小弟は知っております」と答えた（『天兄聖旨』巻一）。この「自己紹介風」の問いは、親しくはない蕭朝貴らと洪秀全との間の認知関係成立の確認、再構築のように思われる。洪秀全はこの頃に紫荊山に戻ってきたのであろう。そして馮雲山無しで、紫荊山グループからこうした形で認知されたのだ。かれは暫くここで過ごした後、四九年二月に花県に戻って行った。

洪秀全と馮雲山は故郷で再会した。そしてしばらく花県の隣同士の村で留まっていた。この間に、紫荊山の状況について話し合われたのであろう。四九年六月に洪秀全と馮雲山は花県を発った。かれらが紫荊山に戻ると、洪秀全はこの楊秀清・蕭朝貴の「天父・天兄下凡」＝シャーマン現象を認知した。紫荊山では二人が不在の危機の時に、数多くの神霊憑依現象が発生していた。なかには、天将が下凡する、神兵がこの世に降る、という後の義和団まがいの憑依もあった。洪秀全はそれらの憑依現象を分別し、楊秀清・蕭朝貴の神霊降下を宗教的に認可した。あるいは認知せざるを得なかった。なぜなら、この集団を失うことは出来なかったからだ。楊秀清は馮雲山の弟子で、洪秀全の徒弟ではなく、馮雲山の宗教集団に属していた。その馮雲山が捕らえられていた時に、馮に代わってその宗教集団を保持し、いまや集団の教権を掌握していた。教権の交代が起きていたのだ。外来者の「洪先生」はこの宗教集団に手を出すことはできなかっただろう――わたしは、後年の韋昌輝と楊秀清の内訌、つまりは天王洪秀全と東王楊秀清との対立だが、その根源はこの時期の宗教集団の形成過程と密接に繋がっているのではないかと考える。石達開は洪系だろう――。そして、洪秀全は、これら天の父（エホバ）・天の兄（イエス）のシャーマンの言葉を通じて、この紫荊山の宗教集団の信徒大衆の只中で、かれは天の父からこの世に使わされた「真主」である、との認知を得た。その意味で楊秀清・蕭朝貴と洪秀全の関係は相互承認、相互補完関係になっている。こうして、洪秀全が受容したキリスト教は土着シャーマニズムと結合習合し、土着化したのである。しかしその結果、「神の子」洪秀全に対抗しうる、憑依した天の父（エホバ）、天の兄（イエス）という宗教権威が生まれ、教団内に権威の多元性をもたらした――この性質は何らかの形で問題を噴出させざるを得なくなるだろう――。これが太平天国の宗教である。外国人宣教師から見ると、とてもキリスト教とは言えないものになったと思われた。しかしこれはある意味で、宗教指導者無しで恣意的に聖書を読解する危険性、また文書伝道のみで布教する危険性であったともいえる。わたしがイエスだ、というような宗教現象は今日でも世界のあらゆるところで発生している。中国沿岸にやって来たキリスト教（プロテスタンティズム）はこの磁場で屈折した。しかしまたそれはウェーバーがいう次のような事態とも関連する。

暴力によってこの地上に絶対的正義を打ち立てようとする者は、部下という『装置』を必要とする。そのためにはこの人間装置に、必要な内的・外的なプレミアム――あの世またはこの世での報奨――を約束しなければならない。そうでないと装置が機能しない。内的なプレミアムとは、……つまり、敵を誹謗し異端者扱いしたいという彼らの欲求を満足させることである。一方、外的なプレミアムとは、冒険・勝利・戦利品・権力・俸禄である。指導者が成功するかどうかは、ひとえにこの彼の装置が機能するかどうかにかかっている。従って指導者自身の動機ではなく、この装置の動機に……かかっている。指導者がこのような活動の条件下で実際に何を達成出来るかは、彼の一存ではいかず、その部下の倫理的にまったく卑俗な行為動機によって最初から決まってしまっている。」（『職業としての政治』、岩波文庫、九八頁）。

洪秀全のその後の運命を予言するかのような冷徹な論理である。彼の宗教は、楊秀清や蕭朝貴、韋昌輝などの非直系部下の行政幹部の世俗的な行為動機――一番端的なのは李秀成供述のいう「搵食（飯が食えること）」だろうが、この世での報奨、その「約束」だった――によって何が出来るかすでに決められていたように思われる。近年明らかにされた広西社会での彼らの存在形態、欲求のあり方からみて、天京定都以後、洪秀全が宗教に閉じこもるようになるのは必然だったようだ(17)。それは当初から刻印されていたのかもしれない。

一八四九年夏六月に、洪秀全が馮雲山とともに紫荊山に戻って来た後、拝上帝会の人々は自分たちの安全と防衛のために桂平地区の四つの地域的中心地に集まるようになった。この頃、信者会員たちは財産を持ち寄り、差し出して、共同で使用して生活することを始めたらしい。ギュッツラフの言う「社会主義的な」動きだった。この宗教共同体の結成とその活動は、必然的に王作新らをはじめとする諸団練との再緊張と衝突を生んだ。信者が団練に捕らえられて官府に送られると、その救出のための賄賂資金やその他の必要から、信者たちから募金を求めた。財産を売り捌いて教団に寄付する者も出た。これらが「聖庫」の始まりのようである。こうした数多くの衝突と紛糾を経て、四九年末から五〇年初めになると、洪秀全は、もはや団練や官に膝を屈する忍耐の限界に来たと感じるようになった。多くの村々での衝突が武器を取って戦われるようになり、新来者への集団洗礼がなされ(18)、拝上帝会は次第に軍事化して行った。そして満清王朝こそ「妖魔」だ、と暴力革命への道を歩み始めることになる。これを示すのが、五〇年八、九月頃の「団聚」の動き、そして一一月の「団営」命令である。一八五〇年一二月に清朝正規軍はこの軍事化した宗教集団に攻撃を開始した。こうして宗教戦争が始まった。

小結

太平天国は広西社会の矛盾の産物だといってもよいのだが、このような形になったのは、清代を通じて歴史的に形成されてきた移住性社会がアヘン戦争後に急激に特殊状況化したこと、その特殊状況が、十九世紀来の欧米プロテスタント宣教師の沿岸での布教が中国人（洪秀全）によって受容され、その受容宗教が内陸へ導入されたことと出会った、その出会った地点でスパークし、中国的なキリスト教宗教共同体が形づくられたからである。P・コーエンが示唆する中国社会の内在的歴史変化からの説明のみでは太平天国は説明不可能で、「アヘン戦争なくして太平天国なし」というのが正しいと思う[19]。

この太平天国と死闘している清朝政府に対してイギリス・フランス両国は開戦し（第二次アヘン戦争）、敗戦条約として「天津条約」「北京条約」（一八五八・六〇年）を強制した。この中で、課題だった外国人宣教師の内地布教許可が盛り込まれたが、それだけでなく、「またフランス宣教師が各省で田地を租買して、建造すること自便に任す」との漢文が挿入され（フランス文にはなし）、布教拠点の不動産を取得した内地布教が開始される。それにともない、数多くの反キリスト教事件＝教案が頻発することになるのだが、その焦点は、地域社会を形成するさまざまな権威や秩序意識、血縁意識、祖先崇拝を中心とする伝統的宗教文化との対立をめぐる紛争・衝突だった[20]。

太平天国が滅んだ六年後、一八七〇年に中国にキリスト教を布教に来たティモシー・リチャードは、この紛争・衝突に巻き込まれ実感した。そして次のように語っている。

太平天国がその後の中国に残した遺産というのは、キリスト教に対する恨みというようなものだった。それはかなり長く続き、二十世紀になっても消えないものになった。太平天国は、中国人に、宗教（キリスト教）に対する恐れを抱かせた。それを危険な政治運動と見なさせたのである。条約によってキリスト教布教を認めたにもかかわらず、政府はその官員に対して、宣教師の内地定住を極力防止し、かれらが人心を掌握するのを防ぐよう訓諭した。宣教師に協力した者や家を貸した者は、官から懲罰を受けた。内地に作られた宣教ステーションには紛糾が付きまとったが、それらの発動者は官僚と在地の紳士たちだったのはこうした政府の姿勢から説明される[21]。

一八六〇年に湘軍に加わり、太平軍鎮圧等の軍歴を重ねた湖南の周漢（候補道員）は、一八九〇年頃に九一年の長江流域教案の誘因になった『鬼叫該死』等の反キリスト教文書を大量発行し、その冊子の中で、洪秀全、楊秀清らは

「鬼叫《じゃきょう》の大頭目」だったとし、長毛の反を「想い起こしてみれば、鬼王《がいこく》が鬼叫《じゃきょう》の頭（宣教師）を派遣してきて、伝叫（教）させるのは、人を煽惑して内外呼応させ、中国の江山をうまく謀ろうというあの奸計にほかならないことが分かる」と述べ、太平天国はキリスト教の「大頭目」が引き起こしたものであり、彼にとって反太平軍と外国からの侵略に反対することとは、反キリスト教において一致していたのだった。T・リチャードの見解と奇妙に平仄が合っている。太平天国をキリスト教と見ると、反太平天国は反キリスト教であり、曾国藩・周漢流のその伝統文化主義が後年の反キリスト教（仇教）闘争の広がりを支え、その頂点に「義和団」が来たのだと、太平天国から義和団への「ねじれた連続性」を歴史過程のなかに見るのが、通説とは異なるが、どうも正しいようである。

註

（1）ポール・コーエン『知の帝国主義』佐藤慎一訳、平凡社、一九九〇。

この本は、サイードの「オリエンタリズム」論を受けて、一九五〇、六〇年代のアメリカの中国研究を支配した、西洋文明の衝撃によって中国の政治的社会的変化が起きたとする「西洋中心主義」的なパラダイムへの自己批判として書かれたもので、意義のあるものだった。それは中国を静的な変化の無いアジア社会として、西洋からの衝撃が無い限り、進歩変化しないとする考え（パラダイム）を前提にしていたから、中国社会の発展に即した把握が必要だと主張した。かれは太平天国を考えるにも、中国社会の内在的な変化の累積・矛盾の蓄積から考えるべきだと示唆した。我国でも「内在的発展論」として影響が出たが、こうした方向で研究を進めてこられたのが菊池秀明氏である。しかし、わたしは、内的な変化だけでは説明はできない、内的変化と外部からの刺戟とがスパークする地点で考えるべきだと考える。歴史的事件は長期間のゆっくりとした社会変化（内的要因）と「遭遇」とも言える急激な外的衝撃（外的要因）とのクロス点で捉えられることによって、その歴史的位置・意義が解明される。事件史は、その意味で社会変化、歴史を捉えることも出来るし、事件はその後の社会の展開にとって決定的なものになる、と主張する。わたしはこうした観点・方法で義和団「起源」をめぐる論争や事件史研究を発表してきたつもりだが、あまり理解されなかったようである。歴史の内面的理解と内在的把握をめぐっては、もっと深められる必要があるが、これらの理論的側面については、ピーター・バーク『歴史学と社会理論　第二版』（拙訳、慶応義塾大学出版会、二〇〇九）が示唆的な考察をしている。同書二三六—二五〇頁の「パラダイム」「オリエンタリズム」「遭遇」「事件の重要性」などを参照されたい。また、増淵龍夫「歴史のいわゆる内面的理解について」（『歴史家の同時代史的考察について』、岩波書店、一九八三、所収）なども改めて読まれるべきだろう。

（2）張澤『清代禁教時期的天主教』光啓出版社、民国八十一年、台北。

（3）プロテスタントの沿岸布教については、呉義雄『在宗教与世俗之間——基督教新教伝教士在華南沿海的早期活動研究』広東教育出版社、二〇〇〇、が優れた考察をしている。

（4）梁発と『勧世良言』については、台湾学生書局版『勧世良言』（民国七十四年、ハーバード大学本）と同書所収の鄧嗣禹「勧世良言与太平天国革命之関係」を参照されたい。我国にも、吉田寅『中国プロテスタント伝教史研究』汲古書院、一九九七、など多くの研究があるが、紙幅の関係で略す。

（5）Jonathan Spence "*Chinese God's Sun*", Harper Collins, 1996, London. p.31。

この点について、小島晋治『洪秀全と太平天国』（岩波書店、二〇〇一）は、ハンバーグの言う一八三六年には梁発は広州にいなかったから、〔洪秀全が〕三六年に『勧世良言』を受け取ったとすれば別人からだが、この年よりいくぶん前だったかもしれないというハンバーグの原注のごとく、三六年ではなく、たぶん三四年に梁発から受け取ったのだと思うとし、菊池秀明『太平天国に見る異文化受容』（山川出版、二〇〇三）は、これを受け入れたのであろう、三四年に梁発から手渡されたらしい、とする。

林田芳雄「『勧世良言』授受年代に関する考察——梁発と洪秀全の接点を求めて」（『華南社会文化史の研究』京都女子大学研究叢刊、一九九三）は、しかし三四年には広州府試は行なわれていないこと、三六年には、ネイピア事件の影響でキリスト教関連書の配布が出来る可能性はなかったから、それ以前の三三年一〇月の府試だった、と言う。菊池秀明「洪秀全の挫折と上帝教」（『清代中国南部の社会変容と太平天国』汲古書院、二〇〇八）は、この説をも受け入れたのだろう、三三年に、梁発自身から受け取ったとしている。しかし、この説は、外国人であろうと思われる、もう一人の「中国語の地方の言葉 Chinese vernacular tongue（広東語）を解せず」、「明朝の習慣に従った服装の、広袖の寛衣を着た、頭の頂に髻（もとどり）をゆっていた」人物とは誰なのか、について、十分に考察検討を加えていない。

三三年府試に関しては次のような記録がある（麦沾恩 McNeur『梁発伝』、基督教輔僑出版社、香港、一九五五、六三―六四頁）。衛三畏（Well Williams）は、三三年一〇月に広州に着いて、梁発に会ったが、「かれ（梁）は……多くの本や書を送り出した。少し前に、広州で府試が行なわれて、二万五千人の童生が各県から広州にやってきた。梁発は苦力数人を雇って彼の箱子を貢院の前に担いで行かせ、かれはそこで懸命に生命之道をこれらの知識階級の青年に伝えた。三日間このようにした。かれの風采は敬うべき老人で、年は五十歳前後だった。かれの面立ちはかれの慈善の心を示していて、人に敬愛の心を生じさせる」と書いている。モリソンも三三年一〇月のロンドン・ミッショナリーへの手紙で、「数日前、梁発は、大変良い機会を得て、聖書日課と其の自作の小書を省に受験に来た生員《ママ》に分け与えました。これらの青年は皆百里外の郷村から省試（省での試験）にやってきた者です。（梁）亜発は最もオープンな形で、かれの助手とともに、宗教書籍を彼らに分け与えました。彼らはこれを欲しがり、内容を見た後、再び取りに来る者もおりました」と書いている。

モリソンの手紙は府試か郷試か不正確だが、三三年は府試で、その時、貢院前で、梁発が中国人の助手と二人で、宗教書と「其の自作の小書」（『勧世良言』）を配ったことは間違いない。だが、一八一四年生まれの洪秀全はこの年数えで二十歳であるが、受験したかどうかは確定できていない。さらに、この文書配布の様子は、洪秀全の記憶（ハンバーグの三六年だという記録）とかなり違う。数えの年齢（二十三歳と二十歳）、場所（布政司門前・龍蔵街と貢院前）、二人連れの組み合わせ（外国人・通訳と梁発・助手）、外国人の姿形 stranger と梁発の風采・年齢・姿形、などが違う。

McNeur は、「二十歳」の「童生」洪秀全は梁発から書を受け取って、一八四三年の夢解きまで、「九年」これを置いていたと言う（七四頁）が、そうすると、受け取ったのは三四年の「郷試」（秀才・生員が受験し、合格すると挙人）ということになる――三六年受領というハンバーグは「七年」と書いている――。この試験は、秀才になってなかった洪秀全のような

「童生」は受験できないから、受け取ることは無い。「童生」が「秀才・生員」になるための三三年の「府試」での受領だと、「十年」になる。つまり、McNeurもまた受領年を確定できていないことになる。

三六年に受け取ったとする説の難点は、当時当局の取締りがあったから文書配布は不可能だったという点だが、三四年の郷試で梁発ら中国人四人は前年の府試と同じように冊子を配ったが、ネイピア事件に関連して、弾圧を受け、梁発らは逃げ、仲間が捕らえられたのだが、のちに、ブリッジマンらが工面した八百両で彼らが獄から釈放されたことを考えると、二年後の三六年に、前年にギュッツラフとの布教航海から戻ったスティーブンスが、門衛の兵士を買収して街中に入って、冊子を配る活動をすることが出来なかったわけではなさそうである。外国人をスティーブンスと推定しつつ分析したスペンスの三六年説のほうが、ハンバーグの記録と余り矛盾せず、なお説得力があるように思う。

また、市古宙三『洪秀全の幻想』（一九八九、汲古書院、一三〇―一三一頁）が考察しているように、『勧世良言』を入手した年を遡らせるのも、彼が幻想を見たのを遡らせるのも難しい、とすれば、三六年に『勧世良言』を貰い、三七年に幻想を見た、としておくのが最も適当であろう。

（6）三五年にマカオに送られた日本人漂流民がギュッツラフ家に寄留したのを機に、日本布教を志していたギュッツラフは、漂流民から日本語を学習、「ヨハネ福音書」を和訳した（『約翰福音之伝』）。

（7）Jonathan Spence, *op.cit.* Forward.

（8）李志剛「郭士立牧師在港創立之福漢会及其対太平天国之影響」『基督教与近代中国文化』宇宙光出版社、民国七八年所収。J.G.Lutz and Ray Lutz,” Karl Gützlaff’s Approach to Indigenization: The Chinese Union”, Daniel Bay ed. *Christianity in China*, Stanford U.P. 1996. 渡辺裕子「近代中国におけるプロテスタント伝道」（東京外国語大学博士論文、二〇〇六）。

（9）Jonathan Spence, *op.cit.* p.88, 89.

（10）王慶成「洪秀全与羅孝全的早期関係」（『太平天国的文献和歴史』社会科学文献出版社、一九九三、所収）。この手紙については渡辺裕子前掲論文が詳しい分析を行なっている。

（11）菊池秀明「『金田団営』の前夜」（『広西移民社会と太平天国』風響社、一九九八、所収）、『武城曾氏族譜』（二〇〇八）に

よると、曾氏も嘉応州（潮州）から移住した客家で、曾仕俸（乾隆二十五年没）の三男・曾良享（号が梅西）（康熙元・一七二〇年—乾隆五五・一七九〇年）が「紫荊開基の始祖」で、その子が、綱正、連正、蘭正。この代に財を成した。長男・綱正の子が、曾開文、開章、開俊らで、この代に家運が安定した。長男・曾開文は「宗祠」を建てた。三男・開俊の長男が曾玉珍で、玉珍は移住後四代目になる。玉珍の子の曾雲正、開文の孫の曾観瀾、開文の子の曾玉璟（一八一八—五二）らが馮雲山のキリスト教（拝上帝教）に入信した。開文の弟の曾開錦と曾玉璟の二人が太平軍に加わって紫荊山から出たらしい。曾玉璟は永安から紫荊山に来て金田で捕らえられて、死去。曾開錦は不明になった。

(12)　石人村の王氏についても菊池氏の前掲文が詳しく紹介しているが、この「挙（人）、貢（士）、廩（生）、秀（才）、同じ一門より出ずる」、科挙志向の王氏については次のようにある。

始祖の王達瑞（十五世）が、十九歳の長男剛斗（十六世）を連れて紫荊山に入ったのは、乾隆二十五年（一七五四）のことだった。それから苦労して開墾・小作し、辛苦して家を為した。この入植は曾家とほぼ同じ時期で、乾隆の盛期の背後にある「人口増加」の圧力を受けていたことが窺われる。

「十五世の達瑞公が、居を広西桂平の紫荊山に移して後に至りて、繁衍するところの後裔は、相伝えてみな考査に拠あり。開基の祖、達瑞公は幼くして怙恃（たのむ）ところを失くし、壮年に労碌（あくせく働き）、官職は無きと雖も、艱辛を歴尽し、開基創業し、福を子孫に造り、後代を培育した。大智大勇と謂う可きで、また一代の能人たるを失わず。伝えて十七世の武毅公（王東城）に至り、田は阡陌を連ね、富は一方に甲たり、兼ねてまた、易理に精通し、後世に伝揚さる。東盛公（十七世王東盛）がはじめて科甲をうけて、庠生を考取した。その後、十八、十九、二十世の各房分枝もまた人材が輩出した。（十八世の王）作新、作賓、大作、大寛らはみな科甲に登り、名を廩生に列ねた。十九世の徳欽公も光緒壬戌科（壬戌は同治元年）の文挙に中る。」（『王氏族譜』二〇〇五、「続序」）

(13)　通説と異なるこの仮説的解釈を一九九五年に『史学雑誌』（一〇四編一号）に発表したが、スペンスの本を読んで、そう間違っていないと確信するに到った。

(14)　ティモシー・リチャード『親歴晩清四十五年——李提摩太在華回億録』（天津人民出版、二〇〇五）一六二頁。

かれは、洪秀全は絵画芸術の使用と偶像崇拝をきちんと区別しなかったと批判的だが、孫文の例を出すまでもなく、土俗偶像崇拝はキリスト教的には問題視されることだったろう。この破壊はその後も太平軍によって続けられる（例、永安）。かれは、警戒した当局が洪（馮の誤り）を捕らえて投獄したが、部下がかれを救出し、政府はそれを反乱としたが、そのときから「反朝廷」になった、と述べる。

(15) 洪秀全・太平天国とロバーツとの関係が、その後も続いていたことについては、王慶成前掲論文参照のこと。

(16) 挙兵後間もなく書かれた「李進富即李二供単」（小島晋治『太平天国運動と現代中国』研文出版、一九九三、八八頁所収）に、「便搶船隻、一路搶掠到広東花県去安身。因大頭子（馮雲山）・二頭子（洪秀全）都係花県人。暗中也有人在広東伝教。他們原説東省做東京、此処為西京、到去興旺、大家享福、不用説的。万一打敗也好投到咦咭唎国去。（「我らは、後路から逃れて、」船を奪い、一路掠奪しつつ広東の花県へ行って身を安んじようとした。それは、大頭子の馮雲山と二頭子の洪秀全がともに花県人で、ひそかに広東で伝教している者もいるからだ。かれらはもとから、広東を東の京にし、ここ広西を西の京にする、興旺（盛ん）になったら、みんなが福を受けるのは、もちろんだ。万一、敗けたら、イギリス国に投ずればよい、と言っていた。）とある。

これをわたしは次のように解釈する。馮雲山を大頭子、洪秀全を二頭子としているのは、李進冨が紫荊山の馮雲山の宗教集団に属していたことをよく示している。その馮雲山と洪秀全の布教の軌跡とルートから考えてみると、かれらは、故郷広東と、西に布教した広西とを合わせた一つの「キリスト教」王国のようなものを考えていて、それをきっと支援してくれるであろう存在として、イギリス、アヘン戦争で満清（妖魔）を敗ったキリスト教国イギリス（眼に見える存在としての香港）を考えていて、この武装叛乱が万一失敗しても、イギリスの庇護下に投ずればいいという意味で語っていた、と解釈する――このことは、後に太平軍が蓑衣渡の戦いで打撃を受けた後、湖南に出るか、広東に出るか、選択するときに、広東への志向があったこととも関係しよう――。つまり、自分たちの布教活動を香港（イギリス）・広州（広東）から内陸の広西へ延びた線として考えていたということである。だから、イギリスや宣教師や外国の力を借りて、広西で捕らえられている中国人キリスト教徒「伝道士」・馮雲山の釈放を達成しようと考えたのだと、解する。

(17)　太平天国の運動の核心は、洪秀全の幻夢にあったが、後期になってもその正統性の核心を、洪秀全が天・上帝によって選ばれた者、天命を受けた真主であることに置いた。だから、その証左としての「幻夢」は、極めて重要で、洪秀全は自分は凡俗な者ではないと考え、多数の妻・女官を抱えて宮殿にこもった。

(18)　洗礼のときに、「懺悔の後に、彼は跪き、清らかな水をたたえた大きな水盤から、コップに一杯ずつの水が各人の頭に注がれ、『洗浄従前罪悪、除旧、生新』の文句が称えられる。再び立ち上がって、例に従って茶を飲み、水で胸および心臓の部分を洗い、その心の中を清めたことを示す。また彼らはいつも川で水ごりを行い、罪を懺悔し、神の宥恕を願った」（ハンバーグ『洪秀全の幻想』青木富太郎訳、生活社、昭和十六年、八九頁）ことを、菊池秀明氏は前掲書四二頁で客家習俗と関連させて解釈説明しているが、賛成し得ない。氏は鍾文典氏の客家説に引き摺られすぎているように思われる。わたしは、バプチストの洗礼方式と考えるべきだとする渡辺裕子前掲論文の見解に賛成する。

(19)　この点、講談社版『中国の歴史』（二〇〇五年）、第九巻『海と帝国　明清時代』上田信著。第十巻『ラストエンペラーと近代中国　清末　中華民国』菊池秀明著は、アヘン戦争と太平天国を分断する時期区分を採っている。これは通説の近代史時期区分に対するアンチ・テーゼなのだろうが、成立しない学説だと思う。編集委員の、中国大陸の内在的歴史リズムに沿って把握しようという試みなのかも知らないが、中国を孤立した陸塊のように考えるなら別だが、世界貿易・キリスト教布教なしの洪秀全・太平天国、アヘン戦争・香港なしの洪秀全・太平天国が考えられない以上、ここで分断することはできない筈である。

(20)　これらの諸点については、拙著『義和団の起源とその運動』（研文出版、一九九九）「序論」等を参照されたい。

(21)　ティモシー・リチャード前掲書、一三五―三六頁、一六二―六三頁。

(22)　『教務教案檔』第五輯㈢、一二九三頁、徳国公使巴蘭徳函、所収。

第二章　一八九一年の熱河・金丹道反乱
——移住社会の民衆宗教とモンゴル王公・カトリック教会——

はじめに

一八九一年（光緒十七）は近代中国における民衆運動史のうえで、記憶に残されつづける年の一つであろう。この年は、一八六〇年の北京条約によってキリスト教の中国国内布教が認められた後、太平天国が滅亡し、その経験を受けて洋務化の動きが展開されるとともに広汎に噴出した反キリスト教会闘争が最大の高揚を示した年であるからである。この年の五月から九月にかけて、江蘇・浙江・安徽・江西・湖北の各府県で哥老会に指導された大規模な反キリスト教会暴動が発生したが、[1] その高潮を受け継ぐかのように、満洲・奉天省でも動揺が起きた。「外国人は蚤《ノミ》を買い集めている、それに毒をつけて、人々の中に撒き散らすのだ、また鶏卵の中にそれを入れている」という謡言が全省にわたって流れ——これは（在理教あたりの）秘密会党が撒き散らしていたものらしい——、それで二十余の騒ぎが起き、反外国人の掲帖も貼り出されて、満洲ではまさに住民の深刻な不満の情緒がみなぎっている、[2] と外国人は感じていたのだった。

こうして実際、十月（農暦）に、北部の熱河で金丹道徒と在理教徒による反モンゴル蜂起が開始され、外国カトリック教会もその攻撃対象にされて、多くの教民が殺害されたのである。この峰起は後述するように、反キリスト教会暴動に限定しきれない要素（蒙漢民族対立）を内包したものではあるが、近代の反キリスト教会闘争の展開のうえからは右のような位置を与えることが可能である。(3) この蜂起がわたしの興味を魅きつけるのは、江南との同時発生的な反キリスト教会闘争という側面ばかりでなく、蜂起が中国史上連綿とつづけられてきた「白蓮教」（以下、明清期の民間秘密宗数とその団体一般を指すことにする）の教徒を主体とする「宗教叛乱」であったにもかかわらず、あるいは、あったがゆえにと言ったほうがより正確かも知れないが、十九世紀後半の中国社会の重要課題であったこのキリスト教会・教民問題——それは欧米列強による帝国主義的な進出の眼に見える具体的な発現形態といってもよかった——や、満洲族清朝とモンゴル王公貴族による「封建的」支配抑圧に対する抵抗——それは従来からの言い方では、「反封建」ということになるが、同時にモンゴル人居住地域への漢人の移住にともなう民族間対立の問題でもあった——、を担って発生した数少ない事例であることだ。この事件の解明は、当時の中国北部のモンゴル・漢族民衆が置かれていた複雑な閉塞的社会状況が如何なるものであったかを闡明すると同時に、五年後に開始される大刀会や義和拳による反帝国主義的な民衆運動の序曲として、またその後の、モンゴル・漢族間関係の理解のために重要な示唆を与えてくれるものだと思われる。いささか煩瑣で迂遠な方途であるが、出来得る限り具体的にこの蜂起の過程を描き、それらの課題への架橋的作業をおこなってみたいと思う。

一、社会背景——モンゴルの地と漢人——

熱河地方はモンゴル人を主要居住民とする地区で、清の入関以前、後金の天聡年間にこの地域のモンゴル諸部族が前後してホンタイジに投誠し、その後の清朝の軍事遠征に協力して功績を立てた結果として、清朝治下で各部族は生活遊牧区として排他的に占有し使用し得る一定面積の土地（旗地）を与えられ、首長や支配層は郡王・貝勒《ベレ》・貝子《ベイツ》・鎮国公・輔国公等の封爵を授与された。たとえば、ハラチン旗の王家は、チンギスハーンの功臣の息子に、ハーンの娘が与えられた、王女の夫の家の家系で、明代に南下し、のちに「後金」に投じて、明朝の故地に封じられ、長城外に定着していたのである。

各王公貴族は行政機構（王府）と蒙古八旗の軍隊を統轄して一定地域を行政的に支配した。これが旗である。旗は行政上は理藩院に属し、旗ごとに行政官位として扎薩克《チャサク》（王）が置かれ、郡王・貝勒《ベレ》・貝子《ベイツ》・台吉《タイジ》らの王公貴族が旗の行政業務を協理した。[4] こうした体制下でモンゴル人の牧業中心の生活が営まれていった。

清代の初期にはこの地域には漢人の姿は少なかったが、その後各代を通じて絶え間のない長城を越えての漢人の流入が続いていった。康熙五十一年五月の上諭は、「山東の民人の口外に往来し地を墾する者多く、十万余に至る。かれらは皆朕の黎庶にして、既に口外に至りて田を種し生理す、もし容留せざればかれらをして何こに住かしむか」[5] と述べ、人口過剰気味の山東省あたりから数多くの貧窮民が孤身で口外に出て、モンゴル王公貴族やその配下のモンゴル人に寄依して山林荒地を開墾しつつ定着しようとしていた姿を見ることができる。当時は開墾地は肥沃な所が多く、モンゴル人に納める負担も少なく（良地薄賦）、内地で生計を立てるより易しかったという。そのため口外移住の禁令を犯す移住者がしだいに増加し、「康熙年間、喀喇沁《ハラチン》扎薩克などの地方は寛広にして、（戸部に申請して）民人を招募する毎に、（戸部の許可状を持った漢人をして）春には口を出て地を種《たがや》させ、冬には則ち遺回せしむるも（これを雁行人といった——筆者）、ここにおいて蒙古は得租の利を貪り、外来の民人を容留す。今まで数万に至る」[6]（乾隆十三年九月）と述べられ、モンゴル人は客民に對して「地畝を賤価にて」「出典し墾」させ、客民はモンゴル人の佃戸となって定着し、はじめて家室を立て子供を育てるようになっていった。

雍正初期には、直隷省・山東省で災害が起き、その救済策として、長城外五十里で漢人に田地を耕作させることとし、モンゴル人に彼らの収容を命じている。その後、乾隆初期に直隷・山東の貧民の移住の波が起き、この頃、客民たちは家屋を構え村落を形成するようになったといわれる。(7) その流入と牧地開墾が進むと、乾隆帝は、「私《かっ》てに民人を招いた」モンゴル王侯や漢人の「攬頭（開発請負人）」をしばしば処罰して、民人を原地に戻している。

この乾隆期のモンゴル・漢人雑虚の様相を乾隆刑科題本中の租田関係史料から拾いあげて見てみることにしよう（〈表1〉）。

これらの事例からだけでも山東——朝陽県の漢人はその七、八割が山東人で、残りが山西・直隷人だったという(8)——辺りから口外へ移住して行った人々が、モンゴル人「巨室」、あるいはその「奴隷之家」（包衣など）や先住漢人（開墾請負人）下の農業耕作の佃戸として組み込まれて行った構造を見て取ることができる。やがて蒙旗は収租局を設けて小作料を徴収するようになった。だが、漢人の流入と定着農耕のひろがりは、モンゴル人の遊牧生活基盤の狭隘化を生み、下層モンゴル人の困窮化をもたらした。(9) 皇帝の避暑山荘が置かれた承徳府下では康熙年間に皇帝の狩猟場として、東西三百余華里、南北二百余華里、周囲一千三百余華里に及ぶ広大な囲場がモンゴル王公貴族から献上されて、満人の荘頭の下で移住漢人が耕作していたから、この傾向はより一層強かったに違いない。

〈表1〉

①熱河八溝
正黄旗の吉蘭太管領下の劉君賜の壮丁で獅子溝に住んでいる李士識は、かれの祖父が蒙古の荒地を請け負って九頃七十畝を開

墾していたのを相続し、毎年租糧四十八石五斗、租銀三十二両を交めていた。かれと母舅が共同で三十数畝を耕作するほかは、張得武という人物たちに耕作（又小作）させていた。乾隆二十五年に蒙古と清算してみたところ、租糧一百八十石、租銀百十一両を欠していたので、土地を返還せざるを得なくなった。

②熱河八溝

熱河八溝の楡樹林に住む于起山は、喀喇沁札薩公の七斉克旗・畢什里図章吉箭上の蒙古喇嘛である藤吉図の家の土地一頃九十畝を租種し、毎年租銀二十両と議定していたが、乾隆三十四年の租を遅らせていたので、蘇吉図が取り立てに赴いたところ、口内に煙草売りに行った兄が戻るまで待ってくれといったが、争いになり、蘇吉図を傷害致死せしめた。

③承徳府朝陽県

承徳府朝陽県桜桃溝に寄住していた山東栄城県人の丁文学（四十二歳）は、乾隆五十七年春に同村の劉成祥の土地を小作するのに、退地のときには返還する約束で二十五千大銭の押租を支払った。二年ほど耕作したが、利益が上がらないので退佃した。その際、押租の銭の返還をめぐって争い、傷害致死事件をひきおこした。

④熱河八溝（乾隆三十四年）

熱河八溝の湖池溝に居住していた山東寧海州人の丁世栄は、蒙古の土地を租種していたが、叔の張二挙がかれから四十六畝の土地を又小作した。ところが張二挙は歴年小作料を施欠し、六石七斗にのぼったが、全然払おうとしなかった。

⑤熱河八溝

熱河八溝に住んでいた山東歴城県人の許万良（二十五歳）は、乾隆三十九年に蒙古の家の一頃二十畝の土地を請け負った。知人の徐大年が耕す土地がなかったので、その土地の半分を耕作させることにしたが、四十年五月、徐大年といさかいを起こして傷害致死せしめた。

⑥承徳府建昌県

寧遠州に住む鑲黄旗の胡文吉佐領下人の胡存の家は、康熙十八年にモンゴル人の嘎拉甲の祖上から荒地一処を租借し、それを朱謙の家に転給して墾種させていた。毎年租銀三十二両をおさめたが、拖欠することはなかった。乾隆五十五年に朱謙が不作のために小作料を支払えなくなると、地主の嘎拉甲は地畝を撤し、羅城喇嘛に交して承種させた。五十六年二月に仲介が出て、三月中に朱謙が租をおさめれば、種地を許すことになった。ところが胡存らは羅城喇嘛がすでに該地に麦を植えているのを見て、税員衙門に訴えた。審議は未決で、胡存らも租をおさめなかったが、六月に羅城喇嘛は他の喇嘛をつれて来て、麦をひき抜いた。これを阻んだ胡存らと争い、傷害致死事件をおこした。

〈注〉：中国第一歴史檔案館等編『清代地租剥削形態』中華書局、一九八二、①（二九一―二九三頁）、②（三一一―三一三頁）、③（四八一―四八二頁）、④（六五四―六五五頁）、⑤（六七八―六七九頁）、⑥（七〇九―七一〇頁）

二、前史――太平天国期の民衆運動――

こうして、この地区における蒙漢雑居の局面が形成されたが、それにともなって乾隆四十三年に熱河庁を承徳府に昇格させるとともに、八溝庁なども一州五県（平泉州、建昌、朝陽、灤平、豊寧、赤峰）に改められた。それは、雑居にともなう訴訟などの司法行政問題を取り扱い、漢人を司法下に置くために設置されたのだったが、一方では、漢人を保護する機能も果たした。こうしてモンゴル人の土地を借りて小作する漢人農民の土地は、「二虎争食」の様相を呈することになった。つまり、同じ土地に対して、地主のモンゴル人の蒙旗を通した権利と、直接耕作者の漢人の州県を通じた権利とが二重化したのである。二つの民族、二つの土地関係（地主佃戸）、二つの管理行系統が重複競合することになったのである。(10)

この社会状況に大きな衝撃が加えられ、社会的な流動状況が生じたのは太平天国期であった。清朝政府は太平天国鎮圧のために生じた財政的困難を乗切るために、内蒙古地区において蒙地開放政策を採用し、賦税を徴収し、所謂「押荒」銀両を得ようと図った。蒙古八旗の官地や厖大な荒地を漢人に開放して、「富商を招集して開墾させて課に升せ」[11]、「佃を招きて租を納め」させて、「毎畝五升（の現物納）を科に升せ」[12]ようとしたのである。一八六三年には熱河囲場の四面の荒地八千頃さえも「佃を招きて開墾させ」、押荒銀両を取る対象とされた[13]。加えて、モンゴル王公貴族からの〝捐輸〟と蒙古八旗・王公の軍事動員——その典型を僧格林沁《センゲリンチン》に見ることができよう——が社会的緊張を生んだ。これらは結果的にはいずれも、モンゴル王公貴族支配下の大衆からの収奪強化によって補塡されねばならない性質のものであったから、この地域における抗租闘争をはじめとする民衆の抵抗運動を呼び起こしたのである。〈表2〉はそれらの代表的事例である。

〈表2〉

一八五一 一八五二	内蒙古哲里木盟 科爾沁左翼後旗	佃戸の呉保泰、王柏齢を指導者とし、モンゴル族・漢族農民四、五千人を動員して減租を要求、数百名規模の抗租闘争に発展、武力で鎮圧される。
一八五三	卓索図盟 土黙特右旗八枝箭	モンゴル族遊牧民、太平軍鎮圧のための兵差が過重であるとして抗議。
一八五四 一八五五	哲里木盟 科爾沁左翼後旗	漢族の霍義・孟玉齢を指導者とする抗租闘争。モンゴル族農民参加、蒙族・漢族の佃民五、六百名。
一八五七	卓索図盟 土黙特右旗八枝旗	王府による土地覇占に対する奪回闘争。抽丁充兵、壮丁調査に抵抗。
一八五七	卓索図盟	鉱山労働者の劉幅泰を指導者とする一、二千人規模の反官府・「衙署焚毀」闘争。

	喀喇沁右翼中旗大閣爾溝地方	
一八五八	伊克昭盟烏審旗	〝独貴龍〟蜂起。蒙古牧民、蒙古王府に対し〝官差〟、〝労役〟に反対、雑税軽減を要求。
一八六〇～一八六五	卓索図盟東土黙特旗	綽金汰、那木薩賚を指導者とする「老人（頭）会」運動。差項過重、横徴苛斂に抵抗。

劉毅生「太平天国期蒙古地区各族人民的反清起義」『歴史教学』一九八一・六『清朝実録』、咸豊五年五月己卯条、同治元年十二月辛卯、二年六月甲辰、十一月丁巳、三年四月己亥、七月丁卯、四年二月壬辰の各条、『朝陽県志』巻三五芸文、による

【李鳳奎の騒乱】　これらの動きを受けて、朝陽附近でも民衆騒擾の動きが活発化していった。道光末年の頃から平泉・朝陽・建昌交界地区の金廠溝梁などで金鉱を私掘していた鉱山労働者たちが、しばしば騒ぎを起こしたり、騎馬で周辺に出て追剝ぎや強奪を行なったりして、「金匪」と呼ばれていた。[14] その首領は、朝陽の南大店で店舗を経営していた李鳳奎と、もと義州捕庁外委の高瑞であったが、咸豊九年（一八五九）二月には、李白玉ら二百余名の金匪が朝陽城内に盤踞して騒ぎを起こし、一千余両を強請り取って引き上げた。同じ頃、豊寧県でも反獄伐官事件が発生した。冬には、奉天省の巨賊王洛七（錦州南凌子人）と閻洛六の集団が動き回ったが、この王洛七集団の中には、卓索《ジョソ》図《ト》盟喀喇沁《ハラチン》右翼旗人、自供によると敖罕《アオハン》（漢）貝子旗管下のモンゴル人で「馬の販売」を生業としていた白凌阿も加わっていた。[15] 奉天副都統の恩荷はこの王・閻集団を追尾して金廠溝梁に追い詰め、逃走しようとした閻洛六らを捕縛している。このとき白凌阿らは逃亡し、朝陽の東部の達爾罕王旗の弥勒僧格（白凌阿の甥）や趙保承（二喇嘛）と結託

したらしい。翌咸豊十年（一八六〇）の秋、「奉天の賊」王達、「東荒（朝陽東部）のモンゴル人」白凌阿、「朝陽の賊」劉珠が五十人程の集団を率いて朝陽県街に迫り、李白玉の例にならって銀数百両を強請り取って立ち去った。また錦州石山站で科爾沁《ホルチン》旗の餉車・金條十三塊・宝銀五個を掠奪し（十月）、さらにこの年に義州城を陥した。盛京軍の圧迫によって、この「抗糧」蜂起軍は義州城南門から脱出したが、⒃間もなく王達は捕らえられて処刑された。劉珠は李鳳奎の下に身を隠し、白凌阿もまた李の下に加わったらしい。折しも第二次アヘン戦争によって天津北京地区はイギリス・フランス連合軍に蹂躙され、咸豊帝は熱河承徳の避暑山荘に逃げてきていた。このころ、永平府昌黎県の廩生・才宝善が永平獄を破って逃亡して、やはり李鳳奎の処に匿われていたが、かれはこの機に、「大逆を挙行して自ら立ちて王と為る」⒄ようにと李鳳奎を唆した。咸豊十一年二月二日、李鳳奎・劉珠（劉猪）は金匪多数を率いて朝陽県城に迫った。二月初四日、劉珠らは六、七百人を糾集して県署に殺入し、監獄を破って囚人三百余人を放出、県署・捕庁、監獄署、理藩員司署を一炬に付し、税員衙門の庫銀を奪い、大商店数家を焼いた。⒅彼らは県街や付近に拠って飼葉食糧を集め、人馬を招集して軍備を整え、李鳳奎は自ら〝皇帝〟と称して、身に黄袍を被り、頭には冕旒を戴き、才宝善を軍師、劉珠を領兵元帥に封じ、李鳳奎の母は皇太后だとして五花冠を戴かせたという。これらは芝居芸人の演劇用の衣冠を奪って用いたものだった。李鳳奎・才宝善らは勢力の拡大と軍の充実を目的に、一隊を北方の赤峰に派遣して衙署を焚焼し、獄を破って囚人を放ち、掠奪を行なった。⒆熱河の避暑山荘にいた咸豊帝は、捻軍鎮圧戦に活躍して山東から帰陣していた陝西・奉天・黒龍江の軍を投入してその鎮圧に向かわせた。李鳳奎、劉珠らは数百の部隊を率いて義州へ向かっていたが、清軍が西南二方から朝陽に接近すると、集団は潰走した。朝陽から南へ逃走した中核部隊も、付近の社長らが率いる郷村自衛組織の奇襲を受け、奉天省界へ逃げ込んだ。このとき、李鳳奎と劉珠との間の不信感がこうじて、李が劉を殺害するという分裂騒ぎがおきた。これで蜂起集団の力量は半減し、追い詰められた集団はやがて瓦解した。[20] 李鳳奎も逃走して、家族を探して流浪し、乞食をしているところを見破られて、郷長・社長らに捕らえられ、朝陽県に送られて、頭目の郭落萃とともに市中で梟首示衆に処された。この騒動に懲りた当局は、富戸の醵金をもとに、団練の人和局・義和練局を設置することにした。

咸豊十一年（一八六一）五月、吉林省辺界に逃走した才宝善らが、三、四千人を集めて昌図庁・科爾沁蒙古地方を騒擾した。年末には、白凌阿・才宝善は義州境内に入り、城北の高台子に盤踞、ついで同治元年（一八六二）五月には、閭陽駅で放火掠奪をはかって官軍の追撃を受けている。[21] 翌同治二年十月には、才宝善、白凌阿は再び昌図庁に姿を現わし、かつて咸豊十年に同じく李鳳奎の配下で仲間であった滾地雷王五（昌図の盗首）や該地方の頭目の斉秀らと結んで活動した。[22] 民国『義県志』中巻は、同治二年に「流賊」柴宝善（才宝善）が叛し、地方を擾乱した、と誌しているから、かれらは相当広域にわたって活動を繰り返していたのであろう。同治四年十一月には王鍾元・趙大刀・馬僂予らに率いられた四、五千の吉林賊が奉天省の広寧を犯し、義州に進攻した。この王鍾元は朝陽県北哈爾脳東溝人で、「賭棍」、さきに李鳳奎集団のなかで頭目だったが、李鳳奎死後に吉林省大溝に逃亡し、群賊を集めて捲土重来をはかっていたのである。かれらは紅・黄・藍三旗を立てて義州に進攻したのち、錦州周辺を剽掠、十一月十九日には朝陽を攻撃、やがて城内に侵入し、激戦ののち、ここを制圧した。[23] 十二月六日、鎮圧に出動した清軍を見た蜂起軍は、人質を取って逃走したが、のちに朝陽坡で群賊と集合したところを撃滅され、残部は遠く遁走した。翌年二月、この残余部隊の二百余人が動き回ったが、やがて北へ去った。同治八年（一八六九）、生きのびていた馬僂予が義州で叛乱した。その後、光緒十一年に「巨盗の劉姓」が逮捕処刑されるにおよんでこの一連の騒乱は終焉した。[24] だが、咸豊同治年間に組織された義和練局・人和局なども経費難から、光緒四年には全廃され、朝陽県下の郷村自衛組織は次第に弱体化していった。

この咸豊同治期の熱河府朝陽県附近を中心とする蜂起と騒乱は、咸豊十一年を頂点とする全中国的な抗糧騒乱の一環をなす性質をもっており、これらの広大な騒乱を背景として闘われた李鳳奎蜂起は、モンゴル・漢族大衆を糾合して地方権力樹立の方向を打ち出すという突出した形態を示すに至った。さらに、同治七年に逮捕処刑された白凌阿の活動に典型的に示されるように、広大な地理的環境を利用して各地で執拗に長期間にわたって持続されたことを特徴とする。これらはまた、後年に張作霖を生む遼西の緑林、「満洲馬賊」の先駆的な存在といってよいのであろう。太平天国・捻軍に対する鎮圧軍事力として東三省軍、蒙古軍が動員されたことを考えれば、これらの闘争は、側面から太平天国・捻軍を支援するという客観的役割を果たす位置にあったのだが、その力量は零細に過ぎたといわねばならないであろう。にもかかわらず、その活動地域の重複もさることながら、後述するように、幾つかの行動様式からみて、李鳳奎の騒乱は金丹道蜂起に大きな影響を与えていることが窺われるのである。

光緒十年（一八八四）には、熱河の建昌県から赤峰・豊寧・囲場・多倫・克什克騰旗・巳林旗にわたって数集団による蜂起が起き、熱河・宣化・古北口などから練軍が出動し鎮圧するという事件が発生している。[25] 楊歩雲を頭目とした集団は、建昌県で騒擾を起こしたのちに、囲場の辺境に盤踞した。多倫付近では宋教思らが騒ぎを起こしていたが、この多倫付近の「匪徒は、即ち前に建昌にいた匪首楊歩雲らの在内に有ったもので、楊歩雲はすでに宋散思と合股（合流）したようである」[26] といわれる。もう一つの集団は王端仁を首領とした蜂起集団で、四月に克什克騰旗の黒沙灘・魚泡子で騒擾を起こしたのち、沿途で衆を加え、二千余人になった部隊は、「四色の号旗」を立て、王端仁を「平王唐主」に、楊長青を総頭、楊九如を棚頭として、宣化府・巴林旗・赤峰県・豊寧県の域内を掠奪して回った。この王端仁（王佃仁）四十七歳は、山東省曹州府満澤県人で、咸豊同治年間には山東で、太平軍、捻軍に対抗した勇目に充当して頂翎をもらったこともあったが、郷勇の解散後には生活に困窮して、その年に出口[27] してから二十数年になるが、克什克騰旗の黒沙灘・魚泡子で魚をとって生計を立てていた。ところが、「モンゴル人が魚を捕らえさせず、また多くの人を殺斃したため」、楊長青らと図って黒沙灘に四、五百人を集め、「ついに復仇に籍りて名と為し、頓に変乱を生じさせた」[28]のである。李鴻章は、「口外各属の客民は多く直隷山東の無業の徒に係る、陸続と前往し、あるいは荒地を開墾し、あるいは小貿して生を営む」[29]と述べているが、楊長青や楊九如も王端仁と同様にこのような境遇に置かれていた移住民だったのであろう。楊歩雲・宋敬思・王端仁らはその後いずれも奉天省域内へ逃亡したが、光緒十七年（一八九一）四月、熱河囲場附近の朝陽湾子でかつての党羽百余人が再び騒擾をおこした。この騒ぎを鎮圧した官軍は、（遼寧・吉林交界の）八面城から囲場に戻って潜伏していた王端仁を七年ぶりに捕らえたのである。[30]

このような社会的背景の状況は、一八九一年の金丹道蜂起にも同じように見られる。朝陽一帯の土地山林の多くは郡王・貝勒・貝子などモンゴル王公貴族に采邑＝旗地として与えられていたもので、流入漢人の多くは定着しようとすると、これらモンゴル貴族や内モンゴル東部の一千にのぼる喇嘛寺院の佃戸となって土地を耕さざるを得なかった。が、モンゴル貴族は、しばしば「漢民の租課を勒増して」[31]人々の生活基盤を奪ったといわれる。豊年の年になると、王府は手下を出して、「秋成以後、余った糧を奪い、家畜を掠奪した。いたるところでみなこうだった」[32]という。また喇嘛寺院の所有地は極めて多く、その地租は高額で、モンゴル人漢人の佃戸の怨嗟の対象となっていたという。[33]これについては、モンゴル側からすると、違った見解で、後述するように紛争の種になった。のちに金丹道組織が根をおろした朝陽県曲連溝などの村々は大黒山の近くに位置していたが、「若し漢人が山に入って樵採したり、あるいは細小の樹木を砍伐して巡山の山韃子に獲住（とらえ）られたら、十に一生なく、百般（あらいざらい）拷掠し、用いる所の刑はもっとも人の聴聞を駭かす」[34]ものだった、と記されている。モンゴル王公はこの山林の「占山戸」（荒地開墾し草を占有する主人）だとして、漢人は燃料その他の用に木材も彼らから購入しなければならなかったのである。[35]その際にも、それを自分で輸送することは出来ず、モンゴルの車馬を使わざるを得なかった、違反者は罰銭あるいは鞭打ちに処せられた。

事実、蜂起指導者の楊悦春はとその反逆の動機を次のように述べている。

（自分は）さきに敖漢貝子の旗地を種《たがや》していたのだが、該貝子（達木林達爾達克…筆者）が昭烏達《ジョーウダ》十一旗の盟長になってからは、租課がしばしば増し、またその子の色二爺と喇嘛四爺をはなち、かれら二人は勢を籍《かさ》にきて横行し、訛索奸淫、拷打殺害するなど、あらんかぎりの悪をやった。その累を受けた者は敢て官にうったえて理をあきらかにしようとはせず、恨みを懐くこと甚だ深く、報復して忿を泄したいと思っていたのだ。(36)

頭目の一人の斉保山（斉洛道）も、去年（光緒十六年）の十一月と今年の五月に、自分の「胞弟と胞姪が黒山で私かに柴草を砍ったところ、前後して蒙古旗に拏獲えられ、懲辦されて死んだ。（だから）心に怨念を懐い」て蜂起に加わったのだ、(37)と供述している。頭目の潘岳淋も、「山木を砍伐するに因りて、素より蒙古と嫌怨を積有していた」(38)と言っている。また、「漢人で柴草等の物を担いで貝子府街に到りて出售する者は、往々その奴僕に苛く罰責され、それが日に積もり月に累して漢とモンゴルとの悪感は日に深く」(39)なっていた、といわれるように、モンゴル王公貴族の支配が極めて露骨な暴力的なもので、人々は路でモンゴル王公に遇うと、路肩に避けなければならなかったが、少しでもそれが遅れると、騎馬が駆けてきて容赦なく鞭笞が振るわれたのだった。汪国鈞『蒙古紀聞』は、蒙漢が仇を持つようになったこうした原因を六つ挙げているが、それらを大別すると、一、租額・納租をめぐる対立——土地を清丈して租額の増長を図る蒙古と、それに抗し、納租時にあの手この手で抵抗する漢人との対立——、二、柴草、木、土、石など、普通は入会地などで入手すべきものだが、移住漢人はそれから排除され、違反者は王公府から厳しく罰せられたこと、三、王公たちの横覇ぶり、威張り散し、の三つになる。(40)

ようやく小屋がけしたような家ともつかぬ処に住む貧窮客民の漢人たちはその脅威に晒され、個人的屈従を強いられて、かれらの思いは鬱屈し、憎しみが日々深まっていた。かれらは自分たちを保護してくれる地域社会秩序から放擲されて、異郷での孤立を味わっていたし、民族的色彩を帯びた対立を一見公平に緩和調停し得る唯一の存在であった公権力は、モンゴル人を管轄する理藩院管轄下の蒙古理事官と、漢人を管轄する直隷省下の六州県当局との対立によって機能せず、加えて「各任の熱河都統は多く売官を以て生活と為し、是において、(銭で官を買った) 各県官は貪婪なること尤も甚しく」[41]、「承徳府知府啓紹の如きは誕妄浮夸にして、貪婪つとに著しく、所属の州県より横索した贓款は、巨額にのぼる」[42]と言われる程に腐朽を深めていた。建昌県の章奏凱も、賄賂をこととし、腐敗極まりなく、民から「銭入れ袋」と渾名され、銭を出さねば何事も処理されなかった[43]。それ故かれら客民漢人は「敢て官にうったえて理をあきらかにしようとはしなかった」し、逆に「貪官を殺すを名とした」のである。こうなると、自らの命と利害を守るのは自ら、つまり私的なものにならざるを得なくなる。金丹道や武聖教、在理教といった民間宗教団体は、それぞれ説く宗教内容に性格や程度の違いはあれ、このように分断され孤立し無力な状態に置かれていた惨めな客民漢人たちを相互に結びつけ、まとめる役割を果たしていったのである。宗教組織の活動を人々が受容していった素地はこうした彼らの社会的境遇であったのだと言い換えてもよかろう。では、この金丹道、武聖教、在理教とは一体どのような宗教組織であったのだろうか。

三、秘密宗教組織——金丹道・武聖教・在理教

蜂起の中心組織は大別すると、（1）金丹道、（2）武聖教、（3）在理教、（4）及びその他、から成る複合体であ

ることが知れるが、その中核的存在である金丹道について、蜂起の首謀者である熱河府建昌県楊家湾子村の村医者の楊悦春（五十一歳）は次のように供述している。

従前（いぜん）に江南の老道（士）の郭姓なるものが、かれ（楊悦春）のところに至って布施を求めたことがあったが、（その時に）『夢首経』など六種（の経本）を伝授していった。かれ（楊悦春）は、斉灝、王幅、楊連元、郭洛元などに転伝し、名を聖道門に取り、また金丹教と名づけた。斉灝らはまた輾転と（朝陽、建昌、平泉州などの地の）多くの人に伝授した。此の教は人に学好《しんじん》を勧めるだけのもので、けっして邪術は無く、是を以て信従する者が衆くなった。かれはまた兼ねて医薬を施し、人は皆な楊四老師と称している。(44)（カッコは筆者注）

『朝陽県志』巻三十三は、すでに光緒初年（一八七五）に県の東南方の妙米甸子、碾盤溝などの村々に金丹道の教堂が設立され、一道士が師となり、夜聚り暁に散じ、男女均しく入教でき、「練成すれば槍刀も傷つく能わず、駕雲上升などの術を能くす、」と言っていたが、その後、その地の有力者有識者たちに逐われ、遂に潜かに逃げて朝陽県北方・建昌県・敖漢地方に至って、楊家湾子村の医生の楊彦（悦）春の家の中に教堂を設立した、楊家は全家をあげて入信した、と述べている。朝陽県東南から楊家湾子村へ移動して金丹道を伝えたこの人物が、楊悦春供述のいう郭道士であると考えてよいだろう。だが、教徒の李洛道（李教明）の、「さきに五聖道工夫、また学好《シュエハオ》と名づくるものを用いてすでに三十年になる」(45)との供述から判断すると、それ以前からこの地域で「五聖道」の布教活動が行なわれていたことが窺われ、郭道士の活動はそうした動きの一部をなすもので、光緒初期に楊悦春を介して定着をみたのだと思われる。

楊悦春は、原籍地山東から移住してきて敖漢貝子府の旗地の佃戸をしていた楊占山の子（楊四）として一八四一年に楊家湾子村で生まれた。先に薬舗を開いていたが、三十数歳のときに、大黒山の麓に移って、医療活動を名目にして金丹道を組織し、十数年で「暴発戸」になったというから、大体合うようである。顧奎相は、楊悦春らは、瘟疫が流行して、「死者が枕藉」するのを見て、草薬をつくり、これを「金丹」といい、「観世音菩薩の大慈大悲なり、佛化の金丹にして、凡そ道に入る者はこの薬を服する、さすれば、大災大難を免れうる、と伝えた、この薬は防疫性があったから、人々はこの金丹をきわめて崇んだ。それで楊らは、教名を金丹道教に改めたのだ」、という。また、金丹道教は「白蓮と金丹は一家である」と自ら称し、その後、「学好教」と名称を変えたのだ、と述べている[46]。村医者の楊悦春が民間宗教の組織者になった背景がよくわかる。

その活動の具体的様相はというと、楊悦春は驢馬に乗ったり、荷を担いだりしながら村々を布施を求めて渡り歩いた、そして村々で病気治しや占いをして布施の食物をもらいつつ、「吃斎修道（肉・生臭物を食わず道を修める）」の教えを広めたらしい。「人に吃斎行善を勧める、ゆえに士人もまた学好者と称しており、煙（アヘン）と酒を食（の）まざるを例とし、名は教を学ぶを以て人を誘うも、実は焼香を以て衆を聚めている[47]」、「善事を修むると佯（いつわ）りて……煽惑す[48]」「自ら善類なりと称す[49]」と記されており、金丹道は「法術を学び、大清に抗して真主を興す」反清復明の秘密結社なのだと言われ[50]ながらも、実際は医療施術や喫斎行善、禁酒禁煙をおこなう勧善修養団体のような行動性格を濃くしている。恐らく現実にもまたそうであったに違いない。敖漢旗では、楊家湾子村の教堂を中心に附近各村に教堂（公所）が設立され、それがまた朝陽、建昌地区の各村々にも広がった。教堂を統括する伝教首を老師と、楊悦春を総老師と呼び、附近の教徒（道衆）は一月に一度、遠くの関東や山東の道衆は一年に一度、聚った。これが宗教集会で、道衆はお布施を集めたりして、広く銭を集めて楊悦春のところに持ってきた。「垢を蔵し汚を納れ、久しく叵測（ふそく）を懐く」、とあるから、食い詰めたアウトローたちも加わったらしい[51]。

金丹道という教名は、遠くは『抱朴子』や魏伯陽の説く金丹を作って長生きしようとする道教の思想・技術に淵源由来し、十一世紀ごろから広汎に説かれた内丹――心中の一粒金丹（佛教でいう人間の佛性・浄菩提心などにあたる）を覚知して精修すれば、やがて真体を完成して道と合一する（悟りの境地に達する）[52]――の影響を受けたものであろうが、その教名などから判断すると、直接的には道光年間以降に南部各省にひろがった青蓮教（別称＝金丹道・金丹大道）に繋がるものと考えられるが[53]、しかし熱河の金丹道が青蓮教の北方への流伝系譜上にあるとはいえ、明確な組織関係は不明で、武聖教との習合性（後述）にみられるように性格的にも完全に一致したものではない。先に見たように、施療活動との揉雑を介して定着した民間宗教になったものと考えていいのであろう。

この金丹道と組織成員のうえからも重複したすがたをみせているのが、武聖教とよばれる組織である。錦州、義州、北鎮一帯に中心をもったこの派についてはいくつかの材料もあって比較的検索し易い。楊悦春は、もう一人の指導者である「李国珍は、（金丹教＝聖道門のほかに）兼ねて武聖門を習い、各股の人馬の中にはまた均しく武聖門中の人がいるが、しばしば官兵に敗《やぶ》られて、それぞれ逃散した。起事《ほうき》の初めに『符咒は能く槍刀を避く』と倡言したのは、実は人を哄（けいきづける）説でありました」[54]と供述しているがら、この証言によると、金丹道と武聖門とは違ったものと考えられていたことが知れる。「掃北武聖人」李国珍は、赤峰攻撃の折に、「二十余営を立てて八卦方向に按じて名目を混立」[55]したし、光緒十八年に、謝添朋・楊泳剛・侯得山らが捕らえられた際には「紙図人三個、八卦図二個、『奇門遁甲』呪語、邪術卦本などの書」[56]が押収された。また、「坎号を号（しる）した掛四十余件」[57]も見つかっている。沈国泳は、同治年間に、「外来の道士の曹義路から武聖教金鐘罩邪術を学び成し、符咒を伝習して、衆生・天命・正恩・隠恩・宝恩・頂航・十閣・十諦、五老の九等の名目（教内位階制の名称）を創立し、銭を斂めて衆を惑わし、入教して術を習えば能く刀兵の劫数を避け、槍砲も身を傷つくること能わず、と捏称した」[58]し、武聖教の各地の基層教徒小組織を「盤」とよび、「武聖教の天・地・雲三種の盤図」があって、「三盤を以て拠となした」[59]という。

これらの諸特徴から判断すると、武聖教＝金鐘罩には八卦教武派の性格が色濃く見られると同時に、「衆生」からはじまる九等のランクシステムは青蓮教の系統であることを示しているから、それに青蓮教＝金丹道（のちの末後一著教＝一貫道）の影響が加わっていることが知れる。[60] だが、武聖教と金丹道とは違ったものだといいながらも、その違いはそれ程分明ではない。両者は成員のうえからも重複しているし、「金丹道五聖門は仮りて人に学好（しんじん）を勧めるを以て名とす」、「五聖道工夫、また学好と名づく」と云われるように、[61]「五《ウ》」聖道は「武《ウ》」聖道であり、金丹教（＝聖道門）も武聖教（＝武聖門、五聖門）も「学好」といい、聖道門と五聖道はどこかで通底しているのであろう。

因みに、現在までの民間宗教の研究によれば、「五聖」とは、観音、普賢、白衣、魚藍、文殊の五菩薩を指すのであり、八卦教では、この五菩薩が農家の婦女に姿を変え、紡績織布のプロセスに喩えて、人体内部の元気の周遊運動と変化によって如何に内丹を修練して、金丹結成をなして、長生に至るかを説いている。だから、この『五女伝道書』＝「五聖伝道」を経典とする八卦教の系統にあったことを示している。[62]

従って、金丹道と武聖教とは極めて密着した不可分の関係、相互に排斥しあうことのない習合性を帯びており、両者の関係は八卦教における〈文〉場——〈武〉場の関係に比定しうるものではないかと考えられる。金丹道・武聖教のもつ勧善喫斎、禁酒禁煙、焼香聚衆と符咒・工夫＝内丹練成・身体鍛練に就いていえば、前者は在理教の活動とつながる要素でもある。このことが、のちに金丹道と在理教との結合をもたらす要因でもあったろう。

在裏教（在理教）は、当時天津を中心に直隷省一帯に広まりつつあった宗教的修養団体で、清末のアヘン吸飲の盛行とともに姿を現わしてきていた。アヘン中毒によって身体は病み衰え、経済的に困窮した家庭は崩壊の危機に瀕していったが、この深刻な社会問題を背景に、宗教的な力をかりて「アヘンと酒を厳禁」させ、中毒患者を治療することを主な活動としたため、この団体は急速に華北東北地方に広まっていった。

その創始については諸説があって確実なところは未だ判らない。一説では、[63]在理教は玄門全真道教の一支流で、明末清初に、山東省萊州府即墨県の楊萊如（原名は澄證）――万暦生まれの進士――が、明朝滅亡後に両朝に仕えるのを拒否して、嶗山の程楊旺（呉陽春という説もある）に従って道を学んで創唱したもので、その道とは、老耼から尹喜が受け（『道徳経』のことか?）、元代の邱処機（長春子）の全真道龍門派に繋がり、程楊旺に至ったものだと言われている。楊萊如は康熙三十六年に没したが、弟子の代の嘉慶年間に天津に在理教公所を設けるようになったという。この説をさらに増幅させて、明の遺老が排満興漢を目的に組織した秘密結社とするものもあるが、その信用度は疑わしい。

別説は、[64]在裏教の創始者は明末とも嘉慶道光年間ともいわれるが、天津府滄県永豊村の尹霊（尹某）という人物で、かれは戒酒、戒煙を衆に説き、病人救済に努めた、あるいは一道人に会って宗教的回心を経て、符水で病気直しをやって多くの門徒を得た人物で、その死後に広まったものだといい、在裏というのは一圏を蓋画して教えとし、教徒はみなその内にいると謂うからだ、といわれる。在裏教の本山は氷豊県の志武堂だといわれること、またアヘン流行の時期を考え合わせると、嘉慶道光期の尹霊とするこの説にも相当の根拠があるのであろう。

その宗教は、「佛教の法を奉じ、儒教の礼を習い、道教の行を修む」「三教を渾然と融合した一種の総合宗教」[65]で、譚嗣同によると、「孔子教、佛教、イエス教、イスラム教の上っつらをとってこしらえたもの」[66]という。輪廻思想や因果応報、抜苦興楽を庶民にわかるように説き、正身、修身、克己、復礼を本として禁酒禁煙を習うものだといわれる。入教者は紹介者に伴われて公所にある祭壇の前で跪坐し、あるいは、「五体投地して以て老師父を拝」し、誓約ののち入教を許されるが、そのとき信仰心得を訓示され、教徒の相互友愛、酒煙の絶禁を誓わされる。さらに父母妻子にも絶対に秘密にすべき「密咒」五字が伝授される。この五字は『観世音菩薩』なのだが、別説では「一心保大明」（あるいは「一心滅満清」、「努力滅満清」）であったものを変えたのだという。(67) 譚嗣同は『唵嘛呢叭咪吽』というラマ教徒の唱える観世音菩薩の真言、六字大明呪であったと述べている。(68) 在裏教にはラマ教の影響も加わっていたらしいが、反清秘密結社説は清末革命派によって喧伝されたもので信用できない。この場合に限らず、清末の革命派が政治目的のために当時の秘密結社の類をほとんど反清姿勢を持つ同盟者的存在なのだと喧伝し工作しようとしたため、巷間にそれが流布し、こうした民衆組織の実相をかえって見えにくくしているという事情があるから注意が必要だ。

　在裏教のアヘン中毒治療は、主に信仰戒律による修養克己を中心としたが、また「茶膏」という種々の薬草から製造した薬丸を服用させて禁断症状を抑制させて、患者を施設に収容してアヘン地獄から抜け出させた。この治療活動は実際に効き目をあらわし、多数の人々をアヘン中毒から救済したため、やがて有益な社会事業として人々に認知されるようになると、アヘン中毒治療ばかりでなく、克己修養を目的とした人々も加入し、天津では「民間でその教に従う者は約十の六、七、みな身家恒業をもつが、おおよそは手芸力役の人がやや多く、農商がこれに次ぎ、読書の人もまたままある」(69)（光緒九年）と言われ、中下層民衆のあいだに広まっていった。在裏教の教勢は次第に熱河地方にも及び、該地で「酒煙を食《の》まず」「喫斎行善」を標傍し、同じようにアヘン中毒に対する薬治療法をはじめていた金丹道と布教局面で接触し、相互にその存在と活動を認知し合う関係にあったと考えられる。

　これらの清代の民間宗教組織（所謂「白蓮教」組織）は概して「反清復明」の秘密結社であると一般的に規定されるのだが、どうもその規定だけで済ますわけにはいかないのではないかと思う。

　清代の民間宗教団体が秘密結社の形式をとるのは、「公生活の不自由」（G・ジンメル）、すなわち公権力によって「邪」「邪教」として道徳的に貶められたうえ、その活動を禁圧された（結社の自由の禁圧）ことに由るのであり、団体の性格を規定しようとして、私たちが宗教団体の宗教思想や組織を分析していってみても、政治的結社としてのその性格が明瞭に浮かび上ってくることは少ないのである。見えてくるものは、民間宗教団体に吸収されてくる庶民たちの直接的な入教動機が、かれらの社会生活や、個人の人生の不幸に根差しているという事実である。それらの動機に共通するものは、〈存在の不安定からの回復〉という人々の熱い希求である。具体的には、病気や貧困の苦、流浪、争い、そしてそれらにともなう生活苦をはじめとする種々の苦悩、不安、孤独、被差別感、疎外感をかみしめている人々が、そこからの〈救い〉と自らの社会生活と精神・心の安定へ、即ち苦難の意味の明示を通して社会や他の人間と結ばれてあるという意識、人格的結合とそれによる帰属意識の回復、精神的慰安と存在の安定性の回復、へと人々を魂の深奥で衝き動かせているからなのだと思う。従ってその宗教団体の成立の社会的基盤にはすでに累積された〝不幸〟が横たわっているのだといわねばならず、その宗教団体は「不幸の弁神論」をさえはぐくんでいるのだといい得る。言い換えれば、この現世の俗世を不正とし、拒否しようとする意識が育つ土壌が背後にあるのだといえよう。にもかかわらず、この下層の人々の〝苦の共同体〟は家父長的温情福祉国家の外被をまとった専制権力からは、危険な許容し難い存在として禁圧され続けてきたのである。このとき、団体がその成員とともに抱え込んだ現世俗世に対する欲求不満、嘆き、怒り、怨み、憎しみなどの否定的感情は、まずは、現世における補償回復（=「好処」いいこと=現世利益）への期待になるが、断念的にはその代償として来世=「あの世」へのかぎりない憧憬の投射を生む。また一方では、不正な俗世の守護神としてその社会秩序の維持を第一の任務として禁圧へ乗り出す権力と対峙しつつ、それを峻拒し、やがてこの俗悪と不正に満ちた俗世界そのものを見限り、別な世界=「あの世」や別な時間でない、いま・ここ、においてその根本的転換を憧憬し期待するようになり易い。自然災害や政治的変動（刀兵乱）の受身的存在として、自己存在の矮小性を否応なく納得甘受せざるを得なかった中国の大衆は、不幸への対症療法としての術=

「魔術」や終末論的「劫」思想を生み出したが、このような宗教団体の集団感情は、清朝のイデオロギー支配が硬質で、その政治が改良主義的柔構造を持たないが故に、また宗教が社会批判・政治批判へともっとも接近し易いものであることもあって、暴力的に噴出せざるを得なくなる。こうしたときの宗教団体成員の現世否定的感情を集団的統一的に、政治的に表現し得るスローガンが「反清」なのであり、否定の否定として提出されるのが「復明」スローガン、「真主」待望思想なのである。民間宗教団体とその成員には当初から明確な政治綱領的意識があるわけではない。「反清復明」は、団体成員や民衆の個別的には濃淡や偏差のある現世否定的感情を収斂させつつ、一般性をもった集団的意識へと昇華させ得る最も普遍的な、それゆえ漠然ともした最大公約数的政治意識の表現形態であるのだと思う。それゆえ、危急の際に集団的に表出される人々の共同意識として深層から噴出することにもなるのだ。これが清代の宗教的民衆運動において「反清復明」が表面化してくる回路であると私は考える。このことは民間宗教のみならず、天地会系秘密結社についてもある程度妥当するのではなかろうか。清代の秘密結社の反清朝という政治的性格は、権力による禁圧に対する抵抗の累積の結果として、その歴史的拮抗が秘密団体に自然生のうちに極印したものと考えた方がよいように思えてならないのである。

四、蜂　起

金丹道や武聖教に加わったり、接触した人々は、「聚会」の相互の交流を通じて、かれらが蒙っている迫害や苦難が耐え忍ばねばならない偶然的な個人の運命ではなく、お互いに共通した社会的なものであることに気づき、それ故にまた一層かれらの胸中の憎しみを激昂させたに違いない。苦しみ、悲しみ、憎しみの共有は、やがて金丹道・武聖教組織とモンゴル王公府との間の敵対意識の亢進となっていった。金丹道・武聖教側は、「起事謀反を商議し、陸続と洋砲器械（外国製武器）を購い備え、旗幟を置造した」[70]、「楊悦春らは未だ起事しない以先に、かつて該犯沈国泳（奉天省新民庁三台子人――筆者）と挙事を通謀した」[71]といわれるから、組織内部において次第に武力を以てしても報復しようという姿勢が生じ、武力行使の合意とその準備を進めていったらしい。七、八月頃には、いくつかのグループが四方に強掠に出て食糧を備蓄し始めたという。秋に発生した、漢人が家畜の冬用の飼料として青草を刈り取ったのに対して懲罰が加えられた先の事件を機に、「報復」行動が浮上したらしい。緊張を深めつつあったこの敵対関係はやがて沸騰点を迎える。

楊悦春は、蜂起を決意するに至った直接の契機を、次のように語っている。

十月はじめに（敖漢）貝子がモンゴル兵一千余人を調派（どういん）し、辞（めいもく）は猟をやることに托しているが、実は金丹道教を剿殺せんとしているのだ、と聞いたので、即ちに仲間数千人を聚め、モンゴル兵が未だ斉わないのに乗じて、先に貝子府を攻め破ったのだ。[72]

別の供述では、

蒙民ともとより嫌隙があったので、仮りるに天主堂に讐殺するを名と為し、間に乗じて起事することにしたが、十月はじめに、（敖漢）貝子がモンゴル兵一千余人を調派（どういん）し、詞（めいもく）は猟をやることに托しているが、実は……[73]

と言う。つまり、当時満洲でも高まってきていた反外国の民衆感情を背景に、反キリスト教会の攻撃を名目に、反モンゴル暴動を計画していたのだが、モンゴル兵の動きがあったので、蜂起を決意した、というのである。

徐潤は、金丹道側が蜂起以前に貝子府前の店舗の布疋と紙類を全て買い尽くし、布を頭巾にし（紅巾）、紙を護心にして、紙の性は綿軟で弾丸も透し難いと言っていたこと、そして、世間では「学好者は将来貝子府を破るだろうと謡伝」したため敖漢貝子はモンゴル兵を集めて不虞に備えようとしたが、この動きが金丹道側の先のような疑惑を生んだからだ、[74]と述べている。抜き差しならぬ対立関係下における切迫した状況下での挙動が、かれらを蜂起決行に踏み切らせた。

楊悦春は草白営子の王増や李彬・丁義和・李広・聶朱・聶珩、王福ら各教堂のリーダーと密議して、「先に発して人を制するに如かず」として、『掃胡滅清、取得帝位（モンゴルを一掃して清朝を滅ぼし、帝位を取る）』[75]を旗印に――ここには満洲族とモンゴル族との同盟関係が意識されているといえよう――、最っ先にモンゴル人を殺して積忿を晴らさんことを決定した。[76]一説は、この蜂起の際に、盟長の敖漢「貝子府は、全盟のモンゴル兵を集めて『殺人騰地』（漢人を殺して、入植の地から逐い出して空にする）する」という噂を流し、決起へと突き動かしたという。[77]史料的には確認できないが、われら移住漢人の土地と生存が懸かる危機だ、という極めて効果的なアジテーションだった。だから、このモンゴル人殺害を掲げたため、各頭目が動員をかけると、入教の人はもとより、「附近の民人もみな願って随従い」[78]、これにかりて多年の積忿を晴らさんとしたというのである。十月九日、ひそかに楊家湾子に集まってきた一、二千人の群衆を、青・黄・赤、白・黒の五旗に分かち、『替天行道、掃胡滅清（天に替りて道を行なう、モンゴルを掃し清を滅ぼす）』の旗を掲げて進発し、十数キロ離れた貝子府に対して攻撃を開始した。銃を打ち鳴らし、群集で包囲攻撃したのに対して、府人は備えられていた武器で激しく抵抗した。夜に入って、金丹道側の火薬車に弾が命中して轟音とともに爆発して、傍の人を空中へ吹き飛ばした。これを観たモンゴル兵は、金丹道が法術を施して雲を駕せ、空から府内に来て人を殺すのだと思い、驚き惶てておびえ、銃を棄てて逃走し始めた。金丹道徒は府内に攻め入った。

貝子府は金丹道側の動きの噂を知ると、王姓の大工を偵察に出したのだが、かれは逆に反乱側に説得されて戻っていて、攻撃に内応して門を開いたのだ。このとき道徒は、「おまえらはまだ吃租（小作料を喰らう）のか」「なお施威（威張りちらす）のか」と罵り、殺戮を繰り返した[79]。だが、この間に貝子と色二爺、喇嘛四爺は脱出して逃亡し、蜂起集団は最大の復讐対象を取り逃した。府中の男女および付近のモンゴル人数百戸は尽く殺害され、貝子の祖先の墳墓は暴かれたたき毀された。恨みと憎しみの発露であった。翌十一日、近くの曲里営からモンゴル兵百余が出動して来たが、蜂起軍によって打ち破られた。敖漢貝子府を占拠した峰起軍はここを「開国府」とし、楊悦春を「開国府総大教師」とした。蜂起軍はこのとき、「敖漢貝子府並びに蒙古人に復讐せん」、「百姓を害せず」等を内容とする告示を出して撫民に務めるとともに、武器、火薬、旗幟、馬匹を調達しつつ動員部隊の編成を行なった[80]。これはやがて到来するモンゴル軍・清朝軍との戦闘に備えるものであると同時に、「開国府」から各部隊を出動させて、朝陽・平泉・建昌・赤峰の四州県を占領する、という戦略方針に沿ったものであった。

このときの告示に「十三条の戒律」がある。その主内容は、

①蜂起軍が某所に到着したなら、そこの蒙古王公の図章印信を接収し百姓を安撫せよ。
②農家商人から掠奪すること、財物を毀すことを厳しく禁ず。
③丁壮を選抜して部隊に編入せよ。
④獲た財物はみな上におさめ官に送るべし。
⑤蜂起軍の大臣将領は職権にかりて、「親戚や友人を濫りに用いてはならない」。
⑥陣に臨んで、陣営を整えなかったり、武器を備えないようなことが無いようにせよ。
⑦戦闘の際には、勇猛果敢に突進し、敵前で逃走してはならない。
⑧斥候が偵察をしたときは、でたらめの軍事情報を言ったり、無いことでごまかしたりしてはならない。

⑨軍は、アヘンや酒に酖ったり、老弱を欺凌（いじめる）のを糾察して、出来ないようにさせよ。
⑩部隊の兵は、前進後退には標記を用い、かってに行動してはならない。
⑪軍兵百姓は、蒙古王公を庇護したり、かくまったり、情にほだされて金をもらって釈放したりしてはならない。
⑫戒律に違反した者は、軍法によって処置する。
⑬凡そ戒律の一条にでも違反した者は、軍法によって処置する。

というものだった。[81] これらを見ると、蜂起指導層は、臨時政府の組織化から、統制と規律のある組織的軍事行動までを計画している。かなり良く事前準備をしていたことがうかがわれる。

この頃、蜂起集団の一部は四家子地方に進出して来て県丞衙門を包囲、武器と馬を掠奪した。

十月十二日、「掃北聖人」とされた李国珍は、敖吉地方で張双、周寛、薛殿寛ら五百余名とともに蜂起し、北路を担当した。この日、李国珍は王増に手紙を出してその蹶起の具体行動を指示している。のちに右丞相とされるこの王増のところには、義州の正黄旗関永佐領の下人で、光緒十七年三月に胞叔の郭柏令（バイリン）とともに隣屯の石体坤を師として武聖門教を習い、該旗による追及を逃がれてきた「唱書」（講釈師）の郭広海がいた。[82] 民国『義県志』中巻は、「光緒十六年、教匪郭百齢（バイリン）、陳明、楊明等叛す、盛京の豊統、匪を勦して義州に駐す、潰兵　境に入る」と記しているが、郭百齢は郭柏令と同一人物であろう。郭広海には、蜂起謀議時に「平青（清）王」の称号が与えられていたが、王増はこれらの教徒を率いて、朝陽県木城子の蘇万深の家に行き、他の集団と「会斉」し、武器を取って沿途で住民を脅従させ、さらに武器を奪いながら朝陽県城に向かって進んだ。

十月十二日五更――正しくは十三日午前四時頃、夜間早朝――、在裏教徒と「馬賊」四、五百人が朝陽県城に突入した。この県城攻撃は二部隊以上で敢行されたらしい。西北から県街へ正面切って攻撃を仕掛けたのがこの在裏教・

「馬賊」の部隊で、金丹道集団——これは李広・斉灝・李斌・張富・聶珩（もと書吏）・郭海（もと弓兵）・郭洛九らの頭目が率いた集団と、王増・郭広海らの集団が合体したものであるらしい——が、城内に潜入して火を放ち、獄を破って囚人を放出、県署・税員衙門・七道泉子の喇嘛廟を焼いた。(83) この金丹道と在裏教との連繫＝共同行動がどのようにして行なわれるに至ったのかは詳しくはわからないが、このとき朝陽で、『興大明、滅大清、栄華富貴在咱們』という旗が掲げられている。(84) 在裏教徒たちの姿はその後、十月二十日頃に義州境近くで、十字旗を画いた黄旗を掲げていた道人の率いた集団や、「楊明」・郭鳳萌・杜把什らが率いた集団として現われている。(85) この集団には女性が加わって活躍したのが特徴的だが、(86) この「楊明」が先の『義県志』のいう「楊明」であるとすれば、前年の「教匪」が一人は武聖教徒として、一人は在裏教徒として姿を現わしていることになり、二つの宗教組織の相互浸透を十分推測させるのである。

在裏教は、『天を奉じて暴を伐ち、国を護り民を佑く、在裏教門』(87) の旗を掲げて喇嘛廟に対して攻撃を繰り返した。かれらは初期の戦闘での勝利を、「天心のたすけ（眷佑）」であり、「紫微星が下界して、天が満（洲人）蒙（古人）に譴罰を降したのだ」、これは「上天の定めるところで、人力で徳をつんで得られるものではない」(88) と、〈天〉命に従った懲罰（報復）だと説明した。この種のスローガンの言う〈暴〉とは、モンゴル王公貴族や喇嘛寺院のそれであるが、と同時にまた、「護国佑民」との関連で見るとき、カトリック教会と激しく対立していた在裏教が住民の人身と財産の保全を主張したことから考えると、教会と教民の振舞をも含むものだ、と解釈すべきであろう（ここには漢族下層民の素朴で偏狭な民族主義的感情が発露している）。

この頃、一帯には、金丹道の「賊衆は、口で真言を誦えると、刀槍不入になり、いたるところで火公鶏（火付け鶏）を放っている、それは口から火の球を出すが、自分は燃えないのだ」(89) などという謡言が流れた。つまり金丹道らは不死身や火付けの魔法を使うとモンゴル人に信じられたのである。それでモンゴル人たちは先を争って逃げた。モンゴル人が多数の場合でも、戦意を失って抵抗できず、ひたすら漢人に哀願したのだが、殺害されたのだった。

朝陽県攻撃後、郭広海らは仲間の李林が恨みを抱いていたハラチン（喀拉沁）王府に行き、二十日、ここに火を放って報復した。[90]

敖漢貝子府占領後、十五日には建昌県三十家子のカトリック教会が在理教・金丹道徒たちによって襲撃され、教民数十名が殺傷された。彼らは夜を衝いて敖漢貝子地方からやって来たらしく、遷安県の教徒がカトリック教民と対立していたことに憤激して、建昌、平泉、遷安一帯の「各処の天主堂を焚焼せん」といって騒擾している。[91] 十七日の夜、この集団は平泉州街に突入し、西北の平台子にあったカトリック教会を焚焼した。燃え上る炎に「数千」の人々の姿が映し出されたという。[92] 宣教師たちは先に逃げのびていたが、焼跡からは逃げ遅れたと思われる多数の幼児（孤児）の屍体が発見された。二十日の夜には、平泉州の西にある聶門子溝のカトリック教会が二百数十人の道匪によって打ち毀され、多数の教民が殺された、と報じられた。[93] これらの反キリスト教会闘争に際して、金丹道徒たちは、「自らは善類であり、百姓を害せず、ただ天主堂と隙あり、恨みを挟みて讐を報す」のだと称した。[94] そのため、平泉州憲は傍観に終始し、為すがままにさせた。この頃、「金丹教がさわぎをおこす　五聖門兒は荒々しく　天主教を殺す　大兵がひとたび下れば、おまえらの頭はちょん切られ」、「先に理があり　のちに道あり　五聖門兒は荒々しく　天主教を殺す」という歌謡が流行っていたという。[95] これが、「仮るに天主堂に讐殺するを以て名と為す」という状況だったのだろう。

カトリック満洲教区は、一八三八年に北京教区から分離され、パリ外国宣教会にゆだねられたので、四川重慶にいたヴェロール神父が四〇年に赴任したのだが、そのとき、かれは宣化府の西湾子、朝陽の松樹嘴村の教会を経て満洲に入ったのだった。それに隣接するこの承徳府は、直隷省では天津県と並んでキリスト教会の多かった地区で、当時、承徳府下各県には、灤平県二箇所、平泉州三箇所、建昌県五箇所、赤峰県三箇所、朝陽県六箇所、囲場庁三箇所のカトリック教会（分教会を含む）が設けられて、フランスの保護下に、イギリス、フランス、オランダ、ベルギー各国の宣教師たちが入って活動していた[96]。この地区でカトリック布教をめぐって発生した問題も、全国各地と同じく、教民に対して村民たちが迎神、演劇、賽会、焼香の費用の割当を行ない負担させようとして、それを拒否する教民との間で紛糾を起こしたことであった（光緒十四年）が、しかしまた、教民の大多数は不誠実な行為を教会によって保護してもらうために入教したもので、ここでも、教民との訴訟沙汰では住民側が涙を呑まざるを得なかった。三十家子教会の華人教士の林道源は傍若無人で人々の反感を買っていたといわれるし、住民たちは教民を紛糾の元兇、村落社会に危険を持ち込むものだとして、激しい敵対感情を抱いていた。この対立の先鋒にいたのが在理教組織で、教民と在理教の二つの宗教組織は激しく憎み合っていたという[97]。

おそらく、モンゴル王公府・ラマ寺院が社会的混乱の緊張に備えるためにした依頼に応えてのことであろうが、三十家子教会が天津租界から銃器を購入して、これをラマ寺院・モンゴル王公に売ろうとしたことがあった。これを知った群衆が教会に押し入り、奪おうとして、逆に撃ち殺され、そして教会から「金丹道匪」だと訴えられて、官府に捕らえられる者が相ついだという。こういうことさえあった。

この一連のキリスト教会攻撃はこのような教民との不和を背景としつつも、さらに直接的な対立を契機としていた。攻撃の指導者は三十家子の牌長の林玉山であったらしい。彼は糧食を盗んだ教民の韓某とそれを庇護した教会に報復しようとしたからだといわれているが、これは誣告で、次のような事態だったらしい[98]。

関内の在理教徒だった許栄は犯罪をおかして塞外に逃げ、三十家子に落ち着き、ここの在理教・金丹道組織を頼んで、再び威を振るうようになった。昨年は不作で、貧民は夏になって食う物がなくなり、富戸商店に、秋に返すから米糧を貸してくれるよう求めた。商戸は一旦それを受け入れたが、急に反故にし、この許栄に何とか支給しなくて済むようしてくれと依頼した。支給のその日、店に集まってきたモンゴル人の男女は許栄が店の前に立ちはだかって阻んでいるのを見た。窮民たちは食いつなぐ道を切られたと思い、一唱百和、この許栄を殴殺した。事後、事態を恐れた「蒙民」は、「天主教人」が許を殺したのだと言い始めた。それで「在理教人」が天主教を攻撃したのだというのである。教民韓某が徐栄（許栄）・林玉山と口論した揚句に、徐栄（許栄）を撃ち殺し、林玉山の雑貨店を掠奪するという事件を引き起こしたので、林玉山がこれに報復しようとしたのだという記録は、この誣告らしい。林玉山はこの雑貨店の店主だったのだろう、かれは報復心に燃えたが、教民側も襲撃に備えて教会で武器を製造するなどして、迂闊に手が出せない対立状態になった。それで在理教組織に接近し、入教して教徒になったらしい。楊悦春らが蜂起して敖漢貝子府を攻撃したのを知って、仲間の佟傑らを糾合して三十家子、平泉州、聶門子溝などのカトリック教会の焼打ちに出たのである。(99)

このように見てくると、林玉山らにとっては、在理教や金丹道組織だけが、欧米国家の武力を背景にした条約上の政治的特権をもった教会勢力に対抗し得る唯一の頼れる力量、大衆の利害を代弁してくれる組織であったことが魅力だったことが知れる。この関係性はモンゴル勢力下の客民漢人と金丹道組織との関係と同質である。これは五年後の初期義和団運動の山東西南部における大刀会の位置に相当する。金丹道組織はこうして、モンゴル王公貴族や教会勢力の圧迫に対する漢族大衆の自衛的な、保護機能を持った抵抗組織としてその組織を拡大していったのだ。林玉山の集団は、金丹道の蜂起にとってはこの意味で新たな参加者ではあるが、その不可欠の一部分を構成することになる。この地域の社会矛盾に対する抵抗運動、「キリスト教堂と蒙古に讐を尋ね、百姓を害せず」(100)とする運動の反教会闘争を担った唯一の集団となったからだ。一連の反教会闘争ののち、この集団は各地でモンゴル人を攻撃し、馬賊や土匪を加えつつ動き回り、一部の千余人は一時、三十家子に盤踞した。

十月十六日、盛京将軍・裕禄から事変発生を知らせる電報を受け取った直隷総督・李鴻章は、山海関を出て辺外の各営をめぐっていた直隷提督・葉志超に調査鎮圧を飛咨した。葉志超は、駐古北口練軍参将の韓照琦に兵三百余を率いさせて、これを先発させると同時に、直隷各軍の出動を李鴻章に要請した。李鴻章は長江流域教案が列強との外交問題に発展しつつあった事態に鑑みて、外交問題化を避けようと、本格的に鎮圧に臨んだ。かれは、淮軍系の駐蘆台練軍（夏青雲・聶士成）、駐開平通永練軍（楊元昇）、山海関・楡関防衛の各営（卞得祥・劉運昌）を石門寨・喜峰口より建昌一帯に派遣することを電報で指令し、その後、西北の宣化練軍（王可陞）の多倫・赤峰への出動を電令、また大沽の直字営洋槍隊を熱河へ投入して、鎮圧体制を整えた。奉天省側も、盛字営（豊升阿・耿鳳鳴）、奉天練軍（左宝貴）、錦州駐留軍（聶桂林）を投入して、包囲体制をつくりあげて、進撃を開始した。(101)

二十四日、三十家子の反教会暴動集団は古北口練軍の韓照琦の部隊の攻撃を受けた。その後、集団は建昌県東南の瓦房店に移動しつつ、人員を集めて、建昌県を攻略しようと図った。この集団はついで五官営子に至り、「五色の大旗」を竪てて野をおおった。二十七日、古北口練軍とのあいだで、戦闘が開始された。参将・韓照甕は、「賊首あり、道巾彩衣を著け、剣を執りて法を作し、状は瘋癲の如し」と、その宗教反乱の特徴を報告している。(102)建昌県高爾磴（凌源県叨爾登）の「平西王」の佟傑や、軍師の斐姓が率いる数百の集団などの建昌南部の峰起集団を掃討した官軍は、「金丹道盟簿」・符咒を鹵獲した。(103)林玉山は在裏教徒になったらしいが、このことから、彼とその一党は、金丹道に連合合流したと考えてほぼ間違いない。この地区の蜂起集団も次第に官軍に追剿され、三十家子の林玉山、軍師の宋先生、佟老耗（佟傑の子）の集団も高爾磴一帯に逃げ、三宮廟道士の呉広生の党と合流したが、官軍と社、団勇とによって鎮圧され、十一月初めにその動きは終わりを告げた。

金丹道蜂起概略図

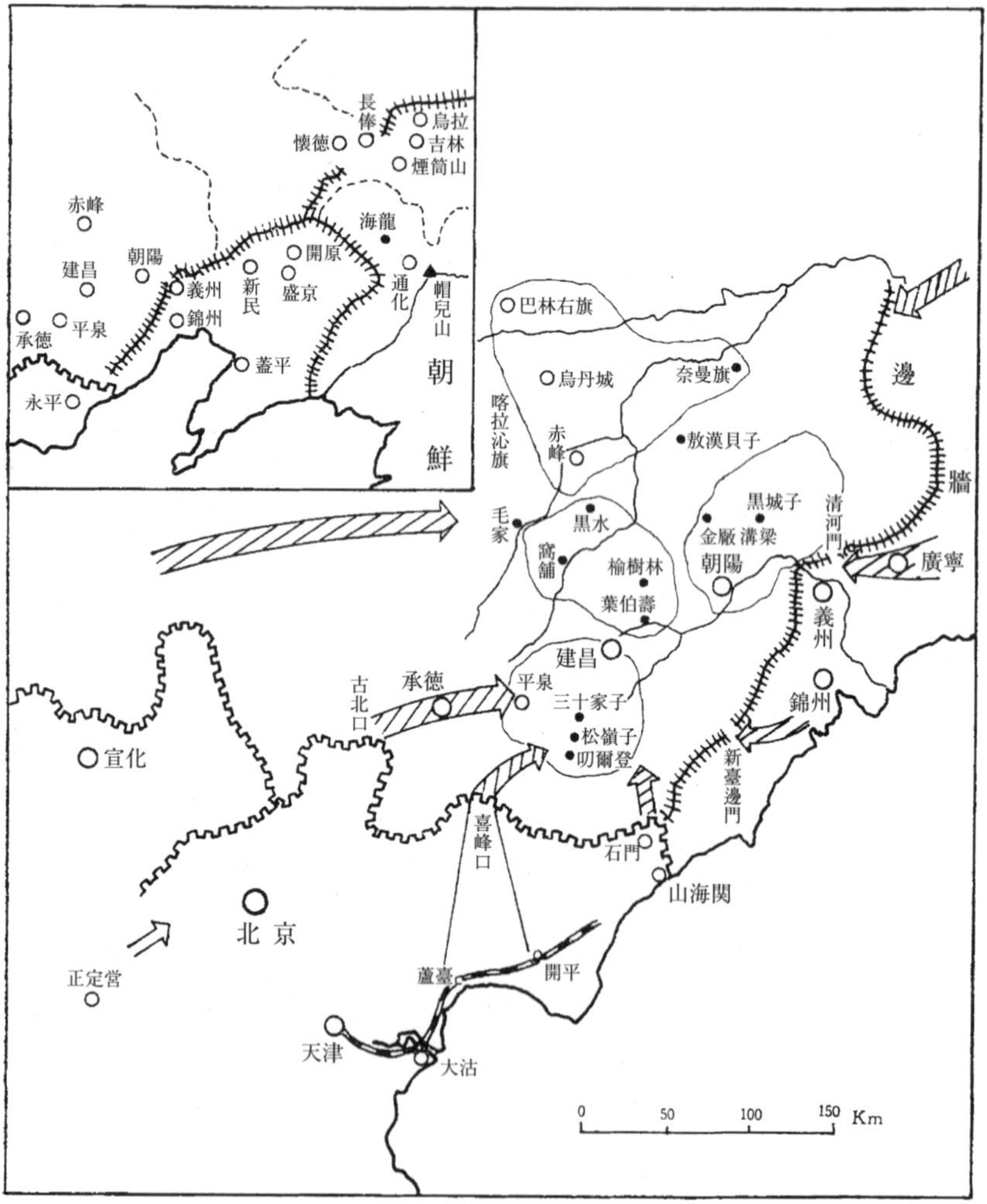
長倭
烏拉
吉林
懐徳
煙筒山
赤峰
海龍
建昌
朝陽
開原
義州
新民
盛京
通化
帽兒山
錦州
承徳
平泉
蓋平
朝
永平
鮮
巴林右旗
烏丹城
奈曼旗
邊
喀拉沁旗
赤峰
敖漢貝子
牆
黒城子
清河門
毛家
黒水
金廠溝梁
窩舗
楡樹林
朝陽
廣寧
葉伯壽
義州
建昌
古北口
承徳
平泉
三十家子
錦州
宣化
松嶺子
叨爾登
新臺邊門
喜峰口
石門
山海関
北京
正定営
蘆臺
開平
天津
大沽
0
50
100
150
Km

十月二十五日頃、奉天境辺外の集団は、モンゴル人や喇嘛廟宇に遇えば、すべてこれを焼き殺し、掠奪破壊し、「相従いて入教すれば則ちこれより蒙古の欺圧をうけず」(104)と宣伝しつつ動きまわっていたが、十月二十八日に、辺界付近の朝北営子で奉天官軍の攻撃を受けて敗北した。その後、照樹溝の「十字紅旗」を掲げた李洛道の集団や、黒城子の潘岳淋の集団もあいついで撃破された。二十九日には、平泉州判・于甫錡が率いる郷勇を破って州判を死亡させた楡樹林の黄旗集団が(105)、また同じころに建昌県葉柏寿で紅旗集団が、それぞれ直隷官軍によって撃敗されている。こうして、数十の小集団に分かれて、それぞれ連絡を保ちながら馬賊や飢民を糾合して活動していた数万の蜂起軍は、次第に各個撃破されていきはじめた(106)。十一月四日には、毛家窩舗で大砲・抬槍で激しく抵抗した「紅黄大旗」集団も撃破された。厳冬の寒さで死者は硬直したまま、野ざらしに置かれた。

この冬は例年になく寒く、雪も一尺ばかり積もるなか、反乱軍は縦隊を乱さず、陣形を取りつつ、「退却せず、前が倒れれば後ろが乗り越えて上った、天気は寒冷で、賊衆はみな窮苦の農夫が多かったから、短い綿襖や破れた綿褲を着ていたから、手を伸ばせず、両肘で刀や銃を抱きかかえて、それを腋の下に挟んで、そのまま頭を低くして『殺（シャー）』と喊んで進んだ」(107)と言う。

十一月十四日の下長皐での、楊悦春を中心とする集団との戦闘の様子を葉志超は次のように伝えている。

賊已に麕至す、大半は墨を用いて鼻を塗り、……口は咒語を念じ、前を向いて直衝し、槍砲を施放し、子《たま》は雨点の如し。十分兇悍なり(108)。

また、黒山地方では、「頭目は身に黄袍を穿き、掐訣念咒して指揮して拒敵するごとし」(109)といわれている。吉林府下の煙筒山での戦闘(110)（十一月十九日）についても、

賊は小黄旗を以て邪術を施展し、我軍の槍多く炸壊す、賊は内より闖出し槍子は雨の如し、……兵団の傷を受く

るもの数十人、均しく退意なく、穢物をもって抬槍に装入して連撃す。賊始めて驚乱し、紛紛と逃竄す。[111]

とか、

日前、官兵と接杖せる時、まま紙人紙馬を用いて声勢を助けるも、嗣いで邪術不霊によりて、擒獲されるにいたる。[112]

という報告がなされている。これらの宗教反乱に特徴的な、超自然力に護持される聖性と穢物に象徴される俗性（超自然力を破る威力）との対立については、かつて王倫反乱で述べたことがある（「乾隆三十九年王倫清水教反乱小論」[113]）ので再論しないことにする。ただ、貧苦の民衆が踏みにじられたとき、「制度的手段」の欠如のために、政治的あるいは経済的な要求へと合理化しきれない民衆の内なる根源的な抵抗は、極めて倫理的なかたちで現われざるを得ないのであり、そのかれらの根源的な倫理的欲求を世界観的に基礎づけているものが民衆宗教であり、宗教的に激しく世界を二分し、その宗教的聖性を激しく生きることを通して、かれらの倫理的欲求が表出されているのだ、とこれらの現象は解されねばならないだろう。それがいかに迷信的であり、疎外態であろうとも、そうである。

十月十二日に敖吉地方で蜂起して、モンゴル人を襲撃し武器馬匹を奪った李国珍の集団は、十日余りのあいだに数千人に膨れあがった。蜂起軍は李国珍を、「開国府」北方の戦闘を担う「掃北武聖人」とした。この北路方面軍は、奈曼・海林・東翁・牛特各旗一帯を掠しまわり、十一月二日には烏丹城を落とし、貝子府を占拠して、その一部を、平泉・楡樹林・毛家窩舗での敗北に復讐させるために南下させ[114]、ついで赤峰県城周辺一帯に四、五千人を集めて、二十余営を立て、「八卦の方向に按って名目を混立」した。十一月十六日、この軍に対して、直隷練軍をはじめとする諸軍の攻撃が開始された。この戦闘で、かなりの火器類のほかに、他部隊と連絡しあった書信や、逆示、黄蟒袍、『紀効新書』、『多明歴（東明暦）』、『萬全通』、神牌が鹵獲されている。[115]この戦闘で李国珍は負傷して捕らえられ、烏丹・

赤峰一帯の蜂起も鎮圧されるに至った。

十八日、吉林省長春府城外の鬼王廟で不穏な動きをしていた教匪の謝添明・楊泳剛ら十名が捕らえられた。かれらは朝陽蜂起に加わったが、敗北を喫したため、鬼王廟の僧の蘇姓のもとに逃れたが、二十八日に長春城に入城して獄を破り、多数を脅従させて、再び朝陽へ戻る計画を進めていたのだった。また奉天省懐徳県にも教徒がおり、遼河の東の教徒を糾合して一斉峰起し、熱河を救援する計画もあったという。(116) 金丹道組織の広汎な分布を示す動きである。

下長皐の戦闘を逃れた楊悦春は、部隊を集めて救援を図ったが果たせず、その後、金廠溝梁の山洞内に潜んでいるところを発見され、十一月二十七日に子や叔姪とともに捕らえられた。(117) 後に天津で処刑される。

こうして酷寒の朔風吹きすさび粉雪の舞うなかでの幾つかの激戦を経て、数万の屍を野にさらすことになった反乱も鎮圧された。

金廠溝梁を活動拠点として、朝陽を占拠し、赤峰を攻撃、黄袍を着て〈皇帝〉とか〈開国府総教師〉と称したこと、残存勢力の吉林・奉天各地での広汎な活動、金匪や「土匪」分子の参入といった諸点からみて、金丹道蜂起がさきの咸豊同治年間の李鳳奎の騒乱ときわめて似た行動パターンを見せていることがわかるであろう。民族間の対立矛盾の激化と教会勢力に対する宗教団体の思想と組織を中核とした闘争という新たな歴史的性格が加わっているが、行動そのものとしては、同じ地理的環境と蜂起形態を規定する諸要因とに歴史的継続性が存在したことがその大きな理由ではなかろうか。

この反乱の鎮圧に当たった葉志超は、その過程を清廷に報告しているが、そこでかれは、漢人が言ってきたのを信じて、モンゴル兵が無辜の者を殺していると、「匪党」（金丹道側）を庇うように、しばしば「蒙漢仇殺」という語を使い、反乱漢人の罪を軽くするように語っていたが、その奏摺を北京で礼親王世鐸（後のハラチン王グンサンノルブの母の兄）に咎められ、廷寄は葉志超を「剿匪不厳」「偏護邪教」と指責したというように、[118]いくつかの問題はあったらしい。しかし、その後かれは、直隷総督・李鴻章が朝陽の警報を聞くやただちに各軍に電飭して備えさせ、「電報は則ち消息霊通し、鉄路は則ち転運迅速」で、「口外を相距てること千余里、山路崎嶇なるも、……数日内に先後して趕到し」、奮勇したため、短期間に鎮圧できたのだ、[119]と総括している。すなわち、洋務運動の成果（電報・鉄道）がその効果をあらわしたのだというのである。これを反乱大衆の側から見たとき、これらは自らの闘争にとって巨大な威力をもった障害となるものであり、義和団の鉄道破壊・電信線破壊も、こうした経験を踏まえた側面もある。これについては、『「氷点」事件と歴史教科書論争』で述べておいた。

反乱後、モンゴル王公の「強覇取財（強引で無理やりの財の収奪）」「余糧の搶奪（余った穀物まで奪う）」が、貧民の「結党抗拒」を生じさせたのだ、と考えた清朝政府は、熱河統治の改善に乗り出した。そして蒙地佃戸からの田租徴収は、内地で王公荘田の田租を州県が代わって徴収する例にならって州県が徴収するようにされた。具体的には、都統が委員を派遣して、地方官吏とともに、戸毎にその租田の土地面積と納入すべき租額、田地の四址、催頭の姓名を調査、登記記入し、魚鱗結冊を作成、区切るに執照（免状）を以てした。秋の収穫後、州県の官吏がモンゴル王公の代わりに収租した。この収租官の不正には厳しい懲罰が規定され、また、商売をめぐるモンゴル王公との紛争についても、王公の私的責罰権を認めず、州県地方官による裁定によることになった。[120]総じて、モンゴル王公の伝統的権限が取り上げられ、中央権力を背後に持つ州県権力の公共的介入がなされるようになったといってよい。

五、反乱のあと――蒙漢不和・義和団・外モンゴル独立へ――

その一方で、当座の撫恤がはかられた。ハラチン王（グンサンノルブの父）から、慶親王奕劻にモンゴル側の被害の詳しい状況が説明され、内務府から三万両の撫恤銀が支給された。この金を持って翌光緒十八年にハラチン旗に赴いたのが候補知県だった満洲人の「晋昌」であった。かれは、一九〇〇年の義和団時には、奉天省副都統に昇任していて、その軍事責任者として義和団を支持し、混乱の拡大を作り出す張本人になるのである（それについては第六章を見られたい）。

反乱は鎮圧されたが、かれら民間宗教組織の活動が終わりを告げた訳ではない。その後も金丹道蜂起に関係した諸事件が摘発されている。幾つかの事例を挙げてみよう

光緒十七年十一月長春、吉林府属の煙筒山に賊千余人が集結した。その教主の僧の蘇安祥は、金丹道の匡姓らがすでに奉天省八面城方面で数百人を擁して活動しており、自分が多くを揃えるのを待って、再び起事《ほうき》することになっている、と供述したが、賊匪は官軍団練に圧迫され、山を降りて教匪孫剛の家に立て籠もった。が、間もなく撃滅された。この孫剛らはもとから「邪教」を習っていて、早くから異謀を蓄え、十一月初めより朝陽教匪の馬連啓が密かにやってきて、孫剛やこの匪らと連携して朝陽のために接応させようとしていたのだった(121)。

光緒十八年四月には、黒龍江省綏化庁で、教匪何広大ら三百余人と、朝陽の余党白眉法師ら百余人とが官兵の鎮圧を受けた。「混元門」に入って仲間と造反を謀っていた何広大は、先に吉林の煙筒山で謀反したが、黒龍江に逃れてきて、劉振慶を師として再起を図っていたのだった。再び逃走していたこの何広大が十九年三月に、吉林省で捕らえ

られ、黒龍江に送られてきた。その供述によると、かれは「玉虚、混元等の門」につぎつぎに入り、李深元らを師とし、……妙覚仙師を偽封されて、北路黒龍江の伝教謀反等のことを領（まかさ）れた。それでまず、（黒龍江の）江北で伝教し、……朝陽、赤峰、建昌、錦州、義州、寛城子などの所の教匪と結んで一党となった。それで、十七年の正月初一日に、朝陽から起手して、四路に送信して、一斉に造反し、城池を攻佔し、村鎮を焚焼して、共に天台山真人を挟んで、大事を図り、論功行賞はたちどころに到る、としていた。しかしまもなく、朝陽の事は敗れ、該匪（何広大）は自立を図り、はじめは煙筒山で糾衆し、……ついでは、逃げて黒龍江北の徐家囲子に逃げてきて、劉振慶らに再び逞（やろう）と言った。たまたま朝陽から逃げてきた白眉法師、李半仙と遇い、互いに助け合って党類を集め、……三百余人になり、囲子の堅固さを頼んで邪術を学習し、まさに挙手（けっき）を待っていたところだった、と語った。[122]

　これらのことから、金丹道蜂起は、奉天、吉林、黒龍江の他教門、馬賊をも巻き込んだ非常に広汎な連携を背景に考えられたものであった事がわかる。次の事例も同じような広がりを示している。

　光緒十八年、奉天省蓋平県は、不穏な動きを示していた石力坤を中心とする宗教組織を武力で弾圧した。[123]奉天省新民庁三台子人の沈国泳は、同治年間に外来の道士の曹義路から武聖教金鐘罩を習い、「入致して術を学べば能く刀兵の劫数を避け、槍炮も傷つけることはできなくなる」と宣伝していたが、かれから金鐘罩を学んだのが石力坤である。石力坤は、以前から金丹道の楊悦春や斉保山・潘岳琳らと交遊関係にあり、楊悦春らは蜂起を決行する以前に、沈国泳と蜂起について連絡をとって共謀していた。金丹道蜂起に際して沈国泳は、弟の沈国順・石力坤らを朝陽県の東北の黒城子に赴かせて、蜂起に加わらせ、官兵と戦ったが敗走し、全家を奉天省開原県八棵樹屯北王家堡に移して名前を変えて潜伏した。石力坤もまた同教の道士・魏中洋とともに蓋平県灰荘屯に潜行して、該地の李庭福らと結んで再び活動を始めた。かれは、李庭福の孫の李中央は青龍の附体である、と捏称して、これを推戴して「主」とし、石力坤は李中央を義子と認めて、自らは「蓋世法王」と称した。石力坤はまた広寧（現、北鎮）県民家屯地方でも金鐘罩を伝え、木印・符咒・幡布・槍刀を私造して党与を集め、蓋平・広寧一帯で活動するようになった。[124] この彼らの動きが官によって摘発をうけ、鎮定されることになったのである。この石力坤とは、前に述べた義州の郭柏令・郭広海の師傅であった石体坤と同一人物ではなかろうか？　二人を同一人物と認定するにはなお論証に不十分さが残るが、その可能性はかなり高いと思われる。

東三省に拡大した武聖教はその後も活動を止めない。日清戦争の最中の光緒二十年（一八九四）末の十二月、吉林省下に拡大していた武聖教組織による省城攻撃の企てが武力鎮圧されるという事件[125]がおきた。

宗師の劉明によって張家口から東三省伝教のために派遣された教首の孟毓奇は、沿途で百六十四人の「教首」（大弟子）を獲得し、かれらに三百人から五百人の信徒組織（これを「盤」といった）を領させ、多くの教徒を配下にもつ頭目には「総兵」や「元帥」の称号を与え、「天・地・雲三種の盤図」を証拠とした。信徒は、「山海関内外、もって張家口にいたるまで有らざる処なく」、その数は「数万の衆きに至る」、といわれている。その後吉林府下に至った孟毓奇は讖言を用いて朱承修の運命占いをやって、彼を「主」に仕立てあげ、頭目の張九令・岳詳らと「期を約して逆を謀る」ようになった。吉林府下で困窮生活を送っていた李添成は、光緒十八年に「如意門教」[126]を習っていたが、二十年八月に孟毓奇が朱承修の家で教を勧めているのを聞いて、孟毓奇を拝して師とし、法術を授けられた。それには「天盤・地盤・雲盤、能く槍炮を避く、の咒語」があった。李添成は十二月初めに、十二月十五日に蜂起を決行して吉林省城を奪う、まず官街に集結せよ、との孟毓奇からの連絡を受け、配下の七十余名を率つれて出発した。初八日、彼らは途中で、仲違いしていた于会海の家を焼打ちし、また食料等を入手するためであったろうが、白旗屯街で焚殺劫掠をはたらいたために、法特哈門の官軍の追撃を受けた。九日に官街で元帥・張九令らの三百余人の隊と合したが、追尾してきた官軍の攻撃を受けて瓦解敗北した。この十二日の戦闘で大量の武器のほかに、私造した木印・黄令旗・〝坎〟号の掛四十件余が鹵獲されている。張九令の上には、「関内外の総教首」で、蜂起の「軍師」となった孟毓奇、「偽主」朱承修がいることが供述され、他の「偽帥」「偽将」らとともに逮捕処刑されたのである。この事件は、日清戦争のために吉林兵の大半が奉天省内に動員されている間隙をぬった蜂起計画の流産であった。

義和団事件の起きた一九〇〇年の春、ハラチン旗の街上では、山東各地で新しい教えが起こり、風雨を呼び起こし、銃も刀もはじき返す霊妙無比なもので、子供に伝えている、云々という奇妙な情報が伝えられるようになった。[127] 古北口などを通ってやってきた漢人たちは関内で、その咒語、神壇の乩語、伝教の理由などを書いた文字を写して持ってきた。「義和団」とは言わず、「教」といった。人々は群を作って関内からやってきた人を取り囲み、新しいニュースを得ようとした。そしてそれを文字にして伝えた。三月になると、熱河や平泉州で少年達の練拳が見られるようになり、間もなく、赤峰や山村の村々にも練拳の風潮が広まった。五月の節句頃にはその風は極めて盛んになり、地方官が禁止しようとしても、北京の西太后が重んじている「義和団」だと伝えられていたから、いかんとも手出しが出来ず、ますます増長した。後には多勢で州県衙門に押しかけて武器食糧を要求し、応じないと、「二毛子」として殺害するぞ、とまで脅すようになり、官は、諾々と従うよりほかなかった。権威は地に堕ちた。興味深いのは、練拳をはじめたのは、漢人の少年で、モンゴル人の少年には、おまえらには「神は乗り移らず、咒文を念じても霊験なく、修練は成らない」と言い、自分等は将来、国のために功を立て、封爵をもらうのだ、それも目前（もうすぐ）だ、おまえら蒙古は上に旗主がいるだろう、どうして皇恩を受ける希望があるか、と言って追い払ったというのである。——これは文化大革命期の毛沢東の承認を得た紅衛兵の傍若無人の振る舞いと同じであろうし、彼らは「国」つまり「清朝」のために功績を立てて、清朝皇帝から「封爵」を貰おうと考えていたのだということがわかる。つまり『扶清』は、「清を扶けること」にほかならないのである――。

五月から、北京では教会が焼かれ、北堂を包囲していると伝えられ、このニュースが伝えられてから、平泉州、建昌、朝陽、赤峰のカトリック教会（ベルギー教会担当）が焼かれ、教民が殺害されるようになった。老哈河の東岸（敖漢・奈曼旗）に張連升を頭とする三百余人の団が出来た。かれらは拠点の「公所」を設け、その家の中に黄紙の牌位を置き、前に香炉を置いて、一日中線香を焚き、あらゆるところに黄表や朱色の咒符を貼り、二本の樹には、『扶清滅洋、除胡掃北（清を扶け洋を滅し、モンゴルを除き北を掃す（きれいにする））』という大旗を掲げた。そして天津から招来した大師兄、二師兄ら二十余人がいて、大挙を図ろうとしていたという。汪国鈞は、義和団のこの形状から見ると、「紅巾教匪の余孽（金丹道の生き残り）」が義和団に藉りて再び動き出したことは疑いない、と記している。わたしも同じ見解である。義和団はこうした流れの民衆の運動として突出してきたのだ、というのが起源についての私説であるが、それをよく説明する事態であろう。それ故にまた、モンゴル側は警戒を強め、各旗に連絡し、附近の開明的な漢人と連合して、ハラチン旗王府からモンゴル人の海元、趙鶴亭らに兵を連れて出発させ、その地の団練を会合、旧暦七月一日に攻撃を開始し、戦闘でもって五百余人を鎮圧した。

実は、この戦闘をモンゴル側で指揮したハラチン右旗管旗副章京の「海元」という人物が、後に「海山」＝ハイサンと改名した人物、つまり、後に外モンゴル独立に決定的な力を発揮することになる人物だったのである。その経緯は後に見ることにしよう。

赤峰の義和団は、天津など内地から来た団と本地の団が対立し、二派対立の果てに、不死身の術の試射で、少年を叔父が射殺する悲劇が起きて群心が動揺したのを機に、知県が大師兄を捕らえて弾圧し、散じさせた。そして他のところも散じたという。これまた、各地の義和団によく見られた派間対立で、文革期の紅衛兵の派間対立と同じである。

朝陽県では義和団大衆と金丹道・在理教徒たちが、熱河一帯のキリスト教の中心となっていた松樹嘴子教会を襲ったが、その際、かれらは武器を鏵子溝の連荘会から借りたのだった[128]。その後、満洲に入ってきたロシア軍が十一月にここに進駐して来て教会を解放すると、教会側がそのロシア軍を導いてこの連荘会の村々を、義和団に協力したとして襲い、連合軍と教会による在地への報復が開始された。義和団によって生じた教民被害の賠償を要求し掠奪を行なうロシア軍・教会勢力に対抗して、連荘会各村は鄧莱峰を総会首とする「拒洋社会」を結成し、教民・外国人と激しく対立し、ロシア軍・清軍・教会武力と戦闘を交えるまでになった。一九〇一年九月の北京議定書締結後、朝陽に赴いた直隷提督の馬玉崑は両者間の調停を行なったが、教会側はこれを受け入れず、北京のフランス公使を通じて清朝政府に拒洋社会の鎮圧を迫った。清朝政府は提督馬玉崑に武衛軍の騎馬・歩兵部隊二十五営をもって武力鎮圧することを命じた。一九〇一年一一月、圧倒的な武力の前に鄧莱峰らの拒洋社会・連荘会は撃滅されたのだった[129]。この事件については第六章で改めて詳しく述べる。

この朝陽県の軌跡は、直隷省各地での義和団期の連荘会による教会攻撃、そして失敗後の教会による地方賠款賦課、その拒否の騒動、そして広宗県の景廷賓の「掃清滅洋」蜂起へと辿ったそれとほとんど同じ軌跡を示している（前著「結章」参照）。

一九〇一年冬、奉天省の海龍・通化一帯で活躍していた王和達・董老道らの義和団が、鴨緑江河畔の帽児山の楊老太太を首領とする六合拳組織に合流した。楊老太太はかつて一八九一年の金丹道蜂起に参加したことがあり、敗北後に彼女は、各地を転々とし帽児山で秘密結社の六合拳を組織していた[130]、といわれる。法術を伝習し、拳棒を教練し武装した三千人余りの組織は弁髪を割落して紅巾で束ね、義和拳の如く装った。六合拳組織は海龍城を襲撃したり、通化附近で清朝巡捕隊や団練と戦闘を交え、ロシア軍に抵抗する勢力の一つとなったが、関東州司令官アレクセーエフが出動させたロシア軍と、忠義軍から官軍に身を寄せるようになった依凌阿と劉宝書の部隊、奉天の騎馬歩兵部隊、これらの攻撃を受けて敗れ、王和達は捕らえられて処刑された[131]。しかしその後も、「各種のヨーロッパ人を仇視する私教」、「依然これあるのみならず、かつ日に一日と甚だしい」、「なお在礼会、混元門、八卦門と六合拳等の名目あり、情迹は詭秘、朝夕に地方を更易し、甚だしくは衆多の人を聚めてひそかに会を倣すの情事あり」[132]、といわれるように、秘密宗教団体の活動は潜行していった。光緒二十七年（一九〇一）に、「風聞するに熱河黒城子地方にいま匪徒の六合拳を演習する情事あり」[133]と記され、また東清鉄道に駐在していたロシア人は、鉄嶺県城南の関帝廟内で子供がひそかに「六合拳」を演習していると報告してきた[134]。一九〇二年から〇三年にかけて瀋陽・本溪の小市・営口・鉄嶺・柳樹河子・夾皮溝などで、義和団あるいは六合拳の法師やメンバーが捕らえられている[135]。

光緒三十年（一九〇四）、奉天省開原県・鉄嶺県の交界地区で〈混元門教〉（混元門学好）が発覚摘発された。開原県はかつて沈国泳らが逃れたところであるが、八月に混元門に入って六合拳を行なっていた八名が捕らえられ、そのときに、『呈奏天廷表』、抄写された符呪・道書、『修真宝伝』、「八卦図」、道帽、「計道経」「師宝経」「師宝」の印章、「祈福達天」字の印板、観音像、道袍、『金剛般若経』などが押収されている。

かれらは、李大法師（守一）を中心に、高七標子、王智剛、高万知、崔子心を承辦人として、教徒から銭を集めて山地を買い、家屋を建てて、「練拳の壇場、伝道の用と作（な）」そうと考えていた。練拳と伝道とは一対のものと考えられているのである。捜獲された邪書の中には、「神拳は天人勝会の用に備う、異種の孽冤、彌天の罪過」などの語があったというから、かれらが演練する六合拳は、まさに天人勝会の用に備うる「神拳」であると考えていたことがわかる。事実、「混元門人らは房（いえ）を蓋妥し、急いで神拳を操練し、法師の伝示を聴いた」、「練拳のときには、焼香・上供・念咒し得てはじめて打拳し、槍刀を避阻することができ、練拳功天すること一百日で成る」、と供述されているのである。[136]

「刀槍不入」の金鐘罩や「神拳」がここでも民間宗教にまとわりついている姿が確認されようし、そうした民間宗教や「神秘的な力」が、移住社会の漢人下層民たちを結びつけ、糾合させ、抵抗組織を作らせたのだった。その意味で、かの神秘的な「義和拳」「神拳」もこうした民間宗教（「白蓮教」）と繋がった形で継承され、危機に人々を結合させ、危機を乗りこえることを可能にする魔術的力として姿を現わしたことを示していよう。そしてこのような民衆の活動はやがて、東北満洲における紅槍会や大刀会の活動に繋がっていくことになるが、それらが濃厚な「迷信」や「落後」性を多分に保有しつつも、農村自衛力、そして、帝国主義的な侵略に対する民族的な抵抗力となったことは周知の事柄に属する。[137]それは、紅槍会や大刀会がやはり何らかの大衆的自衛の真実性を持っていたからにほかならないからであり、その意味で、金丹道蜂起は満洲東北地方における漢族中国人の民族主義的な運動の先駆を為すものであったともいえよう。

しかし、モンゴル人側からの歴史像はそれと著しく異なってくる。最後に、この反乱がなぜ起きたか、どのような影響を後年に与えたかについて、モンゴル人側の歴史像を中心に触れておくことにしよう。

汪国鈞『蒙古紀聞』はこの反乱を次のように歴史的に総括している。[138]傾聴に値する見解なので、少し詳しく見ることにしよう。

モンゴルが開墾して民を養うようになったのはハラチンの地が最も先であった。当時モンゴル人は牧養を尊び、土地を貴ばなかったから、（漢人が）（土）地を領する（蒙古が貸し与える）ときに遇うと、某処の地一段、四至を（大体の規模輪郭はこれこれと）注明して、此の山の分水嶺から彼の山の分水嶺までの内の地、若干畝、と指さして与えたのであるが、しかし、この四至（大体の規模輪郭）の辺荒余地（辺地の未開墾地）は、開墾地の畝数の数倍にのぼった。もと地価（土地代金）を交（わたす）こともなく、また紅契地照（旗の役所の納税済み、或いは登記済みの印のある土地証書）を給えることもなかった。後になって租を交し（小作料を納め）、地牌（土地の書類）を発給するようにしたので、今まで双方が凭（根拠）にしてきたのは、この交租地牌（小作料支払いについての土地書類）であり、決して原照（土地を領した時の書類）ではなかったから、即ち、本旗にもまたこの底据（根本書類）はなかったのである。だからその佃戸らがその辺境の荒地をすべて開墾してしまい、地畝（開墾地の面積）は数倍にもなった。しかし納めるところの租（小作料）は、いぜんとして原数に照らしたものであったし、さらに、年に拖欠（納租引き延ばしと不納）があり、全部（全額）を収めない者もいた。こうした弊害の状況は、本旗は知らないわけではなかったから、土地の計測をきちんとして、眉目をはっきりさせようと思ったのだが、しかし漢人はそれを承知せず、いろいろ形容（かたちすがた）で露わし、仇仇暴暴（恨んで暴れる）行動を見せるようになった。十七年の紅巾の乱（金丹道反乱）は、すなわち、この原因に因るのである。

弊害整頓のためには土地清丈が必要なのだが、それをやると紛争を引き起こすから、ハラチン旗では今（一九一八年）でもまだできてないのだ。

モンゴル人は光緒十七年（一八九一）に難を逃れてから、乱を厭う心がまさり、さらに（外蒙古の）ジェップツンダンバ・ホトクト（活佛）がビラを散布して、モンゴル人はずっとこの地に住むことは出来ない、シラムレン河より北に移住して安楽を得るべきである、と謂ったので、モンゴル人は家と祖先をすてて、家屋田畠を安い値段で私（こっそり）と近くの漢人に売ったのは、皆このためであった。ハラチン右翼旗一旗だけでも、近二十年来（一九一八年頃まで）、ジリム盟の各旗に逃げていったものは六千余戸を下らなかった。

この反乱の後、モンゴル人と漢族との猜疑は日に深くなり、恨みも日に深くなって、互いの境界がますますはっきりし、融合はますます難しくなった。今（一九一八）に到るもなお境と区分が残っているのである。反乱は当時のモンゴル人にとっては二百年いまだなかった惨禍だった――双方の死者は十万余、金丹道徒側二万、モンゴル人七、八万といわれ、たとえば敖漢旗のモンゴルの人口は百余年後の今日でさえまだ反乱前まで回復していないという――。これ以後、民国元年まで、つまり辛亥革命まで、時に謡言が流れた。漢人がモンゴル人を殺そうとしている、或いはモンゴル人が漢人を殺そうとしている、と。こうしたこじつけの言葉がときに聞かれた。幸いそれは起こらなかったが、ただ互いに武器を備えて不虞の事態に備えたのだった。

外モンゴル独立へ

一九一一年七月ごろから、北方のハルハで、モンゴルの独立を企て、ロシアの援助を求めようとする密議が始まり、それが外モンゴル独立、ボグド・ハーン政権につながっていくのだが、その密議グループの中に、南部内モンゴルの出身者がいた。その代表的人物が、ハイサン（海山）である。中見立夫の研究によると、[139]この「ハイサンが庫（倫）（フレー＝現ウランバートル）に来なかったら、外蒙は或いは独立のことが有るに至らなかった」（陳録『止室筆記』）といわれる役割を果したという。そしてかれは、一九一一年一二月の「大蒙古国」成立時に「内務部司官」（チエリン・チミド内閣総理兼内務大臣の下の次官）として政府要員に入っている。[140]かれはジョソット（卓索図）盟ハラチン右旗出身で、一八六二年ごろに生まれているから、金丹道反乱のときには、三十歳近くになっていて、ハラチン旗の役人としてこの反乱を直接経験していたのである。

その後かれがどのようにして、外モンゴル独立へ関わって行ったのかを追ってみたい。というのは、彼だけでなく、何人かのモンゴル人のその後の政治的文化的な活動にこの金丹道の動乱は色濃く影を落としているからである。例えば、民俗学作品『蒙古風俗鑑』の作者・ロブサンチョイダンである。かれは後に日本にも来て活動した人物だが、一八七四年にジョソット盟ハラチン旗の農家に生まれているが、この反乱で家を焼かれ、反乱のショックで母が病死するという悲惨な体験を直接味わった。彼はその後他処に移住したモンゴル人の人口調査をしたりした後、北京に行って滞在していた折に義和団事件に遭遇し、日本軍支配地区だった北京北部の雍和宮で八カ国聯合軍の支配を見聞したことが、その思想形成と来日（一九〇九年に東京外国語学校のモンゴル語教師になる）の大きな契機になっている。[141]ハイサン（海山）の場合も同じような軌跡を見ることが出来るのである。

ハイサンが金丹道反乱の後、義和団事変のときにモンゴル兵を率いて、金丹道の生き残りの張連升らの義和団を攻撃したことは前述したが、張連升はこの戦闘を生き延びた。それでハイサンと張は仇敵になった。張の住む杜家窩鋪村はハイサンの蘇木梟村の隣だった。ところが、張連升は漢籍で平泉州の管轄下にあったから、ハイサンは蒙旗ハラチン王府の役人だけれども、張はハイサンに決して頭を下げることはなかった。張連升は抵抗して、王府に租を納めなかったらしい。それでハイサンは張連升を拘捕した。ところが漢人を管轄する平泉州から張を引き渡すよう要求され、引き渡さざるを得なかった。前述した反乱後の規定変更で、蒙漢の紛糾は州県によって審理されるようになっていたからである。ところがその押送中に不幸な事態が起きた。張連升が死亡したのである。自殺したともいうが、護送役人は責任逃れの苦し紛れに、ハイサンが殺したのだと言ったらしく、張連升の家族がハイサンを訴えた。グンサンノルブはこの時ハイサンを庇護できなかった。それで、「犯案に因りて、ロシア国に逃避した」と言われるのである。一九〇二年の冬のことだった。[142]ロシア国とは、ロシアではなく、東清鉄道建設の拠点、ハルビンのことである。

義和団事件後に、鉄道の修復は進み、ロシア軍の満洲占領が続いていた。かれは、このロシア軍・鉄道の中心地ハルビンのロシア人の所に四年ほど潜伏していて、光緒三十三年（一九〇七）に外モンゴルに行くことになる。一九〇九、一〇年頃には彼の外モンゴルでの活動が知られている。このハルビンにいた間にロシア語を学んだらしい。ハルビンでは、東清鉄道会社が発行した（一九〇九年五月～一九一八年一〇月）モンゴル語新聞の編集者だったという。こうしてかれは東清鉄道防衛を理由に進駐してきた北満洲のロシア勢力に接近したのである。金丹道反乱と義和団事件での蒙漢対立をめぐるかれの権力経験が、流浪の逃亡者としてロシア勢力の中に潜伏する過程で、ロシアの影響を受けて清朝中国・漢族からのモンゴル独立を考え始めたことが窺われるのである。

もう一人がオタイ［ウタイ、烏泰］（一八七九年生まれ）である。かれは、ハイサンと同じく独立した「大蒙古国」政府の刑部副大臣として入閣している。かれはジェリム盟ホルチン右翼前旗の出身であったが、事情で、一八八四年（光緒十年）に他所のザサクト郡王になり、ジェリム副盟長になった。ところが、この承襲が「疎支」（血統無視）で行なわれたというので、かれの旗の協理台吉らとの間で紛糾が起き、理藩院まで持ちこまれて長年もめることになった（一八九九年、一九〇〇年にオタイの札薩克、副盟長の革去ということで、一応決着らしきものになった）。この間、旗財政は巨額の借金を抱えていた。歴代郡王が北京に年班に出かけ京邸に滞在する時の費用を北京の金融機関から借りたことが主因だが、贅沢も原因で、返済に窮していたのである。こうしたモンゴル王公の状況は、汪国鈞『蒙古紀聞』にも書かれていることで、後のハラチン王グンサンノルブの旗政改革(143)での冗費削減が必要になる背景と共通であったことが分かる。それで彼はどうしたか。南部のハラチン旗や土黙特旗のモンゴル人を私に招いて開墾に開放し、押両銀を得てその借金返済に充てたのである。しかし完済は出来ず、後にロシアから借金することになり、ロシア勢力と結びつくのである。招墾されたこれら南部のモンゴル人は、蒙漢雑居の中で早くから農耕を学んでいたことが知れるが、彼らはおそらく、金丹道反乱やその後の蒙漢対立を逃れて北行した者たちであったろう。

こうした頃に義和団事変で東清鉄道防衛のためにロシア軍が満洲に入り、主要都市を占領した。一九〇一年に一人のロシア人が護照をもって東部モンゴルを遊歴し、札薩克旗を訪れてオタイと知り合った。オタイはこの頃、先の協理台吉らとの紛争がこじれて、かれは難を逃れて黒龍江（ロシア人が占領しているチチハル）に行って、ここでロシア人コミッサール（国境管理官）に会い、その伝手で、政治的「避難」を名目に東清鉄道本社のあったハルビンに行き、ロシア人の「百里総督」グロデコフ（将軍、第六章参照）の歓待を受けた。この時オタイはロシア側にツァー宛ての手紙を託したという。どうもこれが、モンゴル人がロシア人と関係を持つようになった始まりであるらしい。

ということは、ハイサンの例にせよ(144)、オタイの例(145)にせよ、この金丹道反乱や義和団事変を契機に、その後の日露戦争という変動を通じて、モンゴル人が清朝中国から離れ、ロシア人や、やがて南満洲から東部内モンゴルに姿を見せる日本人と接触するようになったことが見て取れるのである。その影響はやがて大きな意味を持つことになるが、その意味で、この金丹道反乱と義和団事変は、モンゴル社会にとっては、その後の現代史へ至る激動の展開の幕を上げた大きな衝撃だったと言えるのである。

辛亥革命期にモンゴル独立の動きが出るのは、清末の清朝政府による中央からの支配を強化しようという「実辺政策」によって、モンゴルの伝統的支配が強行に変更されたことに対する反感が彼らを独立へと突き動かしたからだといわれているが、ハラチン王グンサンノブルの改革（父王の暴政を改革するよう進言したのはハイサンだという）、内外モンゴルの独立志向、日本軍部と連係した満蒙独立運動などの展開は、この反乱に顕在化した東部内モンゴルにおける蒙漢対立のこのような歴史的経験を前提にして始めてよく理解されるのであろう。その意味で、一八九一年の反乱はその後の外モンゴル独立へ至る歴史的展開の出発点的な位置を占めるのである。

外蒙古独立をめぐる歴史、国際関係、その外モンゴル政府の事情については筆者の能力の範囲をはるかに超えることであり、別の諸研究に委ねることとする。

註

（1）矢沢利彦「長江流域教案の一考察」、同「長江流域教案の研究」（近代中国研究委編『近代中国』第一輯、第四輯、一九五八、一九六〇、東京大学出版会）、里井彦七郎『近代中国における民衆運動とその思想』第二章「一九世紀中国の仇教運動」（東京大学出版会、一九七二）、王文傑『中国近世史上的教案』（福建協和大 民国三十六年）などの研究がある。

（2）『清末教案』第五冊―美国対外関係文件―（中華書局、二〇〇〇）、三〇四―三〇七頁。No.94、デンビーからブライアン、一八九一・六・二八。

（3）この事件を扱った論著に、吉林師範大学歴史系等編『近代東北人民革命運動史』第二章、吉林人民出版社、一九六〇、Richard Shek "The Revolt of the Zaili, Jindan Sect in Rehe (Jehol), 1891." *Modern China*, Vol.6, 1980.、汪国鈞「光緒十七年紅巾賊之変」（同『蒙古紀聞』瑪希　徐世明校注、内蒙古人民出版社、二〇〇六、所収）がある。本稿は、これらに大きな寄与をうけている。

（4）『承徳府志』巻二六　藩衛。

（5）『承徳府志』巻首一―一五　詔諭。

（6）『承徳府志』巻首二―七　詔諭。

（7）『朝陽県志』巻二五　風土。

（8）『朝陽県志』巻三三　紀事。

（9）乾隆五十七年に出口禁令が一度解除されると、喀拉沁《ハラチン》・敖漢などへの漢人移住がおき、『承徳府志』によると、出口漢民は、五五万七千余人（乾隆四十九年）から八八万四千余人（道光七年）に増加、十九世紀初めに内蒙古東南部では「開墾せる地畝が較多く、牧場は較少い」という局面が現われた（沈斌華『内蒙古経済発展史札記』一二一頁、内蒙古人民出版社、一九八二）。

(10) 汪国鈞『蒙古紀聞』瑪希　徐世明校注、内蒙古人民出版社、二〇〇六、二三一—二四頁。

(11) 『文宗実録』巻一二四—三四・三五。

(12) 宓汝成「満政府籌措鎮圧太平天国的軍費及後果」（『太平天国学刊』一輯、三七〇頁）。『文宗実録』巻二二九—一二・一三参照。

(13) 『穆宗実録』巻六〇—一四・一五。

(14) 『朝陽県志』巻三三。清朝は大銭鋳造と軍器製造の急需に応えるべくこの地区で銅鉱山の採掘を命じたが、官僚・商人の搾取のために鉱山労働者がしばしば騒ぎを起こした（『近代東北人民革命運動史』二四・二五頁）。民国『呼蘭県志』巻三参照。

(15) 劉毅生「太平天国期蒙古地区各族人民的反清起義」、『歴史教学』一九八一年六期。

(16) 民国『義県志』中巻。『近代東北人民革命運動史』二四頁は「抗糧」起義としている。

(17) 『朝陽県志』巻三三。

(18) 『文宗実録』巻三四三—九・一〇。『朝陽県志』巻三三。

(19) 『文宗実録』巻三四四—七・八。

(20) 『朝陽県志』巻三三。

(21) 『穆宗実録』巻一五—三四・五一、巻一七—一九・二〇、巻二八—五七。

(22) 『穆宗実録』巻八二—二六・二七、巻八三—二五・二六、巻八六—四二・四三。

(23) 『穆宗実録』巻一六〇—三一・三二、巻一六一—五・六、巻一七二—二三・二四。

(24) 王仲元は同治一四年に朝陽を攻撃している（『朝陽県志』巻二四）。以上の記述は朝陽周辺を中心にしたもので、東北地方全体については『近代東北人民革命運動史』二三—三七頁を参照されたい。

(25) 『徳宗実録』巻一八五—一六、巻一九〇—二・三・四。

(26)『李文忠公全集』奏稿五十「練軍剿匪獲勝摺」。
(27)『劉武慎公遺書』巻七 奏稿六「游民出口請飭将軍都統稽査片」(同治三年四月二十五日)は「長城坍塌処所不少、単騎独行、易於偸越、巡察尤難。比年山東曹州等府水患為災、多有游民出口謀生。直隷滄・青各処亦有同往者。……漸因肌寒流為盗賊。……馬賊之来多由乎此」とのべている。長城内外の馬賊活動については、巻八奏稿七「兜剿馬賊摺」等の各摺を参照のこと。
(28)『光緒朝東華録』(中華書局)第三冊、二九二三頁、光緒十七年六月。
(29)『李文忠公全集』奏稿五十「査覆口外剿賊情形摺」。
(30)『益聞録』一〇九五号。一八九一・八・二九。
(31)徐潤『徐愚斎自叙年譜』六三葉。収租局は種種の名目で附加税をとりたてた。
(32)『光緒朝東華録』第三冊、三一〇〇頁、光緒十八年四月。
(33)李文治編『中国近代農業史資料』第一輯　六五五頁。
(34)『朝陽県志』巻三三―一九。それについては次のような記述がある。「用碗口粗削尖的小樹、將人攛在半空、旋即落地、摔得脳漿崩壊、其草営人命、慘無人道大率類此。」
(35)汪国鈞『蒙古紀聞』、二頁。
(36)『硃批奏摺・農民運動』巻六〇〇―三三号、光緒十八年正月二十一日直隷総督李鴻章奏、(以下『硃批』と略す、陸景琪・程嘯編『義和団源流史料』中国人民大学、一九八〇、以下『源流史料』と略す、一四頁)。理藩院事務都統恩承なども、「蒙古頼客民耕種収租資生、亦実有相依為命之勢。風聞平時虐待客民、故此次匪徒得以藉口」といわざるを得なかった(『宮中檔光緒朝奏摺』(台湾)故宮博物院刊、六輯　七七二頁、以下『宮中檔』と略す)。また敖漢扎薩克「盗買該処常平倉穀、……民間所存糧米、亦恃勢強購、小民受繫」(『光緒朝東華録』二九六七頁)という。
(37)『宮中檔』六七九頁、恩承等奏。
(38)『宮中檔』七五八頁、定安・裕禄奏。
(39)『朝陽県志』巻三三。

(40) 汪国鈞『蒙古紀聞』、一―二頁。

(41) 『近代東北人民革命運動史』六五頁。
また、「熱河近年、政以賄成、婪索相競、自大府至牧令、罕能以廉公自持、取之僚属者、節寿有賀儀、到任有規礼、補欠署欠有酬謝、取之商民者、街市鋪戸有攤派、変本加厲、上下相沿、不以為怪。推原其故、非必貪婪成性、実由欠分太瘠、無以養其廉」(『光緒朝東華録』三〇九八頁、光緒十八年四月)とある。

(42) 『徳宗蛮録』巻三〇三―六。

(43) 顧奎相「清末金丹道起義初探」『遼寧大学学報』一九八〇年二期。

(44) 『硃批』光緒十八年正月二十一日直隷総督李鴻章奏。

(45) 『宮中檔』七三六頁、定安・裕禄奏。

(46) 顧奎相「清末金丹道起義初探」。

(47) 『徐悪斎自叙年譜』六二葉。五戒(殺・盗・淫・妄・酒)を守らせ、佛陀・菩薩・玉皇・老子を拝し、霊媒もやったという。(Paul Serruys, "Folklore Contribution in Sino-Mongolica", *Folklore Studies*, vol.VI. 1947.p.24)。

(48) 『宮中檔』八五七頁、葉志超奏。

(49) 『宮中檔』六五六頁、徳幅奏。

(50) 『近代東北人民革命運動史』六〇頁。

(51) 『徐悪斎自叙年譜』六二葉。教内幹部は李洛道、斉洛道、張洛師、姚洛師、黄洛師、刁洛道など、洛・道・師の字を用いた号をつけた。
朝陽の北の丘陵地を根拠地とするギャングの頭目の郭海は千人の部下を持ち、蜂起に際して朝陽を占領し「平清王」を号したという(Timothy Richard, "The Anti-Foreign Riot in China in 1891". North China Herald Office, 1892, pp.67–68)。郭海については、*North China Herald*, Dec. 11, 1891, p.814,『益聞録』一一二六号にも記録がある。

(52) 吉岡義豊『現代中国の諸宗教―民衆宗教の系譜―』(佼成会出版　昭和四九年)六〇、二四二頁。

(53) 程嘯「民間宗教与義和団掲帖」(『歴史研究』、一九八三年二期)、拙稿「清代白蓮教の史的展開」(『続中国民衆反乱の世界』汲古書院、一九八三)。
(54) 註(44)に同じ。
(55) 『宮中檔』八五七頁、葉志超奏。
(56) 『宮中檔』八四二頁、長順・富爾丹奏。
(57) 『宮中檔』八輯 八一五頁、恩澤等奏。
(58) 『硃批』光緒十八年十二月初三日盛京将軍裕禄奏(『源流史料』一二六頁)。
(59) 註(57)に同じ。嘉慶十八年の天理教反乱では『三佛応劫書』にもとづいて、林清が"天盤"、李文成が"人盤"、馮克善が"地盤"、牛亮臣が"仙盤"とされた(『平定教匪紀略』巻二九)。徐珂『清稗類鈔』宗教類「黄天教」にもみられる。
(60) 拙稿「清代白蓮教の史的展開」(『続中国民衆反乱の世界』汲古書院、一六六頁)参照。金丹道は「学好的」、"mi-mi chao"(「密密教」)ともいったらしい(Timothy Richard, *op.cit.* p.79)。密密教と青蓮教(金丹道)はいずれも江西省を活動舞台にしており、何らかのつながりがあるのかも知れないが、現在のところ不明。密密教については、野口鐵郎「明末清初における千年王国論的宗教運動」『千年王国的民衆運動の研究』東京大学出版会、一九八二)、同治『端金県志』巻一六を参照のこと。金丹教はのちに先天教と名を変えたという(Paul Serruys, *op.cit.* p.26.)。
(61) 『宮中檔』八二二頁、葉志超奏、七三五頁、定安・裕禄奏。
(62) 路遥『山東民間秘密教門』当代中国出版社、二〇〇〇年、一〇八—一一八頁。
(63) 興亜宗教協会編『華北宗教年鑑』民国三十年、五〇八頁、『蓋平県志』巻十一、宗教志。
(64) 徐珂『清稗類鈔』宗教類、在裏教。
(65) 末光高義『支那の秘密結社と慈善結社』満洲評論社、昭和十四年、二六二頁。
(66) 西順蔵訳『仁と学』(『原典中国近代思想史』第二冊、岩波書店、三七六頁)。
(67) 『奉天通志』巻九九、民国『輯安県志』巻三。

(68) 註(65)に同じ。
(69)『李文忠公全集』奏稿四「在理教請免査辦摺」。
(70)『硃批』光緒二十三年三月十三日、延茂奏。(第一歴史檔案館蔵)。「縁郭広海籍隷奉天義州、係正黄旗関永住領下人、一向唱書度日、在監病故之郭柏令係其胞叔。光緒十七年三月間、郭広海聞隣屯石体坤素習武聖門教、遂与郭柏令拝認石体坤為師傅、伝与咒語。後被本旗訪拏、逃赴熱河草白営子、投入教首王増股内、即封郭広海為平青王、商議起事謀反、陸続購備洋砲器械、置造旗幟。至十月十二日、王増因接偽主李国珍来信、即帯領郭広海等赴朝陽県木頭城子蘇万深家会斉、各持槍械奔往朝陽県、沿途裹脅居民、搶掠槍砲、共有千余人。至十三日、闖進朝陽県街、与護衛営勇接杖、並焚焼衙署、搜搶財物。後因同夥李林等声称与蒙古喀拉沁王有仇、遂允郭広海等前往報復。二十日、行喀拉沁王府、放火殺人、不計其数。二十七日又在五官営子与古北口官兵接仗、因拒敵不遇、越山逃逸。十一月初一日随同李国珍攻克烏丹城、十六日在該処林溝又与官兵接仗、因王増等被撃身死、郭広海等……逃至吉林双城堡……」
(71)『硃批』光緒十八年十二月初三日盛京将軍裕禄奏(註(58))。
(72)『宮中檔』八五七頁、葉志超奏。
(73)『益聞録』一一四九号、『光緒朝東華録』三〇五〇頁、光緒十七年十二月。
(74)『徐愚斎自叙年譜』六二葉。
(75)「平清滅胡」を掲げたともいう(『朝陽県志』巻二四)。
(76) 註(44)に同じ。
(77) 汪国鈞『蒙古紀聞』、二九頁。これは校注者の注釈で、資料的根拠は不明。だが、最も切迫した事態を押さえた文句と言えよう。
(78)『朝陽県志』巻三三。峰起の社会経済史的背景として、[一]、前年直隷で洪水が起き飢民が発生していたこと(『宮中檔』六二三頁、徳福奏。『清代海河灤河洪澇檔案史料』中華書局、一九八一、五三四—五五四頁参照)、「本年年景歉收、良泛之田僅収十之二三、薄田僅収十之一二」(『朝陽県志』巻三三)、[二]、該地方の貧窮生活(「見無衣苦民、其小孩則上身単衣、情尤

可憫」、「目睹男女老少、有無上衣者無下衣者、共在土坑向火、且無食進腹数天」、「看貝子以北之村子更加窮苦，不禁暗暗生憐」、『徐愚斎自叙年譜』六十・六二葉）がある。

(79) 汪国鈞『蒙古紀聞』、五頁。

(80) 五大旗編成とともに、大王・王・侯・九門提督・兵馬大元帥・元帥・先行・軍師・領兵・先鋒・総領などの職務編成を行ない、東路の土黙特旗一帯（王増・王福）、西路の平泉州喀拉沁旗（李青山）、北路の赤峰県（李国珍）、そして楊悦春部隊と、大きく分ければ四隊、林玉山らを加えると五隊に分かれたと考えられる（註（44）の楊悦春供述を参照）。

(81) 顧奎相「清末金丹道起義初探」。

(82) 註（70）に同じ。

(83) ラマはその地位を利用して官府にくい込み訴訟に干預したので民衆はかれらを恐れていたという（『奉天通志』巻九九）。

(84) *North China Herald*, Janu. 22, 1892. このスローガンが意味しているのは政権樹立の志向と考えていいのだろう。

(85) この頃、同地域に「黄羊教」徒千余人の動きがみられ、「術は能く刀槍を避く」といった（『宮中檔』六八六頁、崇善奏）。これは内蒙古の胡萌の「黄羊教」であるという（陸景琪「朱紅灯領導的義和拳闘争中的幾箇問題」、『義和団運動史研究論叢』山東大学、一九八二、七三頁）、註（135）参照。

(86) 『宮中檔』六八八頁、定安・裕禄奏、（「道匪中尚有女兵打仗、竟有女賊亦是奇聞」『徐愚斎自叙年譜』六五葉）。

(87) 『宮中檔』六五一・六八六頁、崇善奏。

(88) 顧奎相「清末金丹道起義初探」。

(89) 汪国鈞『蒙古紀聞』、七頁。

(90) 註（70）に同じ。『宮中檔』六四七頁、徳福奏片。

(91) 『宮中檔』六二八頁、徳福奏。

(92) 『宮中檔』六四七頁、徳福奏。

(93) 『宮中檔』六五五、六五六頁、徳福奏。

(94)『宮中檔』六五五、六五六頁、徳福奏。
(95) Paul Serruys, *op.cit.* p.25.
(96) 一八三八年にグレゴリウス十六世がパリ外国宣教会に満洲教区を委託、ヴェロール司教が一八四一年に雍正禁教以後も残っていたカトリック村、朝陽の松樹嘴村に入って以来、ここを中心に活動が続けられた(『満洲宗教誌』満鉄社員会、昭和一五年、二二三頁)。『教務教案檔』第五輯、三八二―三八五頁。教徒数万余人、教会付属の学校、孤児院もあった。
(97)『教務教案檔』第五輯 三三一頁。Timothy Richard, *op.cit.* pp.69-76.
(98)『益聞録』一一三五号、*NCH*, Jan. 22, 1892.『清末教案』第三冊、三一五―三一八頁。
(99)『光緒朝東華録』三〇六五頁、註(37)史料。林道源は殺害されて屍体を裂かれ、首を樹に懸けられた(薛福成『出使日記続刻』巻三―四七)。"The Northern Rebellion", *Chinese Recorder*, vol.23(1892).p.135. は、蜂起は平泉と朝陽・建昌の二ヶ所からなり、反教会闘争の契機は糧食の分配をめぐって教民に在理教徒が殺害されたが、事件がもみ消されたことに由る、という。Timothy Richard, *op.cit.* p.79. 参照。教民が殺したという点についてはなお未確定である。
(100)『宮中檔』六八二頁、徳福奏。
(101) 官軍出動に際して宣教師が該地地図を与え教民保護を図った(樊国樑『燕京開教略』下編 七九頁)。
(102)『宮中檔』六九一頁、葉志超奏。「此股賊匪、自起事以来、妄称妖術」という。
(103)『宮中檔』七三四頁、徳福奏。
(104)『宮中檔』七三七頁、定安・裕禄奏。
(105)『宮中檔』六九八頁、葉志超奏。このとき「偽教神銅像」が捕獲された。林玉山らの集団とも思われる。
(106)『宮中檔』七六二頁、李鴻章奏、八三〇頁、定安・裕禄奏。蜂起集団は各地の「教堂」に立籠もったが撃破されていった。
(107) 汪国鈞『蒙古紀聞』、一〇頁。
(108)『宮中檔』七九一頁、葉志超奏。
(109)『宮中檔』八二四頁、葉志超奏。

(110) 十一月一初めに朝陽から連絡が来て、教徒の孫剛らが朝陽に呼応して蜂起した。
『硃批』光緒十七年十二月十三日長順・富爾丹奏。「賊以小黄旗施展邪術、我軍槍多炸裂、賊由内闖出、槍子如雨、郷団頭目……練目……陣亡、兵団受傷数十人、均無退意、復以穢物袋入抬槍連撃、賊始驚乱紛紛逃竄、…賊中手執黄旗者即偽軍師孫剛、已於敗逃時、自刎身死。……該匪等与孫剛素習邪教、早蓄異謀、自十一月初有朝陽教匪馬連起潜至該処勾串、孫剛並該匪等起事以為朝陽接応、孫剛称為軍師、趙泳汎名為謀主、其所備槍砲刀矛馬匹、均係平日豫儲及掠取各舗家防夜之物、日前与官兵接仗時、間用紙人紙馬以助声勢、嗣因邪術不霊致被擒獲」。

(111) 註(110)に同じ。

(112) 註(110)に同じ

(113) 拙著『義和団の起源とその運動』研文出版、一九九九、所収。

(114)『宮中檔』八二五頁、葉志超奏。

(115)『宮中檔』八六〇頁、葉志超奏。

(116)『宮中檔』八四一頁、長順・富爾丹奏。

(117)『宮中檔』八五七頁、葉志超奏。

(118) 汪国鈞『蒙古紀聞』、一六頁。

(119)『宮中檔』八六三頁、葉志超奏。

(120)『光緒朝東華録』三二〇一頁。

(121)『益聞録』一一五一号、一八九一年一一月。また、注(110)を見よ。

(122)『益聞録』一二八一号、一八九三年七月。

(123)『硃批』光緒十八年十二月初三日盛京将軍裕禄奏（註(58)）。

(124)『蓋平県志』巻三は、光緒八年頃から〈混元門〉があり、教徒が数千人いたこと、光緒十六年に灰荘屯に白蓮教の伝来があったことを伝えている。

(125)『硃批』巻六〇三—一号、光緒二十年十二月十三日長順・富爾丹片(『源流史料』一二八頁)、『宮中檔』八輯 八一五頁、恩澤・富爾丹奏、『硃批』巻六〇三—三号 光緒二十一年三月二十五日増祺奏(『源流史料』一二九頁)、光緒二十三年三月十三日延茂奏(註(70))。『宮中檔』九輯、七八八頁、恩澤奏。

(126)同年十一月、黒龍江呼蘭県で単兆安らが組戯した儒門教(如意教)が『太陽経』を使用して消災免禍を唱えていたのが摘発されている。(註(125)の増祺奏)。嘉慶年間に発遣された安徽の王氏一族、劉松の子供らが伝えたものではなかろうか(拙稿「清代白蓮教の史的展開」『続中国民衆反乱の世界』汲古書院、一九八三所収、でこの儒門教と金丹教武聖教とを短絡させたのは誤りであった。訂正しておきたい)。

(127)以下の記述は、汪国鈞『蒙古紀聞』所収の「喀喇沁旗剿滅拳匪紀略」による。

(128)廖一中等編『義和団運動史』人民出版社、一九八一、四六二頁、『義和団檔案史料』四一三頁。教会は光緒初年設立(『朝陽県志』巻八、註(96)参照)。

(129)『朝陽県志』巻二三 忠義 巻三三。

(130)『義和団運動史』四九〇頁。

(131)『義和団運動史』四七八—四九三頁、黎光等『義和団運動在東北』吉林人民出版社、一九八一、一六九—一七四頁、吉林省社会科学院編『一箇俄国軍官的満洲札記』斉魯書社、一九八二、三一・四五—五一・七二頁。

(132)『義和団運動在東北』一七五頁。〈混元門〉は光緒三、四年頃からあるという(『奉天通志』巻九九)。

(133)『東北義和団檔案史料』八三頁。

(134)同右書、九四頁。

(135)『義和団運動在東北』一七五頁。その他にも「吉林有洪蓮門即紅羊教、暗図挙事」(《軍機処録副奏摺・農民運動》巻二九四一—五号 光緒二八年六月八日薩保奏)といわれた。註(85)参照。

(136)『東北義和団檔案史料』二四八—二五八頁。

(137)末光前掲書、渡辺龍策『馬賊』中央公論社、一九六四、など参照。

(138) 汪国鈞『蒙古紀聞』、一〇三―一〇四頁、一九頁。

(139) 中見立夫「ハイサンとオタイ――ボグド・ハーン政権下における南モンゴル人」『東洋学報』五七巻一・二号、一九七六。『止室筆記』につぎのようにある。「是時庫倫創辦新政日急、多不恤蒙情、蒙情始終無従上達、蓄怒愈深。適海山烏泰等由内蒙来庫、種種勧誘挑撥、杭達多爾済首先為其所動。陶什陶……亦聞風起。海山于外蒙独立之前四年、已在哈爾浜某外人家僑住、構結甚深、如無海山来庫、外蒙或不至有独立之事。至独立一節、亦不過有此名義而已、庫倫・恰克図等処、併無暴動、商旅不惊、照常営業、亦無駆逐辦事大臣出境之事。……嗣後海山帯兵往科布多、与中国防営開戦、致科布多全域夷為平地。海山焚掠淫殺……活佛大怒、海山全家被抄、功名幾不能保。」（呂一燃編『北洋政府時期的蒙古地区歴史資料』黒龍江教育出版社、一九九九、二一三頁）

(140) 陳崇祖『外蒙古独立史』（古川園重利訳、蒙古研究所編〔鹿児島〕、昭和四五年）一五頁。

(141) ハスチチグ「内モンゴルにおける近代啓蒙思想とその活動」（東京外国語大学大学院修士論文、二〇〇九）。

(142) 汪国鈞『蒙古紀聞』所収の校注者・徐世明の「序言」（四頁）、二〇九―二一〇頁、二二〇頁。

(143) 中見立夫「グンサンノルブと内モンゴルの命運」（護雅夫編『内陸アジア・西アジアの社会と文化』山川出版、一九八三、所収）、ハスチチグ前掲論文。内モンゴルでのグンサンノルブの旗政改革と袁世凱の清末直隷での新政は呼応しているように思えるのだが、次の註（144）の袁世凱とグンサンノルブとの関係を含めて、検討してみる必要があるように思われる。

(144) ハイサンの外モンゴル独立後については、次のようにある。
外蒙古政権内の勢力浮沈を味わうことになり、必ずしも居心地の良いものではなかったらしい。一九一五年に、当時袁世凱によって引かれて蒙蔵院総裁になっていたグンサンノルブとその顧問だったスウェーデン人宣教師拉理遜（Larson, Frans Augusut, 1870-1957, Christian and Missionary Alliance所属）からの、帰国して、共和国（中華民国）を建設しようという手紙で帰国を決心し、東清鉄道でハルビンを経由して帰国。袁世凱の任命で北京の蒙蔵院の副総裁になり、貝子の爵位を受けた。著作に『蒙漢合璧五方元音』がある（後のモンゴル人啓蒙家によって出版される）。一九一七年北京で病死（汪国鈞『蒙古紀聞』、二二〇頁）。

(145) オタイのロシアからの借款については、浜田純義・柏原孝久『内蒙古地誌』上巻、一五一五—一五二四頁に記述（「ウタイ王のロシアからの借款始末」）がある。外蒙古独立に呼応し、クーロンと連絡しながら蜂起したウタイの「東蒙古独立宣言」、軍事行動については、同書一五四三—一五四八頁に記述がある。これらを基にした博彦満都「科爾沁右翼前旗烏泰王叛乱始末」（内蒙古文史資料三十二輯『内蒙古近現代王公録』一九八八、一七四—一八〇頁所収）が比較的良い整理をしている。

第三章　一八九五年の福建・古田教案

――斎教・日清戦争の影・ミッショナリー外交の転換――

はじめに

日清戦争講和成立の三ヶ月後、一八九五年八月に福建省古田県で発生した反キリスト教事件＝古田教案は、一八七〇年の天津教案に次ぐ外国人犠牲者数（十一名）を出した事件で、在清プロテスタントにとっては最大の被害事件になったものである。そして、この事件を起こしたのが一般に「白蓮教」と呼称されてきた民間宗教組織「斎教（菜会）」だったこと、またその直後に起きる四川仇教運動や義和団の運動とどのように繋がる歴史的性質を持っているのだろうか、という意味で注目される事件である。だが何よりも先ず、なぜこうした悲惨な事件が起きたのか、その原因について納得のいく歴史的な説明が必要とされてきた。

その原因についての報告・研究を整理すると、次のようになる。アメリカ外交文書中に収められた事件直後に書かれた調査報告（ネウェル報告）[1]は、攻撃は、何人かが早くから画策して緒についた反王朝反乱を起こすために必要なものを手に入れるためのものだった、と結論づけた。しかし、古田と福州での裁判に立ち会い、その後も詳しい調査をしたアメリカ駐福州領事ヒクソン[2]は、攻撃は反外国主義が原因ではなく、秘密結社の全般的蜂起の一部だという解釈と、日清戦争に起因する政治的混乱によって生じた反官情緒が外国人に転換させられたのだという解釈とを挙げ、結局のところ、実際の原因はミステリーで、これだと確定できない、という報告を書いた。その後、一九四七年に先駆的な優れた研究を書いた王文杰[3]は、（1）県政の無能、駐防の衰弱によって、菜会が抗官打劫に慣れ、外国教会とその財産が対象にされた、（2）九一年長江流域教案を起こした哥老会と同じく、外交紛糾を作り出そうという意図があった、（3）日清戦争の影響、つまり清朝政府に対する反対だけでなく仇外（反外国）意識があった、（4）キリスト教と中国民間宗教（斎教）との宗教戦争の一例である、という四つの原因を並列して挙げた。M・ランキン[4]は、反外国主義は一つの要因だが、菜会は計画なしの無法活動の累積の結果として反乱へと巻き込まれていったのだが、他セクトとの結びつき、教民と菜会との組織的対立も見られ、攻撃の背後に横たわる動機をあまりにも完全に理性的に説明するのは間違いかも知れない、説明を難しくする多くの他の要因がある、と述べた。『教務教案檔』編集に従事した張秋雯[5]は、中国側檔案を使って、吏治腐敗、地方武力薄弱を背景に、菜会が勢力と暴力を拡大した、それで、銭財を獲得し、焦眉の災難を避け、政府に困難を与えるという実質利益の誘惑に駆られて攻撃したのであり、人間の貪婪さから起きた、政府権威の低落がそれを促進した、という。林文慧[6]は、菜匪と教民との積怨と宣教師の財富の掠奪が目的だったとする。外交史を専門とするE・ウェール[7]は、日清戦争と成都教案で悪化していた中英関係を悪くして、清朝を孤立化させようという反王朝秘密社会の反清活動の一手段だった、という。中国の謝必震[8]は、外国教会と斎教の対立が引き起こしたのではなく、貧民を主体とする斎教組織と封建統治との根本的対立が原因である、と主張する。

このように、事件の背景・過程その他が複雑であるため、王文杰が決定出来ずに並列して挙げた四つの要因のうち、それぞれがそのどれかの側面を強調して論じるという様相を呈しているのである。それは何に起因するか。実は、調

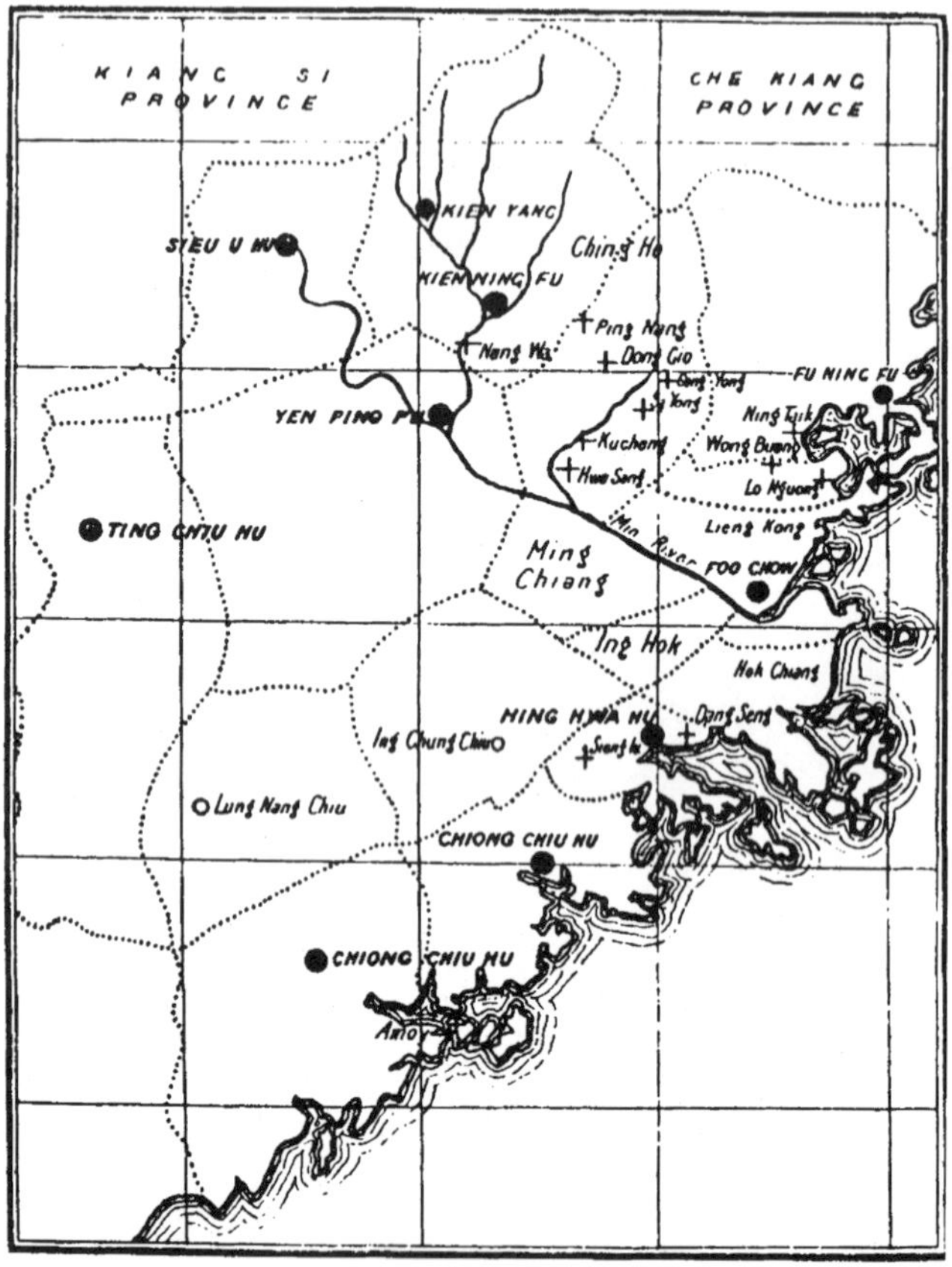

福建省地図

Kucheng＝古城＝古田　*Hwa Sang*＝華山　*Foo Chow*＝福州

査報告・檔案を作成した役人の立場と観点、解釈がそれぞれの資料に色濃く反映されて出されているからなのだ。単純化すれば、その後の諸研究が依拠する主資料が外国人の観点を打ち出した英米外交文書である場合は、反外国感情を利用して外交紛争を作り出そうという反王朝秘密結社の計画的攻撃だったという論になりやすく、中国側官憲の檔案に主として依拠するときは、官は責任なく、斎教と外国教会との対立、反外国の宗教対立が主因だという論になる傾向がある。全体としては、王文杰とランキンの研究が総合的で優れているが、諸要因のうちどれが主因で、どれが次因なのかの区別をすることができていない。その点、謝必震は官統治との対立に焦点を絞っている。

この揺れを止め、主因を確定するには、いささか迂遠な方法だが、微視的《ミクロ》な観察による確定作業が必要になる。それはまた同時に当時の福建社会の状況、日清戦争という戦時下の雰囲気というような枠組み・視野も必要とされるだろう。本章は、まず、この事件の原因を確定する作業を目的とするものであるが、実は、中国民間秘密宗教研究の一部でもある。そのため、実行犯の斎教については、かなり詳しく論じることにしたい。また事件が、それに数ヶ月先立つ成都教案とともに外交的にどのように決着されたのかは、これに続く一八九七年の鉅野事件の外交処理、そして一九〇一年の北京議定書とのかかわりと深く関連する重要性を持つのであり、その面についても論じる必要があるのだが、この点については、紙幅の関係があるので一応の言及に留め、詳細は第四章で論じることにせざるを得ない。

一、事件の発生

事件は光緒二十一年六月十一日（一八九五年八月一日）の早朝に起きた。福建省古田県県城から南東に離れた華山という山の上にあったイギリスの安立甘会（Church Missionary Society[9]＝英国聖公会宣教協会、後の中国名は基督教中華聖公会）の避暑別荘が武装した集団に襲撃され、一時間程の間に外国人男女および幼児児童十一名が殺害され、五人が重傷を負った。その有様は、事件後の調査尋問で明らかになるにつれて、目を被いたくなるような凄惨な事件であることが明らかになった。と同時に、ほとんど無辜の女性と幼児児童が殺害されるような惨劇がどうして起きたのか、それほど中国は野蛮なのか、と大きな反響が内外で巻き起こったのである。まず、事件の事実経過から整理しておこう[10]。

華山というのは古田県城から二十キロ程、福州から北西に百四十キロほど離れた山で、谷には斜面にへばりついた木造の三〇〇戸ほどの家々からなる同名村があった（写真No.5）。その山頂の竹林の間にイギリス聖公会宣教協会（以

聖公会の華山別荘。
スチュワート・ハウスとクーニャン・ハウス（左）

下、聖公会と略す）は避暑用の二軒の洋館を建てて、宣教師とその家族が使用していた。事件当日、ここには十七名の外国人がいた。聖公会のロバート・スチュワート牧師夫妻と彼らの五人の子供、子供たちの乳母のレナ、そしてChurch of England Zenana Missionary Society（アジアの女性に対する宣教活動をおこなった聖公会系列の修道女団体ゼナナ会布教会、以下、ゼナナ会と略す）のネリエ・サンダース、トプシー・サンダースの姉妹、この十人が一軒《スチュワート・ハウス》の家に住んでいた。もう一軒《クーニャン・ハウス》にはゼナナ会の五人の若い女性、ヘッシィ・ニューコム、エルシー・マーシャル、フローラ・スチュワート、アン・ゴードン、I・コドリントンが居住していた。華山にはそのほか、最近やって来たストウェル・フィリップ牧師がそこから歩いて五分ほど離れた民家に滞在していた。アメリカの美以美会（American Methodist Escopical Church）のWomen's Foreign Missionary Societyのシスター、マーベル・ハートフォードも歩いて二分ほど離れたところに借り上げた民家にいた。

七月三一日（初十日）の晩に彼らはスチュワートの六歳になる息子のハーバートの誕生日のために野外パーティをやっていた。目覚めの早い者は翌八月一日（十一日）の朝六時頃起床したが、六時三十分頃、スチュワートの二人の娘、十二歳のミルドレッドと十一歳のキャサリーンが家の裏の門の外で弟のために朝食のテーブルを飾る花を摘んでいたところ、向こう側から一群の人々がやってくるのが目に入った。子供たちは、荷担ぎ人夫が仕事をしに来たのだと思ったが、ミルドレッドが彼らの手に刀や矛が握られているのを見つけ、キャサリーンにはやく逃げなさいと叫んで、家に戻り、両親に告げた。キャサリーンは恐怖のために走れず、草の中なら見つからないだろうと隠れたが、男たちはその髪を掴み、中庭に引きずってきて、そこで殴った。彼女は暴れてその手を振り解き、家の後のドアに駆け込み、鍵を閉めようとしたが、うまくかからず、男たちの木棍が挟まれた。やっと鍵をかけ、自分の部屋に逃げ戻ってベッドの下に隠れた。ミルドレッドはベッドの上にいた。間もなく、男たちがドアを破って入ってきて、寝具を引き剥がし、引出しを抉じ開け、要るものを取り出し、窓台を壊して、ベッドにいたミルドレッドを殴り、刀で切りつけ、そして出て行った。その後、彼らはスチュワート夫妻ら大人を殺害したらしく、彼女らは、トプシー・サンダースが頬に切傷を受け、男たちにあちこち連れ廻されていたのを見ている。男たちの詰問に彼女がぐずぐずして答えないと、槍で刺した。また、金銭について尋ねられて、全部もっていかれたと答えるのを聞いている。トプシーはその後戻ってきて、姉妹に彼女の部屋に行って隠れるように言い、自分も出て行った。それ以後は彼女の姿を見ていない。二人はネリエ・サンダースがドアのところに倒れて呻いているのを見た。また窓越しに、男たちが四人の女性を殴殺するのを見た。一人の頭は潰れて角に転がっていた。バチバチッと音がするので出てみると、家に火が付けられていた。家に戻ってミルドレッドに告げると、彼女も起き出し、二人で召使部屋、阿媽室を通ったが、そこでハーバートが血まみれになっていた。かれの胴と頭蓋骨はひどい傷だった。二人は、乳母のレナが嬰児のシルビアを抱えて血まみれになって倒れているのを見つけた。シルビアは右目を刺され、脳にまで達していた。もう一人の弟のエバンは腿に傷を受け何ヶ所かを打撲して泣いていた。身体が動いたキャサリーンは、シルビアを抱え、エバン、ミルトレッド、ハーバートを屋外に出し、燃え上がるもう一軒の家の脇を過ぎて、小さな森に入った。しばらくしてコドリントンと中国人の男の人を見たので、声をかけ、彼の協力で子供とハーバートをハートフォードの家に運び、傷ついた残りの者も何とか連れてきた。

もう一軒の家《クーニャン・ハウス》では、戸外で読書をしていた一人が騒ぎを聞きつけ、スチュワートの家から槍を持った男たちがやってくるのを見つけた。コドリントンとアン・ゴードンの二人はドアに鍵をかけ、シャッターを閉めた。そして他の三人を起こし、逃げる準備をさせた。しかし間に合わず、男たちがドアを蹴破って侵入してきた。窓から出ようとしたが外からの槍で押し戻され、一ヶ所に集まって天に祈るばかりだった。男たちは金目の物を探しはじめた。彼らはベッドからシーツを剝がし、旗を作った。そのシーツに『龍爺は外国人の神を征服せんとする』と書き、また『神の子が戦争を発令した』と書いた。(11) 五人は機を見つけてキッチンドアから逃れたが、四人は後の建物まで行ったところで阻まれ、全身捜索され、銀銭を得ようとした男に指輪も取られた。この時ヘッティ・ニューコムは四人と別々になり、その後姿を見せなかった。四人は、スチュワート・ハウスから逃げ出して捕らえられたトプシー・サンダースとともに外に連れ出され、刀を持った男たちに取り囲まれた。彼女らをどう処置するかはまだ決まってなかったらしく、男たちの一人は直ちに殺せといい、もう一人は、古田に送って償金を取ったほうがいいと言った。華山村の老人が男たちに向かって彼女らの命を助けてくれるように懇願したところ、二千ドル出すなら、殺さなくてもいい、と言って放免する意があるかのようだった。しかし、手に紅旗を持った頭目（杜朱衣）が駆けてきて、「お前らは命令を知っているだろう。殺せ、殺せ、すぐに殺してしまえ」と叫んだ。手に何も持たない四人の女性《クーニャン》たちは乱殺された。二人は首と胴が離れんばかりだった。コドリントンは頭に一撃を受け昏倒したのが幸いして、かろうじて命を拾った。

近くに住んでいたハートフォードは叫び声を聞いて駆け出したが、林祥興という男に見つけられ、三叉鈀《まぐわ》で頰を刺された。彼女は渾身の力でそれを摑んで引き抜いたが、矛先は顔を貫き耳の後部に達していた。男は再度彼女を打ち倒し、槍で刺し殺そうとしたが、幸いに漢語教師の妻が駆けつけて、男に縋りつき、彼女を逃げさせた。堤防を下って一軒の民家に助けを求めたが、家主は家に入れるのを拒んだ。それでまた逃げたところ、偶然もう一人の下僕と会って、その助けで向かいの小山の上に逃げて藪の中に隠れた。そして、男たちが立ち去った後、やっと出てきた。山の下にいたフィリップ牧師は騒ぎの声を聞いて、洋館の方に近づき探りを入れようとしたが、スチュワートの召使に、「菜匪がやって来たんだ、あんたも殺されるぞ」と止められた。しかし、それでもかれは小山に登って二軒の家から二十ヤードばかり後方の二本の樹の背後に隠れて状況を探った。目の前で多くの男たちが荷包を運び出し、家に火を放ち、「洋人はみんな殺したぞ」と叫ぶのを聞いた。引き上げの合図の笛が鳴り、男たちは立ち去った。襲撃は一時間もかからずに終わった。かれは焼けくすぶる洋館をぐるりと廻りながら前に出てみたが、何も見つけられなかった。うろうろしているときに一人の下僕が駆けて来て、何人かの子供がハートフォードの家にいるというので、そこに駆けつけた。フィリップ牧師は重傷を負っていたミルドレッドとハーバートの傷口の手当てをした。コドリントンが、まだ生きているシスターがいるというので、もう一度洋館に戻って探してみると、館の後方に四人のシスターが一緒に横たわって死んでいた。ヘッティ・ニューコムの死体は坂を転げ落ちて山麓にあった。頭蓋骨はほとんどつぶれていた。殺害後、彼女の死体を斜面からほうり投げたのだろう。スチュワート牧師夫妻と乳母らは殺害された後、放火された火災で焼かれ、死体の判別が難しくなっていた。

重傷を負って助け出されたハーバートと嬰児シルビアはその後福州に搬送する途中で死亡した。こうして聖公会七名、ゼナナ会四名、十一名の死者を出したのである。

二、斎　　教

さて、この襲撃事件を起こした集団は一体何者だったのだろうか。それは、「いま、江西から福建に至るまで、延平、建寧、邵武府および福州［府］の［閩江］上下游の斎匪は百余万人の多き有るを下らず」(12)といわれた「斎匪」、斎教教徒たちだった。沿江一帯やこの地域の山間の村々には斎教の宗教施設である斎堂があり、そこにはリーダーの「引進《インジン》」（手引き人）と呼ばれた斎頭がいてこれを主事し、周辺の信徒たちを抱えていたのである。これが「小集」で、毎月一回そこで会合が開かれ、もっと広い範囲の信徒を集めた集会は年に一回「大集」で開かれたという。これらの会合を「圓關」といった。規模最大と思われる福州の閩江中州のあった斎堂の斎友は数千人といわれていた。(13)

この宗教組織はどのような歴史性を持ったものだったか。アメリカ駐福州領事ヒクソンの調査レポートは、古田の斎教組織のリーダーである劉祥興は、江西省からやってきた人物で、かれの司令部として九江の地名を出し、そこには有名な斎堂があり、全菜会の首領として「Yao Fu-ching（姚福慶）」という人物の名をあげた、といっている。(14)この「福」字はこの教派の法名が「普」字を使うことから考えて、「普」字の「姚普慶」、あるいは「姚普清」でなければならない。ということは、これが明末から清代を通じて広がっていた「江南斎教」、姚文宇を教祖とする「姚門教」だったことがわかる。この教派は羅祖を第一祖、第二祖を応継南とし、第三祖の姚文宇を開祖とする「龍華会」といい、また「無極正派」ともいうが、それは羅教南伝の教派というよりも、黄天道の系譜を引き、それを権威づけるために羅祖神話を用いた、というのが現在までの研究の明らかにしたところである。(15)その姚教祖の家系に「第七代　普慶　普清」という人物を見ることができるのだが、(16)年代、居住地等による同一性の確認が難しく、同定できるとはいえない。この教派はその後も活動を続け、共産党政権下の一九五〇年代に行なわれた反会道門政策の下でようやく活動を停止したという。その歴史については改めて論じることにしたい。

まず、この教派の特徴を見ながら当時の在地社会との繋がりがどのようなものだったのか、どうしてこの宗教組織がこうした残虐な事件を引き起こすに至ったのかについて見ていこう。（以下の記述で小字体になっている部分は、秦宝琦による近年の斎教調査(17)による補足である。）

この宗教の基本教義は仏教と考えてよい。宗教団体に入会するときには「引進」という入信させる資格をもった教職者の手引きで入るが、はじめに、「紅髻巾（紅い細紐）で制銭三十三文を穿《つらぬ》き（結んで）、これを経銭」あるいは記名銭といったが、この入会金を納める。これは「香根銭」ともいい、「三十三天」に登ることを寓意している。この銭は江西の菜首に送られるというが、「金銭」とも言い――だから浙江省や閩江上流の「金銭会」や「烏銭会」と関連するという言い方も出るのだが[18]――、実際は会費に充当されたらしい。また「公項銭（会費）」百二十文を出した。その後、入会儀式と誓いがあるが、まず、姓名、年齢、籍貫、住所、引進の法名を登録する。儀式は「参祖」（画像の祖師姚文宇に参拝すること）といわれる。四人以上まとめて入る場合、「開基」といった。その儀式は、台上に香炉机をおき、その上に一対の蠟燭を点し、符咒を入れた茶を供える。入会者は下方に跪き、儀式主催者（「当頭」）が台上で経（「願単」[19]）を誦《よ》む。誦《よ》み終えると、供えられた茶（法茶、聖茶といった）が入会者に与えられ、口を漱がせる。この行為は「口を改め、腹を換える」、つまり、これからは心と言葉を入れかえますという回心を象徴する儀式である。そして誓いを立てる。「もし誓いに背くようなことがあったら、願わくば、三端の凶死に遭わんことを、と言い、その誓語『一水劫、一火劫、一刀劫。また須らく明識すべし、父兄、弟侄、妻子とは親ならず、独り「引進」のみ最も親なり、ただその言のみこれを聞く』等の語を誓う」[20]。つまり、これからは、志をたて、「生死を同じくして、患難を共にする」と誓い、背いたら「刀山、氷山、火山の諸刑罰」を受けてもかまわない、と誓うのである。その後、当頭が『皈依化願』を宣読する（原文省略）。そして祖師の前でこれを使うと江湖で通じるという百余字の暗号を授けられた（これは後出の「二歩、大乗」に与えられた「一百八偈語」で、入会時は二十八字の偈語。また「握手法」もあったらしい）。こうして信徒になると、互いに「道友」、男は「阿太」、女は「太娘」と呼び合い、拝揖しあった。こうした団体・教義への参加のみならず、誓約の束縛を受けて、違反した場合の処罰の恐怖のもとで上級者である「引進」の命令に絶対的に服従するようになったという。光緒二十一年の『益聞録』[21]は、その教中の頭目を「老官」といい、入教者が贄儀を送ると、老官が秘訣四句「一生心向念弥弥、不要流落下界多、専心念佛帰家路、翻身跳出死生窩」を親授する、と伝えている。乾隆十年代の老官斎[22]の教脈がつづいていたことがわかると同時に、これは、姚門教龍華会の「一歩」の「小乗」に伝えられた二十八偈語の「一身思想念弥陀、莫等流落下街頭、専心常念菩提路、反身跳出自心窩」[23]と若干字が異なるが、ほぼ同じものである。こうして、第一段階の一歩、小乗に入る。しかし、ここはまだ見習段階である。

この教派の組織は九支派に分かれていたという。姚門教のいう三枝九流の九派である。ここでは、渭・武・呉・義・牛・関・欠・霊・暗の九派で、それぞれが、多くの戸頭——堅君、楽君、皇君、耀君、乾君などの「君」位——によって率いられ、この「君」位の下に「引進」位があった。自分は「霊」派に属した、「皇君戸」に入っていたという供述が存在する。[24]もし「引進」職になったら、「方面を分けて人々を仲間に引き入れるが、誰かがより多く信者を引き入れたら、それを『出色』だとほめた。それで、仲間に受け入れられた者がそれぞれまた、別の人々を仲間に引き入れ、それらを己の配下の者とした。それで人長と称した。人々は、他の人々が自分の長だと言うようになるのを欲して、支を分かちて管率するようになった。こうして大党をつくった」[25]という。つまり確固とした中央集権的な教団組織ではなく、基層の宗教集団が次から次へと「引進」を中心とする小細胞に分裂して裾野を無限に拡散していく相が見てとれる。劉祥興は、江西に本部があり、自分は二番目のランクに過ぎないといっている。[26]

この宗教の最大の特色は文字どおり「吃斎」、殺生をせず、肉・茹葷《なまぐさ》を食さないことが宗教的実践の核心である。「其の教は、人に終身吃素を勧め、殺生を戒めて絶《や》め、生きているあいだ心平安にして福を享けること、死後には西方楽土に居すか、あるいは富貴の家に生まれかわる」[27]と説いた。豚とともに生活様式をつくり、その豚肉を食する文化を育んできた中国で仏教が直面した大きな問題が殺生と肉食の禁止の戒律だが、到底実行しうるはずもなく、妥協することになったが、庶民仏教の中でこれを真面目にとりあげた教派なのである。中華料理の肉食文化の中で菜食を一生続ける（これを「長素」といった）のは、欲望を抑えるのに強い自己抑制を必要とし、なかなかに困難を覚えるものだ。加えて、禁酒とタバコの禁止を命じた。貧乏人はろくに肉を食えなかったが、それでも肉食禁止は禁欲的忍耐心の要ることだった。そのかわりに、この世において殺生をせず、菜食・禁酒・禁煙《タバコ》の戒律を遵守し善き行ないをする結果として、福を享け心平安に過ごすことが出来、また死後には西方極楽へ往くことができ、あるいは六道輪廻のなかで富貴の家に生まれることができるから、この世で直面している人々の諸々の困難苦悩が解決されるのだ、と「約束」し、現実の重みに耐えさせたのである。この忍耐の技術を使って、当時「烟館《アヘン》が林立していた」[28]古田地方で、アヘン吸引をやめたいと望む人々に治療を提供し始めた。その治療は吸引者の身体的地獄のみならず、経済的地獄からも救った。これがこの組織が急速に拡大した最大の理由だった。中毒治療に薬を使用したとの証言もあるが、中心は人々を集めて仲間の注視の中で吃斎を持続させることによって禁烟《アヘン》させようとする集団の協力と圧力、それによる本人の自覚の維持によった。これが次に述べる「圓關」の持ったもう一つの意味だった。斎教がこの地区で拡大したもう一つの理由は、彼らがこの山地地域に見られ、この頃までには多くの人々から道徳的な批判を受けるようになっていた「租典妻」に反対したからだという。[29]つまり、かれらは当時の社会を宗教倫理的に立て直そうという動きとして立ち現われてきたのである。だから後年、「斎会はみな善行吃素した良民が組織したものだと聞いている」[30]と記憶されたのだ。

入会した後、信徒はしばらく準備期間に置かれる。その間に肉食とアヘンを絶つことができるか試されるのである。さらに次の段階に進むには「圓關」儀式をやる。「圓了幾次的關」というように、関を円滑にこえる（passing round）という集団的におこなわれる通過儀式である。二歩の大乗になる儀式は一歩と同じで、授与される「法宝」が以下に述べる一百零八字になるだけだという。だから、この「圓鬭」は、三歩の三乗の儀式らしく、五〇年代の調査時の証言が二歩と三歩を混同しているらしい。その参加者は数十人から数百人だったという。会を開くときにこの圓鬭の主事人が自分の名前で票を出して予め開催を告知する。普通の年は、八、九、十月に開かれるらしいが、この年は、正月に「九月初一日」に林という人物が圓鬭をやるという話になっていた。[31]これに参加する者は、食費として千百八十文（米二斗）を出す。儀式には吃斎している女性（老太娘）が参加していなくてはならず、いないと「無関」（関が無い、関ができない）といって、再度圓鬭しなくてはならないという（以下再説）。

儀式は次のように行なわれる。両側に二つの桌子、中央に一つの桌子が置かれ、その上に「観音佛」像が置かれる。紅粉で作った大紅線香があげられ、紅い蠟燭が点されている。堂上に三人が坐るが、これを「付関」（関に付く者）あるいは「坐関」（関に坐す者）といった。坐関の真中の人物が主事人。両側にはそれぞれ四人坐るが、これらの人を「坐蓮台」といった。県城でやったときは「皇君」が坐関をつとめ、吉口村では「乾君」が、北墩では「楽天」（あるいは「耀君」）がつとめている。「君」は「引進」より位が数級高いというが、誰だったかは不明。また江西からやって来た先輩会友の「大伯」が主事したこともある。秦宝琦調査は、三歩三乗への通過儀式を「坐関」「坐圓」「起関」「圓道」「祇園勝会」「祇圓道場」というのだと言う。桌子の上には果物八種が供えられる。これは八卦式に倣ったもので、瓜子、落花生、烏棗、梅脯、桔餅、瓜糖、氷糖、桂元の八種である。この通過儀式は七日間続く。信徒たちが集まって線香を供え、木魚を叩きながら経を唱え、経を講じる。それらの経巻は抄本だったが、はっきりした名前は伝えられていない。儀式七日間のうち、まず、先に入会して「法宝」をやるようになった先輩から一百八句の「法宝」を教えてもらう。この「法宝」は、龍華会の「大乗」に与えられた次の「一百八偈語」のことであろう。[32]

一心正念本師阿弥陀佛、救苦救難観世音菩薩。根耙根鍵常明在心、佛悉恒多叭達吶悉。達奴心常念伽羅漢婆娑訶、金剛心常念伽羅漢婆娑訶、菩提心常念伽羅漢婆娑訶、心間心常念伽羅漢婆娑訶、円覚心常念伽羅漢婆娑訶。心空日月流空、入得西方極楽世界。阿弥陀佛！

これに三日かかる。「符法頭」という役の前で諳んじたものを唱えて聞かせる。成功（合格）した者は褒美の京果を与えられる。儀式の間、参加者は手足や顔を洗わない。「符法頭」が上方に坐ると、圓關志願者は、紅色の帽子を被り、まず引進・先輩に揖礼し、その後、両眼を閉じ、両手を頬の上におき、一方で下方の地面に立って、「一報天地蓋載恩、天謀地載恩恩呀、南無阿弥陀佛……」と誦経する。その途中で「符法頭」が、「身存法宝《シェンツンファーバオ》、跨上蓮台《クァシャンリエンタイ》（身に法宝を存《つ》け、蓮台にのらん）」という句を唱えると、それを聞いて、下方の圓關志願者は両手で頬を上に擦りあげて（これは叩頭するしぐさを示す動作）、同じく「身存法宝《シェンツンファーバオ》、跨上蓮台《クァシャンリエンタイ》」と唱えながら跳び上がって着地し、これを三度繰り返す(33)。ここまでの三日という前段で、二歩、大乗になる儀式を言っているようである。

七日間、圓關志願者は、「彼が霊感を求める諸神をなだめるために供犠奉納するとき以外は」、別の暗い部屋のベッドに留め置かれ、他者と隔離される(34)。彼らの引進だけが志願者に必要物を与えるために顔を合わせる。志願者は毎日、芥菜湯でもって飯を一食、麺食（香茹麺・金針煮麺）を二食食う。素食である。参加者が支払う金銭（米）はこの費用である。「坐関」というのは、このように関（閉じ込められた状態）に「一日から七日」坐ることをいうらしい。この間、教徒は魚を捕まえて料理することは禁じられた。七日間缶詰状態になって儀式をやり、隔絶されるのは、信仰を固めるためでもあるが、アヘン・肉食を禁断させる側面があったからである。それでもアヘンを戒絶し、葷物を絶つことが出来ない者は見習い段階に留め置かれた。アヘン禁断の成功率は六十パーセントといわれる。同時期の華北・天津の在理教でもほぼ同じように、宗教施設である公所で同じような儀式をおこなって、アヘン治療をやっている(35)。この圓關を通過した信徒は法名を得ることが出来る。つまり普東、普友というように「普」字を用いることができる。それで正式に姚門教門徒であることを証されたことになる。これらの儀式を通過することは、階級が上がることと意識されたらしく、「三十三秀才」（入会金三十三文で秀才）、「千百八挙人」（千百八十文の挙人）と称されていた。[36] 秦宝琦調査は、三歩の称号は「新禅士」と言ったというから、「坐関」は座禅的修養の関とも考えられていたらしい。この称号授与時に、当頭・引進も含めて皆で「参祖拝佛」するが、そのとき、佛前に三席をつなげて、囲みを作る。主事の当頭が囲みの上方に坐り、「表房（書記）」が右に坐り、左が新禅士の席になる。「表房」が名を呼ぶと、「清虚太娘」（七歩が「清虚」だが、老太娘のこと）が新禅士の手を引いて入ってきて、この席に坐らせる。彼が両目を閉じて両手を台の上に置くと、当頭が左手中指で、彼の手の天干地支を点す。これを「点道」と言った。それで両手を握らせて拳にさせ、清虚太娘がかれを「関房（独りの部屋）」に連れて行く。男女別部屋だった。佛前が片付けられると、また名前が呼ばれ、「出関」して、佛前に坐り、両手を台上に置く。皆が揃うと、当道が、「みなさんは今日来られて、法船に乗りました。三朝天子の福、七世状元の才はみなここにやって来るでしょう。祖師が教を創り堂を開き佛を拝し、道場が蠟燭を点しているからです。もしあなた方が消除の弘願をするなら、今後、天榜が登録してくれ、佛榜も名を標してくれ、地獄の地府は名を除いてくれます。心に提《も》つときは、三乗の妙法ですが、心に疑いあるときは、三途の地獄です。このため、無字真経の法宝を称え、必ず、眼は鼻を観、鼻は口を観、口は心を観なさい。これを三心皈一といいます。一心不乱に、精神を奮い起こし、呼吸の功を用い、これを上呼下吸といいますが、自分の甘露水を咽んで海底（肝内）に下し、再び上に翻来させなさい、これを「打三関」といいます。みなさんよく修行しなさい！」と宣布する。この修行は内丹功の気を体内に周流させる運気法で、老太娘は儀式の介添えだったことが分かる。明け方に坐関房に戻り、昼は休んで、夕食後に再び同じように佛前に入り、「上法船」儀式をおこなう。今度は、教えられたようにして呼吸を止めて、両手を冷たくし、台の上に死んだように横たわる。二三時間すると「覚醒」し、自分で「すでに西方に行ってきました」と言う。その後は明け方までぼんやりと過ごし、坐関房に戻る。こうしたことを数日続けるのだという。そして当頭は、「今後は手で人を打ったり、テーブルを叩いてはならぬ。訪れて門戸を叩くのには、ひらを返した手で打ちなさい」と言いつける。また、「一句弥陀号真空、紅塵不必向東西、三心参透新明月、手把明珠在涅槃」という四句の「三乗法宝」を与える。

重要な相談事が有るときには、会首が「引号《つうち》」を発して信徒の召集をかけた。そして重要な行為の前に拝旗儀式をおこなった。先の「誓約」は信者の信を固め、忠誠を得、団体の結合を強化するもの、王朝体制下で秘密を保持するためのものであり、必ずしも血縁を否定し、異姓の個人が結拝し絆を結ぶ原理とは言い得ない。儀式（あるいは後の拝旗）では天地君親師を、兄弟親族朋友を拝していて、これらに重要な価値を置いているからだ。[37]

これらのことが現在のところ判明している古田の斎教組織の宗教性であるが、これらから判断すると、古田斎教では、歴史的に形成されてきた斎教＝姚門教の「三歩修行法」の、最初の功夫である「小乗」と、第二層の「大乗」の偈語はみられるが、第三層の坐功（静功内丹功）とその宗教儀式は言及されていない。また「十歩教法」（一歩小乗、二歩大乗、三歩三乗、四歩小引、五歩大引、六歩明偈、七歩清虚、八歩号票、九歩伝灯、十歩蜡勅）のうちの一歩「小乗」、二歩「大乗」だけで、それ以上のランクへの「圓關」内容は不鮮明である。ということは、これが姚門教ランクシステムの最下層の大衆組織だったことがわかる。ここでは、「圓關」を三歩三乗への通過儀式としてではなく、二歩大乗への儀式にしていた可能性さえ考えられる。これは劉祥興が二番目のランクだった（「大乗」）というのと一致する。彼はそれ以上へのランク授与はできなかったはずだからだ。江西省との組織的繋がりは微かに窺えるが、組織的統率はほとんど見られない。この殺生と暴力を諌める最底辺の斎教宗教組織が古田の特殊な環境の下で増殖し、その増殖とともに、変質し、後の偶発的な事件と重なって悲劇的な事件は起こったのではないか、と私は考える。ネウェルやヒクソンのような外国人が考える、外部組織＝教祖姚家や教団中核との連繫のもとで意図的計画的に起こされた事件だというようには考え得ないと思う。[38]

斎教活動の活発化の社会的背景にはこのように、福州開港後に増加したアヘン輸入にともなって、アヘン取引業者たちが社会不安と腐敗をこの地域に導入したことがあった。斎教は、この社会的腐敗堕落の中でアヘン吸引に染まり煩悶苦悩する人々に、その地獄からの脱出を手助けする道を差しのべ、遵守されるべき宗族家族関係の規範を説き、「租典妻」（一妻多夫制）[39]に反対し、女性の呻きに耳を傾け、その紛糾懊悩に解決を与えようとしたのである。華北の在理教などと同じく、この時期にそれらの諸問題を道徳倫理の自覚的復興によって立て直そうとする動きだったといってよい。閩江上流の邵武にいたアメリカン・ボードの宣教師は、彼ら斎教徒は「自分たちのやり方に熱心で、もしキリスト教に改宗したら、熱心なクリスチャンになれそうだ」[40]と書いている。一八九四年の後半までに古田県の信徒数は三千、あるいは四千人にまで拡大した。

　古田地区のこの斎教組織はどのようにして形成されたのだろうか。その中心人物は前述した劉祥興（四十三歳、劉泳）という男だった。かれは江西省贛州府人で（あるいは貴渓人ともいうが）、以前から吃斎していて、「普太」という法名をもつ「大乗」ランクの斎教徒であった。十数年前（光緒十年＝一八八四年頃）に、当時六万人ほどの人口だった古田県城にやって来て、城内の三保中街の陳雲祥の家に住み着くようになった。その後、十字街に移り住み、秤や物差しの製作修理（針秤）や陶器修理をやって生計を立てていた。流浪していた独身の職人だった（妻帯したが妻は死去）。供述[41]によると、ここ「五、六年」、つまり一八八九年前後から「アヘン治療」を看板にして、「普陀佛」を供奉して、人々を引き入れ、斎教の布教を始めたという。この活発化の時期は、一八九二年からだというヒクソン、ネウェル報告や、宣教師バニスターが、はじめて彼らの活動を聞いたのは「約五年前だった」[42]というのとほぼ一致する。その彼を中心に斎教組織は拡大するのだが、幹部の杜朱衣（五十二歳）は「吃菜して十一、二年になる」が、「三、四年前に劉泳の会中に入り、十七都で圓闘した」といい、閩清県人の林祥興（閩清七、四十七歳）は、「延平府人の陳元明の引《て》進《びき》で吃斎会に入って二十一年になる（光緒元年＝一八七四年入教）」が、昨年暮に古田に来て「坑頭村で入会し、経を念じ、圓闘した」という。[43] これらから見ると、この地方には姚門教・老官斎以来の以前からの斎教活動が個別的、点的なものとして微かに残存していたのであろう。劉祥興らは巡回しながら城内や各村々の寺廟を使って会を開いて説教をし、「アヘン治療」を看板に活動を始めて、それらの点々を結びつけるようにして、その宗教団体を形づくっていった。

こうして、県城外四郷の村々に、引進を主事人とする斎堂ができ、そこに信者が集まるようになった。そしてそれらを繋ぐネットワークもできた。斎会に加わった人々は、農民、職人や手工業労働者、行商人、盗人など、文字の読めない下層労働階層が多かった。事件参加者の供述を見ると、若くもない独身男性の姿が目につく。貧しさのために妻帯できない男たちの問題が有るようだ。「租典妻」制は紛糾を起こしやすいことからも、また、父系血縁制原理の儒教道徳的な意味でも非難の対象になっていた。斎教組織は、菜食主義でこうした男たちの性欲をなだめる場となったのではないか。女性がどのようにこの宗教に加わったのかについては、残念だが、ほとんど記録に出てこない。[44] またこの社会層は、閉塞感・絶望感とともにアヘン吸引に染まりやすかったのだが、それには健康悪化がともなったし、また経済的負担に耐え得ない階層でもあったのである。破産、貧困そして犯罪と隣合わせだった。健康回復とともに、その経済的重圧から逃れ得る道筋を斎教は提示してくれ、努力に協力してくれた。法宝を持つ行商人たちには、隣県各村の斎堂を結ぶネットワークを販路として与えてくれた。各地の斎堂は教徒たちの宿泊地になり、避難所になりえたのである。簡単に言えば、下層社会の労働階層の人々が直面していた人間としての諸問題——それは社会的な問題でもあったわけだが——に対して、解決の方法と方向を指し示したのだった。人々はその救いや便宜効果を確信した。目的は、アヘン禁絶、佛教のいう菜食＝禁欲、正しい道徳的生活の堅持であるから、社会の公共福祉から見ても、善

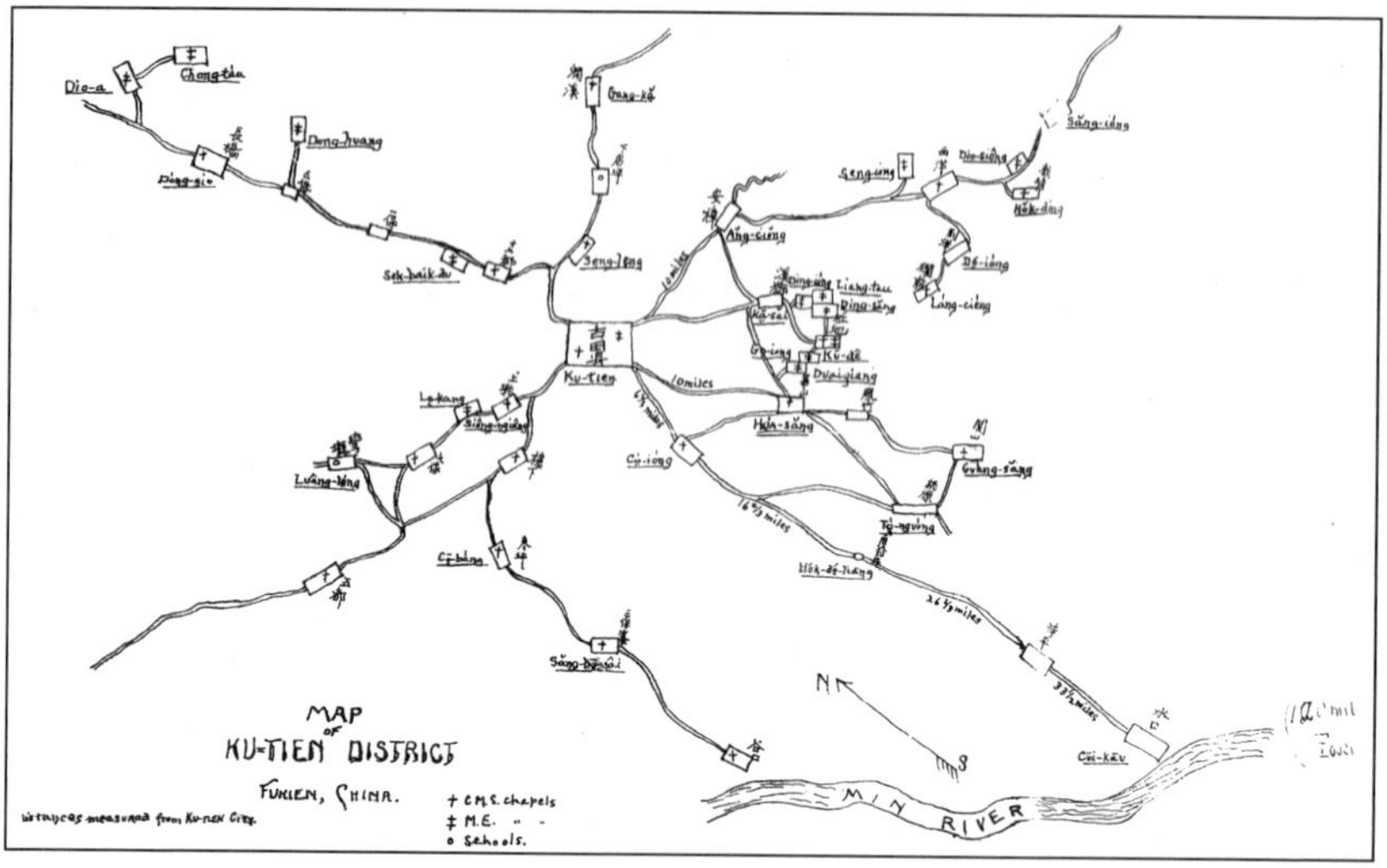

〈図Ⅰ〉

き行ないであり、官が弾圧する理由はないのである。(45) これが組織拡大の背後にあったものだ。

しかし、宗教組織が拡大してくると、社会との間にいくつかの摩擦や問題を生じさせるようになる。その一環としてキリスト教会との摩擦があった。まず、古田地区のキリスト教について概観し、さらに菜会の組織拡大の背景には、地方社会の状況のみならず、また国際的契機も大きく作用したから、次に清仏戦争と日清戦争を中心とする国際環境について見ることにする。

三、古田地区のプロテスタント布教

キリスト教の内地布教を認めた北京条約締結の後、同治元年（一八六二）にイギリスの宣教団体のマーチン牧師が開港地福州から、古田県に入って来て、西郷の三保、雪地、巴斗、安洋などの村々で布教を行なった。その後、城内に入り、翌一八六三年に二保大街のところに萃賢堂教会を設けた。ここは一八七二年に洋式教会に改築されるが、一八七六年当時、福建省の全ミッション中最大の教会と言われた建築物だった。この同じ一八六三年に、アメリカ人宣教師も古田城内に入り、三保、五保で部屋を借りて、そこを教会にして活動を始めた。五保後河街には同治九年（一八七〇）に福華堂が、二保後街には福音堂が建てられた。その他、同治十年に四都の三保寨に保霊堂が設けられたのをはじめ、光緒二十一年（一八九五）までにイギリス聖公会は三十二ヶ所の教会（布道所三ヶ所）、アメリカ美以美会は周辺村を含めて七ヶ所の教会を設けた。また、光緒年間には学校と病院（アメリカハウス）が設立された。(46)それを図示すると〈図Ⅰ〉のようになる。

同治四年（一八六五）になって、アメリカン・ボード（美部会）、チャーチ・オブ・イングランド・ミッション（安立甘会・聖公会）、メソジスト・エスコピカル・チャーチ（美以美会）、プレスビテリアン（長老会）、ロンドン・ミッショナリーなどプロテスタント六布教団体が福州で協議して、古田県と屏南県は、聖公会と美以美会の布教地区にするということになった。その後、福州の信徒教会《コングリケーション》のもとに属した古田の聖公会は、光緒九年（一八八三）に三保萃賢堂で支部会議を開くようになり、郷下を幾つかの地区に分けて管理するようになった。アメリカ美以美会も、チェーン・ブランチを古田に設け、古田・屏南・閩侯県を巡回して布教にあたるようになった。カトリックは光緒十九年（一八九三）になってようやくこの地区に入って、城内四保大街に教会を建てた。

イギリス聖公会が古田に入ったのは、この同治四年（一八六五）のことで、先のマーチンが設定した古田城内二保大街の教会を引き継いだのだった。ここでも、中国人伝道士が廟経費の負担を拒否したことをめぐって紛糾が起き、教会に対する中傷や謡言が撒き散らされて、反対運動が起きた。一八七一年（同治十年）にはこの古田教会および周辺農村の教会が焼き打ちにあった（「神仙粉」教案）。

この事件は、広東から伝わってきた謡言が作り出した動揺が原因だった。その謡言は、伝染病が蔓延する、「神仙粉」を飲めば災を消すことができるが、外国人がその「神仙粉」を作って分配して、男や婦人を入会させている、云々と言っていた。この噂が伝わって来て福建省では、外国人が婦人を惑わして入教させている、伝染病は「神仙粉」で作った餅を食えば防げるが、宣教師がこれで婦女を入教させて姦淫しているのだ、という反教会感情を醸成したのである。七月十五日夕刻、古田県である農民が野良仕事から家に戻る途中、橋を渡ったところ、川面に小さな虫がたく

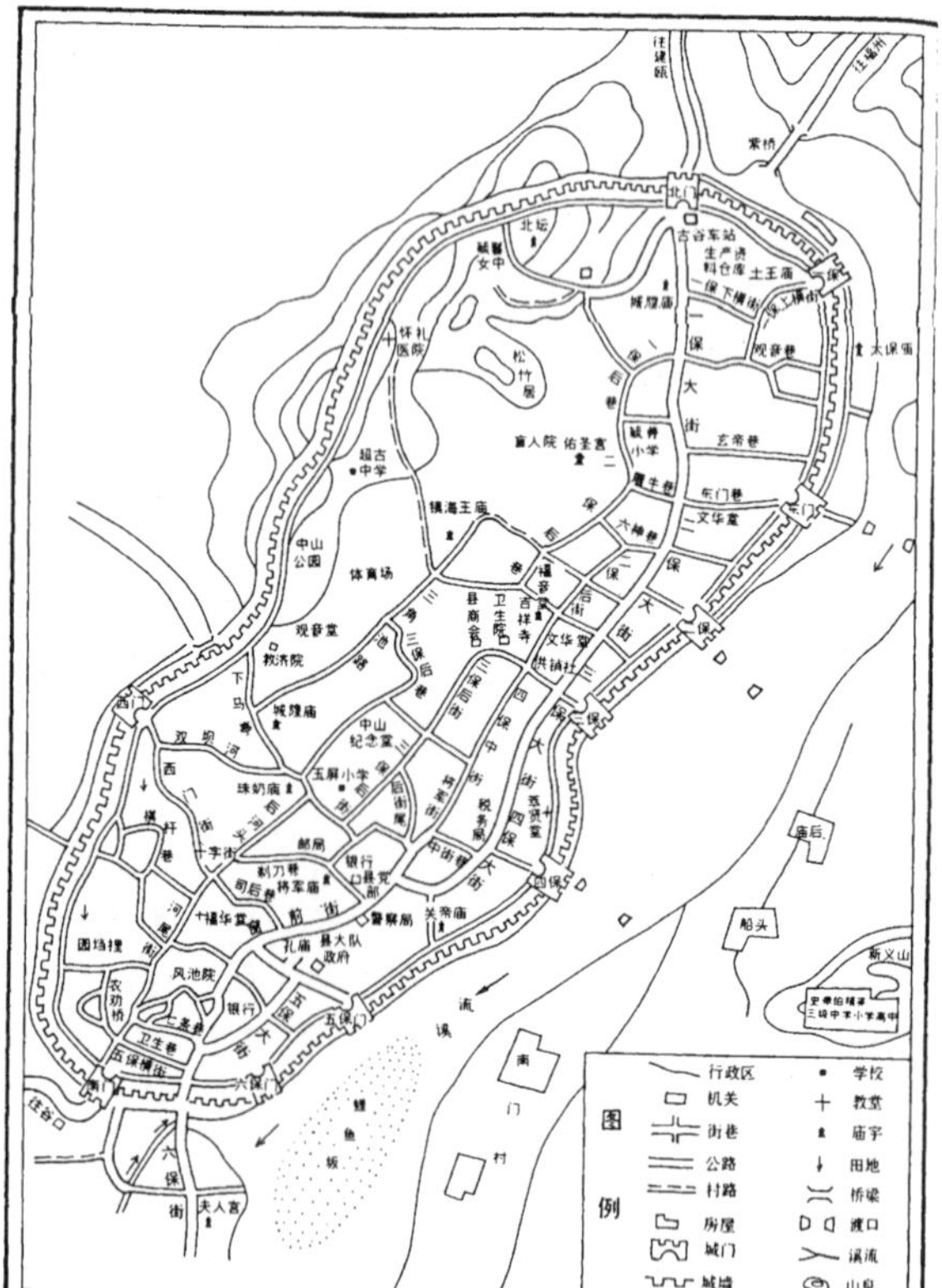

上・古田県城　下・民国三十二年（1943年）古田県城区平面図

さん浮いているのを見つけた。人々は、「誰かが毒を流して、人を毒そうとしている」という噂があったので、疑心暗鬼になって、これが口から口に一気に広がった。教会がやったのではないか、ということになって、教会に行って調べようということになった。それで夜半に群集がアメリカ教会とイギリス教会に押し寄せ、窓、椅子などを壊す騒ぎになったのである。この騒ぎが、安洋村、十八都、杉洋村などにあった教会に飛び火し、つぎつぎに破壊された。そのときJ・E・マフード牧師が巡回布教でちょうど古田に来ていて、群衆に追われて、「殺してやる」と罵られた。県署に避難して無事だったが、この事件では、教会側が処罰を要求しなかったので、呉知県が処理に当たり、書院山長、耆紳らと協議して、両教会を修理し、教民に賠償するということで平和的に解決させられたのだった。(47)

一八八二年にW・バニスター牧師が古田・屏南の担当に任命され、四年後に城内に居住するようになるが、清仏戦争時の一八八四年には、古田県では、「フランス人が乱した後に、……士子《しんし》が聖（公）会を誇り冒瀆して、白字朱諭を書き出して、人々に奉教人《きょうみん》と起衅《あらそう》よう煽動した」(48)、と報告されたように、再び一時的な反外国の動きが見られた。しかし、その後は比較的平穏に過ごしてきていた。一八八〇年代を通じて、古田県はキリスト教側からは「光の中心」と見られ、聖公会とその関連修道女会であるゼナナ会は、この地区にかなり広いネットワークを形成して、城内の寄宿学校、各地の学校や孤児院(49)、ハンセン病療養院を開設するようになっていた。一八九五年の聖公会の受洗者数は二千六百十三人だが(50)、全体で三、四千人の中国人信者を有していたと言われている。これらの村々のステーションは中国人伝道士が担当していたが、布教活動全体の中心はロバート・W・スチュワート牧師であった。かれはウェリントン公爵の孫で、精力的で有能な人物と評価され、福州や古田で十三年の布教活動の経験を持っていた。

かれがダブリン大学を卒業した後に、布教を志して中国にやって来たのは、一八七六年（光緒二年）のことであった。かれは着任後に宣教協会から中国人の学校主事・伝道士の訓練を担当させられ、開港された後の一八五〇年（道

イギリスハウス。イギリスのミッションステーション（左からスチュワート家、ゼナナ会ミッショナリーハウス、バニスター家）。

光三十年）に福州に設けられていた烏石山教会・神学書院で教えはじめた。(51) この教会はこの年に、イギリス人が城内の烏石山神光寺に入るのに住民が反対した騒ぎで、南門外の道山観に追い出され、この地に落ち着いた経歴を持っていたのだが、一八七八年から七九年にかけて水害に襲われた福州では、紳士たちが、この教会が風水を乱したから災害が起こるのだと言い始め、教会を除こうと言って、教会は公地を租借したものだと訴えて紛糾した教案（烏石山教案）が起こった。来華間もないスチュワートはその渦中に置かれることになり、神学校は焼打ちにあった。問題は交渉によって解決されたが、スチュワートはその間も、付近三県（羅源、連江、福清）の巡回布教に従事した。その後、東游に学校を建て、また福州の閩江をはさんだ蒼前山の埔頭鼎に土地を購入して男女のための書院（学校）を建てて、そこで教鞭をとり、多くの者を教えた――これが後に、福建協和大学、現在の福建師範大学になるらしい――。かれは任期の九年を勤め終えてイギリスに戻ったが、二年後に再び福建にやって来た。それから三年間、かれは福州の南側の興化府（莆田）・永泰県の公務を担当し、その後、古田・屏南に派遣されてきたのだった。一八八六年に一時、会務でオーストラリア、イギリスに渡ったが、再び福建に戻ってきて、一九三三年一二月から古田・屏南の責任者の仕事をバニスター牧師から引き継いで活動していたのである。(52) かれは福建布教を自分の天職と考えたようである。この間、中国側官憲とは比較的よい関係にあった。教会記録は、「およそ会内会外のもの、村童《むらのこども》野鼠《いなかもの》も口を極めて称揚しないものはなかった」(53)、リビングストンのような、イギリスの影響と文明、宗教への道を掃き清めたパイオニア、モデルのような人物だったという。

かれは、古田県城の郊外に建てられたイギリスハウスを本拠にして、城内教会、古田・屏南地区の村々の教会を巡回して布教活動をしていたが、七、八月は修道女たちが開いていた学校も休みにして、イギリス人たちは華山で避暑をするのが習慣になっていたのである。この年は六月中旬から猛暑になり、谷底にあった古田はスチームの中にいるような暑さで、かれらは七月初めから華山に来て暑さを避けていた。それでも昼間は外に出られない暑さだった。

四、事件の国際的背景――日清戦争の影

事件は日清戦争の影の下で発生した。戦争以前から進みつつあった潜在的な社会不安が戦争の展開とその影響とともに、活性化し、浮上してきたなかで起きたのがこの事件だったのである。

福建が対外的緊張を強いられたのは、一八八四年の清仏戦争においてだった。クールベ提督率いるフランス艦隊は、閩江に入って福建艦隊のいた馬尾に停泊したが、そのうち数隻が江を遡って福州に姿を見せていた。その後フランス艦隊は、閩江下流の馬尾で清国艦隊に対して砲火を浴びせ、これを撃破、陸地を砲撃し、馬尾造船所、福州船政局を

壊滅させた。この烈しい戦闘は十キロ程上流の福州に衝撃と脅威を与えた。そのため開港場福州ではフランスへの反感、反外国主義の感情が生まれたのである。この時期に日本の軍人・アジア主義者らが清仏戦争の混乱を利用して哥老会などの秘密結社の反清勢力を焚き付けて暴動を計画したいわゆる「福州組」事件を引き起こしているが[54]、その背景には、清朝の腐敗した支配体制に対して広汎な人々が不満や反感を示し、反抗心すら抱いていたことがあった。古田地方でも、「光緒二十年（一八九四）の前に日本人が古田にやって来た。ある者は樟脳を買い入れ、樟脳油を提煉するためだったが、そのなかの何人かは、いろんなところに行って地図を描いたり、女人にやたらに手を出した」と記憶されている[55]。商売で福建内地に入ったのと同時に、参謀本部員あたりが兵要地誌を作成していた姿が浮かび上がってくる。こうした雰囲気の中で劉祥興は斎教の布教活動を始めたのだが、そうした時に北方で日本との緊張が高まり、日清間の戦争が起きた。福建省の役人たちは過去の記憶に襲われた。清仏戦争の時のフランス艦隊のように、日本艦隊が閩江に侵入して福州を攻撃するのではないか、と恐れたのである。それは現実性のない杞憂などではなかった。一八七四年、日本が台湾出兵したときに、清国側は福建から招商局の船舶を使用して台湾に兵士を送って日本軍に対峙したし、琉球処分のときには琉球王朝の人々が福州にあった琉球館に逃れてきて、日本による琉球の併合に反対して支援を要請していた。福州組事件での日本人の不穏な動きもあったのである。福建当局は防衛処置として海岸防衛に意を注がざるを得なかった。その資金調達のために課税強化がなされた。そのため、これに反対して群集が騒ぐようなことも起きた。軍隊も海岸部に異動させられた。また、アメリカとイギリスは日本を支持しているのだという噂が流れ、外国人への敵意が昂じてきた。それで、外国人の家を焼くぞと脅しに出るような行為も見られた[56]。九四年夏、日清間の戦争が始まり、北方で日本軍が勝利を続けると、南方諸省の状況は悪化し、哥老会や白蓮教が王朝転覆をめざして蜂起する、というような噂が現実味を帯びて流布し、政府の権威は揺るぎ始めた。そうした流動的な雰囲気のなかでこそ、哥老会と連繫して暴動を起こそうとした、かの孫文の広州蜂起が現実味を帯びたのだった。古田にいた聖公会のスチュワート牧師は、中下層の人々の八割方は、清国が敗れ、日本が勝ったほうがいいと考えていた、と観察していた。(57)一方、官のほうは、この反政府的な群衆から我身を守るためには、現政府よりも日本を歓迎するだろうと思われた。こうして社会不安と混乱が急激に広まった。

一一月一二日、旅順が陥落したというニュースがもたらされると、福建ではパニックに近い状態が生じたという。次は危険が南へ来るのではないかとの連想を生んだのだ。こうしたなかで古田の菜会は急に勢力を拡大し、反抗的になっていった。一八九五年の二月に威海衛が陥落して北洋艦隊が壊滅すると、日本海軍は、翌三月に澎湖作戦を発動し、日本艦隊が澎湖列島に軍事作戦を展開する。かくして、閩江河口の福州沖に日本軍艦が実際に姿を見せたのである。緊張は高まった。福州周辺は日清戦争の戦局外に置かれていたのではなかったのだ。やがて状況は混乱を深め、アナーキーさを見せるまでに悪化した。講和会談が馬関で始まったが、李鴻章が襲われて負傷したことが伝えられると、日本の攻撃的な姿勢と連動して菜会が反乱する、という噂を生んだ。しかし三週間の休戦になった。奇妙なことだが、この間、古田での騒ぎは沈静化した。しかしこの頃、「講和条約が調印されなければ、日本軍が福州を攻撃するかも知れない」という噂が飛んだ。(58)そして、その後の台湾割譲と日本の領台に反対する台湾での抵抗闘争は、対岸の福建に直接影響を与えた。台湾情勢に対処するために軍隊が徴募されたり、内地に駐留する軍を引き上げて海岸部に集める動きが加速されたのである。(59)やがて台湾からの引揚者が福州にも着きはじめ、それらの統制の取れない兵士たちが地域をうろつき、さまざまな事件を引き起こした。そうした春の状況のなかで、「中国に今年中に恐ろしい災難がもたらされる、と軍神があらわれて告げた。慈悲の女神［観音］のご利益で災難は避けられるだろう。」「外国宗教を奉じる者は殺されるべきだ」、というような予言の掲帖が現われるようになったのである。(60)

斎教はこの混乱と不安の中で繁殖したのだと観測された。事件参加者の多くが前年の一八九四年に会に加わっている者が多いことからもそのことは窺われる。つまり、社会の混乱と不安とともに、目立ち始めた斎教の活動に、「弱民で凌《あなど》りを惧れて投入するものこれあり、匪勢に附倚して投入するものこれあり、アヘン治療を貪図するもの及び無頼の輩、党の焔勢に借りて嫌《うらみ》を旧 衅《むかしのけんか》に挟みて、端に借りて事を生《おこ》して投入するものこれあり」[61]というように、さまざまな動機で、多くの者が加わるようになったのである。菜会が彼らに与えた最大のものは「保護」と「安全」だった。やがて、彼らは「成群結党して、横行し、忌むことなく」なっていった。具体的には、郷間の庶民同士のトラブル、喧嘩、紛争、訴訟沙汰などにこの菜会組織が介入し、その勢力をもって自力で解決を図るようになったのである。

菜会に加わると多くのいいことがあった。糧（税金）を納めなくてよかったし、官庁は菜会をおそれ、人からいじめられた人が菜会に入ると、もう馬鹿にされ虐められることもなくなったから、多くの若者が入ってきた[62]という。組織は最貧の者や、きわどい商売をやる連中をひきつけた。「菜会の宗旨は『劫富済貧』だった」、「勢力が大きくなると、貧乏人の立場に立って貧乏人のために『公道《こうせい》な話』をして、貧乏人が苛められないようにしたので、参加するものは多くなった（陳碩廷述）」という[63]。彼らは、隣人や村々の訴訟を取り上げ始めたのである[64]。外国人の目から見ると、官に代わって菜会が裁判機能を果たすようになったと表現されるようになったのである。これが他の菜会との違いだという。このことは改めて触れられるだろう。

二年に満たない間に、掠奪事件や重要事件が百余起を下らず、種々の不法、事件は鱗積の如し。甚だしくは、四処に謡言を散布し、村々は不安になり、遍く掲帖を出して人心を煽惑するまでになった[65]。

つまり、日清戦争にともなう社会的緊張・不安と混乱＝治安空白化が、菜会勢力を急速に拡大させ、それとともに、農村地区で彼らが自ら警察・裁判機能を果たすようになっていったのだった。福建省の他の地方でも状況は似たものだったはずだが、何故、古田のみでかような事態が発生したのだろうか。重要な説に、その原因を参加社会層に求める説がある。職人や下層労働階層たちに属する教徒の大量加入にともなって、宗教組織が変質し、劉祥興らが宗教団体として十全に統率しきれなくなった側面はあるだろうが、それでも、事態を納得できるように説明するのは難しい。それゆえに、この間の古田知県汪育暘の県統治について検討してみる必要がある。

五、菜会活動の拡大と官との対立

菜会がその活動を表面化させたのは、事件の「二年前」くらいからである。教民との悶着が始まったのは僅か十一ヶ月前の一八九四年八月からに過ぎない。それまでは、斎教徒は道徳的でシンプルな人々と見られていた。宗教対立の深化という線で事件を理解するのは無理があるが、日清戦争の経過とともにそれも視野に入れて見ていこう。

最初の事件は普通の民事紛争だった。平民と菜会員との間で紛争が起きたとき、この平民は、菜会側の集団圧力に対抗するために、当時「影響力のあるセクト」と見られていたキリスト教学校の主事人のところに出かけていって、自分の家が教会に関連した家であることを示す『十戒』を書いた紙をもらって来て、戸口に掛けた。押しかけてきた菜会員たちがその貼紙を破ると、かれは、「もし俺を傷つけたら、教会がお前らを罰するだろう」と言った。つまり、自分に手を出したら、外国教会との紛争になるぞ、と抵抗し脅したのである。菜会の方は、それならという訳か、報復のために、ある教民が開いていた店を襲って掠奪した。主人の教民は知県の汪育暘に訴えた。差役が調査のために郷下に派遣されたが、菜会の報復を恐れて誰も証言しない。追及はそれまでになったが、菜会はこの訴えの仕返しに、一〇月に付近の仲間百人を集め、下廷坪村の彼の田の稲を刈り取って運び去るという行動に出たのである。(66) ここまで対立がエスカレートすると、スチュワート牧師も放置するわけに行かなくなって、自分で現場を見聞した後、知県に訴えた。知県は、外国人宣教師の訴えを無視することもできないから、捕役を下郷させた。が、捕役は武装した菜会員によって追い返された。日清戦争の影響で省都福州は力が無かった。このことからも、県当局が郷下の治安維持機能を次第に果たせなくなり、菜会勢力が支配するようになっていったことが窺われる。菜会会首の劉祥興は、

たまたま人に苛められたり、使う金が無かったりすると、衆を集めて報復したり、騙りとったりした。小郷の小姓の人たちは、菜会の人数が多いのを恐れて、敢て官に控告しなかった。ただ教民だけが外国人宣教師が彼を助けて保護してくれるのを倚恃《たの》んだ。またいつも教民の譏誚《そしり》をうけ、かれらのイエスは大、われらの会の普陀佛は小だ、と言われていて、もとから積怨があった。(67)

と述べ、また、「スチュワート牧師はことがあると教民を庇護していた」と語っている。こうして、宗族間の械闘が多かった福建農村社会のなかで、菜会勢力は大きな集団的勢力を持った存在となり、キリスト教会教民と対立する局面を生じさせてきたのだった。しかしヒクソンは、菜会による百二十五件の掠奪事件の内、教民の被害事件は僅かに二、三の例があったに過ぎない、と述べている。(68)教会教民との対立は見られたものの、ごく一部で、事件の本質だったとは考えられない。

菜会と治安維持に責任を持つ知県との対立は、一八九四年一二月に鮮明になった。菜会を放置できないと考えた知県は、この菜会の状況を探知するために蔣《ジャン》(江)という男を送り込んで情報収集に着手した。そして劉祥興らが城内五保後河の引進で床屋をしていた曾連仲の家で圓闢儀式をやっているところに踏み込んで、劉祥興・葉述明ら四名を逮捕した。そして衙門で笞打ち、大堂で自新《かいしん》せよと申し渡し、監禁したのである。かれらが儀式で紅色帽を用いていたのを、頂戴を着けて、爵秩を持っているかのように振舞った、国法・朝廷を軽視するものだ、「煽動的な言葉を使

用した」という理由からだった。[69] この知県による逮捕に対して、菜会側は単条《しれいしょ》を発して各郷から数百余人を糾合し、県衙門に押しかけて入り込み、集団的圧力を掛けて、班房に監禁されている四人を釈放せよ、と要求した。兵力不足で武力鎮圧し切れなかった知県は、城内紳士の挙人・藍志仁ら三名を調停役にして、妥協の交渉に入らざるを得なかった。その結果、四人を釈放することになった。しかし、集団圧力の下で、蔣（江）と、四人を逮捕した捕役頭が数百板打たれ、釈放された四人は衆目注視の中を県衙門から「紅掛彩地」に飾られた轎車に乗って家に戻ったのである。この演劇性溢れた決着の仕方は、官の権威が菜会勢力に屈服したことを象徴的に示すものだった。スチュワート牧師はこの事を福州のイギリス領事マンスフィールドに伝えたが、閩浙総督は無視した。汪知県はこの恥辱的な事件を公にしなかった。保身上からすれば当然であるが、福州では、知県が殺されたと伝えられたという。[70] この事件を機に、菜会は恐れることなく何でもできるようになった。最初の勝利だった。彼らは刀を服の下に忍ばせ、女性も混じった隊列を組んで街中を練り歩き、科挙合格者の「徽章」をつけて特権者のように振る舞った。菜会に入る人数は急増した。一、二週間の間に数百人が加わった。そして教民にも迫害をくわえ、教会を焼くぞ、殺すぞという脅しが為されるようになった。[71] 官のほうもこれを放置はできなくなってきた。

この頃、イギリス領事マンスフィールドは、日本が直隷作戦をおこなって、北京を落とすようなことがあれば、人民の広汎な蜂起が起き、外国人は標的になる恐れがあるから、ミッショナリーは福州に避難したらどうか、と言ってきた。

一八九五年になると、県当局は菜会に対抗的措置をとるようになった。聯甲（保甲）策である。二、三月頃の動きを知県汪育暘は三月二八日（三月初三日）に次のように知府唐宝鑑に報告している。

　昨年は日本との戦争で空気が穏やかでなく、沿岸部で警戒が強化されてから、江西の不法の徒が工芸で生活を営むのに仮りて、上游地帯・卑県一帯でアヘン吸引をやめるよう勧めることを以て吃菜の名目を立て、各処の廟宇で衆を集めて焼香し、銭を集めました。佛を拝して（アヘン吸引に染まったことを）懺悔させました。……これが拡大して、今では人の衆さを倚恃《たの》んで、ややもすると、事端をおこし、金銭を訛詐《ゆすり》とり、平民を欺圧するようになり、昔や常日頃の些細な嫌《うらみ》、ごくわずかな細目を理由に、勢に借りて報復しています。人々は虎を恐れるように畏れ、人々はじっと黙って隠忍しているありさまです。……（対処しようとしても）該匪徒はあちこちに散らばっていますが、……一呼するとたちまち多人を集めることができるが如くで、……（周密に行なわないと返って害を及ぼすことになります）、さらに、古田には差役で力のある者は少なく、近くの汛兵も寥寥たる数で、……不十分で措手することが出来ない状況でありました。……兵を請うても、首要が遠竄する恐れがあり、また、海疆多事、防務吃緊の折から、省［福州］の軍を煩わすのは得策では無いと考えました。それで保甲の法がいいと考えたのであります。(72)

言い訳がましいが、戦争のために軍隊が他所に移動しているのでは、保甲しか方法は無い。汪育暘は城内の紳士たちを集め、彼らと相談して資金を捐じさせ、費用数千両と一ヶ月以上の時間をかけて崩壊部分が多い城壁を修理し始めた。それとともに、「門牌」「戸冊」を印刷して準備し、保甲の暁諭を出して、各郷で自発的に紳董が一戸ごとに門牌を書いて貼り、戸冊に記入することとした。表向きは『倭《にほんじん》人が犯順したので、まさに防ぐところを知るべし』(73)と、日清戦争の戦時防衛体制整備の一貫としての保甲強化の位置づけにした。これで、匪はその跡を匿し、人々は警告を知るようになり、現在の「狂瀾」も挽回できるかも知れない、と考えたのである。二月二日の日本側による張蔭桓講和使節への拒否、一一日の威海衛陥落のこの頃、多くの人々は清朝政府の全面崩壊に終わるかも知れないと思っていたという。

しかし、城壁修理が完成する前にこの聯甲策が漏洩し、菜会側が察知した。菜会は、「編査して保甲をやるのは、自分たちに不利だとして、大胆にも『号条《しれいしょ》』を出して、党羽千余人を集めて、期日を決めて県城を攻めよう」という動きを示したのである。(74)これが、三月二六日に保甲暁示の末尾に『官迫民変』（官が圧迫するから民が反するのだ）と書いたことで、翌二七日には、菜匪三千人が昼間に「古田県城を屠毀し、官長を殺害して教堂を折焚する」という噂が流れた。彼らは十マイル離れた村に集結し、閩江上流の菜会もこれに連携する動きを見せたという。(75)探りを入れたところ、劉祥興が縁戚だった典史の李企曾に機密情報を洩らしたらしく、李が城内の自家の家財を閩江水運の港の水口に運び、家族を別所に移すという動きをしていて、攻撃計画は事実らしいという判断になった。(76)これを聞知した知県は、二七日に城門に柵を作り大石を積み上げて塞がせた。城門には門が無く、通路のようになっていたから、城内の全棺桶屋から棺材を出させてこのバリケードを作った。城壁の修理も急がせ、夜半には、城内の紳士を集合させて、警戒のために自ら城壁に上り、警邏に城壁を巡視させた。城内にも兵や武器がなかったから、外援要請の急報を発せざるを得なかった。前掲の三月二八日の汪文はこうして出されたのだった。この報は福州知府を通じて閩浙総督譚鐘麟に伝えられた。この三月の、閩江沖への日本軍艦出現、日本軍の南下と福州攻撃という噂と、古田地区の僅かな兵力の海岸部への移動が、官の治安維持能力を減退させ、菜会側を古田攻撃へと大胆にさせたのだ、とスチュワート夫人は述べている。(77)そして人々は、中国で何かが起きるに違いない、そうした兆候――戦争はまだ終わらず、菜会が崛起してきた――、その他の兆候もある、それは政府の交代か、もっと大きな変化かも知れない、と思うようになっていた。(78)

しかし兵は古田にやって来なかった。事態の拡大を恐れた古田県の紳士と下僚たちが福州の官僚に連絡を取って、兵の派遣を押し留め、自分たちの努力で何とか事態収拾を図ろうとしたためだった。古田では事態はどのように推移したか。

城門は閉じられ、城内のすべての活動は停止した。城外の田畑へも出られず、米や米を焚く燃料の薪も入手できなくなった。住民は不安に包まれた。不満な民衆が書いた『官迫民変』の貼紙が城内のあちこちに出現した。不満分子が内側からバリケードを毀す動きも出た。先の釈放劇で明らかにされたように、知県は人望も人気もなく、それを抑えきれなかった。また、警戒のために千人を雇ったが、その費用が毎日二百両かかったから、いつまでも門を閉じている訳にもいかず、城内の紳士・捕役頭が交渉仲介役として出てくるよりほかなかった。菜会の方も、厳戒の県城を攻撃する危険を犯したくはなかった。それで、二九日夜半に、城内の某書辦屋に宴席を設け、菜会側の劉祥興、湯春、戴日進の三名を招き、上席に坐ってもらい、捕役頭が接待役になって「和解の席」を設けた。つまり、菜会側の怒りをなだめたのである。菜会側は攻撃意図を放棄すると言った。衙門の行走がその保証人になったので、三月三〇日朝、三日間の封鎖の後、城門が開けられた[79]。菜会側の二度目の勝利だった。こうなると、立場はまったく逆転した。官は菜会に何も手出しができないことを公開したに等しいからだ。かくして、「匪胆いよいよ張り、匪勢いよいよ燄えあがり、狼虎に翼をつけた如くになった」[80]。

事態の多くは戦争の成り行きにかかっていた。講和条約が三週間の休戦中に結ばれれば、兵が福州から戻り、首要を捕らえて抑えることができるだろう、そうでないと、もっと大きな反乱になるだろうと思われたのである。

この菜会の県城攻撃の動きは、官に向けられたものであったが、ミッショナリーにも大きな不安をあたえた。ミッショナリーへの攻撃が計画されている、県城攻撃の場合、郊外のイギリスハウス（ここには百人程がいた）は最初のターゲットになるだろうという情報が中国人伝道士から伝えられ、知県も、城内に避難するよう連絡して来た。雨が降り出した。スチュワートらは雨の中を行進し、川を船で渡り、県城にたどり着くと、城壁の低い部分に梯子をかけて登り、三保教会とアメリカハウス（医院）に入った。しかし、城内でも安全はあまり確実ではないと思い、華山の別荘に避難しようと考えた。だが、別荘《ハウス》の管理人がやってきて、そこも攻撃の対象になっているというので、断念し、結局、スチュワート牧師一人を残して、他の全員は福州に引き上げることになり、封鎖中の城壁を降り、閩江の港の水口に向かった。二日目に閩江に到着したとき、古田で「和解の席」が成立したとの知らせが届いた。それでまた、水口から古田に引き返すことになった。

こうした状況は、スチュワート牧師から福州のマンスフィールド領事に手紙で伝えられたが、領事は、こうした不安な情勢と日本による福州攻撃の恐れから、古田ミッショナリーに女性たちをしばらく福州に避難させるようにと伝えてきた。日本が福州を攻めたら、古田は菜会が反乱しやすくなり、対外戦争中の政府の庇護の下で、外国人攻撃が起きるだろう、というのだった。女性子供たちは再び荷物をまとめて古田から水口に向かった。水口には船がなかった。兵士が福州に向かうためにみな乗って行ったからだ。それでも何とか福州に避難した（彼女たちは五月に古田に戻る）。この間、マンスフィールド領事は四月一日に、医院をめぐるトラブルを抱えていたアメリカ領事のヒクソンとともに、総督譚鐘麟に対して古田に兵を送るように要求した。それで、総督は水口の厘金官である李春輝を調査のために古田に派遣した。

李春輝は古田に一日とどまっただけで、福州に戻ってきた。そして、古田地方の郷間は極めて平静であると報告したのである。三月二九日に菜会はすでに攻撃姿勢を解いていたし、三〇日に日清間で休戦が合意されたと伝えられると、古田は平静化していた。県当局は自らの恥は告げなかったろうし、前建陽知県の李春輝はかつての経歴で教会に反感を抱いていたから、この報告になった。そのため、軍隊は送られずじまいだった。

三月三〇日の日清間の休戦から四月一七日の講和条約締結まで古田の事態が平静だったことに、外国人は奇妙な一致を見ていた[81]。スチュワートは、台湾から福州に兵を向けている日本が上陸しないことを念じるが、内地には日本を歓迎する者がおり、中下層の人々の八割は日本の勝利を望んでいると見ていた。講和が成立すれば、兵も内地に戻るから、福州に避難している女性たちも帰れるだろうと思われた。事態の先行きは、もっぱら日本の動きにかかっていた。

講和が成立した。すべては平静になった。福建では人事異動があった。四月一二日に総督譚鐘麟が異動になって、辺宝泉に代わり、五月二日には混乱の責任を問われて知県汪育暘が撤任され、王汝霖が新知県に任命された。

王汝霖は古田に着任した後、五月一三日に数百張の告示を県内に張り出した。それは次のように言う。

持斎念佛するのはもとより良民である。外事に預《かかわ》らず、ひたすら修身して、衆を聚めず、また人を惑わさず、分に安んじて己を守り、会名もなく、……するのは、例の禁ぜざるところであり、官も刑を加えない。しかし、……陽は善事を為すといって愚民を哄誘して、会を立て、銭を斂め、結党して群を為し、郷曲を横行し、事を蒼生に擾《さわが》す、……目に法紀なく、自《みずか》ら生成《てんせい》に外《はず》れるのは、これを王法に按ずれば、罪を犯すこと軽くはない、……それに入会することは、先に匪名を被り、法を犯して罪に問われ、禍患が身に随《およ》ぶことになるのだ。教えに率《した》がい、過ちを改めて茹葷《かいくん》し、匪党に近づかないのがいちばんだ。それが良民であり、そうしてこそ身家を保つことができるのだ。……古より言あり、「禍福に門なし」と。早く心を入れ替えて、自新すべきである。もし再び悪を怙《たの》むときは、拘案して厳懲する[82]。

こうした新任官の動きに対し、菜会が再結集したらしい[83]。それにともない、暴力行為や盗みがいたるところで発生する事態が起きた。六月半ばには、古田と屏南の菜会が結合して屏南で掠奪をはたらいた。戻る途中に古田の集団は三頭仔で富戸を掠奪、続いて古田で無法行為を繰り広げた[84]。六月後半には、県城から二十七マイル離れた卓洋村で、金銭問題の果てに、菜会側七十五人が武器を持って押し寄せ、耕作牛を連れ去るのに抵抗した相手を銃で殺害、家族を含む九人を負傷させるという事件を引き起こした。(85) 知県は差役を派遣したが、菜会は逮捕を拒んだ。兵力が無く、事件処理はうまくいかなかった。如何せんともし難く、親族が福州に赴いて上告した。この事件を機に郷下の多くの訴えが県になされ、王知県もついに兵一千の派兵を福州に要請することになった。

この頃、スチュワートは、もしこれが宗教迫害で、彼らが教徒狩りをやっているのなら、神は我々にここを去るように言わないだろうが、そうではなく、実際は、官に対する反乱であり、教民はみんなと同じ危険な目に遭っているに過ぎない、と語っている。(86) 三月の県城攻撃も反政府革命だと見て、キリスト教への宗教迫害とは見ていなかった。

『閩省会報』は、この間の動きを次のようにのべている。

昨年、県官が菜匪の制を受けて以来、無頼の者が入って其の威を逞しくしただけでなく、有家の者もまた従って其の勢いを借りて、蟻集蜂擁していて、多く［の者］は言うことができないありさまだ。故なくして端を起こし、人と難《ケンカ》をなすのに、数人あるいは十余人が轎に坐《の》って往きて説《い》い、人をして罰をうけさせる。もし、欲するところに順わない時には、衆を動かして攻め搶《うば》うのである。凡そその属するところの菜友はおのおの軍器を備えもっていて、時ならず党首が頒ちて、印号《つうち》を以て相い召いたときは、器《ぶき》を持ちて行き、あるいは東にあるいは西にと、その指使に凭《まか》せた。……殃《ひがい》を被った人の多くは敢て控《うった》えず、もし控えたとしても、官は批示出差するだけで、差役が票を持って往きて処理しようとしても、返って其の辱しめを受けるありさまだった。それだから、ついには往こうともしなくなり、官もまた如何ともしえなくなったのである。(87)

総督は調査のために、かつて古田知県だった何鼎を委員として送りこんだ。かれは、県衙門に百以上もの訴状が山積みになっているのを見つけた。こうして、状況はきわめて悪化している、兵一千の出動が必要だと報告されたのである。

ついに福州は兵を出した。委員何鼎と副将唐有徳に率いられた兵二百が古田に向かった。兵は七月二三日（六月初二日）に古田城内に入った。そして何鼎は、「審理待ちの案件の全関係人を県衙門に呼び出し、聴問する」という告示を出した。追及を再開するというのである。しかし、二百の兵では菜会に打ち克つには不十分な兵力でしかないというので、軽々しい行動に出るわけにもいかず、城内で銃を撃ち訓練をして威嚇するだけで具体的な動きは示さなかった。

官軍のこの中途半端な動きに菜会側は、自分らを恐れて手出しができないのだと嘯いたが、実際には脅威を感じ、すぐに反応し始めた。崑山髻――県城東門外数十里のところにあった山で、山頂には古い瓦葺の建物と、新しい草葺の建物数間があった――に党羽《なかま》を結集し、対抗姿勢を探るようになった。この動きは県城からも知れた。やがて、山の建物には『除番保主明治龍華会』と書かれた旗が掲げられた(88)。八日後の七月三一日（六月初十日）の深夜に、ここから出発して、聖公会の華山ハウスを襲撃し、外国人を殺害することになるのだが、それまでの数日間、この組織はどのように議論をたたかわせ、行動方針を決定し、襲撃に出ることになったのか、これが次の検討課題である。

六、襲撃へ

斎教は何故崑山髻に結集し、襲撃に出たのか。それは端的に言えば、自己防衛のため、生き残りのためだった。ある信徒は、「すでに兵隊がやって来た。われわれ菜会は自分たちの防衛のために組織しなくてはならない。これ（兵隊）から免れる唯一の方法はこの（華山襲撃への）遠征に加わることだけだ」(89)と、別荘襲撃への参加を説得されている。

つまり、軍隊によって捕らえられ処罰を受けまいとするなら、崑山髻への結集と、次の何らかの行動の選択が必要だという切迫した課題が菜会に突きつけられたのである。解散するか、行動するか。屏南人四十名も崑山髻に姿を見せた。[90] しかし、なぜ、それが唯一の選択肢だったわけではないのに、華山の聖公会スチュワート夫妻らが攻撃の標的にされたのだろうか。これについては、「彼ら（菜会）は、スチュワートが兵を雇って来させたのだ、と言い、そして、復讐せねばならん、と言った」[91] との証言がなされている。福州から軍隊を連れてきた元凶として復讐対象になったというのである。勿論、前述したように、教会との佛と神をめぐる宗教的対立や、幾つかの民事対立が起こって対立関係にあったことが、こうした原因転嫁論を生んだのであろうが、正しくは無い。

結論から言えば、華山攻撃はこの責任転嫁だけでは説明がつかない。対立の機軸は今まで見てきたように菜会と官の間にある。それへの対処の仕方をめぐる菜会指導部内における意思統一の混乱が、華山攻撃・外国人殺害という予想外の行動を生むことになったのである。どういうことか、以下で簡潔に解明してみよう。

ランキン（また、ネウェル、ヒクソンのアメリカ人）は、この事件がかかる展開を見せた原因について、事件が、古田斎教と外部の秘密組織との繋がりのもとで起こっていること、菜会の外国人との対立、リーダーたちの不一致、の三つを上げているが、[92] わたしは、第一は原因ではなく、後の二つも、教会との対立は次要で、斎教と官・軍との対立緊張とそれへの対応を巡るリーダーたちの不一致が原因だと考える。ランキンは、第一の外部組織との連繋を証明するために、劉祥興と杜朱衣が福州の閩江中州の斎堂を訪れ参加していること、福州では日清戦争間に秘密結社の活動があったこと、哥老会が福州・江南で反政府同盟を計画しているとの情報があったこと、攻撃はその後の反乱のために食料と資金を奪うためだったこと、リーダーの一人の鄭九九は事件の直前にやって来たこと、を挙げている。しかし、論証するには根拠が弱すぎ、推測の域を出ていない。[93]

議論を進めるために方針決定にかかわることになる菜会の幹部リーダーたちについて整理しておこう（写真No.17.18）。

劉祥興　四十三歳、江西人、釘秤職人、病気（アヘン）治しをした［以迷信薬戒烟毒］。

張　赤　四十一歳、古田県安樟村人、元県衙差役、五年前に革職。廷洋村菜会の頭、菜会の会計役兼平日半耕の破産農民。賭博をやった。大引進で各地（上府＝南平、建甌、沙県、建陽、帰化）で圓闘をして歩いたという。子三人、背が高く、頭が大きく、普通語が話せ、理知的聡明だと見られた。

柳久速　三十一歳、屏南県長橋村人、妻子なし。綽名「半天哪」、反外国感情が強い。

杜朱衣　五十二歳、古田県松巌人、妻子あり。アヒル卵を孵化させ雛を売り歩く商売人。大引進（五、六十人を引き入れたという）。アヘン治療のため入会、身体が弱かったというが、裁判では強靭な肉体が見られ、クールで自己抑制的だった。

林祥興　四十七歳、閩清県弓竹渓人、妻死去、綽名「閩清七」。拳師（師匠・売芸）、膏薬の行商で生活、古田に来て入会。福建語のみ話す。菜会のためには死んでもいいというファナティックな人物。

鄭九九　三十二歳、侯官県人、綽名「長指甲」（爪が数インチ伸びていた＝労働していない証拠）、算命先生（予言師・占い師）、風水地理看。古典の知識があり、読み書き能力を持ち、北京語が話せた。

戴奴郎　二十四歳、古田前壟村人、妻有子なし、瓦・茶碗を焼き製造。

葉蝴蚨　二十三歳、古田廷洋村人、妻なし、古田南門で私塾教書。

葉順民　四十四歳、「葉述明」、妻子なし、輾米業。

湯　春　四十一歳、古田西郷廷裡村人、妻は不倫関係で別居、スチュワートの召使に。

姚八章　二十三歳、古田吉口村人、未婚。菜会会計係。雑貨商人、教育あり。

話は少し遡る。六月九、一〇日（五月十八、十九日）頃、侯官県林裡工伴村人の鄭九九が古田県小東村一帯にやって来て算命先生をやっていた。各地を流浪巡回して運命占いを商売にしていた江湖の人物である。ここの集市かどこかで、菜会の劉祥興・張赤らと知り合った。そのときかれが、「算命では飯を食うのは難しいのだ」と言うと、劉祥興らは、自分たちの菜会に入るようにと誘った。そして、鄭九九は書物が読めて文が書け、錦嚢（良い詩）を持っているというので、自分たちとは違った貴重な人材と思ったのだろう、入会して一切のことについての軍師（諸葛孔明のような）になってもらった、という。[94]鍵になる人物がこのようにして直前に菜会に加わった。

菜会幹部の供述によると、それから間もなくの「閏五月の日にちは覚えていないが」、「閏五月末（七月二一日）に」、劉祥興と鄭九九との間で、スチュワート一家を殺して掠奪し、得たものを糧草《しきん》にしようと相談した、杜朱衣は、その時は知らなかったが、後に彼らと話をしてそのことを知って、一緒に相談した、という。[95]ヒクソンの調査報告は、その後、福州からの軍隊が着いた七月二三日（六月初二日）頃に、鄭九九が県城にある菜会の「公館」（集会施設）に姿を見せ、すぐに崑山髻に入った、という。[96]

つまり、供述は、兵の到着以前の段階で、外国人宣教師攻撃の計画が立てられていた、それが実行されたのだ、という筋書きなのである。「閏五月末」段階でそのような話が出た事実は否定しきれないが、これや教会側との対立が華山襲撃事件を引き起こしたのだという話の筋は、事件の中国側資料（『教務教案檔』も含む）のシナリオである。事件処理、裁判を通じて、外国側調査団がこの事件を、前述した全国一斉の蜂起計画として、あるいは菜会活動への官の許容、支援、関与を強く主張して、清国側の責任を指摘したのに対して、この事件を菜会と教会の対立の延長線上に発生したものだというシナリオの枠に入れて、官が自己免責を図りつつ処理したのが清国側だったから、その意思が透けて見える。このシナリオは採用できないが、「閏五月末」（七月二〇日）前後に教会が攻撃対象に浮上していた事実は確認しておこう。

しかし、どういう行動をとるかという議論が行なわれたときに、以前からの幹部だった張赤と少し前に加わって菜会員から同じメンバーだとは思われてなかった鄭九九との間に意見の対立が発生した。ヒクソンはその原因を次のように書いている。

七月二二日（六月初一日）に、張赤は鄭九九から彼に当てられた「号条《めいれい》」（手紙）を受け取った。それは、『五百年前に菜会のことは重要だと予言されている。直ちに（崑山髻に近い）牛頭嶺の Ping Shi に来られたい。遅れることなかれ。張普道［張赤の法名］へ。愚弟　鄭淮［鄭九九の本名］』、というものだった。如何なる理由か分からないが、この号条の何かが彼を怒らせたらしい(97)。

その次の彼らの行動の記録は、この手紙に続いて、武器を揃え、旗を作り、「号条《めいれい》」を信徒たちに分給し、かれらに武器食料を持って崑山髻に来るように伝えた、という武装防衛化である。七月二四日（初三日）に林祥興（閩清七）と顔青明仔に、二五日（初四日）に鄭花、周良田、戴昌拔らに、二六日（初五日）には姚八章に「号条」が発せられている。二二日に手紙を受け取った張赤は、二六日に崑山髻に行った。ここで議論になった。菜会が今後如何なる行動をとるにせよ、現在、武器、食料、資金は無い、だからそれらを入手する必要があることは皆一致していた。では、何処から着手すべきか。安樟村の財主を襲うという話も出たが、ここには聯甲組織があり、無理だということで放棄された。張赤は、先ず県城の富戸を襲うべきだと主張した。これに対して、劉祥興、鄭九九、林祥興（閩清七）らは、華山の洋館《ハウス》をやるべきだと言って、意見が合わなかった。推測だが、鄭は、自分は未来を予言できる超能力を持つ聖霊だといい、張赤は、お前は菜会に禍をもたらす悪魔だ、と罵りあったらしい。そして張赤は、こんなではどうして大事ができるか、と言った。翌二七日（初六日）、張赤に福州に手紙を持っていかせることになった。宛先は福州の菜会の会館だったが、鄭九九はかれに、「（手紙の）中を知る必要は無い、渡せばかれらは誰からのものか分かる。そうしたらわたしが聖霊か、それとも悪魔か、分かるだろう」と言った。これが張赤に疑惑を起こさせ、かれは福州に出発するふりをして、崑山髻を離れ、手紙の中を見た。それには、「古田の菜会員は私の意図を理解していない。われわれの仲間の斎友に（福州から）武器と食料を繰り出させてくれ」と書いてあった。(98)これが、張赤が、「次の日に、この鄭九九が『一字条張貼』書いて、菜友が自分で糧《しょく》草《りょう》・刀鎗を持って来させるのを見た」と供述する『一字条張貼』であるらしい。(99)

張赤は翌二八日（初七日）に崑山髻に戻って、手紙を突きつけて、卑劣なやつだと鄭九九を責めた。しかし、杜朱衣と他の者たちに阻まれた。二人は決定的に対立したが、菜会幹部たちは、鄭九九を「二百の兵を持つ何鼎の手からかれらを解放してくれ、中国における新たな帝国樹立を可能にしてくれる、斎教のメシア、最高の聖なる予言者として、指導者として推戴した」(100)のである。幹部たちがこの鄭九九の超自然的魔力の呪文にかけられたのを破ることはできず、張赤は敗れ、自分はこれでは大事を為すことはできないとの台詞を残して砦を下りた。そしてかれはこの襲撃計画を同じ安樟村の中国人伝道士に伝え、スチュワート牧師に連絡するようにと動くことになる（結局、この情報は襲撃前にスチュワートに伝わらなかった）。

張赤が去った崑山髻で、三〇日（初九日）に、二、三十人の菜会メンバーが最終的に行動を決定する会議を開いた。そこでは菜会設立者の劉祥興の影はすでに薄くなっていた。ここで、先ず、鄭竹村［あるいはTang Teuk村、杉洋村など］の金持ちの家を襲うべきだ、その後、県城に行って美以美会施設のある二保後壟頭地方（のちにアメリカ「租界」として記憶されるアメリカハウス＝写真No.1,2）を掠奪、その洋式建物と医院を襲うという計画が出された。しかし、一人、軍師・鄭九九のみが、「お前らが宣教師を殺さなければ、宣教師がお前らを殺す」と言って、華山の別荘ハウスを襲うことを主張して譲らなかった。[101] 郷村富戸襲撃か、県城の外国施設攻撃か、華山の外国人攻撃かをめぐって、会議は数日にわたり紛糾したらしい。それで、最終的にどうするかを決めるために、神意を占う「拈門（籤引）」を行なうことになった。三枚の紙片に「鄭竹」「後壟頭」「華山」と書いて丸めて容器に入れ、天に向かって禱告したのち、線香を箸にして摘んで籤を引いた。これを三日続けて三度行なったという。それだと七月二八、二九、三〇日ということになる。そして占いは、三度とも「華山」と出た。これは奇跡だ、神意だ、となった。実は三本とも「華山」と書いた紙を容器に入れたのだ。これは鄭九九の商売柄のペテンで、衆心を収攬し、その恭順さを引き出すために演出したのだった。軍師鄭九九はその後、菜会メンバーから誓約を取った。忠実ならざる者は、生きたまま火に焼かれ、溺死させられ、馬で八つ裂きにさせられるであろう、と。そして、幹部を、「四大将軍」「四猛虎」「三猛龍」などの称号を与え、『集まっていないと殺されるぞ』と言って、結束求心を強化した。

この時、鄭九九は詩を示し、それが砦や道々に貼られたという。それは、かれが持っていたという「錦嚢」（劉祥興供述）のことであろうが、次のものであるらしい。

鄭児官江上　恰似白鸚母
太子併大児　勝如黒白虎
大清帰大靖　而主一而土
一字十三点　価値二十五
四蜀無瓦蓋　実是漢中苦
直待龍虎会　随時可得釜

貧窮無歳月　　富貴無米煮
天下多兵起　　四海帰真主[102]

［大意；　鄭児（鄭九九の指揮下の軍兵士）が江上（長江、あるいは閩江）一帯を官《とうち》する。それはあたかも、（唐の開元に嶺南から献じられた慧聡で人語を話した鸚鵡の）白鸚母のような瑞祥だ。太子（鄭九九）とその仲間が勝利するのは、黒白の虎の如くはっきりしている。大清は大靖に帰し、しかして主［龍爺？］は王（一而士＝王）となる。一字十三点価値二十五（この意味は不詳）。四川には屋根に葺く瓦無く、実に漢中も苦しんでいる。直《ただ》に龍華会を待ちさえすれば、随時《いつも》、飯が食えるようになる。貧窮の者は生きられず、富貴な者にも煮る米が無いありさまで、天下に兵の起こること多いが、四海はやがて真主に帰すだろう。］

これを外国側は、外国との間で起きる混乱は現王朝を換えるだろう、という意味だと解釈したが、右のように解釈してみると、鄭九九がこの攻撃をどのように考えていたのかということが、仄かに見えてくるようである。鄭九九が正統的な斎教徒だったかどうかは、いささか疑問の残るところで、この詩が斎教の思想を示すものとは断定しきれない側面を持つのだが、しかし、劉祥興を含めて幹部の大多数はこれを極めて意味深い、神秘的予言のように思って受け入れたから、斎教教義と悖理するものではなかったと考えていい。

最も基本には斎教の宗教観が有るようだ。それはこの宗教活動の基本性格を形成するものだが、まず、下層の人々が直面していた「人間の問題」がある。アヘン吸引の苦しみ、租典妻をめぐる女性の呻き、紛糾・悩み、貧困、病気などの現世苦、これらに対し、そこからの脱出の方法を提示しつつ、道徳的倫理的立て直しをおこなうべきだと呼びかけ、酒・タバコ・アヘン・肉食を禁止し・菜食を厳守させる禁欲的規範を紐帯にする「集まり」をつくった。つまり、この斎教組織は、宗教の本来的意味である、ほころんでいる神（佛）と人、人と人とを再び結合し（religio）、人々が集まること――その集まり性を維持するための儀式、入会儀式と誓約、その更新としての定期的に繰り返される儀式、その背骨をなす典拠経典＝経巻の教えを持っていた――を通じて、戒律を遵守励行させ扶助し合う、という実践集団を作ったのだが、それのもつ現世拒否的な考えがあるだろう。アヘン商人たちが多くのアヘン館を開き、そこに多くの者が入り浸りになり、身体を病み、経済的に破産し、家庭を崩壊させ、社会は不健康になり道徳倫理は廃れた。官や下僚も汚職腐敗に染まり、外国からの脅威で国力は衰退し、元気を失った。貧窮に苦しめられるこの閉塞する現実へのやりきれなさが、彼らを集めた。その「集まり」は、やがて世俗の現実の秩序への批判と攻撃に転化した。そして、かれらの考える正しい道徳倫理的な正義の実現に向けて郷間のさまざまな紛糾事象に介入するようになった。それの背景にあったのは、「集団のちから」、その保護力だった。下層の社会層の男たちの大量加入は集団の力を増大させた。中国の専制権力が本質的に宗教を嫌悪するのは、政治権力が考える全一性＝全体的一体性に対して、もう一つの正当性を主張する――それは権力の相対化であり、権力の至上性を貶めることになる――、だけでなく、それに抗しうる「人々の集まり」を作るからである。それを権力は「平和」を乱す危険な存在と見なすのだ。アウグスチヌスではないが、その平和はいつも、「かれらの考える平和」つまり、権力の考える平和なのだが、そうした疑わしさで見るのだ。その危惧は専制権力が本来持つ本能なので、けっして間違いではない。宗教の本質のひとつは紛れもなく「集まる」ことにあるからだ。

宗教集団の社会へのこの介入は、公権力である官の警察・検察・司法による正義の実現に代替する働きをするようになった。多くの逸脱を含みながらも、そうなった。この拡大が、もう一つの宗教的「集まり」＝団体であるキリスト教との競合、互いの神の競合を生んだのは、蓋し当然であったし、また県当局の統治と対立するようになったのも、自然過程であった。しかし、その教会との競合、対立がそのままかの凄惨な襲撃にエスカレートしていったと見るのは短絡である。すでに見たように、日清戦争にともなう社会の混乱と不安、人心動揺のもとで、官は秩序維持不能症に陥った。それがまた斎教の増殖を生むという事態の亢進を生んだ。その挙句に、外国教会側の危険回避行動や領事の警鐘行為などがなされ、軍隊の導入へと至ったのである。この軍隊導入は、菜会に対応を強制した。解散するか、自己防衛的行動に出るか。しかし、方針はなかなか決められない。菜会をめぐる事態の推移から見ると、張赤や在地のその他の人々が言う、富戸掠奪や県城攻撃（城内の富戸、教会、医院掠奪）によって資源を獲得、知県が出動してきたところをやっつけ、占領、抵抗する、という抵抗路線が最も自然な発想である。ヒクソン領事ですらその成功の可能性はあったという。だが、実際行動は華山別荘攻撃という逸脱型になった。それは鄭九九によって曲げられたからだ。その鄭九九の構想を示すのがこの詩で、これが、これから採ろうとする行動に与えられた意味といってよい。大清は某某に帰る、四川に瓦無く、真主到来、云々は当時巷間で流布していた常套句で義和団掲帖その他にもしばしば見られた流行予言であり、占い予言を業とする算命先生・鄭九九お得意の漠然とした讖緯的、神秘主義的予言にこれらを織り交ぜたのだと言ってよいものである。しかし、これが決定的機能を果たした。何かはしなければならない、しかしどうしたらいいのか確信を持てずに、不安と危機感の中で焦燥感だけが募っていた彼らは、籤占いで神意を知り、この詩で、これからの行動によって新たな展望が開けるかも知れない――大清に替わって、龍華会の主が王になる、新たな大靖（大いに靖らかな）王朝の時代がやって来るという展望が開けるのだ――という意味の予言が与えられたように思われたのだ。

しかし、実際行動は逸脱型になったとはいえ、まず華山攻撃をするという点のみが違うのであって、鄭のそれと幹部たちの志向とには共通性もあった。ネウェルは、鄭の計画は「当時あった普遍的な反外国情緒のために受け入れられた」と述べているが(103)、正しいと思う。五月の四川成都教案においても、日清戦争が洋《がいこく》との対立と捉えられていた(104)。

日清戦争による社会の動揺、対外的緊張がこの行動の背を押したのだ。

それを最も良く示すのが、崑山髻に掲げられた旗の文字『除番保主明治龍華会』（あるいは「除番救主」）[105]である。これをどう解釈するか。「除番」は、外国人を排斥し除く、「保主」「救主」は、主を保つ、救う。「明治」は、明らかに公正に治める。したがって、「外国人を除き、主を保ち（主を救い）、この地を明らかに公正に治める、われら龍華会」、ということになる。反外国の「除番」が冒頭に来ているのは、菜会を反外国に向けようとした鄭九九の影響ではないかとも思われるが、日清戦争で高まった一般的な反外国意識と言っていい。だが、この「主」とは何者なのだろう。それは、大清が大靖に変わるとき、四海が帰するところの真主、であろう。それは、かれらの供奉する「普陀佛」あるいは「龍爺」なのか、それとも、連立昌のように、この旗印を義和団の『扶清滅洋』に繋がる線で解釈して、対外矛盾を極大化したこちら側、清朝中国国家を象徴する存在、光緒帝を指すもの[106]と解釈すべきなのだろうか。しかし、この連立昌の解釈は、今までの蜂起プロセスの解析からは出てこない無理な解釈であり、ましてや、この旗を拝した行為を行なったというのだから、光緒帝ではありえない。光緒帝だったら、抗議は、あるべき清朝から今の官は逸脱しており、我らとともに洋番を除けという形をとるはずだ。彼らは崑山髻から出発したとき『龍爺将要征服外国人的上帝（龍爺がまさに外国人の神を征服せん）』という紅旗を掲げて行ったのだし[107]、前述したようにも奪ったシーツにも書いたのだ。またヒクソンは、先の旗を「新皇帝の旗」と解釈していることからも[108]、これは素直に、龍爺、龍華会の主、とすべきである。だが、これが、祖師なのか、普陀佛・観音佛なのか、確定し得ない。

だから、洋番《がいこくじん》を排除して、われらの主を保ち、龍華会（斎教）の教えと正義でもってこの世が公明正大に治められるべきだ、というのであろう。尤も、対外矛盾がもっと激化したとき、この主と清朝皇帝が二重化する可能性は無いではないが、義和団段階でも、それは、光緒帝という人格に重ならず、中国国家「清」にとどまったのであり、やはり無理な解釈には違いない。

ネウェル、ヒクソン、ランキンなどアメリカ人のこの蜂起についての解釈の背骨になっている一つの解釈について述べておく必要がある。この蜂起を広範囲な全般的蜂起の一部と見る見解である。それは、（1）、秘密結社の他省にある上級機関によって決められた一〇月（八月）に予定されていた蜂起の流産だった。（2）、鄭九九の手紙は、この全体計画に基づいたものだった。そして、華山虐殺で蜂起計画の大部分は放棄されることになったが、①華山で宣教師を殺害して掠奪、家屋を焼き、②崑山髻に掠奪品を運び、古田城攻撃を準備し、③城内のアメリカン・ミッション（家屋と医院＝アメリカハウス）を焼打攻撃する、④そうすれば、知県が出動して来る、⑤知県を捕らえる、⑥ついで、県衙門を焼き、イギリス教会を焼く、こうして古田の永久占領と軍司令部の設立にいたると、考えられていたという。張赤の計画との違いは最初に華山の外国人を襲撃するかどうかで、他は彼の計画にも入っていたから、混合といってよいのだが、この論が出てくるのは、あの重大な襲撃結果から考えられる原因と、裁判の供述で明らかになった動機との間に、大きな隔たりがあるからである。普通の常識からすれば、何か特別の意図がなければ、あんな事件は起こさないはずだと考えるから、何かでその間を埋めなければならない。それが、菜会は秘密結社だ、秘密結社というのは哥老会や三合会のように反清朝だ、菜会もその政治目的をもって蜂起しようとし襲撃をやった、それで外交困難を作り出して清朝を苦境に落そうという政治的行動だった［（1）と（2）］と、いくつかの兆候でもって幻の構図を組み立てさせたのである。上述したように斎教は江西や閩江上流と繋がりをもっていたが、それが蜂起の連繋という構図を構成してはいない。裁判でも具体的証拠は出てきてないのである。だから、裁判終了後一年近く調査を続けたヒクソンも、原因はミステリーだ、と言わざるを得なかったのである。

鄭九九が提示した華山攻撃は、上述したように常識をはずれた選択で——それだから、意思決定に占いなどという手段をとらざるを得なかったのだ――、それ以前からの菜会と教会双方の対立が嵩じて爆発したのではないから、華山のミッショナリーたちは切迫した危機感を抱いていなかった。それだけでなく、誰の目からも予想を越えた逸脱であり、突発的だったがゆえに[109]、あのような惨劇になったのだ、というのが真実だろう。

七月三〇日、安樟村の聯甲メンバーと中国人伝道士が、知県を訪れ、菜会が村を襲って礼拝堂を壊し、家々を掠奪する計画を立てているとの噂がある、と伝えた。知県は、数人の行走を偵察に出したが、かれらが村の教会で寝ている間、深夜に崑山髻を出発した菜会の隊列が安樟村を通って、華山に向かっていた。村の聯甲は夜の闇の中で二百八十九人を確認している。七月二三日から三一日まで総数七百名が崑山髻に集まったとみられるが、この夜結集していた三百人ほどが武器をもって出発したのである[110]。鄭九九は砦に残り、劉祥興らが隊をなして進んだが、先頭で小旗を持って指揮していたのが杜朱衣で、葉蝴蚨は銃を、林祥興は三叉鈀《まぐわ》（写真No.27）を持って行進に加わっていた。多くの者は何処に行って何をするのか知らずに加わっており、途中で知って怖くなり、多くが離れて、華山に着いたときには、百名ほどに人数が減っていた。かれらは物品を奪い、それを崑山髻に運び入れ、公庫に入れることになっていた。しかし、外国人はすべて殺害するように鄭九九から命じられていたのである。

鄭九九は菜会員に、「お前が宣教師を殺さなければ、宣教師が必ずお前を殺す」と言い、襲撃した菜会員はこの言を頗る信じた、という[111]。そしてスチュワートが「君らが私を必ず殺そうとするのは何のためか、私の持っている銭や物はみな取って行っていい」と言ったのに対して、「我等がここに来たのは、物を取るために来たのではない。お前を殺すために来たのだ」と言った[112]。そして、裁判で、「今回、なぜ外国人を殺したのか、」と尋問されたのに対して、林祥興は、「民間の謡言で、吃斎人は後で必ず奉教者に滅ぼされる、と説っているのを聞いていたからだ」と答えている[113]。

ここから、「殺らなければ、外国人のやつらに殺られる」という強迫観念めいたものが彼らを支配していたのを知ることができる。官兵による弾圧がのしかかる中、官との対立の困難さを生きるのではなく、官兵を呼んだのは宣教師だ、宣教師たちを殺さなければ、やつらが俺たちを殺す、われらはやつらに滅ぼされるのだ、という外国恐怖からくる誤った思い込みと、誤った抵抗対象の設定、つまり「洗脳」がなされている。鄭九九の魔術的操作による逸脱と転嫁は成功した。ヒクソンが、日清戦争に起因する政治的混乱によって生じた反官情緒が外国人に転化されたのだ、と言う事態が見て取れるのである。これが真実に近い。しかし、こうなると、民衆運動としては、大衆的なモラルの怒りとか、民衆道徳のまっとうな律儀さによる抵抗とか、宗教的倫理への確信とか、「悪」の措定、告発というような思想性格は見られなくなる。讖緯的予言によった誤った方針への盲目的服従や、「狂気」というべきもの、非理性的なものが行動を支配することになった。ここに、この反キリスト教事件があのように凄惨なものになる大きな原因があったのだ。それは、斎教が宗教団体だったから、尚のこと起きやすかったともいえる。その点、宗教の持つ危うさを示しているとも言えるのである。

この汚点、出鱈目な占いによる神意で外国人宣教師を攻撃対象に設定し、惨殺する行為に及んだ、という汚点はぬぐいきれないものである。人民共和国になって、人民の抵抗運動の再発掘のためにこの事件の調査がおこなわれたが、それらの調査資料を読んでも、事件を人民抵抗論的に構成するには無理がある。(114) 当時のオーラル・ヒストリーも鄭九九をはずして事件を語るしかなく、その分、別の誰かを持ち上げる偏頗なものにならざるを得なくなっているのである。(115)

七、事件の結末――英米ミッショナリー外交の転換

華山での惨劇はフィリップが送った使いによってアメリカハウスのグレゴリー医師に伝えられ、彼から県当局にその日の昼ごろに伝わった。知県王汝霖はただちに六十の兵を率いて華山に向かった。それに間もなくグレゴリー医師が加わった。華山に着いた知県一行はその晩は現地に泊まり、翌二日、輸送用の轎と人夫を探し出してきて、死者を納棺し負傷した外国人たちを乗せ、彼らを福州に送るために閩江の港の水口に向かった。八月三日に水口に着き、午後に外国人たちは船に乗って川を下り始めた。翌四日朝、川を遡ってくる署知府《サブプリフェクト》（秦炳直）の乗った汽船に会った。汽船は方向転換して船を引いて福州に向かうと、間もなく、アメリカ領事ヒクソンの乗った汽船が遡行してきたのに出会った。彼らは前日の三日に福州で事件を知って急遽遡航してきたのだった。三隻は合流して、午後に福州に着いた。この旅程で、スチュワートの一番幼い子供が死亡、もう一人も収容先の病院で死亡、事件の死者は十一人になった。

事件のニュースは福州から全中国、そして全世界に伝えられた。その悲惨な内容は全開港場の外国人たちに衝撃を与え、大騒ぎになった。先の五月末にフランス・カトリック、イギリス内地会、イギリス聖公会ＣＭＳ、カナダ・メソジスト、アメリカ・メソジスト各教会が被害にあった四川成都教案（第四章）をめぐってすでに上海などでは騒ぎになっており、その被害外国人宣教師たちが避難してきて、重慶から長江を下って七月四日に上海に着いた頃、上海の西洋人、宣教師たちは集会を開いて、決議を電報で本国外交当局に打ち、圧力をかけたりしていたところだった。(116)それに追い打ちをかけるようなニュースが飛び込んできたのである。世論は一層激した。それより前、六月初めに、

この成都教案に対して、イギリス公使オコーナーは砲艦二隻を南京と武漢に出して威嚇し、見せしめのための中国高官の処罰が必要だ、イギリス人の生命が失われたときは報復するだろうと主張して、調査委員会などを強く要求していた[117]。こういう時に古田事件のニュースが入って来たから、外国人たちは国籍を問わず、それぞれのコミュニティの集まりで、みなかような事件は容認できないという意思を表明した。なかには、「中国人の本心というのは、なんと真に野獣の如きか」と言う者さえいた[118]。上海、天津、漢口、福州、厦門、香港、汕頭、広州などの外国人コミュニティは集会を開いて対策を協議した。上海では、五日に中国協会 China Association 上海分会主席のR・M・キャンベル主催の集会がもたれたが、「参会者は千余人を下らず、会議場はぎっしりで、足の踏み場も無いほどだった。後からやって来た者は入れず、ドアの外に立ち、つま先だって覗き、耳を傾けた」[119]のだった。『ノース・チャイナ・ディリー・ニュース』紙主筆のR・W・リトルも「四川での事件ですでに本国に救援を求めたが、ましてや古田の惨劇が起こるとは」と言い、中国との友好を主張していたティモシー・リチャードも、「報道を読むかぎり、中国の官憲がきちんと処理をしようとするか、それが出来ないかを考慮する必要は無い、本国に処理を要請する以外に無い」と述べた。アメリカ聖書会総辦も、「古田の事件の凶手は喫素党だとみな言っているが、喫素の人というのは、殺生するにも忍びないのに、人命を傷つけるというのはどういうことか。私が思うに、必ずや、私会（菜会）が衙署と交通《つうじ》て、教会を（取り）去らせるだけでなく、まさに各省の外国人を逐わんとしているのであって、ただ喫素党だと挙げて言葉をうまくごまかしているに過ぎない。今日の禍は、時失する可からず、勢すでに容れるを得ず、ただ英米外務省に大員を中国に派遣して調査処理してもらう以外ない」[120]、と語り、過去の教案を曖昧に了結して来たからかかる事件を醸成することになったのだ、有罪者はもっと厳しく懲罰すべきである、というような意見が相継いだ。これら開港場の外国人コミュニティは相継いで、本国政府に強力な対清外交交渉を要求した。福州でも、葬儀の後にグレゴリー医師が事件について話をすると、人々の間に怒りと痛惜の声が上がった。そして、事件は許すことの出来ないものであり、賠償金を取って事を終わらせ得るものではない、厳に懲罰すること以外に考えようは無い、として、英米人は名を連ねて本国に電報を打ち、暴徒を厳しく懲罰し、金銭賠償で人命に換えるようなことをしないよう要請することになった。『ノース・チャイナ・ヘラルド』や『チャイニーズ・リコーダー』などの新聞雑誌も、関係各国が強硬な手段をとり、中国人に教訓を与えるべきだ、と主張した。

こうした開港場の外国人コミュニティの世論は「臨時《アドホック》の圧力団体」(121)になり、北京の英米外交官、そして本国外務省・国務省に大きな圧力となって作用した。アメリカ国務省は、駐清公使デンビーに、総署に対して、アメリカ人の生命財産の保護を要求するよう指示し、デンビーは、渋る総署に外国側による調査を認めさせ、また直接的防止行動を取るよう要求した(122)。そして、成都教案をめぐって北京から対清強硬姿勢を主張してきたオコーナー公使に対して、今まで比較的冷静だったロンドンのイギリス外務省も、この古田事件を機に八月初旬にその外交姿勢を変更し、彼を支持するようになったのである(123)。

犠牲者を出したイギリス政府には、ロンドン駐在の龔照瑗公使から八月四日に事件が伝えられ、ロイターやヨーロッパの各新聞もこの事件を報道し、厳しい論調を出していた。ロンドンからは、イギリス世論の激昂ぶりが電報で伝えられてきた。八日には外相兼首相のソールズベリーが声明を発表し、犯人の厳罰、外国人宣教師の安全保護、中国側保護の下に福州領事を現地に派遣し調査させること、などを表明(124)、一〇日にイギリス政府は閣議で、古田で秩序維持に関わった官員は処罰されるべきであるとの決議をしたのである(125)。これは北京のオコーナーを勇気づけた。一六日にはヴィクトリア女王も議会でこの古田事件に言及した(126)。

成都教案で清英関係が緊迫しているなかで事件が発生したから、これに対しては清廷側も敏感に反応して、イギリスが態度表明する前の八月五日に、福州将軍慶裕、閩浙総督辺宝泉に対し、四川の騒ぎもあることから、軍を出して期限を切って凶犯を処罰するように命じ、八、九両日には相継いで諭旨が下された[127]。これを受け、福建当局は、総兵徐万福、参将余宏亮に各一営の兵を率いて現地に向かわせ、現地の副将唐有徳の兵一営とともに捜索逮捕に当たらせた。現地の王汝霖知県は革職、新知県易簡が赴任し（八月五日着）、ついで署福州知府秦炳直が古田に派遣され、事件処理にあたることになった（八月七日着）。一方、英米側はイギリス福州領事マンスフィールドとアメリカ領事ヒクソンを中心とする合同調査委員会を組織し、古田に出発させることになった。この時、安全が保障できないとの清国側の抵抗を打破するために、アメリカ国務省・上海領事は米軍艦艦長ネウェル海軍中佐をヒクソンに随行させ、調査に参加させたのである。合同調査委員会は、ヒクソン領事、ネウェル中佐、グレゴリー医師、エヴァンス海軍少尉、ハート医師（米側五名）、マンスフィールド領事、アレン副領事、バニスターCMS牧師、スターCMS牧師（英側四名）で組織された[128]。調査委員会は一三日に通商局提調朱守・副将朱成必の護送で出発し、一六日に現地に着いた。

古田では山地僻地までに及ぶ大捜索によって続々と斎教徒が捕らえられていた。易簡は各郷に「聯甲」（保甲組織）の編立を命じ、検挙に償金をかけて探索《スパイ》を放ち逮捕に尽力させた。効力は絶大だった。八月二四日頃までに六十余人が捕獲拘留された[129]（九月初旬には一二六名、二一日には一九三人、最終的には二〇七人が捕らえられた――そのうち実際に華山に行ったのは四十三人）。取調べと裁判が開始された。現地での尋問裁判は八月末から一〇月初めまで続くことになるが、ここで現地当局と、裁判への参加を求める調査委員会との間に対立が生じた。知府秦柄直は外国人の「会審（共同裁判）」「観審（裁判への臨席傍聴）」に難色を示したのである。イギリス公使オコーナーはこの頃、成都教案の見せしめ処罰は四川総督劉秉璋の免職がいいと言い始めていたが、マンスフィールド領事の報告を受けて、八月一九日、総署に対して恫喝的な照会を送り、合同委員会が自便《じゆう》に「査辦」すること、中国側が道員級の大員を派遣して領事とともに「査辧」させること、また「観審」させることを要求した。[130] 総署は、駐英公使龔照瑗の、観審は西洋にも例があるとの意見に徴して、福建当局にその観審を許可させた。秦炳直は逮捕者を尋問し、まず実行犯二十余人を割り出し、林難民、柳久速ら七名を処刑することにし、残りは持斎のみで犯罪なしとして九月初めに釈放した。[131] これに対しイギリス領事が、自分たちに無断で釈放したと反発するなど、調査委員会と現地当局との間には種々の齟齬が起きたが、マンスフィールドはその不満を北京のオコーナーに訴え、総署に圧力をかけさせた。総署は、成都教案の処理と二重化したため、オコーナー照会に丁寧に対応したが、総督の持つ判決権の現地官への分与、監獄増設による不足解消などは拒否し、すべてを満足させはしなかった。[132] しかし、これを受けて、閩浙総督は候補道の許星翼を古田に派遣し、事件処理を督辧させることにした。[133] 外国側を宥めるために送られてきた許星翼は妥協的で、九月一〇日に到着すると、領事に、「幾つ首が欲しいのか言ってくれ、そしたら直ぐにそれだけ斬るから。それでこの件は最終的にお仕舞になる」と、何人処刑したら外国側は満足するのかと聞く始末だった（九月一二日）。[134] 林難民ら七人の処刑は九月一七日朝に執行された（写真No.11）。しかし英米領事はそれで事件を終了させなかった。教民から得た情報をもとに作成した二百余人の被疑者リストを提出して、菜党の全頭目を逮捕し、余蘖を残さず掃除すべきだと主張した。[135] 硬骨漢の秦炳直は許と意見が合わず、夜駆けして府に戻り、省当局と掛け合い、北京に問い合わせ、その指示電を受領、その後、提出リストは信用できない、無実の者を含み、事件処理を長引かせるだけで、別の問題も引き起こす、として拒否した。[136] 現地当局との齟齬でアメリカ領事ヒクソンはしばしば激怒したが、イギリス領事も、清国官憲の彼を無視したような処理に大いに不満で、オコーナーにしばしば電報で訴えていた。オコーナーも、領事に対して勤めて穏健に協議し速やかな了結にいたるよう望むと通告したが、秦炳直の拒否にあって、現地英米側は追加の圧力手段を使用するより他なかった。

マンスフィールドは、オコーナー公使・海軍提督と相談して艦船を馬尾と福州に出動させたのである。外国側は、一〇月一三日に英艦五隻、米艦一隻、仏艦一隻計七隻を福建に出現させた。[137]そしてすでに有罪を立証され収監されている菜会員の処刑を要求し、また名簿にもとづく郷間での犯人捜索を要求するのであるが、この対立不協和音の騒ぎは急に変化した。奇妙なことに、英領事マンスフィールドが古田教案処理の最後の段階で急に融和的になったのだ。それは、九月二九日に出された清廷「上諭」と関係があった。これは、日清戦争賠償金のための露仏借款が成立したと聞いて、ロシアから借款することは無いと総署から聞かされていたイギリス公使オコーナーは、総署が二枚舌を使ったと怒り、成都教案の処理をめぐって、総署に強硬に圧力をかけ、二九日までに上諭を出さないと武力行使すると脅していた。[138]その、四川当局の官員の処分、特に総督劉秉璋の免職に対して、清廷が上諭でその免職と永久不叙任を発表したからである。成都教案は四川全域三十余県に広がった教案になったのだが、外国人の死者は一人も出ていない。にもかかわらず、四川総督という一、二品級の封疆大官がその責任を外国から問われて罷免処分されるという前例の無い事態になったのである。英米外交は、成都教案だけではこのような成果は獲得できなかったろう。古田事件と重なったから、オコーナーは見せしめのための官員処罰要求に攻勢的になり、清朝は、自らの国家主権を傷つけるような地点まで後退せざるを得なくなったのだった。そして、この処分が前例にあったから、九七年に鉅野事件が起こると山東巡撫李秉衡が同じようにドイツの圧力によって免職永久不叙任に処せられることになったのである。

さて、理由を明らかにせず現地を離れたマンスフィールドは、一〇月一二日に福州に戻ってきた。そして一四日に七隻の外国艦船を背景にして、総督辺宝泉に対して、有罪が立証された劉祥興ら十七名を処刑すること、釈放者の中にいた張赤は華山には行かず、襲撃計画を通報した者ではあるが、頭目には違いないから、別に懲罰処分すること、他は許星翼・秦柄直のもとで処分すること、それで事件を終了させるつもりだと言い、融和的な態度を示して妥結協議を成立させたのである。[139] 英米共同行動とイギリスの厳しい姿勢を本国に報告していたアメリカ領事ヒクソンはイギリス側のこの急な「奇妙な」態度変化にびっくりしてうろたえた。[140] 一〇月二〇日には、成都教案に関する二度目の上諭で、オコーナーが要求していた成都保甲局の道員周振瓊以下十一名の処分が発表された。この同じ日、オコーナーはマンスフィールドのこの古田事件終了案に同意した。そして、翌二一日に古田で菜会の十四人の処刑が執行され（写真No.13）、残る五名は福州に移送されて、一一月七日に刑が執行されたのである（写真No.14, 15, 16）。このようにして事件の調査と犯人処罰は、清国側及び英米両国側の双方による二ヶ月半の作業で終結することになった。その結果は、劉祥興等二十五名と張赤の二十六名の斬刑、陳棕澤等十七名の発四千里充軍、無期徒役五名、禁錮十年二十七名、その他十七名というものになった。[141] 一一月一九日に調査委員会は解散した。しかし、アメリカ領事ヒクソンはここで終わらせたくなかった。それで、国務省の許可の下で更に調査を続けることになる。

外交決着はまだ先のことになるが、賠償についてだけ言及しておく。イギリスの聖公会宣教協会ＣＭＳは被害に対して補償要求をしなかった。四川成都教案で内地会China Inland Missionが賠償を放棄したことと関係があるだろうが、イギリスの宣教団体と政府との間は必ずしも一体化しておらず、外交の焦点が、宣教活動に対して本国政府が支持と保護を与えてくれること、中国においてかかる事件が再発しないように見せしめのための官員処分を実現し、通商と宣教の障害を取り除き、中国当局による充分な保護が与えられること、にあったからでもあろう。一方アメリカは、ハートフォードの負傷に対する賠償要求の代金として千ドル受け取った。金額は些細だが、意味するところは重大である。それは後述することになろう。

成都・古田教案の外交処理で強引なやり方をして、総署から駐清外交官としてふさわしくない、移動させるべきだと言われ、ロンドンの外務省に中国での教案に対処する方針を定めるようせっついて、その不興を買ったオコーナーが一〇月にペテルブルクに配転になった。その後の臨時代理ビュークラークと後任のマクドナルドの総署への態度は軟らかいものになった。イギリス政府は、プロテスタント宣教師の内地居住・宣教活動の制度的保障や、オコーナーが提案した教案処理方式（中国政府による将来の教案発生防止保障を含めた）の外交的解決へと更に歩を進めなかったのである。その背景には、三国干渉や露仏借款などの列国との国際関係があった。この間、イギリス外交は清国を敵側（露仏独）に近づけさせたので、ミッショナリー問題でこれ以上清国との関係を悪化させるのはまずいという意思が働いたからである。ところが、他国外交を顧慮する必要の無いアメリカの公使デンビーの態度は、強硬だった。成都教案でもアメリカ外交は強引な調査委員会を押し付け、賠償を取ったが、古田教案でもヒクソンが執拗に調査を継続したように、イギリスに比して強硬さが目立つ。被害実態から見てアメリカはイギリスを上回る強圧力をかけることは出来なかったから、多くの官員の処罰と将来の保障を得ることにしたのだが、裁判後すぐにヒクソンが病気になり、ワシントンへの報告が遅れたため、正式に総署へ賠償要求が出されたのは一年後の九七年になってからだった(142)。そのとき総署は、イギリスとの間ではすでに九六年六月一三日に外交決着していたから(143)、応じなかった。それで、結局、アメリカは九七年の中頃、関与した中国官員への処罰要求を厭々取り下げた。そしてその受け取り額は千ドルになったのだった。

九五年以来のこの諸課題、つまり、フランスに与えられたカトリック布教・保護特権の最恵国条項による均霑ではなく、中国政府によるプロテスタント宣教師活動の制度的保障という問題がプロテスタント国家側に残ったのである。だから、これらは外交上、一九〇一年の北京議定書とその後の一九〇三年の諸条約まで解決が持ち越されることになるのである。

この成都教案・古田教案は、開港場外国人の圧力団体化、宣教師たち（とりわけアメリカのプロテスタント宣教師）が本国政府による砲艦外交・軍事介入による圧力行使を求めるようになり、帝国主義による植民地化、進出を自らの宣教活動の拡大のチャンス、キリスト教化のチャンスと捉える転機になる事件だった。その背後には、日清戦争の敗北による清国の弱体化の露呈があった。当時中国にはアメリカの宣教師が千人から千五百人いたが、「その数よりはるかに大きな政治的影響力を持っていた。」[144]そして、門戸開放を求めるアメリカ商人と利害を一致させていたのだった。宣教師たちは、宣教の助けになるとしてフィリピン征服に賛成したのと同じく、アメリカ政府が中国に強硬な態度で臨むことを欲していたのである。義和団時期のA・スミス（山東省にいたアメリカン・ボードＡＢＣＦＭ宣教師）の義和団団練起源説は、こうした文脈で捉えられなくてはならない。それは、宣教師活動、通商活動の全面解放を妨げている中国官僚という障害を打破するために、義和団は官許の団練が起源で、その排外運動は官憲の許可庇護のもとに起きているのだ、したがって、これを保護している官を積極的に打破しなければ、キリスト教による中国の改良は出来ないのだ、というのである。これは成都教案におけるアメリカ公使デンビーの態度とまったく同じなのである。

八、小　結

古田事件は清末の民衆運動の中でも特異なものとして、それゆえにまた、中国の宗教的民衆運動の持つ隠れた暗部を垣間見せるものとして、記憶に残り続けるだろう。清末の教案のなかには、事実無根の「謡言」や「噂」によって突き動かされた仇教騒動がかなり多かったことは夙に指摘されてきたことだが、この事件は日清戦争にともなう政治的混乱・仇外情緒の蔓延[145]の中で起きたとはいえ、それらのなかでも特異な展開を示している。倫理的宗教団体が、社会下層の男たちの加入増加とともに変質し、社会的な摩擦、政治的な対立の果てに、最後にその非理性的な側面を示して、凄惨な結果をもたらしたのである。それゆえにまた、この事件後の大きな反響と英米各国の外交圧力が生じたのだった。

今まで宣教師保護問題に比較的慎重で距離を取っていたイギリス外交さえ、成都教案とこの古田教案では、清国政府による宣教師保護の条約遵守、中国におけるイギリス国民（宣教師）の生命安全の保護をさらに一層強く求め、そのためには積極的に軍艦を派遣して威嚇し、通商と布教を妨げている官僚を打破しなければならぬ、その一罰百戒の見せしめに高官を処分させる必要がある、と圧力をかけるようになった。また、野蛮で腐敗し、弱点をさらした清国に改革を一層強く求めるようになった。アメリカ領事ヒクソン・公使デンビーも、キリスト教による中国の改良が必要だと痛感するようになった。義和団時の宣教師アーサー・スミスと同じ意識である。古田事件の外交処理は、その最大の被害国のイギリスが、成都教案処理とからめて外交成果を得たため、ある点以上追及せずに決着させたが、僅か一人の負傷者を出したに過ぎないアメリカはそれに以上に外交圧力、「力」を使いたがった――イギリスが矛を収めた以上、それは不発に終わったが、その焦燥感[146]が後の義和団のときに、積極的な介入要請として出ることになる――。こうして、一八九五年の二つの教案は、カトリック宣教師のみならず、プロテスタント宣教師も自国（帝国主義国化しつつある国家）の外交的保護と政治軍事介入を積極的に求めるようになった転換点、アメリカの「攻撃的愛国主義」[147]の出発点になったのである。アメリカの宣教師団は九八年のフィリピン植民地領有も積極的に支持した。そして今後、その方向で外交も宣教師（とくにアメリカの宣教師）たちもさまざまに関与するようになるのである。教案発生地の官僚の責任追及（総督巡撫の降任更迭）――これは前述したように一八九七年の鉅野事件でドイツ外交が踏襲する――、発生地地方による賠償金支払い、発生地における科挙停止などの、一九〇一年北京議定書に書き込まれる処理方法は、一八九五年のこの両教案処理からである。そして宣教師たちは、中国の改革をめざす戊戌変法へ関わるようになり、帝国主義侵略に刺激されて義和拳の運動が起きてくると、それに対する積極的な外交軍事介入を要求し（九九年沂州教案）、そのための言説＝「義和団団練起源説」を主張（A・スミス）するようになるが、それらはこうした姿勢の延長上に出てきたのだった。(148) その後百年にわたって義和団についての歴史研究を振り回し、文明国による清国への戦争行動、軍事制圧、義和団鎮圧、過酷な賠償金支払いを正当化したA・スミスの「義和団団練起源説」のレトリックはこのように解き明かされねばならない。だが、*Discovering the Chinese History*（邦訳『知の帝国主義』）を書いたP・コーエンや、アメリカ帝国主義批判者J・エシェリックのような優れた中国研究者すら、このアメリカ人プロテスタント宣教師の当時の意識と言説を客観的に分析できなかった。ここにプロテスタントアメリカ人の歴史意識の特性、中国研究の限界が現われている。私はこのレトリック性、或いはディスコースを前著で明らかにしたが、日本では誰も意味が分からないらしく、注目して言及されることはなかった。だが、本章でも改めてこの点は極めて重要なのだと強調しておく。

事件の歴史的意義から言えば、このように英米両国が、自国プロテスタント宣教師の保護と、それをめぐって中国の外交、内政、人事に介入することに踏み出すきっかけになったことであるが、それには、上記したように、この古田教案と五月の成都教案処理とをリンクさせたイギリスおよびアメリカの対清ミッショナリー外交の処理過程の問題をもう少し詳しく検討してみることが必要となる。

中国の代表的研究書『中国教案史』は、「成都教案はこの時期の教案の中でも典型というのではないのだが、その交渉処理から見ると、極めて典型的なのである」、つまり、軍事出動＝軍艦による威嚇、賠償要求、犯人処刑、地方官の罷免を結果したという意味で典型である。成都教案では、「宣教師が死んでもいないのに、処理は相当に厳しく、六名の身分ある者が処刑殺死されたほか、上は総督から下は知県まで、二十余人が処分を受け、刑部で審理され、十六人が充軍された」(149)と書いている。これは、イギリス公使オコーナーとアメリカ公使デンビーが、古田事件とリンクさせながら軍事力で脅して総署に圧力をかけたために出た「成果」であるが、成都、古田のどちらか一方だけで考えては、どちらの教案の外交処理も理解できないことを意味している。成都教案の外交処理を中心にあらためて列強外交の問題を詳しく検討してみること、これが次章の課題である。

本章の最後に、「ヒクソン報告書」の中に入っている事件関係の写真二十八葉を掲載する。これは、外国側の調査委員会が一八九五年に、古田、福州で撮影したもので、貴重なものであるとともに、私たちの歴史的想像力を刺激してやまないものである。キャプションはほぼ原文だが、いくつか補ってある。マイクロフィルムは劣化しており、デジタル化して何とか見えるように技術的に矯正したが、作為は施していない。

【写真説明】事件の写真が残っていることについて判明する範囲のことを記しておく。

イギリス・アメリカ共同調査委員会が福州から古田に到着したのは一八九五年八月一六日のことであったが、この一行に福州の写真屋が随行していったらしい。福州の写真屋というと、『盧山軒』写真館が思い起こされる。参謀本部の柴五郎中尉が一八八四年に小沢豁郎の後任として諜報任務を帯びて、また清仏戦争時の福州組事件の抑え役として派遣され赴任してきたが、その後、柴は一八八六年に会津にいた甥の木村新次が「写真術」を習っていたのを福州に呼び寄せ、機材を輸入して（小西六を通じてだろう）、『盧山軒』という写真館を開き自分の諜報活動の隠れ蓑にした。これが大評判になって繁盛し、外国人居留地の南台の一等地に煉瓦造りの店を新築するようになり、市内に支店もつくったというから（『守城の人』二八四頁）、あるいは、この『盧山軒』写真館が同行を求められたのかも知れぬ。蛇足だが、この方式を後にハルビンでロシアの東清鉄道建設その他への諜報活動に利用したのが石光真清の「菊地写真館」である（『曠野の花』）。

写真No.1, 2, 3は、古田で裁判が開かれた頃、八月末の撮影のようである。共同調査委員会一行はアメリカハウスを宿舎にしていた。

写真No.4は、*For the Christ in Fuh-kien*（一八九六年刊、東洋文庫蔵）（p.43）所収の写真を写真館が再撮影したものらしい。本章ではより鮮明な元の写真に差し替えてある。

写真No.5, 6, 7, 8, 9, 10は、裁判が一段落した九月一五日（写真No.10参照）に、事件現場の華山に行ったときの写真である。

写真No.11, 12は、古田で九月一七日に執行された七名の処刑時の写真。

写真No.13は、古田での一〇月二一日の十四名の処刑時の写真。

写真No.14, 15, 16は、当初は一〇月二三日に四名の頭目（写真No.17）が福州で処刑されることになっていたが（『益聞録』光緒二十一年九月初六日、一五一六号、京都大学文学研究科図書館蔵）、その後、逃走していた葉蝴蝶が捕らえられた（写真No.20）ので、延期され、一一月七日（九月二十一日）に葉蝴蝶を加えた五名が福州で処刑された、そのときの写真。葉の態度が動揺を見せていたのは（No.14のキャプションを参照）、逮捕後、余り時間をおかずに処刑場に出されたからであろう。

総督辺宝泉が処刑場である南較場に、イギリス・アメリカ・ロシア各領事と共に列をなして臨席した。各領事は「相館」（写真館）に命じて「小像」（小型の写真）を映させて還ったという（『益聞録』一五二四号）。

もう少し詳しく述べると、時刻は朝の九時、刑場は秦知府、福防庁の唐刺史、閩県・侯官県の両知県が指揮し、前後に安靖中営の兵士、両側に練兵がいた（写真No.14, 15, 16参照）。中国の役人たちは上方（処刑者の前方だろう）に集まっていて、外国人の各国領事・税務司ら二十余人が来ていた。外国人はまず、刑場の写真を撮り（No.16であろう）、ついで、処刑犯の写真を撮り（No.14であろう）、執行が終了した写真（No.15）を撮り、屍身を一枚撮ったという（これは無いらしく、不明である）（『益聞録』一五二八号）。刑場に集まった観衆は数千人を下らなかった。

その他の写真はいずれも、古田県で撮影されたもので、最後の写真No.28は、アメリカ領事ヒクソンが写真館に翌年一八九六年六月に古田に行って撮影させたもののようである。

No.1　宣教師館（アメリカハウス）・古田県城内・北東を望む。左側は塔と城壁。この地点では城壁の高さは外側から50フィート（15m）。(城壁の右側が城内になる)。

No.2　宣教師館（アメリカハウス）のもう一つの景観。Aは、ミッション医院の建物、Bは、宣教師の居住館、Cは、法廷から戻る調査委員会の人々。

PORTRAITS OF MISSIONARIES KILLED AT HWA-SANG, AUG. 1ST, 1895.

No.3（上）　法廷の部屋、知県衙門、古田県城。開廷中の法廷。中国の官僚と委員会が位階によってではなく、便宜的に坐っている。

No.4（下）　華山で虐殺されたイギリスミッショナリーの何人か。

No.5　華山の住民村（華山村）の下半分。写真 No.9の前庭の大木から撮った鳥瞰。「村」にかかっていた雲の隙間から撮ったので、写真はもともとぼやけている。

→A

No.6　華山の宣教師館の北側の周囲の概観。→Aの方向がミス・ハートフォードの家。

No.7　ミス・ハートフォードの家。イギリス宣教師館から西側を見たところ。真中のAの途はイギリス宣教師館に至る。

No.8　崩壊したイギリス宣教師館、西側を見る。(A)、クーニャンハウスに付いている。(B)、ミス・ゴードン、マーシャル、E・サンダース、スチュワートの死体が見つかった場所。(C)、スチュワートハウス、宣教師と彼等の子供たちの焼死体が見つかった。(D)、斎教徒が攻撃しに来た途。

No.9　崩壊したスチュワートハウス、北西を見る。(A)、クーニャンハウスの一部が見える。(B)、下り坂の一番下でミス・ヘッシー・ニューコムの死体が発見された。

No.10　崩壊したクーニャンハウス、東側を望む。(A、A)、クーニャンハウス、(B) がスチュワートハウス、調査委員会の何人かが見える。

No.11　古田での最初の処刑。打ち首にされる直前の犯罪者たち。右側の見物の群集は写真に写っていない。

No.12　古田での最初の処刑。打ち首直後のシーン。(A)、この犯罪者は写真が撮られたとき、まだ生きていてじたばた動いていた。

No.13　古田での二度目の華山事件の処刑。籠に入れられた犯罪者たちが処刑場に到着したところ。雨が降っている。激しくなった雨がこれ以上の撮影を不可能にした。

No.14　福州での華山事件の処刑。(A)、鄭九九、別名「長指甲」、(B)、葉蝴蝶（葉蝴蚨)、(C)、劉祥興、(D)、張赤、(E) 杜朱衣。葉蝴蝶の態度を見ると、約束された許しへの期待で清朝役人を振り返っている。

No.15　福州での華山事件の処刑。打ち首直後のシーン。

No.16　福州における華山事件の処刑。見物人と兵士の群集の一部の姿。

No.17　斎教徒のリーダー達。(A)　杜朱衣、(B) 鄭九九（長指甲)、(C) 劉祥興、(D) 張赤。数週間の監獄での監禁の後に写された。

No.18　ミス・ハートフォードへの加害者である林祥興、別名閩清七、と彼を捕らえた捕役。かれはハートフォードの苦力から受けた損傷と、逮捕に抵抗して捕り手に与えられた傷で真っ直ぐに立てなかった。右腕の血のかたまりはひどい刀傷の結果である。

No.19（上）　杜朱衣。古田への長い陸上輸送の直後に、彼が坐っている籠で姿を現わした。籠の上辺は、他の五面（前後左右と底面）と同じように、はずされている。また、運搬人の肩で籠を支えた竹棒もはずされている。後の（A）は中国の拷問機。
No.20（下）　葉蝴蝶（葉蝴蛈）。逮捕直後の写真。

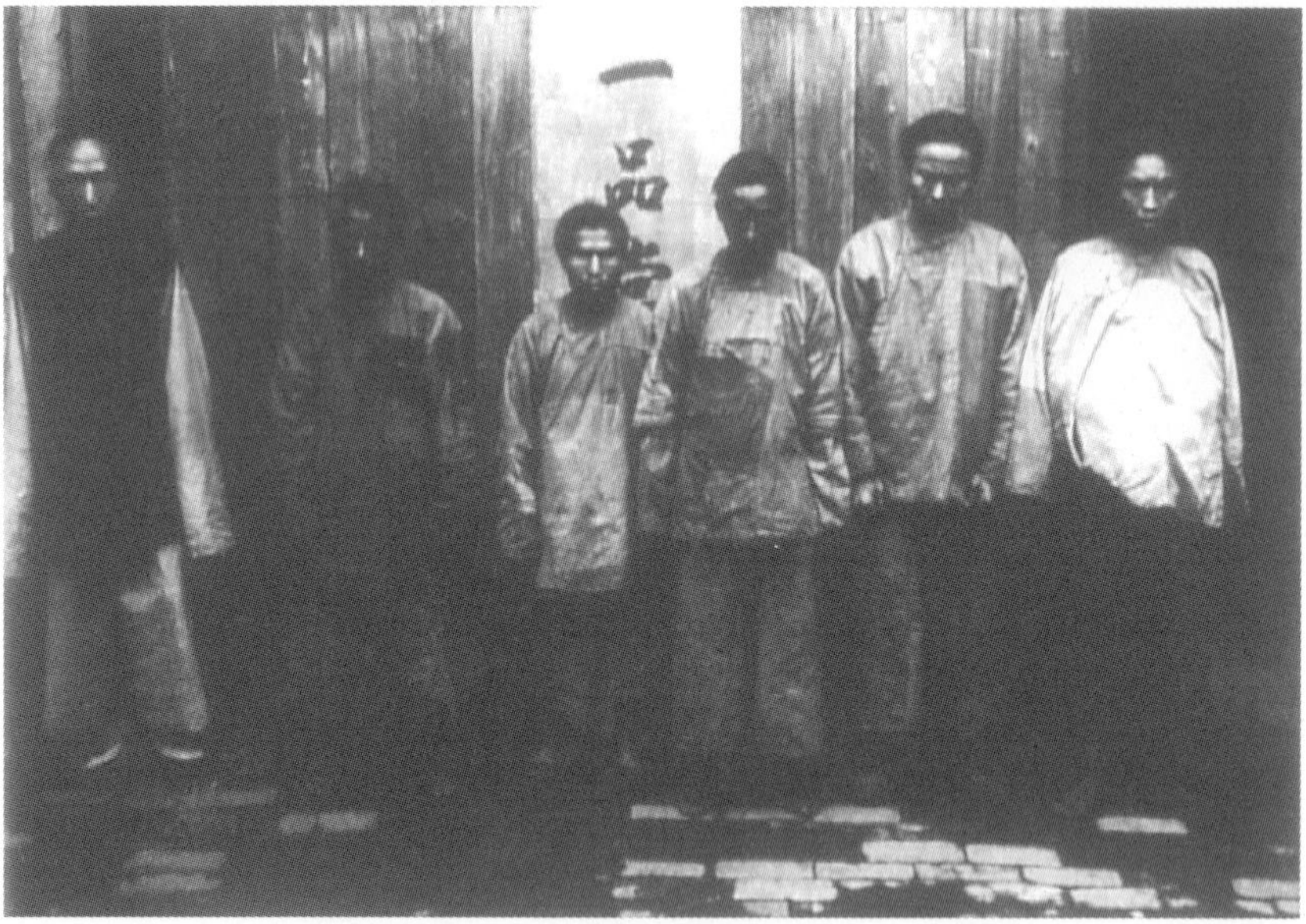

No.21　華山の犯罪者達。死刑以下の処罰を受けた者の一部［標準的な斎教徒と考えられる］

No.22　華山の犯罪者達。死刑以下の処罰を受けた者の一部［標準的な斎教徒と考えられる］

No.23　華山の犯罪者達。死刑以下の処罰を受けた者の一部［標準的な斎教徒と考えられる］

No.24　華山の犯罪者達。死刑以下の処罰を受けた者の一部［標準的な斎教徒と考えられる］

No.25　華山の犯罪者達。死刑以下の処罰を受けた者の一部［標準的な斎教徒と考えられる］

No.26　華山の犯罪者達。死刑以下の処罰を受けた者の一部［標準的な斎教徒と考えられる］

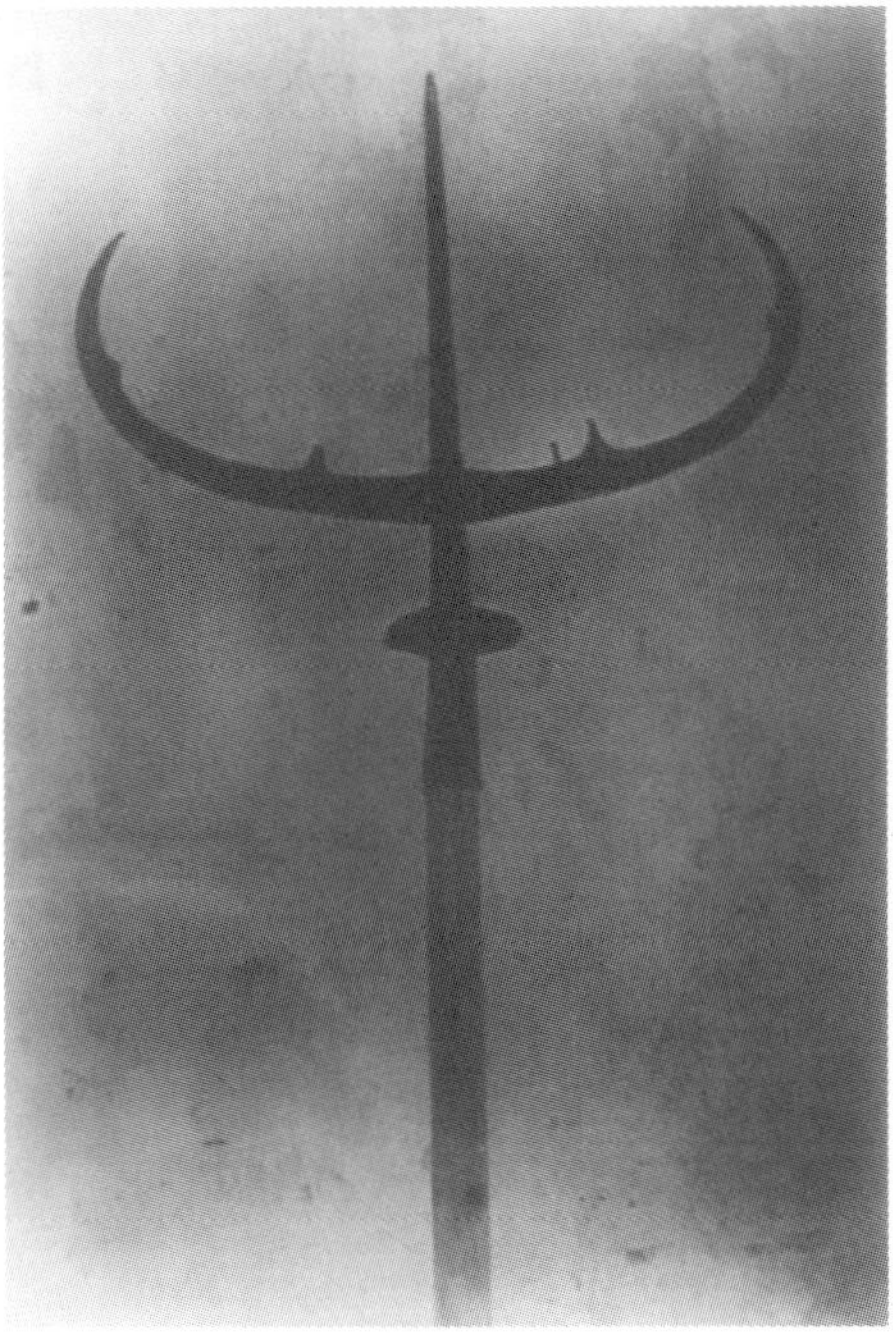

No.27　三叉鈀。林祥興、別名閩清七が、ミス・ハートフォードを攻撃したとき使用したもの。ハートフォードを襲う前に、同じ槍がミス・ヘッシーとミス・ニューコムを殺害するとき、そして他のイギリス人宣教師を殺害、傷つけるときに用いられた。

No.28　（木に吊るされた）斎教徒犯罪人の首。公衆への警告として華山に木枠に入れられて吊るされている。他の21の首級は同じようにして近隣の木々からぶら下げられて示されている。1896年 6 月26日、まだすべての首級が吊るされていた。

註

（1） *Papers Relating to the Foreign Relations of the United States of America*（*December 2,1895, part 1*）, 1896. p.174. Report of Commander Newell.（以下、FRUSと略）
ネウェルは古田事件の調査委員会に随行したアメリカ海軍軍人（艦長）で、調査委員会の調査内容も知り、古田・福州での裁判も傍聴していた人物である。本来なら、領事のヒクソンが報告をするはずだったが、彼の病気のために報告を提出できなかったので、ネウェルが報告を出した。註2のヒクソンの報告（レポート）は、国務省の許可を得て、その後も引き続き事件の調査をおこなったヒクソンがまとめたものだが、彼の病気が回復した翌一八九六年に提出されたので、長文でもあり、FRUSには入らず、原文がそのまま残されたのである。

（2） James Courtney Hixson, "Report of the United States Consulate on the Huashan-Kut'en Massacre",（以下、ヒクソン・レポート Hixson Reportと略す）。原本は、アラバマ大学の The Amelia Gayle Gorgas Library に所蔵されている。複製が、National Archives（U.S.A）の *Despatches from U.S. Consul in Foochow, 1844-1906*, R.G.59, Microcopy No.105, Roll 8. のファイルの中にある。本章で使用するのは、このNAのマイクロ版である。

（3） 王文杰『中国近世史上的教案』福建協和大学中国文化研究会、民国三十六年、福州。

（4） Mary Backs Rankin, "The Ku-T'ien Incident（1895）; Christian versus The Ts'ai-Hui", *Papers on China*, no.15. 1961.（Center for East Asian Studies, Harvard University）

（5） 張秋雯「古田菜会的反教事件」『中央研究院近代史研究所集刊』第十六期、民国七十六年。

（6） 林文慧『清季福建教案之研究』台湾商務印書館、民国七十八年。

（7） Edmunds. Wehrle, *Britain, China, And The Antimissionary Riot 1891-1900*. University of Minnesota Press, Minneapolis, 1966.

（8） 謝必震「古田教案起因新探」『近代史研究』一九九八年一期（北京）所収。同「従斎教的社会成份看古田教案的起因及其影響」（唐文基主編『福建史論探——紀念朱維幹教授論文集』、福建人民出版社、一九九二、所収）。

（9） 一七九九年に福音主義復興運動を通じてイギリスで設立された海外宣教協会。アフリカ、中東、アジアなどでの伝道を目的とした。日本でも、一八六九年から布教が始められた。この宣教団体の特徴は、学童教育、職業訓練、婦人教育、医療従事者教育など、教育や公衆衛生の分野に及んでいること。また伝道活動への女性の参加が目覚しく、一九〇一年には三三六人の女性宣教師が海外で活動していた。それがこの事件にもよく現われている。その活動資料が、*Church Missionary Society Archive*（Adam Matthew Publication, GBR）としてマイクロフィルムで出版されているが、本章では使用できなかった。

（10）主に、*FRUS* のネウェル報告とそれに付録されたキャサリーン・スチュワートの供述、フローラ・コドリントンの供述、マーベル・ハートフォードの供述に拠る。（*FRUS*, p.191,190,189.『教務教案檔』五輯（四）二〇〇八、二〇一一頁、所収の『字林西報』（*North China Daily News*）掲載の訳文）。

（11）M.E.Watoson, *Robert and Lousia Robert*, Marshall Bros., London, 1895, p.212。「この龍爺がこの世の勝利者であり、斎会のすべての者が彼に跪き、すべての人々は口々に彼が主であることを認め、盲目的な斎会は、龍爺の信奉者であり、彼の旗の下で戦った」、という。

（12）「斎匪与教案」『閩省会報』二五六期、pp.2176–2178、光緒二十一年六月。

（13）「福州時事」『閩省会報』二五九期、光緒二十一年十月、Hixson Report, p.10 no.27, p.152 no.535。

（14）Hixson Report, p.162 no.572, p.186 no.655。劉祥興はまた、実際の自分のリーダーは、江西省の Kuangsuy（広昌府か?）に住んでいる Tu Hok-ing（杜福英?）という人物だといっている（*North China Herald*. Oct. 4. 1895. 調査委員会レポート）。

（15）秦宝琦『中国地下社会』第一巻、学苑出版社、二〇〇四、第九章三〇八―三三八頁。連立昌・秦宝琦『中国秘密社会　第二巻　元明教門』福建人民出版社、二〇〇二、第十章。馬西沙・韓秉方『中国民間宗教史』（上海人民出版社、一九九二）の第七章は、羅教の南伝論である。

（16）連立昌・秦宝琦『中国秘密社会　第二巻　元明教門』福建人民出版社、二〇〇二、三一五頁。

（17）秦宝琦「明清秘密社会史料新発見」『清史研究』一九九五年三期。

（18）「古田教案零拾」（陳碩庭述、一九五七）福建師範大学歴史系所蔵『古田斎会反洋教資料』所収（これは未刊行物で、清朝檔案、地方志、陳増輝・陳善榜『一九五七―一九六〇年古田教案口頭調査資料』、論文などが含まれている）。本資料は林国平教授の紹介で閲覧させていただいた。

(19)　秦宝琦調査のこの『願単』を訳しておく。

「叩頭礼拝し、香燭を焚く、(弥陀の)四十八願は衆生を度し、すべての縁を度し、すべての願いに従い、願あれば領受し、天下に一泗(あまねくいきわたら)す。南贍部洲×省×府×県×郷の求道弟子×××は、生死の事は大にして、輪(廻)は免れ難く、天道は逃れ難きがため、自ら口を浄めて斎戒し、まさに太上祖師の佛門に投じて、師に依り教えを科されんことを願う。上は焼香せず、下は化禡(祭ら)ず、三皈五戒して浄を為す。十善一心して根と為し、悪を改め善に向かい、邪を祛い正に規り、佛に皈衣、法に皈衣、僧に皈衣し、佛法僧三宝に皈衣する。一戒、生命を殺すを許さず、二戒、偸盗を許さず、三戒、邪淫を許さず、四戒、誑語して問題を引き起こすを許さず、五戒、葷を開き酒を飲むを許さず。三皈は正を要とし、五戒は清を要とす。今日、聖祖の壇前に跪き、小乗の正法を求めるが、決して泄露すべからず。上は太上祖師に証し、日月三光に証し、霊山の諸佛に証し、家郷の趙玄壇の証して明輔と為すべし。法を求めた後、もし斎を開いて戒を犯したり、中途で退悔したり、佛法を泄露したりの一応の等情は、一に化師に累を連ねず、二に引進に累を連ねず、三に作証に累を連ねず、自ら作って自ら受け、自ら修して自ら得ます。祖師の留下せる地獄十八層、自認一願して証と為す。もし斎を開きて戒を犯すことなく、中途で退悔せず、正法を泄露せざれば、汝の知る地獄、諸般の地獄は化して一朶の蓮花となり、送りて東にゆくに、生は菩提路をはなれず、世世つねに選佛場に皈せん。叩頭して恩に謝します。」

(20)　「古邑教案匯述」『閩省会報』二五八期、光緒二十一年九月。

(21)　「訓真辦妄」『益聞録』(光緒二十一年閏五月二十一日)。

(22)　乾隆十二年の老官斎事件については、戴玄之「老官斎」(『中国秘密宗教与秘密社会』台湾商務印書館、民国七十九年、八四〇頁、原論文は『大陸雑誌』五四巻六期、民国六十六年)、秦宝琦『中国地下社会』第一巻、学苑出版社、二〇〇四、三二六頁、を参照のこと。原史料は『史料旬刊』第二十四、二十七、二十八、二十九期に収められている。

(23)　秦宝琦「明清秘密社会史料新発見」。

(24)　「陳明徳在監経過自述」(『古田斎会反洋教資料』所収)、林祥興供述(註31)。

(25) 陳向真「除害有望」『閩省会報』二五四期、二二四九頁、光緒二十一年閏五月。
(26) Hixson Report, p.186 no.656。
(27) 「古邑教案匯述」『閩省会報』二五八期、光緒二十一年九月。
(28) 民国『古田県志』巻三八。
(29) Hixson Report, p.156 no.552.(一妻多夫の租典妻制については註39を見よ)。
(30) 「我知道的古田華山教案」(藍宝田、七十九歳、一九五八・五・二九記述、『古田斎会反洋教資料』所収)。
(31) 「林祥興供述」(施美志「中西官会審崋山斎匪実在情形」『閩省会報』二五七期所収)。
(32) 秦宝琦「明清秘密社会史料新発見」。
(33) 「陳明徳在監経過自述」、「戴瑞亨述」(『古田斎会反洋教資料』所収)。
(34) Hixson Report, p.159, no.562.
(35) 『近代中国の社会と民衆文化』(佐々木衞編、東方書店、一九九二)の「独流鎮在理教調査」に整理しておいた。とくに三三六頁以下の入会儀式を参照されたい(三四一、三四二頁)。
(36) また、「全斗」「半斗」という名もあったという(「古邑教案匯述」『閩省会報』二五八期)。これは「大乗」「小乗」ランクの別称ではないかと思われる。
これらの儀式が他の民間宗教とそう変わらないことについては、林国平「福建省の三一教の現状——調査と研究」(拙訳『中国研究月報』五五三号(一九九四・三)、および、佐々木衞編前掲書、在理教部分を参照されたい。
(37) 李湘敏「光緒年間古田斎教述略」『福建論壇』一九九〇年六期、施美志「中西官会審崋山斎匪実在情形」『閩省会報』二五七期。
(38) *FRUS*. Newell Report, p.185 no.77, Hixson Report, p.163 no.574。
ヒクソンは、華山攻撃は一〇月(旧暦八月)に予定されていた全省蜂起の流産だった、という解釈をあげる。
(39) 『福建省志』「民俗志」(方志出版社、一九九七)によると、「租典妻制」とは、夫が妻を物権的客体として他の男人に一定価格でもって、出租（期間内賃貸）あるいは典当（期間内質入）する制度。租典後も元の夫婦の名目は残り、期限が満了すると、元の関係に戻る。宋代に始まり、元代以来禁令が出ているが、明清期も続いていた。現在でも女性不足の貧しい山間部に極僅かに見られるという。これは、註49にあるような、労働力にならない女の子の間引き、捨て子による男女比率の極端な不均等や貧困が作り出したシステムである。福建が人口包容力に乏しい山岳地区を多く抱えた新開地だったことと関連するのであろう。

出租する方は、生活に困窮し止むを得ず妻を出租典する、あるいは妻が家族を養うために、自ら自分を出租する。受ける方は、妻が子を生まないか、独身貧乏で、嗣子が欲しいが、妻を娶ることができない者である。契約時に媒証人を立て、二通契約書を作る。それには、価格、年限（明代には三年が多かった）、この間に生まれた子女は受租典者に帰す、などが規定された。しかし、ヒクソンは、この子女の帰属については、息子の所有権、娘の持参金の条項があり、女の子を望まない農村習慣と相俟って、さまざまな組み合わせのバリエーションがあったという（Hixson Report p.156,157, no.552,553）。租の場合は、毎期ごとに租金を受領し、典の場合は、質入時に金銭を受け取り、満期時に金銭で受け出す。受け出せない場合は、質流れになる。前夫が死んだ場合、妻が帰りたがらない場合など、紛糾が絶えず生じる。

仁井田陞『中国法制史』（岩波全書、一九六三、二〇〇五再版）は、家族法「妻の質入と賃貸し」（二一七、八頁）で、彼等（娶ることができない絶望的困窮者）は「質妻や借妻によって直接労働力を補充するのみならず、生ませた子によって自分の家の種の永続をはかり、その上、自分の家の労働力を守り立てる工夫をめぐらさざるを得なかったのである。」農民は「まず自身食べるために子を得ようとしたのである。」と述べている。同書三五二頁以下の「取引法」の「質」を参照。

（40）ABCFM　Foochow Mission, 1890-99, vol. 4, letter 137, Joseph Walker to Smith, July 1, 1891.（アメリカン・ボードのArchives of missionary letters, Houghton Library, Harvard University、Rankin 前掲論文より重引、以下、ABCFM はRankin 論文による）。

（41）『教務教案檔』五輯（四）二〇二三頁。

（42）Rev.W.Banister “The Vegetarians and the Kucheng Massacre”, *North China Herald*, Sep.20. 1895.

(43) 『教務教案檔』五輯(四)二〇二六、二〇三五頁。
(44) ある斎教の女性についての教会側の報告例が一つある。彼女は七歳で纏足を拒否し、結婚をせず、独身を通すと宣言し、その後斎教に入った。当時はいずれも大変なことだったが、三十歳近くになって、人生の苦境にあった。それで、ゼナナ会のシスターと接触しようとして、数度のためらいの後、ついに話すことになった。彼女は「善い人生を送りたい」「が、なんと難しいことか」と言い、自分が正しい道にいるかどうか自信がないと言った。キリスト教の教えを話すと、「大変いい言葉だわ。いい言葉だわ!もっと早くに聞きたかったわ」と言ったという(D.M.Berry, *The Sister Martyrs of Ku Cheng*, pp.304.)。
(45) 古田のプロテスタント・ミッショナリーからも、前年の九四年八月には、菜会の人は、「めったに会ったことがない悪意の無い人々だ、と言うのに何のためらいもない」と言われていた(H.F.Turner "*His Witnesses—Ku-cheng, August 1, 1895*", CEZMS, London, p.55)。
(46) 民国『古田県志』巻二十、外交志、人民共和国『古田県志』(中華書局、一九九七)第二章宗教、八六九頁。
(47) 『教務教案檔』三輯(三)一三七二―七五頁、英国公使威妥瑪照会(十月十一日)、及び添付文書「馬約翰稟詞」。事件の広がりについては、林文慧『清季福建教案之研究』一四二、一四三頁を参照。
民国『古田県志』巻二十は、古田のある富戸が備蓄していた米を腐らせたが、物議をかもすのを恐れて、夜中に腐米を城壁外の川に捨てた。翌朝、城内住民が飲み水を汲みに川にきて。川面に腐米に沸いた蛆虫が密集している異様な光景を見た。群衆が集まってきて、「外国人が毒を流して、俺たちを害そうとしているのだ」という噂になり、騒然となった。十五日の明け方に、群集が教会を検査詰問するといって闖入、窓などを破壊した、という。

この記憶は一九五〇年代には、一八九三年の飢饉時に外国人が腐った穀物を投げ捨て、群衆が「番仔放毒(外国人が毒を流した)」といって騒いだのだと、スチュワート殺害の前兆として、古田の前文化館長によって語られる(「古田義民殺死洋人伝教士史犖伯等的経過摘録」陳頌榕述、『古田斎会反洋教資料』所収)。歴史的記憶とオーラル・ヒストリーの危うさを良く示すものである。
(48) 一八八四年に福建省安立間会が第二回の会議を開いたときの古田県聖公会林信美牧師の発言(鄭国芸「斎教与古田教案之

研究」福建師範大学碩士論文、五頁、二〇〇二。原資料は福建師範大学歴史系所蔵『福建省安立間会会議記録簿』)。

(49) 当時、人口六万人の古田県城だけで、一年に七〇〇～八〇〇人の女の子が、間引き防止のために設立された政府施設に捨てられていた。これにさらに多くの女子の幼児殺しがあった(H.F.Turner, *His Witness*, p.17)。

(50) Mary Watson, *Robert and Louisa Stewart*, Marshall Bros., London, 1895, p.110。『安立間会福建省総会会議録――第一次至第二十六次(一八八三―一九〇九)』(註48鄭論文所引)は、一二六二人という数字を挙げるが、こちらのほうが実際に近かったようだ。八年後の信者数は、華山事件だけでなく、義和団事件の影響もあり、二〇二七人に減っている。

(51) *For Christ in Fuh-Kien*(東洋文庫のモリソン文庫所蔵)、p.23.

(52) 「史犖伯行状」(古田三保萃賢堂記録、福建師範大学手抄)。烏石山教案については、林文慧前掲書一五頁、王文杰前掲書一二五頁を見よ。

(53) 「史犖伯行状」(古田三保萃賢堂記録、福建師範大学手抄)。

(54) 福州組事件については、田中正俊「清佛戦争と日本人」『思想』一九六七年二号が詳しい。福州に赴任する参謀本部員柴五郎中尉と福州組との関係については、村上兵衛『守城の人――明治人柴五郎大将の生涯』光人社、一九九四、二六三頁以下を参照。

(55) 『古田県斎会反洋教資料』。民国『古田県志』巻二〇は、「日人経商則一至而已」という。

(56) Mary Backs Rankin, *op.cit.* p.34.(D.M.Berry, *The Sister Martyrs of Ku Cheng*, p.124–125.)

(57) H.F.Turner, *His Witness*, p.54。現政府は人民から大変嫌われており、僅かでも希望がありそうなら確実に反乱が起こるだろうといわれた(M.W.Watoson, *op.cit.* p.209.)。

(58) ABCFM, 七月一日、一八九五(Mary Backs Rankin, *op.cit.* p.38)

(59) *NCH*, Nov. 30. 1984, p.894

(60) J.E.Walker, "To the Editor," *Chinese Recorder*, 26.11. p.538.

(61) 「古邑教案匯述」『閩省会報』二五八期、光緒二十一年九月。

（62）「古田教案零拾」（『古田県斎会反洋教資料』所収）。

（63）「古田教案零拾」（『古田県斎会反洋教資料』所収）。

（64）*NCH*, Sep. 20, 1895. p.468. 二十年以上もつづいた裁判をうまく決着させたいという目的で参加した訴訟当事者もいたという（Hixson Report, p.156 no.557）。

（65）「古邑教案匯述」『閩省会報』二五八期、光緒二十一年九月。

（66）Berry, *op.cit.* pp. 44, *FRUS.* p.177, *NCH.* Sep. 20. 1895, 王文杰前掲書一二九—一三〇頁。

（67）『教務教案檔』五輯（四）、二〇二三頁、光緒二十一年十月十八日総督辺宝泉文、附。

（68）Hixson Report. p.15-16 no.43. Mary Watson, *Robert and Louisa Stewart*, p.40も、店の掠奪、下廷坪村の件の他に、教民殴打の三件を挙げているに過ぎない。

（69）*FRUS*, Newell Report. pp.177-178 no.30、Hixson Report.p.14 no.39。「古田教案零拾」（『古田県斎会反洋教資料』所収）。これには幾つかの伝説があり、正月十五日に陳訓言が知県一行を罵ったために捕らえられたのを、友人の葉胡蝶らが圧力をかけて釈放させた云々、三月だった、という説など言い伝えが幾つかバージョンがある。

（70）*NCH*, Sep. 20. 1895.

（71）Mary Watson, *op.cit.* p.39, H.F.Turner, *op.cit.* p.53.

（72）Hixson Report　p.18b, 19b, no.52-75 所収「三月初六日付福州知府唐奏文」。

（73）陳向真「除害有望」『閩省会報』二五四期、二一四九頁、光緒二十一年閏五月。

（74）註72福州知府唐奏文。

（75）註72福州知府唐奏文、「古邑教案匯述」『閩省会報』二五八期、「古田教案零拾」（「我知道的古田華山教案」（藍宝田述）。三月初三日（三月二八日）に玄帝廟で芝居がかかるのを機に城を攻めようという計画だった、との伝聞もある（張起暉老人述）（「古田教案零拾」）。

（76）*FRUS*, Newell Report, p.178 no.32.

(77) スチュワート夫人の一九八五年七月一九日の手紙（Mary Watson, *Robert and Louisa Stewart*, Marshall Bros., London, 1895, p.209 所収）。

(78) D.M.Berry, *op.cit.* p.243.

(79) Hixson, p.26 は三〇日、*FRUS*, p.178 は、二九日に門が開いたという。Hixson に従う。

(80) 「古邑教案匯述」『閩省会報』二五八期。

(81) Salvatore Prisco Ⅲ, "The Vegetarian Society and Huashan-Kutien Massacre of 1895", *Asia Forum* 3.1（Janu.-March, 1971）, Hixson Report, p.27,

(82) 陳向真「除害有望」『閩省会報』二五四期、二一四九頁、光緒二十一年閏五月。

(83) H.F.Turner, *op.cit*, p.56.

(84) Hixson Report, p.29 no.102,103.

(85) 「耕牛を劫奪し、人の房室を火毀するも、官は禁ずること能わず」秦炳直『古田教案紀実』（稿抄本、北京図書館、李湘敏前掲論文所引）、Hixson Report, p.28 no.99、*FRUS*. p.179.no.39。

(86) H.F.Turner, *op.cit*, p.45,57.　D.M.Berry, *op.cit.* p.245.

(87) 陳向真「除害有望」『閩省会報』二五四期、光緒二十一年閏五月。

(88) 「古邑教案匯述」『閩省会報』二五八期。

(89) *NCH*, 4.Oct. 1895. "Report of the Kucheng Commission of Investigation". もう一人も、「兵隊が我々の組織の何人かのメンバーを捕らえるために来た。だから自分たちを防衛するために組織しなければならない、と言われた」と、英米領事臨席の裁判で申し述べている（同上）。

(90) Hixson Report, p.36 no.126.

(91) *NCH*, 20. Sep.1895, *FRUS*, p.179 no.39.

(92) Rankin, *op.cit.* 前掲論文。

(93) *ibid.* ヒクソンも一〇月に予定されていた全省的な蜂起の流産だったと言うように、かれらは、民間宗教団体も哥老会や天地会と同じような反清朝を政治的目的として蜂起を繰り返す全国的な秘密結社組織と捉え、その証拠を探そうと、影を追い求めているようである。

(94) 『教務教案檔』五輯（四）二〇二三、二〇二五頁、劉祥興供述、鄭九九供述。

(95) 『教務教案檔』五輯（四）二〇二三、二九二六頁、劉祥興供述、杜朱衣供述。

(96) Hixson Report. p.33 no.116.

(97) Hixson Report. p.34 no.120.

(98) Hixson Report. p.34-35 no.122.

(99) 『教務教案檔』五輯（四）二〇二八頁、張濤（張赤）供述。

(100) Hixson Report. p.34 no.119.

(101) 施美志「中西官会審華山斎匪実在情形」『閩省会報』二五七期、*NCH*, 4.Oct. 1895. "Report of the Kucheng Commission of Investigation"、「古田義民殺死洋人伝教士史犖伯等的経過摘録」（陳頌榕述、『古田斎会反洋教資料』所収）。

(102) 「古邑教案匯述」『閩省会報』二五八期。

(103) *FRUS*, Newell Report.p.183 no.64.

(104) 「五月に成都では、『ある家の牛がにわかに人の言葉を話し、後年外人が将に四川を攻めて占領するだろう、と言った。』というような謡言が流行した。五月三十日にはまた、『日本人が国土を侵略しているが、イギリス・フランス・アメリカは袖手傍観しているありさまだ。この後かれらは中国を援助しなければならない。そしたらまさに自由な伝教を准す。』という掲帖が出た。」このように日清戦争が引き起こした仇外情緒が仇教を呼び起こし、成都教案を醸成した一因になった」（王文杰前掲書、六九頁）という。

(105) 「我知道的古田華山教案」（藍宝田述、『古田県斎会反洋教資料』所収）。その他の口述資料の多くは「除番救主」となっている。*NCH*. Nov. 8. 1895 の Reportは、「Exterminate the foreigner. Save the Lord」と訳している。

(106) 連立昌『福建秘密社会』(福建人民出版社、一九八九)一一〇頁。

(107) 王文杰『中国近世史上的教案』一二九頁。

(108) Hixson Report. p.39 no.136.

(109) アメリカ人医師グレゴリーもそう証言している(D.M.Berry, *op.cit.* p.318)。

(110) Hixson Report. p.35 no.124.

(111) 施美志「中西官会審華山斎匪実在情形」『閩省会報』二五七期、二一九四―二一九六頁。

(112) 施美志「西教士避暑華山被斎匪伐殺事述」『閩省会報』二五六期、二一七八―二一八〇頁。

(113) 施美志「中西官会審華山斎匪実在情形」『閩省会報』二五七期、二一九四―二一九六頁。

(114) 陳増輝・陳善榜『一九五七―一九六〇年古田教案口頭調査資料』(註18参照)。

(115) 例えば、調査資料をもとに一九六〇年に書かれた魏墀「古田斎会与花山農民起義」(『古田斎会反洋教資料』所収、福建省政協文史資料委員会編『文史資料選編――社会民情篇・新中国成立前史料』福建人民出版社、二〇〇一、に再録)は、柳阿七(柳久速)をまず先に「滅洋」に出るべきだと主張した派のリーダーにし、張赤、杜朱衣を「誅官」主張派にして構成している。

(116) *North China Herald* (July.5, 1895) p.25.

(117) Edmunds, Wehrle. *Britain, China, and the Anti-Missionary Riot 1891—1900.* University of Minnesota (1966), pp.84-85.

(118) 「閙教彙志」(『万国公報』巻七九、一五四四一―一五四四五頁、巻八〇、一五一一一頁所収)。

(119) 「閙教彙志」(『万国公報』巻七九、一五四四一―一五四四五頁、巻八〇、一五一一一頁所収)。

(120) 「閙教彙志」(『万国公報』巻七九、一五四四一―一五四四五頁、巻八〇、一五一一一頁所収)。

(121) Irwin Hyatt. "The Chengtu Riots (1895): Myth and Politics", *Paper on China*, vol.18, East Asia Research Center, Harvard University, 1964, p.38.

ヤットは、こうして、開港場の国民からの圧力に押されて、西洋の外交官達は成都事件を、彼等の中国に対するもっと一般的な政策の文脈に入れ始めたのだ、と書いている。

（122）Salvatore Prisco Ⅲ. The Vegeitarian Society and Huashan-Kutien Massacre of 1895, *Asia Forum* 3.1 (Janu-March, 1971) p.5.

（123）Edmunds, Wehrle. *op.cit.* p.86.

（124）『李文忠公全集』電稿、巻二一、三七―三九頁。

（125）Edmunds, Wehrle. *op.cit.* p.87.

（126）『清季外交史料』巻一一七―二。

（127）『清朝実録』巻三七〇―一七、『教務教案檔』五輯（3）一九九五頁。

（128）*FRUS*, Newell Report.no.18 (p.176)

（129）『教務教案檔』五輯（三）二〇〇五頁。

（130）『教務教案檔』五輯（三）一九九七頁。

（131）『教務教案檔』五輯（三）二〇三一頁。

（132）『教務教案檔』五輯（三）二〇〇六―二〇〇七頁。

（133）「光緒二十一年七月十九日（一八九五年九月七日）欽奉電旨、古田教案已獲多人、然必訊有首要各犯確供、方能定案。若照単大索濫及無辜、無□辦法。道員許星翼専辦此案、何以駐京使臣輒称係辦通商局務並無断案之権。総之此案情節重大者、責成許星翼與該領事妥切商辦、以速結為要、欽此」（Hixson Report, p.96）。『教務教案檔』五輯（三）二〇〇五頁。

（134）Report of the Kucheng Commission of Investigation, *North China Herald*, Oct. 4, 1895. Hixson Report, p.93, no.359.

（135）『教務教案檔』五輯（三）二〇一九、二〇六七―二〇六八頁。

（136）民国『古田県志』巻三、大事志。

（137）Hixson Report, p.124, no.450.

（138）『翁同龢日記』光緒二十一年七月十三日（九月一日）条に、「英使欧格訥挟両繙訳来（総署）、慶邸亦到、反覆力争者、革劉

秉璋永不敍用、発軍台也。最後恫喝云、自有辦法」、八月八日（九月二六日）条に「欧格訥到署来論川案、語益肆横。適龔電亦有兵輪駛入長江語、両王與諸君迭與弁論、帰宿在劉督欠革職永不敍用。勒我三日以照会覆之、払衣而去。」とある。九月二六日の会談は三時間に及ぶもので、オコーナーは、中国に外国法廷を作って、すべての教案を審理すべきだ、継いでまた外国財務法廷を作る。中国の独立はまさにことごとく粉砕されるだろう。最後に、イギリス艦隊司令は二日以内に中国沿海に達するだろう、九月二八日になっても諭旨が出されて川督革斥が宣示されなかったなら、行動が採られるだろうと言った、と自ら語っている（Sep.30.1895. O'Conor to Salisbury, F.O.17.1263. 張秋雯「光緒二十一年成都等処教案」『台湾師範大学歴史学報』第三期所引）。この点は次章で詳論する。

(139)『教務教案檔』五輯（三）二〇一八頁。

(140) Hixson Report, p.124, no.452–p.126, no.454.

(141)『教務教案檔』五輯（三）二〇二二頁。

(142) *FRUS*, 1897. March, 20.p.65. Denby to Tsungli Yamen.

(143)『教務教案檔』六輯（二）一四二五、二六頁。

(144) A. Whitney Griswold. *The Far Eastern Policy of the United States*, Yale University Press, 1971, p.61. アメリカの宣教師は、中国ではその政治的意義は重大だった。ほとんど一世紀にわたって彼等は母国アメリカ人に対する唯一の中国事情解説者だった。極東で伝道に従事しているすべての教派はフィリピン併合を強硬に支持したのである（同書p.16）。

(145) この時期、海口から四川までの長江流域全体で濃密な反外国情緒が浸透しており、さまざまな事件が起きそうだといわれた（Salvatore Prisco Ⅲ, *op. cit*）。H・B・モースも、*FRUS*（1895. i . pp.87-198）に拠って、日清戦争後の反外国感情の蔓延と、*North China Herald* を用いて湖南における周漢の活動の復活を指摘する。*North China Daily News*（1895.7.18）も同様な事態を指摘している（H. B. Morse, *The International Relations of the Chinese Empire*, vol.3 p.54）。上海の外国人たちは、四川からこの反外国の動きが降りてくると受けとめ、一八九一年の事態を念頭において深刻に考えたことが、開港場外国人コミュニティの反応の背後にあったのである。

(146) H・B・モースは、一八九六年にアメリカ政府は、「これらの嘆かわしい暴行をもっと完全に防止する問題を真剣に考慮中である」、と通知したが、しかし、それ以上の行動は取られなかった、そしていかなる防止措置を採り得るかを見つけ出すのは困難だった、と述べている(H. B. Morse, *op. cit.* p.55)。宣教師たちはその中で焦りを感じ、本国政府のより積極的な態度を望んだ。

(147) Irwin Hyatt, *op. cit.* p.27.
かれはまた、この成都教案は、租借地競争局面を開き、義和団事件直前の数年間を特徴づける反外国主義暴発の最初の事件である、と性格づけした。

(148) 拙著『義和団の起源とその運動』研文出版、一九九九、三六八頁、四八七頁。

(149) 張力・劉鑑唐『中国教案史』四川省社会科学出版、一九八七、四四三頁。この点を最初に強調したのは張秋雯「光緒二十一年成都等処教案」『国立台湾師範大学歴史学報』第三期である。

(付記、福建師範大学の林国平、謝必震、徐斌の諸先生には貴重な資料閲覧に便宜を与えていただいた。改めてここにお礼申し上げたい。)

第四章　一八九五年の四川・成都教案
——ミッショナリー問題と帝国主義外交——

はじめに

近代中国政治史上、日清戦争、戊戌変法、義和団事件は帝国主義時代の一連の繋がりを為している。また、その歴史展開に対応して、政治思想の洋務、変法、革命という発展的変化が起きたのだ、と指摘されている。民衆運動の思想や宣教師たちの考えも当然そうした歴史的事件と相即した展開が予想されてよいのだが、その繋がりは余り具体的に明らかにされてこなかったように思われる。本章は、前章「一八九五年の古田教案」の続きをなすもので、前章で積み残した、古田教案と重複した成都教案をめぐる欧米ミッショナリー外交の展開に焦点を当て、それが、日清戦争を期に欧米列強が帝国主義的外交に転換したプロセスの開始を示すものであり、その後の反キリスト教事件をめぐる教会・欧米国家と清国政府・社会各階層（官僚、紳士、民衆）との攻防と抗争の基本構造、つまり、義和団事件期の基本構造である帝国主義とミッショナリーとの解けない縺れた結び目を形成したことを明らかにするのを目的にしたい(1)。

一、成都教案——事件の概要と拡大——

事件は、日清戦争の講和条約は締結されたが、まだ台湾での抵抗が続いていた頃、一八九五年五月二八日（旧暦五月初五日）の端午節の「祭りの日」に起きた。以前から噂があって、ドラゴンボート競走が催されるこの日は「危険な日」だと思われていたのだが、成都の人々は祭りの興奮した雰囲気の中にいた。城内の四聖祠街の福音堂の近くの東較場（地図の2）というパレード広場で、民間習俗の李子《すもも》投げがおこなわれた。見物に集まった多くの群衆の流れをくむ一部が中心となって、近くにあったこの福音堂（カナダ・メソジスト教会、地図のA・B）と付属の医院、住宅を掠奪、破壊、放火したのをきっかけに、全市的な暴動に発展したのである。

当時、成都にはこのカナダ・メソジスト教会のほかに、内地会（China Inland Mission）、美以美会（America Methodist Episcopal Church Mission）、聖公会（Church Missionary Society）、アメリカ・バプチスト・ミッショナリー・ソサエティの各プロテスタント教派が四川布教の中心拠点を置いていて、ここに教会、医院、住宅、学校などを設けていた。それらへの投資総額は相当額にのぼっていた。その他、古くからのローマ・カトリック主教教会があった。

四川総督・劉秉璋が、六月一七日（旧五月二十五日）付けで北京に出した奏摺[2]や中国側史料に拠ると、その経緯は次のようになる。

祭りに集まった群衆の中に、この福音堂（教会）の一人のカナダ人宣教師が中国人信徒とともに来ていた。夕方の混雑の中、見物の子供と口喧嘩になった。子供がこの宣教師の頭を李子《すもも》で何度か殴ったらしい。それでこの宣教師は十歳ばかりのこの子供を摑まえたのだが、この騒ぎに、群衆が周りを取り巻き、騒いで、彼に物を投げつけたりした。

宣教師はそれで、喧嘩の理由を説明せずに、二人の子供を引っ張って自分の教会に急いで戻って入った。群衆はその後をついて来て、門の前に集まり、子供を戻せ、と叫んで、騒ぎになった（午後五時頃に、敷地内の医院の前に二十余人が集まって、中に入れろ、と騒ぎ始めたことを云うらしい）。教会は、保甲局（局の「道台」か、華陽県衙門）に宣教師の名刺を持った使者を出して保護を求めた。が、官は拒絶的で、行動は緩慢、間に合わなかった。群衆は二挺のライフル銃を持った宣教師三人によって阻止されていたが、「洋人《がいこくじん》が李子《すもも》撒きで子供を拉致した、四聖祠教会に閉じ込めた」という話を聞いた、祭りから戻ってきた若者たちが加わり始め、中を見せろ、と更に騒ぎ、石を投げ、やがて六時頃、門を抉じ開けて中庭に入ってきた。二人の宣教師が銃を見せて、立ち去るように言ったが、群衆は聞かない。それで、空に向けて、また壁に向けて威嚇射撃した。壁土がはじけた。一発は門に向かって打たれたらしい。群衆は中庭から一旦引き下がったが、これが彼らを怒らせ、前にも増して烈しく攻撃するようになった。七時頃、危険を感じた宣教師ら五人と家族は後方から逃げ出し、二キロほど離れた古佛庵のイギリス内地会の教会に避難、構内を空にした。それから間もなく、七時半頃、成都知府の唐成烈と華陽知県の黄道栄が三十〜四十人の丁役を率いてやって来た(3)。黄知県は、「卑職、信《しらせ》を得し時、ただちに分報し、丁役を帯領して、救護に馳せて往ったが、各憲台《うわやく》が前後して親臨し、文武を監督引率して弾圧保護した(4)」と言い、唐は知県を督励して極力保護に努めたと言っているから、間違いない。が、「打ち毀したときに、卑職は、人勢洶洶として、帯するところの丁役の多くが石傷を受け、万《きわ》めて弾圧し難きを見た。それで遂に回り込んで後門より入り（地図ⅡのⅠのCであろう）、洋人を護らんと図った。幸いに洋人はすでに逃げ出していた(5)」と言うから、群衆は烈しく抵抗したらしい。しかし、気勢を挫かれて拡散した。官は現場検証をしたが、構内には外国人の人影はなく、空だった。

この時、保甲総局の道台・周振瓊も出動して来た。彼によると、「この時、衆の勢いは兇、競《きそ》いて、『洋人は無礼だ。

子供を捉拉《つかまえ》させてはならない』と謂い、『府県は妄りに無辜のものを拿《つか》まえるべきではない』と言った」[6]という。官が引き上げたからという説もあるが、午後八時頃、群衆が戻って来て、教会敷地に入り込んで、子供達の姿を求めて教会内を隈なく捜索した。子供は発見できなかったが、細骨十六個と外国製鉄箱を見つけたという。その中には男の子が虫の息で入っていた。人々は、これは外国人が子供を拉致し、害を加えている証拠だと言い合った。つまり、天津教案の時と同じように、四川でもこの頃、幼児失踪事件が起きていて、人々は、外国人宣教師が幼児を誘拐して残害しているのではないか、という疑念、噂が流れていたのだが、その証拠を発見した、と言い出したのである。彼らはこの少年（黄廷福）を、「保甲総局の局勇（救護巡勇）」に引き渡し、「教会の地板の下から見つけ出したのだ」[7]と言った。興奮した群衆は、それから数時間にわたって教会を掠奪、そして、邸内にあった石油を撒いて火をつけて焼いた。三棟の住宅、礼拝堂、医院二箇所、学校などが灰になった。知府唐承烈は、「旋いて即《す》ぐ、火を撲滅して署に戻った」[8]と書いているから、火事の後、「夜深」にようやく散じた群衆を見て、官は役所に戻ったらしい。ということは、この群衆の破壊放火行為は、官や丁役が居る前で行なわれたことを示唆している。官は出動しながら、群衆を抑えられなかったらしい。というよりも、戦争の影響や、官の治安維持能力が急激に減退していたなかで、総督・劉秉璋らは、「民変」を激成することを恐れて、敢て多くの兵を出して禁止鎮圧しなかったのである。[9]

しかしながら、事件後、成都を脱出した被害者の外国人たちが、重慶や上海で語った自分の事件経験の証言（宣誓供述）[10]を総合すると、次のようになる。それは、四川総督、知府、知県、保甲総局道台など中国官員の云うところとかなり食い違いがある。

地図Ⅰ、Ⅱを見ながら説明する。地図ⅠのA、B（地図ⅡのⅠ、Ⅱ、Ⅲの三ヶ所）にあったカナダ教会には、C・ハート、ハートウェル夫妻、キルボーン夫妻、スティーブンスン夫妻、女性二人（子供）、ヘア医師の十人が住んでいた。

Eの城南のアメリカ美以美会には、オリン・カディ夫妻、キャンライト夫妻、ピート夫人の五人、Dの内地会教会には、医師パリー夫人、コルマック夫妻、女性二人（子供）の五人、聖公会には二人の女性宣教師がいた。

劉秉璋は、祭り見物に外国人も出かけて行って、トラブルを起こしたのがきっかけだと言っているが、O・カディは、それを強く否定し、「嘘である」、誰も出かけて行ってないと言う。後に上海で彼らから聞き取りした調査委員会のレポートは、群衆は東北隅の地図Ⅰの1「演武庁」の所に集まって（ここで暴動が最初に組織された）、2「東較場」＝パレード広場の全域に拡がり、3「兵営」を通って、最初の攻撃地のAカナダ教会にやってきた。そして攻撃を始めたと言う。攻撃対象になった教会にいたキルボーン医師は、ちょうどジャクソン氏（CMS）の歯の治療をしていて、スティーブンスンは午後の暑さの中、施薬所で仕事をしていた。ハートウェルは、通りを挟んだⅢの住宅にいた。銃を持って防止しようとしたのは医院にいたキルボーン、ジャクソン、スティーブンスンの三人だったから、彼らは祭り見物に行ってなかったことは明らかなのである。

地図Ⅱ　最初の攻撃現場

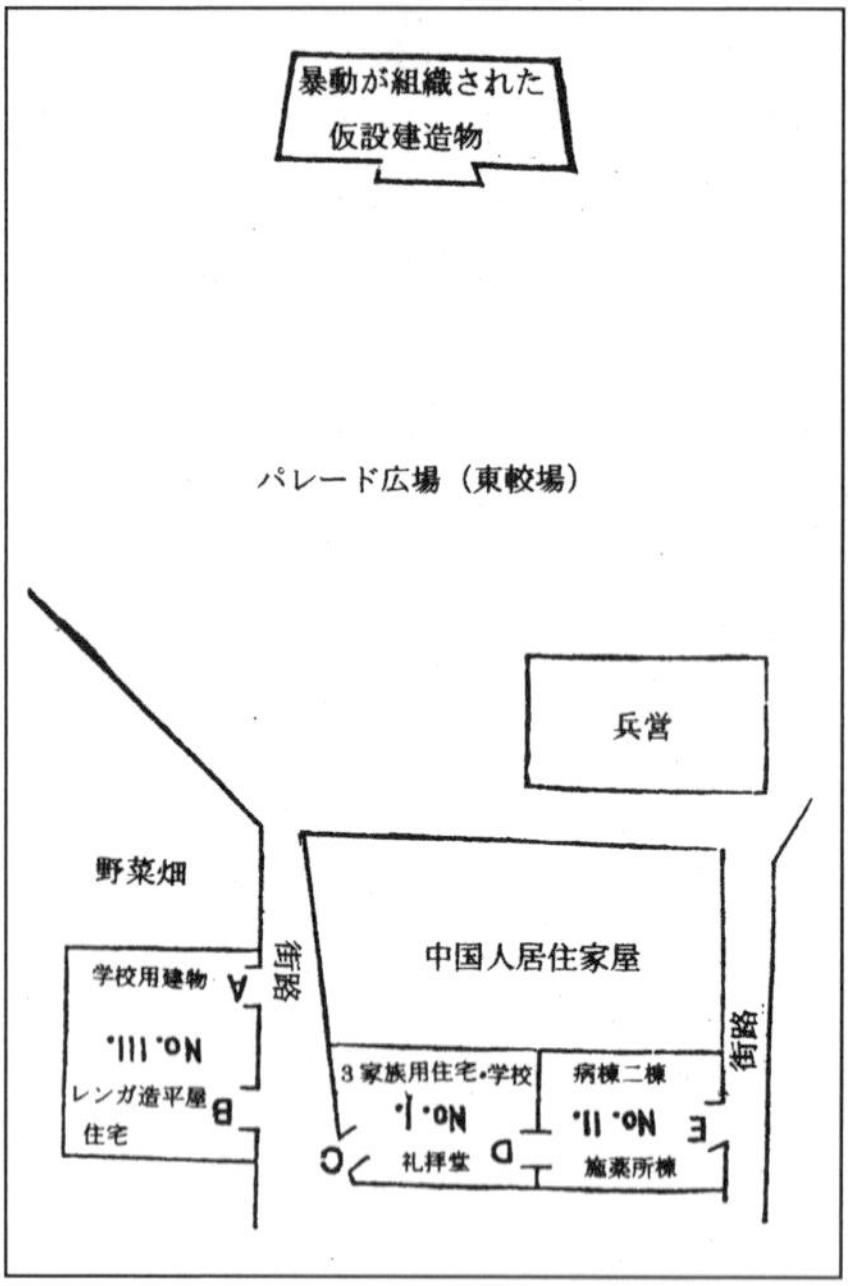

医院にいたキルボーンとスティーブンスンは、この日（二八日木曜）、城南の美以美会教会のキャンライト医師から連絡の手紙を受け取った。それは、南側で掲帖が貼られ、『油を取るために、少女が外国人に煮られている、子供を外に出すな』というものだった。午後三時にハートウェルは娘

を連れて、IのC門を入り、Ⅱでスティーブンスンの娘と一緒に遊ばせた。広場には大勢が出ていたが、何も変化は感じなかった。五時、Ⅲ住宅に戻っていたハートウェルは、娘を迎えにⅡに行ったが、その時、スティーブンスンから、美以美会のキャンライト医師から来たこの掲帖についての手紙を見せられた。二人は話し合ったが、兵もいる総督駐在地だから、大丈夫だろう、大事には到らないだろうとなって、娘を連れて門Eに来た。ここに数人集まっていた。門番は内側から門をかけて、彼らに何やら忠告していた。かれは娘を抱いて脇門から街路に出、ⅢのB門に戻ったが、その時、二、三十人が後を付いて来て、彼の腕の中の娘を注視していた。彼らのチェッチェッという耳障りな口音に、いつもと違う「異常さ」を感じたという。門内に入った後、大勢の足音を聞いたので、外を見ると、十六歳から二十歳くらいの青少年らが広場のほうから走ってきて過ぎて行った。行き先のIのC門で投石を始めた音が聞こえた。ハートウェルは危険を察して、名刺を使いに託して衙門に走らせた。返事はなかった。使いは、官はすでに連絡を受けていると言った。Iにいたスティーブンスンとキルボーンからも衙門に使いが二度走っていたのだ。スティーブンスンらは、妻子をⅡの医院構内に移し、忠告もあって暫くじっとしていた。間もなくC門が倒されたので、三人は外に出て姿を群衆に見せた。二人は鴨撃ち用に所持していたライフルを持ち、立て続けに四発撃った。群衆は後退りして左右に分かれて散った。路上に出てみると、群衆は百メートル余り隔ててこちらを見ている。数人の兵がやって来て、群衆の中の十余人とともに、群衆に向かって家に帰れと説いたが、効果はなかった。こうした対峙が四十五分程つづいた。使い達が戻ってきたりして、兵や衙門行走が群衆を去らせるから、門内に入るよう言ったので、路上から構内に入った。彼らの姿が門内に消えると、群衆は門に押し寄せ、前よりもひどい怒号と投石を始めた。それから十五分ほどして、群衆が敷地内に押し入る気配を示したので、三人はもう一度銃を撃ちながら反撃した。群衆は走って後退したが、今度はそう遠くへは逃げなかった。夕暮れになった。群集は以前にも増して激しい投石を始めた。三人はD門を通って、後方のⅡ医院構内に移り、妻子と合流した。Ⅰの屋敷は乱入した暴徒で埋め尽くされ、破壊が始まった。ガラスの割れる音、材木の裂ける音、暴徒の叫び声が響いた。

医院の街路側のE門にも群衆が押し寄せていたが、門までは破られてなかった。門上から銃を一発撃つと、群衆は逃げ、ブロック（街区）を廻ってC門の方で掠奪を始めていた群衆に合流した。そのため、E門外に人影が無くなった。逃げ道ができた。闇の中、投石で空いたE門の下方の穴を潜って彼らは路上に出た。男三人、婦人二人、子供三人の八人。そして人気のないパレード広場に向かって走った。看護婦と彼女が抱いていたスティーブンスンの三女が途中はぐれた。一行は、保護が得られるだろうと期待してバラックの2「兵営」に駆け込んだ。しかし怒号とともに外に追い出された。スティーブンスン夫人は兵士に蹴られて傷を負った。夫はこの兵士に銃を向けた。彼らは広場を横切って城壁に辿り着いた。そして城壁の上にあがり、暗闇を北門に向かって西に進んだ。放火された教会施設が燃える明かりが空に反映していた。火事は真夜中まで続いた。その後、彼らは城壁を下りて、古佛街にあった内地会の教会に入り避難した。

はぐれた女の子は路上で泣いているのを教会の門番が見つけ、保護された。この騒ぎで、連絡したにもかかわらず、官からの保護はなかった、と彼らは云う。三人の兵と、十二人の衙門行走が来たきりで、群衆を抑えられなかった。かれらが医院のE門を出た頃、反対側の街路に、知県（黄）と知府（唐）がやって来ていた。これを斜め向かいのⅢ住宅にいて、逃げる準備をしていたハートウェルが目撃していた。官が来たと知らされ、外を見ると、従者の丁役が持った知県・知府の印のついたランタン（提灯）が路上に溢れていた。従者たちがⅠ構内から溢れて路上に出ていた連中を捕らえて来て、知県・知府の前に跪かせて簡単な取調べが行なわれた。丁役が群衆を追い払うと、二人の官員は三、四十人の従者を連れて、B門に立っていたハートウェルの前を通って、C門に入っていった。官が来たからには安心だろうと、ホッとしたが、十分ほどして二人は出てきた。そして、B門附近で輿に乗り、立ち去った。彼らの姿が視界から消えると、群衆は官の許可を得たかのように、再び破壊を始めた。そして放火が始まった。この火をキルボーンたちは城壁の上から見たのだが、ハートウェルの召使は、官の保護は得られそうにないから、逃げるようにと言った。幸いに、隣人が受け入れてくれ、彼らはその家に避難できた。

この夜、保甲総局の周道台の告示がこのカナダ教会の近くに貼り出された。それは、『いま我らは、外国人が子供を騙して誘拐している明らかな証拠を得た。しかしなんじら軍民は驚き慌ててはならない。事件が我らの前に持ってこられたときは、我らは決して容赦はしない』と述べていた。(11) 捜し出されたという唖の少年や骨をその証拠として信用して、これを出したらしい。この告示は翌日、全市内に貼られることになる。外国側はこれがその後の暴動を加速させた一要因だと見て、周や官の責任を問うべきだと主張することになる。これは後に再度触れる。

このように、外国人宣教師の証言は中国側史料（官公文書）の信憑性を疑わせるに十分なものである。外国人の証言と中国官僚の言のどちらを信用するか、と言われれば、歴史研究者としては、中国側資料には誠実さが欠け、虚偽や捏造、隠蔽、誤魔化し、不作為が多いと判断せざるを得ない。

さて、事態に戻る。暴動は深夜に一旦静まり、この後、五時間ほどして、朝方になって再び始まり、三十六時間続くことになった。南門近くの陝西街のアメリカ・メソジスト（美以美会）教会も、この二八日の夜に官に保護を要請したが、黄知県は何人かを状況視察と警護に派遣したのみだった。夜十時、教会は洋務局に出向いて保護を求めたが、局は関わり合うことを避けようと、極めて不熱心で、戻らざるを得なかった。召使たちは襲撃の事態が切迫していることを告げた。二九日の明け方、美以美会のアメリカ人の一団十人が華陽県衙門に避難しようと出向いたが、下僚は、知県は昨夜の夜通しの警護で疲れて寝ている、と言って、追い返し、警護を付けて戻らせた。朝六時、四聖祠教会の斜め向い側の別の建物（Ⅲのハートウェルのいた建物）が標的になって焼かれた。九時、群衆が陝西街の美以美会教会に集まりだした。知県は役人を説得に派遣したが（巡防二十二人がいたという）、人々はその解散せよという説得を笑うのみだった。群衆は、『絶対に好きなようにさせるな』と言って、教会内の掠奪をはじめた。アメリカ人たちは逃げて近くの汚い建物に避難、そこで半日過ごし、夜になって華陽県衙門に入り、保護収容された。カナダ人宣教師たちが避難していた古佛庵のイギリス内地会の教会はまだ平穏だったが、騒ぎは城内の各教会に及び始めた。群衆は、「各教会が子供を蔵匿している」という噂を確かめようと、拉致されているのではないかと各教会の内部を探し始めたのである。次に王沙街の教会が打ち毀された。内地会教会にも群衆が集まりだし、昼前には安全ではなくなった。ついに襲撃され、避難していたカナダ人宣教師たちを含むイギリス人たちは分散して逃れ、十四名が華陽県衙門に避難した。

そのハートウェルは、前夜の騒ぎが一旦沈静化すると、隣家から家に戻ってベッドに入ったのだが、朝五時に、昨夜焼かれたⅠ、Ⅱの建物が壊される音の響きで起こされた。かれは妻子を王沙街のC教会に避難させた。ここには屋敷を借りてWomen's Missionary Boadの二人の女性がいた教会があった。それからすぐに投石が始まった。怒号と叫び声が大きくなり、B門を壊し始めた。ハートウェルは木をよじ登り、塀を越えて隣家に下り、受け入れてもらって隠れ、家が壊され掠奪される物音を聞いていた。隣人達が状況を知らせてくれたが、そこには官はいなかったという。官は暴動を止めようと思えば止められただろうと、彼らは言った。午前九時、掠奪を終えた暴徒は、次に王沙街のC教会に向かった。この暴徒たちが侵入した時、ハートウェルの妻子と二人の女性は、裏の壁を越えて逃れ、内地会の教会に入った。

内地会教会は大人十一人、子供七人になった。危険を感じたので衙門に行くことに決め、準備を整えた。しかし、二十人を連れてきていた巡捕の頭が保護するというので、それに従っていた。だが、九時から十時にかけて群衆が路上に集まり出し、急速に騒然となった。それでこの巡捕の頭も計画通り衙門に行くように勧めた。しかし輿が手に入らず、十時頃、六台の輿に大人六人（子供四人）が乗って、衙門に向かって門を出た。それを見た群衆は更に興奮し、罵声が大きくなった。門が閉じられると、危険は一層大きくなった。残った八人（大人五人、子供三人）は後方の壁を梯子を使って乗り越え、向こう側に飛び下りた。そこは中国人庶民八家族の住む通りで、その通りの先は群衆の真中に続いていた。だから開いているドアの部屋に飛び込み、中国式ベッドの中に身を押し込み、カーテンを引いて隠れた。家主は怒ったが、銀三十両を渡すと静かになった。他家族にも銀銭を払う約束をして、暑さの中、じっと嵐の過ぎ去るのを待った。夜八時になって、輿が呼ばれ、八人は一人一人と華陽県衙門に着いた。そこで朝方に分かれた人々と再会した。

一方、南部にあったEアメリカ美以美会教会は、カナダ教会が襲われたことを前日の二八日の夜に知った。夜遅く、城壁に逃れたキルボーン医師が手紙を寄越してローソクとマッチを求めてきた。それで深夜に道台に使いを出したが、助けは拒否された。成都県、華陽県にも連絡を取ったが、官には頼れないだろうと判断した。それで華陽県衙門に避難することにした——成都は成都県と華陽県の合治だったが、この時、教会を管轄する成都知県は欠員だった——。妻を連れて、一行は明け方に衙門に着いた。しかし知県は昨夜出動して、今寝ているとして受け入れてもらえず、十人の護衛兵とともに教会に戻ることになった（前述）。二九日の昼頃から、門越しに群衆の投石が始まった。衙門から付いて来た役人が外に出て追い払い、門にバリケードを築いて防いだ。そうしている間に、外国人たちは東の壁を乗り越え、隣接する建物に逃れ、その屋根裏の汚い部屋にじっと息を潜めた。礼拝堂は闖入した暴徒によって破壊された。十時間後にやっと衙門と連絡がつき、真夜中に、華陽県衙門にようやく辿り着いた。こうして、衙門には十八人のプロテスタントと十一人の子供が集まった。二九日には、カナダ教会の別館、王沙街教会、内地会教会、美以美会教会の順番でこのように襲われたのだった。

カトリック教会（パリ外国宣教会）が最後に襲われた。危険を感じたデュナン主教は、三度、四川当局に保護を求めた。一度は、教会と住居のすぐ近くにあった総督衙門に、二度目は人を遣わして知府に。しかし、兵が無いとか、笑い飛ばされたりで、拒否に遭った。最後に、彼自ら成都将軍署に出向いて保護を要請しようとしたが、城門の兵士に阻止侮辱されて、戻らざるを得なかった。彼はこの時、取り囲んだ群集に石を投げつけられて、頭部を負傷した。主教のいない一洞橋のカトリック教会は群衆（「土匪」）に襲われ、毀された。三人の官がやって来ると、群衆は散ったが、去ると、再び集まった。教会の近くの人々（教民平民）がこれを撃退しようと抵抗したが、唐知府がやってきて、「告示」――教会側はこれが暴動が起きてから最初に出た生ぬるい告示だったという――を出すと、抵抗はしぼんだ。群衆の掠奪は三〇日朝まで続いた。役人にエスコートされた主教と神父はこの夜、華陽県衙門に避難した。そこには十八人の牧師と家族十一人、召使たちが保護収容されていた。これで総計三十一人の外国人（イギリス人十九人、アメリカ人十人、フランス人二人）が華陽県衙門に保護されたことになる。彼らは、これから十日間、この「侮辱的」な「収容所」で過ごすことになる。

この頃、成都の街中には幾つかの掲帖が貼られていた。それは、「期を約して、初十日辰の刻（六月二日朝八時）に共に教民をやっつけよう」[12]、「五月初十日（六月二日）に、洋式建物を壊し、洋人を追い出すことを約した。大衆が議して、各店舗が武器の棒一本を持ってくることにした。もし持って来ない者がいれば、そいつは、洋人の婚族《しんせき》だ（約初十日、打洋房、趕洋人。大衆議和、各舗執棒一根。若有不来者、是洋人的舅子。）」[13]と言い、「外国の異人は無頼の者を雇って、専ら子供を誘拐させて、油を取り、薬に応用しているのだ（外洋夷人雇用無頼之人、専拐幼孩、取油応用）」[14]と、また、「日本が中国に戦争を発動したのに、イギリス・フランス・アメリカは日本を追い払おうとしなかった。だからこの三国の人は四川に住まわせないのだ（因日本向中国開仗、英法美三国不力為逐去、故不使三国之人在川居住）」[15]と言っていた。

このカトリック教会を襲って捜索した時、群集は教会から髑髏一個と幾つかの骨を発見した。それが伝わると、群衆の教会への疑惑は一層膨らみ[16]、他の教会・医院十箇所の破壊掠奪放火に発展したといわれる。この人骨は、デュナン司教の説明に由ると、嘉慶二十年（一八一五）にキリスト教弾圧で処刑された徐徳彰主教（李多林、フランス人デュフレス Dufresse——四川で布教していて乾隆五十年（一七八五）にマルタン主教とともに捕らえられ、北京の獄に繋がれたが、その後、マカオに追放され、のち、徐徳彰と名を変えて再入川、主教として活動していたが、嘉慶二十年、総督常明の弾圧で捕らえられ、成都で処刑された）[17]の骨で、フランスにいる家族の要請で、埋葬されていた磨盤山墓地から掘出して、家族に戻すために教会医院に保管していたのだという。

翌三〇日は、街は興奮状態になっていた。その他のさまざまな骨が、外国人が子供を攫って煮た証拠だと言って持ち出され、衙門に持ち込まれた。大群衆がそれを見ようと押し寄せていた。他の教会もあいついで攻撃を受けた。いくつかの骨は街路の門に吊るされ、憎むべき外国人の罪の証拠だ、と見せ付けられた。果ては、南門外の貧乏人の最近の墓から人の頭や手足を手に入れて来て、曝されながら衙門まで運ばれてきて、陳列品に加えられたのだった。啞の少年が衙門に連れられて来た。幾つか文字が書けたので、二八日に教会構内に入った、外国人がドラッグを嗅がせたので、啞になったと云う。知県は宣教師と対面させていろいろ訊問した。少年はなかなかの役者であったようだが、一度きりの芝居に終わった。

これらのデマ、噂、流言、が事実かどうかにかかわりなく、多くの大衆がそれを信じた、あるいは官僚も半信半疑でも本当かも知れないと疑った、というところに問題の本質があるように思われる。なぜ信じたのかについては、後論する。

結局、成都暴動は、成都県属の五福街平安橋公所（フランス育嬰堂）、古佛庵福音堂・医院（イギリス内地会）、陝西街福音堂（アメリカ美以美会）、北門外張家巷医館（フランス）、北門外磨盤山住宅（元フランス教会）の五箇所、華陽県属の四聖祠福音堂・医院（イギリス領カナダ）、玉沙街福音堂（イギリス）、一洞橋天主堂・医院（フランス）、慶雲庵聖心堂会館、東門外青蓮街安順橋医館（フランス）、の五箇所、計十箇所が打ち毀され、内、三箇所（四聖祠、五福街、慶雲庵）が焼かれる被害を出した。追い出された三十一人の外国人のうち、フランスカトリックの二人を除き、プロテスタント宣教師たち二十九人はやがて六月九日に船に乗って成都から避難し、川を下って重慶に着き、宜昌、漢口を経て、上海に逃れることになる（七月四日着）。

この成都暴動は、忽ちのうちに四川省西部、東部の数十の州県での反教会暴動に拡大した。まず、六月一日（旧暦五月初九日）に新津県城内の天主堂が、翌二日（初十日）には教民の家が襲われた。同日、彭山県のカトリック教会と住宅、眉州城内のイギリス医館と天主堂が。三日（十一日）には、邛州城内外の教会、教民の家が襲撃された。その五面山教会を襲ったのは、成都で四聖祠福音堂・医院を焼いた都市遊民の王郷約らで、その後、出城し邛州に行って襲ったのだった。(18) 同日、什邡県の天主堂。四日、嘉定府楽山県のイギリス福音堂・医院・住居、および鉄牛門のイギリス福音堂、カトリック公所、教民家屋。五日、夾江県のフランス医館、峨眉県教会。六日、洪雅県城内教会。七、八日、宜賓城内のアメリカ人宣教師住居、フランス書院、崇慶州城内天主堂およびその他の教会、教民家。九、一五、一六日に、灌県の天主教聖修堂などへと、五月二八日から六月七、八日頃までの間に一気に拡大した。その他、彭県、保寧府、仁壽、南渓、蒲江、蘆山、名山県等にも広がって、全体で、三十余州県、プロテスタント教会十二箇所、カトリック教会三十九箇所が攻撃され、百人を超える外国人は数週間に渡って自分の身の安全に恐怖を感じた。やがて、暴動は次第に沈静化していった。

二、暴動の背景と起因

ではなぜ、このような反キリスト教会暴動が四川省省都の成都とその周辺の広域で起きたのだろうか。その背景について整理しておこう。

四川が昔からカトリック布教が盛んだった省であることは、先のデフュレス主教の例からも知れるが――当時のカトリック教勢は、全省で百七十六人の神父が活動、九万人の信者がいた――、近代の教案の発生件数から言っても全国一で、ここにいかに根強い反キリスト教感情があったかが窺える。それは、内陸にあって開港場が遅れたこと――重慶は汽船が入らず、宜昌から牽船遡航で六十日かかった――、そのため、外国人との接触は限られたものに止まり、人々の意識も伝統的保守的だったことがあげられよう。

加えて、総督・劉秉璋の施政がこの反外国傾向を助長していたという。九年前に四川総督として赴任して以来、太平軍と戦ってきた淮軍出身の彼は一貫して自分の管轄区域におけるキリスト教、外国思想の拡大に反対し、長江上流の汽船航行に反対し、カトリックへの「怒り」のために、和解に障害を生じさせ続けたと言われている。[19] それだけでなく、昨年春に都察院御史によって賄賂人事を弾劾され、北京の詔で調査委員（湖北巡撫）が派遣されてきて、その結果、革職留任処分を受けた。しかし後任の鹿傳霖が赴任するまで、成都に留まっていたのである。この間、紛争と腐敗は続き、かれの審査委員への賄賂、北京筋への賄賂攻勢は官場の通例とは言え、眼に余るものだったらしい。この官僚の腐敗は帝国の腐敗を、帝国は公平さによっては統治されていないことを示していた。日清戦争で清国のバブル（幻想）が日本によって破裂させられた後、中国にいた外国人たちには、清帝国は「腐敗の巨大な野原」「とてつもない化物」――皇帝から行走まで――として立ち現われていた。内陸部に住む自国民・臣民を適切、公平に取り扱わせるためには、ヨーロッパ諸国家は行動を起こさなくてはならない。外交的には勿論、ギャングの危険から安全にするよう彼の政府を服従させるためには、かつての「砲艦外交」が以前よりも必要だと考えられたのである。この点はまた後論することにしよう。だから、暴動のニュースを聞いた誰もが、処分された劉秉璋が離任の前に「最後の足蹴り」をしたのだと思った、と言うのである。

この事件についての宣教師報告には、「青天の霹靂」だった、というものも多いのだが、しかし、成都では「一ヶ月前から邪悪な謡言が流布していた」、それで、三つの教会はこれらの謡言に対して官が対応するよう求めていた[20]。カトリック主教デュナンは、高まる反外国感情が続いていた、と言い、一八九二年にカナダ・メソジスト教会が建物を建てようとしたとき、反対者が資材を打ち毀した事件を始め、「敵意の底流」があり、ここ数ヶ月間、宣教師に対する無礼さが成長し、敵意が頻発し、下品な論評が日常的に囁かれ、教会の女性は一人で街を歩くのを怖がるようになったという[21]。そして、数週間前から、「外国人に偸まれて石碑がなくなった。」「外国人が東門外で石を見つめていた。後に苦力たちがそこで目撃された。石を運ぶために寄越されたのだ。」「ある農家の牛が急に話ができるようになり、『今年は日照りとはいえないが、明年はもっと日照りだ、その次は外国人がやって来て、四川を取るだろう』と予言した」、というような流言が聞かれていたのである[22]。先の「日本が中国に戦争を発動したのに、イギリス・フランス・アメリカは日本を追い払おうとしなかった。だからこの三国の人は四川に住まわせないのだ」、という掲帖も、こうした文脈で捉えると、日清戦争の敗北という対外的緊張・不安が人々の反外国感情の増進を生んでいたことを示すものと見て取れる。類似のバージョンの掲帖が五月一〇日に出されているので紹介しておこう。

現在、日本が中国領土を侵害しているのに、おまえらイギリス、フランス、アメリカは袖手して眺めているだけだ。もし将来お前らの原理を述べ伝えようとするならば、お前らは、日本をして彼らの領土に戻させねばならない。そうしたなら、お前らは、聖なるゴスペルを何の支障もなく全国において伝道することが許されるであろう。(23)

いささか御都合主義の功利主義を示しているが、日清戦争の影がよく見える。それらの中でも最もポピュラーなものは、「洋人《がいこくじん》」は子供を喰い、薬を作っている、というものだった。

通告：現在「洋鬼子」は幼児を誘拐するために邪悪な連中を雇っている。彼らは自分で使うために、子供から油を搾り取っている。私の召使の李は実際にそれを見た。善良なる人々よ、子供を外に出さないようにせよ。これに従え。(24)

である。これは長江流域教案以来、湖南あたりから宣伝されてきた「反洋教」宣伝の一バージョンなのだが、前述のように、四川では幼児失踪事件が頻発していて、庶民は教会の洋人が誘拐、隠匿し、残害しているのではと疑っていた。(25)これはかなり普遍的に広がっていた疑念だった。暴動の最中に、缶詰にした肉のサンプルを持ち出して来て、子供達が茹でられた屍体だ、と言い、ミッションハウスのなかに、鶏の血を撒き、骨をばら撒き、また墓から掘り出した骨を衙門に持ち込んだり、この謡言があたかも事実であるかのように演出して、人々の怒りを煽動したというから、(26)いかに広く広まっていた共通の疑念だったかが分かる。この文脈で考えると、先の、教会の中で発見された意識朦朧とした誘拐された少年というのも、群集側の演出――官もそれに巻き込まれることになる――だったと考えるのが相当である。

だが、なぜこうした根拠の無い噂や流言が真実味を帯びたものとして伝播し、受容・消費され、再生産されるのか。

わたしの見方は、これは、文化秩序の霍乱者・敵対性をもった異人世界に対する人々の猜疑、不安、恐れが凝縮した形象、神話だと考える解釈である。噂の研究では、メッセージは口伝えの過程で、邪魔な部分は平均化され、テーマに適するように誇張強調され、未知のものを無理やり既知のものにする、つまり人々が以前持っていた感情や考え方の構造に同化される、という一連の作用を経て、受け手の受容に適合されるのだという。(27) 湖南の周漢などが発行した大量の反洋教の挿絵入図書などが、より単純化され、選択され、既知化されることによって、噂・謡言の同じパターンの先鋭化されたバージョンが全中国に広がって行ったのだと言ってよい。その中でも人々の想像力に訴える力が最も強かったのは、我ら中国の女性や子供が敵性を持った洋人に奪われている、というプロットの話だった。(28) 我らの共同体（コミュニティ）の活力と未来——子供の出産を担う女性と、共同体の将来を担う子供はその活力と未来のシンボルである——を奪い、「元気《がんき》」を傷つけている、それを取って、洋人は煮たり、油を取ったり、目を刳り抜いたりして、薬を作り、自分の「回春薬」にし、元気《がんき》の源にしているのだ、というのである。これは伝統的な「胡人採宝譚」（西方の異人が中国の宝を偸むという民話）のプロットの近代版といってもいいものだが、強力な悪魔的な洋人に誑かされ、誘拐され、力ずくで犯される子供、強姦される女性を通して、侵略される中華（彼らのコミュニティ）を象徴するイメージ、つまりシンボル、神話として受容され、再生産されたのだ、といって良いのだと思う。

そして、次のような事態が四月末に起こっていた。四月二六日（四月初二日）に、一人の妊婦がなかなか出産できないというので、カナダ教会医院のスティーブンスン医師（司徒衛、David. W. Stevenson）が往診に行って生ませてやった。母子ともに健康だったが、その後、母親が病気になった。往診依頼が来たが、スティーブンスンが忙しくて行けないので、若いカナダ人のヘア医師（韓先生、Mather Hare）に行ってもらった。だが、女性は数日後に死亡した。Chwang（荘）というその夫はヘア医師に再び往診に来てもらった。家に着くと、夫は門を閉め、妻が死んだことの責任を追及して殴辱した。ヘア医師はそれを振りほどいて逃れたが、そのため、ギャンブラーといわれた無頼の夫は、噂を振り撒き煽動するようになった。ヘア医師は夫を県当局に訴えたが、県は、夫が妻の屍体を広場に置いて数千の人々に見せ、人々の同情を買い、教会の方が指責を受けるべきだという、その行為を放置したという。[29] この紛糾以後、街中の反外国感情は亢進し続けたらしい。前掲の掲帖や流言はこの間のものだった。カナダ教会側は、この事件は暴動と直接関係のない解決済みの以前のゴタゴタだと言いつつも、[30] この事件が反外国暴動の底流にあった誘因の一つではないかという感覚を持っていた。それに加えて、五月初五日（二八日）に公衆の面前で、外国人宣教師が二人の少年を教会内へ連れ込み拉致し、抗議する群衆に向けて銃撃したという「デマ」が流される事態が発生したのである。そして、教会捜索の中で意識朦朧となった少年を発見した、と言って、保甲局に物証だ、人骨も見つかったと引き渡したのだ。そして保甲総局の周道台が「明らかな証拠を得た」と告示を出したのである。そのほか、前述したように煮た肉や、鶏血や獣骨をばら撒いたりした訳だから、教会に誘拐された子供が隠されているのではないか、という疑惑、猜疑、敵意が全城的に昂じて、市内にあった各教会へ群衆が押し寄せる都市暴動になったのも、群集心理的に言っても、あながち突発的なことだったとは言えなかったのである。

三、外交問題化——フランスとイギリス——

だが、事件はどのように外交問題化し、解決に到ったのだろうか。そこには新たな国際的外交競争の局面が展開されているようである。

事件は二九、三〇日（初七、八日）の総督・劉秉璋の電報[31]によって総理衙門に伝えられたが、総署は、これを四川の天主堂《カトリック》に関するものと解したらしく、フランス公使ジェラールに通知した。ジェラールは翌六月一日（初九日）、総署に保護を要請、併せてデュナン主教との電報通信の仲介を依頼した。日清戦争にともなう電報規制のために、洋文電報が通じなかったからだ。イギリス公使オコーナーは、駐重慶領事からの電報で事件を知って、四日（十二日）に、総署に照会し、成都電報局から全国の電報局宛に発せられた事件を詳報する官府の電報に、「外国人が幼児を誘拐した」、「支解された幼児の屍体がすでに捜獲され県衙に呈送された」という文があることを問題視し、かかる「謡言」を官が散布すれば、数年前（一八九一）の長江一帯の教案の轍を踏むことになろう、と言い、この官電の作者を懲罰すべきだ、と申し入れた。(32) この危惧が、彼をしてイギリス軍艦を長江に入れさせることになる。その後、一一日（十九日）にオコーナーは、八日（十六日）の重慶領事電によると、暴動は巴州その他の地方に拡大しており、外国人の生命財産の保護が為されるべきだ、しかし「査するに、五月初四、五、六の三日間の成都は、匪徒の焼搶するに任憑《まか》せ、該地方官は弾圧に疎か、反って縦容を行なった」(33)、と厳しく指弾した。この地方官の責任という点がその後の外交攻防の焦点になる。

　ジェラールも六月一三日（二十一日）に、上海領事電に拠って四川西部、南部への暴動拡大を述べた後、劉秉璋(34)が「四川を治めて以来、大いに各教堂を損ない、未だ平安せしめ」ていない、彼が諭令を遵守したかどうか、「所行の事、書く所の公札私令を捜察し、もし拿問審弁すべきであれば、該治衙門（刑部）に交すべきだ」(35)と、官の責任を追及した。アメリカ公使デンビーは、四川に情報ルートが無かったが、フランス・イギリス公使から情報を得て、本国に、「もし官の縦容がなければ、これらの事件は考え得ない」、劉秉璋が煽動したもので、彼は「九年の在任中、終始キリスト教と外国的方式を敵視してきた」、（デュナン）主教は「劉が騒動の組織者だと考えている」、と報告(36)、二五日に総署に、中国が以前から犯人にも該地地方官にも重罰を与えないで来ているから、こういう事件が起きるのだ、今事件は、すべて四川総督に罰を加えられるべきである、前の湖南省の周漢事件の処理のようにすべきではない、本大臣はオコーナーと同意見である、(37)と述べた。

こうして事件発生後一ヶ月ほどで、問題の焦点が収斂していった。つまり、外国側は、事件の責任は地方官（とくに総督・劉秉璋）にある、官が教会保護に勤めなかったから、或いは官が示唆慫容したから、事件が起きた、その証拠は幾つもある、と主張した。

まず、暴動二日目の五月二九日（初六日）に出た総督・劉秉璋の「生ぬるい」告示を問題にした。「事は端陽の時節に滋《お》きたのだが、その起事の原は洋人由り起こったのだ」(38)と書いて、人々の冷静さを求めつつも、排外的な噂を暗示し、火に油を注いだのだと言い、暴動鎮圧に熱心でなかった態度を問題化した。次いで、保甲総局の候補道台・周振瓊が布告を出した時、それに、「外国人が幼児を誘拐していたのは、いま実據を得た。軍民は驚き慌てるな。事件取調べは決して寛貸しないから」(39)と書いてあったことを問題にした。これは、カナダ教会内から意識朦朧となった十三歳の少年が見つかった、口は聞けないが、筆談することが出来、黄廷福という名で、この日二八日の午後に宣教師に拉致され、鼻に薬を塗布された、云々と言ったあの少年が、保甲総局に引き渡されたのに基づいて書かれたものらしい。外国側からの批判に対して、告示にそういう文字は無いと弁明したが（実際に存在したことは確かである）、暴動蔓延化に大きな役割を果たした、と非難されたのである。さらに第三は、電報局が総督命令で外国人に閉ざされたこと、成都電報局が上役命令で発した官電文が、「外国人が幼児を誘拐、云々」、「外国人が支解した幼児の屍体が捜獲され県衙門に呈送された」と言っていた、(40)という問題である。当局は否定したが、オコーナーに、重慶領事が入手した電文（「滋鬧之事因洋人引匿童男而起」「激成衆怒」「省城各教堂同時打毀、起獲残廃無用送県、未傷洋人」(41)）を突きつけられた。

これも、先の少年と同じで、暴徒側が偽造した肉や骨を官衙に持ち込んだものを、本物の証拠だと思って、官電に入れて全国に向けて発信したのである。受けた全国の電報局から流されると、その「謡伝」の威力は無視できないものになる。

だが、この事件の外交交渉は、総理衙門と三国公使（本国政府）の間だけでは済まなかった。間もなく八月一日の「古田虐殺」という衝撃的な事件が飛び込んできて、輿論にショックを与えたこともあるが、在清西洋人たちの輿論と圧力が大きく作用したのである。成都や各地のプロテスタント宣教師たちは華陽県衙門などに保護されていたが、やがて重慶に送られ、長江を下って七月四日に上海に着いた。彼らは、そこで、事件に憤慨し同情を示している西洋人社会を見出した。

五月二八日の事件は、総督命令で事件についての電報受付を拒否させ、外国人に閉ざされたが、オペレーターの好意でその間隙を縫ってイギリス重慶領事に電報が打たれ、五月三一日に発信され、六月一日に上海に着いた。報じられたのは二日になってからのことだったが、報じられると、*North China Herald* は、「中国は目覚めず、改革もされない国」であり、もはや文明的な国家として取り扱われない、内地における外国人の安全を中国当局に任せ続けるのは全くの気狂い沙汰である、北京では強力な外交手段を用い、地方においては砲艦を用いる以外、うまく行かない、この事態の責任は総督・劉秉璋にあり、その処分が必要である、と主張し続け、報復を叫んだ。(42)この主張を積極的に支持したのが在上海アメリカ人聖職者コミュニティだった。

四川の事件は上海のミッション関係者では驚きをもって受け取られた。成都は最近の戦争（日清）からも遠く、もっとも平和で好意的なところで、外国人に対する暴動、迫害を引き起こす所とは考えられてなかったからだ。

それより前の六月二一日に、重慶で四川の宣教師たちの会合が開かれた。アメリカ人で成都カナダ教会のキャップだったハートが趣旨説明をおこなった。全省にわたる暴動によって多大の財産が壊され、宣教師はホームレスになった。いま、外国人の内地居住権は条約に対する疑問の多い解釈に曝されている。したがって、一、外国人の内地居住権を条約の基礎の上に置くこと、二、これを帝国全土に周知させること、これらを、被害を受けた市民・臣民の政府の代表に早急に請願しよう、と訴えた。そして、成都暴動時に官は敵対的で、暴動に十分な手段が講じられなかった、だから列強の共同委員会を作って調査し、有罪の程度を明らかにし、適切なチャンネルを通じて政府に伝える必要がある。罪ある官は処罰されねばならない。「お情け」（黙認）のような形でいる私たちの居住権、身分については不備があり、条約で確たるものにすることが必要だ――プロテスタントはカトリックと違って土地所有を条約で確定しておらず、最恵国条項の適用という黙認の形だった――。カトリックと同じように土地所有の権利を得るようにイギリス・アメリカ公使に求めたい、という意見になった。これらは重慶から上海に着いた人々によって上海に伝えられた。

上海のミッショナリーたちは情報を求めてアメリカ上海総領事ジャーニガンに働きかけた。そしてアメリカ聖書教会のジュレ・ハイケスらが呼びかけ人になって、七月一日にアメリカ人宣教師たちの会合がユニオン・チャーチで開かれた。その席では、アメリカ市民として、四川の事件はわたしたちの同国人《ナショナルズ》への攻撃であり、わたしたちが何が出来るか考え、賠償と将来の安全保障、アメリカ政府による保護を訴えよう、と呼びかけられた。ある人物は、二十年間の経験からすると、反外国暴動はほとんど官が唆したもので、事実の真相に到ったなら、高官に責任があろう。金銭賠償というような過去にとった解決方法は、紛争再発防止に有効ではない。懲罰を与えることによってのみ、効果的に防止させられる。総領事をキャップとする委員会を作って成都に行かせ、事件に責任ある総督を懲罰できるか実行してもらいたい、と述べた。また、四川で拡大する仇教の動きを、長江河谷から宣教師を一掃しようという運動だと見、それが進行しており、この「陰謀」を打破するためには、賠償を得るだけでなく、官員を処罰することが必要なのだと言われた。上海総領事ジャーニガンは、会合趣旨に同調、発言に賛意を示し、国務省が乗り出すよう伝える、アメリカ政府は、彼ら宣教師を救出し、不当な扱いが正されるようにする用意がある、と語った。(43) つまり、賠償ではもはや不十分だ、というのが彼ら在清西洋人の意見だった。しかし、そう動くにしても、事実を確定しなければならない。そのため、ハイケスら五人からなる委員会が作られ、四川から逃れてきた人々から聞き取り調査をおこなって次回会合まで「報告書」をまとめることになった。

第二回会合は七月一五日に北京路の長老会教会で開かれた。他国人も参加して、会場は立ち席になるほど溢れんばかりの人で満ちた。議長にヤング・アレンを選出し、ハイケスが「報告書」を読み上げた。それは、次のような内容だった。

（一）、フランス公使の要請によって総署が指示を出して、一八九四年一〇月に管理通商・李道員らによって出された告示は、宣教師へ不動産を売却する際の問題に関して、これを「佃」「大佃」として、個人名義での契約にし、「公共公産として売る」とさせるベルテミー協定を巧妙に逃れるやり方が流行し、紛争がおきているから、売買を行なう際に地方官の指示（許可）をもらえ、というものだった。それが出た後、「総督は全外国人を四川から追い出すつもりだ」といわれるようになった。それ以前は人々は一様に友好的だった。そして後に、ハイケスは、このベルテミー協定を無効化しようという動きが四川の騒ぎの底に横たわる真の原因ではないか、とさえ発言した――私はこれは現場状況を知らない推測だと思うが――。（二）、周告示、総督告示は暴動を抑えるというより、鼓舞するよう意図されたものである、兵や官は暴行を阻止しようとはせず、その眼下でおこなわれた。（三）、暴動の前に、流言、掲帖が市内外に流布したが、教会の申し入れにも、官は何らの努力をしなかった。（四）、暴動発生後、成都の数千の兵は動かなかった。暴動地から五分のところの兵営さえ。（五）、暴動発生時に官は二つのルートから救助要請があったことを知ったにもかかわらず、それは拒否、或いは遅延させられ、効果を失わされた。（六）暴動は五時間の中断を挟んで三十六時間続いたが、この間、官は防ごうとしなかった。（七）、鎮圧に来た少数の兵と衙門行走は掠奪破壊を行なったようだ。知県知府の現場視察後の立ち去りは、群衆の掠奪を再開させた。（八）、翌二九日、宣教師が保護を求めて華陽県衙門に行ったが、知県は寝ているといって、受入を拒否した。（九）、外部に電報を打とうとしても、宣教師に電報局を閉じた。一方、総督は官電を西部に発して、損傷された子供が外国人のところで見つかったと述べた。結果、掠奪放火が計画に沿って進められた。電報は重慶でも拒否された。総督の妨害のために、上海で彼等の運命について知られるようになるまで十日も要した。（十）、北京から指示があるまで、秩序回復措置はとられなかった。（十一）成都暴動、北京からの指示、これらを公布するのが遅れたため、混乱は拡大し、省の諸々の教会が被害を受けることになった。

「結論」‥暴動はアメリカ市民の財産を破壊し、ホームレス、無一文にした。女性、子供を辱めたが、それは官によって唆され、鼓舞されたものだった。罪人に対する処罰をもたらす素早い十分な手段が政府によって講じられなければ、在清アメリカ人の利益は危なくなる。暴力的示威は反外国プロパガンダの一部である。アメリカ政府の名誉と威信が傷つけられたのである。

「提言」‥（一）、アメリカ政府に対し、最上級領事を首班とし、在清アメリカ市民を加えた調査団を組織し、成都に派遣して原因調査を行ない、責任を確定することを求む。（二）、金銭による賠償のみでは不十分で、いかなる官位にあろうと、有罪の人員を即ちに十分な処罰を行なうことが必要であると考える。（三）、アメリカ政府に、アメリカ人宣教師が四川に戻るための処置を行なうよう、内地で仕事をするために居住営業する権利が全省において、中央政府によって公布されるよう求める。

この「報告書」は、上海という地で、もっぱら外国人宣教師の証言というレンズで見たものであるため、屈折度が大きく、幾つかの点で事実が誇大化されている。また、ベルテミー協定のコンテキストで事件を把握するのが正しいとはいえまい。しかしながら、事件そのものの細部にわたる具体的把握としては、大筋、妥当なものといって良いと思う。

会合では多くの者の発言が相次いだが、「官の責任とその処罰」が焦点になった。その議論の構造は、我々アメリカ人はこの国に外国人として、西洋文明・啓蒙時代の代表としている。他方に一つになった中国がある。四川暴動は出来るだけ外国人を内地から叩き出したいという官の計画の一部なのだ。我々の全ての利益に関わる。すぐの行動が必要だ。暴動の二、三日目に成都の城内から百余人のならず者が出て行った。そして他県で煽動し、宣教師をたたき出せと多くの掲帖を出したのだ。こうしたことも含め、過去三年間の諸々の事は、一人の男によって起こされたと確信する。四川総督だ。八年間かれは宣教師、外国人、重慶の商人たちの根っからの敵だった。かれは裁判にかけられるべきだ。昔、それらを「ガンボート・タイム」あるいは「砲艦政策」と呼んでいたが、それらを呼び起こし、調査した後、我らの政府の手に渡すことが必要だ。最後の方で、この会合の内容と報告書を印刷物にせよ、との声が上がり――これを受け、上海マーキュリー・オフィスが印刷配布した（本章の基本史料の一つ）――、英領カナダ人が、私たちもアメリカ人と同意見だ、イギリス政府も決定的な態度を取るだろうと感じている、と述べた。

漢口では七月一二日に会合が開かれた。周漢事件以来、反キリスト教暴動の震源地・湖南を控えて大きな不安に包まれていたからである。グリフィス・ジョンを議長にした会合は、北京の公使たちと本国政府に対し、（一）しっかりした調査団を派遣すること、（二）賠償させること、（三）中国政府の認可の下で四川に帰還させること、（四）官位に拘わらず、厳しい処罰を行なうこと、（五）外国人の内地居住権を条約によって確たるものにすること、を働きかけることを決議した。

こうして、「砲艦政策が必要だ」、「欧州各国は竟には兵艦を以て従事すべし、文書を以て相往還する必要はない」、「今、時会すでに至った。中国を瓜分するという前の議論に照らしてやるに如かず」という論さえ公然と唱えられるようになり始めたのである。[44]

結論的にいえば、中国の官僚たちは我々の敵である、つまり、キリスト教と貿易、交流の拡大にとって障害になる存在で、彼らを見せしめにしてこそ、障害が取り除ける、中国の官権力は「われわれの敵であり、今やそれを打つときで、成都暴動は、最大最後の良いときなのだ、なぜなら、中国の反外国主義は、政府役人の悪意に基づいているから、見せしめで懲らしめねばならない」、[45]というのである。これが、避難してきた成都宣教師団スポークスマンの話を聞いた上海西洋人社会の意見、考えだった。北京での公使の積極的行動を呼びかける開港場の自国民からのこうした圧力に押されて、北京の欧米外交官は事件を自らの外交政策の中に入れ始め、外交競争を開始する。

まずこの事件から最大の利益を引き出したのはフランスだった。ジェラール公使は、事件を知ると、六月四日、砲艦四隻に長江を遡航させることを本国に電奏した。フランス政府は公使と上海領事に許可を与えた。やがて署両江総督・張之洞はその艦船を見て、危険を電奏することになるが、[46]ジェラールは、フランス外相ハノトウの慇懃な恫喝を含んだ「指示」[47]に従って積極的な外交活動を展開する。六月二〇日（五月二十八日）に慶親王奕劻は、イギリスが反対していた「清仏続界務専條」に調印し、[48]ベトナム鉄道の中国領内・雲南への延長に同意した。それは、三国干渉の報酬、遼東半島返還への尽力に対する清国からの報酬だったが、[49]イギリスに対して雲南でフランスが有利になるだろうと予想させるものだった。それとともに、ジェラールは派遣砲艦を長江から引き上げさせ、イギリス公使が提案する共同調査委への参加を断わり、総署が提示した、清仏双方の委員によって事件を調査し、賠償額等を議定するという委員会方式に賛成して、成都に残留していたデュナン主教をフランス側全権に任命、これに川南主教を加え、清国側も布政使、按察使、知府らを委員に任命して、八人の委員会が調査して事件後六十日以内に協議で解決することにした。[50] このジェラールの恫喝のもとで、総署や張之洞、李鴻章らも清国側委員に早期の決着を促していたが、委員会は成都で六月中旬から調査、協議を重ね、七月初めには合意に達し調印を待つだけになった。協議でのデュナンの要求は、「太奢（贅沢を極め）」、「我方が速く妥結しようとすればするほど、彼方の要求はいよいよ多くなる」[51] 有様で、省城部分の賠償が七十万両の巨額になった。この「貪妄、駭《おどろ》くべき」（張之洞）額を知った総署は、劉秉璋と新任の鹿傳霖とが合同で再交渉するように命じた（七月六日）。再交渉に入った。しかし、難行した。デュナンは「減ずるを堅く肯ぜない」のだ。総署は、四川の連中は、「殊に緩急を知らざるに属す」「妥《うま》く速かに議結、覆奏し、許《すこし》も延宕する毋れ」と、一刻も早く決着せよ、と言って来た（八月六日）。恐らく、八月一日の「古田事件」発生が総理衙門を慌てさせたのである。鹿傳霖・劉秉璋はやむなく、「明日、定約書押」する事を決定する。[52] ジェラールが「日（毎）に総署に来て、此案の処理を催促し」、「要挟し已《や》まなかった」[53] 圧力に押し切られたのだった。それで、成都分は八月七日、川南部分は八月二六日に協定が締結され、[54] フランスに総額九十五万九千余両の巨額の賠償を支払うことになった。しかし、その内の五十（あるいは二十余）万両は、実際に在ったかどうか不明な成都一洞橋教会に保管されていたという金銭の損害賠償分だった。[55] 総署はこれでフランスの介入を止められたと感じたし、満足したジェラールは、北京が見せしめの官員処罰を暫く引き延ばすことに同意した。

　上海のイギリス人やアメリカ人はこのジェラールの成功をイギリス・アメリカ公使の失敗と比較しながら、苛立ちと羨望の眼差しで眺めていた。*North China Herald* は、オコーナーに批判的で、彼に対する批判を展開した。しかし、オコーナーが無策だった訳では決してない。もともと、イギリス外交と英国ミッショナリーとの間にはズレがあって、フランスとカトリックミッションのような一体的保護関係にはなかった。通商を重視するイギリス政府外務省は中国における英国キリスト教布教団体《ミッショナリー》を問題を起こす存在と見、それと距離をおき、保護に積極的ではなかった。英国ミッショナリーの方も、政府保護に依存しようとしなかった。しかし、九一年の長江流域教案が起きると、ミッショナリーのイギリス国民をどう保護するかが課題となって来ていて、公使オコーナーはむしろ、これに積極的に取り組み始めた外交官だったのである。腰の重いロンドンとの間の調整に手間取ったが、しかし、外務省がキンバリーからソールズベリーに代わってからは、少し身軽になって動き始めていたのだった。この時、総署が「清仏続界務専條」に調印したことに怒って、慶親王奕劻を侮辱して関係を悪化させ(56)、成都事件の処理を総署に要求したけれども、なかなか進展させ得なかったのである。

暴動が長江河谷を駆け下りそうだった六月初めに、オコーナーはイギリス軍艦を武昌と南京に向けて派遣し、外交圧力をかけた——事件ではイギリス艦三、四隻とアメリカ艦二隻が宜昌まで遡航した——。それで、六月五日と一一日の弾圧保護せよとの上諭を引き出したのだが、彼は、怠慢な四川省官員に見せしめの処罰が課せられるべきだと確信し、そうした圧力を慶親王奕劻にかけた。そしてフランスに遅れて、六月二八日に総署に対し、成都事件の共同調査委員会設立と中国側委員の任命を要求した(57)。しかし、駐重慶領事トラッドマンが現地の危険のために任地を離れて参加することが出来ない事情や、委員会の構成問題で、進展なしのまま推移した——それには七月初めに、内地会が賠償を求めるつもりは無いと上海で表明したことも影響していた——。七月一〇日には、総署の慶親王に、騒動に連座した高官は処罰さるべきである、もしイギリス人の生命がそうした騒擾で失われたときは「報復」がなされるであろう、と強く迫った。だが、このオコーナーの清国に対する強い非難と圧力をロンドンの外務省はなかなか支持しなかった。清国への対日賠償借款供与の交渉もあり、賠償放棄を言う内地会やアメリカ人が長だったカナダミッションのために、中国におけるイギリスの優位回復を危険にさらすのを躊躇したのである。そのイギリス外務省がオコーナーを支持するようになるには、一つのショックが必要だった。それが八月一日の「古田虐殺」の発生だった。

古田事件が起きてすぐ、八月五日に上海でミッショナリーの会合が開かれた。これは成都・四川事件につづく第三回目の会合だった。主催はチャイナ・アソシエーション（中国協会）だった。議長のR・M・キャンベル（中国協会上海支部長）は次のような決議を提案した。(58)

この嘆かわしい事態――古田事件――を止めるために、私たちの立場を説明し、権力ある者に助力を要請することが必要です。私たちはミッショナリーの内地旅行・居住の権利云々で集まっているのではありません。この国で人間として取り扱われる権利を主張するためにここにいるのです。これはすべての人の普通の権利で、条約や国際法からも独立したものです。この権利が与えられるべきだと言うことを理解するのは、全ての文明国家の義務です。古田事件は同じ正義と同じ人間として取り扱われる権利をアピールするケースです。ヨーロッパ政府は単独でも、共同でも、中国政府に対して、「貴国はわれわれの市民《ナショナルズ》の生命財産を尊重すべきである。罪を犯したときは、……条約にしたがって適当な法廷に彼らを引き出し、そう取り扱われなければならない。もし、条約、国際法に反して殺害、掠奪、普遍的人間性が奪われるようなときは、私たちが適当と考えるようにして、君らを力によって処罰するであろう」と言うべきです。以前からの事件が処罰されずに来たことが、こうした虐殺事件に繋がっているのです。成都事件はまだ調べられておりません。調査委員会によるきちんとした調査が必要であることを、私たちの政府に出すことが私たちの義務です。私たちがアピールする相手は中国の役人ではありません。それはヨーロッパの最高の地位にいる役人です。彼らの関心は国内に向いています。友人を通じ、あるいは他のチャンネルを通して、「中国におけるヨーロッパ住人の安全の問題はもはやこれ以上棚上げにして長引かせることは出来ない」「時は来たのだ」「中国を文明国として取り扱うかどうかは、彼ら（ヨーロッパの指導者）が判断する」だろう。「今までの事件を終わらせる時が来たのだ。」「中国人の暴力から保護するよう、直接われらの政府に訴え（アピール）しよう」、と。
これが会合の基本的決議になった。この会合には飢饉救済に尽力し、後に、戊戌変法への関与で有名になるイギリス人宣教師ティモシー・リチャード（"*Forty-five Years in China*"（『親歴晩清四十五年』）の著書がある）が出席して発言している。この温和なイギリス人は、この時どのように考え、発言したのだろうか。興味の引かれるところだ。少し傾聴してみよう。ティモシー・リチャードは概略次のように述べたのである。

私は、中国人の最も良い利益のために二十五年中国で過ごしてきて、今思うのです。反中国の先入見に駆り立てられているだけではうまくやっていけないだろう。中国人は世界の他の国の人々に劣らない資質を持っている し、多くの人々は善良で、多くの官員も友好的である。しかし、多くの者は救い難いほど悪い。私の同国人に対する恐ろしい暴力に直面して、私の視野に入っている中国の大きな暴動を一瞥して見るのが私の義務だと思う。中国権力の持続的な敵意とその罪について述べなければならない。始めは一八七〇年の天津教案ですが、これは道台・知府・知県の結託によって二十人のヨーロッパ人が殺されました。一八七五年のマーガリー事件は、マンダリンのリ・シェ・タイによるものです。一八八一―八四年の広東の攻撃は、総督・提督の共同の煽動的な告示の結果でした。一八八六年に江蘇・四川双方で暴動が起きました。カトリックの呂は取り囲んだ暴徒に抵抗して、中国官員に処刑されました。一八八六年から九〇年にかけて山東で欧州諸国の教会が攻撃されましたが、ドイツ領事は、それが総署のメンバーによって唆されたものであることを発見しました。一八九一年には長江流域、上海から宜昌までで暴動が起きました。開港場は武装しなければなりませんでした。それは、湖南省に司令部を置いた、道員身分の周漢をリーダーとするプロパガンダの結果でした。……大体同じ頃にグレック医師が満洲で兵士に殺されました。一八九四年には満洲での兵士によるウィリー氏の厭な殺害を挙げなくてはなりません。また、河南、湖北……の暴動は知県の告示によって煽動されました。今年の五月、四川暴動では、二十のステーションが破壊され、百人を超える外国人が数週間、身の安全の恐怖にとらわれました。官員は、暴動を抑えるのに、兵を使わず、煽るような告示を出したのです。この四川暴動が終わらないうちに、六月に浙江の温州近くで教民に対する攻撃が起きたニュースが届きました。四川事件解決のために何が為されつつあるのか、確かなニュースが私たちに届く前に、同胞十人が惨たらしく殺されるというこの最近の（福建）暴動のこれ以上無い虐殺に茫然自失になりました。

この概略からしますと、帝国のあらゆる省で暴動が普遍化していることは明らかです。注目すべきもう一点は、福建暴動（古田事件）に至る全ての暴動は、直接あるいは間接的に、中国の権力自身によって唆されたものであるということです。このリストを示した目的は、簡潔に、最近三十五年間、私たちの立場がどういうものであったか、どのように中国人が私たちの生命と財産を守ったかを示すことでした。私たちの権力者に、条約の保護の約束を実行するように訴えましょう。中国人は私たちを守ろうともしないし、守れないからです。直接私たちの政府にアピールすべきです。皆さんは、もはや中国人の保護を信用しようとしないのか、決めることでしょう。彼らの行動は、彼らが信用のおけないことを十分に示しているという点で、私たちは同意見だと信じます。(59)

このように彼は述べて、ヨーロッパ・アメリカ政府の事件への直接介入が止むを得ないものであること、それを在清欧米人が自国政府に直接アピールすることに賛成した。そして彼はまた、一八九〇年の上海キリスト教全国大会で、清国政府の布教への敵意に対して、これを皇帝に訴えようと組織された、彼やヤング・アレンなど七人からなる上書委員会に行動を訴え、上海の多くの宣教団体を代表して、北京に行き、皇帝への上書文を総理衙門に呈し、同時に李鴻章や翁同龢を通じて中国官界への働きかけを行なったのである。(60)これが、かれが清朝政治の改革を目指して改革派官僚に接触していく契機になった。

成都事件と相俟ったこの文明世界を震撼させた古田事件の発生によって、駐清公使オコーナーは、「報復」という言葉を口にするようになった。それにあまり気乗りしてなかったイギリス首相兼外相ソールズベリーの反応も変化した。外電で、中国の腐敗した状況がイギリスでも報道され、布教諸団体からの行動の要求の情報も流され始めたからである。八月六日、オコーナーは、暴動を防ぐことが出来た（はずの）全ての官員は、見せしめの処罰を与えられるべきだ、と中国側に主張するように指示を与えられた[61]。そして翌七日、イギリス政府が中国政府に対して行動を起こす用意があること、海軍提督に海軍力の行使を授権する、という本国からの電報を受け取った[62]。これがオコーナーを勇気づけた。そして、古田事件に関して、イギリス政府閣議が、古田での秩序を維持する責任を有した官員は処罰されるべきだとの決定をしたが、これが彼の態度を更に強めた。ロンドンから、官僚に対する最も効果的な手段は何であるか、と問われ、彼は、四川総督・劉秉璋の処罰と降任であろう、と回答した。反教会暴動を防止するよう中国人を目覚めさせるには、これが良いというのだ。ソールズベリーはオコーナーの考えに是認を与えた。こうして、成都教案と古田事件の解決、沈静化はイギリス駐清公使オコーナーの対総理衙門外交能力に委ねられることになった。

しかし、イギリスの脅しにもかかわらず、総署は、四川総督を処罰することは拒否した。八月二五日、オコーナーは総署に出向き、総署に入って間もない翁同龢といくつかの懸案事項について会談したが、その「内、ただ四川教案の劉秉璋革職の意は必ず行なわれるべきに在る」、と言ったので、翁同龢は、「余、堅持して許さなかった。ほとんど決裂に至る[63]」状態になった。それは、面子の問題でもあるが、外国からの圧力によって封疆大吏たる総督を更迭するという、自尊心の強い帝国にとって受け入れ難いことであったからだ。オコーナーは、海軍力の誇示がないと、「古田虐殺」に対する適切な賠償はなされないだろうと考え、砲艦を武漢に投錨させ、攻撃させるよう、ロンドンに提案した。しかしロンドンは、それは危険で野蛮だとして賛成しなかった。オコーナーは、危険はない、他の手段は戦争になりやすく、また効果の無いものである、と主張した。海軍提督もリスクを挙げた。その際、こうした平和時の攻撃は、「北京公使館区域と全中国にいる領事たちに対する重大な結果」を齎すかも知れない、と言及したのである。(64) つまり、一八九五年のこの段階で、反教会暴動に対する「報復」としての軍事力の行使は、中国人の怒りを激化させ、公使館区域への攻撃や開港場における領事・外国人への攻撃が起きるかも知れない、とイギリス軍人によって予想されたのである。それは、五年後に現実のものになる。鉅野事件の「報復」としての膠州湾占領が何を生むかは予想不可能ではなかったのだ。その意味で、義和団事件の公使館区域への包囲攻撃というのは、専門家にとっては「突発」的なものではなく、一旦反外国の嵐が起きると、あのような展開になることが十分あり得ると予想可能な事態だったのである。

こうした危険性を言う反対のために、ソールズベリーは、オコーナーの性急さに苛立ち、清国側に時間を与えようとした。しかし、オコーナーは自説を曲げようとはしなかった。リスクはあるが、イギリスの意図をすでに通知されている清国は折れるだろう、と確信していたし、遅らせれば、清国は逃げ道を探すだけだ、と考えていたからである。ソールズベリーはこの専門家の請願を拒否できず、海軍提督に、オコーナーの命令通りに実行することを命じた。

こうしたイギリス政府の圧力は清国駐英公使からも北京に伝えられた。八月二九日（旧暦七月初十日）、ロンドンの龔照瑗公使は、外相ソールズベリーと会った時、「オコーナーの言は分を過ぎたものであり、総署は頗る困難だといっている」と抗議したが、外相は、「オコーナーが総署に告げた言葉は国諭（政府決定）を奉じたものである」と言った。龔照瑗が、それなら、国交に障害になるし、中国の体制は何処にあるのか、と詰め寄ると、外相は、各国はみな不服なのだ、罪名を与えなければ、終わらせられないのです、と答えた。龔公使が、我が朝廷には自らの権衡がある、調べて事実なら必ず得べき罪を与える、と言った。龔照瑗は、イギリス外相は、劉総督が事前に出示を肯んぜず、騒ぎの時も保護しなかったというオコーナーの言を事実とし、他国もこれに和している状況である、（我国が）如何に弁明し体制を傷つけないかが大事だ、古田事件では領事の聴審を認めたので、イギリス人も文句がなく、ヨーロッパ人も悦んだが、と電報で述べて来た(65)。

九月一日（旧暦七月十三日）には、「（午後一時の）二刻（三〇分頃）、イギリス公使オコーナーが二人の通訳をともなって（総署）に来た。慶邸（慶親王奕劻）もまた到った。反覆力争したのは、劉秉璋を革して永く叙用せず、軍台に発することを巡ってだった。（オコーナーは）最後に恫喝して、『自ら辦法《やりよう》は有る』と云った。余、笑いて之に頷く。六刻（二時三〇分頃）に畢る。電報を発して龔使に致す。」(66)と翁同龢は日記に書いた。

九月三日（十五日）の龔照瑗電は、サンダースン・イギリス外務次官から、外相の、「中国がもし即ちに劉督に相当の罪を予えることを明発しないなら、即ちに兵船を派して中国の海口に到らせ、報復させる」という文が伝えられたと云う。強い脅しである。これに対し、龔照瑗は、我朝には大いに難しいものがある、と言って帰署したが、総署の電を受けて再度外務省に出向き、その同じ趣旨を伝えると、サンダースンは、すでにオコーナーに電報を打って、数日緩めて、中国の処理を待つべし、と伝えたという(67)。一〇日（二十二日）、龔照瑗は、イギリス外務省で、ソールズベリーの「『報復』の言は太《はなはだ》だ重大である」と異議を述べると、サンダースンは、「報復」の語は「廷諭」（内閣決定用語）である、劉の罪を総署が先ずオコーナーに知らせればうまくいくのでは、と言う。翌一一日（二十三日）、龔は、再びイギリス外務省に赴き、「報復」の字の問題を抗議した。イギリス外務省は陳謝し、ソールズベリーは転換し、劉の処分は四川教案終結を俟って再弁論することにした、と言った。それで北京のオコーナーは少し猶予をしたのであろう。が、九月二六日（八月初八日）に、強硬な態度に出た。この強硬姿勢の背後に、八月中旬まで対日賠償金の借款競争でイギリスが勝つだろうと考えていたオコーナーが、ロシアとの借款は無いと保障した総署の言を信じて避暑に出かけ、露仏借款の成立を知って怒って北京に戻ったという、その怒りがあったのかは詳らかではない。しかし、教案に関して武力を使用したいという気持ちを更に強めたのだった。(68)

二六日（初八日）の『翁同龢日記』は言う。「オコーナーが総署に来て、四川事件を議論した。その語は、益々肆《ほしいまま》に横しまだった。ちょうど龔（照瑗）の電報があり、それにまた、兵輪を長江に駛せ入らせる等の語があった。両王（恭親王奕訢・慶親王奕劻）と諸君が、入れ替わり立ち代わり弁論した。寄宿するところは、劉督の革職永く叙用せず、であった。（オコーナーは）我々に三日以内に照会でもって覆えよ、と勒《めい》じて、衣を拂って去った」と。龔電とは、同二六日（初八日）に総署に入った、中国が劉秉璋の罪を論じないなら、「イギリスは多くの艦船を長江を上らせる等の語あるを新たに報告する」、「イギリス外務省はこのことを極めて重視している」と述べていた龔公使からの電報のことである。オコーナー自身のこの日の報告は、会談は三時間に及んだが、自分は、教案を処理するための外国法廷が設立されるべきである、更には、外国による財政法廷機構も要る、受け入れないと、この後二九日（十一日）までに、劉秉璋の降任の上諭が明らかにされないなら、イギリス海軍提督は香港から二日の間に中国沿岸に到り、行動を起こすであろう、と述べたといっている。(69) 砲艦外交そのもので脅したのである。翌日、このイギリス外交の動きを察知したフランス公使ジェラールは、総署を訪れて、昨日オコーナーが何を言ったか聞いて行った。

『清季外交史料』は同じ初八日（二六日）の日付で、総署が龔公使宛に打った、劉秉璋革職永不叙用を伝え、劉秉璋の革職と処理不善の道員・知府の懲罰をイギリス国外務省に伝えよ、という電報を載せているが、(70) この日付は誤りで、十一日（二九日）の日付でなくてはならない。十一日（二九日）の『翁同龢日記』は次のように誌している。「この日、四川教案の事（上諭）が発せられた。前督劉秉璋は革職永不叙用である。前日《まえに》、イギリス公使オコーナーが両邸（恭親王・慶親王）と争論して、必ずこのように辦《しょり》することを欲し、且つ恐嚇して『多くの輪（軍艦）がまさに長江に入らんとするだろう』と云った。それをきいて、慶邸の口語《ことば》はしだいに鬆《ゆる》くなった。余は創《はじ》めて、四川の奏が到るのを須《ま》って始めて下すべきですと論じた。そこで、初九日（二七日）の催促の事があった。而《しか》し両邸は急いでいて、待つことが出来ず、逓（奏）して、請う所の如くされるよう請うた。余はまた『永不叙用』の四文字は必ずとり去るべきであることを持《しゅちょう》し、且つ、こののち内政が人に干預されることになり、何を以て国と為さん、と上前（光緒帝の前）において力陳した。而《しか》し恭邸は語《ことば》が游移（ためらい）、ついに前の如く定まった。噫、敗れたり。憤懣にたえない」、と。

これによると、翁同龢の意見で、翌二七日（初九日）に四川に電報を打って、イギリス公使との交渉を伝えて、四川当局と劉自身が情況を斟酌して、自らの過失か誤りなりを上奏するよう催し、それを受けて革職処分の上諭を出すということであったらしい。しかし「三日後」という「最後通牒」の期限に急かされて、四川からの奏が来る前に、両王は上奏して、オコーナーの言そのままに、「革職永不叙用」を裁可されるよう皇上に請うた。それで、翁同龢は、今後永久に官に任用しないという、主権国家の人事権への介入である「永不叙用」の四文字は入れるべきではない、入れると、今後、内政干渉を招くことになり、国家たりえなくなる、と光緒帝の前で清流派らしい正論を述べたが、受け入れられなかった。こうして二九日（十一日）に上諭が下った、というのである。この上諭が公使館のオコーナーのもとに届けられたのは二九日の夕刻だった。

こうして、イギリスのミッショナリー外交は勝利を手に入れた。この勝利はオコーナーを勇気づけた。かれは更に、海軍提督に対して、重艦を福建省福州に移動させるように命じた。つまり、成都教案の外交処理は一応のけりがついたので、発動した砲艦外交の軍事力の矛先を、福建の古田教案の処理に向けて、現地古田県でイギリス・アメリカ領事が加わった調査団が「聴審」していたその裁判に「健全なる効果」を与えようというのである。イギリス軍砲艦が福州に着くと、閩浙総督・辺宝泉は、イギリス領事マンスフィールドに対し、古田事件で捕らえた犯人達（未決の菜匪＝斎教徒）を如何に処置したらイギリスは満足するのか、領事の考えを示して欲しいと言ったのである。そしてこの外国軍艦の圧力下で、古田事件の首謀者十七名等を処刑し、他も懲罰するというマンスフィールドの呈示で、一〇月一四日に協議を妥結させた。[71]共同調査委員会にいたアメリカ領事ヒクソンはイギリスの態度のこの急な変化に驚きうろたえたのだった。

オコーナーはこれに味をしめて、次に、海軍提督に対して、成都の治安責任者だった周道台の罷免に向けて砲艦を移動させるように命じた。この移動は実現できなかったが、清国側の方が動いた。一〇月一四日に、周を罷免する、彼は再任されないであろうという決定が、オコーナーに伝えられたのである。[72]古田事件の妥結の日と同じ日であった。

こうして、成都教案では、総督・劉秉璋をはじめ、道台・周振瓊や知府・唐承烈、知県等十二名の官が処罰され、後に、暴動犯六人が処刑、十七人が笞杖刑に処せられることになった。イギリスに対する賠償は、内地会が賠償請求しなかったり、オコーナーのロシアへの配転があって遅れ、後述するアメリカへの賠償が決定した後、九六年一月に七万二千五百余両で妥結する。[73]古田事件に関しては、一〇月三〇日までに二十五人の処刑が行なわれた。この処理方法が、二年後の山東省鉅野県のドイツカトリック宣教師殺害事件で適用され、ドイツの圧力で巡撫・李秉衡の罷免、永久に叙用させないという処分がなされる先例となったのである。こうしたイギリスの圧力、外国人法廷を設立させるという反教会事件に対する圧力は、その標的を紳士文人階層と官僚層に向けていた。つまり、反教会暴動の背後に、紳士層（四川の場合は神糧層）、あるいは官僚の態度があると見たからである。八月に、オコーナーはイギリス外務省に対して中国に提案する教案処理案を示しているが、それにこのことが良く示されている。それは、（一）、外国人保護義務を怠った官は処罰され、『京報』に掲示されること。（二）、賠償支払いはその地区の官民によって支払われるべきこと。(三)、その地域での三年間の科挙試験の停止。(四)、反キリスト教排外運動の震源地と目されていた湖南省の一都市を開港させる、というものであった。[74] これらのことは、以後の教案処理において実現されることになる。(二)、(三)は一九〇一年の北京議定書において事件処理に入れられ、(四)は、一九〇四年の長沙開港という形で実現された。この意味で、一八九五年のこの成都教案の外交処理の持った意味は大きいのである。

砲艦外交の強引な圧力で、総督という最高級官員を罷免しなければならなかったことは、清国の無力さを内外に示した。日清戦争に敗北し、体制の弱さを見せた上に、古田事件で多くのイギリス人女性・宣教師が殺され、成都事件で屈服し、イギリス・清国関係がまずくなったことは、――孫文の興中会を含む反清勢力には有利に働いたが――、清国と他国との連繋を生むかもしれなかった。実際、フランスは、成都教案の賠償を受け入れ、イギリスの共同調査委員会提案に加わらず、ロシアと共に清国の友人としての役目を取り始めた。イギリス・清国間のミッショナリーをめぐる仲違いを尻目に、中国の友人として振舞うジェラール公使との外交競争が起きていたのである。こうして、フランスとロシアは三国干渉で清国に恩を売りながら、「露仏借款」に成功する。

前述したように、総理衙門は、日清戦争賠償金の借款をロシアから借りるつもりはない、とオコーナーに語っていたから、彼は安心して避暑に出かけたのだが、「露仏借款」が成立したのを知って、怒って北京に戻って来て、総署の二枚舌を非難した。それ以後、イギリス公使と総署との関係は緊張したものになり、オコーナーは、武力行使の気持ちを強めたのだった。総署はそのため、オコーナーを好ましくない外交官として、イギリス外務省にその移動が申し立てられた。清国をめぐる他国との外交競争の中で自己抑制が必要になったイギリス外務省は、一一月、オコーナーをペテルブルクに移動させた。[75] 清国との緊張した関係を緩和修復させつつ、「英独借款」の獲得へ向けての努力に舵を切り直したのである。

四、アメリカ外交の転換

オコーナーの移動によって、中国におけるミッショナリー保護の問題をどう解決するかという課題は、再調整されることなく残された。そして今度は、イギリスに代わってアメリカが、このミッショナリー問題に積極的に首を突っ込み始める。そしてまた、この教案の処理解決の問題は、その後の帝国主義的な列強間の租借競争ともつれ合い、解き難い結び目になることによって、解決を見ることなく、むしろ一体化しつつ義和団事件に突入するのである。こうした思想潮流の中で、例えば、山東省のアメリカミッショナリーが、膠州湾事件後、高まる反教会騒動に危険を感じて、アメリカ外交が積極的に彼らに保護を与えるべきだ、そうでないとドイツ、フランスが保護に乗り出してくる、と言って、アメリカ国家による自国民保護を——宣教師というのは地上に国籍を持たない存在なのだが——要求するような姿が見られるようになるのである。こうしたパラダイムで義和拳・大刀会の反教会運動を捉えたとき、官認可の団練が「起源」だとする説が出てくるのである。アーサー・スミスらは、深くこの発語形式（ディスコース）に摑まえられていた。その呪縛力は、今日のアメリカの義和団研究（例えば、エシェリック、P・コーエン）をも深部において規定しているようである。

北京に十年駐在し、各国外交官の「領袖」と自称していたアメリカ公使デンビーは、イギリスやフランスのように、対立国との外交競争や個人的な難しさを抱えていなかったから、行動を制約されなかったし、その国際的公正さへの献身を自ら誇っていた国家、野心的利益追求的でなく、動機において率直で純粋な「帝国主義」国家、を代表していた。彼とアメリカ政府はこの成都事件にどのように反応対応したか、検討してみよう。

成都事件では、アメリカ人はヴァージル・ハートがカナダ・メソジストの長であるとだけ考えていたアメリカ公使館は、当初、あまり情報を持たなかった。だから、デンビーは穏健な態度を取っていて、オコーナー提案の共同委員会（清国三人、イギリス二人、アメリカ二人）による成都調査に賛成し、総署とも友好的に同意していた（七月六日）。[76] 一八八六年の重慶教案の交渉時に、近くに漢口領事しか持たなかったアメリカは自国利益代表を出せなかったので、イギリス重慶領事に代行してもらったことがあった。それで今回も、一名分をイギリス領事に代行してもらい、一名を重慶にいた宣教師ルイスで当てることで合意していた。しかしデンビーは同時に、四川地方官の責任を非難し、劉秉璋の北京呼び出しと査問が必要だと要求した。

ところが、事件を中国ミッショナリーの危機に到るものと捉えたアメリカ人宣教師たちが七月一日と一五日に上海で大会を開き――また、漢口でも開かれた――、デンビーの対応に反対し、彼を叱責し罵る声を上げた。アメリカ人は該委員会に代表を必要としないというのか、それは恥ずべきことではないのか、という批判である。そして大会は、アメリカ政府が委員会を任命し、その長に最高ランクの領事を任命するよう決議して、デンビーに送った。アメリカの新聞雑誌もデンビーを批判した。その圧力を受けて彼は、前案は、共同委員会のような重要な委員会にアメリカ人が一人しか加わっていないのではないかという印象をアメリカ国内輿論に与え、是認されないだろうと考えるようになった。問題が中国における外国人の保護である限り、全西洋国家を代表する国際委員会が最も良いが、これが不可能だとすれば、アメリカ単独の委員会だ、と考え、七月末に共同委員会案からの退出を申し出ている。その後の古田事件の発生で更に沸騰した在清アメリカ人社会の議論、圧力を受けて、彼は外交軌道を修正せざるを得なくなったのである。

八月三日に彼は、総署に対して、すぐの補償と官員の処罰を要求し、応じられなければ、列強による攻撃があるだろうと脅したが、[77]総署は一つ一つ否認しつつ、やんわりと応じ、清国側で判断しつつ賠償・処罰を行なう、と応じた。[78]事実、成都では新総督・鹿傳霖による処罰と処理が進められていた。しかしこの処理は、デンビーを満足させなかった。彼も、当時の西洋人と同じように、何人かの高官が見せしめのために処分されるべきだという考えを持つようになっていた。まず、ジェラールが外交果実を得て圧力行使を停止し、ついでオコーナーもすこし圧力を弱めていた時、デンビーは独自に強い行動を取り始めた。総督・劉秉璋の罪は、多くの宣教師の供述宣誓書によって証明されており――上海で出版された小冊子の中に入っており、その成果である――、劉の降任・追放は「議論の余地の無い」ものだと強く主張した（八月二八日）。[79]

フランスへの賠償問題が片付いた八月末から、焦点は、中国の大衆に威嚇と懼れを抱かせる効果を持つ、この責任ある地方官の処罰の問題に移って行った。フランス委員会は劉に罪ありとしたから、デンビーの主張以後、劉秉璋の「革職永不叙用」がはっきりと申し立てられることになった。外国人は皆そうした処分が騒擾防止の助けになると考えた。だが、フランス委員会の調査を根拠として使う訳にはいかない、イギリス提案の共同委員会は在清アメリカ人が反対だ、自国委員会を作る以外ない。国務省は、九月四日、デンビーにアメリカ調査委員会の成都派遣を電令した。これを受け、デンビーは強引にねじ込む。九月七日（旧暦七月十九日）、彼は総署に出向いて翁同龢、張蔭桓、汪鳳藻に圧力をかけ、アメリカ調査委員会の結成と成都派遣、清国側の委員と護衛の派遣を通告し、要求した。[80]総署は、なぜ必要なのか、アメリカの被害は軽微で、時すでに遅い、無用だ、前例が無い、等々と説得した。一方的な外国人による調査は、清国にとって屈辱を意味したのだ。しかしデンビーは、二十五人ものアメリカ人が鼠のように追い出され、危険に直面した、誰が責任を負うべきなのか、アメリカ政府は事実を知りたいのだ、フランスも調査をした、我等にも権利がある、アメリカ・ヨーロッパでは輿論が憤激しており、実質あることが行なわれねばならない、調査委員会はマーガリー事件、古田事件の例がある、と強硬に主張した。翁同龢は「駁弁すること数百語、益《ます》ます横しま益ます肆《ほしい》ままなり、悻悻として（むかっ腹をたてて人に逆らい）去った。噫。電報を発して楊大臣（駐米公使・楊儒）に、彼の外部（国務省）と理論するよう囑した」(81)と記した。楊儒は九日に国務省にこの電文を示し、アメリカの被害は三例のみで、調査委は必要ないと反対した。しかし、デンビーはその後、「芝罘条約」第二条の「観審」規定まで持ち出して、調査委員会派遣を強行した。国務省も、イギリスとの共同委員会案は反対が多い、加えて古田事件が起き、アメリカミッションが生命財産の危険に直面している、これらに鑑みて、「我々はもっと強硬な立場をとる必要がある」、というデンビーと同じ結論に達した、と言う。(82)国務省は、成都・古田事件の問題解決からアメリカを除け者にする清国の動きを感じたが、アメリカ政府の関心は、これらの省及び付近におけるアメリカ人の大きな利益を保護することにある、今後の安全も保護しなければならない、それにはここで実力を示して、中国の政府と人民に、アメリカ政府は在清居留アメリカ人の有すべき権利を護る決心があることを、二度と疑わせないことが必要である、だから単独調査委員会は重要なのだ、わが政府のこうした態度がこれによって明確に宣言されることになる、(83)と言うに至ったのである。

九月二八日に総署で再度このアメリカ委員会問題で押し問答した後、九月三〇日に劉秉璋の革職「上諭」が出た。成都教案の「唯一の原因」は、地方官の怠慢であり、十分な処罰を与えられるべきだとして、彼を革職処分にしたのである。これをアメリカ側はどう評価したか、デンビーは次のように言う。中国のこの決定は、国務省がアメリカ単独の委員会を成都に派遣し調査させるという圧力を総署に対して示したことによって生まれたのだ。つまり、アメリカの断固とした決定が総署の拒否を打破し、調査に同意させた、その軟化したところに、イギリスが「最後通牒」で介入し、軍艦で恐喝しつつ要求（九月二六日、旧暦八月初八日）したのだ、フランスも関与したが、しかし最大の功績はアメリカ国務省なのだ、と言い、それは、中国における外国人の取り扱いにおいて一時代を画したのだ、と言うのである。[84] こうして、強硬姿勢こそが中国の事態を打開するという考えが支配的になっていった。次の国務長官ヘイと駐清公使コンガーの「帝国主義的」対中国外交、門戸開放政策へとつながる姿勢である。

そのアメリカ委員会だが、これは、駐天津領事リードを長として一〇月下旬に四川に向けて陸路出発させられた。彼らは一二月一五日に成都に着き、按察使の文光らと委員会を作り、三週間過ごしたが、唯一の被害教会である陝西街教会の損害調査と被害修復の協議をする以外、することが無かった。結局、一二月二八日、アメリカ・メソジストの被害九千ドルに対して、気前のいい二万四千二百ドル（三万三百二十五両）を支払うことで決着させ、任務を終えた。実質的意味は無かった。しかし、帝国主義的な外交競争の中で、中国におけるアメリカ外交はイギリス依存から脱却して、独自の主張を展開し始めたことを示していた。古田教案におけるアメリカ領事ヒクソンの調査も同じことを示している。アメリカの帝国主義化は一八九八年の米西戦争とフィリピン領有からと言われるが、それはそのとき突然変質したのではなく、この頃から変化が進行していたのだと言ってよいだろう。

五、結　語

成都教案において、清国外交は、敗戦後の弱体化の中でも、問題を通常の教案処理の外交範囲内に収めるべく、ヨーロッパ・アメリカの要求を脇にそらせつつしぶとく抵抗しようとした。しかし、それが出来ず、敗北した。欧米の外交官は在清西洋人たちと同じように、自制することが出来ず、強硬に出、清国外交に屈辱を与えた。そこには、教案事件をめぐるそれまでの経緯に対するかれらの思いがあった。もはや忍耐の緒が切れたという怒りや「報復」的な面さえ窺われた。それが、死者は出なかったが巨額の財産を失った事件の代償として、封疆大吏総督の首がとび、多数の官僚が罷免され、数十人が処刑処分されるという、中国の教案史上エポック・メイキング的な結果を生んだ一要因であった。もう一つの要因は、列国間の外交競争がそれぞれの自制を失わせ、亢進させたからである。

この事件をめぐる列強のこの強硬な外交態度にはいささか問題が残るだろう。それが、今まで見てきたように、近代教案の歴史的展開の中では、ある意味で無理もない、止むを得ない選択だったにしても、これに対する「怨み」を生むことをあまり考慮に入れてないからである。中国人の「怨み」と「復讐心」の執拗さは文化の問題でもあるが、このような展開の中で、九八年の四川の大足教案（余棟臣第二次蜂起）の「順清滅洋」や、ライフルを防ぐ「神拳」「義和拳」が登場してくるのは、十分考えられる筋道なのである。こうして、外国側の強硬姿勢と中国の怨恨との悪循環が廻り始める。宣教師たちは、中国の民衆というのは自分達と同じような人々ではないかも知れない、文化を異にする人々だ、とは考えない種類の人間で、自分達に対する迫害はどこかに存在する邪悪な党派によるものだと考えなければならなかった。その邪悪な党派が「官」・文人階級という存在だった。成都・古田両教案から見えることは、中国の野蛮さ、非文明的な社会と国家の姿であり、戦争時に清国官僚が社会に対するコントロール力を失いつつあったことで、その中で官が行なったことは、西洋人から見ると、悪意のある作為と不作為で——その理解は無理もないところがある——、それ故に「共謀」と見えた。だから、その懲罰は正当だ、それ以外に有効な手段はない、と考え、官と人民に一罰百戒を示さねばならぬ、その時が来たのだ、と強硬に出たのだ。

また事件の解決が、古田事件解決と二重化し、フランス・ロシア・イギリス・アメリカの国際的外交競争になったおかげで、この事件は通常の教案処理の範囲を超え、在清ヨーロッパ人の正義の怒りや、アメリカ・フランスの威信、砲艦外交を含めた外交技術の展開競争、敗戦国清国の外交の弱さと綻びの露呈、などを示す、シンボル的な交渉展開になった。成都では、双方が悪魔を取り扱っているという思い込みがあり、上海ではヨーロッパ・アメリカ人の見せしめ的処罰への要求が溢れ、北京では、自国からの圧力に弱い公使館が威気猛々しくなった。その背後には、パリとロンドン、ワシントンがいた。交渉はこれらを含み込みつつ展開したから、膨れ上がるのは必然だったのである。「帝国主義」時代の外交の兆しになった事件の一つと位置づけられる。

外交とは取引の成立する中間領域であるが、アメリカはその純粋で率直な帝国主義のために、この取引を拒否し、圧力で押し通した——イルウィン・ヤットにならって、これをアメリカの「好戦的愛国主義のはしり」と言ってもいいのかも知れない——。日本に敗北した清国は全面的に屈服せざるを得なかった。こうして、成都教案の外交決着は清朝の崩壊を予感させるものとして受け取られたのだった。しかし、中国の「官界」と、社会の深部には、「積怨」がマグマのように滞留することになった。そして国家は社会に対するコントロール力を次第に弱めた。そのことを視野に入れると、一八九九、一九〇〇年の義和団事件のマグマが、国家の統制力でコントロールできなくなった社会の奥底から爆発してくること、それに対する中国官界の反応（擁護）がもっと理解し易くなるのである。

註

（1）先行研究に、Irwin Hyatt, The Chengtu Riot（1895）: Myth and Politics（*Papers on China*, vol.18, pp.26-54. East Asia Research Center, Harvard University, 1964）、張秋雯「光緒二十一年成都等教案」（『台湾師範大学歴史学報』第三期）、鉄山博「成都教案小考」（大阪市大『人文論叢』一三）がある。私はヤットの研究は優れたものだと思う。

（2）中国近代史資料叢刊続編『清末教案』2、五八〇頁、劉秉璋摺。

（3）『教務教案檔』（以下『教案檔』と記す）第五輯（三）、一六八三頁、光緒二十一年閏五月十四日、成都将軍恭寿等文。

（4）『教案檔』第五輯（三）、一六七三頁、閏五月十四日、成都将軍恭寿等文。

（5）『教案檔』第五輯（三）、一六七三頁、閏五月十四日、成都将軍恭寿等文。

（6）『教案檔』第五輯（三）、一七二〇頁、光緒二十一年七月初八日、四川成都将軍恭寿等文。周は、教会が名刺でもって保護を求めたが、これを受け取らなかっただけでなく、騒ぎで出動しても、力を出して救おうとしなかった、人々は鼓舞したと言っている、という（『教案檔』六月十八日、英国公使欧格訥照会）。

（7）『教案檔』第五輯（三）、一六六七頁、閏五月十三日、軍機処交出劉秉璋鈔摺。

（8）『教案檔』第五輯（三）、一六八三頁、閏五月十四日、成都将軍恭寿等文。

（9）『清末教案』2（中華書局、一九九八）、六一〇頁、八月十一日、四川総督鹿傳霖奏。「民変」になった場合については、前章「一八九五年の古田事件」参照。

（10）Alfred Cunningham "*A History of the Szechuen Riots* (*May-June, 1895*)", Shanghai Mercury Office (F.O. 17/1263, 所収、no. 169-209)。

これは一八九五年七月二一日の日付けの序文が付いている三〇頁の小冊子で、上海に着いた宣教師、ハートウェル、キルボーン、アメリカ人のピート、カディ、キャンライト、それにルイスの証言や告示、掲帖などを英文で載せた、成都・四川教案の Complete Account として緊急発行されたもので、北京の公使館や各方面に配られた。

（11）『教案檔』第五輯（三）、一六九九頁、六月初三日英国公使欧格訥照会。これは漢語原文ではなく、Alfred Cunningham, *ibid.* p.30 所収の「Proclamation（告示）No.2」の英文が原文で、それを漢語訳して、総署に出したものだと思われる。

（12）『教案檔』第五輯（三）、一六六七頁、閏五月十三日、軍機処交出劉秉璋鈔摺。

（13）『教案檔』第五輯（三）、一六九八頁、六月初二日、法国公使施阿蘭照会。

（14）『教案檔』第五輯（三）、一七〇三頁、六月十三日、美国公使田貝照会。

（15）同上。

（16）「街なかの謡言甚だ重く、疑心いよいよ多くなった」と言われる（『教案檔』第五輯（三）、六月初二日、法国公使施阿蘭照会）。

（17）佐伯好郎『清朝基督教の研究』春秋社、一九四九、五五、六四頁。

（18）「素不務正在外遊蕩」という都市遊民の王郷約（王睡亭）二十八歳（崇慶州人）らの行動について記しておく。彼らは二八日に四聖祠教会前の騒ぎの中で知り合い、ここを劫略、翌二九日に仲間八人と会し、謡言を撒き、十四人が三班に分かれて教会を襲った。その後出城し贓物を分配、六月三日に邛州地方に行き、五面山教会を襲った。彼ら六人は処刑された（『教案檔』、第六輯（二）、一一九一—九八頁、光緒二十二年正月二十一日、成都将軍恭壽等文）。

（19）*North China Herald*, June 7, 1985。『清史列伝』巻六十一、新辦大臣五「劉秉璋」には、かれは重慶教案の処理で、乱民処罰とともに「教紳の羅元義を戮し、民憤を洩らした」とある。

（20）*Foreign Relations of the United States*（*FRUS*）, 1895 China, Mr. Denby to Mr. Olney, Peking, July 8,1895, その添付文書 Report of missionaries（pp.91-94）. p.91. 93.

（21）Irwin Hyatt, *op. cit.* p.28.

鹿傳霖は、教民が悪類で、平民は日頃からその害を受け、裁判にすると、宣教師が出て来て庇い、良き牧令が公平に裁いても、平民は畏れて催促実施を躊躇する有様で、「民間の積怨、蓄忿」があり、一発触発し、止められなくなったと、この時期の教会教民をめぐる共通の問題情況を報告している（『清末教案』2、六一〇頁）。

（22）王文杰『中国近世史上的教案』民国三十六年、福建協和大学、六九頁、Irwin Hyatt, *ibid.*

（23）Alfred Cunningham, *op. cit.* p.30. Placard（掲帖）No.2.

（24）*ibid.* Placard（掲帖）No.3.

（25）『教案檔』第五輯（三）、閏五月十三日、軍機処交出劉秉璋鈔摺。

知府唐承烈は、以前に数人の民婦が子供がいなくなったと府に調査を訴えたことがあり、それらは記録に残っていたと述べている（『教案檔』六輯（二）、一六八二頁、閏五月十四日、成都将軍恭壽等文所収の唐承烈具稟）。

（26）Tratman to O'Conor, Chunking, June 28, 1895. F.O. 17/1260..（Edmunds Wehrle *Britain, China and The Antimissionary Riot 1891-1900*, Minnesota UP.1966, p.84）, *FRUS, op.cit.*p.93.

（27）G・W・オールポート・B・L・ポストマン『デマの心理学』南博訳、岩波書店、一九七〇、一六三頁。これは「はめこみの過程」とも表現される（一七三頁）。また、教案事件でよく流布した、井戸に毒を入れる、女子供に残虐行為をするというデマは、洋の東西どの戦争でも繰り返されるものだが、それは、敵がどんな戦争でもやりそうなことで、水に頼る人々の不安が容易にこの恐怖を強調、激化しながら、繰り返しているのだ、人間の欲求は同じ話を生むらしい、と言う（一一九頁）。ピーター・バーク『歴史学と社会理論　第二版』（拙訳）、慶応義塾大学出版会、二〇〇九、一六一頁参照。

（28）蘇萍『謡言与近代教案』（上海遠東出版、二〇〇一）も、「采生折割（人の精魄を採り、肢体を切り、術を以て薬を作り、金儲けをする）」と「誘奸婦女」が反キリスト教謡言の二大テーマであるとしている。二一七―二四八頁。

（29）『教案檔』第五輯（三）、一六八五頁、唐知府具稟内の「鈔呈問答」。これは、*North China Herald* のいうところと少し異なる。それによると、女性はヘア医師が診察中に腹膜炎で死亡、夫は取り乱して、ヘア医師が退出するのを阻止したが、医師がそれを押しのけて門を出た。夫は彼の後を喚きながら附いて来て、それに近所の五十人ばかりも加わり、医師の衣服を引っ張った。それで、医師と人々との間で揉め、手が出た。群衆は叫び声を上げて、医師の後から「悪魔のようだ」と罵りを浴びせた。医師はカナダ教会に駆け込んだが、そのとき、その夫を連れ込み、取っ組み合いになった、という。それで、ヘア医師の上司のハート牧師が県に訴えたというのが、教会側の証言である。その事案の裁定は華陽県衙門で確認された。

（30）*North China Herald* July.25. 1895.

（31）『清末教案』2、五七六、七七頁所収、前四川総督劉秉璋致総署電。その中で劉は、「川省の城中、近年来、時に幼孩遺失の事あり。百姓は、みな洋人によって蔵匿残害せられたのだ、と哄伝した。」「此次の啓衅は、実は幼孩を尋出するに因り、衆怒を犯すに致ったのである。」と書き、「衆怒」と「証拠」らしい鉄箱から発見されたという少年についても述べていた。

（32）『教案檔』第五輯（三）、一六四六頁、五月十二日、英公使欧格訥照会。

（33）『教案檔』第五輯（三）、一六四七頁、五月十九日、英公使欧格訥照会。
（34）劉秉璋については、『清史列伝』巻六十一、「新辦大臣五」に伝がある。咸豊十年（一八六〇）の進士、その後淮軍に加わり、功績を挙げ、江西布政使、巡撫、浙江巡撫を歴任、光緒十二年に四川総督に就任した。この経歴は湖南の周漢とよく似ており、反太平天国＝反キリスト教的であったことを示唆する。事件発生時、前年に革職留任の処分を受け、総督を辞め故郷の安徽に帰ることがすでに決まっていたが、新任の鹿傳霖の着任が遅れたため、そのまま成都に留まっていた。
（35）『教案檔』第五輯（三）、一六四九頁、五月二十一日、法公使施阿蘭照会。
（36）*FRUS*, p.88, Mr. Denby to Mr. Uhl, Peking, June 13, 1895.
（37）『教案檔』第五輯（三）、一六五九頁、閏五月初三日、美公使田貝照会。
（38）『教案檔』第五輯（三）、一七〇三頁、六月十三日、美公使田貝照会。
A History of the Szechuen Riots 所収の総督告示はここでデンビーが中文で引用しているのと若干異なる。以下訳文を掲げておく。
　「私、総督は、昨日の『端陽』節に、川省の習慣により、男女大衆が李投げの見物に集まり、また外国人もそれを見に来たが、そこでトラブルが起き、教会が壊されたと聞いた。悪人が盗みのために煽り立てたのは確かだ。その他、詳しく事件を調べてみるほか、私は告示を出して、なんじら大人、長官、兵士、人民に知らせる。善良なるなんじらは、われの静止命令に従うべきで、何か不平があれば、成都、華陽二県の役人に請願せよ。私は、えこひいきなく決する。なんじらは決して軽々に悪人を助け、自ら法網に掛かるようなことは為すべきでない。法はきちんと適用させる。悪人に対しては容赦しない。この告示は全ての者に示される。」
（39）『教案檔』第五輯（三）、一六九九頁、六月初三日、英公使欧格訥照会。註11参照。
（40）『教案檔』第五輯（三）、一六四六頁、五月十二日、英公使欧格訥照会。
（41）『教案檔』第五輯（三）、一六八九頁、閏五月二十日、英公使欧格訥照会。
（42）*North China Herald*, June 7, June 14, June 21, June 28, 1895.

（43） *North China Herald*, July 5, 1895.

（44）『万国公報』七八巻一二五葉（総一五三六五頁）、「四川鬧教」。

（45） Irwin Hyatt, *op. cit.* p.38.

（46）『張之洞全集』（河北人民出版社、第八冊）巻二〇二、電牘三三、致総署（閏五月初五日）、致成都王藩台（同初七日）、（同十二日）、致総署（同十二日）。南京には三隻着岸した。

（47） 外相は、懸案の協定に調印すること、成都事件の損害回復の処置の二つを中国側に求め、もし引き延ばすなら、フランスは更に大きな要求を期待できるが、「結果は避けられるのが良いであろう」と伝えよ、という（*Documents Diplomatiques Français, 1871-1914*, Series 1（Paris, 1951）, XII, 88, —Irwin Hyatt 前掲文所引）。

（48）『光緒朝東華録』総三六一八—三六二三頁参照。

（49）『翁同龢日記』、光緒二十一年五月二十七日（西暦六月一九日）条。

（50）『教案檔』第五輯（三）、一六九七頁、年六月初二日、法国公使施阿蘭照会。

（51）『清末教案』2、五八七頁、二十一年閏五月十四日、開缺四川総督劉秉璋奏報片。

（52）『清末教案』2、五九〇頁、二十一年六月十六日、著鹿傳霖等電旨、同五九一頁、六月十六日、四川総督鹿傳霖致総署電。

（53）『清末教案』2、五九二頁、二十一年六月十六日、著鹿傳霖等電旨。

（54）『教案檔』第五輯（三）、一七〇〇頁、六月初三日、法国繙訳微席葉函称。

（55）『教案檔』第五輯（三）、一七六〇、一七六四頁、十一月初二日、成都将軍恭壽文称。

（56）『翁同龢日記』、光緒二十一年五月二十八日（西暦六月二〇日）条に、「是日新定法国分界通商約画押、法使催逼、英使阻撓、迨画畢而英使拂衣怒起」とある。

（57） 以下の記述は、F.O. 文書を用いた詳細な研究、Edmunds. Wehrle, *Britain, China, and the Antimissionary Riot.*, Chapter V, The High Tide of Missionary Diplomacy, pp.82-95. を参考にして論述する。

（58） *N.C.H*, Aug. 9, 1895. p.253. Supplement. i 。

(59) *Ibid.* Supplement. iii.

(60) 李提摩太（ティモシー・リチャード）『親歴晩清四十五年』、天津人民出版、二〇〇五、二二一―二二三頁。蘇慧廉（W. E. Soothill）『李提摩太在中国』広西師範大学出版、二〇〇七、一九三―一九七頁。

九〇年の大会の時に、T・リチャードは、我々はいつでも爆発し得る火口の縁にいるのだ、と発言したが、不幸なことにそれは的中し、一八九一年の長江流域教案として爆発した。その後も、湖広総督・張之洞が依然としてキリスト教に敵意を抱いていたのをはじめ、長江流域の迫害活動がつづいていた。九三年には二名のスイス宣教師が漢口近くで殺害される事件が起きたが、張之洞は、当然だというような反キリスト教発言を行なった。それでT・リチャードは、漢口のグリフィス・ジョンを尋ねて、皇帝への上書について相談したという。成都教案後に、漢口で宣教師の会合が開かれたのは、こうした教会側の一連の動きを背景にしている。

(61) Salisbury to O'Corner, Foreign Office, Aug. 6. 1895. F.O. 17/1261.

(62) Salisbury to O'Corner, Foreign Office, Aug. 7. 1895. F.O. 17/1261.

(63) 『翁同龢日記』、光緒二十一年七月初六日。彼はその後に、「又余凭空発論、謂教案当籌辦法、教民之不安分、教堂之害民生、痛快淋漓。伊亦首肯、惟推宕将来再議、此一会也」と記した。この会見の内容をオコーナーはソールズベリーに書き送っている（O'Corner to Salisbury, Peking, Aug. 27. 1895. F.O. 17/1262）。

(64) Edmunds. Wehrle, *op. cit.* p.89.

(65) 『清季外交史料』、巻一一七―九。

(66) 『翁同龢日記』、光緒二十一年七月十三日条。

(67) 『清季外交史料』、巻一一七―十二。

(68) Edmunds Wehrle, *op.cit.*p.94.

(69) O'Corner to Salisbury, Telegram, Sep. 30 1895, F.O. 17/1263.

(70) 『清季外交史料』、巻一一七―三十三。

（71）拙稿「一八九五年の古田教案――斎教・日清戦争の影・ミッショナリー外交の転換――」『アジアアフリカ言語文化研究』六〇号、二〇〇六年、（本書三章）。

（72）『翁同龢日記』、光緒二十一年八月二十六日（西暦一〇月一四日）に、総署でオコーナーに処分を伝えたところ、彼は、「大いに要挟を肆いままにし、周振瓊、唐承烈…三人を革職永不叙用にしなければ、やめることは出来ないと謂い、その狂悖は言喩すべくもなかった。酉の刻にやっと罷めた」と書いている。

（73）『教案檔』五輯（三）、一七七五頁、十二月初四日、給英国署公使宝照会。六輯（二）、一一九〇頁、光緒二十二年正月二十一日、四川総督鹿傳霖文。

（74）O'Conor to Salisbury, Peking. Aug. 29, 1895. F.O. 17/1262. (Edmunds Wehrle, *op. cit*.p.91.. 所引)

（75）『翁同龢日記』、光緒二十一年九月十四日（西暦一〇月三一日）条に、オコーナーの中国への臨別の言が載せられている。彼は、中国存亡の端はすでに現われており、各国は謀をめぐらしている、忠廉で才略のある大臣が「新政」を図ることが必要だ、と語った。彼はその前の初八日（二五日）にも総署を訪れ、翁同龢に色々語っていて、「中国の貧弱、他国が併呑心があることを深く談じ、その言絶痛であった。余、喟然として嘆き、六合《てんか》以外もこの理同じなるを知る」と、翁は記した。

（76）*FRUS*, p.90. The Tsung-li Yamen to Mr. Denby, July 6, 1895.

（77）『教案檔』五輯（三）、一七〇三頁、六月十三日、美公使田貝照会。*FRUS*, p.98, Mr.Denby to the Tsung-li Yamen, August. 3, 1895.

この照会で、かれは、中国側の誤り十三点挙げて、八項目の要求を突きつけた。そして最後に、「中国がもし保護できないなら、各国は自ら方法を講じてこれを保護しないでおれようか」と、武力行使を仄めかして脅した。その諸点は、次のようなものだった。

一、川東道の黎が出した告示がベルテミー協定を認めないと書いた。二、保甲局の周道台の示に「洋人迷拐幼孩」とあり、劉総督の二九日告示に「起事之原係由洋人而起」とある。その脇に、「外洋の夷人が無頼の者を雇って専ら幼児を誘拐して、油を取り、応用している云々」という『告白』や、「日本が中国に戦争を仕掛けたのに……」という掲帖が貼ってあっても、保甲局は塗り潰さなかった。これらは官が作ったか、激励したものである。三、暴徒が移動したとき、兵丁は阻止せず、保護を拒否した。四、天主教会は総督衙門の近くなのに、暴徒はそれでも大胆に掠奪放火した。五、告示、告白が出る前は融和していた。六、三営の兵がありながら洋人を保護しなかった。七、暴動は三十六時間も続いた。五時間の中断中に兵を布置しなかった。八、兵丁差役は騒ぎを幇助した。……十、電報局を洋人に閉じ、劉総督は全国に「有慘殺幼孩」等の語の電報を発した。……十二、各地への伝播には必ず先に協謀があった。「川省人謀欲駆逐洋人」を官は先知していた。……等。

中国側が為すべきだとした要求は、一、四川の大小官で罪ある者は直ちに処罰すべきである。二、宣教師の帰還と損害を回復すること。三、外国人の四川での居住と布教は許可されたものであることを論知させよ。四、布教許可の論を各官署に貼り出すこと。五、賠償。六、周道台の革職。七、兵を重慶に送り治安維持に当てること。八、川東道・黎を暫時留め、洋人を保護させること、であった。

(78)『教案檔』五輯（三）、一七一一頁、六月二十日、給美国公使田貝照会。*FRUS*, p.105. The Tsung-li Yamen to Mr. Denby, August 10. 1895.

(79) *FRUS*, p.126, Mr.Denby to the Tsung-li Yamen, August 28. 1895.『教案檔』五輯（三）、一七三三頁、七月初九日、美国公使田貝照会。

彼は、一、劉前督を革職永不叙用にする、二、其の罪は流徒を以て擬定する、三、其の罪を定辦せる理由を発抄して中外に宣示する、と厳しく指示さえした。

(80) *FRUS*, p.128,129, Mr.Denby to Mr.Olney, Peking, September 9. 1895.

(81)『翁同龢日記』、光緒二十一年七月十九日（西暦九月七日）。

(82) *FRUS*, p.138, Mr.Olney to Mr.Denby, Washington, September 19. 1895.

(83) *Ibid*, p.139.

(84) *FRUS*, p.150, Mr.Denby to Mr.Olney, Peking, September 30. 1895.

第五章　ドイツ連邦文書館所蔵の義和団関係資料について

はじめに

二〇〇〇年秋に山東省済南で開かれた「義和団百周年記念国際学術討論会」に、ハーバード大学フェアバンク東アジア研究センター研究員の孔祥吉氏が「徳国檔案中有関義和団的新鮮史料」という論文を提出して、一九〇〇年に北京のドイツ公使館が本国に持ち帰った義和団事件の中国文資料を紹介して、研究に新しい光を投げかけた。(1) この論文は当初、『清史研究』（中国人民大学清史研究所）二〇〇〇年四期に発表され、その後、孔祥吉『晩清史探微』（巴蜀書社、成都、二〇〇一年）に収められた。該書の巻頭に、かれがドイツ連邦文書館で見つけた史料の写真が四葉収められており、参照することが出来る。この論文は大変面白い論文なのだが、しかし資料所蔵状況についての言及がなく、今まで研究者が調べたことがなかったドイツ連邦文書館にはもっと中国文資料があるのか、それとも、これだけなのか、詳かでなく、研究者を苛立たせるところがあった。それで、ドイツ植民地青島を研究されておられる浅田進史氏がベルリン自由大学に留学しておられるのを幸いに、事情を伝えて文書所蔵状況を調べていただき、あわせて孔氏が使用した原資料のコピーを送っていただいた（二〇〇一年）。それを基に検討して原稿を書いたのだが、その後、外国勤務のために草稿は筐底に置かれたままになっていた。いささか時間が経過したが、なお公表の価値はあると考え、加筆して公表するものである。

一、連邦文書館の中文資料

孔祥吉氏が紹介された漢文資料は、ドイツ連邦文書館ベルリン‐リヒターフェルデ（Bundesarchiv Berlin-Lichterfeld）――一九四五年以前のドイツ史料と旧東ドイツ関係資料を所蔵している――に所蔵されているものである。浅田氏の調査と原資料によると、孔祥吉氏が論文で資料を使用した時につけた注記、①「《德国外交檔案》編号Ｖ17、第一二三頁」、②同、「編号Ｖ22、第一七頁」、③同、「編号Ｖ162、第二一〇頁、④第三二三頁、⑤三二三頁、⑥第三二六頁、⑦第三二七頁」、⑧同、「編号Ｖ170、第三七七頁」、⑨同、「編号Ｖ173、第一〇五頁」、⑩同、「編号Ｖ174、第一二三頁」は、いずれも、文書館の所蔵番号 R9208（Bestand: Deutsche Botschaft in China「在中国ドイツ大使館」）に分類された文書の中にある。この R9208 は、さらに幾つかの下位カテゴリー（例えば、件、事項など）に分けられている。「表Ａ」で説明すると、例えば、①は、BArch, R9208「在中国ドイツ大使館」文書の中の、「政治」という大きな分類の、その中の「中国政治全般」、その中の「gen. 2a　中国政治事項」に含まれる「編号17」の文書で、その文書の各葉に打たれたノンブルが「123」ということになる（gen. は、generalia 一般的な事柄の略）。従って、文書館の指定によると、①文書は、「BArch, R9208/17, Bl.123」と表記されなければならないという。BArch＝連邦文書館、R9208＝所蔵番号、17＝編号、Bl＝葉あるいは頁、という訳である。（下記「表Ａ」中の①がその位置になる）。

こういう風に判明すると、外国からでも文書館にアクセスすることが出来るようになる。だから、注記は何処から

「表A」

Bundesarchiv Berlin-Lichterfeld［連邦文書館ベルリン-リヒターフェルド］, Abteilungen Deutches Reich und DDR sowie Stiftung Archiv der Partein und Massenorganisationen der DDR

BArch, R9208 (Bestend Deutsche Botschaft in China［在中国大使館］)

・

・

Politik［政治］

—Allegemein Politik Chinas［中国政治全般］

Nr［編号］

1　gen. 2a Politische Angelegenheiten Chinas［一般、2a 中国政治事項］

2

3

・

16

①17

18

gen. 2a Allgemeine Politik Chinas［一般、2a 中国政治全般］

19

20

21

②22

・

90

—Aufstand von 1900 (Boxeraufstand)［1900年の蜂起（義和団蜂起）］

③162 gen. 2a Bel. Belagerung der Gesandschaften in Peking［北京公使館の包囲］

163

164 gen.2a Exped. Expedition nach China 1900［1900年中国遠征］

・

167 gen.2a Provisorische Regierng in Tientsin［天津暫定政府］

・

でも文書館を通じてアクセスできるようにきちんとしないといけない。他の研究者がアクセスできて再検証し得るものでないと、学問研究とは言えない。この問題は孔祥吉氏だけの問題ではない。私はかつて、別の中国人学者の北京第一歴史檔案館の檔案注記がいい加減だったために、檔案館でその資料を探すのにえらく苦労した記憶がある。そのとき、かれは自分が発見した資料を他人が探せないようにわざと不正確な注記をしているのではないかと疑ったものだ。だが、ともあれ、これでアクセスできた。そして、孔氏が使用した漢文資料は、文書館所蔵の関連漢文文書のほとんど全部で、それ以上の価値ある資料は無いということが明らかになった。

二、奉天からの中文書信（光緒二十五年二月）・劉家店事件

さて、では、それらの資料の検討に移る。孔氏の論文に沿いながら、改めて資料を読解してみよう。しかし孔論文掲載の資料は正確でなく、原資料と幾つか字句が異なっていて、その解釈も私と異なるので、原文・訳文を挙げて、論じることにしたい。

Ⓐ已詢明確新聞、興兵堡李牧師電称、為派会団練、天主教友不遂、団練当被地方官重責一千五百板、因此成仇、営[口]・[天]津・上海・京城各処商議、稟請皇上要折洋楼等情。時下省主教始赴興兵堡処、尚無動静。又金州聯屯紳仕等、於昨来。携男帯女、約一千余口。皆被俄国収税、按毎月毎人要捐洋銀一角、牲畜皆要税。逼其到省、全至将軍衙門、請領荒地等情、今至尚無定章。又於昨天、曾有俄国来省、三十余車、約有二百余名、陸続来省不断、未識何情也。又聞省城正西、距城四十里、俄人逼伯［迫］硬造城池、大会不容建造、以此致敵、両未傷人。所以会首来省稟請、将

軍亦無動静。又聞皇上病的糊塗、不理国政、皇太后主意練兵、若與俄人決戦。仍被康有為鼓惑、勾串俄人入境建造鉄路、現今肆行侵佔要地、一並依将軍亦勾串盗賣北辺一帯、恐其治罪、伊自呑金而亡矣。　己亥二月十三日由瀋陽寄

Ⓐ資料は［R9208/17, Bl.123］の資料（孔氏の①）であるが、これは、Bl.122に添付されている中国語原文資料である。そのBl.122を見ると、次のことが分かる。

ドイツ帝国牛荘（営口）副領事J. J. Frederick Bandinelバンディネル（英国人）[2]が、かれに雇われている中国人情報提供者から、（光緒二十五年）己亥二月十三日、西暦一八九九年三月二四日付けの手紙で奉天（瀋陽、盛京）の情報、ロシア人その他に関する情報を入手し、三月三〇日に、駐天津ドイツ領事アイスヴァルトEiswaldtにその報告を送った。かれの報告は英文で、中国文の手紙の内容の要約をした形でなされたが、手紙原文を添付していた。アイスヴァルトはそれをそのまま、四月八日付で重要報告として北京のドイツ公使館に送り、四月一〇日に北京に着いたものである。資料は奉天（瀋陽）からの中国文手紙の原文である。[3]

手紙の内容については、以下の諸点が重要である【（　）はバンディネル、［　］は筆者による補遺である】。

【1】、［奉天西方の興京庁の］興兵堡の李牧師からの電報では、［汪慶辺門のカトリック教民達が郷民から、馬・衣類・銀銭を取ったが、数十村の］派会団練［二、三万人が正月に教会に押し寄せ、教民数名を捕縛し、官に突き出した。盛京将軍府委員と主教が現地に赴いて、郷民に賠償することになった］ために（『上海中外日報』二月念三日）、天主教民はそれを遂げられなかった。団練のほうも、官によって一千五百板の処罰を受け、教民・団練が互いに憎しみ合うようになった。現地に行った主教の動静は不明である。また各処で皇帝に洋式建築を壊すように稟請する（ような反外国感情が生じている）。

【2】、ロシア人が租借地旅順・大連の北方の金州で中国人に人頭税洋銀一角・家畜税などを賦課したため、紳士を中心にした一千名（の難民家族）が奉天の盛京将軍衙門にやって来て、移住のための荒地を（分配して）貰いたいと請願したが、まだ決まってないこと。

［これは、ロシア人が、旅順港から租借地の中国領土内に入り、上述の金州その他の地（のちの関東州）で、税の賦課を実施したが、これに対して、農民達が群衆大会を開いて税の免徴を請願したのだが、ロシア軍が群集に発砲、農民と老若の婦女ら九十四名を死亡させ、百二十三名を負傷させたという三月の事件（唐徳剛『晩清七十年（四）義和団與八国聯軍』、遠流出版、一九九八、四三頁所引の *North China Herald* の記事にみえる）、いわゆる「劉家店事件」に引き続く動きを指している。この劉家店事件については後述する。］

【3】、二百名のロシア人一行の三十余輌の車が続々と奉天にやって来たが、何故なのか分からない（これは露清銀行が最近、吉林省の鋳造所のために送った銀塊だったろう、とバンディネルは言う）。

【4】、ロシア人は、奉天城の真西二十キロの（鉄道通過予定地）ところに無理やり城池（要塞化した宿営地、［後の奉天駅周辺の鉄道付属地］）を建設しようとしたが、大会（地方の）［大きな団体・会］がそれを認めず、双方が敵対したが、双方とも負傷者は出ていない。団体のリーダーが奉天にやってきて請願したが、盛京将軍はまだ動いていない。

【5】、（副総督衙門では次のように噂している。）光緒帝は病気で頭がおかしくなって国政を放っているが、西太后の考えは兵の鍛練にあって、ロシア人と戦いを決しようとしているようだ。（西太后は）、［皇帝は］康有為に鼓惑されて、ロシア人と気脈を通じ、彼等を入境させ、鉄道を建設させたので、ロシア人がいま勝手に要地を侵占しているのだ、（と言っている）。［この「副総督」が誰だかはここでは確定的ではないが、「二大人」と呼ばれた盛京副都統「晋昌」と考えて間違いない。この晋昌は満洲における義和団事変の元凶だといわれるが、事変時にどのように行動したのかは、ロシアの満洲占領と深

く関係するので、第六章で述べることにする。〕

【6】、依将軍［依克唐阿］（I ko tan ge 将軍）もロシア人と結託して（賄賂をもらって）北辺一帯を売った（ロシア人の侵略を許した）が、（それが明らかになり）、罪を問われることを恐れて、金を呑んで自殺した。［その任期は一八九五―一八九九年、後任が増祺である］。［以上］

したがって、この情報提供者は「教民」で、ドイツと誼を通じるために、情報を北京のドイツ公使館に通報し、ドイツが東北地区の情報を探知する間諜になった、という孔祥吉の理解は誤りである。報告の、ロシア人の満洲進出、鉄道建設の状況は、石光真清の『曠野の花』に描かれている情景を思い浮かべながら読んでみると、よく理解できるし、リアリティがある。

次に、【5】の「副総督衙門」晋昌の役所の噂についてだが、これは戊戌政変による光緒帝の幽閉、西太后の政権掌握、その政治姿勢についてのものである。ロシア人の満洲入境、東清鉄道建設という侵略行動は、光緒帝が康有為によって鼓惑されたため起きたものだ、西太后は侵略しているロシア人と戦おうという姿勢だ、と人々――ここでは主として、晋昌や盛京の保守派満洲人たち――から見られ、噂されていたということが重要である。拙著でも、光緒帝は天主教に加わり、康有為は宮中に礼拝堂をたてた、康有為は『鬼子《がいじん》』衙門を作り、『鬼子《がいじん》』を登用する、キリスト教民は康有為党が残していった「禍端」だと、満人から捉えられていた事を指摘しておいたが(4)（三八七、六二四―二五頁）、ここでは、ロシアの満洲侵入も、康有為らが外国（ロシア）とつるんだために起きたことだと考えられ、それをクーデタで排除した西太后の方は、侵略を強めつつある外国・ロシアに反対し、戦おうという「民族主義」「国家主義」的な姿勢を持ったものと理解されていたのである。だから満洲の保守派満洲人たちはそれを支持したのであり、大衆の「扶清滅洋」（清を扶け、外国を滅ぼせ）という国家擁護スローガンもそういう雰囲気の中で出てきたし、またすんなりと受け入れられたのだった。これは、戊戌変法、戊戌クーデタの理解にとってやはり重要な要因だと思う。満洲でもこうした満人官僚と大衆の意識があったのである。それが満洲における義和団の運動拡大の根底だったのだろう。

このように、この資料は、むしろ義和団事件直前の「南満洲」地区の状況を、点的にではあるが、的確に伝える情報史料と見なすべきものなのである。

「**劉家店事件**」について簡単に整理しておく。

問題は、ロシア租借地の範囲への郷村組み込みの際の問題である。一八九八年にロシアは旅順大連租借を約する条約（旅大租借条約）を清国と締結したが、両国委員による調査を経て、九九年二、三月に「租借地境界議定書」が調印され、その租借地範囲と中立地帯が確定した。この際発生した問題である。

まず、普蘭店湾奥を基点に、東に向かい遼東東海岸の貔子窩火神廟まで達する線が引かれ、一方基点から南下し湾岸に出、西行し遼東西海岸に至るという旅順大連租借地の北界線が決められ、それより南側がロシアへの租借地区になった。さらにその租借地の安全を確保するため、その北方に、遼東西の蓋平河口から岫巌城の北方を経由して遼東の大洋河口に至る、軍事的制約を受ける「中立地帯」の北境界が画定された。だがこのとき租借地の中に孤立する金州庁城をどう処理するかという問題が残った。ここは地方文武官が駐在する清国行政の拠点で、租借地に編入し難いという清国の要求を容れ、清国管理にし、城内に必要な警察官を設置すること、しかし清国兵は撤退しロシア兵に代える、ということが追加条約で決められた。試験的にロシア兵は城外に駐割し、乱民が攻撃した場合のみ城内に入る、該城の旗兵は居住民と見なして撤退しない、との同意になったが、城から北方への交通と水利用は保障されたが、四周は租借地で、この金州城の統治は困難を見せることになった。編入された租借地区の統治権・税徴収権はロシアが持った。租借地の行政経費の一部はこの周辺地区からの税糧収入によって維持されるが、清国が課税台帳を渡さなかったので、ロシアは人頭税・家畜税等を佃戸にも賦課した。この税賦課をめぐる郷民との衝突なのである。

『清季外交史料』巻一三九―一に収められた盛京将軍依克唐阿の報告によると、一八九九年二月五日の事件は次のようなものだった。光緒二十四年十二月二十四日（一八九九年二月四日）、ロシア官員が兵二千余を連れて、金州城東百里にある劉家店に至って「徴糧」（税金徴収）を行ない、期限を切って厳しく迫った。これをめぐって郷民と合わず、ロシア官員はただちに貔口（貔子窩）に戻り、次の日（二十五日、五日）に騎馬隊二百余名を連れてやって来た。民間のほうもまた数百人を集め、それに向かって哀懇しようとしたところ、ロシア官員は人数が多いのを見て、ただちに二度にわたって発砲、三十余人を殺した。残りの民は驚いて散ったが、ロシア兵は馬に乗って追い、刀で砍りつけ、十余人を斃し、負傷者は五、六十名にのぼった。

金州駐在の軍官（副都統・寿長）からの報告によると（『清季外交史料』巻一三九―五）、華民とロシアの不和ののち、ロシア軍隊はあらゆる路に卡（関所）を設け、（金州の）南門外にはロシア人が毎日一隊を出して銃を持って大砲を引き、朝に出動して晩に帰るのだが、通行人を捜索検査しているため、（交通が妨げられ）音信がふさがっている。除夕に探査が戻って報告したところによると、該処の会首の耿玉秋が報告一紙を持ち出してきて、この探査にこれを持って帰って案閲に呈してくれと言ったが、それは、華元児、龍王廟、界坊、双石溝、夾河廟、粉皮牆の六つの会が呈称したもので、二十四日にロシア人が劉家店で「追糧」（税金催促）し、また民二十余名を拘えた。二十五日にまた紳士の王天階を捕縛し、七日を限って糧（税金）を完竣せよ、と言った。郷民が赴いて哀求しましたが、ロシア人は軍隊八十余名をつれてきて、発砲し銃殺した。更に追うこと十余里、また婦女二人を斃した。二十六日に査べてみると、殺された者は「百余人」にのぼり、付近の居民は逃走した、等の情があった。総署に電達されたなら、ロシア公使と論を講じられんことを請う。こういうものだった。

ロシア外務省は、この劉家店事件は郷民とは関わりはなく、中国兵が（租借地）境界を越えて戦端を開いたものだ、ロシア側はそれに対して反撃したのであり、証拠になる旗を得た、だからギールス（公使）が撤兵の要請を行なったのだ、と言って（ペテルブルクの）楊儒（公使）と論争になった（『清季外交史料』巻一二九―一七）。外務省がいうには、［楊儒が］前にロシア兵が運（輸送）を禁じ、城を繞って民人を捕まえたというのは、事実ではない。前に中国兵が租借地内に入って戦端を開いたので、ロシア兵がその越界を禁じたに過ぎない、金州の官民の出入りは毫も禁阻されたことはない。いま、員を遣わして入城せしめ、中国官の報ずるところの各節を詢究せしめるが、必ず実拠あらしめ、捏造するを得ざらしむる、という。また称う、いま実情を得たが、該処の中国官の生計は全て地面に在ったが、ロシアが地を租借した後には、彼は生発（生計手段）を無くしたので、兵民を鼓励して、造言生事せんと思ったのだ。わが政府は処置の法を籌じ、即ち徴収するところの銭糧をば、一半を以てこれ（官）に津貼（支給）し、一半を以て地方を整頓することにしたい、このようにすれば、官民均しく安んずるであろう云々と（『清季外交史料』巻一二九―一八）。

このロシア租借地に編入され、税糧徴収を迫られた村人が哀願するのを、ロシアは武力による殺戮で応じた。このロシア勢力を恐れ、それから逃れて盛京将軍衙門に避難民が押し寄せ、村にはもう住めない、国家が自分たちの村々をロシアに売り渡したのだから移住先を世話しろと言ったのだというのである。黎光・張璇如『義和団運動在東北』は、この郷民の抵抗運動の指導者を劉家店東牌坊（別名馬家溝）の馬成魁だったとして書いている（三三頁）が、資料はこの情報を告げるものだったのである。

三、ドイツ公使館への投入文書（一九〇〇年六月一一、一二日）

Ⓑ狼主在上、聴吾民子之言也。有云・，義和拳此時之乱、非同往年党乱耶。因何故哉。此人能殺能戦、能備鎗備火、況且又有紅燈之保護。其心非別、欲遂出狼主之臣民、皆出於中原也。雖欲不出、難矣。倘若上河南求吾老師、可以能保在中原而不出矣。若要問吾在何存身、寓在宣武門外、永光寺中街、路東、翰林院王府存身。吾姓王、名教［叫］欽明。若要求吾、必須不教［叫］人知、宜極蘇［速］使人而来可矣。竇文

Ⓑ資料は［R9208/162, Bl.210］の資料（孔氏の③）である。編号162は「北京公使館の囲攻」で、この資料は、「端郡王の管理総理衙門大臣への任命、一日本人［杉山彬］の殺害」という文書館ファイルのなかに入れられたものである。この紙片資料は、当時北京市内で市販されていた挨拶状である「通問　通問書　仲英集　封龍嶺」という印刷文字のある紙［Bl.214］に入れられていたらしく、その挨拶状には「誰拾、誰教［叫］上頭去看（誰でも拾った者は上役に見せよ）」と批示されている。この点、孔氏の指摘の通りである。一九〇〇年六月一二日にドイツ公使ケッテラーがベルリン宛に送った電報の控原文の上に貼られている漢文文書である。この文書は、誰かが一二日か前日の一一日にドイツ公使館の門扉のなかに押し込んだもので、見つけた者は上役に届け出よという指示があるのはそのためであろう。それを歩哨が見つけて届け出、館員のゾーデン、そしてコーデスの手を経て、ケッテラーに渡された。六月一二日というのは、大沽沖の各国軍艦から上陸した陸戦隊から編成されたシーモア援軍が天津駅から列車に乗り、北京に向かった日で、そのためこの日、北京天津間の電信線が切断された――電信は一〇日に一時断絶し、その後再開していた

――。また北京西郊の西山のイギリス公使館別荘が焼かれ、列車で北京に入る予定のシーモア軍の北京城入城を阻止すべく、董福祥軍が市内から城南に移動中だった。この騒ぎの中で、援軍を駅に迎えにいっていた杉山彬が永定門で董軍兵士によって殺害されたのである。一〇日午後の「京報」で端郡王の管理総理衙門大臣任命が公表され、義和団大衆は翌日の一一日頃から大量に北京市内に入り、この一二日もその流れが続いていたのだった。孔祥吉氏が言う六月一九日ではない。氏は日付の数字を読み間違えているようである。一九日だと、午前に中南海の儀鑾殿で最後の四度目の御前会議が開かれて、宣戦が決定された日になる。翌二〇日朝、列国公使会議を終えて総理衙門に向かったケッテラーはそこで殺害されるのである。こうした北京状況は資料の内容とそぐわないし、これが貼られた同封の電文を読むとそれは明らかである。孔氏の資料操作の誤りである。

資料の内容は、外国人（ドイツ人）を「狼主」――古代中国に侵入してきた夷狄の頭目に対する称号――と呼んで次のようにいう。

《訳》狼主《がいじんのかしら》というのは上にあって、わが民子の言を聴くものだ。ある者は云っている。義和拳のこの乱は、往年の乱とはちがう、と。どうしてか？　此の人（義和拳）はたいへん能く人を殺し能く戦い、鎗火《かき》を能く備えていて、ましてや、紅燈照［魔術を駆使できる女性組織］の保護を受けているからだ。その心は他でもなく、狼主《がいこくじん》の臣民（教民）をみな中原から逐い出そうというのにある。出て行きたくないといっても、それは難しい。もし河南に行って吾が老師に求めれば、中原に居て出て行かないでいられる。もし私が何処にいるかと尋ねるなら、宣武門外の永光寺中街の路東の翰林院王府にいる。吾の姓名は王欽明である。もし私を必要とするなら、人に知らせてはならない。出来るだけ早く人を寄越しなさい。［以上］

前述したような北京の雰囲気の中で、王欽明と名乗るこの奇妙な人物は、自分は義和拳を押さえる権威を持っている老師の弟子だから、もしドイツ人が老師の庇護を欲するなら、自分に繋ぎをつけよ、と言うのである。攻撃対象になっていて騒乱の最中で困窮しているであろう外国人から、しこたませしめようという魂胆なのだろう。ドイツ人館員も「悪い冗談だと思います」と書いている。が、キリスト教改宗者（教民）を外国人の「臣民」と見なし、駆逐しよう、という義和拳の志向はよく理解されて書かれているようである。

四、北京義和拳の下令（一九〇〇年六月）

次の資料Ⓒは、孔氏が発見した資料の中で最も興味深いものである。まずは、原文と拙訳を挙げて、意味するところを分析してみよう［原文は孔祥吉書所収写真で見える。氏の翻刻にはいくつか誤りがあり、これが正しい。（　）はこの字を使用するのが正しいというもの。以下、［　］は草書体を読むと、このようにも読める、或いは意味上読むべきだという筆者の解字である］。

Ⓒ今拳下令、軍民得知：五月初八日拳来京也。如有一方出一人練者、可保一方無災。至八月十八、満百日也。到了二四共一五、天下紅灯照、大火焼得苦。東南有真神、降下兵八百萬、能掃去洋人、死了教匪。　上能保国、下能安民。毎家大門前、貼符一道、紅布一尺、倶貼上枕、避火災也。紅布上別小花針三個、於五月十五日至廿三日、以免刀槍之禍也。三三共九九、一二五共四七八、一文銭、七個大銭、去十字以後、換金出。若在空空忙忙時、三三九九、一

共合九十八、二五八七、四［小］大火焼五座堂、二四月起異火也。　呪曰、　東南方叩頭、我家佛爺保我家。五月至八月、不可動符、在（再）不可轉、焼得炎……備用符布避之。　三姑奶奶来、不久火起。故此、下令軍民得知、避火布符、傳與城皇廟内、所傳恐其不信、悔知（之）晩矣。早早備布符、以免火災不（也）。洋人終也、教匪死了、清静得安然。　佛爺上了天、東南清宇宙、拳也回了山東、南来一君子也。拳刀拳刀、洋回湖（忽）絶。

勅令　＊　硃筆符粗紅布　［＊印のところに霊符が書いてある］

これは、R9208/162, Bl.323 の Chinesische Schrift の中国文史料である。Bl.323, 326, 327 は、「Peking Gazette（京報）」の抜粋を編集したものの間に挟まっている原文の史料で、Bl.323 は朱色の紙に書かれ、326, 327 は黄色の紙に書かれていて血痕がついている。これらは孔氏がいうように、未発見だった最も重要な史料である（孔氏がいう意味を越えてだが）。訳しながらそれを考えてみよう。

《訳》いま、［義和］拳は下令して、軍民に得知せしむ。五月初八日（西暦六月四日）に［義和］拳は京師《ペキン》にやって来た。もし、ある処が練拳する者一人を出すなら、その処は災難無く保てるだろう。八月十八日になると、北京に入って満百日になる。［八月十五殺韃子といわれる］八月十五日になると、天下は紅燈照にあふれ、大火が起きて苦しむことになる。そのとき東南に真神あり、八百万の兵を降下させて、洋人達をすっかり追い出し、教民たちを死なせるのだ。かくして、上は国を保ち、下は能く民を安んずる。各家は大門前に符一枚を貼れ。一尺の紅布も門の敷居の上に貼れ。さすれば火災を避け得るだろう。紅布の上に別に小さい刺繍針をとめておけば、五月十五日から二十三日まで、刀槍の災難を免れるだろう。三三は全部で九九、一二五は全部で四七八だ。一文銭、七個大銭は十字《キリストきょう》を去らせた後は金に換わる。もしただ忙しそうなだけなら、三三九九は全部で九十八になる［三三が九、九＋九＝十八で、付けると九十八？］。二五八七の四つの［小］大火が五座の教堂《きょうかい》を焼き、八月には異なる《ふしぎ》火が起きるだろう。

咒は云う　東南の方に叩頭せよ。我が家の佛爺が我が家を保つ。五月から八月まで、［貼った］符を動かすべからず。再《ま》た転ずべからず。焼きつくす炎は……符と紅布を用意してこれを避けよ。

三姑奶奶がやって来て、間もなく火災が起きる。それゆえ、なんじ軍民に下令して得知せしむのである。火を避ける紅布・符を城皇廟内に伝えよ。伝えるところを、其れ信ぜずして、これを知るのが晩かったと悔やむことになるを（吾は）恐れるのである。早々に紅布と符を備えて、もって火災を免れよ。洋人は終わり、教民は死に、清静として安然となろう。

佛爺が天に上り、東南で宇宙を清くし、［義和］拳も山東に戻る。［拳は］南から来た一君子である。拳刀拳刀［義和拳・大刀会］は、洋人が戻れば、忽ちいなくなるのだ。

勅令　（霊符）

硃筆の符、粗い紅布　［以上］

これを初めて紹介した孔祥吉氏は、その特徴を次のように整理している。（一）、この義和拳グループは光緒二十六年五月初八日に北京城に入った。そして人々に練拳を呼びかけている。（二）、この義和拳グループは山東からやって来たもので、洋人・教民をやっつけて保国安民するのだと呼びかけている。それは他の掲帖とも共通している。（三）、「到了二四共二五、天下紅燈、大火焼得苦」は、山東での朱紅燈乩語と類似した「八月十五日殺韃子」の変形で、北京天津地区で流伝したが、それが山東出のものであることが分かる。（四）、「山東老団」が北京で活動したことが分

かる、と。そして、かれは

大土地［在北］　平子［則］門里外富××　煤炸［渣］胡同　江米同［内］外羊管［洋館］内　弟子叩求先師火焼羊管［洋館］

という掲帖［R9208, 162, Bl.327］を紹介し、その背面に、

請玉皇大帝老師　保護王永福回来　弟子徳忠前去

とあるから、これは、義和団が公使館を攻めたが功績なく戻ってきた後、玉皇大帝に遙かから助けてくれるように乞うたことを表わしている、と言う。これは、「大土地（在北）」は不明だが、おそらく、平則門（阜城門の俗称）近くの富××、煤渣胡同、江米［交民］（?·東交民巷）内外の洋館、これらにあった洋館が焼かれるようにと祈り、裏に、攻撃に出かけていった「王永福を無事に戻してください、弟子徳忠が出発します、玉皇大帝よ」と書きしるしたのであろう、と考えられる。また、

南西（門）外、稟報先師得知、南西門内、稟報先師得知

という残片があるが［Bl.327］、これと

南西門外三関［官］廟／南西門内済来院・白紙坊／永定門馬家堡、章達門外湾子／□□……／平則□［門］／後門／西直門

という残片［Bl.327］とはつながるようで、二つを並べてみると、これらは、南西門（宣武門）内外の三官廟、済来院、白紙坊、永定門外の馬家堡、章達門、阜城門などの地に対して義和団が連絡するために用いた文書の残片ではないかと思われるのである。また、Bl.327 の最後に、

□［不?］

□［在］堂莫　印　年住総布胡同
　　　　派交徳瑞　四門大人
正當大人崇禮住六条胡同

という残片がついている。これは上の二つの残片とどう関連するのかよく判らないものだが、戸部尚書兼協辦大学士の崇禮（聯軍占領後の留京辦事大臣の一人）の名前が出ている。総布胡同に住む某邸（の義和団）あたりから、四門大人の徳瑞（満洲人）、或いは崇禮に連絡をつけようというのかも知れない。

北京に入った義和拳民たちは、当時城壁の中は広々としていて、その城の隅の空き地や廃寺、使用されてない空家などに住み着いて活動し始めたのだが、宣武門内外の炸子橋、沙土園、右安門内の白紙坊などは「奸民（義和拳民）が衆を聚めて拳棒を学習しており、首犯の綽名に応天禄、李七などがいるが、其の余の匪徒は恐らく此に止まらない」[5]と言及されたところで、上記のこれらの地名は彼らの拠点であったのだろうと思われる。

だが、この資料がある意味で決定的な意味を持つのは、彼らが「五月初八日」に北京に入ったという言明である。わたしは前著で、義和団の運動が北京天津地区に広がり始めた光緒二十六年春以来の展開を丹念にフォローしてみると、朝廷の態度が運動の展開を左右しており、「三月十八日」と「五月初七日」に出た二つの上諭が運動展開に決定的な影響を与えたのだ、という学説を主張した。[6]彼らの入京の前日の「五月初七日」の上諭は、公使館衛兵（第一次派遣隊）の北京入城（五月初五日）がもたらした民衆感情の激昂と清朝政府の態度硬化によって出されたものだが、それで朝廷は、今までの対義和拳姿勢を転換させて、義和拳に対しては、「うまく速やかに解散させ」よ、直隷各州県は自ら各郷に赴き、「諄切に勧導し、操切に従事すべからず」と命じ、義和拳を弾圧した知県を参劾せよ、と命じたからである。当時、義和拳が集結していたのは北京南部の涿州で、ここが各地義和団の会所になり、「老団・新団が時に入り時に出、常に一万余人いた」(7)という。その周辺各地にも数千人単位で集結していた。孔祥吉は、山東の義和団が長途跋渉して「五月初八日」に北京に着いたと解釈しているが、四月半ばからすでに北京城内に掲帖が貼られており、五月初めになると、北京周辺から義和団が城内に入り始めていた。五月初七日には、長辛店、豊台の鉄道が焼かれ、永清県で二人のイギリス人宣教師が殺害された。初八日には黄村駅が焼かれている。こうした状況から判断すると、ここ北京南部の義和団には、「老団」、即ち山東からやって来た義和団と、「新団」、即ちこの地区で新たに組織された義和団とがいて、これらが混在して活動していたが、その山東から来て活動していた義和拳が、「五月初七日」上諭に見られる朝廷の姿勢の変化を受けて官の態度が変わったのを感知して、翌「初八日」に北京城内に入り、公然と、「練拳せよ！」と呼びかけた、その掲帖だと考えたほうがいいのではないだろうか。そして、洋人と教民（「教匪」）がいなくなると、清く静かに安然となるのだ、民衆宗教文化の象徴たる「佛爺」によって天、宇宙も清められ、義和拳も山東に戻るのだ、と云っている。だから、これを出したのは山東から遠征してきた義和拳のメンバー達だったことは疑い得ない。かれらの姿は、直隷省任邱や易州でも見られたが、途中で煽動しつつ北上し、火種を蒔きながらここまで遠征してきたことがよく分かる。そして、洋人と教民による文化的「汚染」が一掃され、清く静かに安然になったら、義和拳も故郷の山東に帰り、静かになるのだ、という。これは拙著で分析した文化防衛主義的といってよい義和団の思想を最も直截に語ったものといえる。

五、聶士成の電報（一九〇〇年六月六日）

Ⓓ照録聶士成電　五月初十日

栄中堂　天津大帥　鈞鑒。日下匪衆猖獗、連燬黄村至郎坊各站。迭次示諭、乃該匪恃衆抗拒、愍不畏法、阻隔天（京）津鉄道。非捕撃、不能了結。士成奉　旨保護責有攸帰、大局所関、実深悚疚。今該匪如此抗拒、親督馬歩隊、沿鉄道、迎頭痛撃。不及請示、俟大局底定、応如何責備之処、所不敢辞。　士成謹電　灰

《概訳》栄中堂（栄禄）天津大師（裕禄）ご高覧。目下、匪衆が黄村から廊坊までの各駅を続けて壊しており、何度も諭示しましたが、衆を恃んで抗拒し、鼻っ柱を強くして法を畏れず、天津北京間の鉄道を分断しています。捕え撃たなければ、終わらせることは不可能です。私は旨を奉じて鉄道を保護していますので、その帰するところに責任があり、大局の関わるところは実に深く、懼れて心苦しいものがあります。現在、匪がこのように抗拒していますので、自ら騎兵歩兵を率いて、鉄道に沿って彼らを迎え撃ち、痛撃します。請示には間に合いませんので、大局が鎮まったのを俟って、如何に咎められるべき処があるかは、弁解するようなことは敢てしません。聶士成謹んで電す、灰。［以上］

五月初十日（六月六日）付けのこの史料はBArch, R9028/162, Bl.173にある中文史料であるが、『直東剿匪電存』(8)にも、「未刻（午後二時頃）到」として載っている（『電存』で、日付が、「灰＝初十日」ではなく、「効＝十九日」となっているのは誤読だろう）。

Bl.171の天津領事ツィンマーマンからケッテラーに宛てた六月八日付けの手紙が、この電文の入手経路と意味するところを報告している。それに由ると、これは、聶士成将軍が直隷総督・裕禄と軍機大臣栄禄に宛てた電報であるが、「（天津の総督衙門からの）内密のルートでまったく本物と見られる通知の写し」が手に入った、聶士成は昨七日（十一日）の晩の北京からの電報で、彼の軍を蘆台に引き上げさせるようにとの直接の命令を受け、反乱者たちから鉄道を

守るために戦闘してきたその活動を中止し、八日（十二日）午前に列車で天津を通過して、蘆台の兵営に戻って行った。そのため、京津間の楊村駅は警備が薄くなって、義和拳（Boxer）によって脅かされている、と述べている。

実は、このドイツ領事の報告のほうが、漢文史料よりも情報価値が高いのである。つまり、今まで未解明だった次のような事情が判明する。涿州付近の義和団が、四月二十四日に練軍分統楊福同を殺害し、二十九日に涿州城を占拠したが、この日武衛前軍の楊慕時軍が到着すると、「楊福同が石亭村で殺害されましたが、そこは高碑店から五十里のところで、匪は汽車での兵隊移動が迅速だというので」（『電存』一四八頁、盛宣懐電）、蘆溝橋・保定鉄道に対する攻撃を開始した。栄禄は、鉄路委員の要請を受けて、鉄道を豊台・長辛店で保護するために蘆台駐屯の聶士成の武衛前軍を出動させることにし、初一日に出動を命じた（初三日には総署から裕禄に奉旨電令）。初五日には、高碑店から始まって、百里程の鉄道が焼かれたが、聶軍は五月初八日に天津に着き、津西の楊村で警備に当たっていた。そして初十日（六月六日）の栄禄の急電（裕禄転電）を受けて、義和団の黄村駅破壊を抑える為に、この日の午前八時に豊台駅に来た。すると、この電報にあるように、黄村から廊坊にかけて騒乱が広がっていた。これは前述したように「五月初七日」の上諭による朝廷の宥和政策への転換が触発した運動の激化を示していたからだが、それで聶士成は、自分は（五月初二日の）旨を奉じて鉄道保護に当たっているのだが、上級の許可を得る余裕が無いので、責めは後で負うから、と言って、実力弾圧に踏み切ることを電報で通告してきた。その電報がこれである。聶士成は十一日（六月七日）に鉄路総局の唐紹儀等とともに列車で豊台から廊坊に来たが、そこで義和団と接触、ついで落垡で義和団数千人と衝突し、これを鎮圧した。その後、聶士成は楊村に戻ったが、駐屯聶軍は翌十二日も落垡で義和団と戦い、これを撃退した。聶士成は、十一日（七日）に楊村で受け取った「灰（十日＝六日）」の電報で、北京中央の変化、この日初十日の晩の西太后の前での長時間にわたる会議で、この日ようやく出廷した栄禄と、礼王、王文韶らの意見を斥けて、義和団を「剿除せず」「撫す」ことが決せられ、「剛毅が涿州に説得に出る」ことになった、この事態を知らされて、朝廷の政策転換を知った（『電存』一七五頁、五月十一日、聶提台［士成］楊村来電―此電係由津転栄相者）。それと同時に、ドイツ領事の言う通りであるとすれば、この電報によって、自軍を蘆台に引き上げさせるようにとの指示を受けたのだ。十一日（七日）電が天津を経由して栄禄に送られたことから考えると、初十日（六日）電は北京の武衛軍司令官の栄禄からだったろう。軍制上もその命令でないと動かなかったはずだから、間違いない。栄禄は、剛毅が「撫」に出た北京南部で武衛軍が義和団と衝突し問題を引き起こすのを避けるのに、聶士成軍を引き上げさせたのだ。十二日（八日）朝、天津では聶士成軍の一部を乗せた列車が蘆台に向かったのが実見されている（『電存』一八〇頁）。前著で、聶士成軍は北京の義和団擁護派からの圧力で西太后を通じて痛斥の上諭が降って引き上げたのだ、という情報を紹介しておいたが[9]、事実はこうだったのである。こうして、京津間の義和団の動きへの締め付けは緩められたのだった。だから、十三日（九日）、聶士成は楊村から、息を吹き返した拳匪が天津に向かった、と電報を打ったのである（前著六三三頁）。ドイツ領事の解釈で、この一連の動きがぴったりと繋がるのである。

ドイツ文書館所蔵史料の検討によって、当時の幾つかの状況や民衆思想のある側面が浮かび上がったが、とりわけ史料Ⓒ Ⓓの示す、「五月初八日」前後――「五月初七日上諭」を転機とした数日――、ここが一つの転機を形成したことが以前よりもかなりよく判明したと言える。それを生んだのは、やはり五月初四日（五月三一日）の公使館衛兵＝第一次派遣隊の入京であったと思う。

六、列国提出の懲罰人名簿（一九〇二年一月）

最後に孔論文所引の、②講和時に列国代表が中国政府代表（慶王・李鴻章）に提出した懲罰すべき人物の名簿（R9208/22, B117）について触れておきたい。氏はこの史料を中文史料であるかのように、次のように引用する。

貽谷、兵部侍郎、与普昌一起制定与推行命令、反対外国人。連文沖、軍機章京、他偽造照会、命令軍隊進攻天津・北京的外国使館。薔栄爵、翰林院官員、幇助連文沖制定命令、進攻天津・北京的外国人。……［以下省略］

しかしこの史料原文は、*China Times*（1902.1.10）の記事で、英文なのである。この中国文への翻訳も正確でない。英文の大意を翻訳してみよう。

「もう一つのブラックリスト／排外のために処罰を要求」北京の列国代表は一九〇〇年に端王を支持し、義和団を鼓励した罪を有する排外国人的な官員の次のようなリストを渡し、彼らを処罰するよう要求したという。

（1）貽谷、兵部侍郎。かれは（戦争中に）上諭を偽造し、兄の盛京副都統・晋昌に電報を打ち、ロシア人を攻撃させた。

（2）連文沖、軍機処章京。上諭を偽造し、軍に天津租界と公使館区域を攻撃するように命じた。

（3）薔栄爵、翰林院学士。かれは連文沖を助けて、天津と北京への攻撃を命じる上諭をでっち上げた。

（4）高賡恩、四品官銜。かれは大阿哥の師傅だった。

（5）黄鳳岐、候補知府。かれは義和団の頭領あるいは第一の指導者だった。

（6）洪嘉與、吏部主事。かれは端王に皇位を摑むよう、使館を焼き毀すように勧めた。

（7）夏振武、刑部主事。かれは洪嘉與の追随者だった。
（8）溥良、都察院長官。かれは西太后に総理衙門のメンバーだった許景澄と袁昶を死に処すべきだと思い起こさせた。
（9）檀機、翰林院学士。溥良を支え、教唆した。
（10）黄嗣東、湖北省候補道台。于蔭霖（湖北巡撫）に漢口の外国人を攻めるように勧告した。
（11）胡祖蔭、五品官銜。かれは湖南省に義和拳拳首二十人を連れて行った。そして、岳州の外国租界（居住地）を攻撃するように提案した。
（12）兪鴻［誥］慶（Hoong-chang）、翰林院学士。胡祖蔭とともに湖南に入り、胡を支援した。
（13）郭宗□（Chug-shi）、刑部主事。かれは胡祖蔭を支持した。
（14）葉徳輝、吏部主事。かれも胡祖蔭を支持した。
（15）張祖同、候補道台。また胡祖蔭を支持した。
（16）孔憲教、翰林院学士。同じく胡祖蔭を支持した。

これら諸事件の判決が速やかに為されるよう求められた。貽谷と連文冲が主要な犯罪者ということである。ここに登場する「貽谷」と「連文冲」が主要人物とされているが、「連文冲」は、六月二一日の宣戦上諭を起草した軍機章京である。列国はかれが上諭を偽造して公使館を攻撃させたという。この上諭というのは、宣戦上諭だけでなく、二十四時間以内に退去せよとの公使館への最後通牒の照会（王彦威ら起草）のことのようでもあり、列国は、これもかれが書いたと見ているのかも知れない。決戦派に貽谷・晋昌・溥良・檀機らの満洲人が目立つのは、予測通りであるが、翰林院や各部にかなりの追随者がいたことがこのように具体的な名前と共にでてくると、また一段とリアリティがある。

この「兵部侍郎＝陸軍次官」「貽谷」[10]は、開戦直後の六月二三日に荘王載勛等とともに荘王府前で北京の教民数百名を審査処刑、六月三〇日にも荘王府で教民九百名を審査殺害した人物で（『義和団史料』上、四九、五〇頁）。その兄の盛京副都統・晋昌も各国公使が懲罰を求めた清国官員のなかに入っている（『義和団檔案史料続編』九八八頁）が、それは宣教師らを殺害させたとの咎でだけであり、戦争責任によってではない。だが、この人物こそ、東北義和団と一緒になってロシアの進出に抵抗反撃を試みた軍事指揮官なのである。彼の行動の分析無しに、ロシア軍の満洲進入とその後の占領は説明が付かないほどである。この人物を焦点の一つにして、日露戦争の直接的契機になったロシア軍の満洲占領を考察してみることが必要だが、それは第六章で見ることにしよう。

また、この記事はその後半のほうで、吏部主事の胡祖蔭（五品官銜）が、湖南省に義和拳拳首二十人を連れて行って、一八九九年に開港した岳州の外国租界（居住地）を攻撃するように提案した、それを、翰林院学士の兪誥慶[11]、刑部主事の郭宗□、吏部主事の葉徳輝、候補道台の張祖同、翰林院学士の孔憲教といった湖南省出身の保守的な郷紳が支援したから処罰すべきだ、と述べている。この胡祖蔭は、北京で官僚をしていて、湖南省の郷紳たちが北京政界に種々の働きかけをする際の仲介役のようなことをしていた人物で、彼に連れられていった義和拳首たちの活動が、おそらく、のちの一九一〇年の「長沙搶米暴動」の中で、「青衣会党」、「青兵」、「あるいは義和拳勇という」、「長いこと反キリスト教闘争に従事してきた義和団の余衆」（『長沙搶米風潮資料匯編』岳麓書社、二〇〇一、六頁、八頁）の活動につながったのだと考えられる。中村義『辛亥革命の研究』（未来社、一九七八、一九〇頁）以来、探求されてきた、義和拳と長沙暴動とを結ぶ環がここにありそうである。藤谷浩悦が言う、山東義和団の掲帖と長沙暴動の掲帖との類似性（「清末、湖南省長沙の民衆文化と革命」『近きにありて』三九号、二〇〇一・八）を考えると、その信憑性は高いと思う。

またここに登場する湖南郷紳たちは、太平天国のキリスト教に反対し伝統的文化擁護をもって組織された湘軍の将領達が出世した後、帰郷して巨大化した保守勢力で、戊戌変法の際に頑固派地主勢力として変法派に対抗し、政変後は保守的な湖南の統治機構の中心として君臨した人物達である。なかでも、葉徳輝、孔憲教（孝廉書院山長）、張祖同（前刑部郎中）、王先謙（前国子監祭酒、岳麓書院山長）の四紳がグループを作り、省政を左右する力を持つとともに、米買占めなどの私利追求の悪行を行なった（中村前掲書、一二七、一八二―三頁参照）。戊戌政変後に巡撫になった兪廉三の下で布政使を勤めたのが毓賢（のちの義和団時の山東巡撫）だったことを考えると、その意味で「民心用ふ可し」という同じ政治傾向を持っていたと考えてよいのであろう。が、それとはまた別の一面で、地域社会の秩序維持の責任者としての自覚から、外国や新政による伝統的社会の破壊から地域秩序を守ろうという志向も持っていたのである。その意味で、湖南変法運動が北京の変法運動の典型的地方版であったように、この保守派郷紳による義和団導入も、北京での保守派による義和団導入・操縦と軌を一にする義和団地方版そのものであったといってよいのかも知れない。

以上のようにこれらの資料を読解解釈してみると、これらは、孔祥吉氏のきわめて不十分な解釈とはまた一味違った、義和団時期の状況理解・近代史理解についての新たな光を投げかける新鮮さを持ったものだと言えるだろう。

（本文は前記したように、浅田氏の連邦文書館での調査[12]に大きく依拠したものである。氏の援助に深く感謝申し上げる。）

註

（1）この論文は当初、『清史研究』（中国人民大学清史研究所）二〇〇〇年四期に発表された。その後、孔祥吉『晩清史探微』巴蜀書社（成都）二〇〇一、二六八―二八三頁に収められた。該書の始めに、氏がドイツ連邦文書館で見つけた史料の写真が四葉収められており、参照することが出来る。

(2)『清季中外使領年表』中華書局、一九九七、J.J.Frederick Bandinel（一三四頁）。Dr. jur. R. Eiswaldt（一三三頁）。

(3) 原文は註1書の冒頭に写真として掲載されているので参照されたい。

(4) 拙著『義和団の起源とその運動――中国民衆ナショナリズムの誕生』一九九九、研文出版。

(5)『義和団檔案史料』上、一三四頁。

(6)「五月初七日上諭」が変化をもたらしたことについては、村松祐次『義和団の研究』（巌南堂書店、昭和五十一年）が先駆的に示唆していた。

(7) 楊慕時『庚子勦匪電文録』「五月初八日上聶軍門書」（『義和団』Ⅳ、三四四頁）。

(8)『義和団運動史料叢編』第二輯、北京大学歴史系編、中華書局、一九六四、一七一頁所収。台湾文海書店の近代中国史料叢刊にも所収。

(9) 前掲拙書、六九八頁。

(10) 兵部侍郎・貽谷は、事変中に勅令を捏造し、兄の盛京副都統・晋昌に電報を打ち、ロシア人を攻撃させた、と書かれているが、かれは満鑲黄旗人で、光緒十八年の進士、散館授編集、その後詹事府詹事、内閣学士をつとめ、後に「綏遠将軍」になった（『近代史資料』一九五六・四、四九頁）。これらの行為のためかは不明だが、光緒二十六年八月十九日（一九〇〇年九月一二日）に、上諭を奉じた内閣から、「著開缺、聴候査辦」に処せられている（『義和団檔案史料続編』、上、七五七頁）。

(11) 彼は善化県人の挙人、一九〇二年に湖南からの第一回日本留学組として来日、帰国後、教育関係の仕事に就いた（中村前掲書、一一九頁、藤谷浩悦氏の教示による）。

(12) 浅田進史氏は、帰国後、「ベルリンのドイツ連邦文書館所蔵の中国関係史料」（『近現代東北アジア地域史研究会ニューズレター』第一七号、二〇〇五年一二月）を発表され、同文書館の中国関係史料全体の見取図を呈示されている。参照されたい。

付：山東省陽穀県坡里荘教会について

一八七五年にドイツ人カトリック神父・アーノルド・ヤンセンは、ドイツ国内での「文化闘争」を避け、ドイツ国境近くのオランダ領内のシュタイル村に外国宣教のための小さな神学校を設立し、ヨーロッパ各地から若い神学生を集めて教育をはじめた。シュタイラー・ミッション＝神言会の出発であった。この神学校から初めて中国に派遣されたのが、まだ二十代後半の若き神学生だったアンツェルとフライナーデメッツの二人だった。かれらはライン川を遡ってスイスに出、そこからフランス・マルセイユ港に出て船に乗り、香港に着いた。香港の司教の下で、一年余にわたって中国語を学習し、任地である山東に向かった。かれらは、一八八〇、八一年に済南に到着し、山東代牧区コシ主教（イタリア・フランシスコ会）から、西部、南部の布教を委ねられ出発した。かれらが最初に入ったのがこの陽穀県坡里荘教会である。この村には雍正禁教後も一五八人のカトリック信者が残っていたのだった。清代前期の頃に開拓された天主教村である。かれらは、ここを拠点に周辺で精力的な布教を進め、やがて南部の済寧・兗州に進出し、山東南部教区をつくり上げた。現在も村に残る、ドイツ式教会は一八八九年建築であるから、かれらが入った後、間もなく建てられたことがわかる。義和団期には総教会は兗州におかれ、戴庄に大きな神学校が建てられて中心が移動したが、この教会は拠点教会として存続し、義和団の包囲攻撃を受けたことがあった。人々はこれを『紅頭反』と呼んだ。その後、一九二八年、国共分裂後のソビエト革命期に中国共産党は武装蜂起路線をとり、武器を保有している外国教会・地主として、土匪・九宮道と結んでここを襲撃、武器を入手して郷村権力を打ち立てようと暴動をおこしたが、武器は余りなく、包囲され、なんとか撤退した（馬場毅『近代華北民衆と紅槍会』汲古書院、二〇〇一、を参照）。

ヨセフ・フライナーデメッツ師
（1852—1908年）
1975年10月19日に列福され、のち列聖された

ヨハン・バプティスト・フォン・アンツェル師
（1851—1903年）
中国官吏の服装で

1889年建立の坡里荘教堂の正面。現在は出入できない。

坡里荘教会入口正門。門左下にあるのが「1928年の中共坡里荘暴動記念碑」、右下が「山東省文物単位碑」。

教会の内部。祭壇部分、左側壁に1889年のプレートが見える。

入口を入った内側。神父たちの居住区になっていた。奥は旧神学校入口の門。

付論　義和拳の『八卦兜肚』・『万宝符衣』と『掲帖』について

Ⅰ、「八卦兜肚」＝「万宝符衣」

ここに一つの腹掛けの写真がある。それは頂点の一角が欠けた菱形の布地に彩色の刺繍を施したものだ。これは、河北省威県の文物部が大寧村で、かつての義和拳民の子孫である史姓の家から収集したものであるとして紹介されたものである。その際の史姓の人の話では、この腹掛けは、冠県・威県の拳民が義和拳運動の当時に身に着けていた「八卦兜肚（八卦印の腹掛け）」だという。これがどういう意味を持ったものであるかを考えてみようというのがこの文章の目的である。

この物件について始めて紹介したのは、李金鵬「義和団〝万宝符衣〟考」（賽孟朔・顧自忠編『義和団之源起』国際文化出版公司、二〇〇〇）で、かなり詳しい考察をしているから、それを参照しながら考えてみることにしよう。写真は施玉森『義和団運動和八国聯軍侵華戦争』（雛忠会館出版、二〇〇〇、四三頁）に掲載されている。

日本でも子供の腹掛けは菱形をしているが、これはその頂点部分の三角形が切られていて、上辺の直線部分には、表と裏に巾三センチの黒布が当てられ、その間に縄帯が通るようになっている。その黒布の表の面に、「金頂山」と金色の刺繍文字がある。腹掛けには「八卦図形」が描かれている。八卦図の真ん中が「太極図」(陰陽魚)で、下の陽(陽魚)は頭が青色、身の部分が赤色、上の陰(陰魚)は、頭が黒で、身の部分が浅い赤色である。「太極図」は外側が二重の線で囲まれている。八卦図の卦の配置は「後天八卦」の図で、左上から、乾、坎、艮、震、巽、離、坤、兌の順に並んでいて、坎卦が上、離卦が下になっている。各卦の字と太極図との間に卦の符(☰☱☲☳・・・☷)が描かれ、乾、艮、巽、坤、の四卦は、卦符が蘭色、卦の名の文字が紅色で、坎、震、離、兌の四卦は、卦符が赤色、卦の名の文字が青色になっている――これは義和団起源論で言及した嘉慶年間の八卦教の四卦武卦、四卦文卦という組織区分と同じ分けかたである――。そして左右に配置された兌卦と震卦の卦名の脇に、それぞれ二文字、「万宝」「符衣」と書かれている(写真では不鮮明)。

これが義和拳民が使用した符衣、つまり、戦闘に出かけていくときに身に着けて、戦いで身体が傷つかないように保護してくれる「魔法の衣服」なのだという。

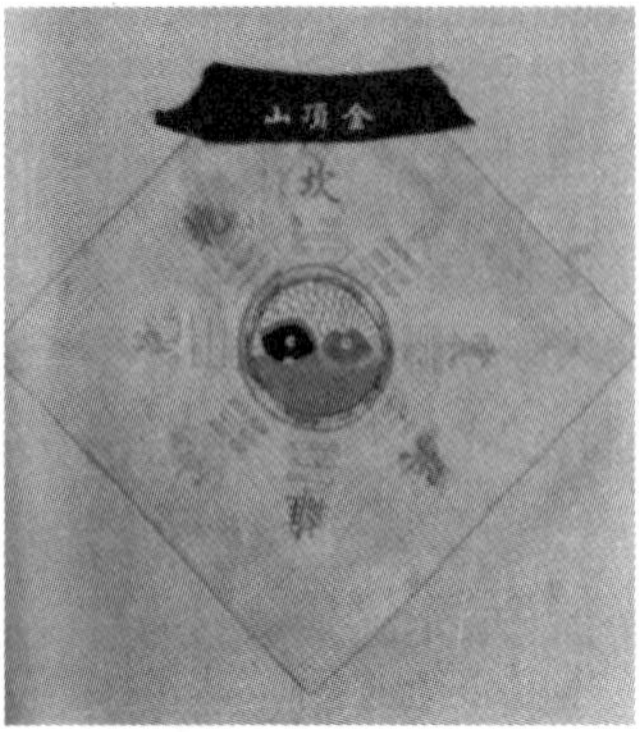

団員着用の“金頂山護符”

義和団の「兜肚(腹掛け)」については次のような記録がある。

かれらは、「護心紅兜」「護身符紅兜」を身に着けていたと言い(『山東義和団案巻』上、三七、四三頁)、冠県梨園屯教案の閻書琴の弟の閻書倹の身上からも「兜肚」と朱符が出ている(『山東義和団案巻』下、八一一頁)。また、保定、遵化、錦州など東北三省で一九〇〇年春三月ごろから義和拳が拡大したときに「神師降世」を言ったが、また、「咒語を教え、古代の名将が身を護ってくれる、教拳練刀すること一〇八日、功満つる時、銃砲入らず、刀箭も傷つけざるにいたる」と言った。「義和拳はこれを易《か》え、其の名を更えて義和団と曰《い》う。練ずる者ますます衆《おお》く、且つ分かれて上下両等と為す。習練すでに成る者は上等と為し、胸に八卦兜肚を係《か》け、腰に黄布を巻き、腿に黄帯を縛った。下等は腰に紅布、腿に紅帯をつけた。」（『万国公報』巻一四四、『義和団運動時期報刊資料選編』七三頁）ともある。

『平原文史資料』（第十一輯、五三頁）によると、山東平原県槓子李荘での官との戦闘でも、「紅兜を穿《き》た子供」が突出したと言う。

威県地区の梅花拳師の話では、この「兜肚」は二重になっていて、その間に道符＝辟兵符が入れられるようになっているという。これは後年の大刀会が護身符を入れたのと同じである。平原県では符を入れたという。朱紅灯は離卦の紅色だったが、冠県・威県の義和団の兜肚は白色で、八卦図が白布上に描かれたというが、これは梅花拳が西方兌卦の邱祖龍門派（全真教）と称し、西方兌が白色を示すというのと関係しているのだろう。

調査によると、威県の趙三多のグループ（梅花拳）はこれを身に着けることはなかったが、閻書琴（紅拳）の下の、山東で活動したグループはこれを身に着けたという。この二つの拳民グループが一緒になって梨園屯教案を闘ったのだが、閻のグループを、山東では「義和拳」と呼び――つまり冠・威県の義和拳出身のグループという意味を含めて呼び――、冠・威県地区の梅花拳の中では、閻のグループを「大刀会」と呼んだという。つまり、山東では趙三多らのグループに近い者と見られ、威県の趙三多らの義和拳グループの中では、自分らとは少し違った山東の「大刀会＝神拳」風の性格を持ったグループとみなされて、「大刀会」と呼ばれたというのである。実際、閻書琴らは大刀会神拳グループと行動を共にすることが多かった。

この大刀会と武術との関係だが、大刀会は真武神を供奉し、神拳は玉皇大帝と真武神を奉じたのだが、「真武神」についての民間伝説は次のように語られている。真武大帝はかつて武当山で修練したとき、飢えた腸が鳴り叫んだとき、宝剣を取り出して、自分の腹を割いて、腸と胃を掘り出して、それを水中に放り投げいれたところ、それが後に亀と蛇になって騒いだ。真武は得道した後、この亀蛇を収めて二将にしたのだという。「金頂山」はこの武当山の「金頂玉皇観」に因んだ名前なのだが、この真武が修行した場所が、この護身符・辟兵符を入れる「万宝符衣」の上端に書いてある「金頂山」だと考えていいのだろう。

また後年の紅槍会の入会儀式の中で西南に向かって唱えられる咒語のなかに、この「金頂山」の名が見える。「紅槍実習記」（『国聞週報』第五巻、五期所収）は次のような咒語を報告している。

「弟子某某謹請、祖師老爺出宮離位、下金頂山聞香。」

「請周公祖、桃花仙、掌旗将金剛将、黒虎霊官、亀蛇二将、衆位神聖、一斉下金頂山聞香。」

というものである。ここでいう「金頂山」は、祖師老爺、周公祖、桃花仙などの神聖神霊――これらの神霊はほとんど魯西南の大刀会の神霊と同じ――が天上から降りてきて、人々が供える線香の香りを聞《か》ぐ、その降臨の場を指している。つまり、真武が得道したという武当山の神聖な場と考えてよい。あるいはその得道も神霊降下の賜物と考えられているのだろう。

真武崇拝が、義和団起源に深いつながりがある王倫清水教において存在していたことは前に指摘したところだが（拙著第一章）、神拳、大刀会、梅花拳、そして紅槍会、においても、このように真武信仰の影を見ることが出来るのである。河南の紅槍会も、この神聖な場を共有していたということだ。

この「兜肚」（腹掛け）が趙三多や閻書琴らの義和拳が使用したものであるとすると、一九二〇年代の紅槍会との間に次のようなつながりを想定することが出来る。

つまり、（1）紅槍会入会儀式の原型が、一九〇〇年の閻書琴らの「義和拳―神拳―大刀会」にすでに見られていたのではないか。（2）さらには、祖師爺、周公祖、桃花仙等の神霊は、前著で論証したとおり、魯西南の大刀会の神位であり、その大刀会の神位と、この威県の義和拳の兜肚の「金頂山」が、二〇年代の紅槍会の儀式で結びついていることが見て取れる、ということは、魯西南「大刀会」と威県の「義和拳」が、仇教騒擾の流動状況下で相互浸透的に親和的なものになっていったということを示しているのだと考えられるだろう。

この「万宝符衣」の出現＝護身符の出現は、李金鵬の言うように、武術鍛練をさらに簡易化したと考えてよい。即ち、大刀会流の、「夜半に業を受け、氣を煉じ、吐納し、刀や磚で身体をたたいて、刀槍不入の身体に強化する」厳しい鍛練から、神霊に何度か叩頭して、場子［拳場］を行ったり来たりして、上法＝神霊附体すると、武芸が身につく、という形になった。「護身符」が登場してくると、それがまた次のようになった。

拳首が戦闘を前にしてこの「符衣」に法をかける。そしてそれを掛け、銃で撃ってみる。一つも傷つかない。実は銃には火薬のみが装塡されていて、実弾は入っていないのだが、この「符衣」の中には「護身符」が入っているから、その超自然的な力で刀や鉄砲も傷つけ得ない、弾丸も避けることが出来るのだ、と信じ、刀や矛で外国軍隊・清国軍に立ち向かった、というようになった。

最後のスタイルは、一九二〇、三〇年代の紅槍会・大刀会が護符を懐に果敢に軍隊に立ち向かった姿の原初的な姿であると見なすことは比較的容易だろう。やはり、紅槍会・大刀会の活動スタイルの歴史的根源は義和拳・義和団にある。そのまた根源は山東西南部の「大刀会」に、そしてその祖型は八卦教に結合された武術にあったことが、ここでも言えるのだ。

またまた同じ学説を再論することになるが、ここでも、八卦教の武場組織である魯西南の大刀会の武術＝金鐘罩に降神附体が付け加わり（「神拳」化）、さらに護身符を入れた「兜肚」（腹掛け）による不死身信仰へと簡易大衆化へ変化しているプロセスが見られるのである。つまり、義和団の不死身信仰の一つの型への結晶が現われているといってよい。義和拳の大衆運動のなかで、後年の紅槍会型運動の基本形が姿を現わしつつあったのだということを、この「万宝符衣」は浮かび上がらせているのだと言ってよいだろう。その紅槍会については、戴玄之や馬場毅、三谷孝など各氏の専門家の著作もあることゆえ、無知な筆者があえてここに贅言を加える必要もなかろうと思う。

Ⅱ、義和拳の掲帖一篇

「掲帖」一篇とその思想

これは、アンリ・コルディエの『シナ外交史』（Henri Cordier, "*Histoire des Relations De La Chine avec Les Puissances Occidentales 1860-1900*", Tom3, pp.459-461）の中に引用されている、雑誌《Etude》（三九〇—三九一頁）所収と注がついた、義和拳が直隷東南部で一八九九年の春に出したという「掲帖」である。今まで欧米の研究者もあまり引用しなかったものであるから、先の「万宝符衣」と同じように、紹介しておこう。

四面八方が戦の巷となるだろう。善き運命を持てるなんじらは速やかに此に来たれ。拳の一撃でなんじらは祖国の中に至るであろう。西の方、混沌［崑崙？］の山、美わしき虹の洞から来た不朽の我れは、名を道といい、字をチンチン Ts'ing-tsin 清静（平静の意味）という。我れは太公老祖（キリスト前千二百年のチェン朝の開祖）から来たりて、これらの廟の功徳を人間に告げ、かれらをしてこの書を普く頒布して民衆に義和拳に従うよう勧めるものである。

速やかに隊伍を組織せよ。なぜなら、十三の外国がいままさに帝国を攻めんとしているからだ。中国は非常に乱されるであろう。兵卒は山のごとく集まり、将校士官は海のごとく無数だろう。骨の山、血の河が生まれるだろう。されば、老若男女を問わず、朽ちることなき神霊の法術を学び、神聖なる修行に勤め、もって戦争の危険を打ち砕き、この大惨禍を避けよ。この苦難は三十年つづき、その後に平和が来るであろう。まもなく七十以上の国が波の如くに攻め来るであろう。善き人民よ、速やかに心を決して我らに加担し、もって敵軍に抵抗せよ。

ヨーロッパ人は井戸や川や、海、穀物の中や市場の上に、毒を撒き散らしている。唯一、神聖な法術を修めた善良な人民のみが毒を免れることが出来る。毒を撒き散らしているのは洋鬼子に与する我が国人である。彼らが市場で買わない物には毒がある。注意するが良い。

上のことはすべて、われわれが不朽の霊から教えられたことである。秘密を授けられた者は我が言を理解するであろう。

河間県において彼らを悪しざまに罵っている掲帖は次のように言う。

キリスト教信者はヨーロッパ人に助けられて宇宙を乱している。かれらは驕り高ぶり傲慢で、率直な人民を侮辱し、清王朝を圧迫し、聖人の教えを廃して、神聖な事物を嘲り罵っている。かれらの長はわれらの神聖な塔［廟］を壊して、その上に高い教会を建てている。かれらは愚昧な者をだまし、少年を惑わし、媚薬を作るために心臓や眼玉を取るのだ。かれらは井戸に毒を投げ入れている。ある読書人がこれらの悪行を見かねて、かれらを排斥しようと訴えに京師に行った。しかし悲しいことに、賄賂を受けた憎むべき官吏はかれを手ひどく虐待した。それで窮迫して、為すべきところを知らない善良な人々は一致して拳法を学ぼうと志すに至ったのである。Tchang tien-chen 張天師？の霊は、玉皇にこれらに事情を告げた。玉皇は怒って、人々がキリスト教信者を撲滅するのを助けるように、神々の一隊を天から地上に送り賜うた。いまやまさに洋鬼子の滅ぶときである。義和拳は金鐘罩であるから、剣も斧も恐れず、銃も砲をも撥ね返し護るのである。
　人民よ起て。勇気と精神を持って、洋鬼子を殺し、キリスト教信者を滅ぼせ。古より中華と夷狄には区別があるのに、いまやそれが混同している。誰がいったい帝国に属する者だというのか。孔孟は涕泣して已むことなく、その涙は胸から流れつつある。

　これはかなり国粋的、「伝統文化主義」（中華思想）的な排外国の意識が濃厚な掲帖であるといってよい。ヨーロッパ諸国からの祖国・帝国への圧迫とキリスト教による文化的「汚染」を攻撃し、「玉皇」や「天」、中国宗教の「聖」性の象徴・宇宙論的な超自然的存在、の意思によって、中華を馬鹿にして圧迫している「洋鬼子」を滅ぼすのだ、という。清朝や孔孟の教え、廟（中国宗教）は圧迫され穢された存在になった、だからこれらを「汚染」から回復しようというのである。こうした意識から、「扶清滅洋」というスローガンが出てくるのだが、これは、「清」朝国家（延いてはその治下の「文化」）を「扶」けるという意味以外にない。われらは祖国と文化を助けるために立ち上がるから、国家ももっと対外的に強硬な姿勢をとれ、国権回復の発動をしろ、戦え、というのである。この政治意識を他の例を通じて論証してみよう。

Ⅲ、湖北省の「保清滅洋」

――湖北省の『保清滅洋』スローガン

『上海中外日報』(光緒二十五年十一月二十八日、一八九九年一月九日)は、湖北省宜昌府下の長陽県で土匪数百が、『保清滅洋』の旗を立てて、教会と難を為した、張之洞は武昌から護軍中営の出動を命じた、と報じている。軍は船で沙市まで行き、宜都県を経由して長陽県に向かった(同一月一〇日)。これは、四川省で余棟臣の仇教暴動が広がっていたのを受けて、一ヶ月ほど前に宜昌一帯の匪徒が――余棟臣は哥老会のメンバーで湖北湖南の会と繋がりがあったから、かれらは哥老会と見て誤らないだろう――、饗応した騒ぎに続いたものだという(同一月一四日)。このたび、「巴東(県)の匪」が同じ宜昌府下の長楽県で教堂を焼き、宣教師を殺害したのは、「余匪(余棟臣)がひそかに勾煽を為したからだ」、地方官は「往来の信函」を捜獲したという。かかる騒ぎは、四川省の官の余匪(余棟臣)に対する対応が、腫れ物に触るようで、生ぬるく、これを掩護するかのようでさえあるから、全然効果がなく、謀逆の徒がこのように法の外を逍遙しているのはいまだ聞いたことがない。四川がこうだから、巴東県は重慶から千里(五百キロ)離れているが、江の上下は遊音が瞬時に相通じるから、たとえ余匪(余棟臣)の勾煽がなかったとしても、風を聞いて騒ぎを起こしたのは勢いであろう。軍の出動で匪百余人は長楽県に逃走し、「県邑を破失、知県が被虜」なったのだ、という(一月一六日)。

ここ湖北でも、スローガンが『保清滅洋』の旗である。四川の余棟臣が『順清滅洋』で、山東直隷の義和団が『扶清滅洋』スローガンであることは有名だ。これらをどのように結び付けて理解するかが重要だろう。重慶から六百五十キロ離れた湖北の長楽(長楽は巴東から百五十キロ)や更に百五十キロ離れた宜昌でこのような仇教騒動が起きているのは、これら三例は共通した思想的背景から出ているのだと考えるのが適当である。結論的に言えば、これら大衆の仇教(反キリスト教)運動は、政府・国家に「請願」する性格を持っていたということを言いたいのである。「義和団の乱」といわれる「反乱」騒動をこんな風に言うのは逆ではないか、と思われるだろうが、真なのだ。

深まる対外的危機、亡国滅亡を感じさせる危機――日清戦争の敗北、ドイツ、ロシアの租借地設定、イギリス、フランスの租借の動き、鉄道等各種利権の喪失――、この外国人の横暴に対して、清朝は国家としてしっかり対応してもらいたい。われわれは「清朝」に「順」いつつ、それを「保」ち、「扶」け「洋」をやっつけるから、政府・国家もしっかと立ち向かえ、という「請願」の性格が濃いのである。これはその後の二つの歴史的事件と同じ構造を示している。アメリカが移民法改正で華人を排斥しようとしたのに反対した一九〇五年の反米ボイコット運動――彼らは義和団のような野蛮な暴力的行動はとらない、文明的にやると公言したが――は、自分たちはアメリカ製品ボイコットをやって抗議し、支援するから、清朝・政府は外交でしっかりとアメリカと交渉して権利を勝ち取ってもらいたい、と「請願」したのだった。五四運動も、ヴェルサイユ講和会議で中国の主張する日本からの青島返還が失敗したのに抗議して、抗議の反日デモと請願がおこなわれ、親日派官僚襲撃になったのだが、かれらは国辱的な講和調印をするなと、民国政府に強い対外的国権発動をするよう期待し、「請願」したのだった。これらは対外的な民族的（国民的）大義をかざしての運動だから、商人も労働者も立ち上がってアメリカ・日本を非難し、ボイコットをやり、弱腰の政府を「責める」ことができた。五四運動の場合も、「プロレタリアート」としてではなく、「中国国民」たる「労働者」が運動に立ち上がったのだと思う。

このような解釈は、中国人学者はけっして採らないだろう。二つの心理的障害があるからだ。一つは、民族主義にかかわる。清朝という異民族支配を覆した辛亥革命の評価につながる問題だ。漢民族が、満洲族の清朝国家の臣民として、その大清の国家と支配を是なるものと容認し、それを擁護して、圧迫してくる外国勢力の排斥に立ち上がったのだとすると、漢民族の民族的自尊心に傷がつくのである。また、その後の「滅満興漢」の反満種族革命による中華民国の成立という「漢」「民族主義」とうまく繋がらないからでもある。とくに国民党系の歴史把握では心理的障害になる。それを避けるには、「中華民族」というような言い抜けをする以外にないが、では、義和団大衆は「中華民族」意識だったのか。であったならば、「扶清」ではなく、「扶中華滅洋」でなくてはならないだろう。確かに、義和団掲帖の中には、文化共同体としての「祖国」「中華」「中国」の防衛（文化防衛主義）を主張するものが存在するから、「中華」「中国ナショナリズム」の萌芽があったと考えていいのだが、「中華民族」を自覚していたと言うのは言い過ぎになる。「中華民族」と孫文が言い始めたのは、辛亥革命以後の「五族共和」論のときだ。第二は、階級闘争論にかかわる。搾取され虐げられた貧しい農民階級が、「封建」地主階級の支配する清王朝・国家を擁護した、というのだから、義和団の排外主義は、「農民階級の歴史的な限界性のある民族革命思想」「人民の反帝国主義の原始的形式である」（張海鵬）[1]という観点とは衝突する。支配をめぐるヘゲモニー論などを持ち出さざるを得なくなるが、しかし、中国マルクス主義にはヘゲモニー論のような思想装置はない。だが、この「農民階級の」「民族革命思想」というのは一体なんなのだろうか。この「民族」は、「漢族」「満族」の民族なのか、「中華民族」なのか。「革命」というのは権力の問題だから、清朝の権力支配を覆そうという志向だろう。とすれば、「民族革命」というのは、（満洲族を含む）中華民族の革命というのはありえないから、漢民族が満洲族から権力を取ること以外ないだろう。だが、果たして義和団大衆はそうだったのだろうか。また、「反帝国主義の原始的形式」はいいにしても、義和団は「人民」という自覚的な階級的存在だったろうか、それとも清朝の臣民と考えたほうがいいのだろうか。

中国の歴史認識はパラダイム転換をしない限り、これらの隘路を突破できないだろうと思うのである。

註

（1）二〇〇六年の「氷点」事件（『中国青年報』副刊「氷点」が掲載した袁偉時「現代化と歴史教科書」が共産党史観に著しく

反したとして停刊処分を受け、国際的に注目された事件）後、前近代史研究所所長だった張海鵬（現中国史学会会長）が、再刊時に掲載した批判論文「反帝反封建が近代中国の歴史の主題である」（拙著『「氷点」事件と歴史教科書論争』日本僑報社、二〇〇七、所収）。

第六章　露清戦争——一九〇〇年満洲、ロシアの軍事侵攻

——「アムール川の虐殺」はなぜ起きたか——

はじめに

アムール河の流血や　凍りて恨み結びけん
二十世紀の東洋は　怪雲空にはびこりつ
コサック兵の剣戟や　怒りて光ちらしけん
二十世紀の東洋は　荒波海に立ちさわぐ
満清すでに力尽き　末は魯縞も穿ち得で
仰ぐはひとり日東の　名も香ばしき秋津島

明治三十四年（一九〇一）二月に作詞・作曲された旧制第一高等学校東寮寮歌「アムール河の流血」はこのように歌う。

一九〇〇年七月にアムール川上流のブラゴヴェシチェンスクで起きた、ロシアによる満洲居民数千名の虐殺事件

の衝撃を歌ったものである。この義和団事変中の惨劇は海を越えた明治日本の多感な青年に大きな衝撃を与え、ロシア軍コサック兵の銃剣による流血は二十世紀東洋の激動を予告している、満清＝清朝は魯の国の産の薄い白絹（「漢書・韓安国伝」）も穿ち得ないほどに弱体化してしまった、わが日本にこそ二十世紀東洋の期待がかかっているのだ、と言う。この作詞者の塩田環らの青年がその二十世紀のアジアの激動をどのように生きたのかもまた大変興味のあるところだが、それはどなたかに調べていただくこととして、この歌のメロディーは、後年の『聞け万国の労働者』と同じで、大変分かり易かったため、人口に膾炙されて、対露戦争への昂揚に役割を果たすことになった。一九〇一年に結成された内田良平らの「黒龍会」は、この時期の日本人のアムール地区（「黒龍江」地区）への関心を背景に結成された政治結社であるが、両者ともにロシアの影への危機意識を帯びている。そうした時代の影を受けてブラゴ市（以下このように略す）に入っていた参謀本部員の石光真清はその手記『曠野の花』でこの虐殺事件を目撃し、後にその証言を書いて生々しく伝えた。と同時に、ここは露清国境紛争の焦点の一つだった。ここは「江東六十四屯」と呼ばれた地区のあったところで、ロシア人が入る前から「満洲人」が開墾居住して営農していたのである。だから、一八五八年のアイグン条約後も、黒龍江北岸の清国人居住地域――農業豊かな三万六千平方キロ、人口一万五千人、旗丁二千百五十四戸――として認められて残っていたのだった(1)。それゆえに、このような凄惨な事件が起きたのであるが、義和団事変時に「満洲人」たちはこの地から南岸へ追放され、豊かな土地はロシアによって占領され、ロシア人が入植した。だからその後、中華民国人住民の帰還を巡ってロシア側との外交問題になった。従って、「満洲国」成立後は、ソ連と「満洲国」との国境問題に、人民共和国成立後は、中ソ・中ロ国境紛争の懸案地になったのである。最近の中ロ国境交渉の決着でそれがどのように解決を見たのかは、興味のあるところだが、これまたどなたかに解明をお願いする課題として、その歴史を書くことが本章の目的ではない。こうした歴史過程の端緒になった、この虐殺事件を生んだ義和団事変時の満洲における義和団の運動とロシアの軍事占領についての実態に一応の了解を得ることが本章の目的である。

この問題は、事変後すぐに、ペテルブルクにおける露清の満洲還付問題についての外交交渉、北京における満洲引渡しをめぐる外交交渉、それへの日英など列強の介入など、日露戦争前の極東外交史、国際関係に直結するのだが、それもまた、もう一つの研究として別稿で考えなくてはならない問題で、ここではその端緒を明らかにすることに限定しよう。

一、義和団事変におけるロシアの動向

一九〇〇年五月に義和拳の騒動が北京に迫ってくると、列国の北京外交団は危険を感じて、大沽沖に結集させた艦船から海軍陸戦隊を上陸させることにした。ロシアも大沽沖に艦船を集結させていたが、示威行動には加わっていなかった。というのは、ロシアは、義和拳の恨みの対象はヨーロッパ人のキリスト教布教活動で、その恨みが商業進出、鉄道の内地への滲入が引き起こした経済競争によって、より深くなったからだ（ニコライ二世）と考えていたからだった。北京公使ギールスは、天津領事や営口領事、軍関係者からの報告にもかかわらず、事態を重視しなかったし、ペテルブルクのムラビヨフ外相も泰然としていた。こうした諸事情から、ロシアは積極的な行動をとらなかった。イギリス公使マクドナルドと同じように、最後には清国政府が力で処置するだろうと考えていたのである。

ドイツ公使ケッテラーが、陸戦隊のみならず、積極的な干渉が必要だと主張したのに対しても、それは中国分割への道へ誘い込むものだと警戒し、事態は陸戦隊を必要とする以上にはならないだろうと考えていた。五月二八日に、

ロシアは連名の電報で、英米とともに、公使館警護のための海軍陸戦隊七十四名を上陸させ、北京に至らせた。これは、総理衙門（総署）が呈示した毎館三十名という戊戌変法時に許された数字を超えていたが、気にかけなかった。六月になって、京津鉄道が再び断たれると、ギールスは、もし北京が包囲されるようなことになれば、各国海軍司令官が「一致した行動」を採るよう求めるようになった。そして、「中国の友人」という意識からであろう、自ら西太后に書簡を送り、義和団の鎮圧を求めるとともに、総署の慶親王に、天津との電信線が断たれるようなことがあれば、ロシアは大沽に入るだろうと警告した。しかし事態は改善されなかった。やがてギールスも、清国軍は義和拳側に立っていると判断するようになり、公使館衛兵では外国人の安全の保持と防禦には不充分であることを自覚するようになった。

ペテルブルクの外相ムラビヨフも、イギリス公使からの要請を受けた北京（ギールス公使）と関東（旅順）からの報告を受けて、旅順に駐留していた一万二千のロシア軍の中から、四千人を直隷に出すことを決心し、皇帝・ニコライ二世に提案した。かれは、その目的は、一つは、日本や他国が軍隊を派遣するのを防止し、ロシアの極東での威信を高める助けになるからで、第二には、派遣はロシアが関東州を占領した価値に新たな証拠を提供することになる、と説明した。ニコライはこれを了承した。

北京の外交団も六月九日に、陸戦隊の北京派遣を要請したが、この日、ギールスは、事態は外交の段階を超えた、軍の出番で、強力な軍隊の北京到来のみが北京の外国人の生命を救うだろう、とペテルブルクに電報を打った。六月一〇日、イギリス海軍シーモア中将率いる連合援軍が天津を出発した。それは沿線の清国官民の激昂を生んだ。その晩、旅順からロシア兵四千人が大沽に向かって出発した。その第一陣二千人が大沽に上陸した。この部隊はその後、義和拳と衝突しながら進軍し、六月一二日に天津に到着し、租界および天津駅（老龍頭駅）に駐屯した。こうした清国における外交軍事の展開の背景と状況から判断すると、ロシアが列国の中でも軍事的に主導的な役割を果たすことが出来る位置にあったことがわかる。それも、旅順があったからである。だから旅順のロシア海軍中将アレクセーエフは、イギリス海軍中将シーモアに対抗しうるロシア軍人、その軍人による列国側の政治軍事指揮の必要性を感じたのだった。

しかし、ロシア政府の基本政策は、六月一七日に外相ムラビヨフがニコライに提示したメモにあった。その中でかれは、中国政府の敵意のために、この国際干渉は、公然たる対華戦争になるだろう、と見た。それで、長い国境を接する露清両国の歴史的関係から見て、（1）ロシアは、聯合軍の指導的役割を要求すべきではない、侵略事件の中で、中国人に責任者として姿を現わすのはまずい、（2）ロシア軍の列強との連合行動は、公使館の解放とロシア人とその財産の安全保障に限られるべきだ、ロシア軍の参加は各国への牽制になるし、ロシアは中国政府に友好的態度を示し、義和拳の変乱を、朝廷に反対する「革命」を鎮圧するのをロシア人が助けるという形にすべきである、とのメモワールを提示していたのである。この案が、六月一八日に旅順のアレクセーエフと参謀長サハロフ将軍に送られた。

直隷での情勢は複雑になっていた。天津から北京に向かったシーモア軍は義和団と清国軍に行く手をさえぎられ、立ち往生した。大沽付近にも清国軍兵力が集結し、シーモア軍との連絡は途絶した。列国海軍会議は大沽砲台の占領を決意する。六月一七日、列国は砲台を占領するが、ロシア艦隊も、八隻のうち三隻をこの戦闘に参加させた。この大沽砲台占領は清国との外交関係を激変させた。砲台引渡の最後通牒を期限を過ぎて受けた直隷総督裕禄は怒り、その清国軍と義和団が対列強戦争の共同戦線に立つことになったのである。(2) 公使館救援はさらに困難になった。天津租界は清国軍と義和団の激しい攻撃に曝された。この攻撃からの防御を支えたのは旅順から到着していたアニシモフ指揮下のロシア軍であった。そうこうしているうちに、六月二〇日、北京の朝廷は宣戦を決定し、ドイツ公使ケッテラーが北京の路上で清国兵に射殺された。日本公使館員・杉山彬も永定門で甘粛軍に殺害されていた。北京は混乱を極めていた。

この時（二〇日）、ペテルブルクでは、外相ムラビヨフが急死した。代理外相にはラムスドルフが就任した。かれは、蔵相ウィッテの推薦で就任したと言われているが、方針としては前任者ムラビヨフの方針を踏襲するよりほかなかった。しかしその方針に次第にウィッテの影響が出てくることになった。大蔵大臣ウィッテは東清鉄道を通じて満洲への経済的浸透を進め、ロシアの極東での影響力を平和的に拡大していこうという方針であったが、義和団の排外行動の広がりはこれに大きな影響を与えかねないものになりつつあった。しかしかれは、大蔵大臣下の「鉄道守備隊」の増強で乗り切れると思っていて、六月下旬にその数を四千五百人から一万一千人にまで増強した。しかし、ラムスドルフは、既定の方針に変化をもたせ始める。

最大の問題は日本が出兵するかも知れないという問題であった。南アフリカでボーア戦争を抱えていたイギリスは、北中国での事態の急変に対応する軍事行動を展開できなかったから――インドからの軍の移動でさえ相当な時間がかかった――、日本の出兵を要請した。しかし日本政府は、「三国干渉」の後遺症から、出兵は列国の国際的承認が必要だとのポーズを取り続けた。ソールズベリーはドイツと相談した。ウィルヘルム二世は「黄禍論」にとりつかれていて、日本への警戒心を緩めなかった。しかしまた、ケッテラー公使の殺害への報復を考えていたし、ロシアに歓心を買い、好意を示すためにも、ソールズベリーの日本出兵案を拒絶しようとしていた。ソールズベリーは自分の失敗を悟った。そして、相互保証というやり方を放棄し、日本による干渉は、日本のヨーロッパ国家への義務である、と言い始めた。七月九日、ロシア外務省は在外公館に宛てた秘密電報の中で、日本が自ら参加したいというのであれば、もう一度考え、同意してもよいかも知れないが、ヨーロッパが日本に「たのむ」という言い方には反対である、と述べた。その出兵の原則は、各国の意見の一致、中国の現体制の維持、中国分割に導く畏れのあるいかなる事情も避けること、そして共同で北京の合法的中央政府を回復すること、ということであった――後述するように、この日、陸軍大臣クロパトキンはロシア軍の満洲への進入を命じる――。

しかし、華北の事態が問題を解決した。七月四日に大沽で開かれた列国海軍会議で、イギリス、日本が提出した、日本軍の一分隊を参加させる提案を、ロシアを含む列国が承認したのである。そして、ロシア政府は日本の出兵に反対しないことを、イギリス政府に伝えたのだった。

第二の問題は聯合軍の最高統帥権問題である。天津戦でのロシア軍の働きには見るべきものがあり（シーモア軍への救援も）、ロシア軍が指導的地位にいたから、聯合軍統帥権を要求するのも当然のように思えた。陸軍大臣クロパトキンは、アレクセーエフが司令官の職をとりやすくするために、かれを華北陸軍高級司令官に任命し、ニコライにかれを聯合軍最高司令官に任命するように求めた。しかし、ムラビヨフの既定方針がなお優位を占め、ロシアからは最高司令官を出さないことになった。ウィルヘルムは八月六日にニコライ宛に出した電報で、前ドイツ参謀長ワルデルゼーを最高司令官に任用したいと申し出た。ニコライはこれに同意した。しかしその聯合軍統帥権は直隷にのみ適用され、満洲には適用されないことを主張した。ドイツは、ニコライの同意を使って、イギリス、フランスの同意を取り付けた。ワルデルゼーは一〇月に着任するのだが、その間も聯合軍は聯合軍軍事会議の下で行動をつづけていた。その代表例が、イギリス、日本、ロシアによる天津都統衙門である。蛇足だが、聯合軍最高統帥権という問題は、日本軍隊の海外派兵先での軍事指揮権を外国軍人が持ち、日本軍がその指揮権の下に置かれるという、明治憲法が想定していなかった統帥権の問題であり、日本軍隊は果たしてその指揮権下に入るべきか否かという問題でもあったのである。

六月末になると、新たな問題が発生した。義和団の騒乱の満洲への飛び火である。七月五日から七日にかけて、東清鉄道南満洲支線が義和団の攻撃を受けたのである。そのため、ロシアは直隷での聯合軍との一緒の行動に加わるのを拒否するようになる。

クロパトキン陸相は、ロシアは先ず、「北京のことを」結束させるべきだと言ったが、ウィッテは、その他の措置がみな失敗する以前には、北京への前進をしばらく止めなくてはならない、と言った。実際、北京への進攻は兵力集結に時間を要したり、夏の雨のために遅れたのだが、かといって、反対したウィッテの心中にははっきりした「措置」案があるのではなかった。それは、一八九六年の露清密約以来の旧知の李鴻章の北京召見（六月二六日）と関係があっただろう。この頃、李鴻章は、和平交渉を考え始めた清朝中央から、一刻も早く広州から北京に来るよう催促されていた。李鴻章は六月二六日にウィッテに、召見されたことを電告したが、同日に、ウィッテから、もし李鴻章が局勢を正常化するなら、ロシアは清国に宣戦しない、ロシア軍でもって李を支持する、という電報を受け取っている。(3) しかし、イギリスも香港で李鴻章と接触し始めており（両広独立計画）、ウィッテが考えるほど簡単ではなかった。しかしロシア外交は西太后に影響力を持つ人物を李鴻章以外に見出せなかった。それで彼を通じるルートを使うことにし、その役を東清鉄道（露清銀行）のウトムスキーに負わせることにした。

ロシア政府は七月三日になって清朝の宣戦を知った。五日にクロパトキンが急遽ペテルブルグに戻り、ウィッテに、「これで満洲占領が出来る」「満洲はどうしてもブハラのようにする必要がある」(4) と語ったことは、常に引用されたことではあるが、ロシア軍部の傾向をよく示していた。しかし、ウィッテ自身もまもなく態度を変えることになる（後述）。

七月一三、一四日、聯合軍は天津城に総攻撃をかけた。ロシア軍も聯合軍と共同行動を採る以外に選択の余地は無かった。天津攻略後、北京に進撃するためには、七、八万人の軍が必要だと判断された。イギリス・ドイツはそれまで進軍を控えるべきだ、と主張したが、寺内正毅参謀本部次長ら日本軍とロシア軍は一万八千人で進軍することを主張した。八月二日、聯合軍は北京に向け進撃を開始した。熱暑の中の行軍と途中の戦闘を経て、八月一三日、北京郊外に到着した。そして聯合軍は翌一四日に一斉に北京攻略する予定だったが、リネウィッチ将軍率いるロシア軍が先駆けして攻撃を開始し、一四日に公使館区域を解放、北京市内を占領した。清朝朝廷は北京を脱出、太原を経て西安に行在を置くことになった。

占領後、列国間の対立が表面化した。イギリス・アメリカの司令官はロシア軍の単独攻撃を公正でないと非難した。また、日本とロシアが戦勝軍パレードの順番をめぐって対立したり、リネウィッチに対してイギリス軍が敬礼しないなど、聯合軍間の感情的対立まで表面化した。

ロシアは、李鴻章の天津上陸から、北京行きまで、それをエスコートするかのように寄り添うことにしたが、イギリスとドイツの代表は、李鴻章の北京通過を許可しないと言い始めた。李鴻章は八月七日に講和代表に任命されたが、ドイツ、イギリス、日本、フランスの艦隊司令たちは天津への上陸を許可しないと言い出したので、李鴻章は九月一八日まで海上に足止めを食うことになった。

ロシアとアメリカは李鴻章の講和代表資格を認め、中国官員として中国領土を通過できるはずだと主張したが、ウィルヘルムは、中国は戦争状態にある、従って李鴻章は敵国公民として逮捕拘留できる、と語った。ロシアは、北京外交団を天津に移して清国側と講和交渉を行なうよう提案したが、これが他の列強との不和を引き起こした。八月二六日、ロシア公使館の北京撤出命令がギールス公使に伝えられると、彼らはこれを列国に伝えた。しかしリネウィッチ将軍は、ロシア軍が現有する一万五千の兵を北京と直隷で越冬させると言明した。イギリスは、このロシアのやり方に倣うことはないと表明。ロシア軍は九月一三日から北京を撤出し始め、二九日に自分の公使館と北京に来た全軍を撤出させた。公使館衛兵千二百名のみが北京に残った。

この撤退軍のうち五千名は九月下旬から山海関に向けて進軍し、沿途の清国軍を降伏させ、九月末に、ロシア軍と列国陸戦隊は山海関を占領した。ロシア軍は更に錦州に進んだ。このロシア軍は、十月初めに周辺掃蕩のためにエリツ近衛大尉の遠征隊を永平府下に出していたが、一〇月二七日にこの隊に、当時、包囲攻撃されていた錦州・朝陽界の松樹嘴子教会を救出するよう移動が命じられた。カトリック東蒙古主教のアベルスと二十三人の宣教師、三千人の中国人教徒がここに避難し、立て籠もっていたのである。この隊は「票匪」（身代金取立の土匪）の反撃を受けたと言われるが、清国兵と義和団によって包囲されていたから、その義和団勢力をいうのである。遠征隊は教会の内に入って、二名の死者と大尉を含め二十六人の負傷者を出しつつ、その攻撃を堅守した。そして一一月五日、この包囲はセルブスキー将軍率いる部隊によってようやく解かれ、救出されたのだった。(5) その後のこの教会を巡る紛争については第七節で詳論する。

北京の聯合軍は一〇月四日に保定に向かって進軍、旧直隷総督衙門を占領、義和団擁護派だった按察使・総督代理の廷雍を捕らえて処刑、翌一九〇一年四月まで保定占領を続けるが、この行動にはロシア軍は参加していない。ロシアは、華北の列強諸国の入り乱れる混乱の中から身を離そうという姿勢を見せたのだった。その一方でウィッテは、満洲の情勢の展開により一層関心を寄せるようになった。ニコライと彼の大臣達もそうであった。そして、ロシアは満洲に十五万人余の軍隊を投入することになる（全数としては、十二軍区から動員された十七万余人）。その満洲の混乱とロシア軍の投入について見てみることにしよう。

二、義和団騒乱の満洲への波及と清国軍の攻撃開始

満洲への義和団騒乱の拡大はいつ頃からであろうか。海路や陸路を通じて営口[6]や錦州[7]にその姿を見せたのが二月頃だったというが、南満洲での大衆的な広がりという点で一つの画期を為すのは、ここでも天津と同じく旧暦五月の端午節句（西暦六月初）であった。もう一つの画期は六月二一日（旧暦五月二十五日）の宣戦上諭が清朝の陪都「盛京」（以下「奉天」と併用する）の盛京将軍・増琪のところに伝達されたそのしばらく後のことであった。満洲の義和団騒動の焦点になったのは、その奉天である。

義和団期の清国の蠢動というのは、一八九八年の戊戌政変以後に起きた反西洋の動きが背景にあり、九九年二月のイタリアのアモイ割譲・三門湾租借の要求を清国朝廷（西太后）が拒否した後、この朝廷（西太后）の「果断」が、外国の侵入に激怒した朝廷内外の官員のいろいろな活動を呼び起こすようになったのだった。満洲でも地方官をはじめ、多くの人々がロシアに非友好的になって、測量隊を襲ったり、鉄道への敵対、騒動・紛糾が起きてきた。一九〇〇年の満洲で義和団の攻撃対象になったのはキリスト教（主にカトリック）教会とロシアが建設していた「東清鉄道」であった。それは、山東の義和団の闘争がドイツの膠州湾占領への反抗を示したのと同じく、満洲の義和団も、ロシアの旅順・大連租借と東清鉄道南満洲支線建設への抵抗というかたちをとった、反外国帝国主義の性格を持ち、それを表現したことを示している。つまり、九七年、九八年のドイツとロシアによる華北、満洲での租借地設定、鉄道建設に対する清国のナショナリスチック（国家主義的、民族主義的）な反発・抵抗がこの義和団の運動・騒乱なのだということである。だから、駆逐西洋人の嵐が席捲し始めると、中国政界の上層の人物たちも次第にそれに譲歩し、あるいはそ

れを支持しさえし始めたのである。これには、満洲人官僚が大きな役割を果たすことになった。

そのロシアの満洲での租借と鉄道建設活動を具体的に概観しておこう。まず、ロシアの旅順・大連租借とそれへの反発である。

1、東清鉄道の建設

東清鉄道建設は、一八九六年にニコライ二世の戴冠式に赴いた李鴻章に対して、ウイッテが、日本と一旦事有る時にロシア軍の東方移動と支援が容易になると説得して、シベリア鉄道から満洲北部を横断してウラジオストックに至る鉄道の通過を認めさせた「露清密約」によって根拠づけられる。

日清戦争後の清国人は三国干渉で遼東半島を取戻させてくれたロシアの援助に感激し――遼東半島の価値は三千万両に止まらないと考えた――、また、低利の一億両の露仏借款を斡旋してくれたロシアに感激し、ロシアこそ真に「吾等の好き友人である」と思った。ウイッテはそんな李鴻章に、日本こそ恐るべき敵で、ロシアは戦争中、清国を援助したいと思ったが、交通が不便で、参戦する前に終わってしまった、と誘い、こののち、清国がロシアの援助が要るなら、満洲横断の鉄道を建設させるべきだ、と言った。李鴻章は自分で造ると言ったが、ウイッテは、清国が作ったら、十年経っても出来ず、急には間に合わなかろう、清国がロシアの好意を拒絶するなら、ロシアは再び清国を助けることはない、と突き放した。李鴻章はこれに屈したのだった。この「密約」こそ、李鴻章が「狼を家に入れた」、彼「一生最大の誤り」と言われる外交で、後の「中国分割」の動き、露清戦争、日露戦争、二十一ヶ条、満洲事変を引き出してきた元凶そのものなのである。

鉄道は露清銀行下の東清鉄道会社によって建設されることになったが、ベルリンで駐ドイツ公使許景澄とウトムス

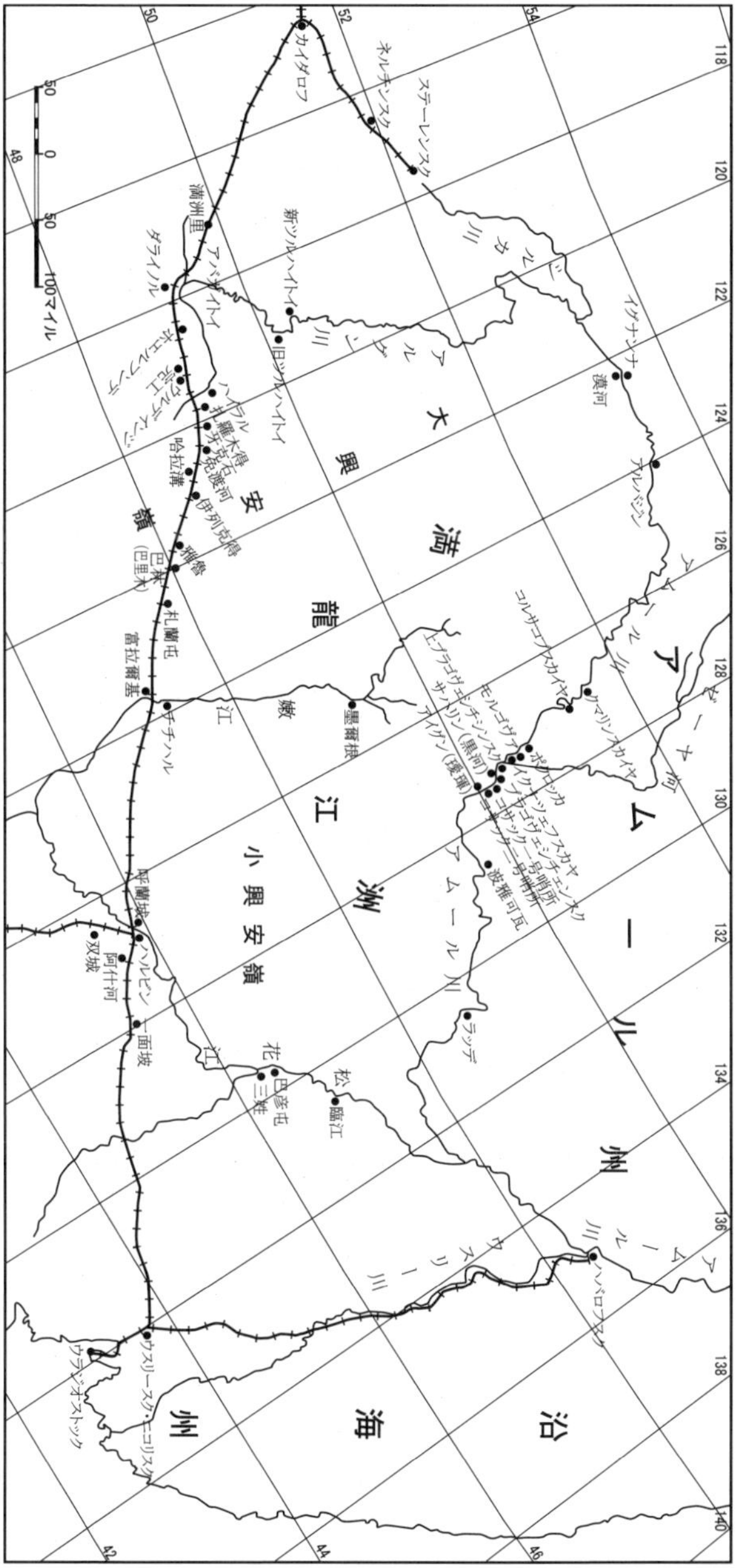

大興安嶺
黒龍江
小興安嶺
満洲
アムール州
沿海州
アムール川
満洲里
ハイラル
哈拉溝
富拉爾基
チチハル
墨爾根
漠河
ブラゴヴェシチェンスク
ハバロフスク
ウラジオストック
ニコリスク
哈爾浜
阿什河
双城
一面坡
三姓
臨江
ウスリー川
嫩江
松花江
100マイル

東清鉄道とアムール川

キーとの間で「東清鉄道」契約が調印されたのは一八九六年九月八日のことであった。工事はその批准後十二ヶ月以内に着工することになっていた。責任者に任命された総技師ユーゴビッチは、翌九七年にかけてロシア国内で調査や従業員の募集をした後、極東の沿海州に至り、三岔口で開工式を行なった。そして、自ら無人の原野森林地帯に分け入り、全線の測量を行なって路線を確定した。

清国は三千万両出して買戻した遼東半島を九八年の旅順・大連占領と、その後の租借条約によって、ロシアに奪われた。黄海への出口、不凍港旅順を得たロシアは、ウラジオストックとこの港を鉄道で結ぶことを欲するようになった。それには東清鉄道を南下させる必要がある。しかし、この南支線は、李鴻章さえも、ロシアの満洲への侵入をもたらすものだとして危険視し強く拒否していたものだった。だが、占領後の九八年五月にペテルブルクで結ばれた租借条約付属書で、北満洲を横断する東清鉄道のある駅から旅順口を結ぶ南満洲支線の建設が取り決められた。本線工事は九八年五月から、南支線工事は同年六月から始まった。本線と南支線との結合駅として原野の中に作られたのがハルビンである。ここに鉄道建設本部が置かれる。というのは、ベルギーやアメリカで製造された鉄道建設資材、輸送用の河川用汽船などは、ウラジオストックからウスリー鉄道でハバロフスクに送られ、そこから船でアムール川↓松花江を遡航して、資材人員を陸揚げすることにしたのだが、その地点、つまり松花江航運と東清鉄道予定線の交差点として原野の中に建設されたのがハルビンなのである。鉄道工事はここを基点として、

西線：ハルビン—チチハル近郊—満洲里—チタ（シベリア鉄道に接続）

東線：ハルビン—一面坡—ウスリー・ニコリスク（シベリア鉄道ウスリー線に接続）

南線：ハルビン—寛城子—鉄嶺—奉天—遼陽—旅順口

この三線の工事が進められることになった。さらに、開港場・営口に建設資材を陸揚げし、南から南支線を建設する

ハルビンの松花江鉄橋の工事（この鉄橋は現在も同じ形で残っていて使用されている）
（国会図書館憲政資料室、石光真清文書）

ために、営口―大石橋支線を建設し、旅順・大連から北に工事をするのと、営口から北に建設する工事が、同時に進められた。

一八九八年六月九日、ハバロフスクから資材を積んで松花江を遡ってきた汽船がハルビン予定地に着いた。これがハルビン誕生の日である。労働者は日本人、朝鮮人、満洲人、中国人を召募した。なかでも天津や芝罘で募集した六万人の中国人労働者を使用し、工事は酷暑の夏も厳冬の季節も休むことなく進められた。

ロシアが東清鉄道南満支線建設時に工事用に使用したX－180蒸気機関車。アメリカ・フィラデルフィアのパウエル機関車工場製。木材を燃料とした当時最大の蒸気機関車。長さ7.8m、高さ4.7m、動輪直径1.27m、ゲージはシベリア鉄道と同じ広軌の1.524m。扶余県の鉄橋下、地下５mのところから発掘され、長春の溥儀の皇宮跡地に展示されている。義和団事変か日露戦争時に落下し、そのまま埋まっていたらしい。（筆者撮影）

ハルビン―チタ間の西線は七工区（段）に、ウスリー・ニコリスクへの東線は五工区、旅順口への南支線は六工区に分けられ、工事が進められた。義和拳の騒擾が満洲に及んできた一九〇〇年六月までに、千四百キロ余りが敷設されていた。南支線はハルビンから南に一百キロが完成、その先三百余キロが未完成、南の旅順・大連から進められた工事は、遼陽・奉天を経て開原まで完工し、運行していた。本線も、東はハルビンから一面坡近くまでと、ニコリスクから穆稜まで、西はチチハル付近までが列車が運行していた。その他はまだ路盤整備や架橋、トンネル掘削が進められているところだった。この鉄道建設には、鉄道守備隊が配置されていた。この守備隊はロシア軍から軍籍を一時離脱した兵士からなっていた。建設工事の安全確保のためであるが、工事にともなう種々の紛糾や外部からの攻撃を防止するためだった。この守備兵の問題は少し説明が要るが、こうして工事は急速に進んでいたのである。

2、鉄道守備隊について

最近少し気になる記述に出会った。それは、「南満洲鉄道」沿線に「守備隊」を駐屯させる権利についての記述である。以前から気になっていた問題なのだが、これは後の満洲事変、日中戦争に関わる問題なので少し敷衍しておきたい。関東軍設置とも関係するこの権利は、ポーツマス条約追加約款第一条第三項で、日露両国は「一キロメートル毎に十五人を超過せざる」鉄道守備隊を置く権利を相互に承認したものなのだが、これに関して加藤陽子『満洲事変から日中戦争へ』（岩波新書、一四三頁）は、東清鉄道南満支線を譲渡させた日本は、「守備隊をおく権利もまたロシアから日本に継承された権利」だと見えたことだろう、と解して書いている。しかし、これはもうすこし複雑な歴史的経過をたどった問題だったのである。

日露間の合意であるポーツマス条約は、その実施に当たって清国の承認を必要としたから、「満洲に関する日清条約」においてどのような話になったか、ということを見る必要がある。そしてこの権利は、ポーツマス講和で、戦後に日露両国が満洲からどのように兵力を撤退させるかという問題が討議されたことに遡る。ロシア側は、東清鉄道本線および南満支線ハルビン―寛城子間に鉄道守備兵を多数駐留させていた事実と鉄道守備の歴史的事実を背景に、戦争状態の終結後もそれを残留させようとしたのに対し、守備隊の数を一キロメートル十五名に限定することによって、両国の続戦の危機を解消させねばならないとする小村外相の強い主張で、このことが日露間の講和条約で決められたのであった。この両国の一キロ十五名の兵力駐留合意を後に清国に認めさせようというのであるが、北京の会議で清国側は、それは日露両国の取極めであって、満洲に主権を持つ国家である清国は与り知らない、両国鉄道守備兵を駐留させないようにしたいと言う。少なくとも駐留期限の明確化を要求すると主張した。これに対し、小村は、それは「座上の議論」で片をつけるものだ、と厳しく応じた。

結局、清国側希望を受け入れる形で、

清国政府は満洲における日露両軍隊ならびに鉄道守備兵の可成速やかに撤退せられんことを切望する旨を言明したので、日本国政府は清国政府の希望に応ぜんことを欲し、もし露国においてその鉄道守備兵の撤退を承認するか、或いは清露両国間に別の適当の方法を協定したときは、日本国も同様に照弁することを承諾す。（付属協定第二条）……(8)

ということになった。清国側が守備隊駐兵の日露合意に不満であったことは事実である。だが、この鉄道守備兵の権利の合意はどこに根拠を持つのだろうか。

ロシアは義和団事変の時に、東清鉄道保護のために正規軍を満洲に入れて清国軍・義和団と戦争をしたが、その露清戦争時に、既存の東清鉄道会社の鉄道守備隊を陸軍大臣管轄下に置き、ロシア正規軍の一部にした。義和団事変の後も、ロシア軍隊は満洲に残り続けた。国際的非難でこの兵力を撤退させ、満洲を清国に還付することになったが、問題になったのは、二度と義和団事変のようなロシア鉄道権益に対する攻撃が行なわれないように、満洲の清国軍隊の兵力を削減すること、と同時に、ロシア兵力を残すということだった。ロシアは駐兵権を求めたが、交渉に当たった慶親王は小村・内田の日本側の忠告を受けいれて、これを認めなかった。しかし、北京議定書で、北京・海浜間の武装削減と外国軍の駐留が認められたのだから、満洲での露清戦争（満洲義和団事変）の解決でも当然、東清鉄道保護のために清国兵力削減とロシア守備兵を残すことが主張されたのだった。結局、ロシアは折れて撤兵することになったのだが、日露戦争まで協約は履行されず、ロシア兵は残り続けた――理屈からすると、軍隊は撤兵するが守備隊は残るのだろうか――。しかし事変後も、ロシアの鉄道守備兵が置かれるのは当然視されたのである。

満洲還付に当たってロシアはその駐兵権の根拠を、東清鉄道約款（条約）「第六条」の規定が「兵を置いて鉄道を保護することを該会社に准した」ことに求めた（「満洲還付に関する露清条約案」――これは後にロシアが撤回したが）。この第六条の解釈だが、これが問題の条項なのだ。条文は、

該会社が鉄道を建設経理し、防護するため必要なる地所または……の地所にして官有地なるときは清国政府よりこれを下付し、地価を納るを要せず、民有地なるときは略価により……該会社より地主に地価を支払うべし。而して該会社の地所は総て地税を免じ、該会社一手に経理し、各種の家屋を建造し、並びに電信線を設け、自ら経理して専ら鉄道の用に供するを准す。

となっているが、傍線部分は正文のフランス文では、

La Société aura le droit absolu et exclusif de l'administration de ses terrains

となっていて、これをロシア側は、

東清鉄道会社は、「その土地に対する絶対的かつ排他的な行政権」を有する、と解釈したのである。Administrationを「行政権」と解したからである。だから、ポーツマス条約で東清鉄道南満洲支線の一部を譲渡された日本も、この東清鉄道契約の規定をそのまま譲渡され、清国に対する契約条項の権利義務を負うことになる。つまり、史上有名な満洲の「鉄道付属地」の「行政権」の問題発生の根源なのである。

ロシアもこの六条の規定によって、会社の守備隊によって該鉄道を守備する権利が認められたものと主張したが、清国側はこれを否定した。(9) それで後年、中華民国は東清鉄道の利権回収に乗り出し、中ソの攻防が繰り広げられることになるが、それはもう一冊の本を要するほどの問題である。

そもそも、東清鉄道約款――これは前述の如く駐独公使・許景澄と露清銀行のウトムスキーとの間に結ばれたもので、条約に準じた性格を持った――には、その工事と将来の運行の安全を確保するためのロシア軍の派遣駐留規定はなかった。それは第五条、第八条で清国が責任を持つことになっていた。

しかし、実際に鉄道工事が着工される直前になると、資材や資金、職員の生命安全、住民を、横行する盗賊・「紅胡子（馬賊）」の襲撃掠奪から保全するためには強力な組織が必要だと痛感された。ロシアは、清国兵を信用せず、自国兵で守備しようとした。それで会社は、理事会を開き、第五条の「会社は鉄道の管理等のために必要と認める時は、任意に数名の外国人または内地人を雇用する権利を有す」という規定を拡大解釈したかで、一八九七年五月一〇日の理事会の「第八十七議案」決議で、「『護路軍』（特殊な鉄道守備隊）を組設する草案を核定」し、五月二一日に守備隊を成立させた(10)（このときは第六条の解釈に基づいたのではないらしい）。これが東清鉄道会社の守備隊の編成である。ユーゴビッチが自分で五ヶ月かけて全路線を踏査していた最中の一二月に、欧州で召募されたコサック騎兵からなる第一群の守備隊（コサック騎兵五中隊七百五十名）がオデッサからウラジオストックに着いた（『東省鉄路沿革史』）。

この決議はロシア人のみの理事会の決定で、理事長の清国側（許景澄）は加わっていない。ロシア正規軍をそのまま清国主権下の領土である満洲に入れることは契約上も許されなかったから、こうした特殊な守備隊という形をとったのである。ロシア陸軍が協力して、現役将校を予備役にし、原隊復帰を可能にしたまま当て、兵も士兵から選抜して組織した。守備隊はロシア軍法下に置かれ、司令官、連隊長に陸軍刑法上の権限が付与された。これが鉄道建設の守備に当たっていたのである。

九八年末からプリアムール（アムール川沿岸）軍区やロシア国内で現役兵から志願者を選抜した歩兵中隊が作られ、一九〇〇年初めには八歩兵中隊二千名と、コサック騎兵中隊二千五百二十七名ができた。一中隊が百～百二十キロメートルの警備を担当し、荒野の鉄道線に沿って点在する哨所に三、四名ずつ配置され、警備に当たった。実際に工事が始まると、匪賊との戦いが続いて、守備隊は不可欠の存在になった。後に、ポーツマス条約後の満洲に関する日清北京会議で、清国側はロシア側のこの鉄道守備隊の駐留を認めたことはないと主張したが、その配置時に、清国がこれに対して抗議したり、否認した形跡はないし、これに代わる清国守備軍隊を出すと言ったこともない。

ところが、一九〇〇年の義和団事変では、清国政府軍隊は東清鉄道を保護しないどころか、逆にこれの破壊を企て実行したのである。この時点で、清国政府の鉄道保護の約束（契約上の鉄道保護の権利）は「反故《オブソリート》」になったと言っていいのだろう。その意味でも、義和団時の清国政府軍の戦争行為を「国家行為」と見るかどうか、国際法的にどう性格づけるか、という問題は微妙な問題を孕むのである。清国が、自国民と自国政府軍が、「条約」によって認めたロシアの鉄道建設を攻撃し破壊したのに、鉄道保護は我国が行なうことになっており、ロシアには駐兵権は無い、権利を与えたことはない――ロシアには鉄道防衛権は無い――と、満洲返還交渉、満洲に関する日清交渉でも言い張るのは、自分の都合だけの論理というもので、二枚舌以前の問題ではなかろうか。一八九六年の露清密約が、九八年の

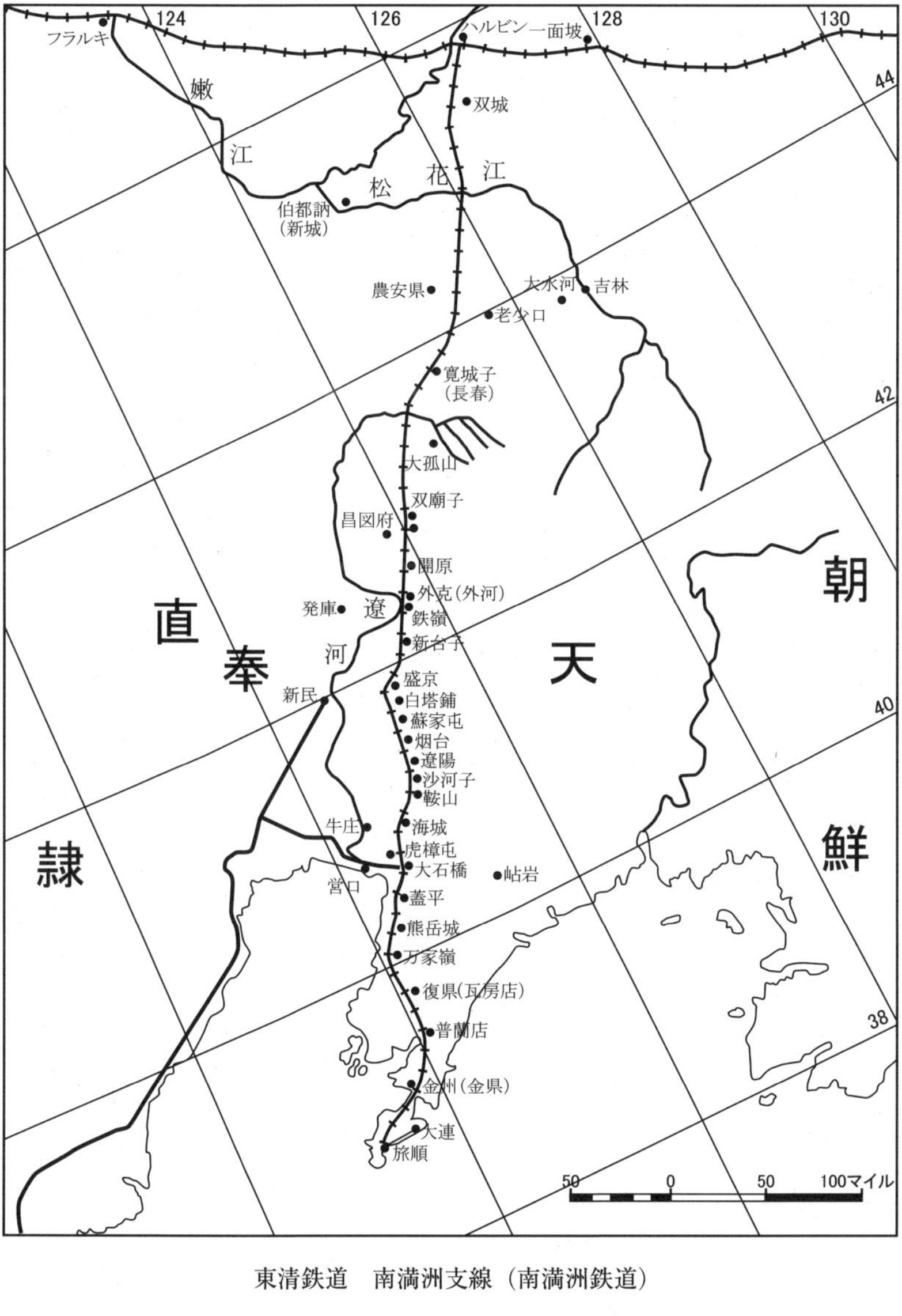

東清鉄道　南満洲支線（南満洲鉄道）

ロシアの旅順・大連租借と一九〇〇年の義和団戦争（露清戦争）によって、反故・無効にされたと解釈されたのと同じようにである。だが、これとて「無効《オブソリート》」になったのかどうかは、微妙で未確定なものだったのであろう。日露戦争時に秘密軍事同盟（露清密約）を結んでいた清国が、条約どおりにロシアに味方して日本との戦争に加わらなかったのは、このロシアの裏切り（旅大租借）の経緯と関係があろう。密約を破って旅順・大連を占領し、事変で満洲を占領したロシアは、それに抗議して清国主権を擁護した日本との戦争に、その清国を引き入れることはさすがに出来なかった。清国も自分の家に入った強盗に手を貸すほど馬鹿ではなかったということだろう。

ワシントン会議のときに中国側委員が公表した露清密約の内容は、日本では、それがもしポーツマス条約時に暴露されていたなら――小村は知っていたと、小村の秘書官本多熊太郎の『魂の外交』（二〇二頁）は言う[11]――、「今日、南満洲鉄道、旅順港大連湾の租借期限などの問題は起こらなかったはずで、これらの地方は、日本が、ロシアの同盟国でありながら、同盟国でないように日本を欺いていた不信義譎詐な隣国、清国を正当な戦争で破った結果獲たる正当の戦利品で、今日は当然日本に属して居る筈であるからである」、というような議論（『ジャパン・タイムス』一九二三・三・一六）になったのだという（矢野仁一『現代支那研究』一七三頁）。しかし、日本が日露戦後、南満洲鉄道・旅順大連を「領有」していたなら、日露開戦前の日本政府の戦争の正当性主張、国際公約を裏切ることになるから、国際政治の現実からしても「領有」は難しかったのではなかろうか――このような問題がくすぶっていたから、満洲事変時の石原莞爾のような「満洲領有論」が出てくるのである――。

この鉄道守備隊では義和団騒擾から鉄道を保護しきれなくなって、ロシアは鉄道・ロシア人の保護と清国国内秩序の回復を名目に、清国政府に代わって混乱を静めるとして正規軍を出兵させることになるのである。

話を戻そう。

六月、天津・北京地区で義和団の騒擾が起きたとき、満洲はまだ静かだった。騒擾は最北の開港場・営口から始まった。ここは遼河が渤海湾に注ぐところで、満洲中央部の平原に入る内陸水運の遼河水運と外洋航路の接点として開かれた港だった。外国人居留区が置かれ、各国領事が駐在していた。外国人居住区の北側には城壁を持つ中国人都市があった。清国の行政中心はさらに数十キロ北に位置した牛荘に置かれていた。五月末、農暦の端午節句前後、営口で「大拳頭会」、「大拳民会」、あるいは「正義のために戦う大拳頭戦士会」が「扶清滅洋」を言いつつ活動を始めた。彼らは「大刀会」と宣称した。(12)

ロシアによる鉄道建設に雇われた清国人労働者のなかにも次第に義和拳の排外的な宣伝に染まる者が出始めた。五月半ばには、遼東半島の熊岳城、大石橋から奉天にかけて廟や旅館に、「外国人をやっつけろ」という掲帖が貼られはじめた。その有様を矢野仁一が紹介しているので紹介しておこう。(13)

六月四日、熊岳城から七キロ離れた冷水河口に「義和拳聖師」らの一団が金州から到着、上陸し、人々にロシア人に反抗して立ち上がるべきだと説き始めた。これに対して清国軍兵士が派遣されたが、兵士達も義和拳の頭目たちと交際するようになり、やがて、人民の決起をうながす掲帖が貼られはじめ、若者を入団させ、刀槍拳術を伝授し始めた。六日、聖師が黄色の外衣をまとい護衛を連れてかがり火をかざして、熊岳城城内に入り、道筋に香気を振り撒くと、聖師の放つ光に、人民は地に伏して歓迎したという。熊岳城にいた官兵は蓋平に退却し、ここは無政府状態になった。

この義和拳は金州から伝播したものだが、当時、ロシアが支配していた旅順にいた清国人労働者の中で発見された掲帖は次のように述べていた。

慶親王は四月四日の夜につづけて三つの夢を見た。神明はかれを手引きして、玉皇大帝は、華人は天主爺と耶蘇《イエス》爺を信奉することを願わないのだということを教えた。およそ中国の俸禄を食っているものはみな、中国のやり方に従うべきで、神明の公正なる旨意を遵守すべきである。もし外洋に助けを与えるならば、必ずや厳罰を受けるであろう。天主教、耶蘇教は大いに聖道に悖っており、今より後は伝播を准さず、中国国内では禁絶すべきである。

いま、神明は大いに怒り、雨雲を取り去ってふらせず、八百万の神兵を降下させて、中華を扶保し、外洋を逐去させるのである。

もし遵わざるときは、必ずや災殃を受け、禍は父母に及ぶだろう。

神明は指示しておられる。四月十八日には汽車に乗るな。なぜなら、遍方の鉄道はみな毀されるからだ(14)。

この掲帖は四月から五月にかけて天津で撒かれたものと同じもので、ここでも、「外洋を逐去《おいだ》し」、聖道・中国の神明《かみがみ》に象徴される「文化」を防衛しようと云う「扶保中華」「扶保中国」の中華ナショナリズムを示すものになっている。こうしたビラを貼り、撒き散らして宣伝する、外国に反対する神秘主義的な義和拳の聖師が、天津あたりから南満洲の各地に入り込んで、公然と神壇を設け、若者達を吸収していった様相が浮かび上がってくるのである。

六月に入ると、義和拳の宣伝活動は鉄嶺や寛城子、吉林まで広がり、錦州、寧遠、新民では拳民が出没して、教会、ロシアの鉄道、炭鉱など、外国人と関連する物に対する破壊の動きを示すようになった。その焦点になったのが、陪都「奉天」（盛京）であった。

3、盛京（奉天）

奉天では、五月一八日頃から義和拳の姿が現われ始め、六月初め（五月端午節句）に公然と壇場を設置するようになった。(15) 盛京将軍の増琪は六月一一日に義和拳の禁止の告示を出し、教会を保護すると言ったのだが、クリスティー『奉天三十年』は、六月一〇日頃からの奉天の情況を次のように述べている。

増琪は、義和団的な排外志向に反対で、中国は外国に抵抗し得ないと考えており、毎日数十人を捕らえて弾圧した。そしてその刀槍不入の術が信じるべからざることを示すために、四百余人を城外の廟に集めて銃で撃ってその神術を暴露しようとした。しかし銃撃しても負傷しなかった。副都統（晋昌）の命令で、兵が実弾を抜いていたからだった。群衆は歓呼した――副都統・晋昌の政治的傾向については前章で触れたし、今後も少し詳しく見ることになるだろうが、満洲の事態については彼の果たした役割は極めて大きいのである――。

六月一〇日に、「拳匪」が来たと口々に伝えられた。山東から首領株の二、三人がやって来て、募兵を始め、拳術の修練をやり始めたが、乞食、ならず者、ごろつき達に食い込んだ。……催眠術をやり、霊がのりうつり、がばっと起き出して真の拳士になって、体が刀も銃弾も通らぬ不死身になるのだ、と言う。その修練の際に使用される呪文は、「打天天門開、打地地門開……」（天を打てば、天の門が開かれ、地を打てば、地の門が開かれる。霊拳の能力を得たいなら、ただ教師を呼びさえすればいいのだ）といった。「殺々焼々《シャオシャオ〱》」「殺鬼子《シャーグイズ》」と叫んだ。これらの徴候から、天津で流行した呪文が奉天に波及してきたことがわかる。しかし、この神秘力でも、加わる者はそう多くなかった。というのは、総督（盛京将軍増琪）が彼らを非とする告示を出したからだ（六月一一日・旧暦五月十五日）。この日、直隷では、鉄道破壊が起き、それを逃れたベルギー人技師たちが殺害された、と伝えられ、保定での虐殺が危惧されていた。

しかし、禁酒禁煙（アヘン）を唱えていた在理（在裏）教のメンバーたちがこれに呼応して加わるようになり、次第に、激しい文字を連ねた外国人――海外の悪魔――排斥の掲帖が街中に貼られるようになった。それらは、外国人の悪行を、アヘン輸入から海港占領にいたるまで挙げ、井戸に毒を入れたとか、小児を殺したという事まで並べ立てた貼り紙が市壁に貼られ、「西洋人を殺し、洋楼を焼き、洋教を滅し、鉄路を毀すべし」[16]という「無頭榜」が四処に出され、これらの宣伝品が人々の手から手に渡された。多くの人は外国品を持つことさえ危険であると感じるようになった。二〇日には外国人を口穢く悪罵した貼り紙がいたるところに貼り出され、忠良の支那《チャイナ》人民は決起して彼らを国土から掃蕩せよ、と呼びかけ、二四日が建物焼打ちの日と決められた。営口でも一二日に掲帖が貼られた、と。[17]

その背後には、奉天政府内における意見の分岐があって、「二大人」と呼ばれた「副総督」（副都統晋昌）が、北京の要人である弟と気脈を通じて、拳民を応援しようとしたからだった。この弟が、第五章（「ドイツ連邦文書館」）で名前が出た「兵部侍郎」「貽谷」[18]で、一説に、宮廷で大阿哥の師傅の職を奉じていたというが、[19]つまり端郡王・荘王系の京官で、北京朝廷の政治的雰囲気を兄の晋昌に連絡して、北京での保守派の成功を告げていたのである。晋昌は北京の上層人物の情緒と運動の進展具合を北京からの「快馬」で知っていて（後述参照）、そのため、晋昌は進出してきた義和拳を庇護したから、彼の「副都統衙門」は、増琪将軍への不満分子や、義和拳入会者の集合地点になり、練拳場になった。戊戌政変後の先の政治的雰囲気からすると、もっともなことであることがよくわかる。義和拳は、育字軍を指揮下におき奉天省の軍事力を保持した晋昌の支持を得ることで、急速に勢力を拡大し、各地で入教者登録をおこなったが、巡警はそれを傍観するだけになった。増琪は義和拳に反対の告示を出したが、当時の盛京の大多数の官員・軍人はみな義和拳に同情的だったから、逆の反応が出た。増琪将軍は愛国精神が無く、ロシア人に媚びている、「洋鬼子」の友人だ、と非難されるようになったのである。この官員間の意見の対立は、大衆に知れ、彼らも義和拳擁護の多数派と数の少ない温和派に分かれた。こうして盛京将軍・増琪は次第に無力化され始めたのである。

六月二一日（旧五月二十五日）朝、北京で宣戦上諭が発せられた日だが、奉天のクリスティーは、外国人排斥の掲帖を同封した手紙を増琪将軍に送った。遅くになって、以前の態度と打って変わって冷たい返事が返って来た。それは、牛荘より向こうの南側の公衆用電信線は遮断されていたが、北京—奉天間の直通政府専用線があって、これで、増琪は大沽砲台が占領され、天津攻撃が行なわれていて、ドイツ公使殺害と、公使館包囲についての情報を得ていた。かれはまた、外国人を絶滅せよ、との勅令を受け取っていて、副都統は、これを公表すること、遵守実行することを主張した、という。[20]

じつは、宣戦上諭を地方各督撫がいつ受け取ったのかは、この事変では大きな問題なのだが、『東清鉄路沿革史』は、これが奉天で接受されたのは七月一日（旧暦六月五日）だと言うが、次の事態を考えると、どうも信じ難い。六月二一日に官軍の二営が義和拳の練習を命じられ、二二日には奉天の宣教師たちが荷物をまとめ、二三日には、クリスティーら三名を除いてみな鉄道で牛荘に逃げた、二五日には残っていた三人も鉄道で逃げたが、かれらの乗った列車が最後の南行列車になった、その列車の通過後、鉄橋が落とされた、というのがクリスティーの話である。[21]それからすると、増琪は、電報を隠していて、こっそりと外国人を避難させたらしいのである。

増琪は、六月二六日（旧暦五月三十日）の戌刻に、二三日（旧暦二十七日）付けの、ロシア軍の入満に備えての軍備強化と義和団の訓練を満洲将軍に指示する軍機処の字寄（上諭）を受けていた。[22]しかし、かれは開戦を望まず、「勅令」を封じ込めていて、時間を稼いでいたらしい。清廷中央の態度がまだ揺れていたからであろう。この揺れは第二次アヘン戦争時の咸豊帝のようだとクエステッドは評しているが、[23]私も同感だ。宣戦直後、南方督撫の上奏を受けると、清廷は和平的態度を示すようになり、同じ二三日に、駐ロシア公使の楊儒に、ロシアには中国は万止むを得ずしてかかる対応をせざるを得なかったことを説明し、真意をつたえよと、伝えている。[24]しかし、増琪がいつまでも隠しおおせるものでもない。「宣戦上諭」を公開したのである。[25]そして六月二七日（旧六月初一日）に会議を開いた。

六月初間、五月二十五日（西暦六月二一日）の［宣戦の］廷寄を接受す。増琪は開釁を欲せず。五部侍郎の清鋭、宗室の崇寛、薩廉、宗室の溥頲、鍾霊、および副都統兼育字（軍）総統の晋昌、仁字軍総統の訥欽などを邀集して籌議した。晋昌が首ず開戦せんと欲するも、将軍増琪はいまだ即ぐに許可しなかった。晋昌は遂に声を厲しくして、もし允さざれば、まさに五侍郎を会して奏参すべしという。即ぐに出諭して拳民に先ず教堂を焚《や》か縦令（せ）た。(26)

晋昌は、満洲族、鑲黄旗人。金丹道反乱の頃（第二章）の候補知県から署盛京副都統を経て、盛京将軍・依克唐阿が自殺した後、軍備を清理するようになり、後任将軍の増琪を凌ぐ勢力を持つようになった。九九年に増琪が就任した後、従来の行政を整理することになって、彼と対立するようになったという。晋昌は、満洲八旗の中にいた国恩を受けている身として、「ロシアが東三省に志を得んと欲するは、すでに一日のことに非ず」、その鉄道建設は、「我が腹に据して、その手足を制するもので、一旦修道（かんせい）したなら、一兵も傷つかせず、一矢も損することなく、三省は一時《すぐ》に敵有となる。なお幸いだったのは、其れがすでに建設しているが未だ通ぜざるの際に、拳民から難が発せられたことだ」(27)、と考えていた人物である。先に見たかれの衙門の雰囲気や見解とあわせてみれば、「満洲族国家主義者」であること、明らかである。

晋昌が率いていた「育字軍」というのは、日清戦争後の改革で出来た軍隊だった。日清戦争時に盛京軍は弱くて役に立たなかったので、戦後に、新たに仁字軍、育字軍各十営（計一万人）を作った。しかし、これが馬賊と通じたり、誘拐掠奪をやったり、腐敗極まりなかった。それで、九七年の鉅野事件で山東巡撫を罷免された李秉衡に詔して、九八年に粛軍をさせたのだが(28)、そのとき育字軍の軍権を掌握したのである。一本気の満洲民族主義者だったから、その清廉さをかわれたのであろう。気骨ある伝統的国家主義者の李秉衡などと一脈通じる人材だったと考えて良い。

ここで名前が出ている、五部侍郎の清鋭、宗室の溥廸は、後に七月一〇日（旧暦六月十四日）の上諭で、奉天「義和団練大臣」に任命されるから、会議の全体的雰囲気は、開戦に傾斜したといえる。満洲族官員の民族国家主義感情が優勢を占めたのである。この会議を受けて、義和拳の活動は大いに鼓舞された。それに対し増琪が、義和拳の不死身信仰を破るための、拳民に対する試射を公開でおこなったが、晋昌に空弾を撃たされて、逆に人々の興奮をかい、それを消すために再度実射で試みて、一人を死亡させた。そしてその死者の首を切って、邪術の信じ難いことを示そうとしたが、それに対し、義和拳は生き返るのだ、首を切ったら、かれは蘇生できなくなるではないか、将軍にそんな権利はない、と大衆の激昂を引き起こした。その勢いで、大衆は街中に溢れはじめ、教会攻撃が起きたのだという。

増琪はこの間の事情を後に次のように書いている。

晋昌は「快馬健卒を北京に置いていて、それで声気を通じていて、往々にして朝議がいまだ下らないうちにややもすると先にこれを知っていました。最も意外だったのは、（会議のときに）衆目の中で、人に命じて函を持ってこさせて、それを奴才《わたしめ》に示し、戸部侍郎・清鋭を義和拳大臣に、刑部侍郎・溥廸を団練大臣と為す、と言ったことです。やがて廷諭を奉じてみますと、果たしてその言の通りでありました。清鋭はこれに和しました」、と。(29)

六月三〇日（旧暦六月初三日）午後、城内のカトリック教会に数百人が集合し、この教会を焼き、ついで、小沿河のクリスティー経営の病院やその他の施設建物を焼き、キリスト教徒を殺害した。そして城内各地で暴れた。これは奉天義和団の劉喜禄・張海らの仕業だったが、その中にかなりの数の在裏教徒がいたという。官憲はこれを取り締まらなかったから、勢い暴走した。翌七月一日（旧初四日）には、西南のプロテスタント・アイルランドミッションの教会が焼かれた。

奉天城内外の騒擾の焦点は、南関にあったカトリック教会になった。七月一、二日（旧暦六月初四、五日）の義和団による二度にわたる包囲攻撃は成功しなかった。ここにはギョン司教以下、数百人の信者が防備を施して立て籠もっていた。エモネ主任司祭、そしてボルシオ修道女会の二人の修道女（彼女たちは孤児院の世話をしていた）がいた。

七月一日（旧六月四日）になっても、増琪は宣戦の命令を発していなかった。そして、何とか外国人宣教師だけは助けたいと思って、退避勧告の使いを出した。しかし、司教はそれを拒んだ。次第に拳民の数が増した。これに晋昌指揮下の育字軍正規兵千五百が加わった。小銃を撃って抵抗する教会に対して、クルップ砲を城壁の上に引き上げて砲撃を加えた。教会の抵抗も次第に弱まり、司教は抵抗を中止し、信者を会堂に集め、信仰のために死せ、と最後の激励をした。跪いて祈っているところに拳民・兵士が突入し、司教をはじめ、数百人のキリスト教民が殺害された。

直隷省景州朱家河教会と同じような惨劇が起きた。

『庚子教会受難記』がこうして殺害されたキリスト教民について記録しているので一つを紹介しておこう。奉化県の常森という教友は、物売りしていたが失業して賭場で働くようになった下層民で、「混元道」に入った。三十歳で失明した。イギリス人医師（クリスティーであろう）が盛京（奉天）で眼科医を開業しているというので受診にやって来た。診察して、医師は、眼は手の施しようがない、と言った。しかしイエスは心の眼を治すことが出来るのですと言われて、かれは慰められた。それでキリスト教に改宗した。三ヶ月後に医師はかれの家を訪ねた。そして同じく「混元道」を学んでいた八、九人に説教をした。かれらは「混元道佛教」を捨ててイエスの福音に帰依したという。下層の人々が民間宗教とキリスト教に赴いた傾向をよく示している。ある意味で、義和拳・在理教とキリスト教は下層民の救済宗教として共通の地盤に立っていたのである。近親憎悪に近い敵対心がそこには見られるようである。義和拳はこうした教友に「背教」を示すように求めた。拳法を学んだ義和拳の証明書を出せ、拝佛の証明書を、官府の発給した証明書を示せと迫った。ある者はそれに従って拳を学び、ある者は銭で証明書を買い、ある者は従わずに殺された、買わずに殺されたのだった[30]。

この奉天の暴動的な事態が、全省的に拡大し、各地で同じような教会・教民への攻撃、鉄道破壊に拡大することになる。この最中の七月三日に、北京は上諭と国書を発するが、それは将軍に国土保衛を命じつつ、ロシアには調停仲介の依頼を照会するという二股をかけていた[31]。現地の事態は拡大の相を見せるのだが、ここではその展開を追うよりも、この「満洲における庚子拳乱の元凶」（園田一亀）である、晋昌の行動を中心に、その後の、ロシア軍との戦争に焦点を当てて、見ていくことにしよう。

4、遼陽

七月四日（旧暦六月八日）、晋昌は育字軍を率いて、遼陽に向けて南下した。しかしロシアの鉄道守備隊との衝突は、これより先、彼らがまだ奉天にいた六月二五日（旧暦五月二十九日）に起きている。増祺は、東三省の戦闘の始まりはロシアの鉄道の破壊からはじまった、と言って、次のように述べている。

> 五月二十九日（六月二五日）、遼陽城守尉広齢、知州……の電稟に拠ると、育字軍馬隊が、沙河などのところでロシア鉄道の橋梁二箇処を焼燬し、ロシア官員一名を打死した。言うことに拠ると、晋総統の派するところを奉じ、きっと開戦しなければならなかったのだ、と。該尉[後述のロシアから銀五百両をもらった人物か]らが勧告して阻もうとしたが聴かなかった。奴才（わたし）も面と向かって晋昌に詢ねたが事実だった。……決して先に戦端を開いてはならないと告げた。これより（晋昌と）大いに相い齟齬するようになった。……六月初五日（七月一、二日）、拳民が事を起こし……育字軍と会して茨児山のロシア人の煤廠（たんこう）を焚焼し、また奴才の公署を囲み、数日にして始めて解いた。これより、遼陽より以北、鉄嶺より以南の車站洋房（えきしゃ）はみな、段ごと

折燬され、ことごとく焚焼された。(32)

吉林将軍の長順も、「坐探委員の密電によると」、遼陽の鉄道の焼燬は、晋昌が育字軍を密かに派して義和拳を装って往きて事を行なわせたもので、ロシア人に見破られて、「兵変だ」と偽った、いかんせん晋昌は先んずれば人を制すの説に習れ、必ずこれと兵を搆えんとしたのだ、五部の侍郎も晋昌に付和し、増琪を仇視して、「随教（キリスト教追随者）だ」として、拳匪を放って恣《ほしいまま》意に欺侮した、と言っている。(33) 晋昌が遼南に出たのは増琪の命だと清鋭はいうが、晋昌によって増琪が軟禁状態に置かれ、強硬派の晋昌が突出したことを示すらしい。(34) 官兵の仕業だと見破られると、責任逃れに、「兵変」だ、兵が命令に違反して勝手にやったのだ、と言ったというのである。この、増琪が軟禁に会った、「増師遇害」と呼ばれる事態だったというのは、将軍公署を拳民に囲まれ、幹部がみな晋昌につき、晋昌が独断専行する中で、増琪が無力化されたことの「風評」であったらしい。増琪は後に大勢に妥協し、上奏を回復するようになるが、性格が優柔不断だったことを示している。

当時建設中だった南満支線を警備していたのは、旅順鉄道守備隊司令のミシチェンコ大佐の部隊だった。六月二七日にこの遼陽付近の鉄橋とロシアの兵営が襲われ、それを追撃したロシア兵と清国軍正規兵との間に衝突が起きた。同日に、烟台炭鉱も焼かれていた。遼陽近くの白塔子村にいたミシチェンコは、熊岳城にいたクシャコフ守備隊を呼んで北上させた。それが七月三日に到着した。このとき、四百の清国軍歩騎兵が五十名のデニソフ軍を北方で包囲しているとの知らせを受けた。ミシチェンコ大佐以下七十一名が列車で北に救援に向かった。烟台からの兵も加えて、清国軍陣地に向かって攻撃を加え、死者四名を出しながらも清国軍を破ってデニソフ軍を救出し、遼陽の白塔子に戻ってきた。

清国軍四千が盛京（奉天）から遼陽に向かっているとの知らせがあったが――晋昌の軍は四日に奉天から南下した

――、六日に遼陽の南北の橋梁が破壊され、鉄道での移動は不可能になった。ミシチェンコら二百名の守備部隊は彼らの営地である白塔子で抵抗することにし、北方の沿線哨所の兵士へは、ハルビンに行くか、こちらに来るか、避難するよう連絡させた。清国軍＝育字軍は三方の山に塹壕を掘り、さらに城南一帯を占拠した。ここでは義和団と清軍が一緒になっており、哨所のロシア人を襲って殺害、さらにその復仇だけで満足せず、兵営、駅舎、資材などを焼き、鉄道車輌、機械を破壊、焼けないものは河川に投げ入れた。外国への怒りの表われだったろう。ミシチェンコ隊は四十倍の清国軍に包囲された。南北に清国軍、東が遼陽、西が遼河である。旅順からの援軍は無い。奉天から到着した育字軍は、城内のアヘン館と旅館で狂歓した。そして近くの鉄道居留地と教会が焼かれた。七日にはミシチェンコ隊に対して波状的に攻撃を繰り返し始めた。ミシチェンコ隊はかろうじてこの攻撃から脱出し、南に向かった。八日朝に沙河に着いた。鉄橋は破壊されていた。営口から来た隊と合流して何とか鞍山にまで来た。ここから南はまだ鉄道が通じていた。一一日、各鉄道駅にいたロシア人百余人を加えて、四百五十人になった。かれらは線路に沿ってさらに南下、一二日に海城に着いた。ここに支援部隊と列車が旅順方面から来ていた。

そこに、清国軍が海城城内から出撃してきた。交戦になったが、これは退けられた。ロシア軍守備隊は大石橋に向かった。これを民兵と義和団が襲った。その部隊の旗には『祖国と真理のために』と書かれてあったという（レンセン書、三四頁、本書四五一頁）。この旗号の原漢語は『精忠保国』であったろうと中国人訳者はいう（中訳書二四頁注）。とすると、「ひたすら忠を尽くし国を守らん」との意味になる。「祖国《ファザーランド》」とは、父祖の地でもあり、それを守ること、つまり清朝皇帝、清朝国家に忠誠を尽くし、国・祖国・郷土を守ろうというのである。ここで国のために功を立てて、栄誉に与ろうという意識が無かったわけではないことは、第二章（「金丹道」）で少し触れた。それゆえ、満洲族官僚の「江山防衛」主義と共振（シンクロ）するのがよく分かる。「真理」とは、「文化」のことで、この運動の文化防衛主義の側面を表現している。

夜八時、ミシチェンコ隊はやっと大石橋に着いた。ここにはロシアの守備各隊が集結していた。ここから北側の百七十マイルは清国軍の支配下に置かれた。かれらは鉄道を使わず、用地を鋤で起こして作物を植えた。つまり、農地を横切って敷設された鉄道の用地を掘り返して農地にしたというのである。ミシチェンコ隊は多くの犠牲を出しつつも、かろうじて南方に退却し得たのだった。そして、この部隊に旅順からの援軍が加わり、清国軍と対峙するようになった。

態勢を立て直したロシア側は、七月二五日に熊岳城で清国軍・義和団と戦鋒を交えた。戦闘で義和団二百五十人が死亡、清国軍は山中に逃れた。ロシア軍が城内に入った。義和団と清国軍は後方の蓋平に後退した。ロシア軍はこれを追ったが、清国軍は日清戦後に武器も増強されていた。八月一日に、その三千の清国軍と五万の義和団に対し、ロシア軍数千が攻勢をかけ、退却させ、六時間にわたって城を囲攻、陥落させた。こうして、清国軍は旅順—大石橋間では攻撃をかけてこなくなり、この地域はロシアの勢力圏に入ることになった。

5、再び盛京（奉天）

七月五日、清国軍は盛京（奉天）城を出ると、西側十六キロのところに建設されていた奉天駅に向かった。前日に晋昌は南の遼陽に出て行ったから、奉天に残った部隊が城西の鉄道関係のロシア人に攻撃をかけようとしたのである。ロシア人と守備隊は駅からやや離れた兵営に立て籠もった。清国軍は鉄道を破壊し、電信線を切断、駅住宅を焼き、ロシア人が立て籠もる兵営に砲撃を加えた。奉天駅の北方および周辺の哨所もみなやられ、逃げてきた守備隊兵士たちも奉天駅とこの兵営に集まってきた。

ワレフスキーらのこのロシア人の集団は、避難するために奉天から南下を開始した。そして蘇家屯駅に着いた。ここも六日に攻撃をうけて、すべて破壊され、辺りには屍体が横たわっていた――ここにいて脱出できた五名が、二十一日間の逃避行を経て、やっと営口に到着する――。清国軍はワレフスキー隊を追撃した。ワレフスキー隊は、烟台近くから接近する清国兵を撃退しながら、九日晩に遼陽に近づいた。ここにはミシチェンコ大佐の守備隊がいるはずだった。偵察隊を出してそれを探しに、兵営のあった白塔子村に来た。しかしそこにはミシチェンコ隊の姿はなく、破壊された村には馬の屍体、支解（手足をばらばらに引き裂く処刑方法）されたロシア人の屍体が散乱し、凄惨な情景が広がっていた。ミシチェンコ隊は潰滅したと思ったが、捕らえた清国兵を尋問してみると、部隊は撤収したことが分かった。かれらは、ロシアの鉄道員は撤収しなければ消滅させられただろう、と告げたのだった。

ワレフスキー隊は途方に暮れた。鉄道守備隊のミシチェンコ隊を追うのも徒労に終わりそうだ。鉄道も破壊されているし、旅順からの救援も期待できない。ワレフスキーは、一隊となって東行して朝鮮に向かうことを決意した。しかし、隊員のヴェルコフスキーは、朝鮮は遠すぎる、営口に行ってイギリス軍艦の保護を得ようと主張した。しかし翌日、一行は太子河に沿って東行し、朝鮮に向かった。その途中、清国軍と遭遇、交戦中にワレフスキーは被弾し死亡した。一行はさらに東行したが、途中、ヴェルコフスキーは十余名を連れて分かれ、別行動を取った。残った人々は苦労をしつつさらに東行を続け、鴨緑江をわたり、朝鮮に入った。連絡を受けた漢城の駐朝鮮領事パブロフが彼らを迎え、船に乗せて旅順に送った。別れたヴェルコフスキーらの運命はいろいろだった。一部は清国人の家に匿われて彼らの助力で鴨緑江を経て、朝鮮に渡ったが、ヴェルコフスキーらは清国側に捕らえられ、僅かの者を除いてみな殺害された。彼らの頭首は木柵に入れられて、遼陽の城壁に懸けられたのだった。

三、黒龍江の緊張と戦争回避への外交交渉

七月初め、義和拳の騒擾は吉林には及びつつあったが、まだ黒龍江には及んでいない。黒龍江将軍・寿山[35]は、以前にハルビンを攻撃しようとして吉林将軍・長順に諫められた後（後述「ハルビン」参照）、省内にいたロシア人（兵士、鉄道工事従業員）を出境させて、衝突を回避しようとしていたが、七月一〇日、ペテルブルクの駐露公使楊儒が、ウィッテと外相ラムスドルフが自分との会談で、「飛速進兵（急ぎ出兵すること）」はやむを得ない、鉄道はロシアの命脈の繋がるところであると語った、と伝えてきた[36]。ロシア軍の「満洲出動」が決定通告されたのである。ウィッテからニコライに上奏し、裁可を受けて、陸軍大臣クロパトキンに要請がなされて、ロシア軍の正式な派遣が下令されたのは、前日の七月九日のことだった。

ロマーノフによると、ロシア政府が清朝が六月二〇日に宣戦に態度を変更したのを知ったのは、七月三日のことであったらしい。それまでは何らかの交渉による回避の道があるようにも思われていた。というのは、前述したように、六月二六日に李鴻章が広東からウィッテ宛に電報を打って、上諭で北京に召見されることになった、と伝えると[37]、ペテルブルグは、李鴻章に期待をかけることになり、電報が二つ発せられている。一つはウィッテのもので、ロシアは中国に宣戦しない、清国官憲が満洲の治安を維持し、ロシア公使と北京のロシア人の保護策を採るなら、ロシア政府軍隊は李鴻章に保護を与える、というものだった（前述）。もう一つはウトムスキーの電報で、李鴻章との会見のために北京に行くというものだった。それで、六月二八日にウィッテはハルビンのユーゴビッチに対して、満洲三省官員への贈賄買収権限を与えて、清国側を軟化させようとし、七月一日には、皇帝ニコライに、「少なくとも今は満洲

に我が軍隊を」入れるのは有害である、私ウィッテの要求無くして、陸軍が東清鉄道域に出兵することの無いように、と言っている。(38)またかれは楊儒にも、鉄道守備隊からの報告だとして、「盛京将軍は今兵を準備して、満洲鉄道を占拠せんとしていると云うが、電報で（かれらに）、万にも妄動すること無いよう伝えてくれ、ウラジオ、旅順に重兵が集まっているから、すぐに現地に行ける、ロシアは鉄道工事を守ろうとするだけだが、勢い必ず、満洲に進んで占領することになり、撤退は日無きになる、そうすれば、他国もまた他省に分据することになるだろう」、と語った。(39)そして鉄道守備隊を一万一千人に増員して何とか乗り切ろうとしたのだった。

ウィッテのこの態度が変わるのは、七月三日に清国の宣戦を知り、七月五日から七日にかけての南満洲での鉄道破壊を知った後である。かれは、それを不幸な事として、十万から十五万の正規軍を入れるように主張するようになるのだが、グリンスキーによると、七月七日付の彼の書信にそれが見えるという。(40)

八日に増琪・長順はユーゴビッチに対し、全ロシア人の満洲からの退出と鉄道の中国保管を連絡したが、ユーゴビッチは同日、その権限は自分に無いのだ、と回答してきた。天津戦争の激戦の中、天津に行ったアレクセーエフは、八日に、ユーゴビッチに対してロシア軍を来させるように「勧告」した。この提案は、関東当局は以前から中国との戦争は不可避だと考えていたこと、天津戦争で聯合軍はひどい打撃を受け、各国司令官が現兵力で北京進軍を実行するかどうか迷い、それをめぐって天津で論争したことを背景にしていたと思われる。それで、これを受けてユーゴビッチは同八日に、グロデコフ、ウィッテに電報を打ってロシア軍の満洲入りを要請したのだった。(41)それを受けた九日のウィッテのニコライ宛の請求電によって、(42)軍の満洲出動の上諭が下り、九日に陸軍大臣クロパトキンから出兵が下令されたのである。そして前述のように、一〇日に楊儒に通告したのだった。一一日に、ウィッテは楊儒に対し、ロシア軍は秩序が回復したら撤退させると言ったが、クロパトキンは、北京の最後の結末を着ける聯合軍最高司令官をアレクセーエフ中将にする、と言って、外相ラムスドルフを驚かせた。ウィッテはその一方で李鴻章を通じた以前からの工作も考えていたようである。

黒龍江将軍の寿山は六月二八日に、ユーゴビッチとハバロフスク総督のグロデコフ将軍に対し、軍隊を満洲に入れないように、鉄道は保護するから、と電報を打っていたが、同時に、このときから黒龍江省内で軍事動員を開始した。七月五日に、ロシアが「十三日（七月九日）」に愛琿を経てチチハル、ハルビンに軍隊を動かすという情報を探知しているると述べ（寿山→楊儒電）、八日収電奏文では、ブラゴ市にコサック騎兵二千、歩兵五千、車両二百がいて、出発するらしいと述べて、黒龍江の清国軍に厳防を命じ、ハバロフスク、ブラゴ市（のロシア将軍）に電報を打ち、ペテルブルクの楊儒にも電報を打って、ロシア外務省に働きかけて出兵を阻止してもらいたい、と告げていた(43)。これが前述の電報である。こうして北満洲では、ロシア軍が入るという噂が広く流布するようになった。

寿山は、ウラジオの清国商務委員から、ロシアはヨーロッパから大援軍を到着させるだろう、あるいは、数千のロシア人が船でハルビンに潜入したなどの情報を入手した。また同時に、奉天からも、兵二千が鉄道を壊した、との急電を受け取った。晋昌からもあいつぐ督促の電報を受け取った。吉林の長順は慎重だったが、寿山は動かされた。長順は云う。

ついで、晋昌が何度も繰り返し、電報でロシアのウラジオ、ニコリスク（双城子）などを攻撃するように催促してきたが、私は、兵力不足で、守辺さえも困難だとしていたが、……思いがけないことに寿山はその言を軽信し、それで計を変じて、越境囲攻せんとして、ついに愛琿防衛に命じて、往来の船を截撃させた。こうして該防営は居然として開礮し、ロシアの商船を沈め、また江中を澡浴しているロシア人を槍斃し、勢いに乗じて渡江焼殺した。このときロシアは白旗を掲げたが、また、それを置きて理せず。これよりロシアの調隊大いに至り、まず、江北の四十七旗屯の男婦子女およびロシア屯の華商がことごとく江に駆り入れられ淹斃させられた。つづいて愛琿が破られ、惨行屠戮され、房屋も一炬に付され、瓦も存しなくなった。……晋昌は己を知り彼を知ることができず、一味にがさつに功を貪り、且つ増琪といまだ心を合わせて相談しつつ仕事をすることをしないだけでなく、はなはだしくは、吉林黒龍江両省がこれに従って戦端を尋ねた後、快とした。今に至り、大局は敗壊した。一死〔もて罪を贖うこと〕能わざるのに、なおまた〔内蒙古の〕賓図の王界内に逃げ匿れて兵を擁して自衛している。その意がいずこに居《あ》るかを知らず。(44)

ここにはアムール川の虐殺と奉天陥落以後の晋昌の動きまで入っているが、それらについては後でまた触れよう。

寿山は、アムール州でのロシア兵の増強、ロシア兵がハルビンに入ったこと、その兵は愛琿が探知したブラゴ市から輸送されたロシア兵と一致するようである、等の呼蘭からの情報を受けて、黒龍江軍を三路に——北路は愛琿の鳳翔、東路は通肯の慶琪、西路はホロンバイルの依興阿が指揮した——分け、防備を固めるとともに、(45)吉林省下のハルビンを東路の呼蘭駐軍をもって標的にした——七月八日（旧六月十二日）に吉林軍とともに攻撃しようと言ったが、これは七月一〇日（旧六月十四日）に変更になった(46)——。これについて寿山は、奉天・遼陽一帯でロシアと開戦した以上、黒龍江、吉林も「時に及んで開戦せざるを得ない」だろうと上奏している。(47)こうして北満洲でも戦争が開始されることになった。

これは仮定の話だが、奉天・遼陽の一事がなければ、事態は別の形で推移した可能性があるということを示しているのではなかろうか。つまり、ロシア軍の満洲出動、戦争・占領という事態は回避できた可能性はあったのだろう。

そのために機能するルートは、ペテルブルクの楊儒・ウィッテ——満洲三将軍——李鴻章というルート以外にない。これが破られたのは「晋昌」とそれに付和した五侍郎たちが、増琪を拘束し、義和拳を慫慂したこと、そして配下の育字軍を使って東清鉄道を破壊し、ロシア鉄道守備隊と交戦したことによるのである。その意味で、義和団事変が、「北清」に限定されず、「満洲」問題にまで拡大したのは、「晋昌」らが撃った「最初の一発」が原因だった、ということになるのかも知れない。もしそれがなかったならば、その後の、日露戦争、韓国併合、満洲権益、二十一ヶ条、満洲事変、云々という歴史過程は大きく異なった可能性があるということだ。逆に言えば、北京議定書（辛丑和約）が清朝中国の半植民地化を決定づけたのと同じくらい、この満洲問題は後年の歴史的展開にとって決定的であり、この時期が、歴史のコースを決めた決定的な時期だったことを示している――帝国主義の時代の始まりと終わりを示す意味においても――。

ではなぜ、晋昌らは、激化したのか。それはロシアの旅順・大連租借に反発したからである。このことは彼だけでなく、奉天の大部分の官僚・軍人はみな義和拳に同情的であったことからも知れる(48)。租借後の関東州設定で、境界の測量、行政の整理や税負担に関して、清国側や住民側と多くのトラブルを起こしていたから、それに南満支線の鉄道建設が加わると、その反発はさらに大きくなったのだった。このロシアの出兵プロセスを追ってみよう。

アレクセーエフは六月二八日に軍艦で大沽に到着し、天津での激戦を知って、七月五日に天津入りした。そして八日に、ユーゴビッチに、軍の満洲入りを勧告し、これを受けてユーゴビッチが、グロデコフ、ウィッテに電報を打ち、来援を要請した。そして七月九日にロシア軍の満洲入りの勅令が下ったのだった（前述）が、一二日に、ハバロフスクのサハロフ将軍は四歩兵営とコサック中隊を船に乗せてハルビン救援に向かった(49)。チチハルの寿山もこの動きを察知した。

七月一一日、楊儒は、ウイッテ、ラムスドルフに面会を求めた。かれらは、満洲への出兵はやむを得ないもので、秩序が回復したら、ただちに軍は撤回すると言ったが、これは一八七八年のイリ占領のときと同じで、当てにはならないものだった。楊儒は電報で、上海道の余聯源を通じて、満洲三将軍に、入満ロシア軍といかなる衝突も生じさせないように命じて欲しいと、また寿山にも同様のことを伝えた。

ユーゴビッチ、ウイッテが派兵を決意したのは、義和拳の騒擾の蔓延、奉天での鉄道攻撃によって、清国人によって鉄道が破壊、占領されるのを恐れたからである。とりわけ、まだ混乱が波及していない北満洲の東清鉄道幹線を保衛しようというのが一番だった。七月一一日に、ユーゴビッチは、各鉄道工事関係者は近くの拠点、ニコリスク、ハルビン、ルハイト、旅順へ避難撤退するようにと命じた。そしてハルビンから船で婦女子をハバロフスクに下航させた。この頃、ホロンバイルで清露間に衝突が起きて、寿山がユーゴビッチに調査を求めると、ユーゴビッチは清国が匪乱を収めることが出来ないから、ロシアが代わって出兵するのだ、と言っている。

寿山は、委員を、グロデコフ、ユーゴビッチのところに派遣し、双方が兵隊を撤して、疑念を解くよう協議させたというが、結果は不明である。寿山はまたもう一人の委員を省西にいた技師ガイロフのところに派遣して、来城（チチハル）を約したが、かれらは一一日の夜に突然家屋を焼いて、列車に乗って走り去った（おそらくユーゴビッチの指令にもとづいてハルビンに引き上げたのである。一五日着）。

前日の一二日に、朝廷は、七月三日（六月初七日）発出の国書の電報をペテルブルクの楊儒宛に送り(50)、楊儒からその返事が七月一四日（六月十八日）に来ている(51)。この頃から北京は、『各国に向かっての排解《わかい》』を考えるようになった。七月一三日に天津は聯合軍によって落され、占領された。これを受けて妥協和解がさらに模索されるようになった。しかし、北辺の黒龍江岸では、緊張が高まっていた。ロシアは軍事動員をかけて、黒龍江に由る輸送を開始している。寿山はそれに対して、兵を入れないようにと再三くり返し通告していたが、警戒を強めていたその愛琿城の前面の水面で、一四日、ミハイル号に対する臨検をきっかけに、武力衝突が起き、翌一五日に、黒河鎮の清国軍によるブラゴヴェシチェンスクへの砲撃が開始され、北満洲も戦乱に巻き込まれることになる。

こうして「アムール川の虐殺」が起きる。それをやや詳しく見ていくことにするが、その前に、満洲南部のその後の状況を見ておく必要があろう。ここには中国最北の開港場で外国人居留区が設置され、領事館が置かれた営口があったからである。

営口・南満洲

ミシチェンコ隊が逃げ込んだ営口だが、ここには満洲の開港場として外国人居住区が設置されていた。奉天省の貿易の中心地として、芋、油、麻、藍、豆、穀物などの農産物を輸出し、綿花、綿布、絹織物、昆布、石油、紙などを輸入していた。綿花・綿布はアメリカ産が多かった。東清鉄道の資材の多くがアメリカ製品だったことも含めて、アメリカは列強が支配する本土よりも満洲がアメリカ資本の未来に希望を与える土地と見たらしい。だが、ここは、前述したように、早くから反外国の義和拳の影響を受けて、反教会宣伝が行なわれて、少年たちが義和拳の咒文を唱えて練拳し始めていた。七月三日以後、成人までもが参加して各地で群衆を集め、西洋人に反対するような訴えかけが始まっていた。晋昌は、遼陽駐屯の育字軍四営を営口に派遣するとまで連絡して来た。駐営口ロシア領事は、「この運動の宗旨は『滅清駆洋』で、とりわけロシア人」が標的で、「満洲のロシア人は多いけれども、分散していて、各集団は人数が少ないから、容易に消滅させることが出来る、と（かれらは）言っている」と伝えてきた。(52)

七月二六日、前日からの熊岳城での衝突で駆逐された清国軍が営口に逃げてきたので、ミシチェンコ隊二百がこれを阻止するために戦いが起きた。しかしロシア領事は営口城への攻撃を中止させ、ミシチェンコ隊はロシア租界に戻って、ここに駐屯していた。道台・明保の必死の努力もあって、この開港場は何とか平安を保っていた。ロシア領事も、ミシチェンコとフライシャー将軍に軍事行動を控えさせていた。しかし副都統の晋昌は、育字軍などを牛荘と鞍山駅に集結させ、沙河子に後備部隊を配置した。と同時に、北京に二十五営、一万二千五百人の軍を遼東湾に派遣して、対峙しているロシア軍前線の背後に上陸させて、その背後を突いて鉄道を破壊させるよう要請した。つまり、大石橋を中心に結集しているロシア軍を鞍山に誘い込み、五万の兵と六十門の砲を持つ数的に優勢な兵力で、牛荘、沙河子、千山山区の三方向から攻勢をかけて圧倒し、営口部隊と来援の北京各営がこのロシア軍の撤退路を遮断する、という計画を立てて配置したのである。

戦争は新たな局面を迎えていた。営口のロシア人居留地は営口城内の清国軍の威圧下におかれていたが、清国軍は営口と大石橋に向かって移動を始め、やがて牛荘から大軍が営口に南下してくるだろうと予測された。それで、義和団の数が増長してきた中国人地区と外国人居留地区との間に防禦施設の工事が施され、ここをイギリス・日本・ドイツ・ロシアの義勇隊が防衛することになった。道台・明保は懸命に現状維持に努力したが、牛荘から身分の高い官員（胡管帯）が到着すると、営口城内の輿論バランスが崩れ、大きく義和団勢力側に傾斜した。道台自身の生命の危険さえ感じられるようになった。それで彼は船で脱出した。それを追った義和団は途中で殺害された。

この八月四日に、道台が逃げたという情報が広まった。義和拳・中国人群衆は、道台はロシア人の中に隠れているのではないかと疑い、朝方、防禦工事の隔壁の所に押し寄せた。義和拳は廟に参拝して祈禱した後に、障壁を越境して来た。これに対し、警備のヨーロッパ人が発砲、九人の義和拳民が死んだ。この騒ぎに清国正規軍が加わってきた。

フライシャー将軍は、ミシチェンコ大佐に西南から営口城を攻撃するよう命令、シベリア第七団二個中隊で外国租界を占領させ、港湾上のロシア軍艦二隻に援護射撃を命じた。ミシチェンコ部隊が出撃して、東砲台に接近し、これを攻撃すると、清国側の砲台守備兵は城内に退却した。午後三時、ここに江上の軍艦から砲撃が加えられた。砲撃数二百余発。住民は逃げ惑い、西側の遼河に逃げ、船に殺到した。砲撃での死者は五、六百人。清国軍は南門から突出し、城外のロシア鉄道守備隊と交戦した。しかし陣地を確保できず、城内に逃げ戻った。だが、城内は外からと江上からの砲撃を受け、また租界境界陣地からの攻撃を受けて混乱を極めた。清国軍の一部は江上に逃れ、一部は南門から突出して、何とか突破しようとしたが、阻止されて多くの死者を出した。清国軍は城外に逃走、生い茂るコーリャン畑の中に姿を消した。しかし、ロシア軍に追撃する余力は無かった。城内に入ったロシア軍は四門を占領するとともに、兵器廠と軍需倉庫を占領した。残った部隊は三マイル離れたロシア居留区に駐留した。一通の手紙は、「土匪が機に乗じて強奪した、ロシア兵は到る処で淫乱、被害者少なからず」と書いている。(53) こうして七時間の戦闘でロシア軍による営口の占領が完了した。

翌八月五日、旅順からアレクセーエフ海軍中将が営口に入った。かれは、ロシア軍の攻撃は、清国当局が敵対行動を取った反乱を奨励し、秩序維持が出来なくなったからで、外国領事団の要請によって市内に駐屯しているのであると述べ、中国側が秩序維持できない以上、地方秩序を維持し、中国人による掠奪防止、外国人の財産保護のために、営口をロシア軍下に置く必要を認めた、また東清鉄道が破壊されており、営口に軍を駐屯させ、鉄道を保護する必要がある、営口は国際通商港であるから、臨時行政機構は諸外国人の一切の権利は尊重される、治安を維持し、貿易を回復するであろう、と語った。(54)

イギリス、アメリカの代表は、ロシア側がいう、「襲撃にあったからだ」という点、および江上からの艦砲射撃による営口攻撃を非難した。しかし、八月九日にロシアの臨時行政機構が成立した。ロシア領事が行政長官になり、牛荘軍区司令、副税務司などが任命されて成立したのである。イギリスは領事裁判権を持っていた海関の建物にロシア国旗が掲げられるのを拒否した。ロシアは、海関にロシア国旗を掲げても、イギリスの権利は保障するということに話がつき、海関税務司はイギリス人がそのまま担当すること、ロシア人の副税務司のシュミットは干渉しない、海関収入はもともと中国海関銀号に預け入れていたが、中国人が営口を離れたため、それが不可能になったから、露清道勝銀行に預け入れられることになった――ロシアの臨時行政機構にではない――。八月一九日に臨時政府の法令が出され、占領行政が開始された。

四、アムール川の虐殺――なぜ虐殺事件は起きたか――

北満洲で清国軍、ロシア軍の軍事活動が活発になり、露清戦争が展開されることになるが、その重要な一齣に、「アムール川の虐殺」がある。その顚末を明らかにすることが、ここでの課題である。

序曲は、大沽砲台の陥落とロシアによるプリアムール軍区の動員令（六月二五日発令）だった。これは、ウラジオストックから旅順に大量の軍隊が輸送された後の空白を埋める意図のものだったが、六月二一日の「宣戦上諭」が奉天に伝えられてからの東三省の排外激化の動きと連動したものでもあり、その経緯を見ていくことにしよう。

ウィッテは前述したように、露清密約以来のやり方で、何とか満洲での暴発と東清鉄道への波及、ロシア勢力への被害波及を防止したいと考えていた。この線で動いたのが、ウィッテ――駐露公使楊儒――李鴻章たちである。このラインは、前駐露公使・許景澄をも含めて和平派と言ってよく、当時の対外強硬派の民族主義・国家主義的な意見が朝廷やその周辺で暴れまわり、主流となっていたのに較べると、弱かったが、何とか満洲への混乱の波及を防ぎたいという点で共通していた。結局それは効を奏することはなかったが、ロシアの動向をよく伝えるから、このラインの動きを軸に見ることにしよう。

六月一五日に、ハルビンのユーゴビッチは、ハバロフスクのグロデコフ将軍からの旅順への軍事動員の連絡と、チチハルの寿山からのそれに対する抗議を受け取った。と同時に、黒龍江、吉林で鉄道沿線に清国兵が集中されているとの情報を受けた。

六月二二日、ユーゴビッチは、ロシア政府に、ロシア軍をハルビンに入れると大きな事態になるから、鉄道を保護するようにと、楊儒と東三省将軍に要請したけれども、（一五日の聯合軍による）大沽占領とプリアムール軍区の兵隊の旅順への動員が、中国の異常な恐怖心を生んでいる、という電報をウィッテに打った(55)。それを受けたウィッテの求めに応じて、駐露公使・楊儒は六月二七、二八日に増琪と李鴻章宛に次のような電報を打った――この間、六月二五日にアムール・ウスリー両軍区のコサック兵に対して動員令が出され、予備役士兵がブラゴヴェシェチェンスク（ブラゴ市）に入った(56)――。

ウィッテがやって来て言うには、中国は満洲に兵を置いて、鉄道を占領しようとしているらしく、ロシア人は驚いている、ロシアは、（中国が）匪を剿するのを助けたいと思っており、戦争は欲しない、が、鉄道に急あれば、勢い兵を出して守り、鉄道工事を保たざるを得ない、ウラジオ・旅順の兵が満洲に入れば、各国も倣って他省に入り、後患は限りなくなる、とくに奉天に電報を打って、つとめて鉄道建設員を保護し、兵を動かさないようにしてもらいたい、とのことであった。現在ロシア側と密かに交渉しているが、事は大局にかかわる。鉄道を保護されたい(57)。

さらにウィッテは、北京との電報が通じなかったから、露清密約以来の古い交情を思い、広東の李鴻章に電報を打った。乱民官兵に鉄道が破壊されれば、ロシアは派兵して、「（ロシア）人民と数百万金の工事」を守ることになる、是非尽力されたい、と（ウィッテの二七日付電報は楊儒から李鴻章に転送された）(58)。

二八日、ウィッテはまたユーゴビッチに、（満洲官員に）第一次贈与金として十万両ずつ払うから、鉄道破壊を防止してくれるよう、取り敢えずの前渡金を支払う権限を与えた。これは彼がかつて東清鉄道契約で李鴻章に贈賄したという三百万ルーブルと同じ発想で対応しようとしていたことを示していた。[59] 実際、南満支線技師長ジルシュマンは遼陽守尉に銀五千両を贈っている。[60] 先の遼陽守尉のことではなかろうか。ウィッテは楊儒に、盛京将軍が軍を動員して鉄道を占領しているという鉄道守備隊からの電報を入手した、一旦満洲に（ロシア）兵を入れると直ぐには撤出できない、と語った。[61] これを受けて、七月一日に、李鴻章が、楊儒に、満洲鉄道についてはすでに（満洲）三省将軍に保護するようねんごろに電報した、ウィッテに伝えられたい、と伝えてきた。[62]

こうした往復電報での危機回避策がとられている最中、翌七月二日に黒龍江将軍・寿山は、李鴻章から楊儒に宛てたこの一日付電報の楊儒からの転電を受けた。かれはそれ以前に、ユーゴビッチとハバロフスクの総督、黒河（ブラゴ市）の長官に、ロシア兵を来させて民心を動揺させないよう、鉄道保護は任せてもらいたい、と言っていたが、この一日付電報に対して寿山は、黒河（ブラゴ市）の兵は多く、一三日には愛琿を経て鉄道保護に出発すると言っている、と楊儒に返電した。[63] 楊儒は、この軍は旅順・天津行きのもので、他意はない、ロシア外務省は、ロシアは兵を出さないと言っている、と返信して来た。しかし数日後、李鴻章は楊儒に、奉天での教会焼打ちや鉄道破壊が発生して、拳民の勢いは阻止し難いものがあり、ロシアの派兵を勧阻したが、「及ばざるを恐れる」、と伝えてきた。[64] 七月五日の段階で、五千名ほどのロシア兵がブラゴ市に集結していたことは確からしい。しかしこの頃まで、ユーゴビッチは、六月三〇日の奉天での教会と駅への攻撃にもかかわらず、満洲将軍たちが鉄道保護を請け負い、秩序を維持してくれるものと思っていた節がある。しかし、事態は期待と違って拡大しつづけた。

奉天から見ていこう。奉天の情勢は急激に変化し、鉄道の二つの橋が破壊された。これは六月二五日（旧五月二十九日）という説と、六月三〇、七月一日という両説があるが、前者は、前述した育字軍による遼陽での鉄橋破壊を指すから、後者が正しい。この事態がロシア政府に知られるのはもう少し後のことである。六月二五日のアムール軍区への動員令は、ウラジオの軍隊が殆ど旅順に送られたのを受けて、その空隙を補充するもので事件と直接関係はない。この六月末の奉天の事態を受けた、アレクセーエフ、ユーゴビッチの電報によって、満洲の混乱を鉄道守備隊の増強で何とか乗り切ろうとしていたウィッテでさえも、正規軍の派遣が必要だと考えはじめるようになったのだが、その最大の目的は、東清鉄道幹線の保護である。ではどこから、どのように軍隊を輸送し、極東兵力を増強するかである。その軍隊輸送は河川輸送に頼らざるを得なかった。つまり、ヨーロッパロシアからの軍事兵員輸送は、シベリア鉄道で送ってきても、ザバイカル州、アムール州からさらに極東へ軍事動員するには、イルクーツク、ネルチンスクから、シルカ川を小型河船を使って下り、アムール川に乗り入れて、さらに下航し、ブラゴヴェシチェンスクに到着させる、あるいは陸路でブラゴヴェシチェンスクに軍を集め、そこからアムール川（黒龍江）の航行を使ってハバロフスクに輸送するというルートに依存せざるをえなかったのである。ネックはシベリア鉄道の輸送能力不足——特にバイカル湖南岸鉄道が未完成で、湖を横断せねばならなかった——と、黒龍江の船量だった。この問題は日露戦争におけるロシア軍の輸送問題のリハーサルの位置を占めるのだが、このルートで満洲の鉄道建設地に軍隊を輸送するとすれば、陸路では、ブラゴヴェシチェンスク—愛琿—（チチハル街道）—チチハル—ハルビンというルートか、ブラゴヴェシチェンスク—（アムール川航路）—同江—（ここから松花江航路を遡航し）—ハルビンへ、という輸送線が考えられる。イルクーツク—チタ—満洲里を通って興安嶺を越える西側からハルビンへ行く陸路（東清鉄道西線）は、荒野が広がり、人跡稀で、軍隊が長距離を食糧弾薬を持って行軍しなければならないルートで、きわめて困難だった。これで分かるように、ブラゴヴェシチェンスクがロシア軍の兵員輸送ルートの結節点で、ここのアムール川航行が遮断されると、軍区軍事動員は実行不可能になるのだった。

こうした事情で、七月八日に、ハバロフスクのグロデコフ将軍から黒龍江省の寿山将軍に、兵を入れて鉄道を守りたいという申し入れがあったのである。この間、六月二八日から七月八日（旧暦六月初一日～十二日）までの動きを寿山はつぎのように書いている。

黒龍江省（の兵力）は馬歩三十六営ですが、愛琿、ホロンバイルなど各地に分散しています。兵力の少なさを見るべきです。呼蘭が探知したところでは、ハルビンにはすでに輸送船で兵数千が運ばれ夜間に登岸したといいます。愛琿はまた、海蘭泡（ブラゴ市）からしばしば兵輸送船が出発し、下流に向かっている（と報告してきています）、各船の出発日期、積載せる兵員の数は、呼蘭のいうところと相い合するようです。また調べてみると、アムール川上流（シルカ河との合流地区）にはなお出発を待っている数万の兵がいるが、水流が少なく、まだ下りきれていません。わが防軍力の薄きこと、かくの如きなのに対し、敵の勢い衆きことかくの如きです。ウラジオからの密電によると、ウラジオのロシア兵はすべて大沽、旅順に行ったということです。ロシアのカザン省（州）から東へ兵三十六営を発し、それがすでにイルクーツク、ステーレンスクに至っており、クーロン（庫倫・現ウランバードル）を通過するか、黒龍江省を通って入境するかはなお未定であるという。

同時に、増琪からの電によると、奉天省で拳民の鉄道破壊が始まったという。天津戦争以後、電信が通ぜず、京師の安否は分かりません。それで、増琪、長順、楊儒と相談して、ハバロフスク、ブラゴヴェシチェンスクの長官に、鉄道をこちら側で担保するから、再び来兵させることのないようにと約束させ、そうして臨機応変に一時を済い、ロシアの心を専ら内向させようと願いました。ところが思いがけず、この電をまさに発しようとしていた時に、愛琿の探知によりますと、海蘭泡（ブラゴ市）から歩隊五千、馬隊二千が正装して待機し、おのおの車二百輌に食糧武器を満載して、十三日に陸より進発するとの情報がありました。これと前後して増琪、晋昌の続電があり、それによると、奉天省でロシア軍と戦闘が始まったということです、奉天省がそうであるなら、間もなく吉林、黒龍江省でも開戦に及ばざるを得なくなるだろうと思いました。これが六月初一日（六月二八日）から十一日（七月七日）等の日の情景であります。(65)

七月九日（露暦六月二六日）、ウィッテの上奏要請を受けて、皇帝ニコライは軍を満洲に入れる事を決定し、勅令が出された。目的は、清国兵、武装人民を撃破し、東清鉄道全線を軍事占領することである。が、ではどのように軍隊を展開するかである。一般的には、次のように軍事戦略が立てられた。(66)

東清鉄道南満支線の鉄嶺駅を境に、それ以北を一つの作戦区域にし、プリアムール軍区司令官グロデコフ中将指揮下の軍と支援兵で対応する。それ以南をもう一つの作戦区域にし、アレクセーエフ海軍中将指揮下の関東州駐屯軍と応援兵が担当する。(67) 東清鉄道全線の確保には、先ず第一に、ザバイカル・満洲里―チチハル・ハルビン―国境のニコリスク（双城子）までの千二百七十キロメートルの幹線を回復する。それにはチチハルと寧古塔の占領が必要になる。次いで、ハルビンから旅順に至る南満支線八百五十キロメートルを回復する。それには、吉林と奉天を占領せざるを得ない。そうしないと安全は確保できないからだ。

この軍事行動の困難さは、第一は、その移動の「距離」だった。第二は、満洲に兵を入れると同時に、アムール川の占領制圧を確固にし、ブラゴ市を救うことで、第三は、アムール川の船が乏しく、シルカ河、アムール川を筏で運ばなくてはならなかったこと、などであった。そのほか、軍事道路の建設、食糧・軍事品の輸送などの幾つかの問題があり、軍事行動としてはなかなか困難なものだった。

東清鉄道を救うには、まず、ゲルングロス少将の下にあったハルビンを出来るだけ早く救出することが重要だった。

七月一二日、サハロフ将軍率いる歩兵四大隊、コサック騎兵三中隊その他が船でハバロフスクを出発した。この部隊は、ブラゴ市からアムール川を下ってきた部隊と合流して、ハバロフスクから黒龍江を遡航し、途中、黒龍江から松花江に入り、これを遡航、途中で清国軍要塞の三姓城を落として占領し、七月二一日にハルビンに入るのだが、この軍隊輸送は河川航行に依存したのである。だから、ブラゴ市からのアムール川の航行の確保は必須の問題だった。それがシベリア軍管区とプリアムール軍管区を結ぶ唯一の交通路だったからである。そして、ここで事件は発生した。

七月一四日（旧暦六月十八日）にアムール川を航行していたロシア船ミハイル号とセレンゲ号が愛琿の清国軍哨所において停船命令を受けたが、その交渉の最中に銃撃戦になって、死傷者を出し、ブラゴ市に逃げ込んでくるという、「ミハイル号」事件が起きたのである。この露清の武力衝突とそれに続く、黒河屯からの清国軍によるブラゴ市砲撃が、ブラゴ市での『アムール川の流血』を生むのである。以下、その経緯を少し詳しく見ていくことにしよう。(68)

寿山はその後の奏摺で事態を次のように述べている。

（七月一一日にユーゴビッチの退避命令が出て、）鉄道建設のロシア人が工事を棄てて逃げてから、海蘭泡（ブラゴ市）の兵員輸送船がアムール川を頻繁に行き来するようになった。それで自分はしばしば電報でそれを阻止しようとしたが、ロシア側は無視した。止むを得ず、員を遣わして直接告げさせた。もし、兵を輸送して下流に航行したなら、きっとすぐに砲撃を加える、と。これらはいずれも同日に具奏しました。これらは、六月十二日（七月八日）より十七日（七月一三日）等の防務摺内に書いて案に在ります。つづいて、布将哈からの来咨（連絡文）を受け取りました。それによると、ロシアのコミッサール（国境管理官）がまた（愛琿）城に照会してきて、ただちに（ロシア）兵をよこして匪（大拳）を剿する、と謂いました。而して十八日（七月一四日）の未刻（午後二時）、海蘭泡（ブラゴ市）はまた、ロシア汽船と曳船四隻が兵馬を満載して出発しようとして、……（我軍に阻まれました）。(69)

これは、現地からの報告にもとづいてチチハルで書かれたものだから、細部が違っているし、また残念なことに、状況を書いたという防務奏摺の所在は不明である。しかし『黒龍江志稿』巻三十—五十七武備に、次のようにある。

六月十一、十二日（七月七、八日）に、ロシア・アムール州総督（在ブラゴ市グリブスキー中将）が将軍寿山に照会し、ほぼ次のように言った。両国いますでに和を失せり、兵数千を派して黒（河）より程を啓き、道を卜奎（チチハル）に仮り、ハルビンに至って鉄道を保たんと欲す、と。寿将軍は詞を峻（けわ）しくし之を拒み、（黒龍）江省鉄路を以て敝国に由って代わりて保護を為すべし、もし貴国が必ず発兵せんと欲するならば、ただ兵威を以て相見えるのみ、と。ロシア総督が覆文して、江省鉄路を貴国が代わって保護を為すというのは信ずることはできない、然し中露両国は久しく睦誼を敦くしており、いまだ軽しく辺境での戦端をひらきませんが、……

こうしたやり取りのあと、

十五日（七月一二日）、寿軍師は電信を発して愛琿副都統・鳳翔に、警戒し備えるよう令じ、且つ、もしロシア兵が境を過えることがあれば、ただちに迎頭痛撃し、下駛せしむるなかれ、と言った。しかし、鳳副都統は、愛琿の兵員は空虚で、強弱敵せず、以て一戦するに足らず、と自ら度《はか》りて、寿軍師に電を致して、諫めて戦端をはばまんとしたが、軍師はこれを置いて省みなかった。

十七日（七月一三日）朝、ロシアの兵船五隻が曳船十三隻を引き、ロシア兵一千五百名を乗せて黒龍江を下駛した。鳳副都統が、電を発して寿軍師に告げるも、即ち晩《おそ》し。軍師が電で開戦の議を力申するのを得て、それで愛琿の練ずる所の靖辺各軍がただちに沿江の各溝に赴いて駐防することになった[70]。

という。そして、一四日の事件になる。

七月一四日、汽船ミハイル号はハバロフスクから五隻の曳船を引いて黒龍江を遡航していた。船は先にハルビンに派遣されたブラゴヴェシチェンスク縦隊の兵を降ろした後、戻ってくる途中だった。一隻目の曳船には武器と砲弾が積まれていた。愛琿城から旗が振られて船を岸につけるように合図があったが、船長は見落としたらしい。そのまま遡航をつづけた。それで、愛琿城の上流の三道溝附近で、清国側（恒玉統領）から何発かの発砲があって、停船させられた。船にはクリツェフ大尉と十名のコサック兵が乗っていた。午前十時ごろだった。間もなく清国側軍人（陳管帯）が乗り込んできて、荷物検査をして、曳船上の武器砲弾を見つけた。そして、船を勾留すると告げた。そのやり方はロシア側には傲慢無礼と映ったが、大尉と勤務兵が上陸し停船理由を聞こうとしたところ、愛琿の副都統・鳳翔の所に行けと言われて、連行されていった。

それからしばらくして、下流からセレンゲ号が姿を現わした。それにはコミッサール（国境管理担当官）のコルシュミット大佐が乗っていた。かれは一二日にセレンゲ号で川を下り、同日にブラゴ市から川を下っていった部隊が無事にサチェクスキーバンク（浅瀬）を通過できるように案内してから戻ってきて、遡航して来たのだった。十時頃に愛琿城の下流八キロのところにあるロシア側二号国境哨所（左岸の見張所）に着いた。十一時頃に愛琿城の前面を通過したが、城附近は射撃の構えをするなど物々しい様子だった。城を通過して二キロほどで旧愛琿に至り、十二時頃に三道溝に近づいた。そこには五隻の曳船を連れたミハイル号が停船していた。ミハイル号の汽笛の信号を聞いて、セレンゲ号は接近し、ミハイル号の横に錨を下ろした。清国側が上陸するよう言ったが、コルシュミットが清国側が来るように言うと、乗船してきた。右岸の清国側は兵士で溢れ、塹壕が延々と延びていた。二日前に彼が河を下ったときにはなかったものだった。大砲まであった。コルシュミットが交渉している間、清国兵は忙しそうに動き回っていた。馬は走り、兵士は塹壕についた。ただならぬ状況を見て、コルシュミットはただちに二隻の出発を命じた。セレンゲ号が動き出すと、それをめがけて砲撃がなされ、続いて全線から銃火を浴びせられた。二隻は出来るだけ左岸のロシア領側に沿って遡航したが、それでも航路は幾つかの地点で清国側に寄っていて、その砲台の前を通らなくてはならなかった。清国側河岸から猛射を浴びせられ、コサック兵は甲板の物陰から応射した。

ゼーヤ河合流地点にあったロシアの一号哨所から少し下った清国側が五道溝だが、ここで、セレンゲ号操舵室で望遠鏡を覗いていたコルシュミットが胸に弾丸を受けて倒れた。重傷だった。かれは船を一号哨所の脇に停船させるよう命じ、哨所のウェルトラコフ少尉を呼んで、船の指揮を委ね、ブラゴ市に急使を出させた。そしてミハイル号に空の四隻の曳船を切り離し、武器を積んだ一隻のみを引いて、セレンゲ号とともにブラゴ市に行くように命じた。コルシュミットは船底の敷物の上に横たえられた。これはわずか二、三十分間の出来事だった。二隻の船は清国側からの絶え間の無い銃撃を衝いて遡航した。卡輪山を過ぎると、清国側からの射撃は止んだ。夕刻六時、二隻の船はブラゴ市の港に入った。それとほぼ同じ頃、愛琿城に連れていかれたクリツェフ大尉がブラゴ市に戻ってきた。かれは、愛琿で鳳翔から、いかなる船の航行も禁ずる黒龍江将軍の命令が出ていることを伝えられ、遵守するように伝えるために護衛付きで黒河屯に送られ、船で対岸のブラゴ市に着いたのだった。これがロシア側の記録(71)を中心とした一四日の事件のあらましである。

大筋はこれでよいのだが、中国側史料と食い違う点が幾つかある。『愛琿県志』巻八は、コルシュミットが兵五名を連れて下船、清国側陣地を視察して驕横な態度を示し、ミハイル号に乗り込んで、商船を調べる必要はない、と言って、碇を上げて出発させ、威嚇するように、「斉槍両排（二回発砲）」させた(72)、と言う。最初の一発をどちらが撃ったかが、ロシア側と中国側で違うのである。レンセンも、船が動くと中国側から発砲がなされた、とロシア側史料に基づいて書いている。しかし、黒龍江将軍寿山の奏文(73)（七月一七日頃と推定される）も、「開輪《しゅっぱつ》を喝令し、並た槍炮を斉発す」、「十八日（七月一四日）の役は更に彼が先に開仗《はっぽう》するに係り、勢い之と力角せざるを得なかった」と書いているから、ロシア側が先に発砲したという現地報告である。『拳匪紀事』（巻三―三十二）も、コルシュミットが下船して、恒玉統領と弁論して、怒って船に戻り、「軍士に命じて両槍を放たしめ」た、と言う。二度撃ったというのは共通だから、どうも、中国側資料の信用度のほうが高いようだ。その根底には、清国側とロシア側に危機意識の差が大きかったこと、ロシア側には危機感と緊張が薄かったことがあるようである。

両船はかなり被弾して、多くの負傷者を乗せて入港したから、ブラゴ市は騒然となった。ついでクリツェフ大尉が帰ってきて清国側の姿勢が明らかになった。グリブスキー中将は急遽、歩・砲・騎兵五個中隊ほどを一号哨所に派遣、ミハイル号が置いてきた曳船四隻を確保し、愛琿側からの渡航攻撃を阻止することにした。この部隊はゼーヤ河岸に停泊していた数隻の汽船で河を渡り、一号哨所方面に向かい、配置についた。

翌一五日は晴れて暖かい日曜だった。グリブスキー中将は、昼に市議会を通じてブラゴ市の防衛・保安体制を取らせた。しかし、ブラゴ市内の清国人には特別な措置はとられなかった。そして午後三時ごろに、騎兵半中隊を率いて先発した部隊を追った。かれは、一号哨所から愛琿に進攻し、両岸を押さえて黒龍江の航行を確保するのがいいと考えたらしい(74)。それほど、黒龍江の航道を開き、航行を確保することがロシアにとって重要な意味を持っていたということだろう。先発部隊には、江上からミハイル号とセレンゲ号が掩護として川を下ってい

明治33年（1900）当時、黒河よりブラゴヴェシチェンスクを望む（国会図書館憲政資料室、石光真清文書）

た。この両船は地上軍を「随時、右岸に渡す」ことが命じられていた。この船に対して清国側から砲撃が加えられ、セレンゲ号の二門の大砲から応射が行なわれた。これはミハイル号が運んできた砲を艤装したものだった。その威力は大きかった。しかしこの交戦でセレンゲ号の兵士二名が死亡、五名が負傷、機器も壊れた。ミハイル号の船腹には大きな穴が開いた(75)。この事態について中国側史料（寿山奏文）は次のようにいう。

十九（一五日）卯刻（午前六時）、ロシアは騎兵六百、火炮六尊を以て、卡輪山の対岸に排列した。我軍まさにともに敵対せんとするに、忽ち上江より鉄甲輪船三隻、拖船六隻が開駛してきた、我れ急ぎ炮を開くも、僅かに（先）頭隻を毀すのみ、余の船は　下り駛せ去り訖り。午刻（一二時）ロシアまた隊数千を出し、炮二尊を加え、子弾雨の如し、幸いに統領恒玉、早くに深壕を掘り、以て抵禦に資す。是日……（黒河屯からブラゴ市を砲撃す）(76)。

と書いている。一号哨所附近に来たロシア軍が対岸の清国軍と対峙し、その間を、上流からロシア船が下っていったので、航行禁止を命じられていた清国軍は砲撃した。このロシア船が、掩護のミハイル号、セレンゲ号であったかは不明だが、その後、川を挟んで戦闘が起きたというのは、グリブスキー中将が到着したからであろう。ほぼ辻褄が合う。

この戦闘がつづいていた時、グリブスキー中将は後方のブラゴ市方面からの砲声を聞いた。午後六時半ごろから黒河屯清国軍が対岸のブラゴ市に向かって砲撃を開始したのだった。ブラゴ市内はパニックに陥った。砲撃は三時間続いた。グリブスキーの部隊は急遽引き返し、深夜に市に着いた。ミハイル号はやや下流の二号哨所に停まって修理していたが、一六日夜、四隻の曳船を引いてブラゴ市に戻ってきた(77)。

当時ブラゴ市にいた石光真清の『曠野の花』（中公文庫）のこの事件についての見聞記述は生き生きとしたもので、貴重な記録であるが、どうも歴史記録とぴったりと符合しない。レンセンも、セレンゲ号はブラゴ市から派遣されて川を下ってきた、としているから、補正する意味で少し詳しく書いた。このように、「虐殺」を取り巻いていた外部「環境」を理解すると、なぜブラゴ市で、かのような虐殺事件が起きたのかが、次第に理解可能になってくる。

さてその砲撃だが、一五日はブラゴ市は平静そのものだった。数百人の後備兵たちが暑さを避けて川に入り、遊泳していた。そこに突然、彼らを標的に対岸から射撃が行なわれ、つづいて砲撃が開始された。これは完全にロシア人の予想せぬ、突然のことだった。驚いた人々は裸のまま慌てて川から上がり、川沿いから急いで市街の街路に避難した。街は喧騒と混乱に包まれた。満洲人たちが上陸したという流言も流れた。パニックが起きた。

『愛琿県志』巻八は、清国側は午後三時にロシア兵が小船を浮かべ、遊泳しているのを発見し、二時間ばかり観察していたが、小船の中に武器を隠しているのを見つけ、水泳と偽って不備を突こうという魂胆だと見破り、銃撃した、と書いている。理由にもならぬこじつけである。日曜のロシア兵は北の夏の夕刻まで泳いでいたらしい。レンセンは、しかしそうした認識があったかもしれないが、この砲撃はちょうど出航した汽船「ブルラック」号を阻止するためでもあったろうと解釈している(78)。下流では交戦がはじまっていた。その情報は、清国側陣地間で共有されたはずである。黒河屯の統領崇玉は、ブラゴ市からその下流に向かっての汽船の航行を阻止する義務を感じたのであろう。それが砲撃になった。汽船は座礁した。砲撃は九時に止んだ。しかしロシア側が不思議に思ったのは、渡河が容易だったにもかかわらず、清国軍が渡河しなかったことだった。しかし、このロシア側の認識は少しずれているようだ。清国側にはそもそもロシア領に入る意思は無かった。防禦、河川の航行を阻むことが目的だったのである――対岸の江東六十四屯に渡航したのはそこが清国領だから自国内移動だと考えたのである、そして両岸から川を扼して睨みを効かせれば、航行は阻めると考えた――。

一六日、対岸の清国側から再び砲撃が始まった。この日が最も危険な日だった。プリアムール州の州都ブラゴ市の人口は三万八千人余りだったが、商人、召使その他、四千人ほどの清国人がここで生活していた。かれら無しにロシア人の都市生活は成り立たなかった。対岸の黒河は金鉱発見以来、数万の人口を持っていたが、食糧・野菜類などをブラゴ市に供給していた。ブラゴ市は多くを清国側からの供給に依存していたのである。六月二五日の動員令以来、兵力動員の中心地ブラゴ市からはプリアムール軍区の歩工兵・コサック・鉄道隊二六・五中隊が派兵されて出て行った。残っていた兵力は、兵千八十、騎兵四百五十、砲十門（二門ともいう）、小銃二千丁のみ。他に民兵四百八十、猟師民兵六百七十だった。これで砲撃を加えてくる清国軍をアムール川岸十一キロにわたって防衛しなければならなかった。その防衛力は、兵力一万五千、大砲四十五門といわれた愛琿の清国軍に較べてあまりにも貧弱だと思われたのである。

このロシア側の不安を説明するには、さらに、「江東六十四屯」問題[79]を考慮に入れなければならない。「地図」を見ると分かるように、黒龍江とゼーヤ河の合流地点の東側、愛琿の対岸地区は沖積地で農耕可能な豊かな土地だったため、早くから満洲人、漢人らが入植し農業を営んでいた。一八五八年の愛琿条約によってアムール川左岸がロシア領に割譲されたときに、すでにここに入植していた「満洲人」（清国人）は、そのまま居住が認められ、清国領となり、その行政下に置かれていた。六十四屯とロシア人入植者の地区（ロシア領）との境界は光緒六年（一八八〇）と九年（一八八三）の二度にわたって、測量され、地図に見るように高い石垣で境界が区分されている。前述したように、ここに当時、二千百五十四戸、一万五千人ほどの「満洲人」が住んでいた。かれらはアムール川を渡って愛琿と行き来し、またブラゴ市とも交易その他で交流していた。つまりブラゴ市は、対岸の黒河・愛琿の清国軍から砲撃を受けただけでなく、東側の「満洲人」居住地域「六十四屯」に接し、それらに挟まれ、かつ都市内部に多量の清国人を抱えていたのである。防衛のための軍事力は動員の結果、わずかしか残っていない。しかも黒龍江の航路は閉ざされた。

市はほぼ孤立したのである。これがブラゴ市のロシア人の身震いするような不安の来源であった。その不安は、内部の清国人が外部と呼応して反逆したなら、一体どうなるだろうかという恐ろしい疑念と想像を生んだ。それは更に昂じて集団的な「恐怖」になった。これが『虐殺』の背景にあった。

一六日の朝、清国人居住地区に貼られた「大拳民」のポスターと文字の書かれた紅紙の掲帖が見つかった。それは厳しく恐ろしい形相の顔つきの中国人の神が刀を持った右手を上げている絵で、地上に横たわる敵を殺そうとしているように見えた。翻訳されてきた紅紙の文は、「満洲人が今夜総上陸し、全城を根こそぎにする、城内の中国人はこれを協助すべし」というものだ、と住民の間で伝えられた(80)。警察長官は軍事長官に、全清国人居民を直ちに黒龍江の向こう岸に移すように要求し、グリブスキーはそれを下令した。

清国人たちは後備兵によって警察署に追い立てられ、かれらの居住区は捜索を受け、商店、食料は略奪された。夕刻五時頃には、数千の満洲人、漢人が群れを成してやって来た、それは市内から或いは周囲三十マイルの村々から狩り出され、コサック兵によって警察署に連行されている人々の群れだった。その数は全部で数千人にのぼった。やがて警察署では収容しきれなくなり、ゼーヤ河のところにある木材工場に収容されることになった。

翌一七日の払暁、愛琿方面からの砲声が響いた。愛琿の清国軍が渡河してロシアの一号哨所を攻撃したのだった。木材工場の清国人約三千ないし三千五百（四千ともいう）が上ブレゴ市のステーションに集められ、渡河のために待機させられた。そして酷暑の中、江岸に向かって六マイル追い立てられた。しかしそこには彼らを向こう岸に渡す船は無かった。上ブラゴ市の北側の川幅の最も狭いところが彼らの渡河地点に選ばれた。しかしそこでさえも川幅は七百ヤード（六百四十メートル）はあり、水深は十三メートルあった。流れは急で風もあった、清国人たちは、泳いで渡れ、と追い立てられた。かれらは川の中に入ったが直ぐに溺れて沈んだ。後続の人群は川に入ろうとしなかった。コサック兵はそれに鞭を振るい、銃を持ったロシア人は銃を撃ち込んだ。人の群れは河中に崩れ落ち、流れ行った。川岸は阿鼻叫喚につつまれた。その後、川岸には死体が溢れた。ロシア人は軍刀と斧で惨殺しながらそれらの死体を川に投げ入れた。溺死させられ、被殺されて、絶対多数は死んだ。渡り終えた清国人は百人に過ぎなかった。第二陣は八十四人だったが、全員同じ運命をたどった。一九日に百七十人（うち渡河生存者二十人）、二一日にも六十六人がアムール川に追い立てられた。最後の第四グループは先に対岸に渡った清国人が船を出して助けたので、半分ほどが助かったが、大量の死体が黒龍江を流れ下った。四千人とも言われるそれらの屍体はやがて浅瀬に停まり、夏の暑さで腐乱していった。一週間ほど後に川を下った人は、その腐乱死体の臭気が川面を蔽っていたと述べている。これが「アムール川の虐殺」である。

ロシア人たちは、恐怖に駆られて、すべての疑わしき清国人を向こう岸に放逐すれば、自分たちの生存の安全が確保できる、と思ったのである。清国人狩りはブラゴ市内だけでなく、コサック村、江東六十四屯でも行なわれ、彼らも同じような運命を辿った。

この事件については、流言やデマ・人種民族偏見・虐殺責任その他いろいろ書くべきことは多々あるのだが、詳しくはレンセンの研究に委ね、ここまでとし、この輸送交通路の結節点であったブラゴ市の救出とそれ以後について簡単に述べておくことにしよう。

黒河・愛琿からチチハルへ

対岸黒河屯から十九日間続いた連日の砲撃に曝されているブラゴ市の救出は、東西から行なわれた。西側のザバイカル州のマチェウスキー少将は動員令が下ると、一ヶ月で全州の戦争準備を整えたが、その一部、歩兵六大隊、コサック騎兵三中隊、大砲三十四門をレンネンカンプフ少将に率いさせて、ステーレンスクからシルカ河・アムール川を下ってブラゴ市に先に赴かせた。この部隊がブラゴ市に着くのは七月二八日のことになる。東からは、ハバロフスクからセルウィアノフ大佐率いる歩兵三大隊を中心とする部隊が船で派遣された。これも前後して二七日に到着した。この間、ハバロフスクから砲弾を積んだ船が愛琿の防衛線を突破して到着、セレンゲ号に砲弾を供給すると、セレンゲ号が対岸の愛琿を砲撃して報復し、愛琿の清軍が渡河を試みてロシア軍と交戦になったりして、黒河・愛琿一帯は戦争状態になっていたが、増援部隊到着の頃からアムール川の航行は回復しはじめた。

これらの救援部隊を加えたブラゴ市のロシア軍は、やがて対岸攻略に着手する。この作戦は、たまたま休暇で旅順からバイカルに来ていたスポティッチ中将が指揮を執った。八月一日、「スンガリー」号が運んできた砲弾を装着したセレンゲ号が掩護し、清国軍を引きつけている隙に、部隊は黒河屯の上流で黒龍江を渡河し、南下、二日に黒河屯を攻略占領した。敗走する清国軍を追って、ロシア軍は進んだが、清国軍は黒河と愛琿の間の山嶺に陣地を敷いて激しい抵抗を続けた。レンネンカンプフ将軍率いる増援部隊を得て、ロシア軍はここを突破、愛琿城に迫った。この高地争奪戦の最中、ロシア軍は『大拳民』『扶清滅洋』の旗を鹵獲している。(81) 清国軍と義和団大衆との合同の抵抗だったことが分かる。こうして露清戦争の激戦の一つである愛琿城の攻防戦が繰り広げられた。結局、ロシア軍の火力の前に、五日、愛琿城の抵抗は破られたが、その激しい戦闘・市街戦によって愛琿城は平地と化したのだった。その詳細については省略せざるを得ない。

愛琿城を放棄した清国軍民は、列をなしてチチハル街道を南下、小興安嶺の密林地帯に入っていった。そして、隘口に陣地を構え、それを追尾してくるロシア軍に抵抗線を敷いた。レンネンカンプフ将軍率いるロシア軍はこれを逐次破り、一七日に、墨爾根に出た。そして、グロデコフ総督の許可を得て、チチハル目指して進むことになる。これを「ボルシェレック分遣隊」という。その後についてはまた触れることにしよう。

ボルシェレック分遣隊が小興安嶺に入った頃、後方ではグリブスキー中将を中心とするロシア軍が江東六十四屯を占領、制圧し、満洲人住民を駆逐した。そして、黒河、愛琿を占領すると、八月一二日、グリブスキーは、愛琿条約によって清国領とされてきたゼーヤ河の外側、つまり江東六十四屯がすでにロシアの管轄下に置かれたこと、ロシア側河岸を離れた清国人住民は再び黒龍江北岸に帰ることは許さない、かれらの土地は新たなロシア人植民者に与えられる、という条例を出したのである。彼はまた、黒龍江右岸の占領地のロシア領化も宣言したが(82)——黒龍江の内河化を考えたのであろう——、これはさすがに、取り消された。

五、ハルビンへ——ロシア軍の満洲侵攻

ハルビンから南下する南満洲支線は、このとき開原から南へ六マイル、鉄嶺の北十五マイル（盛京から北に六十一マイル）の地点まで建設が進んでいた。工事従事者や守備隊は開原の北のベースの居留地にその拠点基地を置いて工事に従事していた。やがて、鉄嶺、開原、昌図あたりでも少年たちが「神拳」をやり始め、刀を振り回し、人々を集めて西洋人を駆逐しよう（「消滅洋人」）と言い始めた。ここのロシア人たちに、南方から、鉄道、橋梁の破壊が起きたことが伝えられ、それに、出動していたミシチェンコ大佐からも連絡が来て、婦人達はハルビンに避難することになった。居留地はその後、増援の守備兵を得て、防禦を強化したが、周囲では義和拳の姿が散見されるようになった。吉林将軍の長順は、外国人への攻撃に消極的な人物だった。かれは、七月二日にロシア人・外国人に対して、現地を離れるように告げ、ハルビンに送らせたという。

七月一八日（露暦七月五日）に避難列車が襲撃されたのをきっかけに、ロシア人に対する攻撃が始まった。ロシア人は一九日（露暦六日）には駅を放棄し、列車で北に逃れた。というのは、コサック兵が清国兵を捕らえ、その所有する官方郵便を入手したところ、それに、盛京官吏がロシア人に対する攻撃を支持し、鉄嶺に軍を北上させていることが記されていたからである。また、その中に「開戦上諭」もあったらしい。かれらは事態が容易ならざることを知って、南下して営口に行くか、それともハルビンに北行するかが議論になった。七月一一日のユーゴビッチからの退避指令が来ていたので、ハルビンに避難することに決した。こうして七月二一日（露暦八日）からの苦難の逃避行が始まる。

鉄道関係のロシア人と、迫害の対象になって逃れてきていたフランス人カトリック宣教師、清国人キリスト教徒二百余人——その多くは、盛京で殺害されたキリスト教民の寡婦や孤児で、それに鉄嶺にいたフランス人宣教師、修道女が加わっていた——が、避難民の一団を形成した。一行は三十輌の馬車を仕立てて、二一日から北上を開始した。多くは徒歩、婦女は馬車、赤ん坊を抱えた母親もいた。出発してしばらくすると、後方のベースの居留地から濃い煙が立ち昇り、火柱が上がった。人のいなくなった施設が義和団によって焼かれたのである。その光景は、ナポレオン軍のモスクワ敗退や、日本人満洲開拓民の南への避難、ドイツ人の東欧からの帰還を思わせるもので、この避難は厳しい逃避行になった。

一行はコサック兵を加えて六百名前後になった。同日、開原に着いた。ここはすでに焼かれていた。さらに北上し、途中野宿。翌二二日、さらに北上すると、背後から清国人が襲ってきた。高地に登って四方からの攻撃に対して防戦、教民に死者を出しつつも、義和団側に六十余の死者を出させて、これを撃退した。間歇的に繰り出される射撃を浴びながら、一行は北上、やっと西河子に到着した。ここで、この工区の工事担当者および守備兵二十三名を加えた。二三日朝、出発。その後、双廟子に着いた。ここで一行は中庭のある中国屋敷に入ったが、その中に包囲された。千五百と見られる清国軍兵力に四方から攻撃を受けた。

二四日の明け方、一行は音を立てずにひっそりとこの屋敷を脱け出し、数時間北に向かって走った。弾薬・食糧は殆ど尽き、負傷者が増え、車輌の進みはのろかった。十時、清国側からの待ち伏せに遭遇、これに応戦した。ロシア側が鹵獲した旗には、『奉天省歩馬統領沈』とあり、もう一本には『義和団軍』との文字があった。攻撃を加えてきたのは清国軍と義和団の連合軍であることが分かった。

夕刻になって、鉄道技師の駐在所に到着。屍体を埋葬して、ようやく食事になった。馬に餌を与える。北からやってきた救援兵五十が弾薬を持って到着した。深夜に出発、敵を迂回して北上を続ける。隊列は次第に飢餓と睡眠不足で衰弱し始めた。ロバも路傍に倒れて放置されるようになった。

七月二五日、廃墟近くの「大客桟」に一日逗留、ようやく休息らしいものをとることが出来た。二七日、北上開始。二八日、北上。吉林軍の待ち伏せに遇う。一時間の激戦で、コサック兵三名死亡。清国軍も兵士多数の死者を出した。長春（寛城子）にはまだ到着していない。だがここには清国軍が集結しているはずだから、そこを半円形に迂回して北上することになった。原野を昼夜歩き続け、止まって休息し、また夜の雨を衝いて泥濘の中を歩んだ。ようやく村落に到着し、何軒かの農家に入り込み、オンドルの上で泥のように眠った。三〇日、村を離れてさらに北上を開始。三一日、ふたたび北上。目的地は松花江第二駅。ここから先はハルビン行きの列車が通じているはずだった。最後の段階で突然の襲撃を受けたが、一名の死者を出しただけで、清国軍に二十五人の死者を出して撃退した。やっと駅に着いた。

こうして列車に乗り、八月二日、ようやくハルビンに到着した。途中の区間にいたロシア人たちはすでに避難してハルビンに到着していた。出発してから十三日間、苦しい退避行だった。

この年の春は鉄道工事の最盛期で、東線側は一面坡の先まで進んでいたが、引き上げ命令が出て、人夫たちに何とか賃金を支払って清算し、それからハルビンに戻ることになったが、その移動にも非常な困難がともなった。西線でも引き上げが始まったが、かれらは外バイカルとチチハルへと分かれて避難した。しかしこのハルビンも、やがて清国側の攻撃に曝されることになる。

1、ハルビン

東清鉄道建設の中枢地ハルビン。ここでは、七月五日に、奉天でカトリック教会焼打ちと反乱騒動が起き、それが北上しつつあること、皇帝上諭が官軍と義和団との連合を命じた、黒龍江将軍は軍の動員を開始した、反乱者たちは政府の支持を得ている、と伝えられた。事実、寿山は、吉林の長順に密電を送り、ハルビンは「資糧甚だ多い」から、すみやかに「進んで擣《つ》くべし」として、八、一〇日に呼蘭駐軍で攻撃しようと言ったが、長順に、工事の労働者は敵と違う、と説得されて、沙汰止みになっていた。(83)

間もなく、吉林から避難してきた人々がハルビンに着き、外地でいかに外国人排斥が宣伝されているかが知られるようになった。このようにして危険を感知したロシア当局は、七月一〇日、家族を船に乗せて松花江・黒龍江を下ってハバロフスクに送ること、鉄道従業員に対しては、近くのハルビン、旅順、ニコリスク、スルハイトの各都市に引き上げるように指令を出した。

ハルビンが間もなく攻撃されると信じられ、街は混乱と興奮に覆われた。しかし守備隊は百余人しかいない。建設中の新都市を離れて、ロシア人たちは松花江沿いのドック周辺に集まってきた。ハルビン周辺にいた数千の清国人は逃げ出し、その長い牛車の列が内地に向かって長々と続いた。東線の一面坡駅では、清国人労働者――全満洲で六万人の清国人人夫が工事に従事していた、その多くは山東苦力だった――が、避難するロシア人に未払い賃金を要求して騒ぎ、駅を包囲した。避難ロシア人が家を出るか出ないかの時に、満洲人たちは雪崩を打ったように、家に押し入り、ロシア人が放棄した品物を洗いざらい奪い去った。ロシアの引き上げ列車がハルビンに向けて出発すると、清国人の官員、兵士、住民はロシアの倉庫に殺到し奪い合った。これと同じような光景が一九四五年八月以後の満洲で再現されることになる。歴史は繰り返すようである。

ハルビンの守備隊は、一八日に鉄嶺から引き上げてきた一隊の守備隊が加わり、一四日にチチハルから着いた部隊三百を加え、総勢八百名ほどになった。この頃、吉林各地から、清国軍の追撃を振り切って逃げてきたロシア人がハルビンに入って集まってきた。また各地のカトリック宣教師や教民たちも逃げ込んできた。七月二一日に、一隻の船が松花江を遡って来てハルビンの埠頭に着いた。ハバロフスクから千丁の銃と弾薬を運んできた。そして後備兵四中隊が加わり、戦闘人員は二千人近くになった。最終的には、組織された特別義勇隊も含めて、全城の防衛人数は三千五百人前後だった(84)。

黒龍江将軍・寿山は、北方の愛琿でロシア軍と対抗するとともに、ザバイカルから進入してきたオルロフ将軍のロシア部隊に興安嶺で対抗していた。ハルビンはその後方に位置していた。だから、この「後顧の憂い」を取り除くために、吉林将軍・長順に電報を送り、吉林軍と合同でのハルビン攻略計画を進めた。長順はぐずぐずして兵を出さなかったが、ハルビン東北の呼蘭城副都統の倭克金泰、通肯副都統の慶琪、およびその他の部隊と義和団とが、西暦七月二四日の黎明に「一斉に進剿する」ことを「約定」した(85)。

これを受けて、寿山は七月二二日、ブラゴヴェシチェンスクの大虐殺のロシアの所業は中国人の公憤を激起させた、義和団、兵士、労働者は憤激し、ハルビンを屠らんとしている、両国は交戦中だが、「宣戦」は貴方が残忍な行為で中国人を激昂させたからだ、これはわが皇帝でも、本将軍でも、局勢は止められない、しかしハルビン男女住民がハバロフスクに引き上げ航下するなら、安全は保障する、とハルビンに伝えてきた。(86)船でハバロフスクに戻るのも危惧されるようになった。しかしドックに集まってきた人々のうち、三千人の婦女、負傷者らが、二隻の船とそれが引く曳船で、七月二三、二四日にハルビンを離れた。これが最後の船になった。安全は保障すると言っても、この船が無事にハバロフスクに着けるのか、三姓あたりで清国軍に阻止されるのではないかと、心配された。しかし、無事に着いた。ハバロフスクから来たロシア軍（サハロフ隊）が二八日に三姓を占領したことも有利に作用したのであろう。

この間、松花江沿いのドックの軍事的防備が整えられた。やがて清国軍はチチハル、呼蘭、阿城、賓県、双城の西北、北、西南の三方面からハルビンに迫り、その数「一万と号称し、軍容凜然」(87)としたものがあった。この軍は二四日から総攻撃を開始、松花江の対岸から、そしてハルビンの東側、南側から攻撃線を狭めてきた。ロシア軍はこれを東南の阿什河城方向に押し返し、撤退させた。統領・定禄の指揮下のこの二千の清国軍部隊は焼酎工場を楯にはげしく反撃、烈しい戦闘になった。戦場は人馬の死体が折り重なる凄惨な状況を呈した。戦闘はやがて膠着化し、ロシア軍はハルビンに戻った。二七、八日には、北から進攻してきた清国軍兵が、松花江鉄橋の北岸に達し、対岸から埠頭区へ砲撃が加えられるようになった。しかしそれは止まり、二九日には再び、西南の焼酎工場に清国軍が集結し始めた。堅固な陣地戦が戦われ、双方が退却した。清国軍の一部は阿什河城から松花江を渡って北路と呼応したらしい。(88)

この戦闘で捉えられた俘虜の話で、八月三日にハルビンへの第二次総攻撃が計画されていることが知られ、防禦が強化され、地雷が敷設された。

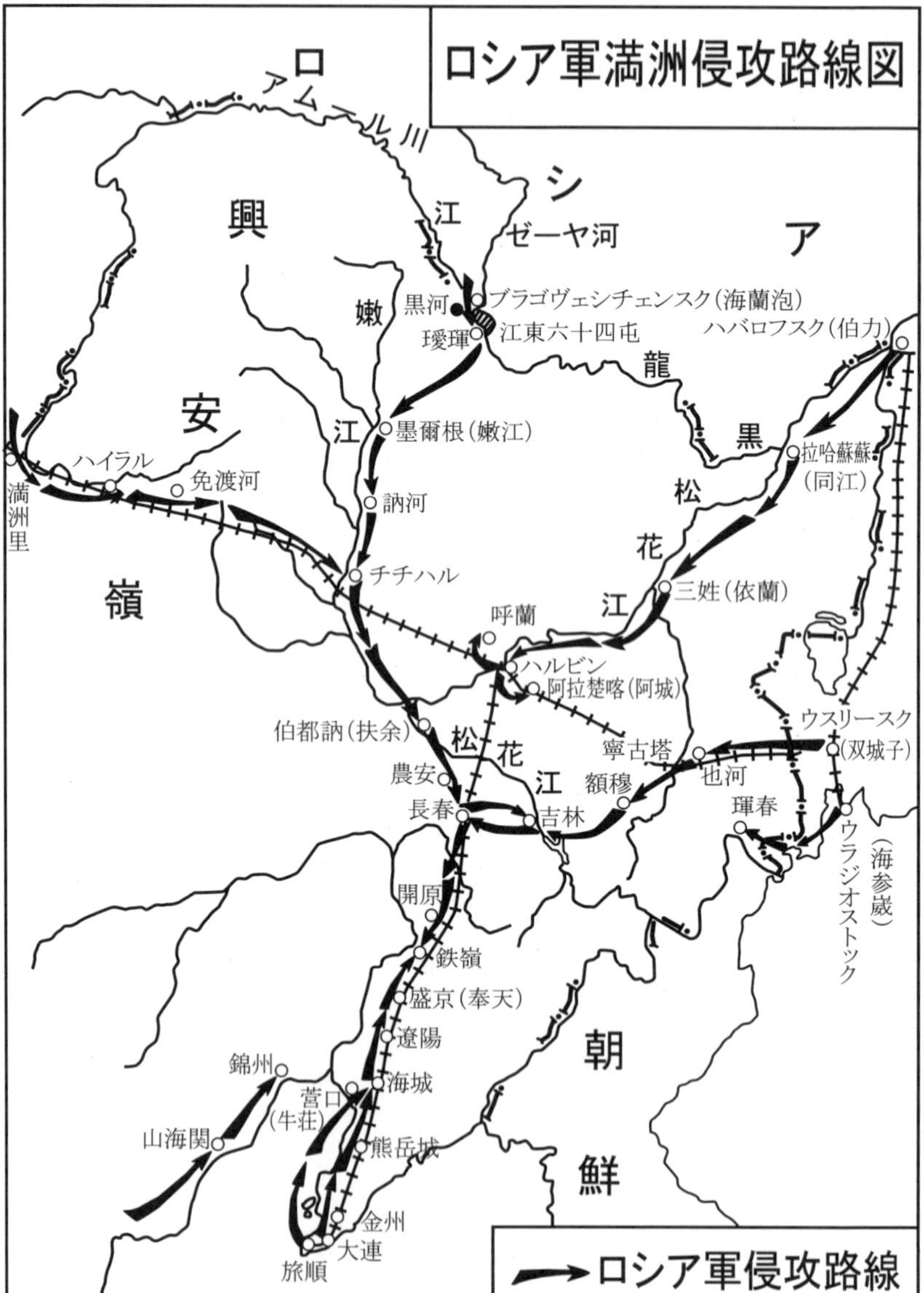
ロシア軍満洲侵攻路線図
ロ
シ
ア
アムール川
江
ゼーヤ河
興
安
嶺
嫩
江
黒河
ブラゴヴェシチェンスク（海蘭泡）
璦琿
江東六十四屯
ハバロフスク（伯力）
龍
黒
松
花
江
墨爾根（嫩江）
拉哈蘇蘇（同江）
満洲里
ハイラル
免渡河
訥河
チチハル
三姓（依蘭）
呼蘭
ハルビン
阿拉楚喀（阿城）
伯都訥（扶余）
松
花
江
寧古塔
ウスリースク（双城子）
農安
額穆
也河
長春
吉林
琿春
ウラジオストック（海参崴）
開原
鉄嶺
盛京（奉天）
遼陽
朝
鮮
錦州
営口（牛荘）
海城
山海関
熊岳城
金州
大連
旅順
ロシア軍侵攻路線

呼蘭副都統の倭克金泰は、伯都訥副都統の嵩崑に、「しばしば攻めるも、利あらず。尊処すみやかに義和団を抜して前来助戦させ、剿されんことを望む」(89)と電報で要請している。嵩崑が吉林将軍・長順に依頼したが、長順は「ハルビンを攻撃することを肯じなかった」(90)。八月三日に、寿山が増琪、晋昌、長順に宛てて、「ハルビンのロシア兵は多くなく、しかし、銀銭は算えられないほどある。各軍が力を併せて合剿しよう」(91)と言ったが、翌日、「軍事は不利、未だ再び軽しく戦う可きではない」(92)と、拒否したのである。判断は長順が正しいことを示した。

八月三日、東側のウスリー地区から来たドニソフの部隊がハルビンに近づきつつあり、夕刻には松花江上に七隻の船が姿を現わした。サハロフ将軍率いるハルビン分遣隊の救援部隊の先陣が到着したのである。翌日にかけて、計二十二隻の船と、それに引かれた艀四十八隻が到着した。この分遣隊は、臨江、巴彦屯、三姓を攻略して松花江両岸を掃蕩しつつハルビンに到着したのだった。三千とも、六千ともいわれる軍隊の到着によってハルビンの防禦は強化された。

体制を整えたロシア側は攻勢に転じた。八月一七日、東側の阿什河城にいた一万の吉林省清国軍に対して進撃を開始。真夏の暑さの中、十六個歩兵中隊、コサック騎兵十二個中隊、砲十六門を以て臨んだ。正面から猛攻撃を開始し、城を攻め落とした。城内では多数の者が死亡し、傷ついた。ロシア兵は金品を奪い、婦女を強姦し、掠奪、虐殺を繰り返した。惨憺たる有様が出現した。一九四五年の満洲のソ連兵と同じだった。歴史は繰り返すようである。そしてロシア軍は一部を残してハルビンに引き上げた。九月には呼蘭城を攻略。こうしてハルビンの安全は確保されるようになった。そして九月中に、さらに周辺地区を掃蕩すると、十月から南満支線に沿って南下し、寛城子（長春）まで回復することになる。この部隊と、やがて南から奉天を攻略し、鉄嶺へと北上してきた部隊、ミシチェンコ隊とが合流することで、南満支線はロシア軍の完全支配下に置かれることになるのである。

2、西線での戦闘

ロシアの満洲における目標は、南支線を含む東清鉄道全線の確保とアムール川の航行を確保することであったから、それには北満洲と南満洲から軍事進攻する必要があった。前述したように、プリアムール軍区兵力をもって北満洲を制圧した後、鉄嶺に南下するのと、旅順・営口から関東州軍区の兵力をもって鉄嶺まで北上し制圧するという軍事行動である。前者はグロデコフ中将を指揮官とし、南満洲はアレクセーエフ中将が指揮したが、前者は四支隊からなる。まず、(一) アムール川の航行確保に関連した支隊。つまり、ブラゴヴェシチェンスク↓黒河屯↓愛琿↓墨爾根↓チチハルと進軍したレンネンカンプフ指揮下の「ボルシェレック分遣隊」である。さらに東清鉄道幹線を確保するためにはその中枢のハルビンを確保することが必要だったから、(二) ハバロフスク↓アムール川・松花江経由↓ハルビンと進んだ〈サハロフ軍〉がある。そして、西線のチチハル、東線の寧古塔を占領確保する必要があったから、(一)の〈レンネンカンプフ軍〉ブラゴヴェシェチェンスク↓黒河・愛琿（アムール川航行権確保）↓チチハル（黒龍江省都・将軍衙門）への侵攻に加えて、(三) 西線の〈オルロフ軍〉が外バイカル↓満洲里↓ハイラル↓チチハルと進んだ。「ハイラル分遣隊」である。――この (一) (三) の二支隊はチチハルで合流した後、南下し、伯都訥↓寛城子・長春↓吉林を攻略する――。それと、(四) 東線のウスリースクから↓寧古塔↓吉林（吉林省省都・将軍衙門）へと進んだ軍事行動路線が必要とされた。そして、南支線を確保するためには、(五) 旅順・営口から↓盛京（奉天省省都・将軍衙門）に進撃し、吉林の占領――これは (一) (三) 支隊が遂行した――が必要と考えられたのだった。

この五方面の軍事行動を遂行するには、相当の軍事力が必要とされ、かつそれを支える輜重の問題があり、長大なロシア国境も防衛しなければならなかった。関東州のみの兵力では満洲、直隷への対応は不十分で、それをプリアムール軍区からの兵力移動で補っていた。そのためプリアムール軍区自身の兵力も不足気味になっていた。それは隣接するシベリア軍区からの動員移動に頼らざるを得なかったが、その兵員・物資輸送ルートは、前述したとおり、シルカ河—アムール川—松花江ルートしかなかった。ブラゴヴェシチェンスクの江東六十四屯は、清国領が唯一アムール川を越えて北岸ロシア領域に突き出たところで、多くの清国人が住んでいた。兵力の薄いところに加えて、ここの清国人と呼応して対岸の黒河・愛琿地区の清国軍がアムール航路を遮断したなら、このルートでの動員輸送は破壊され、ハルビンその他、満洲にいたロシア人の運命も危機に瀕するのだった。勿論、ブラゴヴェシチェンスクも清国側の手に落ちる。

日清戦争後の三国干渉のときにも、ウラジオストックのロシア軍は臨戦体制を取って、外バイカルに動員令が下ったことがあった。今回は、六月二五日に動員令が出て、外バイカルで四歩兵大隊、五騎兵連隊、四砲兵中隊が組織されたが、そのある部分が、㈢オルロフ将軍下の「ハイラル分遣隊」——外バイカルのコサック兵を中心として組織された五千余名からなっていた——に組入れられた。これに、北満洲から興安嶺を越えて逃れて来た地理を熟知する西線の鉄道守備隊が加わった。このスモリャニコフ大尉らの部隊は、ユーゴビッチの避難命令と前後して、七月一一日に、ハイラル駐在の清国軍・傅統領から工区主任技師に、二四時間以内に工事を止め、ロシア国境に撤退せよという命令が出たので、清国人人夫に支払いを済ませた工事関係者七百人ほどを警護して、鉄道二百輛で興安嶺を越え、ハイラルを経由して、国境を越えてネルチンスクにやって来た部隊だった。

七月二五日、二ヶ月半分の食糧を持ったオルロフ将軍下のハイラル分遣隊は国境を越え、建設中の東清鉄道に沿って東進した。部隊はハイラル地区にいた清国軍・モンゴル兵と衝突しながら、これを撃破しつつ進んだ。この戦闘で、西線工事のロシア人と関係の良かった保林統領は指責されながら、殉死の道を選び、戦死した。オルロフ軍は八月三日にハイラルに入城した。ここは東清鉄道の西段の諸行政機構が存在していたところで、鉄道の修理供給ステーションだった。オルロフ軍はここで準備を整え、興安嶺山中に入って行った。

この間、モンゴル兵も清国軍側についてロシア軍の前に立ちふさがり、コサック兵と戦鋒を交えたが、清国軍とロシア軍との戦闘を見て、ロシア軍のほうが清国軍よりも強力であることを知り、沈黙するようになったという。この後の辛亥革命時にかけてのモンゴル人の態度（独立志向）を予想させる態度変化と言ってよいだろう。清国軍は山中に分け入ってくるロシア軍に対して山中に何重もの防止線を張り、果敢に抵抗を試みた。降りしきる雨と暑さの中、何線かの防禦線での激戦を経て、オルロフ軍は興安嶺を突破した。この興安嶺山中での戦闘の最中、八月二二日にオルロフは、北京城が聯合軍によって占領されたことを知った。さらに、ハルビンもすでにロシア軍によって確保されたことを知った。

ハイラル分遣隊はこうして興安嶺を突破し、八月三一日に先遣騎馬隊が嫩江の河岸にあるフラルキ駅に到着、九月四日にオルロフ軍はチチハルに入った。ここは八月二八日にすでに、レンネンカンプフ将軍率いるボルシェレック分遣隊によって占領されていた。「抵抗派」だった黒龍江将軍・寿山は金を飲んで自殺していた。このロシア軍は前述したように、ブラゴヴェシチェンスクからアムール川を渡り、黒河、愛琿を攻略したロシア軍で、その後、愛琿からチチハル街道を逃げる清国軍を追って小興安嶺に入り、それを越えて途中の墨爾根その他の地で黒龍江軍を突破し、チチハルに迫っていたロシア軍部隊である。この部隊をチチハルの手前で応接したのが程徳全だった——彼はのち辛亥革命時に江蘇巡撫として立憲派に押されて独立に踏み切ることになる——。

ロシア軍の接近にともない、チチハルにいた清国軍は敗走して嫩江の下流の伯都訥方面に南下、退却して行った。このボルシェレック分遣隊とハイラル分遣隊はここチチハルで合流した。総勢六千名（十二営）、十四騎兵中隊、砲二十二門の陣容になった。オルロフ将軍は、レンネンカンプフ少将に十二中隊、砲六門を持って伯都訥へ進攻させることにした。チチハル失陥を知った奉天のある高官は、翼長の寿長宛に次のような手紙を書いて、寿山、晋昌を厳しく批判している。

〔黒龍〕江の失われるや、旗民の惨死に遭う者、数十万を下らず。眉帥〔寿山〕の一死は、どうして責めを塞ぐに足るだろうか。故に死に臨んで自ら桑梓〔故郷〕の罪人だと嘆いたが、しかし悔いると雖も何で追いつこう。伝聞するに、眉帥〔寿山〕は初めはまた、兵は未精、給与武器は絀〔不足〕し、また火薬が乏しく、勝を制することが出来ないのを知り、しばらくロシア外務省と交渉して、代わりに鉄道を保つ、再び兵を進めるな、としていた。実は晋帥〔晋昌〕の三度の電函と九大家の公函に縁りて相逼られて成りて、以て一敗地に塗れたのだ。不明の相逼る者は果たして何の心に属するや、一念及ぶ毎に、実に痛恨に堪う。……〔この敗局においても〕見込みが有ると言うが、一体どこに有るというのか。試みに問うが、先に発すれば人を制す〔という晋昌の言〕は、ついに能く人を制せんや、そもそも人に制せらるるや。京師〔北京〕、〔黒龍〕江省の手本が具在する、中国が外国に敵しえないのは、婦人子供も知っていることではないか。どうして愚昧な者は猶聞かざるに属すというのか。(93)

また、別の人物は後に、「晋昌が跋扈し、彼を制することが出来なかったのは、誰の過ちや」と書いた。(94) 寿山や晋昌を民族主義的な愛国将帥と見るか、それとも無謀な戦争に引き込んだ罪人と見るかは、今日でも歴史的評価が分かれるところだろうが、しかし、彼らの決断が満洲を悲惨な戦乱に巻き込んだのは間違いないことだ。

チチハルから三百六十キロメートル、嫩江と松花江を渡って、九月一一日、レンネンカンプフは伯都訥に到着した。副都統・嵩崑は城を明け渡し、翌一二日に武器を引渡した。レンネンカンプフは、ここから吉林城への攻撃を開始する。かれの部隊は、松花江の南岸の農安と長春を経て吉林に向かう部隊と、松花江の北岸を進んで北西から吉林城に到る部隊とを編成し、両面からの進攻を行なった。二二日朝、騎兵が出発、二三日に二百のコサック騎兵とともに、吉林城下に着いた。そのとき、降伏の使者が城門を出て来た。かれはそれに応じて乗馬のまま入城し、吉林将軍署でその降伏を受け入れ、清国軍を武装解除し、金庫から五十万両を奪い去った。このように無血占領できたのは、後述する長順とユーゴビッチ・サハロフ間の和平協定が結ばれていて、各地には、清露の議和はなった、ロシア軍が来たら白旗を掲げよ、これは万国公法のきまりだ、と通知されていたことに加えて、二二日に、北京の全権講和使・慶親王奕劻から、吉林将軍・長順宛てに、ロシアとの停戦命令が到着していたからであった。

長順は城に残って事態に対応したが、多くの文武官僚は逃走、利を図り、「將は兵を知らず、兵は命に遵わず」という有様だった。

九月二六日に、東のニコリスクから寧古塔を経て吉林を目指していたクサノフスキー少将率いる四騎兵中隊が吉林城に入った。それで、レンネンカンプフ部隊は吉林を離れ、西南の四平街めざして軍を進め、大孤山で、長春から先に出発していた部隊と合流し、それに続いて南下を開始した。一〇月六日、鉄嶺において、盛京から北上してきたミシチェンコ隊と会合した。ここに、東清鉄道全線はロシア軍の管制下に入った。吉林には、カウルバース中将の総司令部が設置されることになった。

レンセンは、北満洲のロシアと清国の戦争を総括するように、オルロフ将軍の言を引きながら次のようにまとめている。晋昌に唆されたという寿山将軍はロシアに対抗するために、西のハイラル分遣隊、北のボルシェレック隊、東のハルビン攻撃にと、兵力を三つに分散させた。これが軍事作戦としてはまずかった。兵力を集中してロシア軍と戦ったなら、長い兵站線を抱えて遠征し、地理に不案内な外国軍を自国内で迎撃する有利さと、良好な武装——東三省の清国軍はクルップ砲など新式武器で武装していた——と、旺盛な抗戦意志からして、十分に戦えただろう。しかし、

射撃能力などの兵士の練成度、将校の指揮能力に大きな問題があったのだ、とオルロフ将軍は言っているという。(95)

3、吉林三辺と山海関

ロシア軍の最後の進攻は、満洲の中心地・陪都「奉天」へ向けてであるが、その前に他方面の軍事行動について一瞥しておくことにする。

吉林三辺といわれる軍事拠点は、三姓、寧古塔、琿春であった。これらは一八六〇年の北京条約によってロシアに割譲された沿海州に近い対露防衛拠点だった。三姓は松花江南岸に設けられた要塞である。黒龍江と松花江の合流地点の拉哈蘇蘇からずっと遡航した上流にあった。ここは牡丹江ともう一つの河の三川に挟まれた戦略要地で、靖辺軍と水軍が置かれていた。前述したように、ハバロフスクからハルビン救出に向かったサハロフ軍の船隊がここを通過せねばならず、まずここを陥落させて、ハルビンに入ったのだった。

寧古塔へは、南ウスリー軍管区司令官チチャゴフ少将が七月一四日に命令を受け、軍を率いて、ウラジオ、ウスリースク・ニコリスクから進攻を開始した。その目的は、第一は、東清鉄道の国境駅ボクラニチャ・綏芬河から東線に沿って騎兵縦隊を西進させて、ハルビンを救出すること。第二は、吉林へ行く前方に立ち塞がる寧古塔の清国軍を壊滅することであった。七月一八日、ロシア軍は寧古塔近くの清国軍に攻撃を開始した。しかし、この戦線はなかなか打ち抜けなかった。その後、四十数日かかってようやく占領することになる。

琿春には靖辺軍六営三千名がいたが、ロシア側がこれを「危険視」したのだった。というのは、ロシアはウラジオから大量の軍隊を旅順に送り、直隷作戦に投入したから、ウラジオの戦力的空隙が生じたのである。その空隙を突くかのように清国側が琿春に軍を集結させたと見たからだった。ウラジオには当時二万人の清国人がいたのだ。この

「恐怖」を除くために、アイグスト少将率いる部隊（歩兵六大隊・騎兵二中隊・砲二十二門）が進攻したのである。七月三〇日の十六時間に及ぶ戦闘で、間島地方の中心地・琿春城は落ちた。その激しい市街戦で、朝鮮人多数を含む住民千余名が殺害された。清国軍は退出したが、なお附近に勢力を残存させた。ここでは劉永和（劉単子、六十歳）らが「游民」五百余りを組織しロシア軍にゲリラ的に抵抗した。かれらはその後も抵抗活動をつづけ、全土を制圧した後のロシア軍の討伐を受けて、やがて投降することになる。琿春城はロシア人コミッサールの統治下に置かれた。

寧古塔方面では、増援部隊を得たロシア軍が八月一九日に再び国境を越えて迫った。二七日から清国軍・義和団との戦闘が始まり、二八日には牡丹江を渡河、寧古塔城に総攻撃をかけた。翌日、清国軍は後方の額穆に後退した。この抗戦は「相持すること四十余日」[96]の激戦になった。中国の歴史書はこの戦闘を抵抗戦として特筆している。

ハルビン、三姓、琿春が落ちた吉林省は、将軍長順が統治していた。かれは西太后と関係がよい満洲人だったらしく、「老成持重」だったと誉められるのだが、晋昌や寿山と違って「非抵抗」派で、ロシア軍と事を構えるのを好まなかった。[97]ユーゴビッチは、三姓、琿春は落ちたが、まだ寧古塔が落ちない間に、ハルビン東の阿勒楚城の副都統を通じて長順に和平条件八条を出し、硬軟両面を見せた。[98]長順はこれに応じ、協領の達桂を派遣し、サハロフ、ユーゴビッチと協議させた。かれは船でハバロフスクに行き、八月二五日に和平協定に調印した。吉林省での抗戦は止んだ。レンネンカンプフ隊がチチハルから南下し、九月一一日に伯都訥に至った時、副都統・嵩崑が不抵抗のままこれを迎えたのは、こうした事情があったからである。長春府も同じく不抵抗のうちに開城した。吉林省城も前述したようにレンネンカンプフ隊に無血開城し、やがてここに寧古塔方面から進軍してきたロシア軍が入ったのだった。

一方、八月一四日に北京を占領した八カ国聯合軍の中にいたロシア軍はリネウィッチ将軍が指揮していたが、八月二五日にロシアは列国に、北京の聯合軍を天津に撤退させるべきだと申し入れ、その後、ロシア軍を実際に天津方面に引き上げさせた。ロシアの分離交渉姿勢を示すものだった。僅かな兵力を北京に置いたほか、一部は旅順に戻されたが、一部は関東鉄道で山海関に進出、さらに錦州にまで歩を進めた。これは、奉天を出て熱河の蒙旗に軍を率いて立て籠もっていた晋昌への対処行動に応じたものだったらしい。この部隊の一部が、前述した朝陽県の松樹嘴子教会の包囲を解き、救出したのだった（七節参照）。こうして、満洲は次第にロシア軍の全面支配下に入ることになる。

4、南部からの進攻

ロシア軍の最後の攻勢は南から行なわれた。〈南満分遣隊〉である。指揮官は東シベリア第一歩兵旅団長フライシャー少将。その配下に、戦時で陸軍大臣下に置かれたミシチェンコ大佐の鉄道守備隊など、三つの独立した行動部隊を含んでいた。ロシア軍は、七月二五日に熊岳城、二七日に金州、八月二日に蓋平、四日に営口を占領した後、海城の清国軍に攻撃を開始した。ここは交通の要衝で、南は旅順・大連に、北は奉天に、西は営口に通じる戦略要地であったから、九日には晋昌自ら督戦に赴き、激戦になった。八月一〇日、ロシア軍は、大石橋の北東に七月から布陣していた清国軍に向かって攻勢をかけた。酷暑の中、三隊に分かれて進撃したロシア軍は、退却する清国軍を追って山野、コーリャン畑の只中を突き進んだ。しかしその退却中に隊伍を整え直した清国軍は、追撃してきたミシチェンコ隊に再び抗戦を試みた。その砲撃は烈しかった。コサック騎兵のすばやい行動がこの窮状を辛うじて救ったが、清国軍を捕捉することには失敗した。清国軍は火薬庫を爆破して海城の南十二キロの鄧家台に退却した。翌一一日、ロシア軍は左右に分かれて海城に向けて進撃を始めた。これを迎え撃ったのは、奉天の仁字軍統領・寿長の指揮下の部隊だった。戦闘に参加していた民団はミシチェンコ隊とコーリャン畑のなかで銃撃戦を繰り広げたが、打ち破られた。このなかには海城からやって来た一群の「義和団」が加わっていた。その活動の姿は次のように書かれている。

かれらは角笛の音につづいて山上に上がり、旗を揺らして、咒を念じた。腰には黄色の帯を着け、胸をはだけて身体に油を塗り、白兵戦をやろうと準備し、勇猛果敢にロシア軍に突進してきた。その隊列には老人、男の子、女の子も含まれていた。これらの子供は、コサック騎兵の腿を引張り、彼らを馬から引きずり落そうとした。ときに成功すると、彼らに噛み付いた。子供たちのこうした行動を見ると、じつに哀れであった。コサック兵が両側から義和団大衆に向かって衝き、鋭い軍刀を振るって倒した(99)。

こうした姿に、「祖国《ファザーランド》」防衛の民衆ナショナリズムの萌芽を読み取ることは容易であろう。かれら義和団と清国軍四千人は海城の外側の高地（唐王山）の保塁に退いて守っていた。一二日、これに対して、ロシア軍が攻撃をかけ、つづいて海城を攻めて占領した。海城の清国軍は退却していて抵抗は少なかった。ロシア人技師は、ロシア軍はここでかなりの掠奪、強姦、放火の蛮行を行なった、と告発している。激戦の後の掠奪だった。ロシア軍はここのみならず、蛮行を繰り返した。これまた満洲のソ連軍を思い出させる。満洲という土地は、清国、ロシア、日本、ソ連、国民党、共産党の諸政治勢力の鋸引きの断頭台に置かれ、その度に悲劇を生む地になった。

海城陥落後、さらに奉天に向かうにはまだ兵力が不足していた。オデッサから海路で増援兵が到着するまで、ロシア軍は四十三日間ここで休息することになった。直隷作戦で、天津攻略後に北京進攻を行なうには兵力が不足しているとして、しばらく天津に聯合軍がとどまったのとほぼ軌を一にする。満洲の中心地奉天には優秀な戦力があると予想されたからである。偵察してみると、遼陽と奉天の間には、清国軍五万人が最新式のクルップ社、マキシム社、ノルデンフェルド社製の六十門の大砲で装備されていると見積もられたのである。この間、晋昌は「朝夕踊躍し、なお禍を買わんと欲し」、「しばしば戦を挑まんとした」。ある人物は、晋昌は「開戦を欲した」、跳ね上がった「その意はどこにあるのか」と書いているが、増琪は、遼東八大家（巨族）とともに電報を送って、これを何度も勧阻した(100)。

九月二一日、愛琿城を攻略したスポテッチ中将が旅順を経由して前線に着任した。ロシア軍は歩兵四十七中隊、騎兵二・五中隊計九千人、砲二十八門になった。兵力は十分だとはいえなかったが、スポテッチは清国軍を重要視しなかった。なぜなら、清国軍は指揮と紀律を欠いており、人民の支持を得ていないと見たからだった。直隷作戦での清国軍の様相を聞き知っていたのであろう。清国軍は寄生的で、人民は軍隊を「盗匪」と見て、外国人侵略者よりもたちが悪いと考えられていたからだという。村人はロシア兵を白旗やロシアの旗を持って迎えたことさえあった。清国軍はこれに反発し、村を焼き、村人と対立するようになった。スポテッチはこうした状況を利用して、住民に対する平和の呼びかけを行なって宣伝し、心理戦を展開した。効果はあった。そして、軍を三隊に分けて鞍山の清国軍を一気に崩そうと取りかかかった。

まず九月二三日に、フライシャー左翼軍が牛荘に向かい、新たに全営翼長に任命されていた寿長が率いる六千の清国軍とコーリャン畑の中で交戦し、これを敗って牛荘を占領した。それにつづき、鞍山陣地の右翼に向かい、途中、寿長軍を潰散させた。清国軍は沙河に退いたが、その途中でこれを攻撃、一千人ほどに激減させた。この戦闘の最中、二四日、晋昌は三営を率いて奉天に戻っていった。

二六日、中・右翼のロシア軍主力は海城から鞍山に向かって進撃を開始した。清国軍陣地は七キロにも広がり、兵力一万四千、砲三十門を擁していた。前進すると、敵は夜間に撤出しているという。さらに前進すると、東側の山地に陣を移していたらしく、清国軍から猛攻撃を受けた。ミシチェンコ隊は窮地に陥った。ミシチェンコはコサック騎兵を山上に突入させ、残りに掩護させた。激戦の後、清国軍は撤収した。ミシチェンコ隊は数ヶ月前に清国軍相手に苦戦を強いられたかの白塔子村で宿営したのだった。こうして反攻姿勢が整えられ、鞍山包囲が出来た。

清国軍も後方の沙河で軍を整えた。兵五万三千で馬蹄形の陣地を構築、ここにロシア軍主力を誘い込もうとした。

寿張は長すぎる戦線を縮小しようと努力したが、指揮統率が取れずに、戦線は混乱した。ロシア軍は砲三十門と機関銃を左翼と正面に移動させながら砲撃を加え、清国軍陣地を一段、一段と逐次撃破し、正面突破を図った。東側での戦闘も激しさを増した。ロシア軍は三万の清国兵に包囲され、その砲撃がロシア軍中に炸裂した。後援部隊の出現が、優勢な清国軍の突撃をかろうじて阻んだ。露清両国軍の砲撃戦が繰り広げられた。やがて、ロシア軍の三隊が突撃をかけた。二七日午後四時ごろ、清国軍は沙河から撤退し始め、夜までに、遼陽に全面撤退した。この「沙河の戦闘」は、清国軍が数的に優勢で、装備もよく、勇敢で、正確な砲撃を行ない、戦闘力を強めていた。しかし、統一指揮が欠けていて、有効に防禦反撃できなかった。指揮を執ったのは翼長の寿長だった。晋昌は増琪のロシアへの和平工作（後述）に反対するため、彼に指揮権を委ねて奉天に戻っていたのだ。近代装備の軍隊を整えたとしても、それをどのように運用するかという指揮能力の問題があったことを示唆している。

沙河を撤退した将校兵士たちは周辺の村々を劫掠しつつ退却していった。そして盛京に戻った。将軍たちは部隊を遺棄、兵士が逃走・掠奪するのを放任した。そして二九日、増琪、晋昌らは、清宮や国庫、銭荘から奪った財物を大車に積み込んで盛京を出奔した。奉天、鉄嶺、法庫門一帯は逃散した兵士たちであふれ、村々は掠奪に遇った。唯一、遼陽駐屯軍だけがなお紀律を保持していた。

陪都盛京（奉天）のこの事態は、首都北京から西太后・光緒帝が蒙塵したのとまったく同じパターンだった――後述する、増琪が新民屯（行在に相当）に居て、「増琪＝アレクセーエフ協定」後に奉天に戻ったのも、奇妙にも、西太后らが西安「行在」に駐在し、議定書調印後に北京に帰還したのと同じ軌跡である――。

九月二八日、フライシャー左翼軍、ミシチェンコ右翼軍、アルタモノフ中央軍が、遼陽攻撃を開始した。左翼、中央軍に対峙した清国軍はクルップ砲、新式武器を放棄して高地に避け、大きな抵抗をしなかったが、右翼のミシチェンコ隊は頑強な抵抗に遭った。沙河撤退部隊と義和団の連合した部隊が果敢な抵抗を試みたのだった。これに反撃して追い返し、一旦休息をとることが出来た。この日、守城の清国軍は降伏して城を出た。ロシア軍は城を突き抜け、北走する清国軍を追って「太資河」まで至り、数百人を倒した。敗れた寿長は、二八日夜に盛京（奉天）に戻った。

この時、ロシア軍内にいた鉄道守備隊のクシャコフ隊は、かつて七月初めに清国軍に包囲され苦闘した場所に戻った。そこには、かれらが退却する前に戦闘で死んだ戦友たちを埋葬した墓があるはずだった。そこで見たのは、掘り返され暴かれた墓と、野外に散らばり放置された屍骨だった。清国人がロシア人の屍骸に鞭打ってその報復感情を爆発させたのである。そしてその後、恐らく野犬がその屍を食ったのである。これはロシア人の感情を傷つけ、その「野蛮」さに怒りを感じさせられた。クシャコフたちは、遼陽砲台に掛けられていた六人のロシア人捕虜の頭とともに埋葬し直したが、遼陽監獄に収監されていたロシア人俘虜も、肢解や残酷な刑罰を受け、虐待されていた。戦争の醜さが溢れていた。

ここでも、日清戦争後に近代化が目指された清国軍の問題点が浮かび上がっているだろう。ある清国人軍人は、砲弾が来ると将軍が逃げ、銃声がすると将校士官が逃げ、ロシア人が来ると兵士が逃げた、と言っているが、近代軍としての資質に問題があったことが良く言い表わされている。また戦争の勝敗は時の運もある。しかしこの軍隊には「敗北」「降伏」という近代戦争の観念は無いようである。ましてや、その俘虜の取り扱いの残酷さを見ると、第二次アヘン戦争時の北京での捕虜への残虐さと変わらないことが分かる。憎しみの血生臭い報復が支配した戦争であることを示していようが、「ゲリラ戦」でもない。近代軍隊装備は整えたが——それゆえ、交戦能力に些かの自信があったのだろう——、それを運用する意識と戦争遂行の仕方は、激昂した排外的「愛国主義」民族意識はあるが、ではそれをどのように実現するのか、無闇矢鱈の激烈な行動をして、敗れたら、軍服を脱いで便衣に着替え、市井に紛れ込んで掠奪するという中国兵士に散見される姿が見え始めているようである。それは、軍人戦士意識・「国民兵」意識の欠如と、捕まれば、自分達が捕虜におこなっている残虐な仕打ちを自分も受けるだろうという「恐怖」から逃れるためではなかったろうか。捕虜になれば、そこには戦争ルールがあって、降伏者への保護がなされるのだという意識は無いのである。もっとも、近代軍隊の八カ国聯合軍が直隷作戦で「野蛮」な清国人にどのような残虐な仕打ちをしたのか、あるいは日本軍も先の戦争の戦陣訓で虜囚の辱めを受けるなと教育したわけだから、決して大きなことは言えないが、殺るか、殺られるかという憎しみが支配した「前近代」的な戦争としての戦争性格がこうしたことを生んだ面もあるのであろう。

スポテッチ中将は、遼陽から盛京に軍を進めた。清国人捕虜から、盛京内部は不統一であること、遼陽を守れないなら、盛京は放棄されるだろうという情報を得ていたのである。遼陽の奮戦は例外的なもので、該地の部隊は、ロシアが領土併呑を企てていると信じ、故郷のために懸命に交戦したのだということだった。

九月三〇日、ミシチェンコ大佐率いる鉄道守備隊を先鋒にした攻勢が始まった。ロシア軍は駅道に沿って進軍したが、抵抗には遇わなかった。清国軍は潰えて退却し、平民から掠奪し、農民たちは清国軍への供給を拒絶するようになっていた。ミシチェンコ隊は逃げる清国軍を追って北上した。村を焼く炎がその行方を明るくした。その晩、清国軍将校を捕らえると、盛京は防衛措置が採られていないことが判明した。スポテッチ将軍のところには、盛京の商人とキリスト教徒たちから英文の手紙が来ていて、盛京（奉天）は無政府状態である、一刻も早くロシア軍による占領が必要だ、と言ってきていた。それで、ミシチェンコは、デニソフの騎兵中隊を偵察に出した。

盛京（奉天）は遺棄されようとしていた。遼陽が失陥した二八日の夜、翼長の寿長が戻って来て軍況を報告した後、翌二九日、増琪をはじめとする高官たちは家族を連れて奉天を出奔していた。一度出城した晋昌は再び城に戻り、金銀庫を開いて銀塊を運び出し、皇宮から「聖容」・「宝冊」を持ち出し、一日早朝、再度出城した。残った部隊が市中に地雷を埋設し、入城するロシア軍を屠る計画だった。住民たちには知らされていなかった。ロシア軍は一〇月二日に攻勢をかけてくれるだろうと思われていて、その間、掠奪と地雷敷設に集中していた。デニソフの騎兵隊が一日午後に城壁に近づいてきた時、住民は、官兵はロシア軍の接近を予想しておらず、無防備だ、と告げた。デニソフは騎兵を南門から城内に突入させた。そして城楼と城壁の一部を占拠し確保すると、眼下の清国軍に対し射撃を浴びせた。ロシア軍の進入と乱射に城内は大混乱に陥った。ミシチェンコ隊・アルタモノフ隊が接近してくると、デニソフ隊は皇宮を占領した。人々は、小部隊に攪乱されていることを知らず、北門から逃げ始めた。その際、地雷を爆発させることを忘れた。一日、ロシア軍は軽微な損傷で盛京（奉天）を占領した。そして、この都市で、五十門の大砲と数千発の砲弾、二千万発の銃弾を発見した。ヨーロッパ人が売りつけたこの近代武器は使用されなかったのである。清国軍の問題性を象徴していた。

海城から進軍すること八日間、ロシア軍は死者百二十三名を出しながら、清国軍五万、砲六十門を打ち破って盛京（奉天）を占領した。掠奪すること三日（三日は掠奪を許したという）、ようやく「安民告示」が出された。城内が平静になるのはそれから二週間ほど後のことだった。このロシア軍による盛京占領戦は、直隷作戦で聯合軍が北京を攻略したのとほぼ同じ軌跡を示している。聯合軍がロシア一国の軍隊に、首都北京が陪都盛京に代わっただけだ。清国側首脳が抵抗せず、首都、陪都を放棄して逃げるところまで同じである。だから、戦後処理の問題も、ロシアは、清国が聯合軍・十一カ国との間で結んだ「北京議定書」と同じ性質の協定を、満洲に関しては清国とロシアとの間の二国間の協定として締結処理したいという考えを持ったのにも、それなりの理由があったのである――それを列国がどう考えるかは、また別の国際政治の問題である――。

しかしこれで戦争が終わったのではない。東清鉄道を保護するために、ミシチェンコ隊は更に北上を続けた。そして、六日、鉄嶺で南下してきたレンネンカンプフの部隊と会したのである。こうして鉄道全線が確保された。そしてロシア軍は安全確保のために、鉄道の東側、西側の掃討に着手した。クシャコフ隊は鉄嶺の東で、二十三日間にわたって包囲されていた二名のフランス人宣教師と二千人のキリスト教徒を救出した。こうして軍隊支配下で鉄道の修復が始まり、工事も再開されるようになった。その時期の雰囲気は先の石光真清の手記に良く描かれている。鉄道は、一九〇〇年一一月に幹線が、一二月に旅順—奉天間が通車し、翌一九〇一年末に未完成だった部分も通じて、シベリア鉄道と結ばれ、全線通車するのだが、東清鉄道局の建設決算統計によると、この間の騒乱・戦争による東清鉄道の被害総額は七千万ルーブルの巨額に達した(101)。

奉天を脱出した盛京将軍・増琪らは北方の三面船に至り、その後、衙門街で数日を過ごして、新立屯に来た。ここでロシア軍との和議の方針が決められた。そして、奉天のスポテッチ将軍宛に照会を送って、話し合いを行なう意志を示すことになった。

次第に寒さが増すなか、ロシア軍は各地で活動する反ロシア的な「紅胡子」（馬賊）に対処するとともに、越冬準備を始めた。農民たちはロシア人を恐れ、「紅胡子」を恐れて、農作物は誰も収穫しなかった。だから夏の戦争が終わった時、田畑の農作物はあるいは焼かれ、あるいは踏み躙られ、あるいは立ち枯れたのだった。飢饉が次第に迫りつつあった。各地で飢民が発生して乞食の群れが現われはじめた。

ロシアの軍事占領は、残存していた機能の良くない清国の行政を使用、統制しつつ行なわれなくてはならなかった。従って、ロシア軍は、多くの知県たちが占領地に戻り、治安維持に当たることを望んだ。幾つかの都市はロシア警察の下に、幾つかは清国の警察によって管理された。但し、開港場・営口は引き続きロシアの行政の下に置かれた。蛇足の例だが、この営口のロシア当局は、アイルランド長老会の宣教師が教民の納税をめぐって干渉してきたことに悩まされた。ロシア人は、こうした宣教師の干渉が中国人が教民に対して不満を持つようになった元凶だと言っている。[102] 次章のルダコフの論文と通じるロシア人の事態認識であるから付言しておく。

かくして盛京将軍の地位を回復させることが必要になってきた。それによってのみ東三省の混乱と無政府状態を終わらせることが出来ると思われたのである。こうして、ロシアの軍事占領の基本をなす協定が満洲地方政府との間で締結する動きが出てきた。『増琪＝アレクセーエフ協定』である。

六、増琪=アレクセーエフ協定——「日露戦争前夜」へ

この満洲を占領したロシア軍の撤退の問題がその後の大きな課題になるのだが、なぜロシア軍は撤退しなかったのか。これはかつて矢野仁一がまだ解明されていない問題だとしたものだが、レンセンは、撤兵を拒否したのは軍部だったという。ウィッテも軍部だといっている。[103] クロパトキンは事件が起きたときに、ロシアが満洲を占領する良い機会だと主張したことは先に触れたが、その意向だけでなく、最後の段階になって、新たな条件が加わったからである。つまり、事変以前からの満洲への巨大な「投資」だけでなく、この出兵と戦争によって「血の投資」を行なったのだ。死者二百四十二人、負傷者千二百八十三人の「血債」である。この兵士たちの死と血を無駄にしてはならない、という軍人の自然感情である。この「血の投資」を守ろうとした結果、列国との衝突を生み、もう一つの戦争に巻き込まれることになった。日清戦争末期の日本軍部、その後の日本の満洲権益への執着、ハル・ノートの中国からの日本軍撤兵要求への拒否、これらはいずれも、「血の投資」を無駄にすることは出来ないという民族的感情が、国際外交の

選択の幅を制限した例だが、これはある意味で、人間の業とでもいうべきものかも知れない。

ロシアはかかる犠牲を払った撤兵のために、特権的諸条件を清国に呑ませようとしたことが、列国の反対を呼び起こした。「北京議定書」で、海岸から天津・北京に至る地域が非武装化（砲台、要塞の撤去）されたのと同じように、東清鉄道の保護のためには、満洲の軍隊の非武装化が必要だ、直隷よりも多くの兵力と費用、犠牲を支払ったのだから、それに見合う特権は当然だと考えるのも、当時としては無理も無いことだったのである。しかし、それは特定国の独占を否定する門戸開放主義のアメリカの権利を破壊するものと映った。事変前に満洲はアメリカ製品（綿布）の大きな市場になっていたし（信夫清三郎『近代日本外交史』一一〇、一三四頁参照）、東清鉄道の資材機械の多くもアメリカ製品だった。日本は朝鮮問題、国防上の観点からロシアの独占に警戒し、反対した。それらの反対がまたロシアの態度を頑なにさせた。そして、この満洲返還・撤兵問題はロシアと清国との二国間の問題であって、他国には関係のないことだ、と突っ張った。これが列国（日本）とロシアの対立を生んだ。この膠着のなかで漁夫の利を得たのはロシア軍部だったという。その代表がアレクセーエフだった。満洲のロシア化は疑いないことだと列国は見た。駐牛荘アメリカ領事は、ロシアの独占でアメリカの利益は維持できなくなるだろうと言い、セオドア・ルーズベルトもロシア不信になっていったし、アメリカ輿論も、ロシアにおけるユダヤ人迫害に反発する在米ユダヤ人の活動があって、反ロシア的動きを示していた——これが日露戦争前夜の国際外交の背景をなしているのだし、鉄道王ハリマンの満洲鉄道建設計画が何故出てきたのかを説明するのではなかろうか。牛荘（営口）——満洲市場は、前述したように、列国が先んじた中国の他の開港場、本土市場に較べて、後発のアメリカの進出が容易だったのであろう。

このように、ロシアの満洲占領は、新たな国際関係—列強の猜疑心を生み、帝国主義時代特有の国際政治の波紋を生んだ。そうした環境の中で、ロシアと清国との間の満洲還付交渉がなされるのだが、その内容がまた列強の国際的反響を呼ぶ。この交渉と撤兵をめぐる問題はそれ自体として、また日露戦争前夜の問題として別個に論じられるべきものであるから、ここでは論じない。然し「増琪＝アレクセーエフ協定」は、この満洲での戦争の一応の決着であり、八カ国聯合軍の「北京議定書」に相当するものだから――北京朝廷と同じく都を捨てて逃げたためその始末を、出先に処理させるというところまで似ている、地方的協定としては「東南互保」とも似る――、それについて考察することで、結論としよう。

ロシア軍が南から奉天に近づいていた九月一四日（露暦九月一日）、旅順のアレクセーエフは増琪からの手紙を受け取った。ロシア軍がまだ海城にいたときだが、増琪はそのなかで、ロシア軍の奉天入城を何とか止めたい、営口ではロシア領事と道台との間で協議を成立させたが、図らずも拳匪が事を始めたのだ、北京では講和交渉が始まっており、ロシアと中国は睦まじくしてきたから、天理人情によって、軍事行動を停止されんことを、と求めていた。[104]増琪はこれより先、海城失陥の時に、遼陽が失陥すれば、省城の大局が危ういので、営口のロシア領事を介して停戦の照会をアレクセーエフに送ろうと、いろいろと和平工作をし、海城でロシア軍将校とも停戦交渉を行なっていたのだが、[105]アレクセーエフはこの書信内容を、同一四日に、ペテルブルクに電送した。政府からの返電草稿は、ニコライが書いた「満洲軍隊及び要塞の武装解除」という文を電文の中に入れて、この武装解除措置は鉄道建設の保障のためで、中国人が造った状況が引き起こしたものであることを説明せよ、というものだった――その後、九月二三日（露暦九月一〇日）にニコライは、［政府が送った］その電信の脇に、「同意する。我々は中途で止める訳にはいかない。我国軍隊は満洲で北から南へ通過すべきである。なぜなら全ての事が発生してから後、中国人の担保は信頼できなかったからだ」と批した[106]――。アレクセーエフは、九月一七日（露暦四日）に増琪に対して、貴国軍隊は乱匪を弾圧しないだけでなく、逆に我軍に開戦した、失和の責任は貴国軍隊にある、もし停戦を欲するなら、ロシア軍の奉天行きを阻んではならない、各砲台その他の軍事施設、武器を引き渡し、武装解除すること等に応じるなら、我方は貴官に支持を与える、と応答した。不抵抗、武装解除、ロシア軍への協力を要求したのである。全面降伏が停戦条件だった。[107] 増琪はこれを九月二八日に脱出前の奉天で受け取ったらしい。[108] 増琪ら首脳は連日城内で会議を開いていたが、どうするか決し得ず、結局、奉天を脱出することになった。

その少し前、九月一八日に、上海から北上した全権講和の李鴻章が塘沽に着いた。アレクセーエフが船を訪問すると、李鴻章は、盛京はロシア人にとってのモスクワのように神聖な所だから占領しないように、と言った。アレクセーエフは、増琪将軍がロシア軍司令官の要求を履行するなら可能だが、と答え、満洲問題について、将軍達は現地でロシア人と交渉できるか、その協定を清政府は承認できるか、と聞いて、李鴻章の是認を確かめた。[109] それを受けて彼は、ペテルブルクのラムスドルフ外相と電報を往来させ（九月二〇日電）、北京の中央政府が崩壊している以上、現地での交渉が必要で、増琪も同じように交渉を求めてきている、南満司令官の自分と、北満司令官のグロデコフに現地交渉の権限を与えられたい、との申請を行なって、外務省の許可を得た（九月二四日電）。[110] 清朝中央も満洲問題を交渉する能力がなかったから、現地交渉に異議がなく、九月中旬に慶親王が、満洲三将軍に暴動を止め、鉄道を保護せよと通知した。増琪はこれを奉天脱出後に受け取った。アレクセーエフは、先の手紙から十日後の九月二七日に、増琪にも う一通の手紙を書いて、一〇月一日に奉天を占領したスポテッチ将軍を通じて返信をよこすよう求めた。[111] それで増琪は、それに応えて、スポテッチに手紙を出して、交渉したいと言って来た。スポテッチはこれをアレクセーエフに連絡、かれの許可を得て、脱出後義州にいた増琪を便利な新民庁に移した。増琪は一〇月一四日に新民屯に着いたが、その前に道台の周冕らを奉天に派遣して交渉したいと言ってきたのだった。

この頃一〇月七日に、クロパトキンはアレクセーエフに、北京の講和交渉のほかに現地交渉が可能であること、奉天の秩序回復を、盛京将軍に軍隊を持たせず、警察のみにして旧行政機構を回復させることについての考えを打診してきた。これは、李鴻章北行後に上海に着いたウトムスキーが、息子の李経芳と行なった会談での考えを、北京のポコチロフがウィッテに電報で知らせたのを、ウィッテを通じて知ったクロパトキンがアレクセーエフに尋ねてきたのである。アレクセーエフは、一二日付電で、それが適当である、中国の行政機構を残し、ロシアの軍事・外交委員を置き、将軍の独立的形姿のもとにこの我等の全権と連絡させるのがいいと思う、と返信した。これでかれは現地交渉の全権を手に入れた。ウィッテ、ラムスドルフ、東清鉄道代表ギルシマンもこれに賛成した。これは、ウィッテからニコライに上覧された。

増琪は、自分はロシア軍の奉天入城の前に、民間を平静にし、一切の軍事行動を停止させて奉天を離れた、現在交渉を待っている、ロシアは北京・直隷にならって奉天を中国に還付するつもりであること、我々を盛京に戻すということを知ったので、人を奉天に行かせた、という。これが、周冕らを盛京に送り交渉したいとスポテッチに申し出て実行した事を指す。脱出後、新民屯に至った時、属僚と図って、黒龍江から逃げてきていた周冕と官員二人の三名を奉天に派遣して「戦を停め和を議する」ことに決したのだった。周冕は黒龍江省で東清鉄道に木材を供給していた会社の総辦で、南部に逃げて来ていて、新立屯でたまたま増琪と知り合い、ロシア語も出来、状況に詳しかったから、一〇月一二日に「全権」使節として道台の官職名で奉天に派遣されたのだった。吉林から来た崇廉が、吉林での交渉経験から、「全権」の肩書きがないと相手にしてくれないと言ったので、「全権」を加えたのである。二四日に奉天に着いたかれらは、スポテッチと交渉は出来ず、彼によって旅順に送られ、一一月三日（露暦一〇月二一日）に旅順に到着した。翌日アレクセーエフと会談、増琪の手紙を渡した。それには、自分の罪を認めて、盛京に戻ることを希望している、寛大に処遇されたい、と書いてあった。アレクセーエフは、まず中国軍の抵抗をやめさせること、行政機関の回復には交渉で条件をつける、と述べた。現地交渉はペテルブルクにも、北京のギールス公使にも連絡せず開始された。周冕には通訳の瑞安と知県・蔣文熙がついていたが、ロシア側はコロストヴィッツらが交渉員になった。この二人の間の交渉で、以下の『暫定章程九条』が結ばれた。これが「増祺＝アレクセーエフ協定」と呼ばれるもので、大きな波紋を呼ぶことになる代物だった。中国文から訳してみる。(112)

第一条‥増祺将軍は任に戻った後、地方の安靖を保衛し、鉄道の建設修復が攔阻損壊されること無きよう努めて責任を持つべし。

第二条‥奉天省城などのところに、ロシア軍を留め駐防させる。一は鉄道を保護するためであり、二に、地方の安堵のためである。将軍及び地方官はロシア官員に礼を以て待し、また、たとえば宿舎、食糧購入等について、随時できうる限り援助すべし。

第三条‥奉天省の軍隊は叛逆と聯絡して鉄道を破壊したもので、奉天将軍によって、すべての軍隊は一律に解散され、武器を納めさせる。もし納入に抗しないときには、前罪は追求を免除する。ロシア軍がまだ確保していない武器庫所蔵の軍装備、鉄砲はこれをすべてロシア軍官に引渡し処理させる。

第四条‥奉天省各地のロシア軍がまだ駐屯していない地方の砲台、要塞は、中国側官員がロシア官員とともに行って、その面前ですべて破壊すべし。ロシア官員が必要としない火薬庫もまた同様に処理される。

第五条‥営口その他の所は、ロシアの官が暫時統治しているが、ロシア政府が、奉天省が確実に平和であると確認できた時に、中国官員に代換されることを許す。

第六条：奉天省全省の城鎮で、将軍が巡捕を設立し、騎馬歩兵が商民を保護することを聴（ゆる）す。人数及び携帯する小銃武器は別に酌定する。その他の屯堡もまた同様にすることを聴（ゆる）し、すべて将軍の主政に帰せしむ。

第七条：瀋陽にロシア人総管一人を設立し、遼東総理［関東州長官］と奉天将軍の各大臣の往来交渉の事案を処理する。凡そ将軍の処理する要件は、該総管はまさに明晰でなければならない［明晰に知らなくてはならない］。

第八条：将来、将軍が設立する奉天各処の巡捕、騎馬歩兵各隊が、もし地方有事に遇って、用いるに足らざるときは、海陸の辺界あるいは腹地であろうと、将軍から近くのロシア総管に知会して、ロシアの司令官に尽力して協同で処理するように転請すべし。

第九条：前八条について評論［議論］あるときは、ロシア文を標準となす。

以上の「暫且章定」九条は、増将軍が省（奉天）に戻ったときに、ただちに実施し、後に、総理大臣（関東州長官）と将軍あるいは両国の利益が等しい時を俟って、須らく添改の事は再び商議酌定すべし。

この協定は一一月九日に調印されたが、一一日に周冕は、この内容を北京に行った講和全権の李鴻章に電報で通知した。そして一二日に、ロシア側のウァウィロフ中尉が同行した周冕らの一行がこの「章程」を持って新民庁に戻って来た。増琪はこれに署名するのを躊躇ったが、一一月二六日に署名し、中尉がこれを旅順口に持ち帰った。この協定は、ロシアが占領した始めの十八ヶ月間に南満洲で行なった事務の根拠となるものになった。ロシアはこれを公にしなかったが、清国は北京で明らかにした。これを世界に知らしめたのが、当時『タイムズ』北京通信員だったジョージ・E・モリソンだった。かれは一二月三一日付の電報でこの内容をロンドンに打電、これが一九〇一年一月三日の『タイムズ』に掲載され[113]、各国の新聞があいついで報じ、列強間に大きな反響を生んだのである。

なかでも、第七条は、A Russian political Resident with general powers of control shall be stationed at Mukden to whom the Tatar General must give all information respecting any important measure と訳され、モリソンは、このロシア人の Resident に与えられた権能は、ボハラにおけるロシア人 Resident、インドの土州（native states）におけるイギリス人 Resident のそれと同じである、とコメントし、「この協定は必然的に他二省に関する同様な協定を導くだろう。そうして満洲は、事実上、ロシアの保護領になるだろう。ロシアは以前から存在している協定によって、鉄道を保護するために全ての必要な軍隊を保持する権利をすでに持っているのである」、と書いたから、世界の関心は大きくなった。パリの新聞も、この機関 Resident を南満洲全体を完全な保護国にするに等しいものだと解釈した。中文には、general power of control という語句はなかったから、第七条は邪悪な目的を持ったものとして語られたのである[114]。

奉天にはグロムブスキー大佐が「総管」（Resident、軍事委員）として赴任し、増琪も一一月二六日に奉天に戻った。ロシア側はかれに行政権を戻し、「協調」的な統治が行なわれ始めた。

この「協定」（＝「増阿暫章」）は、南満洲に於ける清国の軍隊を解体、非武装化した。つまり清国の軍権を廃止し、営口においては民政も廃止、将軍をロシア軍官の命令に対して責任を負う機関と化したもので、清国の独立と中央政府の主権を損なうものだった。だから周冕は旅順での交渉で抵抗し、ロシア軍の都市への駐屯や「総管」の条項は清国主権を損なうものだから受け入れられない、北京の批准がなければ増琪将軍も署名できない、自分も出来ないと主張した。コロストヴィッツが、これは「臨時性のものだから」と言って懸命に説得したが、盛京か李鴻章の許可が要る、と抵抗したのだ。アレクセーエフが、もしあくまで拒否するなら、周冕を送還し、増琪将軍も新民庁に置いたままにして奉天帰還を許さないまでだ、と威嚇して、これを呑ませた。交渉役のコロストヴィッツらは清国側の反抗には道理があると言ってアレクセーエフと激論を交わしたが、結局この偉丈夫の脅しで解決させたのである。周冕は躊躇った後、条件を付してサインした。だから彼はこれを旅順から煙台を通じて北京の李鴻章に電送したのである。アレクセーエフは、ロシア政府の横槍が入るかもしれないと考えたから、北京のギールス公使には簡単な内容しか伝えなかった。

新民屯に戻った周冕らから事情を聞いた増琪は、派遣の趣旨と異なった協定調印に、周冕らの専断を責めた。彼も、清鋭や奉天府尹・玉恒らの反対で――停戦をめぐって増琪と対立した晋昌は軍を率いて熱河のモンゴル東庫魯王旗（ホルチン左翼前旗の賓図王の近く、現庫倫旗）に行って抵抗の姿勢を示していた[115]――、署名に抵抗した。その最大の問題点は第三条の軍隊非武装化と第五条の「営口等処」のロシア支配の問題――「等」とは何処なのか――だった。また、一旦署名してしまえば、「暫章」とは言え、後日の引証にならざるを得ないと考えたからである。さらに、北京では慶王・李鴻章の講和が進んでいるから、その結果を見て再締結しようと考えた。それで、増琪とアレクセーエフは新民屯・旅順口間で電報をやり取りすることになった[116]。しかし、アレクセーエフから威嚇され、臨時協定だから後で修正可能だと言われて、先ず奉天に帰ることが先決だと判断し、署名したのだった[117]。それで増琪は、奉天に帰った後、章程九条の幾つかを改正するために、涂景濤・李席珍の二人を旅順に派遣し交渉させた。しかし、うまくいかず、後述するモリソンによるすっぱ抜き報道の波乱の中、一九〇一年一月二二日に自ら旅順に向かい、修正案を出して交渉したのだが、ロシア側は強行だった。

こうして、ロシア軍による支配の下で、満洲将軍の行政機構が秩序を維持するという構造が生まれたのだが、その影響で、清国側軍警察は大砲を持てなかったから、治安維持力の減退があり、反ロシア的な「土匪」「紅胡子」——義和団残存勢力とも言えようが——の跋扈という現象が生じたのだった。万余人を擁した劉単子（劉永和）らは海龍に、董洛道らは通化に盤拠していた。この治安の悪化は張作霖のような「緑林」勢力の発生を生むことになる。これをロシア軍が四方に出て討伐するという形になった。三〇年代の満洲国建国後の状況とよく似ているが、一九〇一年六月には、長春の近くで次のような事態が起きた。ロシア軍は鉄道防禦のために線路の両側に壕を掘ったが、これが人心を惶惑させ、馬賊が騒ぎ、それらが混在した集団が近くの駅でロシア軍と衝突した。そのなかには、モンゴル人数十人、倭（日本人）十二、三人、残りはみな中国の土人で、紫の前掛と頭巾を着け、内に日本字の旗があり、『日兵』と書いてあったという。[118] のちの「満洲馬賊」のはしりともいえる姿が見えるようである。張作霖については後に触れることにしよう。

晋昌は、軍を率いて奉天を出ると、北西に向かい、康平県を経て、法庫門で柳条辺を出て、内モンゴル域に入ったが、その賓図王の旗界でモンゴル兵に阻まれ、その地のラマ廟に駐留することになった。[119] 翌一九〇一年二月初め、ロシア軍の「才」将軍が兵を率いて晋昌のいた庫噜に進んだ。晋昌とラマ王は、驚いて賓図王のところに逃げた。それでロシア軍は廟を焼き、金銀を奪い、一四日に奉天に戻った。その後、故宮の「富」侍衛に兵二十をつけて庫噜に行かせ、「聖容」、「宝冊」を差し出させた。晋昌はその後再び庫噜に戻っていたらしく、ロシア軍は庫噜に兵を出して、かれを撃とうとしていると言われた。二月下旬（一九〇一年初）、清廷はかれを撤職し、処罰した。これが、第五章で触れた聯合国側が晋昌の処罰を求めたことと関連するのであろう。

外国紙の報道で協定（「増阿暫章」）を知ったロシアの楊儒は、この事実を西安の朝廷に報告した。朝廷は、増琪が報告もせず、周冕を派遣して許可なく勝手に結んだことを怒り、具奏せずに自ら旅順に赴きアレクセーエフと交渉している増琪をすぐ盛京に戻せ、革職だ（暫准留任）、「暫且章程」は認めない、廃する、と声明した。増琪も事情を弁明しつつ、協定は「廃止」されたと上奏した。しかし、それで事態が変わるはずもなく、ロシア軍による南満洲占領はこの協定の基本線に沿って続いたのである。

ロシアは、東清鉄道保護とロシア人保護を名目に軍隊を入れて満洲を制圧したわけだが、八月に列国に表明したように、満洲を併合領有する意思はなかった。だが、こうして一段落すると、その軍隊、あるいは満洲権益をどう確保して、撤兵するかという「東三省引渡し」交渉が繰り広げられることになる。この問題は、朝廷からこの問題を話し合う清国全権に任命された楊儒とラムスドルフ外相との間で、ペテルブルクで交渉されることになる。増琪・アレクセーエフ協定の批准は、ウィッテ・楊儒との第五回会談（一九〇一年一月二三日）でロシアが本条約締結を条件に放棄することを明言し、協定は廃止される。[120] しかしこれは「日露戦争序説」というべき領域に属するし、ロシア政府首脳の中における方針の揺れ――クロパトキン・グロデコフら軍部とウィッテの和平派との対立、これにベゾブラゾフ派が加わり、ニコライ二世の方針は左右に揺れつづける[121]――があるから、筆はここで止めなくてはならない。

が、しかし、最後に一言つけ加えておきたい。それは、日露戦争について書くときの我が国の歴史家の歴史の書き方についてである。戦争は、日露双方の「満洲権益」「朝鮮利害」を巡る衝突なのだが、「近代日本」対「ヨーロッパ強国ロシア」（それは有色アジア人対白色ヨーロッパ人の対項を含む）という二項対立枠組みでの「言説様式」（ディスコース）で、なかなか「満洲」と「朝鮮」の問題が表に出てこない。「満洲」問題は、東清鉄道と旅順・大連租借、義和団事変でのこのロシアの満洲出兵と戦争、軍事制圧がもたらした状況を抜きに語れないし、それをどう解決するかという国際外交紛争の一環でもあり、開戦前の外交はその文脈で論じられねばならないだろう。さらに、戦争はポーツマス講和で終わるのではなく、その後に小村外相自身が出かけた北京での「満洲問題の解決」（「満洲に関する日清条約」）

と、伊藤博文が出かけた「朝鮮問題」の解決（一九〇五年の外交権を奪った「第二次日韓協約」）とを欠いた叙述は不完全で、これらを抜いてはまったく意味が無いとさえ思う。なぜなら、日本にとっては、日露戦争は「朝鮮問題」のために戦われた戦争だったのだからだ。このことを日本の歴史書はあまりきちんと指摘しないようである。これらの点については、当時の政治外交担当者や戦前の研究の方がかなりはっきりと意識していて、例えば矢野仁一の『日清役後支那外交史』（昭和十二年）、『満洲近代史』（昭和十六年）などのほうが今日でも優れている。国士風だった矢野の研究は戦後歴史学の雰囲気の中で全く無視されているようだが、わたしはいまも高く評価する。最近出版された横手慎二『日露戦争史』（中央公論新書、二〇〇五）などは、私と同世代の研究者が書いた歴史書ではあるが、矢野などの歴史研究からの退歩さえ思わせるものである。[122]

例えば、モリソンがすっぱ抜いた「協定（増阿暫章）」だが、これは、モリソンが李鴻章の秘書の曾広銓から一二月二一日に清国語版の写しを入手、それを英訳して、三一日に打電したことは、モリソン日記を使ったウッドハウス・暎子の研究で明らかになっている。[123] コロストヴィッツは、李鴻章がロシアを牽制するために、外国メディアに漏らして広めさせようとモリソンに与え、もう一つの写しを日本人に交付したといっている。[124] 満洲交渉が現地で進められて既成事実化するのを、北京中央での交渉に引き戻さなくてはならないと考えた李鴻章が、ロシアと対立するイギリスと日本に漏らして、「夷（英日）をもって夷（露）を征せん」、としたのである。これは公表したのと変わらない。ロマーノフは、一一月三、四日の李鴻章とギールス・ポコチノフとの会談で、ロシア（ウィッテ）はすぐに満洲撤兵を考えているのではなく、完全なロシア勢力を確保すること（政治的経済的保護領化）が明らかになった以上、地方交渉を自分の手に収め、満洲問題を中央の正式交渉へと転化させる必要があった、と言っている。[125] この文脈に、モリソンへの情報リークと彼のすっぱ抜き特ダネ報道が入るのである。モリソンには特ダネだが、李鴻章にとっては政治的利用の一着だった。李鴻章の老獪な外交戦術の流れの中で考えるべきなのだ。

この日本人に与えられた写しが北京の西公使から東京に送られて、『日本外交文書』に入っているもので、そのなかで周冕は、一一日に旅順から李鴻章に「協定（暫章）」の写しを送ったといっているのである。[126] その送られた中国語文とモリソン報道を比較してみると、同じものに基づいているのだから、圧縮されてはいるが間違いは無いのである。ロンドン外務省からの指令で調査した駐華公使アーネスト・サトウは、報道は本物だ、現物を送ると返電した。[127] ロシア政府は旅順から本文が送られてくると慌てて、その臨時性と必要性について四月五日の「政府公報」で要点を公表した。[128] だから、横手慎二の言うように、モリソン報道に問題があるというのは、理解不足なのである。またマロザモフが言う、「以前の施政を復活」させるという中国主権への言及が欠けているという点は、それを記事前文に出しているからである。なるほど、この協定が「暫定的」なものだということは、確かに欠けていた。[129] しかしそれは、李鴻章側からあったであろうブリーフ内容と該協定の内容、イギリス側に立つモリソンの思想から判断すると、あのように報道するのが自然なのである。だからロシア側は躍起になって臨時性を強調した。しかし、ロシアが、当初はこれを地方的暫定的なものと考えていたとしても、それには止まることはなかったのである。

このあと将来の露清協約の原文になるよう編まれたのが、クロパトキンによって出され、ウィッテ、ラムスドルフ三者によって一九〇〇年一一月一三日に作成され、一二月一七日にニコライの承認を得た備忘録、『ロシア政府の満洲を監理する原則』（『監理原則』）十五条である。[130] その主要な内容は、

一、満洲は中華帝国領土の一部である。中国主権下での旧行政を残す。二、ロシア軍は秩序安寧と鉄道のために「一時的に満洲を占領する」。三、清国政府に「満洲に於ける軍備権を自ら放棄させる」。将軍の下に武装警備隊の設置を許す。四、ロシアの極東軍事長官が東北三省将軍と副都統の行動を監理し、清国政府が将軍、副都統を任命派遣

する際は、ロシア駐華公使の同意を得なければならない。五、ロシア軍務官（「総管」）の義務（ロシア軍に関する省長との交渉、中国軍不復置、警察不増員）。六、外交代表を派遣し、東三省におけるロシア臣民、ロシア企業の保護、省長との交渉に当てる。七、ロシア軍への攻撃、あるいはロシア軍人に対する凌辱行為の犯人を軍法裁判にかける、というものだった。

一二月一一日に北京のギールス公使は、ラムスドルフ外相に宛てて、ロシア公使館と中国大臣は、満洲及び我等の勢力範囲内の鉄道鉱山の独占権について協定を結び得る、我らが満洲で得ようとする権利を協定のなかで規定すべきである、というのは、後にこれらを得ようとしても困難だからである、と伝えてきた(131)。それで、ペテルブルクで十日かそこらで、「東三省交収」交渉のロシア側原案が作られた——その時も、クロパトキンとウィッテとの間に軍隊を駐留させるかをめぐって見解の違いが表われたが、陸相意見が優勢を占めた——が、それはこの『監理原則』を強固にするものとされた。「協定（暫章）」はこの「監理原則」に生き、それが交収協定案に生きたという歴史的事実からすれば、モリソンのスクープ報道は決して間違ったものではなかったのである(132)。かくして、歴史は次の段階に移る。日露戦争前夜の国際外交の展開である。

しかし、このロシア軍の満洲侵攻と武力鎮圧によって惹起された治安悪化状況を背景に、「張作霖」が満洲の政治舞台に姿を表わしはじめたのである。またそれによる被害と賠償をめぐって、熱河朝陽地方で二年有余にわたる民衆の武装抵抗が起きた。それは第二章の金丹道反乱が起きた朝陽においてであった。本章を閉じる前にそれら二つについて考察しておくことにしよう。

七、張作霖の登場

日清戦争後に、治安の悪化とともに馬賊が活動するようになっていたことはすでに見たが、「庚子之役で、ロシア軍が満洲に拠し、奉天の仁（字）、育（字）両軍が……相継いで潰敗し、流れて馬賊となるものが十の八、九だった」（『盛京時報』宣統二年、十月四日）と言われ、奉天陥落後、治安の極端の低下によって馬賊（土匪、胡子）が猖獗し始めた。その集中地区が遼河沿岸だった。地方の有力な紳商は、身の安全と財産を守るために、ある土匪と結んだり、団練を作ったりして「保鏢」（用心棒隊）にしていたが、ロシア軍が入った頃から、土匪と紳商が結んで「保険隊」というものが姿を現わすようになった。つまり、保険料を払って土匪馬賊のような私的暴力集団を雇って、その「保険隊」で治安を維持し、安全を確保する以外、方法が無くなったのである。これら馬賊「保険隊」は、ある地区に盤拠して、その地方を「保険」した。代表的な巨匪が馮麟閣（馮徳麟）や豆腐屋出身の張景恵であった。

張作霖はこうした遼西「緑林」の中にいた。その抬頭を、常城主編『張作霖』（遼寧人民出版、一九八〇）、園田一亀『怪傑張作霖』（中華堂・東京、大正十一年）などで、見てみよう。

彼は海城県の寒村に三男として光緒元年（一八七五）に生まれた。曾祖父は直隷省河間人。貧しく宦官を排出した土地の出で、飢饉を逃れ、道光初年（一八二一）に満洲に流れてきたのだった。父の張有財は博打好きで、無頼生活を送り、彼が十四歳の時に人に殺された。残された母子五人は黒山県小黒山附近の親戚を頼って移って行った。成長した作霖はいわゆる「游手好閑」で、賭場に出入りするような生活を送っていたが、母親が人に頼んで獣医を学ばせた。その技術で、清国軍の兵士と知り合ったり、街道沿いの馬車宿で働いて、馬賊の馮麟閣などの往来する連中と知り合った。その後、開港場・営口近くで博徒の流浪漢《ぶらい》と一緒にいた頃、一八九四年に日清戦争が始まった。この営口の遊蕩者は誘われて、宋慶軍下の馬玉崑部隊の趙徳勝の営に入って兵隊になった。その後、宋慶軍は山海関内に退いて防備に当たっていたが、九五年四月、下関条約が結ばれると、直隷に戻って行ったので、張作霖は軍を離れ、小黒山に戻って行った。軍で小隊長をしていた経歴を資本に、巷で巾を利かせるようになった。それを見たのか、趙家廟の地主の趙占元は次女を張作霖の嫁にやった。結婚後、張作霖は趙家に寄住するようになった。後に、この趙氏との間に生まれるのが長女（鮑貴卿の長男に嫁す）と長男・張学良である。

岳父は張作霖に営口の近くで獣医をやらせることにした。当時、近くで活動していた「保険隊」はみな馬に乗って動いていたから、あちこちで馬を治療した張作霖はこれらの土匪の頭目と知り合うようになった。かれの博打好きの性癖は相変わらずで、しばしば喧嘩沙汰を起こし、それで監獄にぶち込まれたこともあった。岳父が保証人になって何とか釈放されたが、多くの地方の無頼、草澤の英雄たちが楽しんで彼と交わったという。こうして彼は、狭い村落生活を捨て、広寧県に奔った。馬賊の大頭目馮麟閣の紹介で、広寧の董大虎の仲間に加わったのである。それが馬賊生活の始まりだった。馬賊、胡子は「票匪」と言われるように、富戸を誘拐して身代金を取って活動費に当てるのだが、その人質（票）の見張り役をやっていたらしい。しかし面白くなく、仲間を離れた。ちょうどその頃、一九〇〇年、義和団の騒擾が起きた。ロシア軍が侵攻して来て、各地で戦闘が起きた。その混乱の中、各地で胡子、土匪が猖獗しはじめた。とりわけ、遼河下流域（遼陽府・新民府・海城県の接壌地区）が土匪の淵藪になった。ここは兵乱、水患に襲われた地区で、「保険隊」が数多く出現したのだった。

この地区の大頭目が馮麟閣で、遼陽県を中心に大小の匪を配下に置いて、地主たち地方有力者と結んで「保境安民」を図っていた。こうした状況だったから、趙家廟に戻った張作霖は、岳父や近くの有力者と話をつけて、かれらの後援で、遊勇散兵を三十四人集めて、ここで「保険隊」を作った。そしてその支配範囲を、二十数村に広げ、その拠点を広寧の中安堡に移した。

この頃、ロシア軍政下の清国地方政府は、これら馬賊、胡匪、票匪が互いに掠奪しあう混乱した局面を何とか収めるため、「盗を化して良と為す」「私団を化して公団となす」方法を取った。つまり、政府は秩序を維持する十分な軍事力を持たないから、馬賊を中心とする民間秩序を追認し、これを統制することで、社会秩序の維持を図ったのである。かつて山東省で巡撫張汝梅が「拳会」（義和拳）を「郷団」に組み込んで。暴発しないようにしようとした（前著『義和団の起源とその運動』三八四頁参照）のと同じである。それで、遼河両岸に巡捕処八ヶ所を設立し、大頭目の馮麟閣を「総巡長」にして、大小土匪を統制させることにした。しかし、この馮麟閣がロシア軍に捕らえられた。ロシア軍は、抵抗する反ロシア的馬賊（胡子）の討伐活動を進めたが（前述）、鄭家屯にいた帰順した馬賊・金寿山（天津武備学堂出身の哨官出）を使って反ロシア的「胡子」だとして馮麟閣を捕らえ、サハリン島（樺太）送りにしてしまったのである。馮麟閣は島を脱出して戻ってきたが、総巡長としての権威は失われていた。

中安堡の張作霖のところにもロシア軍を後ろ盾にしたこの金寿山がやって来て取り込もうと説得した。張作霖はこれを拒絶したらしい。それで対立を深めた。光緒二十六年十二月三十日（一九〇一年二月一八日）、春節の準備をしていた中安堡の張作霖らを、金寿山下の一個中隊とロシア軍の一個中隊が包囲し、攻撃をかけた。張作霖は妻を逃がし、自分も僅かの配下を連れて逃れた。かれは馮麟閣の庇護を得ようと、遼中県の八角台鎮に奔った。途中、馮の部下の援助を受け、張景恵の「保険区」だった八角台鎮に逃げ込んだ。ここに張景恵は部下六十人を抱えていたのだが、二人の張は意気投合した。張作霖の聡明慧敏さ、勇胆、能弁、機略は当地の紳商にも評価され、かれはここで「大当家的」の地位を張景恵から譲られた。張景恵は「二当家的」となり、二人はこの後も刎頸の友となる。張作霖はここで団練長になった。

張作霖はこの後、イスラム教徒の馬賊・項昭子と争ったが、そのとき、当時、黒山県紅螺山にいた湯玉麟の勢力四、五十人を借りて、宿敵を倒した。湯玉麟も張作霖の仲間に加わり、かれはその勢力を拡大した。錦州一帯の「票匪」張作相が張作霖の仲間に加わったのもこの頃である。こうして、後の東北軍閥の首脳となる張作霖、張景恵、湯玉麟、張作相ら二百余人の武装勢力が、ロシア軍支配下の満洲の遼河西部に姿を現わしたのである。

その勢力拡大の中で彼は、各地の豪紳・商人たちと結交し、関係を築いた。そして彼らの「保鏢」として働き、成績を上げた。こうして在地紳商たちから評価されるようになり、互いに更に密接な関係が出来た。紳商たちは張作霖の「保険隊」に毎月三千両に近い手当てを払ったという。こうして相互依存の関係の下で、張作霖は勢力を拡大し、社会的にも認知されるようになっていたのだった。

さて、義和団事変の戦争が終結を迎え、盛京将軍・増琪が奉天に戻って、その統治行政を再開し始めた頃、光緒二十六年十二月（一九〇一年二月）に、署新民府同知は増琪に対して、「保険隊」（馬賊）を官側に収めて編成し、官軍の不足を補い、地方の治安を回復すべきだと建議した。つまり、馬賊という「私団を化して公団とする」ことによって、戦後、解体状況にあり、清国軍隊がロシア軍に制限されていた中で、官兵の治安力不足を補い、地方政府に従わない各処の郷団、馬賊のその地方での跋扈を抑えるべきだと提案されたのである。増琪はこれを受け入れた。馬賊出身だった張作霖はここに「昇官発財」の機会を見つけた。一九〇一年九月、張作霖の八角台「保険隊」は、当地方の紳商たち各界代表たちの保証の下で、新民知府・曾韞に拝謁し、清朝に忠誠を誓って、配下勢力を抱えたまま、清軍巡防営に編入されたのである。「土匪」張作霖が政府軍の「営官」になったのだった——歴代農民反乱で反乱軍が招撫を受け入れたり、「共匪」が国民革命軍八路軍に収編されたのと同じである——。

この招撫受け入れについては次のようなエピソードがある。この頃、張作霖のグループ内で次のような会話がなされたという。張作霖が、仲間に、おまえ達も聞いたことがあるだろうが、奉天将軍増琪が家族を連れて錦州、義州一帯にしばらく逃げて来たことがあった。その後彼は奉天に戻ったのだが、家族は山海関を越えて内地にいった。聞くところでは、数日前に、増琪は人を使わして家族を奉天に戻すことにしたらしい。これはわしらにとって絶好の機会だ。やがて増琪の家族がここを通る。わしらはそれを襲って人も荷もすべて押さえる。しかし乱暴に手を下してはならん。違反した者には容赦なくピストルを食らわす、と言った。やがて増琪の妻と随行の者が十数両の馬車でやって来て、新民屯の近くの荒地に差しかかったところ、待ち伏せしていた張作霖の一団がこれを襲い、全員を新民屯街に拉致した。増琪の妻と侍女たちには良い部屋が与えられ、一行にアヘンも振舞われた。張作霖は随行者にそれとなく自分の意図を漏らし、これを籠絡して、増琪の妻にお目通りできることになった。低頭して挨拶する張作霖に、随員から話を聞いていた増琪の妻は、土匪をやめて政府に投降したらどうか、もしそなたが我ら一行を無事奉天に送り届けてくれるなら、わたしは必ず、増琪将軍に、そなたらの勢力を受け入れて、奉天地方のために働かせるようお話しよう、と言った。張作霖は、もしわたしが兄弟（土匪の義兄弟）を率いて増琪将軍の下に投じ、国家のために命がけで働けるなら、決して、増太太の大恩を忘れることはありません、と答えた。増琪の妻は奉天に戻ると、増琪にこのことを告げた。増琪はちょっと顔色を変えたが、少し考えた後、このことを朝廷に上奏し、新民府知府曾韞に命じて、張作霖を奉天省巡防営に編入させたというのである。つまり、この官軍への編入は、土匪活動に見切りをつけ、「官に昇り、発財しよう」という政治的野心を持っていた張作霖が、主動的に仕組んだものだったというのである。

こうして張作霖は「営官」として、張景恵、湯玉麟、張作相らを率いて官軍軍人になった。これが彼が軍閥としてのし上る最初の一歩だった。この後の日露戦争以降の彼の軌跡については他の研究に委ねたほうが良いだろうが、のちの東北軍閥張作霖の場合も、この露清戦争（満洲義和団事変）が大きな転換点をなしていることが明瞭に浮かび上がってくる。

前著で述べたように、一九〇二年の景廷賓蜂起を鎮圧した袁世凱武衛右軍の将領たち（段祺瑞ら）が、その後、民国期の北洋軍閥の中枢へと駆け上って行く契機になったのも、また、革命家秋瑾の出立が八ヶ国聯合軍の北京占領だったのと同じく、この義和団事変だった。この事件が近代史の一つの転換点をなしているのが良く分かるだろう。奇しくも、張作霖の家ではこの年、一九〇一年に趙夫人が長男の張学良を生んだのだった。

八、鄧萊峰の「拒洋社会」――熱河朝陽の反ロシア・反賠償金の抵抗

鄧雲成（萊峰）は朝陽県の上臥佛塔溝に住んでいた名望家で（已革生員、庠生）、公事公益に励み義を行なった人物と評されている。光緒二十五、六年の混乱に村衆を集めて村落自衛組織を作って地域を防いでいた。それで、附近の村々もそれに倣って連荘会を組織して防衛体制を整えた。こうしたときに、義和拳の騒動が四、五月頃からこの地に及んできて、城郷の「無頼遊民」が「掐訣念咒」「降神附体」を学習して、至る所で教会と教民への攻撃を始めた。朝陽の駐防軍が移動させられて、現地にはわずかしか駐留していなかったから、地方は混乱を極め、「強盗世界」になった。

そのためこの頃、モンゴル王旗が「蒙兵一営」を朝陽に派遣してきて駐留させた。「義和団は『学好』（金丹道）の後身だ」「また蒙古を殺すという説があり、それで先に隊を朝陽に派遣、監視して」、先んずれば人を制すと、身構えたのだった。[133]しかしやがて義和団は敗北し、一九〇〇年暮れになって落ち着き始めたので旗に帰って行ったのだった。

その一九〇〇年の旧暦七月七日（八月一日）には、東蒙古教区の拠点教会・松樹嘴子総教会（奉天省錦県所属）を義和団が攻撃し始めた。その後も攻撃対象として狙われ続けた。この教会は、ベルギーのスキュット会宣教師が担当していて、この時、九七年に代牧司教コンドラ・アベルス（葉歩司）が奉天のギヨン司教から叙階されて引き継いでいた。[134] このカトリック教会は、満洲最初の外国人宣教師ヴェロル司教（重慶神学校校長）が満洲開拓を命ぜられ、一八四〇年九月に重慶を出発し、山西、蒙古を経て、西湾子で越冬し、当時中国人神父のいたこの松樹嘴子の教会を経て、遼東に向かったときに記録に出てくる古い教会だった。[135] 後に一八六〇年にラザリストからスキュット会が蒙古教区を引継ぎ、その蒙古教区に東蒙古教区が出来た時に総堂になったのだった。

この義和団は朝陽県の南からやって来て、二十家子、東南溝村、大屯などに盤居し、これらの村々の連荘会が持っていた武器を強制的に徴発した。村民たちは、後で戻してもらう時に判別できるよう、供出する銃に所有者である自分の名前を書いて差し出した。義和団はこれらの武器を用いて松樹嘴子教会や附近の教会教民を攻撃した。攻撃には清国軍も加わった。しかし結局、その教会攻撃は失敗し、義和団は銃を放棄して離散することになる。この遺棄された銃を教会側が拾うと、それには保持者の名前が書いてあったから、教会・教民側は本地の郷民が義和団を援助したのだ、かれらは義和団党だ、と見なし、これに報復をしようとし始めることになる。錦州側でも松嶺門一帯の郷民が攻撃に加わったと見られた。実際、部分的には義和団の攻撃に加わった住民もいたのであろう。

一〇月になると、ロシア軍が山海関からこの錦州地方に進出し姿を見せるようになった（五日）。錦県の何知県もロシア軍に協力した。包囲されていた松樹嘴子教会はこのロシア軍と連絡を取った。一〇月二四、五日にロシア軍は教会に向けて兵を出したが、「票匪」に反撃を受けた。それで、二七日に、アベルス主教と二、三人の宣教師、三千人の中国人信徒が清国兵と義和団に包囲されているというので、永平府盧龍県にいたエリッツ近衛大尉率いる部隊にその救出が命じられた。一〇月三一日、この部隊は教会内に入って周囲からの包囲に抵抗し、大尉は負傷しつつ六日間堅守した。この強まる攻撃に、次に、セレブスキー将軍の部隊が投入されて、二十三日間の囲困《ほうい》からようやく救出されることになる。[136]解放されると、今度は、ロシア軍数百と教会側が反撃に出はじめた。錦県側では、松嶺門一帯を制圧し、村全体を焼こうとしたが、慌てた村民側は教会教民の損害への賠償金として「一万両」を支払うことで、焼毀を免れようと証文を書いた――後にその支払いが拒否されるようになり、官が出て催促すると、「地契（土地証書）」を差し出して価に当てさせた（一九〇二年）――。[137]セレブスキー隊は一一月五日に教会の包囲を解くと、朝陽県側の東南溝村、二十家子に歩を進めた。この間、松樹嘴子教会が包囲され、附近の村の教会が焼かれていたから、ロシア軍はこれを見て、怒った。この時、二十家子村民は、先の松嶺門と同じように賠償として六千両を支払いたいと申し出、その場で現金五百両を払い、残り五千五百両は後で払うことで平和を買った。それで、教会側は村民の「地契」を抵当に取った。一一月三日に大屯を攻めた時には、教民たちが義和団の攻撃で家を焼かれ住むところが無いので、この大屯の住民を追い出し、移住させて、その家屋に家を失った教民たちを居住させる、明年光緒二十七年三月に家を返すことで話をつけた。[138]この大屯の住民数千人は鄧莱峰の村の近くの花子溝に逃げて、ここに寄留することになった。鄧莱峰は花子溝を中心として民練を合して抵抗姿勢を構えた。そのためロシア軍は敢てそこに深入りせず、ここは保全された――それで彼は「桑梓（こきょう）保衛の功あり」と称された――。これが平民が鄧莱峰に心服し、教民が深く恨んだ所以だったという。村人は、教民がロシア軍を招いて殺害掠奪したその惨状を恨み、その恨みは解けない程になった。

ロシア軍の接近の情報で朝陽県城では騒動と混乱が起きたが、一一月六日にロシア軍の一部が県城に入った。そして県に賠償金支払いの協定を結ばせた。要求は十万両だったが、「四万両支払う」ことになり、その完済まで有力者三人を人質として連れ去った。賠償金は二十七年春に完済され、三人は戻ってきた[139]。教会・教民側はその後も教会攻撃に関係した村々から穀物、物産などを取ったらしい。しかしそれでも教会側の損害を補うに足らず、所有地に按じて銭の拠出を求めたという。こうした対立紛争を『県志』は、鄧莱峰が村々を連ね、「拒洋社会」をつくり、かれを「総会首」にした、教民・洋人が境内に入るのを厳しく調べ、見つけると群起して攻めた、と記している。

光緒二十七年五、六月（一九〇一年六、七月）になって鄧莱峰らの連荘会（「拒洋社会」）と松樹嘴子教会とが衝突した。双方はたびたび衆を集めて攻撃を繰り返した。一九〇〇年の冬を越して、翌光緒二十七年の三月（五月中旬）までに教民は大屯の家屋を返すという約束が、期限をすぎても果たされなかったから、紛糾が始まったのである。鄧莱峰や民練の長らは、教会側が地契も家屋も返さないとして、教民を見つけると捉え、虐待し、銀両で贖い戻させた。六月一六日には教民の郭永が捉えられ、傷つけられ、虐待された[140]。その他にも、張宏有、王国棟が捉えられ、双方は「不解之讐」を結ぶようになった。

鄧莱峰ら「拒洋社会」は、各戸から資を出させて砲火、火薬、弾丸を購入し、一隅を負って割拠の姿勢を見せた。地方兵ではこれに対処できず、教会はフランス公使館を通じて外交問題化させた。七月二四日のファヴィエ主教の直隷布政使への手紙は、「関東の葛神父」の報告だとして、花子溝の鄧雲程（莱峰）らが盤踞し、「党を率いて教民を尋殺するを事としている」と抗議した[141]。外務部へこの報告が上がり、夏から秋にかけて、これら口外の教案を片付けるようにと命ぜられた熱河地方官は、教会と話し合って、未払いの銀両は期限を分かちて支払うようにさせる、教会は地契と民房を返す、ということになったが、教会側は鄧莱峰だけは重犯だから何としても死刑に処すべきだと主張した。熱河都統・色楞額は執拗にこれに反駁し、「永遠監禁」とすることで折り合いがつき、一一月一一日（旧暦十月一日）にアベルス主教との間で熱河教案処理協定を訂立した。賠償金は六万両、その他のところを含めた総額は十万両を越えたが、二十八年（一九〇二年）十二月までに三期に分けて支払うことになっていた(142)。

ところがこの協定は間もなく実質破綻する。教会側は、「束身帰案、貸其一死（身をいさめて裁判を受けさせ、その一死を貸した）」という鄧萊峰を捕らえなければ、地契・民房は返さない、と言い、鄧萊峰側も、地契・民房を返さねば、捕らえている教民を釈放し「束身投首（身をいさめて自首）」することは出来ない、と主張したのである。双方相持して譲らなかった。カトリック神父の郭明道は、性来、事を起こすことを好んだ人物で、しばしば誰々が罪を犯し反抗していると地方官を難詰、恫喝し、無理を強要したという。デッドロックに乗り上げたのである。現地では他処でも馬賊土匪の討伐を行なっていて、兵力は無い。北京から直隷の（馬玉崑）軍を出してくれという注文になった。『朝陽県志』によると、一一月二四日、教会側八千人（教民と召募の匪類だという）が花子溝連荘会を攻撃、激戦になった。連荘会側の死者は五、六十人、教会側にも若干出たという。この後、兵を動かすことは無かったが、対立は隠然たるものだった。

馬玉崑の武衛軍が通州から出発するに先立って、道員劉焌と副将楊慕時の軍が一九〇二年三月三日に朝陽に着いた。劉・楊は、鄧萊峰らは「時務を知らず、気忿の激するところによっている」（「不明世情、罔知時限、愚妄無知」）、眼を醒まして「束身帰案（身をいさめて裁きを受ける）」なら、アベルス主教と交渉して罪を寛くし、「自新（反省して改める）」を許すようにするつもりだった。

馬玉崑の武衛軍九営（四千五百）は、三月一九日に通州を発ち、二七日に熱河承徳に着くが、馬は、営務処の沈大鰲を先発させるとともに、出京する前に、フランス公使のボー、北京主教のファヴィエ、副主教のジャルランに会って、問題解決の筋を探っていた。そして、「通融（柔軟な）」処理することを允《ゆる》す、またファヴィエ主教がアベルス主教に書を送り、それに鄧萊峰の罪罰の軽重は我らが教会は必ずしも過問する必要はない、等の語を入れることを取り付けていた[143]。しかし、鄧萊峰を現地に置いておくと、外国人はそれを口実にするから、対立が起きる、離さねばならない、とも考えていた。

劉焌・楊慕時・沈大鰲らは、黒営に拠点を置いて、教会側と鄧萊峰側、双方の言い分を聞きつつ調停をはじめた。劉・楊と教会側の話し合いでは、教会側は、鄧萊峰が捕らえている教民二人を解放し、今後、宣教師・教民に難を為さないことが必要だ、大屯の民房の返却は、教民への撫恤銀が全額支払われていないので、彼らには資金が無く、家を建てられない、また、鄧萊峰らが教民を排斥するので、原村に戻れないのだ、地契は二十家子の村民が自発的に出したのであって、土地を耕作したり、土地の収穫物を分け取ったこともない、未払い金の抵当として取っただけの空紙だ、と言う。これは事実だったらしい。劉・楊は、この地域は光緒十七年の金丹道の反乱以来、困苦とくに甚だしいとして、減額を認めさせた。それで、朝陽県が交付すべき撫恤銀一万四千九百二十一両を期に先んじて四月上旬までに支払い、教民が家を建てる資金にし、移転させる。だから、大屯の民房は五月上旬に返却すること、二十家子の未払いの五千五百両は上級に頼んで出してもらい、四月六日までに給付し、地契も返却する、と話がついた[144]。鄧萊峰の処置についても「官に凭《まか》せて処理する」ことをアベルス主教は認めた、と劉焌は言う[145]。

しかし、鄧萊峰の方との交渉はそう簡単にはいかなかった。かれは、地契、民房だけでなく、ロシア軍隊が斃した百余人の民の命のために教会は賠償金十万両を支払え、そうするなら捕らえた二人は釈放する、しかし「東身帰案」することは出来ぬ、というのである。彼らの村々（花子溝）は、四十余村を含む山間の谷（溝）にあって、谷に沿った山嶺上に砲付きの卡（関所）を設けて、堅固な根拠地を作っていた。当時、「鄧が統領、程（七）は幇辦、王福泰が謀事《さんぼう》」と語られた。鄧萊峰ら指導部は、馬隊の四、五十人を率いて周辺を巡回していたが、騎馬姿のかれの背にはライフルが背負われていた。再三説諭するも、鄧萊峰は「教民の方には撫恤銀を出すことになった。村々の被害者の命にも同じように教会が賠償すべきだ。そうすれば、教民を釈放する」と言い続けた。官側は、「洋人の欺侮甚だすぎるを以て辞とし、始終執迷（がんめい）だった」と記している。[146] 剛毅な性格のように見える。極めて正論ではあるが、ある意味で、客観的な情勢を無視した無謀な正論、政治的状況からみれば、「謬論」としか言いようがないものだとも言える。

交渉は続行不能に陥った。劉焌・楊慕時・沈大鰲は、事態打開のために、先に教会と話をつけることにした。そして三月二四日にアベルス主教との間に、八条からなる協定を結んだ。[147] それは、官が、手当銀二万両を支払う、支払いを受け取ったら教会は抵当の地契を朝陽知県に交し、村民に引き渡す、などの合意だった。鄧莱峰の方に王委員が出向いて、交渉すると、鄧莱峰は、昨二十七年の衝突後の定議で監禁十年になっている翟文、洪殿海の二人を釈放せよ、と新たな要求を出してきた。

馬玉崑がやがて現地に到着し、楊慕時軍八営（四千）とあわせて包囲体制を採った。そして交渉の表に出てきた。そして五月一六日に、馬玉崑が、「拒洋社会」側の翟文、洪殿海二人を教会から軍営に移し、鄧莱峰らが、五月一九日に教友二人を紳商に引き渡して朝陽県に戻し、釈放した（二人は三〇日に教会に戻った）。[148] こうして人質交換は終わった。馬玉崑は、五月二四日に営務処の沈大鰲と紳商を花子溝に送って鄧側と交渉を始め、つづいて自ら「軽騎で、従者を減らして」花子溝に乗り込み、直接交渉を開始した。馬玉崑は、態度を改めるか、一味頑強を続けるか、と迫った。鄧らは「花子溝は前にロシア兵の銃で多くの命が殺され、家屋も焼かれた」と訴えた。その状況は、馬玉崑も「惨酷」と言うほどだったらしい。馬玉崑はいろいろ勧諭して、設卡（砦・関所）を撤去するよう説得、これに鄧莱峰も従うことになった。五月二四日前後に鄧莱峰は撫につくことを承諾したらしい。馬玉崑は、「其れをして束身帰案せしむ、そうすれば首領《くび》を全うし身家を保つ」と約束した。[149] 馬玉崑は、彼を束身帰案せしめれば、外国人も口実がなくなり、万事うまく行くのだが、と考えてのことだったが、鄧萊峰は「首を俯して命を聴いた」が、官軍に身を委ねた後のほうを危惧したのだろう。「衆を擁して自固し」、「病に托して出なかった」。[150]「束身帰案」は変更せざるを得なくなった。

馬玉崑は、次のように言うようになった。昨年の協定で鄧萊峰は永遠監禁になっていたが、いま、捕らえていた教民を出したのだから、それを「寛」にし、また賠償支給額も教会要求は大きすぎ、「民は窮し財は尽きている」のだから、金は戸部から出してもらうよりほかない、二年にわたる聚衆抗拒がようやく「解散」することになったのだから、として決着させた――教会はなお不満だったが――。[151]これに加え、馬玉崑は、鄧萊峰は前年の教案協定にしたがって、関内に進んで裁きを受けるべきであるが、「病気」なので、暫く関内入りを免じていただきたい、と言い始めたのである。かれは北京の栄禄に手紙を書いて、栄禄が代わって、ボー・フランス公使に、議定書での和平が成ったいま、辺境の民教の区々の小事に心のわだかまりを持つのは良くない、この処理をとりなしていただきたい、と送った。[152]鄧萊峰も六月に、今後騒ぎを起こさないとの「甘結（誓約書）」を書き、多くの紳商や地方官たちもその「具保（保証書）」を書いて、鄧萊峰が出境入関して「帰案（受審）」をしなくても良いことにした。彼を連れて北京に戻るという点はどうしても説得できなかったらしい。だからであろうか、馬玉崑は、兵を花子溝と教会との中間の集市町の二十家子に留めて双方の衝突を回避させるようにして、鄧萊峰の監禁を免じて、彼を連れて入関することなく、やがて八月に北京に戻ることになる。

馬玉崑は、鄧萊峰は「その智力以て人を服するに足る、徳恵以て人を感じさせるに足る。其の（反抗の）故を推原して見るに、均しく、洋款を攤派せるも、籌す可き力無きに由る。一処　抗捐するときは則ち、処処均しく援じて以て例と為さんと欲す。近く郷民の伝え説くところを聞く。洋款を交するときは、則ち膏髄竭き、生きられぬ、洋款に抗するときは、兵刃加わり、また死に就くに過ぎず、と言っている」と書いている。[153] 馬玉崑は鄧莱峰の人となりを認め、朝陽知県・王文翰ら貪官の苛派が追い詰めた側面も知っていたのである。しかし当時の対外的関係のもとでは押さえ込まざるを得ない。

この「具保」を書いた紳商たちがアベルス主教のところに行って、鄧莱峰への追求をしないほうが双方のためだととりなしたのだが、主教はこうした「通融《じゅうなん》」処理を受け付けず、先の協定で処分を決めてフランス公使館に送ってある、朝陽知県の王も鄧莱峰を「逆」「匪」と言っているではないか、それでは矛盾するだろう、と拒否した。アベルス主教は、鄧莱峰の処遇を決めるのは結局「フランス公使が主持する」のだ、として、以前の自分の考えに固持しないが、馬玉崑が「通融」するのも許さなかったのだった。[154] それで、残った鄧莱峰はこの和解に疑念を抱き、病を理由に投首もせず、武装を解かなかった。

事態処理がこのような曖昧さを残したについてはいくつかの要因があった。そのためこの事態は後に矛盾が噴出することになる。

馬玉崑は北京の栄禄に手紙を書いて、慶王奕劻・李鴻章、外務部と相談して、フランス公使館と話をつけて、公使館からアベルス主教に知照してもらいたい。もしフランス公使館がなお以前の協定どおり、鄧莱峰を懲罰せよというのであれば、兵を進めて捕らえるより外ない、それにしても花子溝は三、四十里に亘り、堅固な山並みだから、大兵でないと覚束ない、と語った。かれは、鄧莱峰が固い根城を背負って官に抵抗しているのは、教会と私怨を挟んでいるからで、その感情を理もて諭するのは無理だ、フランス公使の一言のみが解決するだろう、とも述べていた。[155]

この手紙を受けとった栄禄は、それで、外務部の右侍郎・聯芳をボー公使のもとに赴かせた。それで弁論した結果だとして、かれら（公使）は「其れ（鄧莱峰）を案に到すを免じる」ことを首肯した、アベルス主教に伝えることを承諾した、該教士《アベルス》と交渉して早く定局することが重要だ、という内容の栄禄からの連絡（諭）が馬玉崑のもとに来た。これをもってアベルス主教と交渉したが、主教は終始、ボー公使からは何も言ってきていない、と言って埒が明かず、引き延ばし続けた。(156) そうしたところ、外務部から連絡が来た。ボー公使から、賠償金もまだ支払われず、匪徒もまだ剿辦されてない、等の照会が外務部に来たというのである。(157) これは聯芳が伝えるフランス公使の言とは異なる、と馬玉崑は驚いた。これはフランス公使の交代（ボー公使は六月二〇日離任し、筆頭書記官カサノヴァが代理した）か、アベルス主教の巻き返し工作かが変化を生んだのであろう。それで馬玉崑は、賠償金だけでも早く決着をつけようと交渉、主教はそれを受け入れたが、鄧莱峰を到案させ（裁判を受けさせ）ないことに関しては不満を見せ、受け入れなかった。馬玉崑も、「外人の願いの如くすることは出来ない」と抵抗し、嘆いた。賠償は三ヶ月前倒しで払うことにした。しかし熱河は連年の兵災で金が無いので、戸部にとりに行かせる、とした。つまり、鄧莱峰「拒洋社会」側には、鄧が誓約書を書き、官民が「具保（保証）」をすれば、「案に致さず」と穏便に措置するとしていたが、教会側に関しては、北京経由であったためにこの「通融《じゅうなん》」処置の詰めの確認がきちんと出来てなかったのだ。花子溝の方は、「解散後、いま月余を経るも一律静謐なり、この後、民教相い安んじ、事無かる可し」という状況だった。栄禄から、「書を葉（アベルス）主教に致し、鄧某は案に致さざる可しと許した」との書をもらったから、鍵は「ただちに解散帰農させ、厳しく説き、卡（関所）を撤させる」ことだと思い、(158) それで、花子溝と教会との間に軍を駐屯させれば落ち着くかに思われ、この措置を採ったのだった。そして駐屯地の通州、北京に戻った（八月）。その結果、在地の群衆は鄧莱峰を頼むべし、怖れることなし、として、これと連会するもの更に多さを加えたという。

ところが、フランス公使館は八月一〇日（旧暦七月七日）に次のように言ってきた。アベルス主教からの連絡を受けた代理公使カサノヴァが言ってきたものである（次公使デュベールの再赴任は一一月八日になる）。内容は前言を翻したものだった。

八月初めに、東蒙古の賠償金は催促徴収することになり、教友二人は釈放された、という報告が来たが、教案の情形は未だ懐（おもい）を釈くことは出来ない、該地からの信息《しらせ》に、その地は未だ平静で無いという。……馬軍門の力で二人は釈放されたが、なお一教婦あり、花子溝に繋がれること二年の久しきで、未だ放帰していない。該匪は胆いよいよ大きく、勢力を張っており、馬軍門は剿辦することが出来ず、かえって匪らと婉《ねんごろ》に商《そうだん》し、その言を聴いているだけで、衆匪に懲処を加えず、また逆首鄧萊峰の罪も治してない、……馬軍門は葉（アベルス）主教に、栄禄がフランス公使に鄧萊峰の罪を寛免されたいと言ったところ、フランス公使も受け入れた、と言っているが、どうしてそんなことがありえよう。我が国は鄧萊峰を懲辦することを正しい処置としてきた。馬軍門のこうした挙動では、匪はいよいよ胆大勢強になり、教会教民は甚だ慮《うれえ》る可しである。一、教民の婦女を解放させ、一、拿《とら》えて前に定めた所の鄧萊峰の罪（永遠監禁）に懲せ、一、教会教民を保護し、平安無事ならしめよ。そうしたら直隷に戻ってもいい、と。(159)

これを受けた慶親王奕劻は、馬玉崑の武衛中軍を再び熱河に派遣せざるを得なかった。この命令を受けた馬玉崑はつぎのように書いている。

夏の間の処置で鄧萊峰らが解散した後、「数ヶ月、耕市は常の如く、教会とは相い安んじていた。ただ鄧萊峰は久しく案に到らず（身をいさめて出廷していないので）、外人はなお疑慮する所あるを免れない。……急いで身をいさめて自首させ、「核辦《しんばん》」を待たせるつもりです。……抗して（花子）溝から出てこないときは、禍は自ら生成《ほんせい》を外《はず》せしものである。……あるいは万やむを得ず兵を用いることがあろう、と。(160)

馬玉崑が兵を率いて出関したことを知った鄧萊峰ら「拒洋社会」は、卡（関所）房を修繕、軍火を集め、溝内四十余村、溝外百余村を糾合し、一一月二日を期して開山起会し抗拒する準備をはじめた。これに対して官側は委員を派遣して勧諭をすすめた。一〇月三〇日、馬軍各営が揃った。しかし鄧莱峰らは諭を聞き入れず、開導に服さず、険を守って抗拒姿勢をとった。一一月一日には大砲を撃って抵抗した。馬軍の先遣隊は夜闇を衝いて幾つかの卡を落とし、一気に駆け抜けて、花子溝に攻め入った（二日）。翌三日、馬軍門の部隊は整隊して入溝、「安民告示」を出した。鄧家から教民婦人の王夏氏を探し出して、教会に送った。同日、別村で王福泰と鄧の婿の程七を捕らえた。五日に鄧莱峰らが一旦捕まったが、看守していた練丁に工作して逃亡した。その後、二三日に清河門附近で鄧莱峰、弟の鄧雲祥、子の鄧住が捕らえられた。二六日、彼らを軍営に護送して、「守卡持械、拒敵官軍」を罪名として、現地処刑に処した。馬軍は、「ほとんど巨患を醸成するに至る」武器二百余丁を鹵獲している。[161]

この結果を、外務部は一二月にフランス公使館に、鄧莱峰は依然服さず、党を率いて死守したので、迅速に討伐し、鄧家から王夏氏を捜し出して教会に戻した、と報告した。[162]馬軍門が、「親ら訊供し、情罪昭彰（あきらか）、法無可貸（大目に見ることは出来ぬ）」として、処刑し、「上は国憲を伸ばし下は訛言を息《と》めた」と言っているが、後味の悪いものになった。しかし、アベルス主教は「この事件の処理の妥善を極めて称した」。[163]馬玉崑の四苦八苦しながら何とか事態を収めたいという苦心の工作も、アベルス主教ら外国人神父の圧力、フランス外交に圧力の下で結局実を結ぶことは無かったのである。

これら十人に満たぬ外国人の神父・外交官たちの頑なな意思が、清国政府を屈従させ、軍隊の出動と鎮圧を余儀なくさせ、多くの人命の喪失を結果させたのだった。神父や外交官たちは自分たちの報告の文字の背後に、やがて結果するであろう血や命を想像したのだろうか。この事件には、「歴史」の無残さとともに、外国軍隊に占領された「半植民地」的国家の哀しみに満ちた対外・対内権力関係の姿が浮かび上がっているといって良い。

馬玉崑は、鄧萊峰を、四川の余棟臣、湖南の賀金声、直隷の景廷賓と同じく、当時の「不服従」派と見なしている。正しい観察である。帝国主義時代の幕開けの中国において彼らに体現された頑強な「民族主義」、「ナショナリズム」、その精神と気骨はなお社会の中に生き続けていて、簡単に消え去るものではないことを示していたのだと言えるだろう。それはこの後の中国歴史に見られる執拗な「民族主義」のうねりの前兆のように響いている。(164)

アムール州知事グリブスキー中将と愛琿道員（義和団事件直前）
（以下はいずれも、国会図書館憲政資料室、石光真清文書から）

義和団事変で破壊された東清鉄道（一面坡）

ハルビンの松花江埠頭
後方が鉄橋、右側に鉄道引込線。船は汽船（これが曳船を引いたらしい）。

松花江（黒龍江）を航行した汽船（外輪船）

ロシア軍と清朝官員（アレクセーエフと思われる）

ロシア満洲攻略軍の幕僚たち

註

（1）『愛琿条約』締結時の人口は、満洲人、四〇〇戸・三二八六人、漢人、五四〇戸・五四〇〇人、ダフール族、二八〇戸・一九六〇人、総計一二八〇戸、一〇六四六人だった（増田忠雄「黒河盆地村落的発展」『関于江東六十四屯問題』黒龍江人民出版、八〇頁、原載は『満洲史学』第一巻第三号、昭和十二年）。

（2）清朝がなぜ宣戦したかについてはいろいろ議論があるが、列国海軍の大沽砲台攻撃が戦端を切ったというのが正しい。五月二十三日（西暦六月一九日）の総署の各督撫宛の電報が、袁世凱のいた済南から各省に転電され、「各国水師提督が、大沽砲台を収管しようと欲し、顕かに首先に戦端を開いたのである。本日（一九日）、各（国公）使に、二十四時間内に護衛兵等を連れて天津に赴けと照会した。尊処はその行動を機会をみて酌辦す可し」と述べていた（『李鴻章全集（三）電稿三』上海人民出版、一九八七、九七〇頁所収、湖広総督張之洞電）。張之洞は、「これは政府が開戦を決意したことだが、ただ電報内に『奉旨』の字が無いのは、実は疑う可し（疑わしい）」と書いていることからも、砲台攻撃で政府が開戦を決意したのだと解したことが窺われる（翌二〇日が宣戦だった。「疑わしい」というのは、端郡王等の偽電ではないかとも思われるとの意であろう）。

（3）ロマーノフ『満洲に於ける露国の利権外交史』（山下義雄訳、栗田書店、昭和十年）三五一頁。

（4）『ウィッテ伯回想記　日露戦争と露西亜革命』（ロシア問題研究所、昭和五年）上、一九六頁。

（5）ヤンチェフスキー『動かざる長城の下で』（中文訳版『八国聯軍目撃記』福建人民出版社、一九八三）四四七頁。『義和団檔案史料』、八〇二頁。

（6）「営（口）埠左近、自正月間起、所謂義和団者、専以伝教惑人、浸潤至今。匪勢大張。……営埠有無数幼童皆往演練、詢以練此何意、則衆口曰皆以預備殺逐洋人為言。」（「義和拳事滙志」（『中国旬報』十一期）（『義和団運動時期報刊資料選編』二八頁所収）とある。

（7）（三月）錦州、「神師降世」、教以咒語練拳習刀、「日盛一日」「郷野村庄、十有九信」（『拳匪紀事』巻六―一、二頁）。

（8）『日本外交文書』第三十八巻　一冊　一五八頁。

（9）『リットン調査団報告書』国際連盟協会編、角川学芸出版、二〇〇六、一〇八頁。中国側主張については、同書一〇九―一一〇頁を見よ。

（10）ロマーノフ前掲書一八四頁は、九六年一〇月三〇日に新聞紙上で発表された『カッシニ協約』によって、「主要地点にロシアの騎歩兵を駐屯させることにしていた」と書いているから、『カッシニ協約』なるものは存在せず、それが「露清密約」を指すのだとしても、鉄道契約以前に、この駐兵問題は露公使カッシニと清国間で話されていたものと解される。

（11）本多熊太郎『魂の外交』（千倉書房、昭和十六年）二〇二頁。本多は、ポーツマスに行く数ヶ月前に、北京の日本公使館が露清密約の正確な条約正文を支那側から入手、横浜からの船中で、本多が英訳し、小村自身が校訂し、一部を手許に置いた。それを講和会議で、ウィッテに言った。ウィッテは、会議録に載せないことで、事情を話した、と言う。『日本外交文書』第三十七、三十八巻、別冊日露戦争Ⅴ、四五三頁以下にその討議が載っている。
矢野のような中露外交の専門家でさえ一九二〇年代まで知らなかったというのは日本外務省が秘密扱いしたからではなかろうか。

（12）Ｂ・Ｂ・ゲリツェン（戈利岑）『中東鉄路護路隊参加一九〇〇年満洲事件紀略』、商務印書館、北京、中文訳版、一九八四（ロシア語原書は一九一〇年、ハルビン出版）、九八―九九頁。
同書同頁所収の大拳民の掲帖を掲げておく（第七章のルダコフ論文と通底する思想内容であることが注目されよう）。
1、六名拳勇的問題
花台上出現了幾朶鮮花。／劉蘭再見、閃電般地飛越長城。／月亮在五站南半露。／満清王朝治天下已三百年矣。／眼看、和平盛世中執剣武士要起刀兵。／五不見六。／到処烽火連天、火光照中華。／黄旗軍、東西奔。／黄河一段強烈耀眼睛。／一個人的名字叫牛八。／其威名可使鬼怪叫、可趕鬼怪跑。／其勇猛堅不可摧。／可将五江九省騷擾。／可笑！但勿動問、你総会知道。／黒的将堵住白的路、白的将要来擋道。／到那時、／所有神仙都打顫。／妖魔鬼怪都乱叫。／将要披起甲冑、／将要響起槍炮。／到那時、／天空鳥雲散。／紅燈照十五、／十五一到全分焼。

〈訳〉花台に数輪の鮮花が現われた。劉蘭（後魏の人、儒学左伝に長じ陰陽に通ず）再びあらわれ、閃光の如く長城を越えてきた。月は五站の南に半ば露われた。満清王朝が天下を治むること三百年。見よ、平和な盛世に、剣を執りし武士が刀兵を起こさんとするを。初六日を待たぬ五日のうちに、到るところ烽火が天を連ね、赤光が中華を照らすだろう。黄旗の軍が東に西に奔る。黄河が強烈に眼を耀かせる。その人の名は牛八（朱）、その威名は鬼怪をも叫ばせ、鬼怪を駆逐する。その勇猛は摧（こわ）せぬほど堅く、五江、九省をば騒がす。笑うべし。しかし問う勿れ。なんじらみな知る。黒い将は白い路をふさぎ、白い将が来りて道をさえぎるを。そのときになったら、すべての神仙がふるえ、妖魔鬼怪はみなわめき叫ぶのだ。まさに甲冑を抜き、まさに銃砲を響かせるだろう。そのときになったら、天空の鳥も霧散し、紅燈が照らす（八月）十五日、十五日ひとたび到らば、すべてが分かるだろう

2、義和拳掲帖

「天主教和基督教毀謗神聖、上欺中華君臣、下圧中華黎民、神人共怒、降出神兵、駆逐洋人。刀兵滾滾在眼前、旗民百姓不得安寧。義和拳勇乃上天之信徒、可助朝廷和百姓。　得此掲帖而不伝他人者、定遭大災大難。伝他人者、免災；散十張、全家免災；散発五十張、全村面災。　／　不駆走洋人、天不降雨。／挙国商人郷民均需知道。／銷毀本掲帖者、男盗女娼。」

該書は、これらの掲帖を用いて民衆の外国人敵視の感情を激したこと、「義和団は民衆に、かれらが玉皇大帝の使者で、国家を、招かざる洋鬼子の圧迫と屈辱から解放する使命を負っていることを、承認させようとした」、それで「刀槍不入」の「護身符」を給した（二〇一頁）と書いている。ロシア人のほうが的確な理解をしていることが良くわかる。

（13）矢野仁一『日清役後支那外交史』東方文化学院京都研究所、昭和十二年、六五三頁。

（14）『紅檔雑誌有関中国交渉史料選訳』三聯書店、一九五七、二一八頁。

（15）『庚子教会受難記』MacGillivray 著、上海広学会訳、一九〇三、上海、下巻七十六 a。

（16）『庚子教会受難記』同七十六 b。

（17）『中国海関与義和団運動』中華書局、一〇三―一〇四頁。

（18）「貽谷」は、荘王載勛系の満洲旗人、宣戦後、枢廷に顔を出したらしい。後に綏遠城将軍になった。本書二六四、二六六頁を見よ。『近代史資料』一九五六年四期、四九頁、『義和団史料』（中国社会科学出版社）上、四九、五〇頁、『義和団運動史

事要録』（斉魯書社、一九八六）一九四、二二五頁参照。

(19) コロストヴィッツ『俄国在遠東』（商務印書館、中訳本、一九七五）一四八頁。

(20) クリスティー『奉天三十年』矢内原忠雄訳、岩波新書、昭和十三年、一八二―八三頁。

(21) 同右書一八六頁。

(22) 『義和団檔案史料』一七六頁、二〇〇頁。

(23) 郭玫瑰（R.K.I.Quested）「一九〇〇年中俄満洲衝突事件新探」（『国外近代史研究』第四輯、中国社会科学出版社、一九八三）。

(24) 『義和団檔案史料』、二〇二頁。

(25) クリスティー前掲書、一三二―一六一頁。

(26) 『拳匪紀事』巻三―三十。

(27) 『義和団檔案史料』、六四〇頁、光緒二十六年八月三十日、晋昌摺。

(28) 『庚辛奉天書簡集』謝承人集釈、湖北人民出版社、一九八六、七頁、「馮樹銘致華翁」八月十二日によると、李秉衡の整理は、奉天軍務のみならず、荒務、鉱務、ロシア鉄道、前将軍衣克唐阿に関する処理、吉林・黒龍江の弊政処理に及んだ。この史料集は、奉天官界にいた中間派の人物達の相互書簡を整理したもので、当時の雰囲気を知るに、大変貴重なものである。仁・育両軍の査察については、『李秉衡集』（斉魯書社、一九九三）四七八頁、「奏査明仁育両軍総統被参各款摺」以下の奏文を見よ。

(29) 『義和団檔案史料』、下、八〇二頁。

(30) 『庚子教会受難記』下巻七十八。

(31) 『義和団檔案史料』、二二二頁、二二七頁「致俄国国書」。

(32) 『義和団檔案史料』、七一〇頁。

(33) 『義和団檔案史料』、五八〇頁。

（34）Andrew Malozemoff, *Russian Far East Policy 1881-1904*, California U.P., 1958, 一四三頁。マロザモフはグリンスキー『日露戦争序説』に拠っている。クリスティー、クエステッドもみなこう言っているが、牛荘の田辺領事は、晋昌が増琪名で過激な指示を出したと見ていた（『日本外交文書』三十三巻、上、七三三頁）。

グリンスキー『日露戦争序説』（一九一九）は、この時期の研究にとって重要な書物で、外務省未公刊の高橋長七郎訳本があるはずで、矢野仁一『日清役後支那外交史』（一九三七）はこれを駆使している。ロシア語が読めない研究者には貴重な本なのだが、しかし、現在所在が判明しない。外交史料館、京都大と天理大の矢野文庫、亜細亜大学の植田文庫にも無い。ご存知の方、どなたか、所在をお教え願いたい。

（35）寿山　一八六〇年愛琿生まれ。日清戦争時に盛京将軍依克唐阿の軍営で従軍。勇敢な働きを示し、一八九七年に軍功で黒龍江の鎮辺軍の統領に抜擢され、九九年に副都統に出世した。一九〇〇年初めに黒龍江将軍恩澤が病死し、その遺嘱で、一月に清廷から四十一歳で将軍に任じられた。この任命は、李秉衡による盛京省行政整理と共に、戊戌政変後の対外姿勢の硬化を示す人事のひとつと言われる。しかし、寿山は、チチハルにも「張拳師」などが壇を設置し、活動し始めたが、これをかなり客観的に見ていた（『義和団運動史料叢編』二輯、三二八、三三五頁、程徳全宛書信）。

（36）『楊儒庚辛存稿』中国社会科学出版社、一九八〇、一〇九頁（六月十四日＝七月一〇日電李鴻章、電寿山）。これは『中俄会商交収東三省全案匯鈔』九九頁以下所収の「与東三省将軍往来電報」からの補入で、同書電報と同じである。

（37）『楊儒庚辛存稿』、一二四頁、「俄事紀聞」「一四李鴻章電　五月三十日（六月二十六日）」。

（38）ロマーノフ前掲書、三五二頁。

（39）『李鴻章全集』電稿三（上海人民出版、一九八七）九七〇頁、一九〇〇年七月一日到「鄂督張（之洞）来電」（『李文忠公全集』電稿巻二十三—八、六月初五日到電）。

（40）ロマーノフ前掲書、三五三頁。グリンスキー書についての言及は三六六頁。

（41）H. B. Morse, *The International Relations of the Chinese Empire*, Vol.3, p.282。

グリンスキー書（一一二頁）は、アレクセーエフがユーゴビッチに電報を送ったのを、七月九日にしている（郭玫瑰

(R.K.I.Quested) 前掲論文)。これでは、一日のうちにユーゴビッチ、ウィッテ、ツアー、クロパトキン陸相と通じて、出兵決断がなされたことになり、事態をうまく説明できない。ユーゴビッチは「露暦六月二五日(七月八日)」にグロデコフに急電を打って、鉄嶺のロシア軍は中国正規軍の支持下の義和団の攻撃でハルビンに撤収した、中国皇帝の勅令は軍隊に、ロシア人を殺し義和団を幇助せよと言っている、松花江を使ってハルビンに兵を送ってくれ、と言った(『一九〇〇―一九〇一年俄国在華軍事行動資料』ロシア総参謀部軍事檔案館編、一九〇二年発行檔案、中訳本、斉魯書社、一九八〇、第一冊、八六頁)。この電がウィッテの手許に着いたのが九日と考えたほうがいいように思われる。

(42) 『一九〇〇―一九〇一年俄国在華軍事行動資料』(中訳本)、第一冊、五四頁、「ウィッテの陛下宛電報」20759号電、露暦六月二六日(西暦七月九日)。九日に受け取った前注の八日ユーゴビッチ電がウィッテの決断を促した。これに対し、クロパトキンは、ウィッテの見解は、グロデコフ、アレクセーエフ、自分と同意見だと上奏し、ニコライが「同意」と批した(同書、五五頁)。

(43) 『義和団檔案史料』、二六四頁。

(44) 『義和団檔案史料』、五八〇頁。

(45) 『義和団檔案史料』、二七二頁。

(46) 『清季外交史料』巻一四三―一八、「吉林省軍長順摺」。

(47) 『義和団檔案史料』、二七二頁。

(48) コロストヴィッツ前掲『俄国在遠東』、一四八頁、第七章「ドイツ」文参照。

(49) Malozemoff, *op. cit.* p.143。『一九〇〇―一九〇一年俄国在華軍事行動資料』(中訳本)、第一冊、五六頁、一〇一頁参照。

(50) 『楊儒庚辛存稿』一一〇頁、「電寿山」七月一二日発。

(51) 『義和団檔案史料』、三二六頁。

(52) 『中東鉄路護路隊参加一九〇〇年満洲事件紀略』、商務印書館、北京、中文訳版、一九八四、三二六頁。チチハルでの宣伝は、「ロシア人は中国人を殺して、油を搾って汽船の潤滑油にするのだ、また教会の中で燈火に使うのだ」

と言ったという（同書一五二頁）。領事が、「滅清」だと言うのは、義和団を反清秘密結社の蜂起という当時の言説にとらわれた見方で当初考えていたことを示していよう。

(53)『庚辛奉天書簡集』、四頁（「徐景星致華翁」七月十九日）。

(54)『一九〇〇―一九〇一年俄国在華軍事行動資料』第三冊、一二九頁「アレクセーエフ電」。

(55) 哈爾濱事務所運輸課編（弓場盛吉）『東支鉄道を中心とする露支勢力の消長』（南満洲鉄道、昭和三年）上、五九頁。六月初九日、楊儒電寿山、参照。

(56) Malozemoff, *op. cit.* p.139.

(57)『楊儒庚辛存稿』一〇五、一〇六頁、「楊儒電増琪・李鴻章」（六月初一、二日、西暦六月二七、二八日）。

(58)『楊儒庚辛存稿』一〇六頁。ウィッテ・李鴻章の露清密約交渉については、ロマーノフ前掲書、一七九頁参照。

(59) ロマーノフ前掲書、三五二頁。

(60) Georg Alexander Lensen, *The Russo-Chinese War*, the Diplomatic Press, 1967, p.7.

(61)『李文忠公全集』電稿二十三―八。

(62)「李鴻章電　六月初五日（七月一日）」（『楊儒庚辛存稿』一〇六頁）。

(63)「寿山電　六月初九日（七月五日）」（同上書一〇六頁）。

(64)「李鴻章電　六月十三日（七月九日）」（同上書一〇七頁）。

(65)『義和団檔案史料』、二七一頁、「黒龍江将軍寿山摺　六月十三日」。

(66)『東洋戦争実記』第十八編、博文舘、明治三十三年十二月、一一六頁、「露国の出師と撤兵」（ロシア軍事新聞『インワリード』の訳載。Lensen 前掲書もこの記事を使用する）。

(67) アレクセーエフには、七月九日に、クロパトキン陸相からニコライ同意の、旅順口から奉天間の軍事指揮権が与えられた（『一九〇〇―一九〇一年俄国在華軍事行動資料』第二冊、八一頁、二〇一号電）。

(68) 中国側の研究は、中国社会科学院近代史研究所『沙俄侵華史』第四巻（上）、中国社会科学出版社、二〇〇七、が代表的な

ものだが、イデオロギー色が強い。資料集としては、『近代史資料』四四号、一九八〇年一期、に「海蘭泡与江東六十四屯惨案資料」として、中文・外国語資料が集められており、有用である。

(69)『東北義和団檔案史料』四七二頁、「251 寿山奏摺」光緒二十六年六月。

(70)『拳匪紀事』巻三―三十二、「東三省失守始末記」。

(71)A・B・基爾希納『攻克瑷琿』(郝建恒訳、商務印書館、一九八四)が最も詳しい専著である。これは一九〇〇年にブラゴヴェシチェンスクの『アムール報』が出版した本(「ブラゴヴェシチェンスクの被囲と愛琿攻撃占領記」)の訳本である。Lansen の *The Russo-Chinese War* もかなり詳しく分析しているが、不充分である。『日本外交文書』巻三十三、上、七三三頁以下にもウラジオの報道の報告が詳しく掲載されている。

(72)民国『瑷琿県志』(民国九年)巻八―二十七。

(73)『東北義和団檔案史料』四七二頁所収、註五七奏摺。

(74)Lensen, *op. cit.* p.83.

(75)『一九〇〇―一九〇一年俄国在華軍事行動資料』第一冊、一二五頁。

(76)『東北義和団檔案史料』四七二頁。

(77)『一九〇〇―一九〇一年俄国在華軍事行動資料』第一冊、一二五頁、第一冊内第一編第二冊、一一頁、一四「七月二二日奏、陸軍中将サハロフ」。

(78)Lensen, *op. cit.* p.82.

(79)和田清「所謂『江東六十四屯』の問題について」(史学会編『東西交渉史論』富山房、昭和十四年所収)、増田忠雄「黒河盆地の村落の発展」『満洲史学』第一巻三号がある。義和団後の「収復」問題については、民国『瑷琿県志』巻五「外交志三収復江右地方」所収の姚福升の各文を参照。最近の姿については、岩下明裕『中・ロ国境四〇〇〇キロ』二〇〇三、角川書店、一七七―一九三頁を参照。

(80)『攻克愛琿』二六頁。

(81) セレンゲ号の軍事行動については、『一九〇〇―一九〇一年俄国在華軍事行動資料』第三冊、八五頁、一〇三頁に見える。「大拳民」「扶清滅洋」「大拳」旗については同第三冊一一八―一一九頁、二五九頁に見える。また、第七章ルダコフ論文、『攻克愛琿』一一〇頁、前掲『日本外交文書』七五七頁、『義和団運動在東北』九九頁にも言及されている。

(82) ポール・クライド『満洲に於ける国際争覇』植田捷雄訳、昭和十年、森山書店、九一頁。

(83) 『清季外交史料』巻一四三―一八、「長順奏摺」。

(84) 『中東鉄路沿革史』第七章、二一六頁（『一個俄国軍官的満洲札記』、斉魯書社、一九八二、付中文訳四七頁）。

(85) 『義和団檔案史料』、三八一頁。

(86) 『一九〇〇―一九〇一年俄国在華軍事行動資料』第三冊、二三頁、2761号電「ハバロフスク・グロデコフ将軍致陸軍大臣」。寿山が二二日付でハルビンのユーゴビッチ宛てに送ったフランス語電報が、ハバロフスクのグロデコフに転送され、それを含む電報がクロパトキンに送られた。

(87) 『拳匪紀事』巻三―四一。

(88) 『義和団檔案史料』五五七頁、「由七月初一、初二、初三［七月二六、七、八］等日、奴才慶琪奉署将軍寿山、率領春山、定禄等、与俄接仗、分攻背江俄站、江南哈爾濱俄埠。而南岸失利、江北獲勝等情」。

(89) 「呼蘭副都統倭克金泰電　七月初四日」『義和団運動史史料叢編』二輯、二三七頁。

(90) 『義和団檔案史料』三四三頁。

(91) 「寿山致増琪等電　七月初九日」『義和団運動史史料叢編』二輯、二四九頁。

(92) 「長順致寿山電　七月初十日」『義和団運動史史料叢編』二輯、二五〇頁。

(93) 『庚辛奉天書簡集』、三三頁、「致寿翼長」（閏八月中旬＝西暦一〇月初旬と見られる）。

(94) 『庚辛奉天書簡集』、八五頁、「夏観沄致華甫」（小陽［十月］十三日）。

(95) Lensen, *The Russo-Chinese War*, p.198, 199.

(96) 『義和団檔案史料』、下、八一三頁。

(97)『義和団檔案史料』、四三四頁、『義和団運動史史料叢編』二輯、二三三、二四三頁所収の嵩崑の各函を参照。
(98)『義和団檔案史料』、下、八一九頁、「附録呈俄員茹格維志来函」。
(99) Lensen *The Russo-Chinese War*, p.204. レンセンはこの記録の出所を書いてないが、同じような記述がB・B・戈利岑『中東鉄路護路隊参加一九〇〇年満洲事件紀略』（商務印書館、一九八四、北京）二二九頁に見える。それは、義和団が身に着けていた黄色の布には、男は「義和拳」、女は「紅灯照」とあったという。
(100)『庚辛奉天書簡集』、八、十二頁（「王兆桐等致華甫」八月、一四、廿七日）、十三頁（「□銘致華翁」八月廿四日）。
(101)『中東鉄路沿革史』第七章、二一九頁。
(102) Lensen, *op. ct.* p.241 所収の、「ロシア行政長官の英領事宛手紙　一九〇一・六・二八」。ロシア人のキリスト教問題についての見方は、『紅檔雑誌有関中国交渉史料選訳』、三聯書店、一九五七、北京、二一四頁「北京公使急件」も参照。
(103) ウィッテ「満洲占領よりポーツマス媾和まで」（大竹博吉訳編『外交秘録　満洲と日露戦争』昭和八年、ナウカ社、所収、九〇、九一頁）。
(104)『紅檔雑誌有関中国交渉史料選訳』、二四四頁。
(105)『義和団檔案史料』、下、七〇四頁。そのため増琪は、ロシア人俘虜の釈放などを行なった。
(106)『紅檔雑誌有関中国交渉史料選訳』、二四六頁。
(107) ヤンチェフスキー『八国聯軍目撃記』四五〇―四五三頁。
(108)『義和団檔案史料』、下、七〇五頁。
(109) これはウトムスキーが上海で李経芳との会談で到達した考えであったようである（ロマーノフ前掲書、三七三頁）。
(110) コロストヴィッツ前掲書、一四七頁。
(111) ヤンチェフスキー前掲書、四五一頁。
(112)『楊儒庚辛存稿』二二五―二二六頁所収。（これは、アレクセーエフから新民屯の増琪に宛てて周冕に持たせた照会に付されたものである）。『清季外交史料』巻一四四―一七。

(113) *The Times*（一九〇一・一・三）「最近情報　ロシアと中国　満洲協定　わが通信員、北京、一二月三一日」と題し、三頁目左上に掲載。
見出しは、「奉天省のロシアによる軍事占領とロシアの保護下における中国の国家行政の回復に関して露中間に協定が成立した」とあり、協定は「増琪の代表とアレクセーエフ司令官の代表のコロストヴィッツ将軍によって署名された」「ロシアは以下の条件にしたがって満洲人将軍と中国官員が奉天の国家行政 civil government を再開することに同意した」と前書きして、協定の九条を紹介した。

(114) Chester C. Tan, *The Boxer Catastrophe*, Columbia U. P. 1967, p.167.

(115) 晋昌は奉天陥落後、「事を起こした初めに、もし三省が連ねて一気を為し、謀りを合わせ力を併せ、同時に起兵して、或いは此が攻め彼が援けたならば、将に敵を境外に駆ることができた。かつ天津に赴く衆を牽制して、以てその勢いを分かつことも難しくなかった」と述べ、「戦って利を失するは、戦わずして譲るになお勝るものである。これを持して久しくすれば、必ずや戦に当たりて転機がある」、「兵を動かさず、ロシアに諒を取り、しばらく安を図るというのは、虎を放って自ら衛り、其れが我禍にならないことを求めるのと何ぞ異なろう」と考え（『義和団檔案史料』、六四〇頁）。厳冬になれば撤退するだろうし、清国軍も潰滅してはいない、と持久戦を主張した。だが、この考えが政治的に現実的であったかは別問題だろう。
賓図王については、『内蒙古近現代王公録』（内蒙古文史資料三十二輯）一九八八、博彦満都「我知道的賓図王棍楚克蘇隆」を参照。一八八七年生まれで、十八歳で王爵を継いだ彼はこの時まだ札薩克に就任していなかったが、露清戦争と日露戦争が彼の民族主義に与えた影響は大きいらしい。

(116) 『楊儒庚辛存稿』二二二―二二七頁。

(117) 矢野仁一『満洲近代史』弘文堂、昭和十一年、三二二―三二三頁。

(118) 『庚辛奉天書簡集』、一三一頁、「太史桂致華甫」（五月廿日）。

(119) 『庚辛奉天書簡集』、五一頁、「涂景濤致華甫」（九月初二日）。

(120) 外務省政務局『満洲還附ニ関スル露清談判始末』明治四十年三月、四三頁。これは一九〇〇年九月から翌年三月にかけて

『申報』に掲載された記録報道を訳したもの。『楊儒庚辛存稿』二六頁。王芸生『六十年来中国与日本』（一九八〇年版）第四巻、七二―七四頁で引用されている（民国二十一年初版でも同じと思われる）。

(121) このロシア政府内部の対立と揺れ動きについては、大竹博吉訳纂『外交秘録　満洲と日露戦争』［第一篇、ウィッテ「満洲占領よりポーツマス媾和まで」、第二編、クロパトキン「満洲悲劇の序曲」、第三篇「極東問題に関する露独両帝の往復書簡」］（ナウカ、昭和八年）が、よく浮かび上がらせている。ツアー朝廷政治の構造問題だけでなく、ニコライの性格もやはり大きな問題といわざるを得ないだろう。江口朴郎『帝国主義時代の研究』岩波書店、昭和五十年、二一一―二三五頁「ツァーリと満洲問題」、信夫清三郎・中山治一編『日露戦争の研究』河出書房新社、昭和三十四年、九〇―一一三頁「北清事変後における朝鮮問題と満洲問題の接合」、が参照になる。

(122) この時期の歴史を取り扱った一般書に中央公論新書の、三石善吉氏の『一九〇〇年、中国――義和団運動の興亡』と横手氏の『日露戦争史』があるが、どちらの本も問題が多い。かつての「中公新書」の良書の伝統を失っているが、それは著者の問題だけでなく、編集長や編集者の問題でもあろう。

(123) ウッドハウス・暎子『日露戦争を演出した男モリソン』（東洋経済新報社、一九八九）上、二〇頁。『朝日新聞』（一九八九・一・一二）は特集でこの研究を報じているが、スクープ先をウトムスキー・李鴻章のところと示唆している（註132参照）。『モリソン日記』からだけで接近している点が限界で、註124以下の研究史や資料を見ることが必要である。

(124) コロストヴィッツ『俄国在遠東』一六〇頁、矢野仁一『満洲近代史』三三二頁。

しかし、日本の政府がすぐに敏感に反応した形跡は無いようである。日本政府はせっかくこれを入手しながら、ロシア公使に抗議したり、国際世論への働きかけをしなかったのは、反応が鈍かったように見える。その意味するところが理解できても行動できなかったとしか思えない。

(125) ロマーノフ前掲書、三八三頁。

(126) 『日本外交文書』第三十三巻別巻二、三七一頁、一二月三〇日北京西公使発、一月一四日着電。それに拠ると、周冕は閏八月十八日（西暦一〇月一一日）に増祺から旅順行きを命ぜられている。矢野は、本多熊太郎『魂の外交』（千倉書房、昭和十六年）の、小村が慶親王から写しを入手してモリソンに渡したという説を引いたうえで、この本多説に疑問を呈しているが、歴史家矢野の疑念のほうが正しい。本多は小村の秘書で、なんでも小村の功績にしたがる傾向があって、これは間違いである。誉めすぎもいいところで、歴史を誤らせる記述なのである。

(127) Chester C, Tan *The Boxer Catastrophe*, p.167.

(128) Andrew Malozemoff, *op. cit.* p.154.

(129) Andrew Malozemoff, *op. cit.* p.154-55.

(130) ロマーノフ『満洲における露国の利権外交史』三七七―三七九頁。

(131) Andrew Malozemoff, *op. cit.* p.155.

(132) ウッドハウス・暎子前掲書が、「協定（暫章）」がウトムスキーと李鴻章の交渉の中で出来たものだというのは誤りである。（註123を見よ）

(133) 民国『朝陽県志』巻三十三―二七　紀事。

(134) 平山政十『蒙疆カトリック大観』蒙古連合自治政府発行、昭和十四年（一九九七年、大空社、影印本）、三九六頁。同影印本所収の沢崎堅造「熱河烏丹におけるカトリック村」によると、この教会教区の歴史は、一八三八年に北京教区から蒙古教区が分離され、フランス・ラザリストのムーリーが主管していたが、一八六〇年にスキュット会に移管され、一八八三年に蒙古教区は東・中・西部に分かれた。アベルス主教は一八九七年に松樹嘴子教会でギヨン司教から叙階されている。一九三二年に東教区が、林東、赤峰、熱河の三代牧区になる。三〇年代の熱河代牧区の信徒数は二万七千人程。

(135) 竹森満佐一『満洲基督教史話』新生堂、昭和十五年（一九九七年、大空社、影印本）二九頁。一八一年にはここには中国人神父が住んでいた。

(136) ヤンチェフスキー『動かざる長城の下で』（中訳書『八国聯軍目撃記』）、福建人民出版社、一九八三、四四五頁。『義和団檔案史料』八〇二頁。

(137) 『東北義和団檔案史料』一九二頁、錦州知府章越文、光緒二十八年正月三十日。

(138)『義和団檔案史料続編』一三〇五頁、熱河都統色楞額文、光緒二十八年正月二日。
(139)『義和団檔案史料続編』一一六一頁、熱河都統色楞額文、光緒二十七年七月二十七日。
(140)『教務教案檔』七輯（一）、一五九頁、光緒二十七年五月二十六日、総署収フランス公使ボー照会。
(141)『教務教案檔』七輯（一）、一六二頁、光緒二十七年六月初九日、外務部収直隷布政使周馥文（付ファヴィエ函）。
(142)『義和団檔案史料続編』一三〇五頁、熱河都統色楞額文、光緒二十八年正月二日。
(143)『栄禄存札』（斉魯書社、一九八七）八六頁、受業生馬玉崑栄禄稟。
(144)『義和団檔案史料続編』一三〇五頁、熱河都統色楞額文、光緒二十八年正月二日。
(145)『栄禄存札』八三頁、馬玉崑・色楞額致栄禄稟。
(146)『栄禄存札』八五頁、受業玉崑致栄禄稟。
(147)『義和団檔案史料続編』一三九七頁、附件、朝陽県教案続訂合同。
(148)『東北義和団檔案史料』一九八頁、西路統巡李春文、光緒二十八年四月十九日。増琪文、二十八年五月初四日。
(149)『東北義和団檔案史料』一九九頁、増琪文、二十八年五月初十日。
(150)『栄禄存札』八八頁、受業玉崑致栄禄稟。
(151)『義和団檔案史料続編』一五三九頁、馬玉崑呈外務部文、附件一「馬玉崑摺」光緒二十八年六月十九日。
(152)『栄禄存札』九〇頁、門生玉崑致栄禄稟。五月初一日。
(153)『栄禄存札』九一頁、受業玉崑致栄禄稟。
(154)『栄禄存札』八八頁、受業玉崑致栄禄稟。
(155)『栄禄存札』八八頁、受業玉崑致栄禄稟。
(156)『栄禄存札』九二頁、受業玉崑致栄禄稟。
(157)『義和団檔案史料続編』一五三八頁、馬玉崑呈外務部文、光緒二十八年六月十九日。『栄禄存札』九二頁。
(158)『栄禄存札』六二頁、色楞額致栄禄稟。

(159)『義和団檔案史料続編』一六二六頁、法署使為希飭保護朝陽教堂事致外務部照会、一九〇二年八月十日。
(160)『義和団檔案史料続編』一五九五頁、馬玉崑呈外務部文、附件、馬玉崑奏報摺、光緒二十八年九月初六日。
(161)『義和団檔案史料続編』一六二一頁、馬玉崑奏報攻克朝陽県花子溝拿獲鄧萊峰摺、光緒二十八年十月三十日。
(162)『義和団檔案史料続編』一六二五頁、外務部擬為拿獲鄧萊峰事致法使照会稿、光緒二十八年十一月初九日。
(163)『義和団檔案史料続編』一六三一、三二頁、馬玉崑呈外務部文、附件、馬玉崑摺、十一月十四日。
(164)民国『朝陽県志』は、「おもえらく、排教滅洋（キリスト教を排し外国人を滅する）というのは、実は中国のために国威を振るうということである。（鄧萊峰らの）その行ないは愚といえども、しかしその志は実に嘉すべきものである。もし、中国がこの観念を具えたなら、彼の碧眼虬鬚（青い眼と鬚を蓄えた西洋人）の輩は、どうして我が中国に在って雄を称え長を争うを得んや」（巻三十三―三十一）と評し、民国期のナショナリズムから再評価している。

第七章　一九〇一年のロシア人の義和団論

――A・B・ルダコフの義和団研究――

はじめに

帝政ロシアのA・B・ルダコフ（Рудаковъ）の「一九〇一年三月二一日、ウラジオストック」という日付を持つ論文「極東での最近の諸事件における義和団とその意義」は、事件後最も早く出された外国人による義和団研究の一つである。事件の渦中において見聞した報告や印象を綴った当時のロシア人の文章もいくつか存在するが（代表的なものに、一九〇三年のヤンチェフスキー『動かざる長城の下で』、中国語訳『八国聯軍目撃記』などがある）、資料を集めて科学的に分析したものは、これを嚆矢とする。この論文は、民国二十五年（一九三六）に出版された『庚子国変記』（中国内乱外禍歴史叢書）の「序言」で、A・スミスの *China in Convulsion* と共に引用され、「ロシアのある作家［ルダコフ］の適切な記述によると、当時の中国「社会では、しだいに、『善き人はキリスト教徒にはならない』という輿論が形成されたのだ」、と書かれたのが始めであろうが、一九四九年以後も、満洲東北地方の義和団の運動を研究した中国語文章の中で時折引用されてきたのだが（例えば黎光・張璇如『義和団運動在東北』吉林人民出版社、一九八二）、その全体的内容については、ロシアでも、中国でも今まできちんと紹介されてきていないようである。この論文が東洋文庫に所蔵されているのを見つけたのは十年近く前のことになるが、なにしろロシア語文献だから私の手に負える代物ではなかった。しかし、文章中に引用されている中国語の「掲帖」や咒語、「降壇論」語には、珍しい初出のものもあって、是非内容を理解して、全体を把握したいと思わせるものがあった。それで、ロシア語専攻の大学院生の手を煩わせて、試訳してもらった。古い難物の文章であったらしい形跡が散見されるが、日本語を改作しつつこの試訳にもとづいて考えてみたところを紹介する。

最も早く出た外国人の研究と言ったが、上海方面では英米のプロテスタント宣教師たちによる義和団の研究が一九〇〇年の段階で出ている。これがその後の義和団研究の基本的な流れを作ることになったのだが、これに対してルダコフは以下に見るように厳しく批判しており、その違いが際立つ研究でもある。まだ硝煙の臭いの残る時期に書かれた同時代証言としても、英米宣教師とは違った形でこの中国のナショナリズム運動を見ており、百年後の今なお紹介するに値するものである。

ルダコフはその序文で、自分は南満洲で「義和団」と称する闘士と出会うことになり、この東洋と西洋文化のおそるべき接触の壮大なドラマの第一幕の目撃者になったのだった、それで、一九〇〇年三月から〇一年一月にかけて、南満洲、黒龍江で調査・聞き取りを行ない、資料を読んで書いたのだ、と言う。だからロシアにおける義和団研究の嚆矢となったというだけでなく、英米プロテスタント宣教師とは違った視点で義和団を見たこと、また直隷・山東ではなく「満洲」を観察した点で、いまなお一読の価値を有している。これが、彼の研究を紹介する大きな理由の一つである。

かれはその序文で、自分はこの研究で、それまでに出た研究、上海で出版された *The Boxer Rising* や、新聞 *Shanghai Mercury* に掲載された論文などの英米宣教師たちの見解は、第一に、義和拳（大拳）の教義思想について、第二に、中国政府の義和団についての態度について、ほとんど誤りに近いことを発見した、と言う。それゆえ、かれの論文はこの二つの側面に多くの紙幅を割いて論じることになっている。以下で、その論を少し詳しく見ながら、評論して行こうと思うが、しかし、彼の研究の歴史的位置について簡単な見取図を呈示しておくことも、その理解にとって必要ではあろう。勿論、筆者がそんな芸当が出来るはずもないから、ロシア科学院東方研究所のポクサニンの評論（『義和団研究一百年』斉魯書社、二〇〇〇、三三三―三四六頁所収）に拠って述べておこう。

義和団の源流について、ルダコフは、義和団を中国の長い伝統を持つ秘密社会（教派）の一種と見た、神秘主義はその参加者の中で大きな作用を果たした。かれらは精神的に非の打ちどころがない立派さを追求し、その言行は道家学説の影響を深く受けている、という。この運動は、互いに違っていて中国とはうまくいかないヨーロッパ文化の侵入と、外国企業の拡張とに対する中国の反応である、とする。このヨーロッパ文化について語るとき、かれはキリスト教とその布教の宣教師の役割を大変重要視した。

ルダコフの見方によると、義和団は自発的に生まれたものだが、清帝国政府はそれ自身の利益から、義和団の運動を利用して、ある時期に、義和団が事を起こすその組織者の役割を果たした。清政府にこのような態度を取らせた理由は、一つは、広汎な民衆運動が統制が取れなくなることを恐れたからで、もう一つは、（朝廷と義和団の）双方がかなり意図が一致するところがあると意識したからである。政府について言えば、義和団の運動に対してはいかなる異視も、あるいはどっちつかずの曖昧な態度をも見出すことは出来ない（四十六頁）。

ルダコフは、西洋列強の中国での行動を譴責している。と同時に、中国当局を咎めた。清政府は西洋の侵入に対していまだ必要な行為をとらなかったと見たからだ（三十頁）。

しかしかれは、ロシア人が中国で為した所為を、中国の利益と抵触するものとは見なさなかった。義和団・清国軍とロシア軍との衝突は「誤解」だったという（七十七頁）――満州における軍事的衝突をいうのであろう――。

以上がポクサニンのルダコフ論文の論点整理だが、かれは、同時代のA・ストルポスカヤ（一九〇三）とB・カルサコフ『北京事件』（ペテルブルク、一九〇二）を、ルダコフと同じく列強の対中国政策・行動を批判した学者として紹介して、カルサコフの見解を引用している。それを紹介しておく。

ヨーロッパのキリスト教文明が、異教［中国宗教］を信奉し文化的に独特な中国の民衆にもたらしたのは、偽善と虚言だけだった。ヨーロッパ人は、自分の祖国を熱愛するすべての人々の仇恨と鄙視を得ただけだった。……わたしが北京で見たのは、人々がなんと冷淡で無情な表情・態度を外国人に示したかということだ。それはわれらが他のいかなる所ででもいまだかつて見たことのないようなものだった。

後に、ルダコフの研究の中でも触れられるが、この時期の中国人の外国人に対する憎しみと反感がいかに酷いものだったかを「証言」するものである。義和団事件や一九二〇年代の排日運動を考える時に、中国人民衆が外国人や日本人に見せたこうした憎悪感情を要因の一つに入れないと、その後の事件は充分に理解し得ないのではなかろうか。「祖国への熱愛」が偏狭な外国人への憎悪「感情」と綯《な》い交ぜになっているのである。中国民族主義のこの偏狭な感情の問題性を冷静に頭に入れておくことが歴史研究には必要になっている。（各節の標題は筆者がつけた）

ルダコフ論文の概要

1、神秘主義宗派

ヨーロッパの文化的侵入に反対した現在の動き、義和団の騒乱は「宗派」＝宗教共同体によって引き起こされた、というのが彼の結論である。この宗派というのは、「大拳」「義和拳」と言い、嘉慶時代の白蓮教の指導者によるものが最初のものだったとして、労乃宣の白蓮教起源説を踏襲している。それは、ルダコフがこの運動に宗教性を見たところから、白蓮教説に納得し首肯したものらしい。

これらの反王朝的な宗派には、在理会（教）、保国会（――康有為の保国会を宗派に入れているのは疑問だが――）、殺鬼会、沙鍋会、大刀会などがある。

この神秘主義宗派は、年長の指導者のもとで道教的体操をおこない、金丹（賢者の石）を探求していた。この金丹を入手（結成）できると、不死を与えてくれるものである。そのための手段は道教式体操で、瞑想によって霊魂を超自然的な力との接触へ導く。こうなると、その人間はトランス状態に陥るか、気狂い状態になるが、そのような状態の中で、天上の君主の玉座に上り、心の眼で超感覚的な世界が見えるようになる。そしてその個人によって啓示が与えられるが、それは人間の不完全な言語（乱語、囈語のようなもの）によって伝えられるから、理解されがたいものになる。

これが宗教共同体の中身であり、紅灯照も同様のものである。しかし、横浜発行の *Japan Mail*（おそらく、*The Japan Weekly Mail* のこと）の記事、The Associated Fists, The Society, which has caused the riots and led to war in China. は、紅灯照を結婚の灯明の啓示であると解している。これは間違いだとして――近年ポール・コーエンもその著書 *History in Three Keys* で同じような解釈を示した――、次のように主張する。紅灯照は、

修道女たちの指導の下に、純粋に道教的な性質の瞑想とその性質の助けを借りて、霊との関係を持つ、あるいは接触する目的で、少女たちが神秘主義的に道教の体操に従事すること

であった、と。だから、「紅い灯火の光」という意味だが、「照」は道教の「内的に明るくなること、明晰」であり、

「内的な光」、金丹を指しているのだと解釈する。そして、陰陽からなる金丹の陽は紅色をしていて、それを得ることで不死に至る。だから「紅灯照」は、「賢者の石＝金丹による精神的な明晰化」というのがその意味なのだ、と主張する。

また、宗派のシンボルとなっていたのが、この紅い灯で、それは精神的使命のみならず、世界を害悪から解放するための戦いの際に身につけていなければならないものだった。

2、大刀会、神拳、義和拳、大拳

宗派は、嘉慶年間の蜂起の失敗後、打撃を受けつつも、至るところで自らの教えをばら撒き、四散した。在理教や大刀会がそれだが、大刀会は体操訓練によって剣術と筋力を発達させること——要刀と把式——で知られた。加入者の多くは二十歳未満の若者で、指導者はある聖者の庇護者を選び出し、新しい共同体に宗教的な色合いを付与することにした。

ヨーロッパ人が別世界の超自然的な代表者のように思われ、また彼らがこの世界に害悪を持ち込み、中国の宗教と賢人を侮辱しているように思われ、それらと戦わねばならないと思われたから、なおのこと成功した。

この反外国人の雰囲気について、ルダコフは自らの経験を次のように語っている。一八九七年に北京の下町に住んでいたとき、何人かの素朴な下層民の代表者たちが私を悪霊だと真剣に見なし始めた。間もなく、近くの穀物市場での火事が、誰かによって、私の「魔法」のせいだとされた。この噂が住民の間に動揺を呼び起こした。夜毎に中庭に石が飛んでくるようになった。大きな丸石が農家の格子戸を破壊するまでになったので、このことを警察（衙門）に言うと、夜間監視が強化されて、異常な敵対行動は収まった、と。

この悪霊と戦うことは、人の手に負えることではない。そこで天からの助け、大勢の不死の人からの助け、が必要なのである。この不死の人（仙人）は現在は山中に隠れており、危機的なときに人類の助けとなるのである。海を越えてやってきた悪魔たちであるヨーロッパ人、その中に具現化されている悪霊の要素から天の王国（中国）を浄化しなければならない。しかしこれらの悪魔との戦いは、物質世界と超自然的世界（霊的な世界）とによって提供されたあらゆる手段によって準備されなくてはならない――（これが神拳、義和拳の武術の意味である（佐藤））。

大刀会はこの思想を受け入れた。剣術と体操（要刀と把式）は、この状況で、大衆宗教によって供された神聖なる芸術と見なされ始めた。そして神拳之事（すなわち、霊が体操に従事すること）と呼ばれるようになったのである。自分の威嚇的な性質を示すものとして、大拳とか、義和拳とかの名称を用いた。大拳は、団練を踏襲して、その軍事性と自由意志性を示すかのように、義和団、あるいは義和団練と名乗り始めた。

義和団の時期に、それ（大拳）は、何よりもキリスト教徒およびヨーロッパ文化の痕跡を持つものに対する死刑執行人になった。この仕事の中央委員会は山東省にあった。山東総団である。かれらは言語道断のような瀆神的な言動をしているキリスト教徒に反対する檄文、掲帖、中傷文をばら撒きながら、そして、ここかしこで彼らの訓戒や預言、見せ掛けの奇跡を演じながら、あらゆるところに出没した。次に営口での見聞を記そう。

3、営口での見聞

ヨーロッパ人が滞在しているところにはどこでも、浮浪児たちが姿をあらわし始めた。露暦六月初（西暦より十三日遅れ）めにこうした旅行者が営口にも到着した。北部中国での騒ぎの噂が駆け廻っていたが、街を見知らぬ若者が歩き回り、交差点で武術の動作を試み、地面に横になって奇妙な身振りをしたのち、トランス状態になり、

義和拳、紅灯照、一掃児光（イーホーチュエン、ホンドンジャオ、イーサオクワン）

と、あるいは

天打天門開、地打地門開、如学天神会、我請師傅来。（テェンダーテェンメンカイ、ディダーディメンカイ、ルーシュエ テェンシェンフイ、ウォチンシーフライ）。

と呪文を繰り返した。この意味は「大拳」の選ばれた者のみに知られていて、部外者には不明な神秘性を持ち、街の下層民の想像力は天地を指されて刺激された。そして、街の年老いた説教好きが、眼鏡をかけて団扇を振りながら、天地を引っくり返すような義和団の超自然的な力の説明を群衆に語り始めた。

理解不可能な動作をし、神秘的預言をする見知らぬ子供たちの出現そのものが、迷信深い中国人の想像力に影響を与えた。「おまえたちは誰だ。誰がこうしたことを教えたのだ。」と、中国人たちは、私の眼前でこの不思議な新参者たちに尋ねた。「義和団です。」と簡潔な答えが返ってくる。「誰もわたしたちにこうしたこと全てを教えてはいません。だけど老爺がわたし達のところに現われて、しなくちゃいけない、と言うのです。」人々の面前で子供たちはほとんど天の使いであるかのように振舞い表現して、宗派メンバーにとって望ましい気運が醸成された。それには関帝信仰が役立った。そして、少年と少女が高粱の細い桿で触れると、レールとあらゆる鉄が灰と化した、あるいは、神秘的な子供たちが紅布に乗って飛びまわり、悪魔が殺される、というような語りが流布した。子供たちの手にはナイフがあった。それは老爺（関帝）が悪い要素、つまりヨーロッパ人と戦うために持つようにと教えたのだった、と。

4、組織、思想、儀式

この宗派それ自体の構造について述べておく必要があろう。それは乾門、坎門という二つの部門についてである。

前者は黄色、後者は紅色で区別された。しかし、神霊に対して深々と叩頭することは共通したもので、地面に叩きつけるほどだったので、かれらの頭部には丸い禿が出来ていた。この叩頭の時には線香がたかれた。周囲の人々にも同じような熱心さと興奮が求められた。

この宗派の人々を支配している思想は、霊が自分たちの上に降臨するという確信であった。それは儀式を通じて達成されると信じられていた。超自然的な力と一体になることによって、義和団員は刀剣や火器、すべての武器から衛られる、と考えていた。

霊を呼び出す方法は二つあった。乾門では、法師が咒を書いた紙片を燃やし、呪文を読み上げるときに、新信仰者は祭壇の前にうつ伏して早い呼吸をしながら歯をくいしばる。そのため、じきに口は泡で覆われる。これが霊が現われた印とされた。坎門では、候補者は叙聖されるためには跳躍を行なわなくてはならなかった。その他は乾門と異ならない。「神々で満ちた」状況下での突発的な強い呼吸（氣）は、天の力の示現の前兆と考えられていた。儀式が成功するかどうかが重要で、儀式の後に、助けてもらうために、神霊は、彼らによって呼び出すことができるのである。神霊との交信については、団員の練度の深さによって違いがあった。

「大拳」は、天からの恩寵を受けるのに、二つの段階があると考えていた。最初の段階は「渾」、濁っている、定まっていない段階である。第二段階は「清」、完全に清められた、はっきりした段階である。「渾」は百日の訓練によって到達でき、その身体は刃や銃弾から護られる。「清」は四百日の訓練で得られ、空を飛べる能力が獲得できる、とした。

実際の軍事活動が始まると、かれらは自分たちの仲間の死を説明する必要に直面した。かれらはその死を、霊がその倫理性の点で汚しさがある者に入り込むのを拒否していたからだと信じ込ませ始めた。だから、傷を受けた団員は非難に曝され、戦闘から無事に帰ってきた人は、とりわけ衣服が打ち抜かれていたときなどは、全面的な信頼を得て、高潔な人格だという評判を得た。

儀式をおこない、預言のために霊を呼び出すのには壇が設けられた。そこでは祈禱のさいに、天の力、天佑が感じられた。それは道徳的純潔さで知られている選ばれた人物を通じてその意思を宣べた（神おろし・シャーマン）。それら（の霊媒）は何よりも子供たちだった。宗派員はその目的にかなった子供を選ぶために、歩き回った。要求を完全に満たす少年が見つかったときは、力ずくでその少年を自分達の根城に連れて行く。両親があらわれて反対したとしても、神がこの子を指名したのであり、これほど名誉ある選択に反抗できるのか、と宣告した。ほとんどの子供たちが宗派に引き入れられ、彼らは口に泡をつけて通りをぶらぶらして、手に武器を持って周囲を脅していた。これらが、ヨーロッパ人に対する暴力と掠奪行為の少し前に起きていた現象だった。この攻撃は判事の前で十分に分類された。（選ばれた攻撃対象は）、当地のキリスト教徒、ヨーロッパ人の召使、ビジネス上の関係者、ヨーロッパの言語・科学を学ぶ者、外国製品を売る者、である。第一のクラスは、「大悪魔」のヨーロッパ人、その次がその地の中国人キリスト教徒、その他の者は四番目その他に入れられた（大毛子、二毛子、三毛子、四毛子と呼んだことを指す――筆者註）。

宗派義和団のメンバーは問答で互いを見分けることが出来た。「誰が宗派義和団の教義を教えたか」という問いに、「チャン・イーの町の南方、山東省東昌県（府）に小さな村があり、その南に赤土の丘がある。その麓に三教の寺廟があり、その丘に八百歳になる人物がいて、かれが夢の中で紅燈老祖から教示を受けたのだ。」と答えなければならない。答えがしどろもどろになった者は「黒団」（ニセモノ）とみなされた。

義和団員はそれぞれ黄色の小さな紙片を身に着けていた。それには、「佛陀にも天使にも似ていない」像（かたち）が乱暴に描かれ、その周囲に神秘的な謎めいた言葉がいくつか乱雑に書かれていた（神咒符のことであろう――筆者註）。

これらの言葉は戦場に出た際に、死んでいく義和団員が口元で歌っていたものである。義和団の手に落ちた生贄の処罰方法は、ヨーロッパ人の観察者には直接には信じ難いものだった。その残酷さは動物の行動を思い出させる。

私は六月に営口で、山海関を越えて逃げてきたイギリス人から聞いた。彼によると、義和団は二人の宣教師を捕らえ、彼らの鼻、耳、唇を切り取り、指を切り落とし、刺し傷だらけにし、石の間に性器を挟んで砕き始めた。生贄が信じられないほどの苦痛に意識を失うと、かれらは眼を突き刺した。しかしそれでも彼らは満足せず、そのぐったりした身体を村中引き回した。下層民たちはそれらに泥をひっかけたり、それらで人体実験をしたりした。イギリス人の女性宣教師は捕らえられると強姦され、一連の苦痛を与えられた後、性器に赤く熱せられた鉄棒を突き刺され、最後にはそれが口に出てくるほどまでに突き刺されたのだ。この獣のような冷酷さは通常、ヨーロッパ人への殺人のすべてにともなったものであった。日本人杉山彬の死について言及しない訳にはいかない。かれは馬家堡（ステーション）の董福祥軍（甘粛軍）の兵士に捕らえられたのだが、目撃者によると、中国軍兵士が戦いに際しておこなう特有の軍事的儀礼が行なわれ、一連の拷問が加えられた後、生贄は心臓を破りとられた。そして心臓はビクビクしながら、粗野な戦士が叩頭するなか、地に立てられた槍の根元に向けて引っくり返された。儀式が執り行なわれた後、心臓はばらばらに引き裂かれ、その場で兵士によって食われてしまった。このことは時として戦場においても実践されることだった。その戦場では、中国人の兵士、生まれながらの野蛮人が倒れた敵から心臓を切り取って、それをやることを通して勇気と敵に対する優位が得られるという確信を持って、それらを食っているのである。

復讐者のこうした乱暴な迫害から誰も救われなかった。かつて宗派に加わったが、何らかの理由でそれから離れた「黒団」の者さえ逃れ得なかった。

生贄が義和団のサークルにもたらされたときに、臆病からか、あるいは同情からかでも、それへの一撃を遅らせることは小心と見なされた。判決は神の賛歌で下された。この神は自分の意志を伝え、あるいは占いで被告人の有罪性を教示した。霊の全知は死刑執行人のそのサークルを越えるものではなく、そこでの決定は、フランス大革命中の裁判所がそうであったように、まったく同じものであった。すなわち、「殺（シャー）」の一語であった。

紅灯照は、秘密結社の思想が宗派に持ち込まれ、他の非政治的な会にも定着したのだが、紅灯照もそうしたものである。キリスト教との戦いにむけて処女の結社を設立する際、義和団の初老の女性が代表となっていた。聖なる女性戦士には宗教共同体の処女が狙われた。この指導者に委ねられている女の子が霊感を受けた預言者の役割を演じ、その子供らしい手の合図で、義和団員たちを死の抱擁へと投げこむことが出来たが、そのとき、彼女たちは集会からも忽然と姿を消すのだった。

紅灯照の叙聖方法も簡単なものだった。隔離された御堂、あるいは修道院に祭壇が設立されると、近隣から少女たちが連れてこられる。壇の前には線香が焚かれており、修行者は手に紅いハンカチを持って、指導者とともに清水の大杯の周りを、「飛（フェイ）」、「飛（フェイ）」と絶え間なく繰り返しつつ廻る。叙任と教示が終わると、指導者は年長の女の子を選んで、受信者として、その共同体に戻っていった。

各メンバーは壁にかけた紅い灯明によって集会におけるその存在を標示していた。入り口の灯かりの数は新たな帰依者の数を示していた。その一つが消えたら、それはその所有者が技術的完成の域に達し、賢者の石（金丹）を得て、未曽有の旅行へ世界に旅立ったことを意味していた。その力は義和団の兄弟よりも強大なものだった。それはヨーロッパ人の租界を手の指で指し示すことで焼き、自由に空を飛び、「海を越えてやってきた悪魔の巣」、アメリカとヨーロッパに死と火事をばら撒くことができた。これは悪魔と天使の宗教戦争であり、その悪霊は道教神話の多くの不死の存在（仙）の助けを得た若い処女によって粉砕されねばならなかった。そこには苦行と佛教的隣人愛と殺人とが共存している。しかし人が殺されるのではない。人類を汚し、高価な織物に泥を塗る悪の要素が粉砕されるのである。一体どのような宗教が、このような悪い敵との神聖な戦いへの高貴な使命を祝福しないものがあろうか。

紅灯照の女の子の戦士が空を飛んでいるのを見た者は誰も無かった。それにもかかわらず、彼女たちの権威を引き裂くことは無かった。「飛ぶ」ことになっている少女たちは、トランス状態に陥って身動き一つせず、時として数日にわたって音も立てず、筋肉一つ動かさず、手足を伸ばして横たわっていた。神聖な少女は自らの肉体的外殻を残したまま、どこか外国へ飛んでいってしまって、そこでヨーロッパ人たちを殲滅する、あるいは戦場で義和団を助けているのだ、という確信を作り上げていた。

5、義和団の文献と呪術

神秘主義的宗派、とりわけ義和団の文献について叙べないのは不充分だが、ヨーロッパ人は大拳の思想が広まり始めた発生源において、つまり直隷・山東において、それを研究するのに都合の良い機会を逃してきた。われわれは北満洲においてそれを行なっていたが、それは南部の激起の鈍い反響で、政府によって強制的にあてがわれたものだった。

その宗派の信徒の文献は結局のところ、邪術・魔術の方法の記述に帰着する。これによって占い、霊が呼び出され、病気を治し、魔法をかけられて従順になるのである。魔法をかける際の手の動き（訣）、咒文、符は超自然界の助けで実際的な結果を得るために重要な要素である。

超自然界と連接する役目を負っているのは道士、扶鸞、跳神などである。

扶鸞は中国の各都市で見ることが出来る。これは我々のいう妖術使いのようなものである。それは二人の子供が、垂直に筆がつけられている棒の両端を持ち、その下に砂を撒いた大皿が置かれている。呪文を唱えると、しばらくして筆の末端が自然に震え始め、砂上に文字を書き始める。これらの文字から一連の句がかたちづくられ、それが質問者の答えになっているのである。こうした天からの啓示は妖術使いの知性によって制限されており、その奇跡の度合いもペテン師の巧妙さ、要領次第というわけだ。

扶鸞と並んで焼香婦人などの占いや治療を行なう初老の女性がいる。彼女らの預言は、線香に火を点して、手を動かし始め、時期に合った秘伝の符を見ながら呪文を唱える。しばらくすると狂乱状態になり、彼女の口から支離滅裂な言葉が発せられるが、その場の人々によって注意深く聞かれる。そしてその神の庇護によって解釈し、意味を見出そうと努める。同様にして悪魔も、人家から追い出す。病気の治療には、香、茶葉、紅棗の三つを使用する。

中国の迷信によって、そこから社会の宗教的指導者が集められるような枠組みというのは、このようなものである。こうしたものに重要な役割を果たしているのが、秘密の学問の智識を身につけた道士や方士とその作品で、かれらの作成した文献の代表的なものに、「焼餅歌」と「推背図」で、前者の「符」に唐代の袁天罡がコメントをつけたことで、互いを補う形で統合するようになったのだった。また『萬法帰宗』がある。

政府によって禁書にされた文献はこうしたものにとどまらない。戊戌のクーデタ後、康有為の共謀者たちの家の家宅捜索が行なわれたが、そこからも一連の蔵書、秘密結社の思想も含む蔵書が見つかった。哥老、英雄、互助などの反王朝結社で、これらの高官が秘密結社の指導者と交わした手紙も押収された。それでもって反政府宣伝の事実を確立して、何人かを処刑にし、これらの書物は紫禁城の壁内で数日間かけて焼かれたのだった。

こうした文献は二つに分けられる。第一は、「焼餅歌」「推背図」『萬法帰宗』などの秘密結社の教義や儀式について書いた文献である。これらは公衆には良く知られていないが、第二の、住民の間に宗派の思想を普及させるために用意された作品がある。これらは散文や詩の形で読み上げられた預言、檄文、咒文のかたちになっている。それらは、中国人の世界観の迷信の琴線にこれ以上ないほどよく働きかけるような、内容の極端な不明瞭さが特徴である。

こうした預言については、一八九八年に、わたしは北京で、中南海でつぎのような銘の碑文が掘り出されたという話を聞いた。

快馬三條腿、可恨市街嘴、萬壽止乙未、無橋黄河水、這時不算苦、二四加一五、萬街紅燈照、那時纔算苦。

［訳・三本足の駿馬が来るときに、街の宗派が憤激を引き起こすだろう。皇帝たちの寿命も乙未の年に終わり、黄河をわたる橋はないだろう。今の時代を苦しく思うな。二つの四と一つの五で表わされるとき（ルダコフは知らなかったらしいが、「八月十五日殺韃子」のときのこと――筆者）、すべての街を紅燈が照らすだろう。そのときこそが本当につらくなる時なのだ。］

この碑文の横には「劉伯温記」と書かれてあった。劉伯温とは明の太祖［朱元璋］の大臣である。碑の偽作者は予想される激変の予言は十四世紀に遡っているのだと公衆に納得させたかったのである。

三年前に私は何人かの中国人からもう一つの到来する事件についての預言を聞いた。

北京近郊の盧溝橋の南西に数里はなれたところに、肥城という古い都市がある。伝承によると、その名称は、明王朝以前に生きていた文天祥という高官によって門につけられたという。その門の名称の特徴は中国の歴史上続いた時代（王朝名）を示していることだ。例えば南門は洪武と名づけられた。南方から来た明王朝の最初の皇帝の年の名である。東門は、満洲王朝の創始者である太宗の治世の名、東方にあらわれた順治の名である。北門は砂にまみれていて門にある銘が見えない。土地の人々は、それが太極門であると信じており、王朝の崩壊を預言しているのだと言う。秘密結社の手先たちは当時この名称に、宗派八卦会（八卦教）を示すものを見出した。つまり、この宗派のシンボルになっていたのが太極、「最高原理」だったからである。この宗派（八卦教）は、一連の他の秘密結社と並んで、時代を為してきたのだが、満洲家の独立治世をいずれにせよ終わらせるであろう。その際には、雷雨が北方からもたらされるであろう……と。

［筆者註：明以前の唐代の文天祥が、明清と続くことを預言し、その次は「太極」派が王朝を開くだろうと預言している、という意味である。八卦教の影を嗅ぎつけているのは極めていいセンスである。］

「大拳」の宣伝ビラの検証に戻ると、義和団文献のこうした例の多くは公衆によく知られており、そのうちの幾つかはわれわれの『東方研究所会報』に載せられているが、興味深い一つを紹介しよう。それは、宗派の、「外国人が原因となっている害悪」から逃れたいと願う者が守らねばならぬ幾つかの儀式について指摘していること、第二に、この文書を寿山（黒龍江将軍）・長順（吉林将軍）の命で、北満洲で公表したということは、ロシアに対する敵対行動につながる一連の現象の一つであったという事実によって、その意義が増大しているということ、である。（そのビラとは、つぎの）「山東総団伝出」である。

山東総団伝出

洪鈞老祖降壇諭年年有七月七日牛郎会親之日此夜家中老幼不論男女全要紅布包頭燈燭不止向東南方三遍叩首上香一夜不許安眠如若不為牛郎神仙不能下降救衆人之難伝到十五日亦為此自八月初一日至十五日衆人不許飲酒如若飲酒一家大小老幼必受洋

人之害九月初一日初九日必将洋人剪草除根以上七月初七日十五
日九月初一日初九日衆人不許動烟火如若不遵閉不住洋人火炮
千萬千萬誠信至十五日
衆神仙帰洞又
関帝聖君降壇諭今年人死七分叩求
観世音菩薩大発慈悲可免此災伝一張免一身之災伝三張免一家之災
見者不伝若説謊言天神震怒必遭重災為善者可免不信者難逃但
看七八月之間人死無数毎於鶏鳴時遍察人間善悪衆人務必於六
月十九日七月二十六日向正南方虔心焚香上素供可免大災又
呂祖降壇諭於六月七月八月九月天降大熱奇災須用鮮姜三片黒豆花椒各
二十一粒用紅布口袋装上縫好在衣衿之内不論男女老少均帯之為要
再用青布口袋将前味三楽装上縫好放在水缸之内希請仁人君子見而
信之毋要知若妄聞敬謹伝送　　由盛京伝来
山東老団　伝出す

[訳文：
洪鈞老祖が壇に降られて諭された。毎年、七月七日の牛郎が織姫と親しく会される日があるが、この夜は、家中の老幼は、男女を論ずることなく、すべて紅布で頭を包み、蠟燭をずっと点しつづけ、東南の方に向かって三遍叩首し、線香を上げ、一晩中、安眠するを許さぬ。もしそうしないと、牛郎神仙がこの世に降られて衆人の難を救う

ことが出来ない。伝える。十五日になったらまたこれを行なえ。八月一日から十五日まで、衆人には飲酒を許さない。もし、飲酒したときには、一家の大小の老幼は必ず、外国人の害を受ける。九月一日、九日には必ず、外国人をば根こそぎ刈り取る。以上。七月七日、十五日、九月一日、九日には衆人に火で煮炊きをすることを許さない。もし従わないときは、外国人の火砲を防ぎきれない。くれぐれも誠実たれ。十五日になると、衆くの神仙が洞に帰られる。また

関帝聖君が壇に降られて諭された。今年は七分の人が死ぬ、観世音菩薩に叩頭して、大慈悲を発してこの災難を免れ得るようにしてもらった。一枚を伝えれば、一身の災難を免れ得、三枚を伝えれば、一家の災難を免れ得る。見て伝えない者、でたらめを言う者は、天神が怒り震え、必ずひどい災難に遭う。善を為す者は免れ得、不信なる者は逃れ難い。だが見よ、七八月の間に、人は無数に死ぬ。鶏が鳴くたびに、人の間の善悪を遍く察するのだ。衆人よ、六月十九日、七月二十六日には努めて必ず、真南に向かって敬虔な心で線香を点して素食の供物を上げよ。大災難を免れ得べし。また

呂祖が壇に降られて諭された。六月、七月、八月、九月に天は大熱の奇災を降す。須らく新鮮な生姜三片、黒豆、花椒各二十一粒をば、紅布の袋に入れて衣衿の内側に縫い付けよ、男女老幼を論ずることなくこれを身につけることが大事である。また、青布の袋でもって前味の三楽を縫い入れ、水甕の中に入れて置け。希わくば、仁人君子がこれを見て信じられるよう。妄聞の如きものと考えられるな。謹んで伝送する。　盛京より伝来せり。

『義和団檔案史料』巻頭写真にこれと同名の伝単「山東総団伝出」が既出している。北京天津地区で出されたこうした伝単に、関帝、観世音、呂祖の降壇諭を加えたものと考えてよいのだろう。これは北満洲で見つかったもので、

盛京副都統晋昌らが支持した奉天（盛京）義和団から出たことがわかる。」

天師神表身、誦速伝、如敢褻瀆、定遭天譴、切慎。其文曰、

庚子義和団　戊寅紅燈照　丙申送来風　甲子必来到

壬申不苦処　二四加一五　遍地紅燈照　壬申到庚午

乙酉是双月　庚子纔算苦　等到龍字虎　神迫鬼又叫

六月十七日七月二十八日身著紅布而向東南焚香祭之見字速

伝不可胡言

板存卜魁西城亳人和泰刻字局

これは初出の掲帖だが、ルダコフはこれを『天上の師チャン・シー／天師のビラ』として、「この布告を歌うように読んだら、これを他の人々に急いで伝えよ。あえてこれを敬わずに扱えば、天は汝を罰するであろう。十分注意せよ。」と解釈し記している。（以下に私訳を挙げておく。）

天師神が身を表わした。誦んだら速やかに伝えよ。もし敢て褻瀆するときは、天の譴責があろう。切に慎め。その文は次のように言う。庚子の年は義和団、戊寅の年は紅燈照なり。丙申に風を送り来り、甲子に必ず到る。壬申の年は苦しくない、八月十五日になると、遍く地を紅燈が照らす、壬申の年から庚午の年までだ。乙酉の年は閏月がある、庚子の年こそ苦しいのだ。龍虎を待ち、神が迫って鬼子が叫ぶことになる。六月十七日、七月二十八日には身に著紅布を着け、東南に向かって線香を焚いて、これを祭れ。この字を見て速かに伝えよ。でたらめを言ってはならない。板木は卜魁西城亳人和泰刻字局にある。

こうした意味の無い詩からなっているのがまさにその宣伝ビラなのである。
さて次は「中国政府の動機と傾向」である。

6、キリスト教布教問題と政府による義和団の取り込み

山東に始まった人民の動きは電流のように広まったが、政府は受動的にとどまろうとしなかった。自分の弱さと不安定さを意識していたから、「中国人のための中国」という思想を唱導する保守党（――筆者註・逆に言えば、革新党は「外国人のための中国」を唱えたということになる――）の名前でカモフラージュしつつ、その結社を自らの支配下に置き、国家の高官の指揮の下での政府組織にする、というより他に良い方法を見つけられなかった。

国家の代表者が結社に接近したのは、かなりの確率を持って、大沽の占領よりも前の時（期）だったと推定しうる。それは公使館攻撃が西太后の命令によるものであることを示す中国の原本書類から明らかだ。この時（期）から、帝国の法によって裁可され、「国家の母」（西太后）の保護を受けた完全な機関になったのである。

勿論、宗派に対する恐怖のみで朝廷がその前に屈したのではない。別の深刻な原因があった。義和団員の出現は時代の兆候であり、中国人・西欧人が果たしていた、中国の歴史・日常生活の現象の全総体から導き出された必然的な数学的結論であった。そのため、東洋と西洋との二つの文化の戦いが現われたのだ。

孤立していた中国は、ヨーロッパ文化の脈拍の振動と衝撃をこうむり、逃れられなかった。汽船のスクリューとともに、大河に入り、蒸気機関の汽笛が満洲の密林に響いた。

平和な生活の中で二つの文化が接触した主要な衝動のうちの一つは、キリスト教の普及であった。英仏の大砲によって、一八五八年に、中国に宗教的自由が導入された。キリスト教は領事の保護の下に、他の宗教との間で特権的地位

を占めた。欧米の金銭の援助によって多くの地域に及んだ。（中国のキリスト教は、）ヨーロッパにおけるキリスト教（正教、カトリック、新教）の鍛え抜かれた歴史とは異なって、その固有でない土壌に人工的に育て上げられたもので、西洋からの心配りが無いと、いつ何時枯れかねない異国の植物である。諸協定によって欧米から中国へさまざまな疑わしい要素が進入する可能性が開かれた。伝道者という名称に隠れて利己的な目的を追求した者が多かった。もちろん高潔な宣教師もいたが。

キリスト教の宣教師団は、莫大な資金を持っていた。最初、中国の腐敗分子の人物の注目を彼らに向けさせた。彼らは生活手段を容易に得られることを願い、洗礼者の質よりも量を気にしていた宣教師たちの金銭的恵みに誘惑されて、内的確信によってではなく、純粋に利己的な目的から、新宗教を受け入れた。宣教師は改宗者に金銭的援助を与えて、誰でも区別無く信徒衆に受け入れた。信徒衆はというと、宗教儀式を覚え、基礎教義には冷淡な態度を取っていたが、指導者の前では猫かぶりして、宣教師の視野の外では、自分の収入を増やすために禁じられた手段を用いて今までと同じ生活様式を送りつづけた。彼らは、無関係な人の前では、宣教師は搾取の対象以外の何者でもないと公言していた。キリスト教の受容に大いに頼っていたのは、犯罪者だった。宣教師団の強い擁護を期待して、ヨーロッパ人の住居の向こうに逃れることがよくあった。このような事実は勤勉な中国人の目には、キリスト教共同体の活動の信頼を大きく損ねた。中国人のキリスト教徒は不信と嫌悪の対象になった。愛と献身的な態度を持った高潔なキリスト教徒の人物たちも例外ではなく、合理主義の儒教者には全く理解されなかったからだ。こうして、中国では、まともな人間はけっしてキリスト教徒にならない、という確信が作り上げられ、より強くなった。キリスト教の高潔な側面（博愛）は、養老院、孤児院などに実現されていたが、偏見を持った中国人の想像においては全く異なる色合いで、堕落した罪深いもの、すなわち、呪術的目的を持ったものと解釈された。中国でありふれた犯罪は、キリスト教徒を共犯者にしようとし、下層民・知識人はさまざまな犯罪を、「ヨーロッパの宗派」のせいにしようとしたし、人を生贄にして魔法を行なう（眼球を取る、回春薬を作る等）というデマを流していた。

中国の知識人はこれらが偽りだと感じていたが、問題を検証して正しい処置を取る代わりに、やはり中国人の精神的な特徴で、かなりの偏見を持ってこれを出迎えた。そしてキリスト教と在地文化の衝突の多発で、最初の見方（偏見）は変えることができないものだと納得させられたのだ。中国の政権も、自らの勢力圏内に害悪があることを感じ始めた。しかしこの問題は、協定によって多くの有効手段をもつヨーロッパ列強の代表との交渉が控えており、喉に骨がひっかかっても、直接取り出せないような状況におかれていたのだった。

その一方、西洋は自らの文明を携えて東洋へと止め処もなく進みつづけていた。中国には、心の中に嫌悪を秘めながら、年を追うごとに要求がますます大きくなっていく客人を受け入れるほか、方法は残っていなかった。西洋諸国は、中国人の身体と精神をアヘンによって堕落させ、港に住み、さまざまな利権を要求し、自らの影響圏を確立した。中国は、彼ら全てを追い払おうと考えつつ、客人を迎える魅惑的笑みを浮かべて作揖（前手を組んで挨拶するしぐさ）をする官員にならっていた。

にもかかわらず、中国は歴史的伝統と、東アジアにおける文明普及者の役割に誇りを持っており、自分の卑小さを認めて、戦いをあきらめようとは思っていなかった。公然たる戦いは危険だったから、中国政府の一連の非合法活動が始まっていた。反キリスト教的な一連の出版物、キリスト教を非難している皇帝説諭、煽動的な図画、誹謗文、下層民の騒動、宣教師団の破壊、欧米人・中国人キリスト教徒への殴打などがそれである。扇動者、秘密結社は、戦いを大きな声の標語で告げていた。

このケースで、中国政府——それは、国民生活のあらゆる中心からの光が屈折する中心点だった——が、なぜ、結社義和拳の考え方がその酵母になっていたような人民の新たな動揺を迎え入れるようになったかは、いまでは理解できる。しかしなぜ、政府は公然とその側に立たなかったのか。次の公式文書を挙げよう（「軍機処寄盛京将軍増祺等上諭」『義和団檔案史料』上、三百六十頁に収められている文献）。

増祺、長順、寿山、晋昌宛…（ルダコフの訳は必ずしも正確でないので、中国語原文をルダコフの論旨に沿って訳すると次のようになる。）

六月二十六日の上諭を奉じた。いまや中国と外国の戦端が開かれたが、将来の収束時のために籌計をしておかなければならない。長順が前奏したように、ロシア人の鉄道監工員は敵、伝教国とは渉《かかわ》り無いのは明らかだ。いま奉天で鉄道破壊がおきているが、これは拳民の仕業である。要するに、疆土を保守することが第一で、もし大兵が直入するようなことがあれば、極力抵禦しなければならぬ。このたび開戦になったのは、本より拳民のせいだ。拳民が先ず鉄道を毀したのだが、われわれは弾圧し切れなかった姿勢をつくり、その戦端はわれわれから開いたのではないことを明らかにすべきである。戦いあるときは、拳民を前駆とし、われわれは旗印を掲げる必要はない。そのほうが将来いろいろと図るときに妨げがない。

このようにして、中国政府は「自ら旗印をひろげる」ことはせずに、後の活動余地を残しつつ、大拳の背中に隠れることを選んだ。さらに話を先に進めれば、この結社は国家機関に変化した。それは、「天子」の権力の庇護の下に、巨大な木のように、中国全体にその陰を広げた。だが同時に、それは秘密の覆いによってヨーロッパの眼には隠れていた。

残念ながら、中国政府の大拳に対する態度について正確に示せるような原本文書はないが、わたしがチチハルの黒龍江省衙門で見つけた文書および類似文書で次のことは明らかである。大拳の新しい（国家）機関への布石は北京において女帝（西太后）によって置かれたということ、大拳の大軍が正式に手続きをとられて正規の組織にされたということ、そして拡大したのである。六月までに、義和団員のいない町や村はないようになった、と目撃者は言う。中国東北部全体が収容所になった。青年はヨーロッパ人を絶滅させるさまざまな宣伝ビラや「大拳」の天の使いの話に煽られ、官吏の勧めで、義和団の神秘主義的な体操の訓練を受け、自らの団体の神聖性を信念に、「海を超えてやってきた悪魔」との戦いに、今かと突進しようとしていた。預言によると、悪魔には最期の時が打たれるはずであった。

誰もの精神が高揚していたこの時期には、正規軍さえそれを習練した。多くの兵営に壇が設けられるようになった。兵士たちは口に泡を浮かべながら身体を動かした後、神聖な霊が降りてきたことを確信して、迷信的宗教儀式の訓練所を修了した。狂信的な法師が熱心に説教を行なった。それで、啓示と預言によって、海から来たよそ者に対する怒りと嫌悪の激発を呼び起こし、外国人との戦いに向けて連隊を奮起させた。甘粛軍司令官・董福祥は、祭壇が皇帝の宮殿の黄色の屋根の下に現われると、大軍を率いて宗派に味方した。かれは「海を越えてやってきた悪魔」への永久の憎しみを誓った。

端郡王（載漪）が運動の首領に任じられると、彼の邸は義和団の裁判所となった。法師の言葉によって何百という犠牲者が高台に乗せられた。

天津戦、公使館包囲戦の間も、中央政府は覆面を取らず、九門の城壁の中から戦争と政治のチェスの手を指導しながら、沈黙し続けた。

最後に、満洲人にとっても、積極的な参加をする順番がやってきた。盛京（奉天）が兵士たちの先頭になることになった。その戦争の最初の犠牲者になったのは奉天のカトリック宣教師たちだった。ここではロシア人も耐えなければならなかった。

六月二十七日、皇帝令で盛京の「大拳」指揮者に、戸部正堂の清鋭、刑部正堂の溥頲が任命され、将軍増祺らと協力して行動、指揮するように委ねられた。しかしその前の六月二日に、「欽命幇辦奉天軍務大臣関防」、つまり将軍下の軍隊の指揮官に任命されたのは副都統の晋昌であった。

この時期の南満洲の緊迫した状況は清鋭らの報告によく描かれている。それは次のように言う（『義和団檔案史料』上、三百二十一頁に収められている「光緒二十六年六月二十日（七月一二日）盛京戸部侍郎清鋭等摺」）。

六月十八日（七月一四日）に将軍増祺の咨開で、軍機大臣字寄の六月十四日上諭を受け取りました。それには、清鋭等が奏するに、奉天省拳民がフランスの洋楼（カトリック教会）を焚毀したことがあった、現在すでに各国と開衅《かいせん》しており、奉天地方は緊要、自らうまく防範をなすべきである、そのため清鋭と溥頲に義和団団練大臣を命ずる、将軍増祺、府尹玉恒と会同して処理し、一切の軍事については副都統の晋昌とともにはかり、遷延して機を誤るな、六百里をもって諭す、とありました。

伏して思いますに、奴才らは愚陋きわまりないもので、軍事を知りません。東三省は公に従い、すでに困難に耐えて邁進する様子を形しておりますが、ここに再び特詔をうけ、天より命を聞き感慚無地の思いです。中国と外国が開衅《かいせん》せる折、義和団練は最も急務で、責任はいよいよ重く難いものがあります。しかしこの神人ともに憤る秋、血誠を尽くすのみです。なすべき各件は旨に遵いて、増祺、玉恒と会同し、戦争については晋昌と心をつくして籌《はか》ります。

このようにして、六月十四日（七月一〇日）付け命令によって結社義和団の政府への従属が確立された。官吏は、宗派メンバーを最初に彼らが目的としていた革命に対する希求からそらし、この不穏な要素を他に、それに劣らず不安定な道に向ける以外に解決策を見つけられなかった。さらに官吏たちは、彼らを鼓舞する必要性を感じた。義和団員は北京宮廷の忠実な僕の掌握下に置かれて、このときから、東洋の専制政治への献身的な犠牲となり、何千もの生命で自らの誤解への報いを受けるために、西太后とその手先の忠実な道具となったのである。

この制度が始まると、正式な印の必要性が生じた。「管理義和団練大臣印」である。このことは六月二十日に上奏され七月初三日（七月二八日）に皇帝の裁可を受けた。新印の使用開始は六月二十五日（七月二一日）に決められた。この時から義和団練を秘密結社と見なすことは間違ったことになる。大拳組織は国家機関という位まで昇進した。

7、南満洲の大拳

義和団練大臣の最初の仕事は、この革命的な徒党を政府に対して献身的な僕に再組織することであった。これは南満洲では南から来た義和団員が極めて少数であった状況で、容易になった。その地区では全員の兵役義務のようなものが導入され、宗教秘儀へ参加するとともに、軍事操練を学ばされた。

その基礎は保甲システムだった。それで、「礼字団」「義字団」というようなものを作った。どの程度政府がこれらの部隊に物資、資金を供給したのかについては正確なデータは持っていないが、チチハルの義和団練の事務部の書類から見定める可能性が出てきた。それから見ると、遼東における支出は以前に比べるとはるかに大きい。

政府が義和団に支給した武器は剣（腰刀）と槍であった。この武器には超自然的な意味が帰せられ、咒文を唱えると、霊によって恵まれた神聖な炎で全てを焼き払った。また赤または黄色の制服があった。そのほかに、粉、米、銅貨が与えられた。北部満洲では粉一フント（四百九グラム）、一碗の米、百五十京銭が支給された。

参加したのは少年たちで、壇の多くは関帝廟などに設けられ、武術訓練とともに官吏も参加して祈禱がおこなわれた。壇ではしばしば降霊がなされた。ヨーロッパ人のなかに具現化している悪い原理から世界を解放するために、霊が人々の間に現われる時がやってくると深く信じていたので、中国の知識人と政府自身も人々の動きの全体の波に呑み込まれ、宗派の秘儀に積極的に参加した。われわれは七月二十八日（八月二二日）付の増祺のチチハル将軍（寿山）宛の電報をもっているが、そこには済仙の霊の義和団への賛辞が含まれている。以下がその内容である。

盛京のヴィン・ジュンが済仙の霊に義和団の訓練に従事すべきであろうか、と質問した。それに次のような答えが得られた。

和団一事真妙妙　　義和団のなすことは真にすばらしい
八月十十纔知道　　それについては八月二十一日に汝は知るであろう
若問機事中時安　　もし機事を問うなら、申の時に安んずるであろう
洋人南北鬧鬧鬧　　洋人は南でも北でも騒ぎを起こしている
好道真好道　　すばらしい真にすばらしい道である
小児紅燈照　　小児も紅灯照に入る
心誠丹也成　　心が誠なら丹も成る
二四七哭号　　二、四、七［八月十五日］は哭き叫ぶだろう

その預言の不可解さはデルフィの神託をはるかに上回るものだった。それは八つの無意味な句を預言した。それは押韻で繫がっているが（？）、好き勝手に解釈している。平民と官吏の知性を共に縛りつけている全般的な迷信のためにこれらに畏敬の念をもって接することになった。

増祺は夏にその無秩序さに不安を覚え、満洲から出てしまいたいと考えていた。かれはその祈禱の折に、超自然的な力に自らの戸惑いの解決を求めて質問したのであった。霊は次のように答えた。

子年方知不平安　　庚子の年はまさに平安ならざるを汝は知っておろう
爾人肯豈離家園　　どうして汝は家園を出て離れることが出来ようか?
心安心息行孝母　　心を安めて落ち着かせ、孝母を行なえ。
父恋児孫難放寛　　父は児孫が可愛く、放って置き難いものだ
我若行孝　　われが孝行をおこなうときは
不怕槍礮　　鉄砲も怖れない
鬼神欽敬　　鬼神も欽んで敬う
金丹大道　　金丹の大道なのだ
爾和弟兄　　汝と兄弟たちは
不必遷栄　　別れてはならぬ
洋人雖乱　　洋人が乱しているとはいえ
神聖掃平　　神聖が平らげるであろう
只恋嬰児子女　　ただひたすら嬰児子女をおもえ
不顧年老父母　　年老いた父母を顧みないのであれば
人爾移住深山　　汝がたとえ深山に移ったとしても
難免刀兵之苦　　刀兵の苦しみは免れ難い

回頭孝父母　　考えを改め、父母に孝行をつくせ
先免刀兵苦　　さすれば、先ず刀兵の苦を免れる
奉親與恋児　　親につくし、子供らを愛せよ
災禍転為福　　さすれば、禍転じて福となろう
七月初三日済仙降壇云　七月三日済仙が壇に降りて云う
［訳文は、幾つかの点でルダコフの詩文解釈に不十分な点があるので、直して訳してある。］

「大拳」を新たに組織する際も、その根本原則とその神秘主義性格はそのまま保存された。宗派のもつこの意義が、天子・「国家の母（西太后）」の保護を得させ、中国の宗教と思想の痕跡を残すものすべてを、義和団の持つ宗教的権威に隷属させた。中国の原則を擁護する新たな神聖な戦士が現われたところではどこでも、最高位の官吏から最下位の苦力まで、住民はすぐに神秘主義政治思想の強力な影響を受けたのであった。

誰が、西洋に対するこの新しい十字軍において宗教的指導者だったのだろうか。役人も政府も新しい思想の主権者にはなれなかった。道教の僧侶の世界（民間宗教の世界）から預言者が現われた。かれらは中国の神秘主義的で哲学的な世界観の土壌で熟した宗教的原理の代表者であった。扶鸞、跳神などといった道士として何万という人々がいる。彼らの人心に対する影響は想像以上にはるかに大きいのである。宗教的原理の土壌における人々の熱情が突発するたびに、道士や他の僧侶たち、そして民族的で宗教的な信仰に仕える者たちが、彼らを脅かす道徳的で物理的な害悪に対抗する集団の指導者としての真っ先の役割を果たすことになるというのは疑いない。義和団もこの法則の例外ではなかった。

「大拳」の長になったのは、いわゆる「魔術の師」＝法師、あるいは傅師であった。かれらの意義は宗教指導者と同様に政府によって認められていた。

法師はいくつかに分けられる。登壇大法師は、宗派の全宗教秘儀における主要な指導的役割を果たす。それにつづくのが、中法師、下法師、主壇師などであった。その活動の詳細は、義和団の共同体の儀式と宗教生活に関するわれわれの次の論文で伝えられるであろう（――これが出版されたのかどうかは不明である――）。

誰かが、気に入った者のなかからこの「魔術の師」を選出することはできなかった。師傅は、この宗派が天にその出自を持つことを証明するために、礼拝の勤めの時に、霊が降りてきたその人物であった。かれらの権威は瞬く間に迷信深いすべての人々の心にすぐに認められた。そして人々は師傅の合図に従って勝利を望んで忠実な師へと歩んでいったのである。

しかしなぜ中国政府は、自分の手先の中から、かかる指導者の任命権を横取りしなかったのだろうか。そうしたならば、大衆の中で多くを失っただろうし、信頼を減少させたであろう。実際、官吏たちは、何もせずぶらぶらしている下層民をそこかしこで集め、かれらの半ば野蛮な本能を呼び起こして攻撃させるのを上手くやったのかも知れない。しかしそれなら、かれらの団結はすぐに瓦解し再団結させられないだろう。下層民の集団の心理はきわめて単純である。弱い敵に対するこの上ない図々しさと厚かましさである。これは強敵に直面すると臆病になるのだ。しかしわれわれは今の動きのなかに異なるものを見ている。ここで人々をひどく驚かせるのは、いかなる犠牲を前にしても立ち止まることのない並々ならぬ粘り強さと、ヨーロッパの軍隊との衝突に際して、不成功だったにもかかわらず、変わることのなかった自分たちの不死身（неуязвимость）と勝利への確固不動の確信である。集団はほとんど裸の手で敵に向かって行き、人的犠牲をともなう虐殺がなされて、ようやく敗走することがよくあった。しかしかれらは、軍隊が近づくと、高粱や木々の間、農家の廃屋から敵を攻撃し、その銃剣と爆薬に曝されてはじめて戦闘を止めるのだった。

ここで前面に出ているのは、狂信、つまり思想への盲目的な奉仕である。このような現象は、天からの使者としての指導者の評判が全員から疑われておらず、人民の集団の意識の中で、降ったばかりの雪のように非の打ち所のないほど綺麗である時に限って考え得るものだ。祈禱のときに降霊で師傅が現われることで、霊の啓示によって、天みずからが新しい指導者を遣わすのだ、と確信した。他の神秘主義、宗教的な一連の現象とともに、人々は義和団が神であるということを納得するのであった。わたしがインテリ層の代表的な人々から何度となく聞いたように、義和団員のなかには、その眼に見えぬ援助をみなに与えている不死の者たち（仙）がいるに違いないのだった。すでに述べたように、霊が降りてきて、人々は不死身になるのだが、「大拳」と衝突する際、不思議なことに、どんな敵も自らの武器で打撃を受けるのだった。義和団員の全部隊の長としてロバに乗ってくるのが、手に紅い灯明を持った小さな女の子であった、という様子をしばしば見ることができた。この不幸な子は、自分の神聖な使命と不死の確信があったから、ヨーロッパ人の兵士と会うと、その少女の意味を知っている敵の狙撃を受けるのだが、初めに戦闘に向かうのだった。このようにして罪のない、自分の無分別と、指導者の搾取の犠牲者がどれだけ倒れたことであろうか。

政府自体は、宗派指導者たちへの統制のみを確立し、大衆を脇にそらす責任を負わせ、それで同盟者を得るということをよく認識していた。そのため、法師の第一の任務は、信徒に対し、外国人に対する嫌悪という原則にもとづいた教育を行なうこと、儀式の監督、神託に従事することだった。神託の預言は、ヨーロッパ人を敵としたさまざまな檄文となり、宣伝ビラとして普及した。その際、官吏が大きな役割を果たした。例えば、チチハルでは、穏やかな将軍の寿山が、チチハルで印刷された山東の結社のビラ（「山東総団伝出」のような）を貼れと命令を出した。

師傅たちの神々への信仰は、中国人の知識人の間においても非常に強かったので、中国政権は深刻な危機の時はいつでも、かれらの援助を求めた。黒龍江の最高権力が、ロシア軍と衝突した時の軍事的敗北の時に、かれらの援助を求めたことは知られている。

補足として次のことをあげる。義和団は各地でそれぞれ壇を置いた。先頭に立ったのは法師だったが、だが、総壇に属していた。それは地方の（中心）都市にあり、「大拳」の最高宗教裁判所であった。「総壇」は、その神聖な指導者、つまり登壇大法師や他の指導者において、義和団の最高の真理の萌芽をその神秘の内に保持しながら、共同体の内的精神生活を代表するものだった。これら全ての機関は、天子の機関から賜った印を持っていた。われわれはここに奉天のある壇の印の一つを載せることにする［ここでは省略］。印の字は、『欽命　奉天義和神拳総壇各團處所』というものである（これはP・P・グロデコフ将軍――満洲侵攻軍司令官の一人――によって東方研究所博物館に贈物として送られたものである）。

「大拳」の新機関化についての報道を終えて、奉天の高官たちのその後の活動の概観に移ることにしよう。（入手した）文書にもとづき、かれらの意中を明らかにし、後の叙述にとりかかろう。

［ここでルダコフは、前掲の『義和団檔案史料』上、三百二十二頁に収められている「光緒二十六年六月二十日盛京戸部侍郎清鋭等摺」の「又片」を引用する――チチハルの衙門で手に入れたもののようである――。］

六月初六日（七月二日）に教会を焼いた後、連日拳民は官軍とともに、省城の南北両路において鉄道を拆焼し、洋兵を攻撃しています。なお助けになるといえましょう。ただ奉天の教民は甚だ多く、平日怨みを平民に結んでおり、すでに相い持して下らざる勢いにあります、……もし拳民と官軍をともに随時（かってに）剿撫させると、敵前の兵力を分ける恐れがあります。それで、われわれは熟慮を重ねて、奉天省のすでに作った団練を再び整頓し、屯鎮の大小を論ずることなく、各の精壮の民団を練ずれば、閭里を衛るに足り、教民をして畏懼《おそれ》させ、あえてその奸計を施さず、自然と邪を棄て正に入るようになるでしょう。これまた害を未萌のまま銷《け》す道であります。況や四境に団練あれば、土匪を鎮《おさえ》懾《おそれ》させうるだけでなく、洋兵の小集団に遇っても、痛撃を与え、逃げ道をなくさせることができます。官兵に較べて捜捕も「大拳」には容易です。官兵が戦闘するときは、近くの「大拳」（民団）が援助し、軍器食糧を届けますから、その益はますます大きいものがあります。

これは七月初三日（七月二八日）に皇帝の批准を経た。こうして、南満洲において国家の軍隊の新しい源が起こり、発達したのである。北京の宮廷の二面性について語る必要はないだろう。

8、吉林省・黒龍江省

北京の宮廷はすぐに吉林省と黒龍江省でも同じシステムを導入することに決定した。

六月十六日（七月一二日）、吉林副都統の成勲と伯都納副都統の嵩崑が義和団団練大臣に任命された。これに関する文書往復が奉天のそれと同じようにあり、かれらの報告が残っている。ここでは嵩崑のみを引用する（――『義和団檔案史料』上　四〇九頁には成勲の摺は入っているが、嵩崑のものは無い――）。そこには興味深い一節がある。「義和団の訓練に関する天からわれわれに委ねられた責任は、敵の行動に対する措置を採り、幹線道路の破壊にある」というのである。つまり、「ロシアの軍隊食糧の幹線の破壊、主要戦略拠点の防衛が重要で、それには部隊配置とともに、「大拳」の協力が要る、そのために、彼らの訓練のために、成勲、嵩崑を派する、また同じように黒龍江の寿山にも同様のことを、六百里を以て知らせる」、とある。

このことが如何に大きなものであるかについては、「下（編）」で見ることにしよう。

以上

――ルダコフが「下（編）」を書いたのかどうかは、現在のところ未確認であるが、前掲のボクサニンが指示するルダコフ著作の、ロシア軍との衝突についての言及の頁は七十七頁となっている。東洋文庫所蔵の論文には、雑誌の一百四十一頁から一百九十一頁のノンブルが付いていて、総数五十頁であるから、著作はこの先も論述が続くらしい。おそらく、下編を書いて、それを合わせて一冊の本にしたと思われる。Andrew Malozemoff, *Russian Far Eastern Policy, 1881-1904.* California U.P. 1958. は、そのビブリオで一九三一年版を挙げている。冒頭の『庚子国変記』「序言」はこの版で言及したのであろう。下編・著作については機会があれば探して、言及したいと思う。ロシア軍と清国軍・義和団との戦争については前章で別途論じたから、それと合わせてルダコフ論文内容を吟味して見ることもできようから、義和団研究としてはここまででも十分であり、今はここで一応完結させることにしたい。

おわりに――評論――

さて、この論文をどのように評価するかについて簡単に言及しておこう。

私もいままでそれなりに多くの義和団に関する外国人の研究を読んできたが、この研究は今日でも「先進的」であると思う。それは二つの意味においてそうだと思う。

一つは、この中国の反抗を眺めるもう一つの視点を持っていたという点である。先にも言及したが、この運動を大きく世界に知らしめたのは、英米系の宣教師たちだった。研究史的に言えば、当時山東省にいたアメリカン・ボード（ABCFM）のアーサー・スミスの *China in Convulsion* は、義和団は団練の姿で現われてきた、という団練起源説であるが、これは前著その他で指摘したように、英米プロテスタント宣教師の、キリスト教中国布教を阻害する中国官憲の妨害を排除するために、官吏を懲罰し、一罰百戒を与えるべきだ、それがオープン・ドア・ポリシー（門戸開放政策）にも有利だ、という彼らの観点から見た言説であって、反外国キリスト教の運動を、山東巡撫毓賢が擁護し支持しているから、これを排除するために、この騒動は官の許可下の団練が起こしているのだから、官・政府の責任を外交的に非難追及し、障害を取り除け、そうすれば中国のキリスト教化による文明化が進むのだ、という主張、アメリカ国家の外交軍事介入を要請した行動を正当化するためのアメリカの公衆向けの言説だったのである。この団練起源説は以後、G・N・スタイガーの国民革命期の反帝国主義熱狂に触発された上海での義和団研究で、より精緻化され、それ以来、圧倒的な力で義和団事件の歴史研究を支配してきた。その圧倒的な言説のなかで、スミスとは異なった見解を持った、同じ教会にいたH・D・ポーターの教派起源説は埋没させられ、このルダコフの研究も取り上げられることは無かったのである。ルダコフの場合は、勿論、革命後のソ連の研究がレーニンの「中国の戦争」の影響下におかれたという事情もあった。しかし、ルダコフがいうように、英米系宣教師たちは、直隷・山東でこの運動の性質を研究することに失敗したと言わざるを得ない。特に言えることは、その思想教義の把握理解については完全な失敗に終わった。団練起源であるから、騒動は中国人の外国嫌い（xenophobia）で処理すればよく、運動の教義や思想について立ち入った分析考察は必要ないと排除されたのだ。アメリカのその後の研究、例えばエシェリックやコーエンの研究もこの点に関する限り同じ失敗をしている。

だが、この不思議な民衆運動の特質（思想主張）は一体何に由来するのかを中国文化に沿って理解しようとすれば、ルダコフやポーターのように教派起源論にならざるを得ないのである。その他の点でも、この論文は、この英米系の宣教師や学者の義和団理解とは違った視点から捉えた「義和団論」として、高いレベルにある。それも一九〇一年に出されていることは驚きを感じさせる。ロシアでこの研究が継承されなかったことは不幸だったと言わざるを得ない。

しかし、英米系の団練起源説でも、さすがに当時流布して力を持っていた労乃宣の白蓮教起源説は完全に否定しきれず、それが残ったから、後年、団練説と教派説が対立して論争されることになり、義和団をめぐる最大の論争点になった。この対立は拙著で決着がつけられたが、他のロシア人や、オーストリア人ロストフォーンなどの、西欧人の中国での行為に批判的だった当時の言説も、第一次大戦後のロシア革命、オーストリア・ハンガリー帝国の解体などの影響もあって、研究史上取り上げられることなく無視されてきたのである。それを復活させる意味でも、意味がある。

第二に、このルダコフの研究を、H・D・ポーターなどの研究と繋げてみると、教派起源説として、その思想の内部に視線を差し込もうという姿勢に一脈通じるものがある。対象に沿いながらその文化的意味を理解しようという研究姿勢である。それらの把握を労乃宣の説と総合してみると、大枠として、私の主張する、民間宗教である白蓮教（八卦教）と結びついた宗教的武術起源説になるであろうが、その意味で、ルダコフの論文の、天、諸神の降霊、超自然的力、道教的体操など、ポピュラー・レリジョン（民衆宗教）をバックに持った教派活動から出て来たのだとする洞察は、一九八〇年代以後の社会・文化史的歴史研究の思考と一脈通じるところがあり、今日でも古さを感じさせない。勿論、民間宗教＝白蓮教研究がほとんどなかった一九〇一年の段階では、その宗教的起源を「道教」や「扶鸞」

等のシャーマニズム（大衆宗教）に求めることになったのはやむを得ないことだが、それでも慧眼であり、その思想教義の構造的把握はかなりの程度成功していて、今日でも首肯させる力を持っている。その意味でも「先進的」性格をもっているといって良いのである。

さらに補足的につけ加えれば、当時の清国が「西洋に対する十字軍」的な文化防衛主義の「集団ヒステリー」の狂気状況にあったこと、知識人さえその影響を免れ得なかったことがよく描き出されている。それは、文化大革命の狂乱さえ感じさせるものだったことが窺われるのである。そして、それが宗教性を帯びた「聖戦」という意識に近かったことの指摘である。『祖国と真理を保衛する』と書かれた義和団の旗がロシア軍によって捕獲されているが（本書三一三頁、B・B・戈利岑『中東鉄路護衛隊参加一九〇〇年満洲事件紀略』、商務印書館、一九八四、二〇一頁）、こうした宗教性をもった民族主義の特質をよく把握していると言ってよい。この点でも今日なお意義を持つものと思う。

第八章　義和団事件とその後の清朝体制の変動

はじめに

まず最初に、結論めいたことを申し上げると、日本人はかつてこの事件を「北清事変」と呼んだように、運動＝事件の本質（大衆ナショナリズム、国家主義）について、かつても、現在でも、よくわかっていないのではないか、ということです。キリスト教徒であった欧米人の方がそれは深刻な「経験」として受け止めたのでした。わたしは、この事件は二千年来の帝政中国の伝統主義の終焉を告げるものとして文明史的にきわめて重要であると考えます。また中国近代史にとっても一つの分水嶺的な出来事だったと考えるのであります。

このことを、一八九五年から一九一一年までのスパンで考えてみたいと思います。この時期は、（一）一八九五年から一九〇一年まで、と、（二）一九〇一年から一九〇五年まで、（三）一九〇六年から一九一一年までに分けられます。（一）は、日清戦争の終結＝下関条約・三国干渉から「北京議定書」まで、（二）は、「北京議定書」交渉と併行したロシアの満洲占領問題の発生から日露戦争とその終結、韓国保護国化（一九〇五）、「満洲に関する日清条約」（東三省事宜条約）（一九〇五年一二月二二日）まで。そして、（三）、その後から辛亥革命（一九一一年）まで、という区分です。この枠内で中心位置を占める事件が、義和団事件と日露戦争です。

日清戦争は、明治維新以後の日本の「国民国家」形成にともなう東北アジア国際秩序の再編過程の一応の結論と位置付けられるでしょう。またそれは、清朝帝国の辺境喪失過程の完成という意味ではひとつの終わりであり、と同時に、中国本土「分割」への着手というもう一つの動きの始まりでした。端的にそれを示すのが「三国干渉」です。これはヨーロッパにおける一八九四年の露仏同盟の東アジアでの影射でした。この三国干渉からはじめるべきでしょうが、それは後に触れることにしまして、まず、義和団の運動、義和団事変とは何であったのか、ということについて整理しておきます。(1)

一、義和団事変と中国政治

義和団は、中国内地においてキリスト教会・外国人宣教師・中国人改宗者（教民）に対する攻撃をくり返しました。その意味で、十九世紀後半に相継いでおきた仇教（反キリスト教）闘争としての性格をよく示しています。しかし運動後半になると、教会・教民にとどまらず、鉄道、電信、公使館、租界、洋行、海関、輪船招商局などにまで攻撃対象は拡大し、反外国運動（Antiforeignism）の性格を強めました。反教会・教民から、反外国へと膨張したといってよいのです。この騒擾発生の原因は複合的です。第一は、平民大衆のキリスト教（教会・教民）への憎悪です。発生地の山東省および直隷・山東交界地区の郷村部におけるキリスト教布教をめぐる紛糾問題が根底にありました。清国政府と社会は、外国人宣教師とその宣教活動に対して法的行政的にどのように対処したのか、教会・教民をめぐる民事紛糾・裁判がどのように処理されたのか、キリスト教布教活動をめぐる条約的・外交的な問題を、中国社会の問題性をも含めて考える必要があります。端的にいえば、敗戦条約で規定された特権＝宣教師特権の中国人改宗者（教民）への外延化＝亜二重権力状況〔Imperium in Imperio〕の出現にともなう社会的・司法的紛争の頻発という問題です。山東省南部のドイツ神言会、直隷省のフランス・イエズス会・フランス・ラザリストの教区内での深刻な平民と教民との対立紛糾の問題がありました。これが基体です。

しかし、それだけではかのような大きな爆発にはならなかった。この基体のうえに、国際政治の波が重なったのです。ミッショナリーと帝国主義（ドイツ・フランス・アメリカ）の結合です。これが第二です。とくに、ドイツによる膠州湾の軍事占領という事件、そして青島駐留軍を山東内地に入れて、県城を占領し村を焼いたという軍事行動です。そもそもドイツが膠州湾を占領するに至る経緯には、一八九四年の露仏同盟以来のヨーロッパにおける国際政治の新たな展開、日清戦後の「三国干渉」という伏線がありました。三国干渉も露仏同盟があってはじめて可能だったでしょう。きっかけこそドイツが保護権を持っていたドイツカトリック・神言会の宣教師二名が曹州府の鉅野県で殺害されたという事件ですが、極論すれば、ドイツは軍事行動を取るのに口実があれば何でもよかったのです。「三国干渉」の報酬を欲しつつも、何も得ることができなかったドイツは、中国においてイギリスに対抗するための、イギリスにとっての「香港」と同じような、ドイツの「香港」を得たいという衝動、主として海軍のそれに突き動かされたのです。膠州湾への軍事行動は、行き詰まりを見せていたヨーロッパ政局の捌け口として、東アジアにおける列国の国際対立という新たな流動状況を生み出します。これが一八九八年の列強諸国による各地「租借」競争、中国分割（瓜分）の動きであります。清国はドイツの膠州湾占領への同盟国ロシアの介入を期待していたのですが、一八九六年の「露清密約」で友好な関係になりながらも、満洲鉄道交渉（南満洲支線建設）で行き詰まりを見せていたロシアは、介入の方針を急遽転換して逆に旅順を軍事占領しました。露清密約への裏切りですが、ドイツに倣おうというのです。ドイツは膠州湾を軍事占領しましたが、戦争ではありませんでしたから、領土を割譲させるには理由に乏しく、また割譲ともなれば、他列強との関係上、「三国干渉」の経緯からしても、無理でありましたから、「租借 concession」という方式を採ったのでした。そして列国に配慮して青島を「自由港」にしました。以後、他列国もこの「租借」方式に倣います。清国は三千万両を費して買い戻した遼東半島をロシアに奪われ租借されました。英仏もそれに倣います。日本は福建省の他国への不割譲、その勢力圏を約束させたのみです。当時の新聞マンガは指をくわえている日本を揶揄しています。日清戦争後、日本は大陸・朝鮮から排除されていたのです。戦後、列国の対清投資は増加しますが、一八九七年以後、堰を切ったように殺到します。鉄道借款その他経済権益の争奪については、周知のことに属します。なかでも注目すべきはベルギー・フランス資本による蘆漢鉄道借款でしょう。これは、露仏同盟勢力が清国の南と北から中央部を貫通する動きですが、これは長江流域のイギリス既得権益との衝突――その十字路が武漢三鎮です――を意味しました。帝国主義列強角逐の経済版です。この時期の中国は世界史の焦点＝帝国主義的国際政治・経済支配の攻めぎあいの場であったわけです。

第三の波は国内政局です。ドイツの膠州湾占領は、日清戦後の清国国内政治にも大きな衝撃を与えました。康有為らを中心とする「保国会」結成や戊戌変法運動です。これは「国恥」と「分割」への危機感をバネにした熱気を帯びた政治運動でしたが、光緒帝を中心とする立憲君主制的改革――明治維新をモデルとした――の動きは、西太后と光緒帝との間にあった亀裂をさらに深めました。そして后党・帝党の争いへと展開していきました。それは改革派と保守派との争いともいえますが、決定的だったのは、この政治運動が「満洲人の支配」という清朝異民族支配の権力構造の根幹に触れたことでした。そのためこの対立は「満漢対立」という相を帯びざるを得なくなったのです。政変（クーデタ）が「旗人」を中心に行なわれたことの言いです。また変法運動は、大衆からは「西欧化」、すなわち、「光緒帝は天主教になった」、康有為は「鬼子衙門」をつくるのだ、というふうに受け取られました。ですから、「クーデタ」で、「北京は外国人を逐い出した」のだから、俺たちも「内なる鬼子」（教民）を逐い出そう、「西太后の密旨」があるんだ、というふうにこの反動は大衆から歓迎されたのです。のちには、「教民は康有為党が残していった」連中だ、「康党の教民を殺すと賞金がもらえる」、とも言われました。光緒帝・康有為ら変法派と、外国人宣教師・中国人改宗者とは、つるんだひとまとまりのものと「表象」されたのでした。それは伝統主義の「国粋的」立場からする、輝かしい聖賢・佛・神仙の文化的統一体たる「中華（チーナ）」を「汚染」する「敵イメージ」だったともいえます。クーデタによって中央政界の雰囲気は一変しました。それに伴って対外外交姿勢も影響を受けました。

日清戦後、清国は日本を敵国とみなし、それに対抗するために、一八九六年に李鴻章を派遣してロシアと露清密約という軍事同盟を結びます。しかし、その対ロシア依存を逆手にとられて旅順租借を強要され、旅順への南満洲支線の建設を認め、東アジアの国際政治の玉突き現象を引き出したのですが、この時期、列国の経済利権要求に対する対応をふくめて、清国外交は列国側に宥和的妥協的でありました。それが中央政界の雰囲気の変化にともなって外交も対外硬化の色あい、国権色を強めたのです。多くの人々はこれを歓迎しました。

さらに、クーデタ後、光緒帝の廃位が画策され、次皇帝の準備として、端郡王・載漪の子が「大阿哥」に立てられますと、皇位継承・権力掌握をめぐって朝廷内に複雑な権力争いが発生しました。その動きと大衆運動は無関係ではおれませんでした。

こうした諸要因をうけて民衆運動はどのように変化したのでしょうか。第一、第二の要因によって激発した民衆運動が、「順清滅洋」を旗印にした四川の余棟臣蜂起、直隷山東交界地区の「扶清滅洋」[2]義和拳蜂起です。つまり、大衆が大清帝国臣民としての自己を自覚しつつ、「国家」を助けるから、しっかりと外国に対処してくれ、自分らは国家に「順」い、或いはそれを「扶」けて、侵略を強める外国勢力とその「内なる鬼子」＝教民をやっつけるから、という国家防衛・文化防衛・郷土防衛の運動です。クーデタの影響を直接に受けておきたのが一八九八年からの山東南部の「沂州教案」ですが、この沂州教案に対してドイツは青島駐留軍を内地に派遣し、日照県城を占領し、蘭山県の村を焼きます。この事件の衝撃が山東省全体に反外国の気分を醸成しました。それと同時に、新任山東巡撫毓賢（満洲人、湖南変法運動鎮圧後の湖南布政使）は、江寧将軍から赴任する途中にこの事件での人民の動揺を目撃したこともあり、事件処理交渉でのドイツ側の欺圧を受けて怒り、反外国反教会姿勢を強めて、「民は用う可し」として民衆の反教会の自衛的な動きに許容の姿勢をとるようになりました。そのためドイツ軍が内地に入っている一八九九年四月に山東西北部を中心に「天下義和拳興清滅洋」を掲げた神拳拳民の動きが活発化したのです。これを背景に秋に平原県で仇教事件が起き、拳民と出動した清軍とが衝突します（平原事件）。ところが毓賢は、拳民ではなく、事件を引き起こした官員を処罰しました。孟浪に渉り、事件を大きくした、というのです。その結果、拳民たちは、巡撫は自分たちを支持しているのだと触れ回り、反教会活動の蔓延化が生まれました。危険を感じた教会側は本国公使の外交力による保護を要請します。そのために、恩県龐庄教会にいたA・スミスは、義和団は「団練のすがたで反乱した」という団練起源説、つまり地方政府＝山東当局に責任があるのだという説をとなえ、アメリカ公使コンガーの外交圧力行使を引き出し、毓賢を更迭させました。これが団練起源説の秘密です。後任は袁世凱。彼は七千人の武衛右軍を率いて済南に赴任します。毓賢もようやく騒擾のリーダーを捕らえ脅従者を解散させる動きを示しますが、この間隙を縫ってブルックス殺害事件などがおきました。袁世凱は中央政府の視線を気にしつつも次第に武力を行使して、拳民の動きを押さえ込んでいきました。

この西北部の騒擾と時を同じくして、九九年秋から、山東に隣接する直隷省東南代牧区で騒擾が拡大し、「神助滅洋」が唱えられました。ついで直隷省の中部、北京の南部へと広がりました。平民と教民との紛争が焦点になっていた土地の人々によって義和拳が導入され拡大したのです。そして彼らは「天津へ行って租界を焼こう」と言いはじめました。開港場の天津は悪が侵入してくる根源、震源地だと考えられたのです。

欧米外交団は総理衙門に対し、この義和拳・大刀会を鎮圧せよと圧力を強めますが、列強の圧力を受け続け、外国と結んだ変法派に脅かされた中央の満人や伝統主義派は、「扶清滅洋」を掲げる――つまり、いまある中国国家「清朝」を扶け、外国を排斥しようという国権擁護、国家防衛を主張する――民衆運動は否定しきれないのですから、これを国家が取り込もうとします（招撫）。かれら清朝国家主義者は、伝統主義国家原理――一君が万民を支配する、とともに、万民によって支えられている一君――に忠実であろうとしたわけであります。

こうした反外国主義を生んだのは、膠州湾占領とその後の列強による租借・経済利権の争奪という中国「分割」的な大きな波であることは明らかです。そして危機感にとらわれた人々の二つの運動――変法運動と義和拳運動――を生んだのでした。どちらも、政治的・文化的な危機感を共有していたのですが、発露のさせ方が異なりました。その意味で当時の中国には亀裂が生じていたのです。現代風にいえば「全面的西洋化」か「国体擁護」かです。変法派の「改革」路線は外国列強とつるんだもの、それをより深く中国に呼び入れるものとして排撃されました――案の定、康有為・梁啓超をイギリスと日本が助けました――から、「民」の反外国・攘夷、国権擁護運動は、西太后らの伝統権力の依拠すべき「民心」となったのです。運動の広がりと、列国との外交関係の緊張、その圧力のもとで、中央では満洲人の国家主義が主導権をにぎるようになり、列国海軍による大沽砲台攻撃・占領という戦争行為は、西太后ら「枢廷」の感情を激昂させました。ここで、一八六〇年以後、四十年来の外国からの圧迫の総決算を言う「民」の運動と、「累朝の積恨をそそぐべし」「わが祖宗の江山は洋人に送り与えることはできない」「庚子（一八四〇年）から庚子（一九〇〇年）まで、洋人が中国で攪乱すること六十年、天の収める時だ」と言う「満洲族国家主義」は結合したのです。こうして列国との決裂＝宣戦に至ったのでした。ですから、事件が拡大したのは満洲人の将軍督撫の統治する地域＝満洲族国家主義・伝統的国粋主義の強い地区であったのです。東三省、直隷、発生地の山東、山西、四川です。その他各地でも仇教の動きが起きますが、北方ほどは拡大しませんでした。それは湖広総督張之洞・両江総督劉坤一らの意向――それを仲介したのが、上海道台余聯源、盛宣懐ですが――であり、かれらが、長江流域に大きな経済利権をもったイギリスなどと「東南互保約款」という協定を結んで、北京の朝廷の命令を「偽詔」としてそれに従わず[3]、運動の波及を防止したからです。ここにもう一つの政治路線を見ることができます。つまり外国列強の中国への浸透、膠州湾占領後の浸透をも、所与の現実・抵抗しえない現実として受け入れ、それと妥協しつつ共存し、清朝現国家体制そのものを維持しつつ漸次的に改良し適応していこうという、漢族大官僚層の意向であるといえます。

これに近いのが、変法運動をひきついだ唐才常の自立軍蜂起であります。しかしそこにはやはり、かつて康有為・梁啓超派と張之洞・袁世凱らとの間にあった埋めようのない溝、隔たりがあったように見えます。かれらは何よりも光緒帝を推戴しての急進的な「変革」を求めました。それは権力体制の変動を含意していました。張之洞たちは漸次的「改良」です。歴朝（咸豊・同治・光緒）の内乱・外戦をなんとか乗り切って中興し得たのは西太后の功績だと考えていた李鴻章をはじめ、漢人大官僚たちは、西太后と光緒帝との間の問題に首を突っ込むことを避けました。満洲族「一家」の問題であったからです。これに対し、唐才常は「満洲の国家たるを認めず」、光緒帝を救い出し、復辟させ、「国会」をもとにして、張之洞をかつぎだして東南各省に「自立国を創造」しようと武装蜂起を計画します。ここに戊戌変法・クーデタと同じ亀裂があることが見て取れます。むろん唐才常は譚嗣同の遺志を継ごうとしたのですから当たり前といってしまえばそれまでですが。ですから、東南互保約款を確保した張之洞は唐才常らの自立軍を鎮圧します。

もう一つの動きは李鴻章の動きに付随して現われます。宣戦はしてみたものの、その後動揺した朝廷は事態収拾のために李鴻章を北京に召見しましたが、北京から何度も北上を命じられた李鴻章はなかなか広州から腰を上げようとしませんでした。北京は、光緒帝を廃すために決定された「大阿哥」（皇太子）の父である端王らの満洲人国家主義者が制圧していますし、一八九九年に、かれは北京から広州へ出されています。北京との対立を見透かした香港総督ブレイクの周旋で「両広独立計画」＝孫文派との連携が模索されますが、東南互保が南清に拡大されるとともに実施にいたらず、李鴻章は北上します。この孫文たちの革命派がもう一つの政治路線です。これは台湾総督の児玉源太郎らとつるんででも清朝を倒そうという革命路線です（恵州蜂起）。一九〇〇年段階ではまだ微細なものでした。

当時、済南の袁世凱を通して北方の情報が南方に伝えられ、西安行在との連絡の中心地は、武昌の張之洞のところでありました。こうして袁世凱・張之洞・劉坤一（南京・上海）、李鴻章（広州）が事態収拾の実働部隊になります。ですから、一九〇一年に、劉坤一・張之洞の会奏を受けて朝廷が「変法」上諭を発し、「変法」へと動いた、それも戊戌変法のそれを採用したといわれるのですが、それは、主唱者・担い手が違っていることによってその効果と意味が大きく異なっているのです。変法をいう上諭は、康有為らのそれは「乱法」だと言い、今度のが本当の「変法」だと言います[4]。つまり、権力体制の変化を伴わない改革（変法）だというのです。これは戊戌変法が権力変動を生むものだったことを逆に言っているのです。中央権力自身による「変法」でありますから、戊戌期の光緒帝・康有為らの行なおうとした「変法」とは違う。最大の違いは、西太后権力下での「変法」改革という点であります。

整理しますと、義和団事件期の清国には五つの政治的潮流がありました。

（一）は、義和団大衆の民族主義と共振した、伝統主義的な清朝国家主義・満洲族国家主義であります（剛毅、端王派、徐桐、毓賢など)。それは、西洋からの影響、その勢力を排除し、従来からの伝統的秩序(文化)と国権を維持していこうとする志向性といってよいでしょう。最上層(伝統主義者と満族支配層)と平民・大衆とが、外国への憎しみ、反外国主義で一致しました。栄禄・奕劻らの満族穏健派は御前会議でこの流れに屈従しました。

(二)は、権力上層の漢人官僚、張之洞、劉坤一、袁世凱、李鴻章、盛宣懐、余聯源らです。これは、東南互保路線と漢人官僚たちの志向性と言ってよいでしょう。中央政府にいた人々は、(一)の勢力によって打撃を受けました。

(三)は、康有為、梁啓超、唐才常らの光緒帝を推した変法派であります。権力変動をともなう「改革」を志向する若手の漢人官僚層ともいえます。

(四)は、孫文らの満清支配体制そのものをひっくり返そうという共和革命派で、彼らは最下層の秘密結社成員を加えて、児玉源太郎らと結んで恵州蜂起(一九〇〇年)を起こします。

(五)は義和団大衆です。

(三)と(四)との間は、義和団事件の一九〇〇年時にはやや接近していたのですが、また前述しましたように、(二)と(三)、(二)と(四)の組み合わせも模索されたのですが、実現しませんでした。義和団事変で、(一)路線では、厳しい国際環境の下で国家を担うことができなくなりました。国家を破滅の淵に追い込んだのですから、無理もないことです。それに替わり得るとすれば、(二)路線しかないわけです。しかし(二)路線が権力を完全に握るのは、皇帝・皇太后権力の簒奪か、(一)の完全敗北＝北京の崩壊を前提としなければ成立し得ないでしょう。だが、列国は清国を崩壊させようとはしませんでしたから、あり得ないことです。列国側は国内政治に介入して西太后に権力を光緒帝に帰させようという「帰政」の動きも示さなくなります。権力中枢の崩壊＝交渉相手の不在を招くのは解決になりません。

(一) 勢力は、事変後、栄禄の死（一九〇三年）の後、奕劻を中心に残り続けます。満洲人穏健派・残存派です。(二) 路線の動きは、李鴻章の死（一九〇一年）の後は、劉坤一と張之洞が中心になり、劉坤一の死去（一九〇三年）の後は、張之洞と袁世凱が相互の不仲を抱えながらも中心になり、やがて袁世凱に絞られていきます。事変後、(一) と (二) の妥協が成立します。

(三) の動きは清末新政の進行とともに生まれてきた漢人紳商層を中心とする立憲派に引き継がれていくことになります。

(四) の動きは、日本留学生を中心とする若いエリート（遊学奨励や科挙廃止にともなう留学組）、学生や新軍軍人にその基盤をもっていきます。革命派の形成です。

ですから、事変後の段階で、辛亥革命にいたる政治勢力配置のその萌芽が出揃い、それがその後の清末新政（内的要因）、日露戦争・韓国保護国化（外的要因）が絡み合った動きのなかで、重心（政治的中心）を移しながら、推移していったといってよいのです。

辛亥革命は、(一) 勢力を最終的に葬り去った政治的事件であったのですが、しかしそれは、(二) (三) (四) の各勢力の妥協という形でしか行なえなかった訳です。ここに第二革命、第三革命が起きる理由があるのです。事変後の変化について非常に粗雑なスケッチですが、述べてみたいと思います。

二、事変後の政治的変化

この過程での大きなインパクトは日露戦争です。ですから、その発端となった一九〇〇年の満洲問題から入ります。

北京議定書締結をめぐって外交交渉が行なわれるのと同時併行的にロシアによる満洲占領問題が発生します。軍事的には聯合軍の北京撤兵と、ロシア軍の満洲撤兵問題がありましたが、後者をロシアは清国との二国間問題だとし、条約締結によって満洲を保護国化しようとしました。その交渉は、駐露公使・楊儒とロシア政府（外相ラムスドルフ）との間で、ペテルブルクで行なわれました。ロシアの強硬な態度での交渉と調印せよという圧力のために楊儒は病気になり、死去、ペテルブルクでの交渉は舞台を北京に移し、ロンア駐清公使と講和全権・李鴻章との間の条約交渉が行なわれることになります。この間、露清密約以来のロシア派であった李鴻章は、楊儒に対し、ロシア側草案に妥協し調印するよう伝えますし、北京でもそれを呑もうとします。しかし、劉坤一と張之洞はこれに激しく反対し、楊儒に電報を打ちます。劉坤一と張之洞は、講和交渉で全権の奕劻・李鴻章をサポートするよう命じられていましたから、それが、機能したのです。劉坤一・張之洞・袁世凱らはイギリス・日本に外交接触を図り、その圧力でロシアの要求を何とか避けようとしました。この過程で日本は、林董駐英公使がイギリス外相に対し、日英同盟を提案することになります。一九〇一年七月一五日のことです。因みに議定書の調印は九月七日です。勿論、日本側には、伊藤博文の対露協調路線もありましたが、議定書締結後に日英同盟に踏み切ります。一一月に伊藤がロシアを訪問しラムスドフ外相と会談しますが、すぐにロシアを離れています。これは対露協調がなくなったことを示しました。

李鴻章と劉坤一・張之洞らは、もともと余り仲がよくなかったのですが、張之洞の任地である武昌は、西安行在に最も近い位置にありましたから、この時、西安・北京と結んで外交舞台の表面に出てきたのです。[5]かれは、南京の劉坤一と連携してイギリスを中心とする列国と「東南互保約款」を一九〇〇年七月三日に締結すると、一九〇〇年八月には、前述しました唐才常の「自立軍」を鎮圧しています。こうして張之洞は外交的にも重みを増しました。彼の路線は、康有為・梁啓超・唐才常らの保皇・国会—創立自立国の路線に反対し、また、孫文ら共和革命派にも対立する路線であるといってよいでしょう。(6) 講和交渉中の七月に張之洞は劉坤一とともに『江楚会奏三摺』(7)を出しますが、袁世凱もそれに先立って三月に『変法十条』(8)を上奏しています。こうして、講和成立後、すぐに李鴻章が死去（一一月七日）しますと、満洲撤兵問題はその後の課題として未決のままに残されました。そして列国と李鴻章の推薦で、袁世凱が北洋大臣・直隷総督代理に就任します。つまり、事態収拾は、劉坤一・張之洞・袁世凱路線になったのです。(9) ですから、この時からの施策は彼らの一連の提案に沿うものとなりました。

三、清末新政について

その〈清末新政〉には三つの柱があったように思われます。第一は軍事力の強化です。これは軍事教育の日本化とあわせて、〈新軍〉化という形で進行します。劉坤一の死去（一九〇二年）による湘軍系の衰退によって、その中心は、義和団事変で武衛右軍を山東に無傷のまま残して直隷総督に昇任した袁世凱になりました。一九〇一年の武備学堂拡充、旧軍整理削減、常備軍巡警軍設置からはじまって、〇二年の袁世凱による北洋常備軍営制、保定将弁学堂設置、〇三年の、ロシア軍満洲撤退第三期の緊張のなかでの練兵処設置・同章程制定（財源賦与）。そして一九〇四年の北洋三鎮設立、その拡大としての北洋六鎮（一九〇五年）、そして全国化（三十二鎮）と続きます。

第二は、実業振興です。日清戦争後に各省に「商務局」が設置されましたが不完全なものでした。一九〇一年に、黄思永の上奏によって、事変後の貧民救済と民間企業振興策として北京に工芸局・勧工所が設置され、実業化が図られるようになりました。当初は外務部が担当しておりましたが、一九〇三年に、統一的近代産業政策、産業振興を目指した商部が設立され、各省に商務局が置かれるようになって、本格化します。(10) それにともなって、法律の整備が進められ（商人通例、公司律＝一九〇四年一月、商標章程＝一九〇四年、破産律＝一九〇六年）、一九〇四年一月に「商会簡明章程」が公布されて、商会の設置が始まりました。各地の商会設立は官府から奨励され、官府の保護を受けて出発しました。商部は農業、工芸、商務、鉄道事業の振興を進めます。こうして、民営企業の設立、民営鉄道建設が動き出しました。一九〇六年に、官制改革が行なわれますと、商部は農工商部と郵伝部に分けられます。郵伝部管轄の推進事業が、官収される電報局と鉄道事業――いずれも中央政府財政に稗益する利益収入の多い事業――などになります。

第三は、教育、官制の改革です。学堂の設立（京師大学、三江師範）、留学奨励、翻訳書刊行の奨励、科挙改革（経済特科設置）などを経て、学堂章程が発布され、学務大臣が設置されました。やがて日露戦後の一九〇五年に科挙が廃止され、学部が設立されることになります。

日露戦争は、ロシアの満洲撤兵問題に端を発していましたが、日英同盟にあらわれた日・英・米派と露仏同盟派との帝国主義代理戦争という側面を示しています。この戦争が清国に与えた影響は大きいものがあります。それは人々の民族的覚醒（例えば「拒俄会」）を促したということですが、袁世凱の政治的重みをさらに増加させました。満洲における日露両国の戦闘に対し、清国は局外中立を宣しましたが、万一のために軍備を増強整備し、防禦態勢を整えねばなりませんでした。こうした情勢が袁世凱をさらに押し上げたのです。北洋三鎮が整備されたのはこうした中においてです。かれはそれを率いて楡関（山海関）に出、警備につきます。戦後、ポーツマス講和条約の清国への適用をめぐる北京での「東三省交渉」（「満洲に関する日清条約」）の担当者として外交にもタッチすることになります。

日露戦争はまた、立憲主義の専制主義に対する勝利と受け取られましたから、朝廷にも大きな刺激を与えました。立憲的改革が必然だと考えられるようになったのです。袁世凱・張之洞・周馥が、十二年後に立憲制へ移行するよう奏請したのは、一九〇五年七月のことです。これを受けて清廷は立憲準備に動き出します（五大臣出洋考察）。そして翌〇六年の預備立憲上諭に続き、中央官制の大改革をすることになるのですが、重要ポストはすべて満洲人親貴が占めました。袁世凱は権力を集中しすぎているのではないか、と疑念をもたれ、満洲人親貴らの攻撃の的になり、鉄良らと対立を深め、陸軍第一、三、五、六の四鎮は陸軍部（尚書鉄良）に剝奪されました。また、このことが中央における新たな政治的衝突を生みます。一九〇七年には所謂〈丁未政潮〉、すなわち、満人立憲派といってよい奕劻と袁世凱の派と、漢人派といってよい瞿鴻機・岑春煊派との抗争がおきます。これは奕劻・袁世凱派が勝ちますが、その後、奕劻と結んでいた袁世凱は批判の標的にされ、同年には、張之洞とともに中央に引き上げられて、外務部尚書・軍機大臣として棚上げにあいます。この政治抗争は一面で「満漢対立」の相を再び浮かび上がらせました。

つまり、清朝が日露戦争を機に張之洞・袁世凱的な立憲主義的な官制改革へと踏み出すと同時に、満洲族国家主義が再び台頭してきたといってよいでしょう。そしてこの満洲族国家主義による立憲化＝清朝権力維持のための絶対主義的な中央集権的君主立憲体制への動きが進められるとともに、一連の政策転換がおきます。例を挙げれば、〈新軍〉兵権は尚書鉄良が支配する陸軍部に押さえられるようになりますし、〈商部〉が改編されて農工商部と郵伝部になり、その郵伝部下で鉄道政策は民営鉄道化から、借款を通じた鉄道国有化への歩を進めることになります。この傾向は、一九〇二年に袁世凱下におかれるようになっていた盛宣懐設立に係る電報局が、一九〇八年に株式買収によって郵伝部に官収され、一九〇九年には輪船招商局も官収され、一九〇七、一九〇八年には相継いで交通銀行、戸部銀行が設立され、一九〇八年には京漢鉄道が回収され、一九〇八年から一九一一年にかけて鉄道国有化が進められる、という一連の中央集権的な動きにも表われています。

つまり、一九〇六、〇七年頃に実業振興政策にも変化が起きたといえるでしょう。商部設立後の民間奨励型の実業振興から、中央政府主導型の実業化へと転換したのです。しかしながら、ここで義和団事件後に設置された《商会》

が重要な意味を持ってくるのです。つまり〈商会〉が、実業振興政策とともに企業を設立し実業に従事するようになった〈紳商〉層の政治的結集の場となり、日露戦争を機に民族的に覚醒した大衆とともに対外ボイコット運動、鉄道・鉱山利権回収自辦（＝民族企業勃興）運動に邁進し発言するようになったのです。それは日露戦争以後の一層の資本主義化、民営企業の勃興の時期と重なります。また、遊学政策を通じて日本にきた学生たちは、次第に反満革命の色彩を強め、日露戦後の一九〇五年に「中国同盟会」を結成します。そして、それを背景に数次にわたる武装蜂起を敢行します。その社会的思想的影響はきわめて大きいものがありました。中央集権化を進める清朝支配層はこれに危機を感じ、留学生及び革命派に対する管理取り締まりを強化していきます。孫文が一九〇七年に離日し、『民報』が発刊停止（一九〇八年）になるのは、こうした清国政府の意向を受けていたからでした。

最後は、大衆についてです。義和団事件以後、賠償金支払い、新政費用の大部分は新たな大衆賦課によらざるをえませんでした。義和団賠償金を毎年二千余万両支払いながら、新政・近代化を進めようとすれば必然であったわけです。また日露戦後に多発した利権回収・自辦運動も大衆の経済的負担に頼りました。(11)こうした種種の税目による新政負担は「民変」をひきおこしますが、大衆の運動は自立的な姿をとりえず、〈紳商〉・立憲派の主導する民族主義的運動の下にあったように思います。勿論、会党的部分が革命派との結びつきを見せたり、またいくつかの民変（例えば長沙暴動、山東萊陽暴動など）は自立的な姿を見せますが、それらは進行する清末新政下の資本主義的な経済の浸透、租税負担の増大という趨勢に対する大衆の反応を象徴的に示すものでしょう。

大衆は銅元濫発によるインフレーションによる負担増、新政のための租税負担増に耐え、対米、対日のボイコットや鉱山・鉄道権の回収とその企業自辦のための負担に民族主義（ナショナリズム）的に協力してきたのですが、中央集権化を進める清朝政府は、宣統体制下で鉄道国有化を敢行するのです。こうして、一九〇六、七年以降、辛亥革命の政治的配置が姿を現わします。それを簡略に示せば、次のようになるでしょう。

（1）満洲族国家主義の新たな形（袁世凱を追放して成立した宣統体制によく表われる）

（2）袁世凱を中心とする立憲主義官僚、軍人層（一九〇九年に張之洞は死去）

（3）紳商を中心とする立憲派――商会、諮議局（一九〇九年設立）を結集点とする

（4）共和革命派――留学生（＝各省青年エリート）、新軍軍人、秘密結社

（5）大衆――重い新政負担を負い、一九〇五年以来の民族的覚醒・新たなナショナリズム運動を経験

つまり、新政は清末社会の亀裂を必然的に深めていったのですが、ことに一九〇八年の光緒帝・西太后の死後、伝統主義国家としての清朝の国家的「統合力」は決定的に弱まったといってよいと思います――それからの建て直しが満洲族国家主義による中央集権的君主立憲体制化の促進＝〈宣統体制〉でしょう――。

ですから、「新たなナショナリズム」を補助線として引いてみると、決定的なのが鉄道国有化問題だというのがよく分かります。大衆は新政下の負担増に耐え、ボイコット運動や鉄道・鉱山利権の回収・その自辦の負担に民族主義的な意味を込めて耐えてきたのですが、清朝政府は、鉄道を国有化しようとしました。それは、「近代国家」の国家政策としては「合理的」なもので、そうせざるをえない客観的な状況があった訳ですが、伝統主義国家としては決定的誤りであったわけです。そこには二重の裏切りがありました。大衆株主へ責任を押しつけて損害を与える（鉄道会社資本の欠損部分の切り捨てと政府股票での残存資本回収）という形で国有化し、国家が外国借款を資金に建設するというのです。つまり、民族主義的心情から民営鉄道の建設に協力してきた大衆に経済的損害を与え、建設資金を出す外国に利権を与えるというのです。清朝は近代国家化の方向へ歩を進めつつあったとはいえ、人々の中にはなお伝統的国家像は色濃く残っておりましたから、「国家」は「民と小利を争う」ようなことはすべきではない、[12]「民」は慈しむべ

きである、と考えられていたのに、これをやったのです。これは決定的でした。宣統体制成立時に袁世凱を排除し、のちに親貴内閣を通じて立憲派の離反を招いて、清朝国家主義は全政治勢力を敵にまわし孤立しはじめていたのですが、清朝はこの問題で国家としての統合力を決定的に喪失し、「崩壊」し「下台」することになったのです。何故、清朝は（二）（三）勢力との妥協による生き残り戦略をとらなかったのでしょうか。やはり〈満洲族国家主義〉の感情的根強さがそこに大きく作用していたのだと考えない訳にはいかないと思うのです。従って、辛亥革命後に（二）（三）勢力が政治権力を掌握するのも、革命派が軍事力によって清朝を打倒することができない以上、必然だったのです。わたしは辛亥革命を「ブルジョワ革命」とは考えません。帝国の崩壊ととらえています。

四、辛亥革命へ

義和団事件で清朝帝国の伝統主義理念は終焉しました。その後、清朝は伝統主義王朝国家から近代化へと転換し変質を始めました。「改革」改良路線です。それは、富強化を目指した新たな軍事力強化、実業振興＝資本主義化、教育官制改革を柱としましたが、人民一人あたり一両、四億五千両の義和団賠償金の支払（年額約二千余万両）という財政負担の軛の下で進めなければなりませんでしたから、大衆の租税負担増、銅元濫発によるインフレーションの進行のもとで進められました。日露戦争はこの動きを加速させ、また民族的覚醒をも促し、利権回収運動、ボイコットなどの民族主義運動を通じて、民族企業の勃興を見、一層の資本主義化が進みました。と同時に、経済的混乱も生じさせました。それとともに、立憲制的政治改革を俎上にのぼせたのです。しかしその政治改革は伝統的国家体制のなし崩し的編成替えとでも言うほかないもので、伝統主義的要素を保持しつつの絶対主義化（＝中央集権的君主立憲制化）

への歩みでありました。ですから、かかる政治的改革と、民族主義的色彩をおびた——これは義和団以後のナショナリズムの新たな形です。〈民〉は依拠すべき伝統的ナショナリズムの根拠を失っておりましたから、それは利権回収などを進める紳商層によって担われたのです。大衆はそのイニシャチブの下にありました——実業活動の勃興・資本主義化とが相即的に進行するものとなりました。これに対する中央政府のレスポンスが、政治的には満洲族国家主義の再台頭であり、それによる中央集権化諸政策（＝官制改革、親貴内閣、幣制借款、鉄道国有化など）として現われました。その一方で、諮議局—資政院という議会制的国民統合機構＝国民的合意調達システムの上からの構築が試みられましたが、社会との接合に成功せず、むしろ中央と地方との間の分離対立傾向を増大させました。この満洲族国家主義が、義和団事件後の十年間の変化のなかで生まれてきた社会各層の総反撃——それは立憲主義、共和主義、地方主義、伝統主義そして種族主義とが輻輳するものでしたが——をくらうことになったのです。一九〇一年の北京議定書がその後の中国に課した決定的重みだけでなく、こうしたプロセスの出発点であるという意味でも、義和団事件は中国近代史上において一つの分水嶺的位置を占めるものと思います。

註

（1）拙著『義和団の起源とその運動——中国民衆ナショナリズムの誕生』研文出版、一九九九。

（2）冠県梨園屯での義和拳蜂起の最初のスローガンが、「扶清」だったのか、それとも「順清」だったのかが研究史上の問題になってきたのだが（前著でもなお問題点として残ったままだった）、それは、九八年に威県趙家荘教会にいたIsole神父が、その日記に、Obéissance aux Tsing, mort aux Européens と記録したことに起因している。これを文字通り解釈すると、Obéissance（服従、従順）で、「順清滅洋」らしいのだが、他史料と整合しない。それは、イソレが、「扶清滅洋」の「扶清（フーチン）」を「服清（フーチン）」と聞き理解し、「服」Obéissance と記したと解釈するのが最も妥当なようである。二〇〇〇年の討論会でのバスチード先生との議論で教示を受けた。義和拳運動は最初から『扶清滅洋』として始まったのだった。

（3）その間の事情については、千葉正史「情報革命と義和団事件」（『史学雑誌』一〇八編一号）の参照が欠かせない。しかし文書廷寄と電報の着信の差は、東南各省の総督巡撫が北京からの朝廷命令を「偽詔」として拒否できる良い理由・口実にはなっても、それだけでは、「東南互保」へと動いた彼らの政治行動を説明は出来まい。当時の政治過程、政治路線対立に沿った説明が必要であろう。

（4）『光緒朝東華録』光緒二十六年十二月丁未（中華書局版、一九五八、総四六〇一頁）。

「……康逆の禍、殆ど更に紅巾より甚だし。なお富裕・貴為等の票を以て人を誘い逆を謀る。更に保皇保種の好謀に籍りて、宮廷を離間させるの計を為す。殊に知らず、康逆の新法を講ずるはすなわち乱法にして、変法にあらざるなる、を。……軍機以下、各省督撫に、……現在の情形に就き、中西の政要を参酌して、朝章国故を挙凡して、吏治、民生、学校、科挙、軍政、財政は、もとのままにすべきか、革めるべきか、省くべきか、併せるべきか、……如何にして国勢始めて興るか、如何にして人材始めて出ずるか、如何にして度支始めて裕なるか、如何にして武備始めて修まるか、各の知る所を挙げ、各の所見を杼べよ。両個月を通限として詳悉條議し以て聞かせよ。」

（5）李国祁「張之洞的外交政策」（中央研究院近代史研究所、民国五十九年、台北）第三章、第四章。

（6）永井算巳「東南保護約款について」、『信州大学文理学部紀要』第九号、一九五九。

（7）『光緒朝東華録』光緒二十七年八月癸丑（中華書局版、総四七二七～四七七〇頁）。

その大綱を挙げれば、「興学育才四条」は、①文武学堂の設置、②文科を酌改する、③武科をやめる、④游学を奨励する、こと。「整頓中法十二条」は、①節倹を崇ぶ、②常格を破る、③損納を停止する、④官僚の再教育と俸給の引き上げ、⑤書吏を去る、⑥差役を去る、⑦刑獄を恤す、⑧人事制度を改める、⑨八旗の生計を籌する、⑩屯衛を裁する、⑪緑営を整理する、⑫文書制度を簡にする。「西法採用切要易行者十一条」は、①広く游学に派遣する、②外国の操練をおこなう、③軍実を広くす、④農政を修める、⑤工芸を勧める、⑥鉱山法・鉄道法・商法・交渉刑法を定める、⑦銀元を用いる、⑧印紙税を行なう、⑨郵政を推行する、⑩洋薬（アヘン）を官収する、⑪日本西洋各国の書を多く翻訳する、である。

（8）『袁世凱奏議』（天津古籍出版、一九八四）、巻九、「遵旨敬杼管見上備甄擇摺」。十条とは、①号令を慎む、②官吏を教育する、③実学を崇ぶ、④実科を増やす、⑤民智を開く、⑥游学を重んずる、⑦使例を定める、③名実を弁える、⑨度支を裕くする、⑩武を修める、である。

（9）光緒二十七年八月二十日上諭、「特設政務処…、政務処大臣栄禄等面奏変法一事、関繫甚重、…変法自強為国家安危之命脈、即中国民生之転機。…劉坤一・張之洞会奏整頓中法以行西法各條、其中可行者、即著按照所陳、随時設法、択要挙辦」（『光緒朝東華録』総四七七一頁）。

（10）この商部設立の過程とその振興策については、劉世龍『中国の工業化と清末の産業行政』（渓水社、平成一四年）が総括的な研究である（とくに、第一、三章）。また、一九七〇年代の研究だが、曾田三郎「商会の設立」（『歴史学研究』四二二号、一九七五）、倉橋正直「清末、商部の実業振興について」（『歴史学研究』四三二号）、同「清末の商会と中国のブルジョアジー」（『歴史学研究』四三八号）などがある。

（11）菊池貴晴「清末山西における鉱山利権の回収運動について」、同「清末の経済恐慌と辛亥革命への傾斜」（同『増補　中国民族運動の基本構造』、汲古書院、一九六六、所収）。

（12）藤岡喜久男『中華民国第一共和制と張謇』汲古書院、一九九九、六〇頁。

第九章　近代中国のナショナリズムの変容と蔣介石
——清末義和団から国民革命へ——

はじめに

一九〇五年に清朝学部に招聘されて進士館で教習として教えていて北京で辛亥革命を実見した矢野仁一（京都帝大教授）は、一九二七年に東京帝大史学会で義和団について講演を行なったことがあった。(1) かれはその際、国民革命の激動に触発されたのであろう、義和団は国民革命に類似していると指摘し、現今の国民革命の動乱は、多年ある程度人民に承認された政権である国民党と、ロシアを背景にする熱気ある共産党と、多数の智識無き群集との結合が作り出している、それらが結合するための「名号（名分）」が不平等条約撤廃、帝国主義打倒なのだ、義和団の動乱もこれと同じで、毓賢や端郡王らの満人・保守派官僚と、義和拳という実行精神旺盛な熱狂的教団と、付和雷同性の群集が結合した点ではよく似ている。その根底には中国社会の騒乱の精神がある。「名号」があるとそれらが結びついてこのように騒ぎが大きくなるのだ、という。このように国民革命期に改めて義和団の歴史的意味を考えて、それを再評価してみるという動きは何も彼に限ったことではなく、陳独秀をはじめとする『嚮導』あたりの初期中国共産党員の義和団論とも軌を一にしたものである。(2) つまり国民革命が義和団を歴史の記憶の中から呼び戻したのだ。その後の歴史的経験から言えば、「文化大革命」がもう一度義和団の記憶を呼び戻すのだが、それはあとで触れる[3]。北京議定書（辛丑条約）から四半世紀、ワンサイクルを経て、前近代的で非文明的で野蛮な、禍だけを中国国家にもたらした（庚子国変）と言われた否定すべきかの義和団が再評価されたのである。それは五・三〇運動前後に起きた義和団とはワンサイクル違った「反キリスト教運動」の経験と反文化侵略・反帝国主義運動との中からだった。この歴史的な経緯は、循環的であると同時に、近代中国の社会変化――農業社会から初期産業社会への変化――を背景にしたナショナリズムの変容によってのみ説明しうるようである。この近代中国のナショナリズムの変容と蔣介石との関連を考えてみようというのが本章の趣旨である。

一、大衆的プロト・ナショナリズムとしての義和団

わたしは、中国ナショナリズムの誕生を義和団時期に置く。しかしこのナショナリズムというのを概念的に規定しておかないと、議論が先に進まない。ここでは、アーネスト・ゲルナーのいう「政治的単位と文化的単位が一致すべきであるという原則」[4]を定義として論を進める。だから以下の議論は、この理論を参照系として歴史的現実を整序するというやり方を採ることになる。これは、歴史的現実の持つ多様性を捨象するという危険を冒す方法ではあるが、しかしある意味では、単純化によってよりクリアーに問題点を見ること可能になるという有利な点もある。したがって議論の焦点は文化と政治をめぐるものになる。だが、ゲルナーの規定は、ホブズボームがいうように、下からの視線が無い[5]。義和団や国民革命を入れるには大衆的プロト・ナショナリズムともいうべき下からの視線が要る。こうした観点を挟み込みながら見たとき、義和団をどのように考えることが出来るだろうか。

下層民衆次元から見ると次のようになろう。清末義和団時期は農業社会だった。農民大衆は直接見聞きする生活世界、小共同体的な地域世界で、農業を中心にした経済生活を、伝統的な家族血縁制度、地域社会秩序、宗教や演劇などの民衆文化（小伝統）をまといつつ生活していた。そこには地方的差異とともにそれぞれの内部の伝統的な秩序とそれを支えるモラルがあった。これが基底である。その上に、知識支配層が乗っかる。老百姓と支配層との間には共通習俗（通俗的な宗教や文化の共有）があって、科挙制度を通じた架橋もあったけれども、上下両文化には裂け目があった。知識支配層は読み書き能力と古典教養を身につけ、伝統文化（大伝統）を継承し、国家の家産官僚として君臨していた。上層下層関係は不平等で、双方の文化的同質性は少ない。むしろ差異が目立つ。農民世界も、方言群や地理的環境に基づく経済様式の差などの相互の相違性が顕著である。従って、文化は水平的にも垂直的にも、差異化されている。むしろその差異をこの農業社会は好んだ。ここでいう「文化」とは、考え方、言語・記号、連想（象徴・表象）、行動とコミュニケーションの様式からなる一つのシステム、人が生きる空気、マックス・ウェーバーやクリフォード・ギアーツ流に言えば「意味の体系」である。その共有文化（客観的要因）を基礎としたコミュニケーションを通じて互いが同じ範疇に属する仲間であることの認知（主観的要因）によって「民族（ネイション）」となるのだと一般的には言っていいのだが、しかし、この農業社会では差異が大きく、単一の文化的アイデンティティは意味をなさず、文化的境界と政治的境界は違った要因でなされる。清朝帝国は単一の文化や単一の経済システムで結合された単位ではなく、「政治」によって結合された「世界帝国」、一つの大きな政治的単位だった。(6) その内部は異民族支配も含めて文化的差異に溢れていて、単一の文化的アイデンティティは広がらない。ここには文化と政治と融合する力はなかった。

これに対して外から大きな衝撃が加えられた。日清戦争である。遼東半島と台湾の領土割譲を含む講和は衝撃だった。広い中国の一部を夷狄に少しぐらいやっても、と鷹揚にしているわけにはいかない事態が起きた。つづいて中国「瓜分《ぶんかつ》」の動きが激化した。これに、支配層の高文化と民衆文化が反応した。大伝統の高文化からは、漢族若手官僚たちの、清朝の祖法を変え政治体制を変革しようという変法の動きが出た。この変法運動の背後には「愛国心」がなかったわけではないが、同調した光緒帝と康有為の変法自強の精神による政治体制変革である。この動きが可能になるには、「爆弾」＝大伝統の文化的破壊が必要だった。

つまり、つぎのような関係になる。康有為の『孔子改制考』をはじめとする諸著作は、伝統的高文化のパラダイム破壊であり、その組み換えだった。その方向への組織的運動＝学会結成・新聞発行・学校教育の進展とともに高文化の文化的変化が生まれた。それを背景に政治体制改革が目指された。だが、この高文化はその意味ではまだ伝統文化「孔教」内にあった。だが、この破壊と組み換えがなければ、光緒帝や多くの漢人官僚たちの熱い政治運動・文化運動にはならなかったといってよい。伝統文化の組み換えが先行し、その後に文化的変化、政治運動がくるという展開だ。高文化についてはこのパターンは繰り返す。

民衆文化は、国際関係の激動、領土割譲、賠償金支払い、租借地といった列強の中国からの掠奪と自らの生活世界内における外国人キリスト教宣教師・教民による攪乱とが相互に強化しあっていることに対する憤怒からの反撃だった。この義和団のナショナリズムについて簡単に整理しておく(7)。

根底には条約特権に基づくキリスト教布教がもたらした社会的文化的諸問題がある。これには官僚紳士層の大伝統＝高文化からの反発が、やつらは天「猪叫《ツジャオ》」(＝天主教《ツジャオ》)だというような文化的蔑視をともなった仇教闘争というかたちで表面化したが、結局、外交圧力の中で屈服していった。しかし問題は社会生活の中に累積し続けた。布教が農村生活の深部にまで及ぶと、外国人宣教師と中国人改宗者の行動によって血縁宗族秩序が攪乱され、宗族規範が無力化されたり、祖先祭祀が侵害されたりした。さらには郷村秩序の分裂・破壊が起きた。宣教師の裁判への干渉、治外法権の教民への外延化が教民の横暴さを蔓延させ、平民と教民との対立・恨みは深刻化していった。宣教師と教民の横暴を支えたのが外国公使館と上海青島などに駐留する外国軍隊だった。ドイツ帝国の侵略政策とドイツカトリックミッショナリーとの一体化が「膠州湾占領」を生み、「瓜分」を激化させた。だから、反外国・反外国宗教の抵抗（義和拳運動）が山東で起きたのである。外国人の影響を受けた「西洋化」志向の変法運動をつぶした政変《クーデタ》を「北京は外国人を逐い出した」と理解し歓迎した民衆は、政府中央もやったのだから自分たちも周りの「外国人」＝教会教民をやっつけていいのだ、やっつけようと攻撃に立ち上がった。彼らの当面の目的は外国人の手先と見なした中国人改宗者への懲罰と「背教」、つまり中国宗教＝「大教」への復帰を強制することだった。教民がキリスト教に入った罪、すなわち、われらの「中国」文化共同体に背反し異習俗集団に入ったこと自体が罪だ、その罪への懲罰は中国（大清）の「官」が当然おこなうべき懲罰だが、それを自分たちが官に代わって行なっているのだ。つまり正義の代執行をしているのだ。自分たちは「義」（正義心）を「和」した「拳」だ。この拳は天上の神々が下した「神」の拳で――神拳、義和拳――、われわれの正義は天上の神仙英雄に直接しているのだ、それでもって地上の「悪」、「汚染」源である教会教民に対して攻撃をおこなうのだ、と考えていた。そうした攻撃の最後の目的はというと、このように西洋人とその異教の神によって穢され、解体されつつある伝統的な習俗秩序、歴史的に伝承した規範ないし固有の文化を再び建てなおそう、生活世界のキリスト教による「汚染」を排除し、伝統的民衆文化によって再び生活空間を浄化聖化しようということにほかならない。文化防衛主義である。その政治的表現は、世界帝国の黄金期である乾隆時代の対外関係の再現願望であったりしたが、究極的には布教を認可した不平等条約に反対する、ということになる。西太后は、光緒帝はキリスト教徒になり、祖法を変えようとした、と考え、義和団民衆は教民を、西洋人宣教師とつるんで西洋化を推し進めた康有為党の残党と考えていたから、西太后と義和団民衆の文化志向とは同じ方向だったのである。

人間は常に集団に属し、自然を領有して、そこで集団を維持し再生産してきた。そして集団に対して一体感あるいは忠誠心を持った。この郷土への愛を含む幾つかの要因が「パトリオティズム（愛国主義）」といってよいのだが、この原基的な心態のある特定の社会状況における発露、文化的同質性に基づく集団としての認知確認がここにはある。外国人異教徒・異習俗集団から否定的統一性を与えられた苦の運命の共有と、相互的に自らをかかる文化的同質性（義和団の神々が象徴するコスモロジー）を持つ集団として再確認している。彼らは自分の帰属する下位集団ではなく、このような帰属「文化」単位をこそ「外国教会・外国」に対抗的に打ち出したのだが、この大きな単位とは何か。かれらはこれを「聖道」「大教」と言ったり、「清」と言ったり、「中華」「中国」と言ったりした。これが彼らの忠誠心をささげる対象単位だった。彼らが下位集団世界からより大きな文化単位の文化的同質性へと至る上昇過程、そしてその文化単位に包摂される過程を象徴したのが神霊附体（シャーマニズム＝孫悟空、楊二郎らの神霊附体）であり、その神霊演劇パフォーマンスだった。

義和団の運動が広範な大衆の心情を代表するナショナリズムであることを、清国政府の総理衙門大臣は、つぎのように語っている。

清国のように『代議制』の機構を欠いた政体では、現在のごとく明らかに一般の輿論が義和拳の運動を是認している場合には、政府が人民の意志を無視することは困難なのです。この運動はまず中国のキリスト教徒と宣教師たちの行動によって引き起こされた根深く固い憎しみの表現なのです。義和拳が人々の普遍的な感情を表わしているのに、区別もせずに懲罰を加えたならば、中国の良民たちはそれを、きわめて不公平なことだと考えるでしょう。(8)

このように、文化的心情からいえば、当時の清国人万民共通のものだった。だから、戊戌変法をつぶし光緒帝から権力を奪った西太后保守派の満洲族国家主義は心情的にも国体上も、これを否定できなかった。しかし、義和団のナショナリズム思想と心情の表現スタイルは上記の如くきわめて象徴性に富んだ儀式的パフォーマンスだった。それは、読み書き能力をもつ文化を基盤にしてなかったが故に、その文化的心情をなかなか言語によって思想的に表現し得なかったことの裏返しだった。運動が読み書き能力に基づくのではなく、呪術師のいる民間信仰の小伝統から発したものだったから、ある意味では必然だった。それは真情あふれる行動ではあったが、結果は惨憺たるものだった。

二、ナショナリズムの文化的変容——新政・辛亥革命・五四・国民革命——

一九〇一年に清朝は変法上諭、新政のマグナカルタを出した。祖法を変え、近代化することにしたのである。これは清朝中国が「初期産業社会」化へ足を踏み入れたことを宣言したものといってよい。そして商部等を設立し、産業化への道を歩み出した。(9) この動きの中で、文化の変容が生じた。その中身は後に見るが、その基盤整備を受けて展開されるのが、一九〇五年の反米ボイコット闘争である。

「ネイション」がいわば最初に出現するのは、「移民」によるいくつかの居留地においてであろう、というのは真理である。彼らは共存する他者から区別されることを必要とする人間集団、異文化に囲繞され他者による差別を受ける運命を共有する者として、互いの差異性を超えた大きな単位、将来のあるべき姿としての「仲間」人間集団を発見する。一九〇五年の闘争は、そうした人々によって発動された。とりわけハワイ華僑の新聞人陳儀侃によって運動のスタイルがあたえられたのは象徴的である。そして運動の広がりを媒介したのが、海外国内を結ぶ電報通信ネットワーク、新聞その他のメディアによるコミュニケーションであり、学校教育を通じ読み書き能力を身につけ、海外を流動する人々を結びつけた新たなコミュニケーション様式をもつ新文化だった。彼らは自分たちの運動が義和団のような野蛮なものではない、文明的なものであることを強調した。この運動の内側を満たしているのは伝統文化ではない。商会・善堂などだけでなく、学生と知識人が大きな役割を果たした。読み書き能力と産業経済をベースとする文化的同質性を基礎とした「近代的な」ナショナリズムで、国家主権、国体、民族地位の平等を問題とし、大陸本土（上海・広東などの諸都市）とアメリカ・ハワイ・ペナン・シンガポール・オーストラリアの海外諸地区にいる華僑移民とを含む同胞性・共通文化、その空間に一つの政治的屋根をかけるように国家に請願し、国家を後援し、ともに行動したのだった。高文化ナショナリズムの形成過程だったといってよいだろう(10)。

この時期の、拒露運動、利権回収運動・民族工業育成、鉄道自辦運動などを支えたのは、こうした高文化ナショナリズムだった。これらに共通の政治的屋根をかけようというのが清末の立憲運動だったといってよい。だから一九〇五年反米ボイコット運動と初期産業化時期の立憲運動との連続性が見られるのである。

張存武は、「ボイコット運動は形式的にも実質的にも『五・四』運動と似ている。『五・四』事件は、人民が政府が講和条約に署名して国権を喪失することを恐れて奮起し、阻止しようとし、『外は強権に抗し、内は国賊を除く』をスローガンにした。原動力は新文化運動であり、新文化運動も『五・四』事件によって拍車をかけられた。ボイコット運動も政府が移民禁止条約を改訂するのを阻止しようとして起きた。これが発展して米貨ボイコットにとどまらず、清朝に反抗するようになった。その源動力は日露戦争ないし義和団以来の民族的覚醒に淵源したものだが、この覚醒はボイコット運動によってさらに旺盛になった(11)」とすぐれた指摘をしている。

留学生、華僑、移民が自分たちを被ってくれる政治的屋根を海を越えて伸ばしてくれるよう欲しても、弱体化した清朝政府は出来ない。だから、新たな政治的屋根（国家、強国）を求めることになる。保皇派と革命派との論戦をつうじて、政治的単位と文化的単位の相剋が浮き彫りになってきた。革命派は、その積弱の原因を満洲族支配に求め、これを排除し、漢民族の歴史と文化への愛惜を共有する文化的同質性に基づき、それと一致した政治的単位を求めた。漢民族主義の排満種族革命論である。保皇派は、二百数十年来の満漢一体化の文化的状況の現実性に依拠して、国際社会の中での清国（「清朝中国」）による政治的集中と国権回復、「中国」の一体性＝不可分性を主張した。(12)彼らはともに、機関紙・印刷物（出版資本主義）というメディアを通じて過去の記憶を呼び醒まさせ、それを政治的に宣伝し動員しようとした。このメディアは民衆文化を基盤とした運動が持った神秘的予言的な伝単や掲帖などと著しい対照性を示している。科挙廃止によって伝統文化が弱体化するなか、学校教育・読み書き能力・出版資本主義の普及、初期産業化による都市人口の増加、留学生・兵士・華僑といった流動人口の増加、こうした諸要素の内容を持つようになった移行期の高文化に基づくナショナリズムである。

しかし、清朝支配層は、満族支配民族と支配される漢族とが混じりあい、文化的な連続体を形成するような流動的な社会を運営する意志と能力をもっていることを政治的に表明することに失敗したのである。その意味で、B・アンダーソンのいう「公定ナショナリズム」(13)の形成による統合に失敗し、その支配は解体した。清朝はなぜ亡んだか、それは改革をやったからだ。無論、改革をやらなかったら別な形で亡んでいただろうが、改革をしたからである。清末新政の改革が世界帝国の王朝の基盤を掘り崩したのだ、というのがわたしの考えである。

トクヴィルは、「革命が破壊した体制のほうが、大体において革命直前の体制よりもよく出来ていた。経験の教えるところによれば、悪しき政府にとって最も危険な時期とは、一般に自ら改革を始めるそのときである。」と書いている。(14)このことは、清朝についてはは勿論だが、中華民国や旧ソ連にも当てはまるのではないだろうか。

あるいはローレンス・ストーンのいう相対的剝奪感、革命というのは悪いときよりも、人々がより悪くなると感じたときに発生する、すなわち、集団の期待と現実の感覚との間に差異があると感じたときに起きる、[15]というのが正確ではなかろうか。

しかし、「中華民国の夢」は袁世凱支配の下で息を吹き返した伝統文化のもとで窒息した。その象徴が張勲復辟と康有為の「孔教」国教化――これは康有為的な意味での「国民創出」論であり、梁啓超の「新民論」とはまた少し違った位相にあるが、中華民国の内側を国教「孔子教」の文化的同質性で満たそうというものである[16]――であり、そして、袁世凱による帝政運動だった。だからその次ぎには徹底した伝統文化の否定が始まった。新文化運動だ。専制主義の根本をなす家族制度、人を喰う儒教道徳への徹底批判、西洋崇拝の個人の解放が唱えられ、サイエンスとデモクラシーが象徴的スローガンになった。「伝統文化からの知的離反」「破壊」である。この文化運動の性質を最も象徴するのが「白話文学」の提唱＝文学革命だろう。「白話報」新聞は以前から発行されてきたが、読み書きと文学の白話化は、清末以来の新式教育によって次第に多く生み出されつつある読み書き能力を身につけ、諸都市に流動人口としてやって来る学生たち、都市住民、商人と従業員、労働者これら各層に同質的な近代文化の基盤を作るうえできわめて大きな作用を果たした。

だからこの新文化時期の義和団論、つまり農民大衆の下位文化によるナショナリズム運動についての評論は、陳独秀の「ケッテラー碑」（一九一八）[17]に代表されるように、中国伝統文化の遅れた側面、非文明的で野蛮なものとしてきわめてネガティヴなものだった。無論、一部の例外を除いて、義和団を「匪」「邪」「乱」「異端」「愚昧無知」「迷信」と蔑む、「文明」志向的評論は北京議定書以来一貫していたともいえるのだが。

しかし、この新文化運動の西洋崇拝はパリ講和会議で挫折を味わう。西洋崇拝、文明の公理と正義を当てにして臨んだ講和会議で中華民国は大国に裏切られた。二十一ヶ条を取り消せ、青島を返せ、講和条約に調印するな、と叫ぶ学生大衆のナショナリズム感情は、日本に国を売った国賊に向けられた。彼ら学生たちは政府の動きを暴露し、外国に中国「国民」の真意を伝えよう、内に国賊をやっつけよう、と「国民大会」を開き、政府を批判し、日本製品を排斥し、「国を救うときが来た」と運動を展開し、国民の奮起を促した。これに商人を始め国民各層が応えた。なかでも、注目されるのは、大戦期の民族工業の勃興とともに都市に大量に生まれていた労働者層が政治的に登場してきたことである。つまり初期「産業社会化」が進展していたのだ。それにともなって読み書き能力を基礎にした「同質的な」文化を基盤にした政治運動が出てきたのである。

大転換だ。西洋の文明主義の公理正義への信頼は失われた。ウィルソンの十四ヶ条は、一九一七年一一月の全ロ・ソヴェット大会（レーニン）の「平和に関する布告」、つまりロシア革命への対抗を意識して唱えられたものだが[18]、一方への幻滅は、カラハン宣言を通じて正義と公正を訴えるもう一方のロシア革命・マルクス主義への知識人学生たちの知的傾斜を生んだ。この西洋への幻滅、ロシア革命・マルクス主義、労働者階級の登場、これらが相俟って、パラダイムの転換が起きる。孫文派は中華革命党から中国国民党へと編成替えし、中国共産党が結成され、孫文も一九二二年から共産党と接触を始める。文化的にも大きな質的転換が起きはじめた。世界認識のパラダイム転換といってもよい。ここで、世界を強盗世界と認識し、外国勢力を「帝国主義」と規定するパラダイムが普遍化した。李大釗のマルクス主義がそれを最もよく示すものである。

そしてこれらを受けて、孫文の思想的転換、新三民主義への転換が生まれた。この脱皮を成し遂げたところに孫文の優れた点がある。国民党も革命的大衆政党に脱皮する。しかし、それには背後に、上記のような文化基盤の移行と変容があった。狭間直樹は、一二〇年代中国社会の性格を、初期産業社会化、都市人口の急増、都市を基盤にした出版ジャーナリズムの確立（新情報媒体による「国民」意識の形成）をあげている。[19] 妥当な指摘である。いままで使用してきた言い方をすれば、読み書き能力を基礎とする同質的文化の共通基盤が成立し、相互認知性のある「国民（ネイション）」意識が生まれたということ、そしてそれと一致させるべき政治的統一集中の要求（軍閥と帝国主義への反対）、対外的主権の主張（不平等条約撤廃と革命外交）が生まれてきたということになる。だから、国民革命は義和団と同じく、対外的には帝国主義諸国を敵視し、中国内部の帝国主義勢力に闘争を挑むことになる。軍閥勢力は帝国主義諸国家と結んでいたから、これは打倒の対象ではあれ、国民革命運動が援助する対象ではなかった。

一九二〇年代はかろうじて日中関係はまだ「日中親善」をいう余地を残していたが、五・三〇事件以後、高まる反帝国主義ナショナリズムの「国民革命」期に、その余地はほとんどなくなる。それとともに、清末に日本に留学して日本的新知識を獲得した辛亥革命世代に代わって、英米系の知的教育を受けた若者（ヤング・チャイナ）あるいはアナーキズムやマルクス主義などの新思潮を受けた若い世代が登場してきた。国民革命はそのエネルギーを背景にしていた。この思潮と世代の転換を孫文は乗り切ったが、「革命未だ成らず」して死去した。

欧州大戦後、アジアに復帰した欧米列国の圧力が急激に加わった。中国の国家主義も発展してそれに反発力を示しはじめる。その背景には、ウィルソンの民族自決、労働・婦人運動などの世界思潮、その潮流と同じ被圧迫者の解放運動、国家主義、国家解放運動があったが、また大戦中の民族工業の発達にともなって列国資本への経済的抵抗の動きがあり、ロシア革命の影響があった。これらを背景にして、一九二一年から二七年にかけて、反キリスト教、教育権回収、反文化侵略、反帝国主義の運動が起きてくる。[20]

一九二二年四月に北京で世界キリスト教学生同盟大会が開催されるとの予告が出ると、上海で「非基督教学生同盟」が結成され、ついで北京で李大釗らの「反宗教大同盟」が結成されて、反キリスト教運動が起き、全国に波及した。

上海ではキリスト教は資本主義・帝国主義の手先だとして指弾されたが、北京では科学的学術的立場から批判された。キリスト教は迷信的で非科学的なもので、青年学生に麻酔をかけ、誘惑欺瞞している。宗教は科学・真理と相容れない人道主義に反するものだ。中国は清浄な国だったが、数十年来キリスト教の侵入によって穢された、その害は甚大だ。しかしこの運動は義和団のような排外ではない、知識ある科学的な反宗教運動だ、という。そして反キリスト教宣伝書が盛んに出版された。清末仇教運動の衣替え的な類似側面だが、反対の論理は、①科学と民主をいう五四以来の新文化（例、「少年中国学会」の非宗教活動）、②ナショナリズム（教育独立、民族自由をいう国家主義）、③国際資本主義の侵略反対をいう共産主義、これらからなっていた。運動は大会閉会とともに沈静化したが、二四年に奉天・広東での文化侵略反対・教育権回収運動として再燃した。広東の学生や上海の「非キリスト教同盟」は、教会学校の教育は「洋奴」化教育で、学生を独立国民として扱わず、中国の掠奪を目的にしている、「神父先に立ち軍艦これに従う八十年来の歴史」を忘れるなと警告を鳴らし、ＹＭＣＡその他で社会に入り込み国際資本の宣伝者、先鋒として中国民族の覚醒の破壊をおこなっている、と非難した。そして、政府に教育権を回収させ、外国人の学校は中国主権の支配を受けるようにさせる、国民に外人の文化侵略の危険性を知らしめよう、という動きを示した。

この反対運動は、中国の国家と社会の中堅人物となるだろうと期待される希望の中心たる青年学生が、五四運動後に工読互助団活動などで模索をつづけているその一方で、二〇万人もが英米系教会学校でキリスト教と英語の教育を受け外国人の翼下で生きようとしている、その二つの現実の対決、双方の思潮の青年の奪い合いという様相を見せている。これは、英米流教会教育を受けた異質な国民（義和団的に言えば「教民」）を作り出すことへの拒絶といっていい(21)。だから、この反キリスト教運動の中で義和団が称賛される文章が書かれたり(22)（二四年九月）、共産党を結成した陳独秀が、以前の義和団評価を転換させた文章を書いたりすることになったのである(23)（二四年一二月）。

一九二五年の五・三〇事件以後、反キリスト教運動は高まる反帝国主義運動との結合を強め、この反文化侵略・教育権回収の方向を一層強めて再燃し、二五年のクリスマスにピークに達した。教会学校の学生は英語はできるが中文はできず、英米を愛し、中国を愛さない学生を作り、愛国運動を圧迫している、学生は外国会社や外人支配下の買辦や郵便・電話・鉄道・海関・塩務署に人材を送り、外交界・教育界は彼らが巾を利かせている。彼らは教会事業と外人の籬下で生を偸んでいる。かかる奴隷教育を受け、中国人の心理思想と全くかけ離れてしまう青年が二〇万人も大量に出てきていることは、文化的同質性を基礎とする国民形成にとっての障害だと主張されたのである。教育は国民創出の最も重要な、国家のみがなし得る基盤整備事業そのものだったが、中華民国は政治へゲモニー争いの軍閥抗争に明け暮れ、この国民教育を忘れた。その虚を衝いて欧米キリスト教勢力の文化事業が拡大し、かくのごとく動かすべからざる勢力になった。五四運動ではこれらの学生が活躍したのだが、民族的自覚が今度は教会学校教育に向けられた。そしてこの文化侵略反対の昂揚の中で、かつての義和団は反帝戦士にされ、湖南の学生達は自らを義和団の継承人だと言うようになった。そして「到郷村去！」「到農村裏去！」というスローガンも叫ばれ、一九二六年以後には外国人宣教師の殺害や教会破壊なども起き、宣教師が上海などに避難した。二七年の国共合作崩壊でこの動きは下火になったが、中国キリスト教には大きな打撃になった。

この運動を義和団と比較してみるとこの間の中国ナショナリズムの変容がよく見えるように思われる。国際的思想潮流との結びつきとその影響、そして大都市における産業社会化を背景に、教育・コミュニケーション手段の発達による読み書き能力を基盤とする高文化の文化的同質性がこの運動の中核をなしたのである。

運動主体は、学生の連合組織、知識人たちであり、運動は群衆を動員して全国の諸都市、とくに大都市で拡大した。キリスト教批判の思想は、西洋的な近代思想、ナショナリズム（中華民国国家主義・中国民族主義）、反帝反資本主義の共産主義で、攻撃対象は主に英米プロテスタント教会とその学校教育だった。五・三〇事件を分水嶺にして反帝化した反キリスト教運動は、二六年の北伐開始とともに別の運動相を示す。それは熱気のある大衆的な反帝国主義運動と戦争で、こうした経験を経た若者たちが農民・労働者を組織扇動しつつ、反軍閥・反帝国主義の「国民」革命を展開したのだから、義和団と類似の「過火」（度を越した）局面が生まれ、そこに矢野仁一が前述したように義和団と類似した動乱のすがたを垣間見たのも頷けることなのである。

	義和団	反基督教運動
運動主体	農民大衆の武術組織	学生知識人の組織
活動地域	華北農村地区から都市（京津）へ	全国大都市から（郷村へ）
思想	伝統的民衆文化（呪術的不死身信仰）	近代西洋思想・国家主義・共産主義
目標・スローガン	扶清滅洋（国家擁護・外国宗教排斥・伝統文化擁護）	反文化侵略・教育権回収（国家主権回復・非宗教・外国文化侵略排斥）
攻撃対象	カトリック教会教民	プロテスタントのミッションスクール

三、蒋介石とその民族主義

さて、このような近代中国のナショナリズムの歴史的変容を考えてみたとき、一九二八年以降政治権力を掌握した蒋介石とその政治はこのナショナリズムとどのように呼応したものだと考えられるだろうか。

彼の人間的な資質性格とその思想性からいえば、留学先の日本陸軍士官学校・連隊での教育の影響が大きく、日本軍人の人格類型に近い人物だったといえよう。[24]もともと彼は少年期に良い教育を受けなかったこともあって、自分の学識と性格にいくつかの癖・性向があることを自覚し自己反省するところがあった。だから、民族主義者・革命主義者として「蓋世の人物」たらんとする志を立てた以上、人格高尚でなくてはならないとして、智・徳・体を完成させるために克己修養が大切だと、曾国藩流に反省の日記をつけ、自己反省しつつ学と修養に努め、身体力行に励んだ。その点、自己克服的な精神主義者で、宋明理学＝道学の伝統的道徳主義を実践する人間だった。だが、それが外面化すると、リゴリズムや、自分が革命や真理、生活模範であるという個人中心主義になりやすく、他人を自分に至らない存在だとする傾向（独裁的側面）が出た。[25]曾国藩、胡林翼、左宗棠に親しみを感じ尊敬するかれは中国伝統文化の道徳倫理観の持ち主だったが、五四以後に新思潮を受け入れ、マルクスや経済学を読んだり、ソ連経験ももっていた。しかし、孫文のような西洋的教養や、欧米キリスト教世界・海外華僑・日本各界（政財界・アジア主義者）との強い繋がりを持つ幅広さはない。蔣介石は日本的な軍人資質、明治文化的な教養、日本との繋がり（張群や他の留日組が補助した）は持っていたが、西洋文化の教養資質や欧米キリスト教世界との繋がりを欠いていた。このウィングを補完保障したのが宋美齢だった。だから宋美齢との結婚が蔣介石をして孫文の後継者たることを保障した側面は大きいだろう。外交的には彼らは二人三脚だった。宋美齢抜きに政治家蔣介石は語りえない側面を持っていると思う。

蔣介石はのちに武訓顕彰をおこなったり（一九三四）、「新生活運動」（一九三四）、「文化建設運動」（読経運動、存文運動、一九三五）を始めるが、それらは蔣介石の文化志向を最も良く示したものであり、検討に値する。新生活運動は一九三四年二月、江西省での共産党囲勦戦の最中に、昌行営で行なった講演をきっかけに始まっている。だから、勦共戦、および背後の満洲事変と連動した準戦時体制化の精神的動員の側面などを持つのだが、文化的な面に限って言及する。この講演は、大衆への直接呼びかけではなく、基層社会の指導層である知識分子に対する呼びかけ、彼らが自覚的積極的に大衆を教化するように呼びかけたものである。蒋は、ドイツ復興と対比させて、一般国民の徳性智能がドイツや他国に及ばないことが国際社会における侮りを受けている原因だとし、痰を吐き、小便をする穢い不衛生な日常生活の基本を、良知良能をもって「文明化」[26]する、食衣住行を整斉、清潔、簡単、素朴、迅速、確実にし（〈行動信条〉）、〈精神信条〉である人たるの道理＝礼儀廉恥の準則（四維）に合致させるようにしなければならないと唱えた。日本では、冷水で顔を洗い、冷飯の弁当を食う、これは日常生活の軍事化で、これを見習うべきだ。こうして人々の生活を整調画一にし、強健な身体と健全な精神を持ち、規矩を持ち身体力行する軍事化を進め、生産化（国民経済運動）し、芸術化を進め、民衆を訓練し、現代的国民（中華民国の国民）をつくる——自分が手本である——、（中華民国国民政府）国家建設、中華民族復興のための革命運動なのだ、と位置付けた。[27]これは、国民の生活規律の確立、中国固有の民族的道徳の回復（良知良能、礼儀廉恥）によって「国民」をつくり、「中華民国（国民政府）」国家内部を満たし、「現代国民国家」たらしめようという蒋介石流の「国民創出論」だった。しかし後に蒋介石自身が語ったように、国民の意識改革にはつながらなかった。だが、それはある種の近代性も持っていて、農民大衆の伝統文化に対する「破除迷信運動」のような「近代主義」からする文明化政策、すなわち、先知先覚者たる国民党国家の高文化からの民衆文化（＝義和団のナショナリズムを生んだ民衆文化）の開化、上からの「近代的国民文化」の強制的普及という側面も持っていたのだが、農民大衆からは反発されたのである。また、それがやや復古的文化の側面を持ったことも否定できない。位相的には辛亥革命後の袁世凱に近いものになる。つまり、「伝統的文化の復興」という位相であり、新文化運動と国民革命を経た三〇年代においては、留米学派や大都市で欧米流の教育を受けた知識人学生たちがかなり多く、かれらにはなかなか受け入れがたい文化様式だったのである。だから共産党でもなく蒋介石国民党でもない「中間派」（都市知識人の政治諸グループ）が形成されることになる。だが、では、近代的軍人であると同時に陽明学を奉じ、大衆語教育を否定して古典教育を重視するような文化的体質を持った蔣介石がどうして中国ナショナリズムのリーダーであり続け得たのだろうか。

それは戦争と彼の統率する軍隊だった。勿論、蔣介石がいままで述べてきたような中国ナショナリズムの昂揚を共有し受け止めた民族主義者だったこと、孫文に忠実な革命主義者だったことが基本であるが、北伐戦争が軍人蔣介石を政治的に押し上げたのと同じく、その後の共産党との戦争、満洲事変、上海事変、抗日戦争という対外戦争状況と戦時体制が「軍人」蔣介石委員長を必要とさせ、その国家主義的な「訓政」を正当化し、国内政治闘争と国民党内抗争に勝利させたのである。日本の高圧的な侵略は、この同気質の知日派軍人を「相手にせず」として民族的抵抗へと追いやり、その持久戦の指導者にしたのである。そして日本の対米英戦争開始以後の世界大戦では欧米連合国との繋がりをもった唯一の中国抗戦力の保持者であった蔣介石を民族的団結抵抗の政治的中心にしたのだというよりほかない。この戦時体制、そして戦後冷戦構造下における台湾での戦時体制、これこそが蔣介石を政治的リーダーに留めたのだと思う。

だが、抗日戦争期に中国ナショナリズムはもう一つ深化したように思われる。日本軍との戦争で血を流し、辛苦を重ね、惨勝へそれぞれが犠牲を払い役割を果たした農民労働者国民大衆の中に自覚的な民族国民意識が生まれてきていた。抗戦中の知識人学生たちの高文化ナショナリズムだけでなく、農民労働者大衆の国家の運命に対する自覚をも含む深化した中国ナショナリズムが生まれていたのだ。それに相応した戦後中国国家のあり方が求められていた。世界歴史は教える。共同体の運命を左右する戦争に参加しそれを支えた人々はその後の共同体の運命に関与する権利を求めるものだ。そのようにして人民の政治参与が進んできたのだ、と。蔣介石・国民党はこの戦争と民主主義との関係をよく理解できなかったように思われる。抗日戦争の後の国民各層の政治的諸要求、政治的権利拡大の要求に対して蔣介石・国民党は思い切った切り替えと大胆な応答ができなかった。かれらの一九二〇年代以来の「国民革命」論、「訓政・憲政論」ではもはや到底収まりがつかない地点に来ていたのである。ここに彼と国民党の時代への立ち遅れがあったと思う。蔣介石・国民党はこの農民労働者大衆を含む全国民的な新たなナショナリズムの基盤の上に新たな「中華民国」国家＝新中国の建設を構想することに成功しなかった。それは蔣介石とその政権の性格資質と密接にかかわっている。単に蔣介石・国民党の政権基盤や階級の問題ではなく、文化志向の問題でもあるのだと思う。

余計なことを言えば、この新たなナショナリズムの要求への応答は共産党のほうが一枚上手だった。毛沢東の「新民主主義論」は二段階社会主義論というよりも、国民党「国民革命論」に対する対抗イデオロギーと見たほうがいい――だから国民党を駆逐すると一気に社会主義化させた――のだが、共産党は農民大衆層の権利拡大・政治参加要求を土地革命とその果実（報酬）の「約束」というかたちで引きつけ、一方、聯合政府論、政治協商会議（統一戦線論）で政治的な屋根と翼を伸ばして中間派知識人（第三勢力）・国民各層を被い、かれらに相応の政治的参与の権利と役割の「約束」をあたえ、実質的にそれが果たせるという〈手形〉を見せた。抗日戦後の大衆的なナショナリズム調達における政治的な勝利だった。中間派知識人がその後どのような裏切りであったかは周知のことだが、それがいかに欺瞞的なものであろうとも「勝利」だった（代行理論が問題なのだがここでは論じない）。ここでマヌーバーを行使した共産党はしかし、農民大衆的な民衆文化のナショナリズムと都市的高文化ナショナリズムとの相剋、克服し得ない差異性を何とか調停して、「人民共和国」内部を同質的な文化を持った「国民」で満たすことが必要な局面に同じく直面する（冷戦構造下の国際関係の緊張が重要なのだが此処では論じられない）。ここに「文化革命」が何らかの形で提議されなければならなかった理由があるのだ。文化大革命時に義和団の記憶が再度呼び戻されるのは、都市高文化を否定し、延安的な農民大衆的ナショナリズムの革命精神をもった永久革命的な「人民」で共和国の内部を満たそうという毛沢東流の「人民創出論」の試みだったからだと言ってもよいだろう。それは、義和団と同じく無残な残骸になった。
費孝通の「中華民族多元一体化構造」論[28]は、この文化大革命後の「中華人民共和国」国家の枠内の空隙を埋めるナショナリズムの要請によって作られている。その効能は著しいが、しかし逸脱して、高句麗や満洲、チンギスハーン、チベットまでを「中華民族」「中国」にしてしまうチャイニーズ・グローバリズム（中華帝国主義）の危険性を内包したナショナリズムになりかねない危険性をもっている。中国ナショナリズムと国民創出論はいまなお不定形なのだといわねばならない。

註

（1）矢野仁一「義和拳乱の真相に就いて」、『史学雑誌』三八編九号（昭和二年［一九二七］九月一日）。

（2）陳独秀「我們対于義和団両個錯誤的観念」、『嚮導』週報、八一期（一九二四年九月三日）。この号は『九七特集』で、彭述之「帝国主義与義和団運動」、蔡和森「義和団与国民革命」を載せる。

こうした想起と再評価についての研究は、野原四郎「義和団運動の評価をめぐって」『専修史学』四、一九七二（のち『中国革命と大日本帝国』研文出版、一九七八に所収）、Paul Cohen "*History in Three Keys; The Boxers as Event, Experience, and Myth*", Columbia University Press, 1997, pp.241-251. を参照されたい。

（3）「義和団」という名詞はその後も、中国ナショナリズムの激発とともに折りに触れて想起される。一九三七年上海事変での抵抗については、竹越与三郎は『支那義和団の再発　上海はサラミスである』（昭和一二年刊）と述べたし、最近では、『朝日新聞』は二〇〇四年サッカー・アジアカップ北京試合での反日的騒動を、「サッカー義和団の乱」と呼んだ（船橋洋一、八月一二日）。

（4）アーネスト・ゲルナー『民族とナショナリズム』（加藤節監訳、岩波書店、二〇〇〇）一頁。

（5）E・J・ホブズボーム『ナショナリズムの歴史と現在』（浜林正夫他訳、大月書店、二〇〇一）、第二章「大衆的プロト・

ナショナリズム」。

（6）山本有造編『帝国の研究—原理・類型・関係』（名古屋大学出版会、二〇〇三）所収の山本有造「『帝国』とはなにか」、王柯「『帝国』と『民族』」を参照のこと。また、ウォーラーステインの「世界経済システム」に対する「世界帝国」の規定もヒントになろう。

（7）拙著『義和団の起源とその運動——中国民衆ナショナリズムの誕生』、研文出版、一九九九、参照。

（8）British Parliament Papers, China No.4 (1900), no.1.

（9）拙稿「義和団事件とその後の清朝体制の変動」『東アジア近代史』第四号、二〇〇一（本書第八章）、劉世龍『中国の工業化と清末の産業行政』、渓水社（広島）、二〇〇二、参照。

（10）この闘争については、菊池貴晴『増補　中国民族運動の基本構造』、汲古書院、一九七四、第一章「一九〇五年の対米ボイコット闘争」、張存武『光緒三一年中美工約風潮』、中央研究院近代史研究所、民国七十一年、王立新「中国近代民族主義的興起与抵制美貨運動」『歴史研究』、二〇〇一年一期。黄賢強「海外華人与近代中国——一九〇五年抗美運動研究的新視角」『中央研究院近代史研究所集刊』第四四期、二〇〇四、などを参照。

（11）張存武前掲書、二四三頁。

（12）一応通説に従って論じるが、微妙な差異については、佐藤豊「清末における民族問題の一側面」『愛知教育大学研究報告』四五、一九九六、参照。

（13）ベネディクト・アンダーソン『想像の共同体——ナショナリズムの起源と流行——』リブロポート、一九九一、第六章「公定ナショナリズムと帝国主義」。

（14）アレクシス・ド・トクヴィル『旧体制と大革命』、小山　勉訳、ちくま学芸文庫、一九九八、三二六頁。

（15）L. Stone "*The Causes of the English Revolution*", London, pp.18-20.

（16）康有為の「孔教国教化」については、肖啓明が多くの論文を発表している（蕭橘『清朝末期の孔教運動』中国書店、二〇〇四）。あまり首肯できない点も多いが参考に挙げる。梁啓超の新民論については、狭間直樹編『共同研究　梁啓超—西洋近代思想受容と明治日本』（みすず書房、一九九九）所収の狭間論文その他を参照。孔教国教化と信教の自由との関連については、基督教側からの反応も含めて改めて考えてみる必要があろう。

(17)　陳独秀「克林徳碑」『新青年』第五巻五期（一九一八年一一月）。

(18)　A・J・メイア『ウィルソン対レーニン――新外交の政治的起源一九一七―一九一八』（斉藤・木畑訳、岩波書店、一九八三）、第九章参照。

(19)　狭間直樹「国民革命の舞台としての一九二〇年代の中国」、同氏編『一九二〇年代の中国』、汲古書院、一九九五、所収。

(20)　反キリスト教運動については、当面、山本澄子『中国キリスト教史研究』近代中国研究委員会、一九七二、長野朗『支那の反帝国主義運動』行地社出版部、一九二七、J. G. Lutz *"Chinese Politics and Christian Mission of 1920-28"*, Cross Cultural Publication Inc., 1988. 葉仁昌『五四以後的反基督教運動』久大文化公司・台北、一九九二、楊天宏『基督教与近代中国』四川人民出版社、一九九四、石川禎浩「一九二〇年代における『信仰』のゆくえ」狭間編前掲書所収、などを参照。

(21)　当時のキリスト教系学校の概要については、山口昇編『欧米人の支那における文化事業』上海日本堂、一九二一、を参照。キリスト教教育側からのこの問題への接近については、渡辺裕子「清末民初における公教育とキリスト教学校―国民形成とキリスト教教育」、明治学院大学キリスト教研究所紀要、第三七号、二〇〇五、がある。

(22)　一九二四年九月に「非基督教同盟」が発行した『非基督特刊』に義和団の反帝国主義精神を称賛する文章が見られる（Lutz 前掲書、一三二頁、Cohen 前掲書　二五〇頁）。

(23)　陳独秀前掲文、同「二十七年以来国民運動中所得教訓」『新青年』第四期（一九二四年一二月二〇日）。

(24)　蔣介石については、『蔣介石秘録一～十五』サンケイ新聞社出版局、一九七五、王俯民『蔣介石詳伝』中国広播電視出版社、一九九一、を参考。

(25)　楊天石「従蔣介石日記看他的早年思想」、「宋明道学与蔣介石的早年修身」（『蔣氏秘檔与蔣介石真相』社会科学文献出版社、二〇〇二、所収）。

(26)　「文明化」の過程については、不快感と羞恥心という人間情感の基準点、境界の移行として定義し考えるノルベルト・エリアス『文明化の過程』（法政大学出版局、一九七七）の議論が参考になろう（同書五九、六二、一四八―九）。

(27)　大塚令三編『支那の新生活運動』、畝傍書房、東京、昭和十七年（一九四二）。この書は、『新生活運動輯要』（新生活運動促進会編、民国二十五年）、陳文新等編『新生活運動之理論与実際』（警官高等学校叢書、南京、民国二十四年）等の翻訳編集書であるが、大塚は、「支那事変の一遠因をなせるところの支那側の準戦時体制的な準備」はこの新生活運動を基幹とせるものだ、と見ている。その意味では、抗日戦の上では効果がなかったわけではないようである。

(28)　費孝通等著『中華民族多元一体格局』（一九八九）の論が当時の人民共和国の民族統合政策、国民統合論として重要な鍵、後ろ盾になっていること、つまり台湾・香港・マカオの回復という政治的なシューを包含するものであったことについては、大崎雄二「ブックレビュー・費孝通等著『中華民族多元一体格局』（中央民族学院出版社、一九八九）」（『地域研究ブックレビュー』十二号、一九九五・三、東京外国語大学海外事情研究所）が指摘している。なお同書評についての筆者の「コメント」（同誌所収）を参照。費書については坂元ひろ子『中国民族主義の神話』（岩波書店、二〇〇四）が詳しく論じているので参照されたい。江沢民の「三個代表」論も「国民」像の変容に対応した代行理論の変種である。

第十章　日本の義和団研究百年

歴史研究というものは、その研究者が生きた時代の刻印を帯びるものらしい。それは、歴史研究というものが、研究者が生きている〈現実〉・〈現在〉に根差したところの関心から過去に向かって〈問い〉を発して行なう知的作業である限り、その時代の時代関心・歴史意識のありように深く浸蝕されるのだといってもよいだろう。それだけでなくさらに、その研究は、研究者が教育制度を通じて身につけた学問スタイル（アプローチの仕方、研究分析の方法）に大きく規定されることになる。また、科学研究といえども「業績」や「名誉」（またそれに随伴する地位、経済的利益）という稀少性をめぐる人間間の競争を起動力として営まれる知的社会的行為である側面を免れ得ない限りは、歴史研究の社会的規定性や歴史的相対性は如何ともし難いものがある。それゆえに、歴史研究を歴史学的に考察すること（史学史）も、歴史学にとっては必要な自己点検ではある。日本の義和団研究の百年を振り返って見てもこのことを痛感しないわけにはいかない。

はじめに言っておかなければならないのは、義和団事件については日本は政治的にも学術的にも鈍い感覚しか示さなかったことである。当時北京公使館にいたのは、西徳二郎公使をはじめ、書記官石井菊次郎、楢原陳政、留学生だった東京帝国大学助教授服部宇之吉、狩野直喜、駐在武官の柴五郎中佐らだった。在外公館スタッフとしては、その後もこれ以上の顔触れはないというほどのものだったが、外務省への報告を見ても、事態の情報収集やその後の変化に対する反応は鈍い。それは、日本人がキリスト教徒でなかったことが大きかった。義和団が反キリスト教運動として激発したがゆえに、宣教師を抱えた欧米各国の公使や領事たちは、宣教師たちの山東省・直隷省の内地からの情報に反応して警戒したし、相互に情報を交換していた。しかし、日本人は直接関係の無い他所事のようにしか受け取らなかったし、事態がかように急展開するとは想像だにしなかったのである。だから、事変時の日本学者の論評は、日本の出兵問題も含めて、列国との外交関係の問題に集中した（例えば、有賀長雄［1900］）。そうした影響もあるのだろうが、義和団に関しては、日本出兵後の従軍記事、観戦記、公使館に籠城した柴五郎や服部宇之吉の籠城経験についての報告などが主流を占め、『戦史』を除けば、研究として言及に値する義和団についての論著や研究は見当たらない。ただ、特記しておかなければならないのは、『萬朝報』から特派された堺利彦が報じる戦争の悲惨さに接して、幸徳秋水が、『萬朝報』（八・七）に反戦論を書き、「排帝国主義論」（一一・一七）を書いたことである。そして翌一九〇一年四月に『二十世紀の怪物・帝国主義』を出版した。彼は、義和団事変を経て、二十世紀の開始を「帝国主義」時代の開幕であると見たのである。これは世界史的に見ても鋭敏な感覚だった――ボーア戦争を体験したホブスン（J.A. Hobson）が『帝国主義論』を出版したのは一九〇二年である――。義和団事変が、世界史の転換点、東アジア史の曲がり角であることを直観したのである。しかし、その後は、日本人にとって「北清事変」は日露対立・日露戦争のなかで後景に退いていった。そして「日韓併合」、辛亥革命という歴史的変動のなかでますます影を薄くしていった。あらためて義和団事件の歴史的意義について関心が持たれるようになったのは、一九二〇年代に「国民革命」のナショナリズムが中国を覆い始めた頃である。大陸に勢力を伸ばしつつあった日本人は、かつてとは違って、自らを含む帝国主義を打破せよという中国ナショナリズムに直面したのである。

清朝末期に七年間北京に留学して清朝崩壊＝辛亥革命を実感した矢野仁一（一八七二―一九七〇）がいる。留学中に『北京誌』（一九〇八）の執筆者の一人となり、その後、京都帝国大学教授となった近代外交史・近現代史家・矢野は、中国国民革命の最中の一九二七年に東京帝大史学会で行なった講演「義和拳乱の真相に就いて」［矢野、1928］で、義和団事件の歴史的意義に就いて、次のように述べた。アンシャン・レジューム＝伝統の上に存在していた清朝は、義和団事件後の一九〇一年に発した変法上諭でその徳治主義の世界帝国の理想を失った。理想を失った清朝に存在理由はなく、清朝は「義和拳匪の乱」とともに滅亡したといってもよい。その意味で重大な意味のある事件だった。この義和団の乱は「キリスト教排斥」の運動であることは疑いえないものであるが、しかしながら、あの大きくなった騒乱はそれだけでは十分説明できない。労乃宣の『義和拳教門源流考』によると、白蓮教から出た義和拳教門には「当初から拳ということが喰付いていてい」たのではないか、それは本来、官憲とは結びつかない秘密結社だったが、「キリスト教排斥」という「名號」slogan でそれが結びついたのである。「キリスト教排斥」「扶清滅洋」は、justifiable な「名號」で、それは、最近の国民革命での「不平等条約撤廃・帝国主義打破」が justifiable な「名號」であったのと同じである。国民党・共産党という熱のある実行勢力と大衆との「結合」が騒乱を生んでいるように、義和拳の騒乱が大きくなったのは、政府当局者（政治権力）と、法律違反の白蓮教から出た義和教門という邪教・熱狂教団の力、それが正当化のために唱えた「名號」を見て彼らを義民会とみなし付和雷同した群衆、とが「結合」したことに本質がある、とした。矢野は、その根底には中国社会の底にある「騒乱の精神」があると見ていた。かれにとっては義和団事件も国民革命と同じく同時代の経験であり、現代史だった。しかし、一九〇八年の『北京誌』所収の「清代支那の文化とキリスト教との交渉」で、ドイツの山東南部カトリックの保護権回収について書いていながら（矢野仁一『清朝末期史研究』一九四四に収む）、その膝下から起きてきた義和団の運動とそれを結び付け得なかったのは不思議に思われる。やはり、日本人としてキリスト教の中国布教に関心が薄かったためではなかろうか。

その後、彼は別稿で［矢野、1944］、義和拳の仇教は「名目」で、それに官民が加担し、蔓延するようになったこと、清廷の態度は曖昧だったが、「明助しないまでも、暗助し奨助してい」たとし、御前会議を経て、清廷の態度が大きく変化したこと、そして戦端を開くにいたった大沽砲台問題、帰政問題を検討した。そして彼は、一八五九年（アロー戦争時）にイギリス・フランス連合軍が大沽砲台引き渡し要求をしたのは理の無いことだったが、一九〇〇年のそれは天津・北京が危急であったから、と是認し、この引き渡し要求が無かったなら、戦争にならなかったか、と問い、それが無かったところで、衝突を免れなかった、とした。また『景善日記』のいう外国照会＝西太后への帰政を外国が要求したことが彼女に宣戦を決意させたとする説に疑問を呈し、『景善日記』は日付がでたらめだとして、その史料価値に疑問を投げかけた。これらの点は、その後の研究でも重要な論点になったが、偽書であることが証明されたことを考えると、彼の文献史料を扱う歴史家として優れた眼力を示している。矢野仁一の中国近代史研究は、欧米諸国の中国侵略には批判的筆致を用いていて、その背後に彼の欧米に対抗的な日本ナショナリズムの心情がみられるが、その分だけ逆に戦前の日本人として中国ナショナリズムを理解し得なかった側面が鮮やかに出ているといってよい。

矢野はまた『現代支那研究』（一九二三）『日清役後支那外交史』（一九三七）などで義和団事件の国際的背景を取り扱い、「義和拳匪乱と露西亜の満洲占領について」［矢野、1934］を書き、ロシアは鉄道を奪還し保護するために大軍を派遣する意志があったから、愛琿でのロシア艦船砲撃、ブラゴヴェシチェンスク砲撃の有無に拘わらず、ロシアの満洲占領は免れ得ないものだったと結論づけた。今日でも傾聴に値する。義和団の「満洲」への拡大については同年、園田一亀［1934］が関係地方志を使用してその全体像を明らかにしている。田保橋潔［1939］は、事件に対処する清廷の動揺の内政・外交上の要因、列強の兵力干渉のなかで日本とロシアが示した態度に焦点を当てた政治外交史研究のがっしりとした名論文を書いた。しかし、『景善日記』を偽作と見ていない。矢野には『満洲近代史』(一九四一)があり、義和団後のロシア軍撤兵問題についてもレベルの高い詳細な論述をおこなっている。かれは満洲問題に大きな関心を示した学者だったが、これらは、「満洲国」成立に伴って、「満洲」近代史の起点としての義和団事変・日露戦争研究の必要性が動機づけた研究と言ってよいだろう――残念なことにこれを引き継いだ研究は戦後に跡絶える――。これらが戦前の主な研究である。

戦後、もっとも早く義和団研究を発表したのは、東京大学派(東京学派)の市古宙三であった。市古は戦前にすでに『近代日本の大陸発展』を書いていた中堅の学者だったが、市古［1948a, 1948b］で、労乃宣『義和拳教門源流考』に依拠しつつ、G・N・スタイガーの義和団団練説を批判し――スタイガーの『中国とヨーロッパ――義和団の起源とその発展』(一九二七)の日本語訳(藤岡喜久男訳)が出たのは一九六六年――、義和拳は邪教・会党の類であり、憂国的・愛国的なものではなく、その叛乱は従来の中国史における教匪・会匪の乱と異ならない、民教紛争に際して「名目」を「扶清滅洋」に変えただけだ、列強の進出に憂憤を感じた排外行為ではなく、暴徒と化した盲目的な排外運動で、清朝政府はこれを容認・庇護したのではなく、従来の匪乱と同じく対応したのだ(光緒二十六年四、五月まで)と主張した。これは一九二八年の矢野の現代史研究や田保橋［1939］の研究からの退歩だった。市古の研究は、矢野や田保橋の研究が持っていた現代性(現代的関心)と国際的視野を、古い中国一国史的枠に閉じ込め、「漢学」的な伝統に近づけたものだった。ところが、これが東京学派の中国近代史研究の権威あるモデルの一つになった。市古の研究が戦後日本の義和団研究の出発点になったことは、その後に大きな影響を残すことになる。

翌年、山本澄子［1950］は、キリスト教徒らしく、義和団のキリスト教問題に比較的重点を置きながらも、起源に関しては、同じ義和拳という名が百年経ずに、同じ地方にあったのだから、嘉慶年間と光緒年間の義和拳は同一のものであると見なして間違いなく、白蓮教系の拳棒をやる宗教的集団・義和拳が生活の窮乏から起こした「民乱」が反キリスト教・反西欧の排外運動の形を取り、西太后の排外と結びついた。しかし、高官が支持し、その慫慂で開戦することになったのだから、開戦以前に政府は義和拳に協力したというべきだとした。

戦後再建された歴史学研究会（一九三二年設立）は一九五一年に『歴史学研究』一五〇号で「アジアの変革」を特集し、江口朴郎が「義和団事件の意義について」を発表した。彼は、帝国主義時代の成立を、資本主義的世界全体の問題として考えると、一九〇〇年の中国はその焦点で、義和団事件は画期点だ、「世界分割」から「再分割のための」世界戦争への転換期を示している。この帝国主義時代の基本問題は、帝国主義と民衆の関係の問題であり、義和団の反帝国主義的な意義は何人によっても否定されないもので、その現実から出発せざるを得ない基本的なものを持っていた。康有為・孫文らのブルジョア的な運動は、後進国ブルジョアジーに特有な外国勢力に従属的な面を否定できない。しかし重要視すべきは、アジアにおけるナショナリズムの問題が、すでにこの時期に複雑に関連したことで、康有為、孫文（恵州事件）、義和団との分岐、日本の右翼ナショナリズム・黒龍会の発展をも規定している、と主張した。中国史学者でない江口が依拠した史料は十分なものではなかったが、今日でも学ぶべきところが多い広い視野からの捉え方だった。

同年に村松祐次［1951］は、「中国人の排外と対外抵抗の行動が、どんな意味と意義をもったのか」「日清日露両大戦間十年間の中国内外の情勢とその布置を明らかにしたい」という彼の問題関心から、義和団研究をその政治的背景の解明から開始した。そして、義和団の性格は山東巡撫・張汝梅による光緒二十四年四月の郷団化のなかで、郷団的なものになり、その後十月には会党的なものに推移した、とした。

外交史畑の曾村保信［1952］も、戊戌政変以後の内政の変動と外交案件についてよく目配りのきいた整理をおこなう一つ――ドイツ軍の日照県占領、イタリアの三門湾要求も指摘している――、山東省のカトリック教会をめぐる状況、巡撫毓賢の態度に触れ、アメリカ公使コンガーによって彼が更迭されたこと、そして北京外交団との交渉の問題を中心に清朝政府と義和団との関係を分析し、「清廷の態度には満洲族支配の末期的現象が反映されている」、「民気用う可しとする祖匪型は主として満洲貴族とこれに附随する保守主義の漢人高官で、匪気用う可からずとする剿匪型のもっとも尖鋭なるものは漢人を主体としていた」、「漢人の優秀分子が民族的自覚に目覚めつつあり、孤立せる満洲族の支配者は最後の自己保存のために階級的差別さえも乗り越えて蜂起する大衆（義和団）の中に自己の味方を見出ださんとする狂暴な衝動に駆られたと見るのは不当であろうか」、と満漢間の亀裂を示唆した。

この論文は、外交史料を中心にしてはいるが、大変よくまとまったもので、事件の構造と全体を鳥瞰することができる「名論文」といってよい。満洲族種族主義や清朝国家の問題を指摘していたのは「先見的」でさえあった。しかしこの問題提起と呼応し響きあう研究は、後の野村［1961］・佐藤［1999］の研究以外、出て来なかった。曾村・野村はどちらも帝国大学「東洋史」出身ではない。「東洋史」出身の学者は、江口や曾村・野村のような政治史・国際関係史学者の研究を、史料的に不充分だというような形で切り捨て、無視した。畑違いの非専門家がなにを言うか、「東洋史」の自分達こそが中国を知る訓練を経ているのだ、という特権意識が出ていたのだと思う。そうして研究史的に埋没させられ、継承発展させられなかったのは残念なことだった。そこには今日まで続く、中国史研究のディシプリンと学派（スクール）を超えた全国学会が成立せず、同じ出身の仲間内の論議に終始する東洋史研究の問題性が伏在しているだろうと思う。

市古はこの江口と村松の二論文に批評を書き［市古、1951，1952］、「伝統的」東洋史学の立場から、江口の論文を、「言い古された」「覚書風」だとして、江口のいう康有為変法運動のブルジョア的性格、義和団の反帝国主義性、膠州湾占領と義和団発生との関連性、清廷との結合、義和団のナショナリズム性、を否定し、もっと「実証的な基礎研究」が必要だと論難した。村松に対しては、義和団は白蓮教の一派で、それが郷団として公認されることはあり得ないし、資料からもそうは認められない、と批判した。これに対して、村松［1953］は、労乃宣説を取り上げて、義和団の本質が会党教門であることを認めつつも、「官民ともに防衛のために起こった義民」と見ていたのだと主張した。この議論を受けて、森田明［1953］は、清朝政府部内の支配構造に分析を加える必要性から、政府は義和団に対し剿撫併用だったのであり、是認援助したのではない。清廷の対策が決定しないうちに騒乱が拡大し、政府部内に剿撫の対立を生み、撫拳派が勝利する急変を生んだのだと、指摘した。実はここにこそ問題の核心——法律（「清律」）で禁じられた邪教白蓮教を起源とする義和拳による反キリスト教運動がどうして官民から「義民」と見なされることになったのか、という本質的な問題——があったのだが、市古、村松、森田、山本ら東洋史学者は、外交史家の植田捷雄［植田、1942］や中国キリスト教史家の佐伯好郎［佐伯、1949］が指摘していた条約特権に庇護されたキリスト教布教をめぐる問題——前述したように矢野［1944］もこの問題を論じていた——には手をつけなかった。中華帝国の国家論的側面への考察も、野村［1961］が指摘するまで、深められなかった。

この一九五〇年代初めの義和団の研究をめぐる応酬は、研究のその後のあり方に決定的影響を与えたように思われる。まず、江口・市古の応酬は、両者のその後の研究スタイルの差を更に拡大した。江口は一九六一年の政治学会での論文［江口、1961］で、国際政治状況＝露仏同盟以後の世界政策の焦点としての東洋における、日清戦争、義和団事件（世界分割の完了）、再分割のための世界戦争としての日露戦争、第一次世界大戦への展望、という大きな枠組みの中で、義和団を、帝国主義の外圧下の民衆運動として、東学党と同じように「素朴な封建的な殻を被ったままの」反帝国主義運動、と発展的に捉えた。これらの論点は後に、彼の著書にまとめられることになるが、義和団自体には踏み込まず、これを、野村浩一に托した。野村は同学会発表の名論文［野村、1961］で、列強による中国「分割の均衡」は中国の分裂――義和団の「扶清滅洋」、唐才常の「創造自立国」、孫文の「反清革命」への亀裂――と内的連関性を持っていること。武力侵略を意図する帝国主義列強と、戊戌変法を抑圧した超伝統主義的な西太后治下の清王朝が正面から向かい合った危機の亢進の渦中で、清朝中華帝国の支配原理はその極限形態を示した。守旧派が列国と戦端を開くという無謀とも見える事態になったのは、当時の清朝支配層のメンタリティからすれば、ある種の必然性があった。守旧派は中華帝国の支配原理たる「一君万民」（一君が万民を支配すると同時に万民に支えられている）という自己のプリンシプルにあくまで忠実だった。万民の意志＝民気民心は王朝の命運を究極において担保する保証だったのだ。だから守旧派と義和団が中華世界的スローガン「扶清滅洋」の下に結合したのだ。闘争は原理と原理の激突だったのだ、と鋭い本質把握を見せた。わたしは、この「清朝中華帝国の支配原理」に、清王朝の持っていた「満洲族」の支配民族としての「種族主義的国家主義」を加味すべきであろうと考えるが、丸山真男門下の俊才らしい秀逸な政治思想史的論文であった。

こうして、五〇年代初めに一瞬交差したかに見えた国際政治学・政治学的アプローチと「東洋史」的アプローチは、しかしその後、耳の悪いもの同士になり、交わることがなくなった。国際政治学畑では、英修道［英、1956］も、「この清国人の排外運動は、実は国権恢復運動とも民族解放運動とも宗教運動とも見られる面を持っていた」、と評価した。外交官の芳澤謙吉［芳澤、1958］も、中国人は「外国人から国家的にも個人的にもいろいろ侮辱された。義和団事変もこれに対する反動、即ち一種の民族運動である。この民族運動は今日、アジア、アフリカに澎湃として起こっている」と、その最初の赴任地アモイでの義和団事変経験を通して回顧総括した。江口や英・芳澤のような広いパースペクティブから義和団を見ると、このように「民族運動」のように見えるのだが、「東洋史」的研究は漢文史料に依拠する中国一国史的な研究へと、より専門色の濃い職人的領域に閉じこもるようになり、耳を傾けなくなった。例えば、列国外交団と清国政府、義和団との関係についても、村松［1955］は、田保橋は受け継ぐが、外交史畑からこの問題にアプローチしていた先の曾村保信［1952］の優れた研究は継承していない。森田の問題提起を発展させて清朝内部の権力構造を分析していた外務省外交資料館の河村一夫［1956, 1957］の優れた研究も「東洋史」的にはほとんど顧みられなくなる。そして、優れた外交史家である坂野正高がのちに市古宙三の近代史研究をきわめて高く評価したこともあって、東京大学「東洋史」をはじめ、東京では市古の義和団論に異を唱えにくくなり、これを研究する者は現われなくなった。

こうしたなか、「東洋史」畑から義和団へアプローチしたのは、京都大学派（京都学派）の里井彦七郎、小野信爾、堀川哲男、菅野正たちだった。里井は京都大学助手時代に小野らと近代中国の仇教運動の共同研究を組織し、キリスト教布教をめぐる中国の反応を研究し始めた。これは、市古に代表される義和団研究に欠落していた部分を埋めようとする優れた試みだった［里井、1954、里井・小野、1961］。かれらを東京で支持したのは、歴史学研究会に結集する中国研究者だった。

この京都学派の流れを受け、近代史資料叢刊『義和団』四巻を利用して研究を行なったのが、堀川哲男である。堀川［1964, 1969］は、矢野・市古が前提とした労乃宣「義和拳教門源流考」そのものの信憑性に研究史上はじめて疑問を呈した。彼は、九十年近い時間的隔絶を無視して清中期の義和拳と清末の義和拳を直結させるのは問題があり、義和団は本来多元的な仇教の自衛集団で、飛び火的伝播で拡大した。それらは大刀会の法術を最大限に利用して発展していった、と主張した。また、民衆の言動から見た運動性格を、「怒りからくる西洋的なものへの憎悪」から出発し、「迷信等非理性的なものをつつみこんだ」ドロドロした闘争だ、とした［堀川、1970］。菅野はそれよりやや遅れて、北京議定書締結をめぐる外交、特に小村外交を中心に研究を発表し［菅野、1966, 1967, 1972］、日本の賠償金額は出兵費用の実費そのものだったが、アメリカや各国は過大な額を要求したことなど、を指摘した［後に菅野、2002に所収］。

日本の戦後歴史学――その理論的基盤は戦前に禁圧され戦後に輝かしく復活して「真理」を一身に担っていると考えられた「マルクス主義」だった――は、一九六〇年代にピークを迎えた。その金字塔・集大成が岩波講座『世界歴史』だった。その後東京に移った里井彦七郎は、『世界歴史』に「義和団運動――貧乏人の天下になるんだ――」［里井、1969］を書いたのをはじめ、六〇年代末から七〇年代にかけて相次いで義和団研究を発表する。その論考は、十九世紀仇教闘争から、義和団運動の全体に及び、実証的にも理論的にも従来の研究水準から一頭抜きんでたものになった。その特徴は、マルクス主義歴史学らしく、社会経済史・階級闘争を重視し、さらに思想にも踏み込んで、義和団の呪術的信仰の否定的側面と積極的側面を統一して捉えるべしとした歴史把握だった［里井、1972］。

その義和団論を要約すれば、次のようになろう。日清戦争後、列強による資本輸出＝帝国主義侵略が義和団運動発生の第一要因だが、列強・買弁ブルジョアジーが次第に華北に進出することによって生じた本源的蓄積の未成熟な進行＝半原蓄過程が農民の極度の窮乏化、多量の農民・都市手工業者・運輸労働者・兵士の失業をもたらし、彼らは生産手段から切り離されつつも自由な労働力として資本に購入されることなく、「半プロレタリア」として農村に滞留した。これらの非農民的半プロレタリア層が反帝反封建闘争である義和団の中核指導層を形成した。だからこの過程が義和団の主体の形成過程の必然的過程である、として、社会経済史的背景を出発点とし、矛盾の凝縮、闘争の展開、思想の発展、という型で運動全体を四期に区分し、各段階ごとに合法則的にその運動と思想が落後的なものから進歩的なものに発展した、と客観主義的に分析した。そして、彼のこの「半原蓄・半プロ論」は、古厩忠夫ら当時の若手の研究者にまで蔓延する流行を示すことになった。

　里井の研究の背景には、東京学派・京都学派の「東洋史」が人民共和国の歴史観（毛沢東史観）を依拠すべき規準として受容したこと、冷戦下一九六〇年代末の全世界的なベトナム反戦運動の高揚、中国文化大革命の展開、などの影響があったが、それらに刺激された「革命主義的」な義和団把握だった。だから、闘争の具体的対象としてのキリスト教会・宣教師のあり方と民教紛争の具体像、起源と関連する義和拳の性質とその呪術の把握、清朝政府との関係をどう見るか、といった論点についての慎重な検討を見せず——勿論、当時の資料的制約を考える必要があるが——、一気にマルクス主義的な階級闘争論＝「人民闘争史観」で纏めたものだった。今日から見ると、彼自身の先の京都での着実な研究からの急激な転換と見える。

　だから、日本近代史の遠山茂樹からも義和団には反帝国主義はあるが、反封建は弱いのではないかとの指摘を受けたし、次世代の倉橋正直［1970］や小林一美［1971, 1973］からも、「当時の歴史的社会的な制約を軽視し、人民闘争を過大評価する傾向がある」（倉橋）、運動の全体像と思想的意義を明らかにするには、華北民衆の信仰・情念世界、武・義による人的結合の世界を基盤とした世界観、主観的構造の内在的論理から解明しなければならない、里井の研究は、迷信宗教・思想を分析・解体・プレパラート化し尽くす解剖医的な方法で、総体としてのイメージを稀薄にさせた、華北民衆の「白蓮教的、民間宗教的、祖先崇拝的世界観」をもって、自己に対立する異質な、帝国主義を内包して迫りくるキリスト教に戦いを挑んだのだ、それゆえに、「扶清滅洋」というスローガンもでてくるのだ（小林）、との批判が出されることになった。

このころ自分の中国近代史研究の論文集を纏めた市古［1971］は、堀川［1964］や戴玄之『義和団研究』（1963）の、清中期の義和拳と清末の義和拳は同じかどうかわからない、との見解に対し、山本［1950］と同じく、嘉慶期に山東に義和拳教というのがあって、百年も経たない光緒年間に同じ山東に義和拳教が現われるのなら、前者の流れを汲むものと見るのが普通だ、と言い、自分は義和拳は秘密結社であればいいので、それが排外運動に乗り出し、団練＝私立の団練を称するにいたった、と、村松［1952］の一時郷団化論を受け入れた。しかし、秘密結社・義和拳とはどんなものなのか、についてては研究の必要を言わなかった。この起源に関しては、小林一美［1975］も、「白蓮教反乱から義和団運動へ」という流れの中で把握したため、白蓮教・秘密結社説とこれに疑問を呈する団練説（外国人としてはG・N・スタイガー、戴玄之の団練説、その根源は一九〇一年のアーサー・スミスの *China in Convulsion* で、スタイガーの研究は二〇年代の国民革命の反外国の嵐の中で義和団を再考したもの）とが並立したままとなった。これに新たな見解を提示したのは、村松の論文を集めて論文集『義和団の研究』（巌南堂書店、一九七六）を編んだ佐々木正哉［1977, 1978］だった。

彼は、戴玄之［1963］に刺激を受けつつ、白蓮教起源説の根拠を為す労乃宣『義和拳教門源流考』を詳しく検討し、また団練起源説の根拠となった、義和拳を郷団にしたという張汝梅奏文と梨園屯教案、そして大刀会を検討し、労乃宣のいう「義和拳」は単なる拳技を修練する集団であって、宗教団体ではなかった。「義和門」は信仰集団だったが、拳技とは何の関係も無かった。だから、労乃宣の所説は根拠薄弱で、それに依拠して秘密結社と見なすのは問題がある。冠県の梅花拳＝義和拳はこの地方で古くから伝習されてきた拳技で、師弟間・同業者間の縦横の関係を持つ独自の集団であったが、光緒十八年の玉皇廟をめぐる紛争に介入して以来、教会と抗争を続ける間に組織を強化し、光緒二十三、四年頃から大刀会の「刀槍不入」金鐘罩武術の呪術を取り入れることによって、教会・外国に敵対する強力な集団に成長した。義和団と称する集団が現われたのは冠県が最初である。巡撫張汝梅はこの義和拳の弾圧には消極的であり、その奏文は拳民温存を図る性格を持っていた。光緒二十四年五月十二日の張汝梅上奏によって義和拳を公的な郷団に改編せしめる方針が明確にされ、郷団化された。大刀会も義和拳と同じく、光緒二十五年九月、平原事件の後に、毓賢によって義和団と名称を改められ、政府公認の団練に改編されて「保清滅洋」のための戦闘部隊として登用された、と主張した。つまり、白蓮教とは無関係の拳技だった乾隆期以来の「義和拳」が、反教会闘争に介入するなかで符咒的な大刀会金鐘罩武術を加え、それが山東当局によって正式の団練・義和団に編成された、大刀会も同じく義和団にされた、という説である。

この論文は、『教務教案檔』や檔案史料をまだ十分に使用できなかった段階での論証としては詳細精緻を極めたものであった。しかし、那彦成奏文のいう「義和拳」がたんなる拳技なのかどうかは、那彦成奏文を越えて、秘密宗教白蓮教＝八卦教それ自体をさらに検討してみなくてはならず、冠県の梅花拳＝義和拳も、たんなる拳技なのか、また大刀会はどういう組織なのか、にも検討の余地は残った。さらに、張汝梅の郷団化の意図は分かったが、果たして本当に団練にされたのかも実証はされていない、という問題が残っていた。こうした起源に関する諸問題は、佐々木と同じ方向性を以て研究をしていた佐藤公彦［佐藤、1979］によって、「義和拳」は、乾隆三十九年の王倫「清水教」において文弟子・武弟子に教えられた運気気功や武術まで遡及させて考察されるべきだと示唆された。

一方、マルクス主義の歴史学研究会派は一九七八年に『講座中国近現代史』（全七巻、東京大学出版会）を刊行し、その研究の到達度を示した。義和団については、史料の限界があって、堀川哲男が前述の持論を展開し、小林一美が民衆思想についてその持論（後述）を展開したにとどまった（［堀川、1978、小林、1978］）。

一九八〇年、「十年の大厄災」だった文化大革命が終わり、下放された学者達が大学に戻って来た中国で国際学会「義和団運動史討論会」が開催され、中国内外の刺激的な研究が紹介されるとともに、現地調査資料や檔案史料が公刊されて、研究を進める史料状況は格段によくなった。この討論会に出席した佐藤公彦は、討論会への提出論文を檔案史料で補強した論文［佐藤、1982a］を発表し、佐々木正哉の起源学説に反対し、乾隆・嘉慶期の義和拳は「白蓮教」＝八卦教の〈文・武〉結合組織論下で宗教と結び付けられて教習されていた拳棒だったこと、それは「白蓮教」と同義的に見なされたもので、「白蓮教」と結合した宗教的呪術的拳棒がその後も山東において広汎に流伝していたことを背景に大刀会・義和拳の運動が発生したという点から考えて、労乃宣説は直観的な正しさを持っていたと主張した。また、山東西南部の大刀会は八卦教の武派で、これが日清戦争後の特殊な状況下で自衛団体として勢力を拡大したこと、この山東西南部でドイツのカトリック保護権下の神言会の布教活動が教勢を拡大しつつあり、民教対立が頻発し、大刀会がその民教紛争に武力介入し、やがて鉅野事件が引き起こされた、とする初期義和団運動論を書き［佐藤、1982b］、義和団（拳）は八卦教武場に起源する、とする説を主張した。

一九八二年に学会誌『史潮』は「義和団運動」を特集し、孫祚民、J・W・エシェリック、佐藤公彦・斎藤哲、黒羽清隆らの論文を載せた。エシェリック（周錫瑞）「宣教師・中国人教民と義和団」と佐藤［1982b］は教民問題を本格的に取り上げ、黒羽［黒羽、1982］は、義和団について日本人が抽出した認識は、中国の民衆的ナショナリズムへの否定的評価＝貶価だったこと、三十年後に日本は再び義和団と同じような大刀会・紅槍会の抵抗に悩まされることになるが、そこに日本の特殊な義和団体験の史的位置がある、と指摘した。

同討論会に参加した小林一美は、一九八六年に著書［小林、1986］を出版し、一九七〇年の里井批判から開始したその研究をまとめ上げた。彼は、十九世紀後半に進行した中国の半植民地化過程で清朝権力も人民も、媚外的方向と排外的方向とに分裂し、崩壊過程をたどった、とし、その間、下層大衆を取り込んだのは国内布教を強めつつあったキリスト教会であり、貧民たちの入教によって、教会・教民の勢力が増大し、民衆内部の矛盾を作り出し、小宇宙であった自然村＝小共同体的な世界に分裂と抗争を醸成していった。この宗教問題から運動は始まった。それに対抗しうる威力を「邪教」だけが引き受け得ると信じられたがゆえに、白蓮教・秘密結社員・英雄好漢によって運動が始められた。しかしその狭い枠を超えるためには秘密結社性と土着村落農民の共同体志向・郷土防衛志向との結合が必要で、こうして生み出されたのが義和団の運動だった。自然村落内の下層農民は、外部から民衆的威力を帯びたアウトサイダーを拳師・大師兄として村落の聖地に招き入れ――邪教徒的・秘密結社的な連中が、白昼公然と迎えられ、設壇し降神附体をやり、村内の地主的権威と封建秩序・封建的イデオロギーを無力化することによって村を民族防衛の砦＝小宇宙にする――、自然村落の革命的再建がなされた。そこでは民衆諸神が復活再生し、人々は民族の精神と民俗の神々の代理人として活躍し、愛国運動を担った。義和団はそうした村落共同体の創出と増殖運動によって民族危機に対抗した運動なのだ。かかる滅洋の民族共同体をめざす運動であったがゆえに、義和団の「扶清滅洋」の「扶清」とは、民族の共同性を象徴する、わが江山、わが社稷を、「洋鬼」の前に立てるということであり、「扶清滅洋」は共同の幻想性としての「清」を擁護してすべてを滅洋に没入させるスローガンである、中国全体の共同の象徴としての「清」である、と解釈され、義和団運動の法則の定式化を主張した（後に、該書刊行以後の自分の義和団関係の研究論文を増補して再版された［小林、2008］）。

小林の研究は、理論的抽象的で難解であるが、運動の本質性に強く迫る力をもっていた。それは、戦後歴史学からの脱却を試みた苦闘の結晶とも言えるものだった。そのアリーナが義和団の「民衆思想」をどう捉えるかであったことによく示されているように、日本近代史研究における安丸良夫［安丸、1974］らの民衆思想研究と共振するものだったと言えよう。マルクス主義的な戦後歴史学の中心にあった歴史学研究会が一九八七年の大会テーマに民衆運動・民衆思想を取り上げたのは、アナール派の社会史、トムソンE. P. Tomphsonのモラル・エコノミー論、ウォーラーステインWalersteinの世界システム論などの影響を受けて日本の歴史研究が大きく変容しつつあったことを示していた。この大会で義和団について発表したのは中村哲夫［中村、1988］だったが、中国史研究はなお戦後中国史学（「東洋史」）の呪縛から脱却し得てないことを示した。

日本における世界史研究の戦後歴史学からの転換をよく示すのが、雑誌『社会史研究』や『シリーズ　世界史への問い』全一〇巻（岩波書店、一九九〇）の刊行だった。そのなかで義和団に触れたのが、「民衆文化」巻の「義和団民衆の権力観」（［佐藤、1990］）である。この論文は、義和団の運動は、実態的には、教会教民を排除することによって地域社会を空間的に聖化しようとしたものだったが、その思想の本質を『神助滅洋』に見――政治的スローガンである『扶清滅洋』はその限定的位置にある――、義和団は、神々が加護し助ける民族的正義の体現者として、外国を排斥することによって、黎民が安心して生活できる天の下の人倫的秩序を捍衛回復しようとする思想と運動であったとし、文化秩序防衛「民族意識」、と見た。だから、この思想と運動志向にとって、一君万民的に民生保全をなす権力としてその正統性を主張した清朝国家は一時的に、限定つきで是認され得た、と、義和団の民族意識の国家擁護の側面を指摘した。

この時期、日本人が戦後見ることが出来なかった中国農村に研究者が入って調査が出来るようになった。そして調査に基づく研究動向が生まれた。佐々木衞［1987］が先駆的なものだが、一九八六年から一九八九年にかけて日中両国の研究者が合同で行なった義和団関連地区の華北農村社会調査の成果が論文集［路遙・佐々木、1990］・資料集として刊行された。その論文集のなかでは、華北農村の家産均分相続の文化、親族集団の分化と統合、農村社会の凝集力、武術文化、民間宗教の信仰、カトリック布教と郷村社会、秘密拳会梅花拳、帝国主義と義和団、ナショナリズム、等のテーマが日本語で論じられ、華北農村社会の構造と文化をベースに義和団運動の発生と展開を考える必要が提起された。こうした、中国の改革開放以後ようやく可能になった実地の農村調査を基礎にした研究は、戦後日本の中国研究が生み出した中国社会像の修正を迫り、戦前の慣行調査や研究を再検討する必要性を喚起した。また義和団研究にも実感性を与えることになった。調査記録は資料集、佐々木［1992］として公刊された。

この調査を踏まえて書かれたのが、「華北農村社会と義和拳運動――梨園屯村の反教会闘争」（［佐藤、1993］）である。この論文は、二十年間に及ぶ梨園屯教案について、イエズス会・フランシスコ会の布教活動、農村社会の構造を押さえつつ、教民と村民との対立から、村の共有財産である玉皇廟地の分配が起こり、その地の教会化を巡って紛糾しつづけたその裁判の過程を詳細に辿ったもので、裁判における双方主張とその法意識の違いを、華北農村社会の土地売買の慣行的観念・モラル・エコノミーと条約・協定に依拠する近代的所有観念との相剋と捉え、近代中国が抱え込んだ文化摩擦の典型であることを指摘し、フランスの外交圧力で抵抗が挫折した過程を明らかにした。また、十八魁は、紳士らを中心とする村ぐるみの抵抗の挫折の後に、地域社会の伝統価値、即ち一般利害を体現する存在として実力闘争に決起したが、その背後の深層には族内対立と族内規範秩序の危機があったことを指摘した。また、趙三多の梅花拳は単なる武術（佐々木正哉、J・エシェリック説）ではなく、文場・武場組織論を持ち、無生老母信仰を有する宗教的（白蓮教的）武術であり、これが梨園屯教案に介入するなか、義和拳と改名したこと、そして膠州湾占領後の危機感のなかで「順［扶］清滅洋」のもとに蜂起するにいたった過程を、農村社会に生きた人々の感性と意識（民衆文化）から捉えた。そしてこの梅花拳＝義和拳にも白蓮教起源説が妥当することを示した。

一九九四年に東京大学出版会は『アジアから考える』全七巻を出版したが、アジアの近代——民衆運動と体制構想——を取り扱った巻は、義和団の運動について、J・エシェリック「義和団の文化前提」を訳載した。それは彼の著書『義和団蜂起の諸起源 *The Origins of the Boxer Uprising*』（一九八七）の第二章を縮少した内容を日本語で発表したものだった。そこでかれは、改めて「白蓮教」（セクト）起源説を批判する見解を展開した。編者の平石直昭らは、これを模範的な地域研究として高く評価して紹介したのだが、研究史の文脈から言えば、それは、小林一美や佐藤公彦の義和団研究をアメリカの中国研究の「権威」を借りて否定することを意味していた。それで、佐藤公彦はエシェリックの民間文化起源論に対する方法論的批判をおこない、八卦教武場である大刀会の金鐘罩武術（＝原神拳）の累層的肥大化の結晶として神拳＝義和拳が形成されたのだ、エシェリック説は誤りだと論じ（［佐藤、1995］）、エシェリックと佐藤の論争の始まりになった。

しかし、こうした戦後の歴史研究とはまた別に、独特な政治思想研究の観点から義和団を取り扱ったのが、三石善吉である。彼は、義和団運動は、中華文化帝国がもった文化的優種の「以民制夷」の懲罰原理と白蓮教・義和拳の反体制的家郷防衛思想とが、列強侵略の危機感のなかで文化的・人種的な千年王国の運動の形態を取ったものだ、これは丸山真男のいう「前期的ナショナリズム」である、と主張した［三石、1984］。その後彼は、千年王国論による中国研究［三石、1991］のなかで、義和団を儒仏道的千年王国と位置づけ、さらに、この千年王国論で義和団運動を一書にまとめた〔三石、1996〕。歴史学研究としては、この義和団＝千年王国論は成立し難い間違ったもので、史実的にもたいへん誤りが多い書物であるが、日本では二〇〇九年の現在でも、義和団運動・事件についての最もポピュラーな標準的書物として流布している。

一九九九年に佐藤公彦は、従来からの研究を含めた著書〔佐藤、1999〕を出版し、そのなかで、北京と台北の大量の檔案史料を駆使して改めてエシェリック説を批判し、義和団の起源は「大刀会」と「義和拳」であり、大刀会は八卦教武場組織で、「義和拳」はその武場組織で行なわれてきた「拳教」的武術であった。冠県の義和拳は梅花拳の変称だが、その梅花拳も民間宗教と関連した「拳教」だった。だから、起源は民間宗教（白蓮教）と結びついた「拳教」的武術である。神拳は大刀会の変相で、これらが融合して「義和団」の運動になったのだ、と主張した。その大刀会の一八九六年の闘争、鉅野事件を、ドイツ神言会史料を用いて詳論し、戊戌政変後の反外国風潮の中で起きた沂州教案にドイツが軍隊を内地に侵入させ、その軍隊の銃剣下での問題処理を強要された巡撫毓賢と山東当局が反外国姿勢を強め、山東社会全体が危機意識を持ったため、地方官が拳民運動を容認したこと、これが一八九九年秋の義和拳＝神拳による反教会闘争の爆発を生んだのだ、と総理衙門檔案『収発電』を用いて明らかにした。そして、西北部神拳の闘争が、義和拳大衆による「正義の代執行」だったこと、A・スミスの団練起源説はアメリカの外交介入を呼び込むためのレトリックであり、実証されないこと、この神拳の活動が直隷東南代牧区、直隷北部代牧区に波及し、景州・河間・清苑・淶水などの事件があいついで発生し、農村地区の義和団が「天津へ行って租界を焼こう」として、天津を焦点化したことなど、創見を示しつつ、「順〔扶〕清滅洋」から始まり一九〇二年景廷賓蜂起の「掃清滅洋」に至ったこの運動の全過程を一貫させて叙述した。加えて、事件を取り巻く外交・国際関係や、北京外交団と清朝政府、清朝政府と義和団との関係、宣戦を巡る論議と決意についても、戊戌変法・政変以後の政府部内の権力闘争（光緒帝廃位と建儲）・満漢対立と関連付けながら論じ、義和団「全体史」を構成した。筆者が自己の著作を評するのも変な話だが、この書は百年来の義和団研究史において論争されてきたほとんどの問題について、農村調査と新史料による実証とによってほぼ全面的に解明したものとなった。その意味で総括的で到達的な研究と言ってよい。エシェリックと佐藤との論争は、エシェリックの反論が無いまま、佐藤［2007（中文版）］の序文で、改めて指摘され、終止符が宣言された。

同じ一九九九年に千葉正史［千葉、1999］は、電信という情報通信手段が中国政治に与えた決定的意義を義和団事件の政局に見、それを実証的かつダイナミックに分析した。従来から指摘されていた、（一）対外決裂を言う寄信諭旨として出された「宣戦上諭」（五月二十五日、西暦六月二一日発）と、（二）穏健方針を言う電寄諭旨（五月二十九日、西暦六月二五日発）との矛盾を、伝達プロセスにおけるタイムラグの発生によって、後に出された（二）の電寄諭旨の電報が先に、地方督撫（李鴻章、張之洞、劉坤一）に達したことによって、彼ら督撫が（二）に基づいて、後着した（一）の寄信諭旨を「偽詔」として否定し、「東南互保」を成立させ、それを正当化しえたからだった、と電信線の具体的な利用とその破壊状況を実証的に追いながら、中央と地方、地方相互間でやり取りされた電報、奏摺内容を分析しつつ、この電報の持った決定的意義を明らかにした。従来からの研究の穴を埋めた大きな意義のある研究だった（後に、千葉［2006］に収む）。吉澤誠一郎［吉澤、2000］の、天津史研究の側から見た義和団研究も出たが、これはまだ、事件・運動の過程と文脈を充分に理解し得ていない歴史現象のパッチワーク的解釈に留まっている。

最後になるが、日本の義和団研究史にはもう一つの領域がある。それは、「義和団事件と日本」というテーマである。これについては国際政治・日本史研究側からも多くの研究があるが、紙幅の関係上、その概略を述べるにとどめる。

日本の輿論の動きについては、菅野正［1966］が大阪朝日新聞を主材料にして、日清戦争後の対外膨張主義風潮のなかで、事件対応を巡って一つの高潮期を迎えたことを明らかにし、その中で、黒龍会・対露同志会・玄洋社にも触れ、江口［1951］の問題提起と繋がる一面を示した。日本政府の出兵および対列国外交姿勢については、山口一之［1968, 1970］が、事変に応急的に出した臨時派遣隊はロシアの出兵への対応行動であったこと、その後の対応は、（一）列国との共同一致原則下の出兵外交だったこと、それとともに、（二）ロシアの満洲占領・イギリスの上海出兵を機に、朝鮮に於ける対露勢力調整、南清経営態勢の強化、を試したが、挫折したこと、（3）李鴻章ら温和派に工作した隣国としての售恩的態度を示したこと、の三面を持っていた、と大きな枠組みを示した。（1）の出兵外交については、稲生典太郎［1952］が詳細な外交史研究をおこなっている。（2）の「厦門事件」については、永井算巳［1960］、佐藤三郎［1963］、大山梓［1965］、小林一美［1987］などの詳しい研究がある。

永井算巳［1959］は、この厦門事件における清国東南督撫の抵抗の背景にあった「東南互保」約款をその前年に論じている。これは優れた論文で、「東南互保」の背後にいた張之洞には中国植民地化の危機を防衛する志向が有り、この「東南互保」約款が自立軍弾圧の法的政治的支柱になった事実、この約款の東南九省への拡大適用が、香港総督・孫文派らとの間にもち上がった「両広独立計画」への両広総督李鴻章の姿勢の政治的背景をなしたこと、これらから見ると、「東南互保」約款は、国内的には、反康有為梁啓超派的・反民族共和革命（孫文派）的な性格を有し、外に対しては反帝的であるという二重構造をもっていた、この李鴻章・張之洞・劉坤一らの和平的活動が清朝の命脈をかろうじて支えたのだ、と指摘した。

義和団の評価については、堀川哲男［1966］が先駆的な仕事をし、「義和団有功于中国説」を特異なものとして高く評価し、野原四郎［1968, 1972］や久保田文次［1970］の仕事に繋がった。野原が、一九〇一年に『女学雑誌』五一三号に載っていた青柳猛「義和団賛論」を発掘し紹介したのは新鮮だった。

日本史側からの最近の研究は、斉藤聖二『北清事変と日本軍』（芙蓉書房、二〇〇六）に代表される。この研究は、主として軍事外交史に焦点を当てつつ、イギリス国立公文書館のFO・PRO文書や防衛省研究所所蔵の軍事外交史料を駆使して、詳細な研究を行なったもので、今後の研究において参照されるべき標準となる研究になった。

以上が日本の義和団研究百年の軌跡であるが、最後に一言付け加えたい。一九九九年、NATO軍は「人道」を掲げてユーゴスラビアへの爆撃をおこなったが、それは、百年前に列国代表が清国政府・義和団に突きつけた「人類の歴史に前例無き罪悪」「人道に反し、かつ文明に反する罪悪」という断罪と同じではないかと考えない訳にはいかない事態だった。つまり、NATO軍は「国際多国籍軍」であり、かつての国際多国籍軍「八ヵ国聯合軍」の現代版ではないかと感じさせるものがあるということだ――湾岸戦争もまたしかりではなかろうか――。「文明の衝突」、文明・人道に反する罪悪、という言葉を聞くたびに、義和団事件はなお現在も生きていることを痛感させられるのである。だから、義和団の運動とその事件は中国の歴史的な政治・社会と文化に内在しつつ把握することが必要であると同時に、それだけでなく、また「世界史的」にも捉えることが要請されているのだと思う。また、「キリスト教と中国」というのは、「文明史的」な問題であるから、その研究には広いパースペクティブが必要とされるのだと痛感させられるのである。

〈引用文献目録〉（論述順に排列した）

有賀長雄［1900］「清国事件に関する日英外交顚末」、『外交時報』三―三二、など。

矢野仁一［1928］「義和拳乱の真相に就いて」、『史学雑誌』三八―九（のち、「義和拳乱の本質」として『清朝末史研究』大和書房、一九四四に収む。）

矢野仁一［1944］「義和拳乱の真相について」、同著『清朝末史研究』（大和書房、一九四四）第四章。

矢野仁一［1908］「清代支那の文化とキリスト教徒の交渉」、『北京誌』（一九〇八）、（同『清朝末期史研究』（一九四四）第二部第二章に所収）。

矢野仁一［1934］「義和拳乱と露西亜の満洲占領について」、『東亜経済研究』一八―一。

矢野仁一［1937］「義和拳乱当時の東三省擾乱及び露西亜の東三省占領」、『日清役後支那外交史』東方文化学院京都研究所研究報告第九冊、第六章。

園田一亀［1934］「満洲に於ける拳匪の叛乱―露国の満洲占領経過」、『満蒙』一五―四、五、六、七（一九三四年、奉天図書館叢書第一七冊として刊行）。

田保橋潔［1939］「義和拳乱と日露」、史学会編『東西交渉史論』（富山房）所収。

市古宙三［1948a］「義和拳の性格」、『近代中国研究』（学術研究会現代中国研究委員会編、好学社刊）（市古宙三『近代中国の政治と社会』、東京大学出版会、一九七一、に再録）。

市古宙三［1948b］「義和拳雑考」、『東亜論叢』六号、一九四八、（市古宙三『近代中国の政治と社会』、東京大学出版会、一九七一、に再録）。

山本澄子［1950］「義和拳の性格について」、『史観』三三号。

江口朴郎［1951］「義和団事件の意義について」、『歴史学研究』一五〇（一九五一年三月）。（同『帝国主義時代の研究』岩波書店、一九七五、に再録）。

村松祐次［1951］「義和拳乱―一九〇〇年―の政治的背景」、『一橋論叢』二六巻五号（のち、『義和団の研究』一九七六、に再録）。

市古宙三［1951］「江口朴郎氏『義和団事件』について」、『歴史学研究』一五三（一九五一年九月）。

市古宙三［1952］「一九五一年の歴史学界――清末民国」、『史学雑誌』六一編五号（一九五一年五月）。

曾村保信［1952］「義和団事件と清国政府」、『国際法外交雑誌』五一巻二号。（同『近代史研究――日本と中国』小峰書店一九五八、所収）。

村松祐次［1952］「義和団乱の社会経済的背景」、『一橋論叢』二八巻一号（『義和団の研究』に再録）。

森田　明［1953］「拳匪勦・撫両論考」、『岩手史学研究』一三号。

植田捷雄［1943］「支那における基督教宣教師の法律的地位」、『東洋文化研究所紀要』一冊。

佐伯好郎［1949］『清朝基督教の研究』（春秋社、一九四九）。

江口朴郎［1961］「一九〇〇年前後の世界」、『年報政治学一九六一――現代世界の開幕』、日本政治学会編、岩波書店刊。

野村浩一［1961］「義和団事件前後の政治・思想状況」、『年報政治学一九六一――現代世界の開幕』、日本政治学会編、岩波書店刊。

英　修道［1956］「義和団事件に関する一考察」、『法学研究』（慶應義塾大学）二九巻一一号。

芳澤謙吉［1958］『外交六十年』（自由アジア社）（一九九〇年、中央公論文庫版）。

村松祐次［1955］「淶水事件と列国の出兵」、『一橋大学創立八十周年記念論集』下（勁草書房）（『義和団の研究』に再録）。

河村一夫［1956］「義和団事変における栄禄の事蹟」上、中、下、『歴史研究』四巻─一、二、三。

河村一夫［1957］「北清事変と日本」、『国際政治──日本外交史研究・明治時代』（有斐閣、一九五七秋季）。

里井彦七郎［1954］「十九世紀仇教運動の一側面」、『東洋史研究』一三巻─一・二、四号。

里井彦七郎・小野信爾［1961］「十九世紀中国の仇教運動──植民地主義への抵抗」、『世界の歴史』、第一一巻、筑摩書房。

堀川哲男［1964］「義和団運動研究序説」、『東洋史研究』二三巻─三号。

堀川哲男［1969］「義和団の形成」、『岐阜大学教育学部研究報告─人文科学─』第一八号。

堀川哲男［1970］「義和団運動の性格──民衆の言動よりみた」、『岐阜史学』五七号。

菅野　正［1966］「義和団事変と日本の輿論」、『ヒストリア』（大阪歴史学会）四四・四五号。

菅野　正［1967］「北京議定書の締結過程─小村公使の賠償交渉を中心に」、『ヒストリア』四九号。

菅野　正［1970］「辛丑條約の成立──庚子賠款を中心に」、『東洋史研究』三一巻─三号。

菅野　正［2002］『清末日中関係史の研究』（汲古書院）。

里井彦七郎［1969］「義和団運動─貧乏人の天下になるんだ─」、『岩波講座　世界歴史』第二二巻（近代九）。

里井彦七郎［1972］『近代中国における民衆運動とその思想』（東京大学出版会）。

倉橋正直［1970］「義和団運動について」、『歴史学研究』三六〇号。

小林一美［1970］「義和団民衆の世界」、『歴史学研究』三六四号。

小林一美［1973］「書評：里井彦七郎著『近代中国における民衆運動とその思想』」、『歴史学研究』三九四号。

市古宙三［1971］『近代中国の政治と社会』（東京大学出版会）所収「義和拳の性格」の〔追記〕、三〇九—三一〇頁。

小林一美［1975］「白蓮教反乱から義和団運動へ」、『歴史学の再建に向けて』（濃尾社）。

村松裕次［1976］『義和団の研究』巌南堂書店。

佐々木正哉［1977］「義和団の起源」上・中、『近代中国』（巌南堂書店）第一巻、第二巻。

佐々木正哉［1978］「義和団の起源」下、『近代中国』第三巻。

佐藤公彦［1979］「乾隆三十九年王倫清水教叛乱小論——義和団論序説」、『一橋論叢』八一巻—三号。

堀川哲男［1978］「義和団運動の発展過程」、『講座中国近現代史　2　義和団運動』（東京大学出版会）。

小林一美［1978］「義和団の民衆思想」、『講座中国近現代史　2　義和団運動』（東京大学出版会）。

佐藤公彦［1982a］「義和団（拳）源流——八卦教と義和拳」、『史学雑誌』九一編一号。

佐藤公彦［1982b］「初期義和団運動の諸相——教会活動と大刀会」、『史潮』新一一号。

黒羽清隆［1982］「日本人の団匪観」、『史潮』新一一号。

小林一美［1986］『義和団戦争と明治国家』（汲古書院）。

小林一美［2008］『増補　義和団戦争と明治国家』（汲古書院）。

安丸良夫［1974］『日本の近代化と民衆思想』（青木書店）。

中村哲夫［1988］「中国農村社会の市場社会と民衆生活——義和団の神々」、『歴史学研究』五七三号。

佐藤公彦［1990］「義和団民衆の権力観」、『シリーズ世界史への問い　6　民衆文化』（岩波書店）。

佐々木衞［1987］「近代華北村落社会の結社的性格について」、『季刊人類学』一八巻—一号。

路遙・佐々木衞編［1990］『中国の家・村・神々――近代華北農村社会論』（東方書店）。

佐々木衞編［1992］『近代中国の社会と民衆文化――日中共同研究・華北農村社会調査資料集』（東方書店）。

佐藤公彦［1993］「華北農村社会と義和拳運動――梨園屯村の反教会闘争」、『アジア・アフリカ言語文化研究』（東京外国語大学アジアアフリカ言語文化研究所）四五号。

佐藤公彦［1995］「義和団の起源について――J・W・エシェリック説への批判」、『史学雑誌』一〇四編一号。

三石善吉［1984］「義和団と『以民制夷』の系譜」、『中国近現代史の諸問題―田中正美先生退官記念論集』国書刊行会。（三石善吉『中国の千年王国』、東京大学出版会［1991］に収む。）

三石善吉［1996］『中国、一九〇〇年――義和団運動の光芒』中公新書一二九九（中央公論社）。

佐藤公彦［1999］『義和団の起源とその運動――中国民衆ナショナリズムの誕生』（研文出版）。

佐藤公彦［2007］『義和团的起源及其運動』（中国社会科学出版社、北京）。

千葉正史［1999］「情報革命と義和団事件――電気通信の出現と清末中国政治の変容」『史学雑誌』一〇八編一号。

千葉正史［2006］『近代交通体系と清帝国の変貌』（日本経済評論社）。

吉澤誠一郎［2000］「義和団の天津支配と団練神話」『東洋学報』八一巻―四号。

山口一之［1968］「義和団事変と日本の反応――陸軍部隊派遣の動機――」、『国際政治――日本外交史の諸問題 Ⅲ』第三七号。

山口一之［1970］「義和団事変と日本の反応（二）――火中の栗を拾う」、『国際政治――国際政治の理論と方法』第三九号―二。

稲生典太郎［1952］「義和団事変と日本の出兵外交――第五師団出動に至るまでの経緯――」、開国百年記念文化事

業会『開国百年明治文化史論集』（乾元社）。

永井算巳［1960］「東南互保護約款と厦門事件」、『信州大学文理学部紀要』第一〇号。

佐藤三郎［1963］「明治三三年の厦門事件に関する考察――近代日中交渉史の一齣として――」、『山形大学紀要（人文科学）』第五巻二号。

大山　梓［1965］「北清事変と厦門出兵」、『歴史教育』第一三巻一二号。

永井算巳［1959］「東南保護約款について――日中関係史料よりみたる――」、『信州大学文理学部紀要』第九号。

堀川哲男［1966］「義和団運動と中国の知識人」、『岐阜大学教育学部研究報告――人文科学――』第一五号。

野原四郎［1968］「義和団運動の評価に関して」、『専修史学』第一号。

野原四郎［1972］「義和団運動の評価をめぐって」、『専修史学』第四号。

久保田文次［1970］「『義和団有功于中国説』の筆者をめぐって」、『史艸』第一一号。

斉藤聖二［2006］『北清事変と日本軍』（芙蓉書房出版）。


以上。

外大アジアアフリカ言語文化研究所）72号、2006
佐藤公彦「一九八五年の成都教案」、『東京外国語大学論集』73号、2007

以上

小野信爾「清末の仇教運動」、『中国文化叢書　6　宗教』（東京、大修館書店）所収、1967
佐々木正哉『清末の排外運動　資料編』（東京、巖南堂書店）所収、1968
小野信爾「清末の仇教運動と義和団」、『歴史と人物』1972–1、1972
矢沢利彦「乾隆丙寅福安教案考」、『論集　近代中国研究』（東京、山川出版）所収、1981
佐々木正哉『清末の排外運動の研究』第一冊、『近代中国』12（東京、巖南堂書店）、1982
佐々木正哉「酉陽教案補遺（上）」、『近代中国』13（東京、巖南堂書店）、1983
鉄山　博「成都教案小考」、『人文論叢』13（大阪市大）、1983
鉄山　博「清末四川における半植民地化と仇教運動」、『歴史学研究』592、1984
佐藤公彦「一八九一年、熱河の金丹道蜂起」、『東洋史研究』43–2、1984
佐々木正哉「1871年広東・福建・湖広地方の仇教謡言掲帖」、『近代中国』18（東京、巖南堂書店）、1986
佐々木正哉「日清戦争前後四川・湖南の排外風潮」、『近代中国』19（東京、巖南堂書店）、1987
佐々木正哉「四川教案（1892–98）関係文書」、『近代中国』20（東京、巖南堂書店）、1988
鉄山　博「清末四川仇教運動の展開と守旧派官紳指導（上）（下）」、『鹿児島経済大学論集』31–4、32–1、1991
李　若文「教案にみる清末司法改革の社会背景」、『東洋学報』74–3・4、1993
李　若文「清末中国、欧米宣教師による『干預訴訟』問題の一側面　—プロテスタントの対応策を中心に」、『東洋学報』76－1・2、1994
渡辺祐子「清末揚州教案」、『史学雑誌』103–11、1994
吉澤誠一郎「火会と天津教案（一八七〇年）」、『歴史学研究』698、1997
佐藤公彦「一八九五年の古田教案」、『アジア・アフリカ言語文化研究』（東京小林一美「義和団運動、義和団戦争に関する四つの問題」、『中国21』、13巻、2004、(のち、小林［2008］書に再録)。
飯島　渉「笹森儀助再論――義和団戦争時期の朝鮮・ロシア・中国視察を中心に」、『中国21』、13巻、2004
郭　世佑「梁啓超と義和団運動二題」、『中国21』、13巻、2004
M.バスティド「義和団運動時期における直隷省のカトリック教徒」、『中国21』、13巻、2004
張　広生「帝国から民族国家へ――清朝末期農村の衝撃、支配と自治［梨園屯争議の歴史叙述］」、『中国21』、13巻、2004
久保田善丈「中国保全論の“オリエンタリズム”と中国イメージ――東亜同文会の“まなざし”と義和団事件――」、『中国21』、13巻、2004
大谷　正「義和団出兵／日露戦争の地政学」、『日露戦争スタディーズ』紀伊国屋書店、2004
佐藤公彦「徒手空拳で立ち向かう　義和団」、『結社が描く中国近現代』、山川出版社、2005

反キリスト教運動研究文献

甘粕石介「支那におけるキリスト教排斥運動」、『宗教研究』9-11、1932
野村正光「天津教案に就いて」、『史林』20-1、1935
矢沢利彦「長江流域教案の一考察」、『近代中国研究』 1 、1958
宮川尚志「清末教案総考」、『岡山大学文学部学術紀要』14、1960
矢沢利彦「長江流域教案の研究」、『近代中国研究』 4 、1960
矢沢利彦「光緒永安教案史料」、『埼玉大学紀要』12、1963
佐々木正哉「同治年間教案及び重慶教案資料（上）（下）」、『東洋学報』46-3・4、1963・1964
佐々木正哉「一八九三年福建恵安県教案資料」、『東洋学報』48-1、1965

件について」、路遙・佐々木衛編『中国の家・村・神々—近代華北農村社会論』、東京、東方書店、所収、1990

久保田文次「帝国主義と義和団運動」、路遙・佐々木衛編『中国の家・村・神々—近代華北農村社会論』、東京、東方書店、所収、1990

阮　芳紀「近代ナショナリズムの芽生え—義和団運動の発生とその特徴」、路遙・佐々木衛編『中国の家・村・神々—近代華北農村社会論』、東京、東方書店、所収、1990

小林一美「義和団研究から中国全体史の研究へ」、『中国近代史研究——現状と課題——』、東京、汲古書院、1992（のち、小林［2008］書に再録）。

吉澤　南「義和団戦争をめぐる国際関係——諸列強の『共同行動』と日本」、『茨城大学政経学会雑誌』、第61号、1993

佐藤公彦「華北農村社会と義和拳運動——梨園屯村の反教会闘争」、『アジア・アフリカ言語文化研究』（東京外国語大学アジアアフリカ言語文化研究所）45号、1993

J. W. エシェリック「義和団の文化的前提—教派・武術・民衆文化」、溝口雄三・濱下武志等編『アジアから考える［5］近代化像』、東京、東京大学出版会、所収、1994

佐藤公彦「義和団の起源について——J. W. エシェリック説への批判」、『史学雑誌』104-1、1995

吉澤　南「多国籍軍シーモア八ヵ国連合軍の一七日」、『グリオ』第10巻秋、1995

川野晄明「北清事変」、『近代日本戦争史　第一編　日清・日露戦争』、同台経済懇話会、1995

千葉正史「情報革命と義和団事件——電気通信の出現と清末中国政治の出現」、『史学雑誌』108編1号。1999

吉澤誠一郎「義和団の天津支配と団練神話」、『東洋学報』81巻4号、2000

佐藤公彦「乾隆三十九年王倫清水教叛乱小論——義和団論序説」、『一橋論叢』81-3、1979
佐々木揚「一八九五年の対清・露仏借款をめぐる国際政治」、『史学雑誌』88-7、1979
佐藤公彦「義和団評価論争をめぐって」、『中国研究月報』398、1981
佐藤公彦「義和団（拳）源流——八卦教と義和拳」、『史学雑誌』91-1、1982
J. W. エシェリック「宣教師・中国人教民と義和団—キリスト教の衣をまとった帝国主義」、『史潮』新11号、1982
佐藤公彦「初期義和団運動の諸相——教会活動と大刀会」、『史潮』新11号、1982
黒羽清隆「日本人の団匪観」、『史潮』新11号、1982
三石善吉「義和団と『以民制夷』の系譜」、『中国近現代史の諸問題—田中正美先生退官記念論集』、東京、国書刊行会、1984、所収（のち、三石善吉『中国の千年王国』、東京大学出版会、1991、に収む。）
佐々木衛「華北村落社会と朱紅灯義和団運動」、『社会分析』（山口大学紀要）15、1985
佐々木衛「山東義和団運動の社会的性格」、『民族学研究』9、1985
佐々木衛「近代華北村落社会の結社的性格について」、『季刊人類学』18-1、1987
中村哲夫「中国農村社会の市場社会と民衆生活——義和団の神々」、『歴史学研究』573、1988
佐藤公彦「義和団民衆の権力観」、『シリーズ世界史への問い　6　民衆文化』、東京、岩波書店、所収、1990
佐藤公彦「カトリック布教と郷村社会」、路遙・佐々木衛編『中国の家・村・神々—近代華北農村社会論』、東京、東方書店、所収、1990
路　遙「近代華北農村秘密拳会の調査と分析—『梅花拳』組織を典型とした事

山口一之「義和団事変と日本の反応（二）――火中の栗を拾う」、『国際政治――国際政治の理論と方法』第39号-2、(東京、有斐閣)、1970

菅野　正「辛丑條約の成立――庚子賠款を中心に」、『東洋史研究』31-3、1972

野原四郎「義和団運動の評価をめぐって」、『専修史学』第4号、1972

小林一美「書評：里井彦七郎著『近代中国における民衆運動とその思想』」、『歴史学研究』394、1973

小沢礼子「高密県阻路運動―義和団前史」、『史海』(東京学芸大学)20、1973

小林一美「中国前近代史像のための方法論的覚書」、青年中国研究者会議編『中国民衆叛乱の世界』、(東京、汲古書院）所収、1974

小林一美「白蓮教反乱から義和団運動へ」、『歴史学の再建に向けて』(濃尾社・私家版)、1975

石田米子「義和団運動へのアプローチ」、『アジア経済』（東京、アジア経済研究所）15-8、1975

和田博徳「義和団の源流―乾隆年間の義和拳と白蓮教」、『史学』（慶應義塾大学）47-3、1976

久保田文次「義和団評価と革命運動」、『史艸』（日本女子大学）17、1976

山根幸夫「佐原篤介と『拳匪紀事』」、山根幸夫『論集　近代中国と日本』（東京、山川出版）所収、1976

佐々木揚「日清戦争後の対露政策」、『東洋学報』59-1・2、1977

佐々木正哉「義和団の起源」上・中、『近代中国』1、2（東京、巌南堂書店刊)、1977

佐々木正哉「義和団の起源」下、『近代中国』3（東京、巌南堂書店刊)、1978

堀川哲男「義和団運動の発展過程」、野沢豊・田中正俊編『講座中国近現代史　2　義和団運動』、東京、東京大学出版会、所収、1978

小林一美「義和団の民衆思想」、野沢豊・田中正俊編『講座中国近現代史　2　義和団運動』東京、東京大学出版会、所収、1978

植田捷雄「義和団事変」、『外交時報』1038号、1967
山口一之「義和団事変と日本の反応――陸軍部隊派遣の動機――」、『国際政治――日本外交史の諸問題 Ⅲ』第37号、(東京、有斐閣)、1968
野原四郎「義和団運動の評価に関して」、『専修史学』第1号、1968
小野川秀美「義和団期における勤王と革命」、小野川秀美『清末政治思想研究』(東京、みすず書房) 所収、1969
野原四郎「義和団運動――日本人の評価に関して」、『講座現代中国』二 中国革命、(東京、大修館書店) 所収、1969
里井彦七郎「義和団運動―貧乏人の天下になるんだ―」、『岩波講座 世界歴史』第22巻 (近代9)、東京、岩波書店、所収、1969
堀川哲男「義和団の形成」、『岐阜大学教育学部研究報告―人文科学―』18、1969
久保田文次「『義和団有功于中国説』の筆者をめぐって」、『史艸』(日本女子大学) 第11号、1970
加藤千代「革命伝説故事―ある民話の断面図」、『人文学報』(東京都立大学) 91、1970
堀川哲男「義和団運動の性格――民衆の言動よりみた」、『岐阜史学』57、1970
菅野　正「義和団事変後の対中国政策―北京議定書の若干の問題について―」、『ヒストリア』(大阪歴史学会) 55号、1970
倉橋正直「義和団運動について」、『歴史学研究』360、1970
小林一美「義和団民衆の世界―近代史部会里井報告によせて」、『歴史学研究』364、1970
中村義・倉橋正直「帝国主義世界の成立と東アジア」、『講座日本史』、東京大学出版会、所収、1970
河村一夫「義和団事変の際の近衛篤麿公の対清韓政策―佐々友房の動きを中心として」、『朝鮮学報』、57、1970

里井彦七郎・小野信爾「十九世紀中国の仇教運動——植民地主義への抵抗」、『世界の歴史』第11巻、（東京、筑摩書房）所収、1961

野原四郎「極東をめぐる国際関係」、『岩波講座　日本歴史』近代Ⅰ、（東京、岩波書店）所収、1962

阿部光蔵「義和団事変と清廷—事変勃発時における清廷消極派の事蹟を中心として」、『英　修道博士記念論文集　外交史及び国際政治の諸問題』、（東京、慶應通信）所収、1962

石田興平「帝国主義列強の中国争奪戦とロシアの対満進出」、『彦根論叢』（滋賀大学）97、1963

佐藤三郎「明治三三年の厦門事件に関する考察——近代日中交渉史の一齣として——」、『山形大学紀要（人文科学）』第5巻2号、1963

竹内　實「《人民》の自己認識とその組織—義和団民話の世界」、『東洋文化研究所紀要』29、1963

堀川哲男「義和団運動研究序説」、『東洋史研究』23-3、1964

中塚　明「義和団鎮圧戦争と日本帝国主義」、『日本史研究』75、1964

大山　梓「北清事変と厦門出兵」、『歴史教育』第13巻12号、1965

堀川哲男「義和団運動と中国の知識人」、『岐阜大学教育学部研究報告—人文科学—』15、1966

菅野　正「義和団事変と日本の輿論」、『ヒストリア』（大阪歴史学会）44・45号、1966

堀川哲男「辛亥革命前における義和団論」、『岐阜大学教育学部研究報告—人文科学—』16、1967

菅野　正「北京議定書の締結過程—小村公使の賠償交渉を中心に」、『ヒストリア』（大阪歴史学会）49号、1967

鈴木　良「帝国主義への道—義和団事件と日本」、井上清等編『近代日本の争点』、東京、毎日新聞社、所収、1967

533　論説・論文

村松祐次「義和拳・清廷・列強—平原事件から来水事件に至る—」、『経済学研究（一橋大学)』、1954

村松祐次「来水事件と列国の出兵」、『一橋大学創立八十周年記念論集』下、(勁草書房、1955)

英　修道「義和団事件に関する一考察」、『法学研究』(慶應義塾大学) 29-11、1956

河村一夫「義和団事変における栄禄の事蹟」(上)、(中)、(下)、『歴史研究』4-1、2、3、1956

河村一夫「北清事変と日本」、『国際政治——日本外交史研究・明治時代』(東京、有斐閣、1957秋季)

内藤潮邦「内蒙古における拳匪の擾乱と蒙地の開放—基督教会の土地支配」、『立正史学』20、1957

小林通雄「義和団事変」、『世界史大系』14（東京、誠文堂新光社)、1958

故谷美子「厦門事件の一考察」、『歴史教育』6-3、1958

前島省三「漢城政変—北清事変にいたる日本「帝国」外交の一側面」、『立命館法学』29、30、1959

村松祐次「義和団事変」、『アジア歴史事典』 2（東京、平凡社)、1959

永井算巳「東南保護約款について——日中関係史料よりみたる——」、『信州大学文理学部紀要』第 9 号、1959

永井算巳「互相保護約章と厦門事件」、『信州大学文理学部紀要』第10号、1960

森山定雄「義和団研究序説—初期義和団の発展過程とその性格」、『史海』(東京学芸大学) 7 、1960

江口朴郎「一九〇〇年前後の世界」、『年報政治学1961——現代世界の開幕』、日本政治学編、(東京、岩波書店)、1961

野村浩一「義和団事件前後の政治・思想状況」、『年報政治学1961——現代世界の開幕』、日本政治学会編、(東京、岩波書店)、1961

矢野仁一「義和拳乱の真相について」、同著『清朝末史研究』第四章（大阪、大和書房、1944）

市古宙三「義和拳の性格」、『近代中国研究』（学術研究会現代中国研究委員会編、東京、好学社、1948）〔市古宙三『近代中国の政治と社会』、東京大学出版会、1971、に再録〕

市古宙三「義和拳雑考」、『東亜論叢』6号、1948、〔市古宙三『近代中国の政治と社会』、東京大学出版会、1971、に再録〕

山本澄子「義和拳の性格について」、『史観』（早稲田大学）33、1950

波多野善大「中国近代化過程における民族文化」、『日本史研究』14、1951

江口朴郎「義和団事件の意義について」、『歴史学研究』150、1951・3

村松祐次「義和拳乱——一九〇〇年——の政治的背景」、『一橋論叢』26－5、1951

稲生典太郎「義和団事変と連合軍総指揮官選任問題」、『国史学』55、1951

市古宙三「江口朴郎氏『義和団事件』について」、『歴史学研究』153、1951・9

市古宙三「一九五一年の歴史学界——清末民国」、『史学雑誌』61-5、1952・5

曾村保信「義和団事件と清国政府」、『国際法外交雑誌』51-2、1952

村松祐次「義和団乱の社会経済的背景」、『一橋論叢』28-1、1952

稲生典太郎「義和団事変と日本の出兵外交——第五師団出動に至るまでの経緯——」、開国百年記念文化事業会『開国百年明治文化史論集』、乾元社、所収、1952

森田　明「拳匪勦・撫両論考」、『岩手史学研究』13号、1953

内田道夫「庚子事変をめぐる文学」、『文化』23-3、1953

鷲尾　隆「義和団事件—植民地中国の悩み」、『世界史講座』（東京、三一書房）、1954

里井彦七郎ほか「十九世紀仇教運動の一側面 上、中」、『東洋史研究』13-1・2、4、1954

535　論説・論文

立　作太郎「明治二十七八年の戦役とドイツ外交」、『国際法外交雑誌』26-1、1926

佐藤保太郎「北清事変と日英同盟について」、『歴史教育』1-3、1927

永富守之助「独逸の膠州湾、露国の旅順大連及英国の威海衛獲得事情（一）」、『国際法外交雑誌』26-6、1927

矢野仁一「義和拳乱の真相に就いて」、『史学雑誌』38-9、1928（のち、「義和拳乱の本質」として同著『清朝末史研究』1944に収む。）

鹿島守之助「日本の対満韓政策―日英接近―」、『国際法外交雑誌』33-1、1934

矢野仁一「義和拳乱と露西亜の満州占領について」、『東亜経済研究』18-1、1934

佐藤安之助「拳匪事変の回顧」、『支那』25-10、1934

田村幸作「団匪賠償金の由来と其後の変遷に就いて」、『支那』26-2、1935

岩間徳也「明治三十三年露国の金州占領始末及び大正十一年支那の旅大回収運動」、『満蒙』18-5、1937

古城胤秀「北支事変と九箇国条約」、『満蒙』18-9、1937

田保橋潔「義和拳乱と日露」、史学会編『東西交渉史論』、東京、富山房、所収、1939

和田　清「所謂江東六十四屯の問題に就いて」、史学会編『東西交渉史論』、東京、富山房、所収、1939

丹羽新一郎「満州における拳匪の叛乱」、『収書月報』67、1941

小此木壮介「岡田兵曹の『北京籠城日記』」、『満蒙』22-4、1941

清見陸郎「『北京籠城』について」、『中国文学』89（東京、生活社）、1942

田村幸作「所謂英独揚子江協定の再検討―義和団事変と列強外交」、『東亜学』4輯、1942

植田捷雄「支那における基督教宣教師の法律的地位」、『東洋文化研究所紀要』第1冊、1943

吉澤　南『海を渡る“士兵”、空を飛ぶ義和団』、青木書店、2010

論説・論文

有賀長雄「清国事件の真相（拳匪の乱）」、『外交時報』3-30、1900
有賀長雄「清国事件における日本の態度」、『外交時報』3-30、1900
有賀長雄「清国事件と列強」、『外交時報』3-31、1900
宮本平九郎「南部山東省司教アンツェル氏の義和団論」、『外交時報』3-31、1900
中村進午「前駐清独逸公使ブラント氏の北清事変に関する意見」、『外交時報』3-31、1900
中村進午「清国事変に関する独国外相ビューロー伯の回章」、『外交時報』3-32、1900
有賀長雄「清国事件と国際公法」、『外交時報』3-32、1900
有賀長雄「清国事件に関する日英外交顛末」、『外交時報』3-32、1900
有賀長雄「清国事件に関する日英外交批評」、『外交時報』3-33、1900
有賀長雄「清国善後策における露独英意見の衝突」、『外交時報』3-33、1900
有賀長雄「清国事件に関する列国外交」、『外交時報』3-34、1900
有賀長雄「北京各国使臣会議」、『外交時報』3-34、1900
無著名「清国変乱始末概要」、『国家学会雑誌』14-162、1900
有賀長雄「北京列国使臣会議の功過」、『外交時報』4-42、1901
青柳　猛「義和団賛論」、『女学雑誌』513、1901
無著名「北京事変終結議定書」、『国家学会雑誌』15-175、1901
山田芳彦「北清事変の国際法上の性質を論ず」、『法学新報』118、1901
高橋作衛「満州における露兵の撤去」、『国際法雑誌』2-1、1903
無著名「外国の庚子賠款返還問題」、『北京満鉄月報』1-3、5、1924
無著名「英国庚子賠償金問題」、『北京満鉄月報』2-2、1925

社、1967（東京、光風社、1990）
里井彦七郎『近代中国における民衆運動とその思想』、東京、東京大学出版会、1972
牧田英二・加藤千代編訳『義和団民話集』、東京、平凡社、1973
村松祐次『義和団の研究』、東京、巌南堂書店、1976
黒羽清隆『明治の軍隊——義和団鎮圧戦争』、東京、そしえて出版、1982
ヒュー・トレーヴァ=ローパー『北京の隠者——エドマンド・バックハウスの秘められた生涯』、田中昌太郎訳、筑摩書房、1983
小林一美『義和団戦争と明治国家』、東京、汲古書院、1987
小林一美『増補　義和団戦争と明治国家』、東京、汲古書院、2008
矢沢利彦『北京四天主堂物語』、東京、平河出版、1987
ピエール・ロチ（Pierre Loti）『北京最後の日』、船岡末利訳、東京、東海大学出版会、1989（原書名、Les Derniers Jours de Pekin）
ウッドハウス・暎子『北京燃ゆ——義和団事変とモリソン』、東京、東洋経済新報社、1989
路遙・佐々木衞編『中国の家・村・神々——近代華北農村社会論』、東京、東方書店、1990
J. O. P. ブラント・E. バックハウス『西太后治下の中国——中国マキャベリズムの極致』、藤岡喜久男訳、東京、光風社、1991
佐々木衞編『近代中国の社会と民衆文化—日中共同研究・華北農村社会調査資料集』、東京、東方書店、1992
三石善吉『中国、一九〇〇年——義和団運動の光芒』、中公新書（東京、中央公論社）、1996
佐藤公彦『義和団の起源とその運動——中国民衆ナショナリズムの誕生』、東京、研文出版、1999
斉藤聖二『北清事変と日本軍』、東京、芙蓉書房出版、2006

連合協会、1956
北平日本大使館陸軍武官室編『北清事変北京籠城日記』、在北平日本大使館、1935
柴五郎・服部宇之吉『北京籠城・北京籠城日記』、東京、平凡社、東洋文庫53、1965
小川量平「北京籠城日記」、『暮らしの手帖』83（東京、暮らしの手帖社）、1966
藤村俊太郎『北清事変―ある老兵の手記』、東京、人物往来社、1967
山口　昇 編『欧米人の支那における文化事業』、上海、日本堂書店、1921
菅原佐賀衛『北清事変史要』、東京、偕行社、1925
外務省文化事業部『各国の団匪賠償金処分問題』、東京、外務省、1926
大谷　正「イギリスにおける義和団出兵関係資料の調査」、『専修大学法学研究所所報』23号、2001
守田利遠『北京籠城日記』、福岡、石風社、2003

研究書

園田一亀『満州における拳匪の叛乱―露国の満州占領経過』、奉天、奉天図書館叢書第一七冊（原載『満蒙』15-4、5、6、7）、1934
勾川十子男『北京籠城とその前後』、北京、北京新聞社、1936
ジョージ・リンチ（George Lynch）『除滅洋鬼子―義和団変乱記』、清見陸郎訳、東京、産業経済社、1942（原書名、The War of Civilisations）
ウィール（B.L.Putnam Weal）『北京籠城』、清見陸郎訳、東京、生活社、1943（原書名、Indiscreet Letters from Peking）
立野信之『北京の嵐―義和団変乱記』、東京、博文館、1944
佐伯好郎『清朝基督教の研究』、東京、春秋社、1949
佐野　学『清朝社会史　第三部　農民暴動』、東京、文求堂、1947
G.N.スタイガー『義和団――中国とヨーロッパ』、藤岡喜久男訳、東京、桃源

日本文義和団研究文献目録

資料・戦史・日記

国民新聞社編『支那便覧』、東京、国民新聞社、1900

杉本　殖『清国擾乱日記』、神戸、三盟館、1900

服部宇之吉『北京籠城日記』、1900

田平義三郎『東洋風雲録』、東京、上田屋書店、1900

『風俗画報』編集部編『支那戦争図会』、東京、東陽堂、1900

『東洋戦争実記、一九編、北清戦史』、東京、博文館、1901

坪井善四郎『北清観戦記』、東京、文武堂、1901

愛育舎編『北清連合戦史』、東京、愛育舎、1901

柴　五郎述『北京籠城』、東京、軍事教育会、1902

服部宇之吉『北京籠城日記』、東京、開明堂、1926

石井菊次郎『外交餘録』、東京、岩波書店、1930

参謀本部編『明治三十三年清国事変戦史』全八冊、東京、川流堂、1904

参謀本部編『明治三十三年清国事変戦史　付録』、東京、1904

海軍大臣官房『明治三十三年清国事変 海軍戦史抄』、東京、『清国事変海軍戦史資料』第1-40巻（東京、防衛庁防衛研究所所蔵）、1900

海軍省『明治三十三年清国事変』（防衛研究所所蔵）、1900

海軍省『清国事変経過摘録』（国会図書館憲政資料室蔵）、1900

海軍省『清国事変に関する報告類』（国会図書館憲政資料室蔵）、1900

『石光真清関係文書』（国会図書館憲政資料室蔵）

梨本勝三郎編『列国聯合支那戦争記』第１～10集、国之社、1900

日本外務省『日本外交文書　第三十三巻　別冊　北清事変』、東京、日本国際

あとがき

「十年一仕事」、とか、「一年論文一本」というのは、わたしがまだ大学院生だった頃に聞いた先達の「歴史家」の言である。当時の若造は、そんなものなのかな、と思ったが、研究生活を振り返ってみると、それなりに実証的な歴史学論文を書くにはやはり一年くらいは要る、というのは真実だと実感する。最近、すこし寄り道して現代中国の歴史教科書論争などの本を書いたが、こちらは一年一冊だった。「田舎の鈍才」である身には「一年論文一本」「十年一仕事」という目標さえ困難のように思えたが、一つの指針として自分に課してやってきたようなところがある。そんなわたしの歴史研究の、「十年」一区切りのまとめである。前著からちょうど十年になる。

前著『義和団の起源とその運動』出版後、すこし虚脱状態だった。前著は欧米のW・エシェリックやP・コーエンの義和団研究に優ったと自分では考えたが、日本の東洋史学界からはほとんど無視された。『歴史学研究』で小林一美氏の書評をいただいたが、『近きに在りて』に載った吉澤誠一郎氏の書評には啞然として、反論する気にもならなかった。吉澤氏のP・コーエン *History in Three Keys* への書評も、該書が出来事（事実）と経験（記憶）、神話化（想起）をめぐる歴史理論の問題を提起していることを理解していないものだったが、拙著への書評も、「白蓮教」や、「比較」・「起源」への無知もさることながら、焦点がズレていて、こんな風にしか読解されないものなのかと、落胆した。評価は他人がするものだとは思うが、叙述の中に仕込んだいろいろな歴史学的アプローチもほとんど理解されなかった。僅かな慰めは、事件発生地の北京で前著の中国語版（『義和团的起源及其運動』）が国家清史編訳叢刊の一冊として二〇〇七年に出版されたことだった。それで前著も日本語の世界を超えて読んでもらえることになった。そんな経験もあって、すこし歴史理論への関心を持ってもらいたいと思い、二年ほどかけてピーター・バーク『歴史学と社会理論』（慶応義塾大学出版会、二〇〇六年）を訳出した。

またこの頃、ちょっとした発奮の契機もあった。所属大学の大学院で、私の学術業績が不振だから、博士後期課程の担当からはずすという決定がなされたからだった。専著・学位があっても最近五年間に三本の論文がないと博士後期課程担当の資格を失う、という学内規定に達しなかったからである。大学院設置規準や東大一橋などよりも厳しい資格を要求しているのである。前著をまとめて、精魂尽き、少し虚脱気味だったのに加えて、二〇〇二年から〇三年にかけて北京日本学センター主任教授のODAがらみの激務で消耗し、帰国後もその「評価・点検」に狩り出されて、頭の中は「学術」的ではなかったから、国際学会論文が未刊行で、論文らしいのは一つ数が足りなかった。かくして、「学術不振」の「評価」をいただいて担当をはずされた。それですこしだけ発奮して、序に書いたような残務作業を始めたのだった。二〇〇五年に、長い闘病生活を送っていた母親を看取って、老親介護からすこし解放された。だからという訳ではないが、ジャーナリズムを賑わした『氷点』事件に首を突っ込んで、『「氷点」事件と歴史教科書論争』（二〇〇七）と『上海版歴史教科書の「扼殺」』（二〇〇八）という中国の歴史教科書論争に関する本を書いたり、バークの『歴史学と社会理論　第二版』を訳したり（二〇〇九年）の寄り道をしながら、遅々として進まぬ研究作業を続けてきたのだが、いよいよ六十歳を前に、何とか決着をつけねば、と思い決し、まとめることにしたのである。しかしロシア語が出来ぬ身には、露清戦争は鬼門だった。それを何とか乗り切れたのは、レンセンの研究とロシア語文献の中国語訳本のおかげである。それらを読みながら、矢野仁一の昭和十年代、七十年前の研究が、漢語・ロシア語文献を博渉した優れたもので、現在なお生命力を持っていることを実感した。それに比較して、戦後歴史学や昨今の研究が如何に底の浅いものかも痛感させられた。

だが、寄る年波には勝てず、体力・根気は無くなるし、頭は悪くなる一方で鋭さは出ない、悪戦苦闘の連続だった。それでも、書きながら、以前に較べてかなり長いスパンと、広いパースペクティブで歴史現象を見られるようになったのは、自分の中国認識や歴史認識が少しは冷静になり、成熟してきたことの証であろうかと思うようになった。

本書の主張の一つは、中国近現代史を一貫する反「西洋の衝撃《ウェスタン・インパクト》」の伝統的な民族・国家主義思想が存在し、その精神は反キリスト教に典型的に表れ、太平天国から義和団へと通底する「ねじれた連続性」を示しているのだということである。曾国藩・周漢のように太平天国を中国のキリスト教化の運動と見、反太平天国は反キリスト教・反西洋＝伝統的聖教防衛だとするなら（そしてそれが恐らく正しい）、それを受けた後年の反キリスト教（仇教）闘争の拡大、そのピークとしての義和団の排外国反キリスト教の国家民族防衛（扶清滅洋）という連続性が見える。この過程は反外国反キリスト教の「民族」精神の展開過程とも言える。「義和団の乱」とは、それで軍事侵攻を正当化した「西洋」諸国と、責任回避を正当化した権力者の都合の言い方で、「義和団」が「太平天国」と「乱」（人民闘争）で繋がるなどと言うのも虚偽だ。この精神は、辛亥革命と民国の開明化、「打倒孔家店」の啓蒙主義・マルクス主義を経ても、反キリスト教・反文化侵略・反帝国民革命の啓蒙と救亡の二重奏の中で復活し、四九年の革命、文化大革命において間歇泉的に噴出した。この反外国反キリスト教「民族」精神は、現在のキリスト教の急激な拡大に直面して、かつて反革命封建主義「会道門」として徹底弾圧した「一貫道」を公認してさえその拡大化を阻止したいとする共産党の姿勢に顕在化する。「典礼問題」は今なお未解決なのだ。とするならば、太平天国を共産党「農民・土地」革命の先駆としたり、義和団の排外主義を「農民階級の歴史的限界性を持った民族革命思想」などという通説とは異なった歴史像になる。しかし、この方が歴史をより説明可能にするように思う。

ここ数年、高知大学・吉尾寛教授の科研グループ（「日本・中国・台湾の研究者による中国民衆運動の史実集積と動態分析」）に参加させていただき、山東（陽穀県坡里荘教会と王倫の故郷の後王荘）、広西（桂平市紫荊山区大冲屯など）を訪問することができたことは、本書の論述に自信を与えてくれ、大変有難かった。その成果は本書に反映されている。

出版については、科学研究費補助金研究成果公開促進費を申請したらいかがですかというお勧めもいただいたが、科研費や財団などとの相性が良かったことはなく、前著でさえ貰えなかったのだからという思いがあって、本書のような内容が今日の日本の学術界・出版界でまともに相手にされ、「評価」されるはずも無いから、どうせ貰えっこない、と決め、申請しないことにした。本書はかなり広い歴史空間と多岐の問題を扱っており、日本史や宗教史などの研究者にも参考になろうが、多くの人に読んでいただくことなどは考えないことにし、極少数の篤学の方に読んでいただいて、少しばかりお役に立てれば宜しいのではなかろうか、と思っている。だから、刊行に際しては汲古書院社長石坂叡志氏には格別のご配慮をいただいた。また、大江英夫氏をはじめ汲古書院の編集の方々にもお世話になった。

ロシア語文献の中国語諸訳本その他の文献は、北京大学図書館、社会科学院近代史研究所図書館、国家図書館で調査収集した。その際、北京大学の王暁秋先生には大変お世話になった。また中央研究院近代史研究所の黄自進先生には郭廷以図書館での史料収集でお世話になった。ロシア語翻訳の阿出川修嘉君、人材交流協会の趙玉さんにもお世話になった。この間の老親介護の苦労を支えてくれた家族に感謝する。

二〇〇九年九月二〇日

佐藤公彦

わ　行

ま　行

や　行

ら　行

な　行

は　行

た　行

さ　行

か　行

索　　引

（外国人名は通例の日本語読みの五十音で排列した。スミス・アーサーとはせず、アーサー・スミスのようにしたものもある。）

あ　行

著者紹介

佐藤　公彦（さとう　きみひこ）

1949年　福島県生まれ

1979年　一橋大学大学院社会学研究科博士課程単位取得

1985年　東京外国語大学外国語学部専任講師

現在　東京外国語大学大学院総合国際学研究院教授（社会学博士）

著書　『義和団の起源とその運動――中国民衆ナショナリズムの誕生』研文出版、1999.『「氷点」事件と歴史教科書論争』日本僑報社、2007.『上海版歴史教科書の「扼殺」』日本僑報社、2008.『続中国民衆反乱の世界』汲古書院（共著）、1983.『中国の家・村・神々』東方書店（共著）、1990.『宗教の比較文明学』春秋社（共著）、1992.『結社が描く中国近現代』山川出版社（共著）、2005. など。

訳書　ピーター・バーク『歴史学と社会理論』、『歴史学と社会理論　第二版』慶應義塾大学出版会、2006, 2009. 陳白塵『黒旗軍――十九世紀中国の農民戦争』研文出版、1987など。

汲古叢書90

清末のキリスト教と国際関係
―太平天国から義和団・露清戦争、国民革命へ―

二〇一〇年五月二五日　発行

著　者　佐藤公彦
発行者　石坂叡志
整版印刷　富士リプロ㈱
発行所　汲古書院

〒102-0072 東京都千代田区飯田橋二-五-四
電　話　〇三（三二六五）九七六四
ＦＡＸ　〇三（三二二二）一八四五

ISBN978 - 4 - 7629 - 2589 - 4　C3322

KYUKO-SHOIN, Co., Ltd. Tokyo.

34 周代国制の研究	松井　嘉徳著	9000円
35 清代財政史研究	山本　進著	7000円
36 明代郷村の紛争と秩序	中島　楽章著	10000円
37 明清時代華南地域史研究	松田　吉郎著	15000円
38 明清官僚制の研究	和田　正広著	22000円
39 唐末五代変革期の政治と経済	堀　敏一著	12000円
40 唐史論攷－氏族制と均田制－	池田　温著	近　刊
41 清末日中関係史の研究	菅野　正著	8000円
42 宋代中国の法制と社会	高橋　芳郎著	8000円
43 中華民国期農村土地行政史の研究	笹川　裕史著	8000円
44 五四運動在日本	小野　信爾著	8000円
45 清代徽州地域社会史研究	熊　遠報著	8500円
46 明治前期日中学術交流の研究	陳　捷著	16000円
47 明代軍政史研究	奥山　憲夫著	8000円
48 隋唐王言の研究	中村　裕一著	10000円
49 建国大学の研究	山根　幸夫著	8000円
50 魏晋南北朝官僚制研究	窪添　慶文著	14000円
51 「対支文化事業」の研究	阿部　洋著	22000円
52 華中農村経済と近代化	弁納　才一著	9000円
53 元代知識人と地域社会	森田　憲司著	9000円
54 王権の確立と授受	大原　良通著	8500円
55 北京遷都の研究	新宮　学著	12000円
56 唐令逸文の研究	中村　裕一著	17000円
57 近代中国の地方自治と明治日本	黄　東蘭著	11000円
58 徽州商人の研究	臼井佐知子著	10000円
59 清代中日学術交流の研究	王　宝平著	11000円
60 漢代儒教の史的研究	福井　重雅著	12000円
61 大業雑記の研究	中村　裕一著	14000円
62 中国古代国家と郡県社会	藤田　勝久著	12000円
63 近代中国の農村経済と地主制	小島　淑男著	7000円
64 東アジア世界の形成－中国と周辺国家	堀　敏一著	7000円
65 蒙地奉上－「満州国」の土地政策－	広川　佐保著	8000円
66 西域出土文物の基礎的研究	張　娜麗著	10000円

汲 古 叢 書

1	秦漢財政収入の研究	山田　勝芳著	本体 16505円
2	宋代税政史研究	島居　一康著	12621円
3	中国近代製糸業史の研究	曾田　三郎著	12621円
4	明清華北定期市の研究	山根　幸夫著	7282円
5	明清史論集	中山　八郎著	12621円
6	明朝専制支配の史的構造	檀 上　寛著	13592円
7	唐代両税法研究	船越　泰次著	12621円
8	中国小説史研究－水滸伝を中心として－	中鉢　雅量著	8252円
9	唐宋変革期農業社会史研究	大澤　正昭著	8500円
10	中国古代の家と集落	堀　敏 一著	14000円
11	元代江南政治社会史研究	植 松　正著	13000円
12	明代建文朝史の研究	川越　泰博著	13000円
13	司馬遷の研究	佐藤　武敏著	12000円
14	唐の北方問題と国際秩序	石見　清裕著	14000円
15	宋代兵制史の研究	小岩井弘光著	10000円
16	魏晋南北朝時代の民族問題	川本　芳昭著	14000円
17	秦漢税役体系の研究	重近　啓樹著	8000円
18	清代農業商業化の研究	田 尻　利著	9000円
19	明代異国情報の研究	川越　泰博著	5000円
20	明清江南市鎮社会史研究	川 勝　守著	15000円
21	漢魏晋史の研究	多田　狷介著	9000円
22	春秋戦国秦漢時代出土文字資料の研究	江村　治樹著	22000円
23	明王朝中央統治機構の研究	阪倉　篤秀著	7000円
24	漢帝国の成立と劉邦集団	李　開 元著	9000円
25	宋元仏教文化史研究	竺沙　雅章著	15000円
26	アヘン貿易論争－イギリスと中国－	新村　容子著	8500円
27	明末の流賊反乱と地域社会	吉 尾　寛著	10000円
28	宋代の皇帝権力と士大夫政治	王　瑞 来著	12000円
29	明代北辺防衛体制の研究	松本　隆晴著	6500円
30	中国工業合作運動史の研究	菊池　一隆著	15000円
31	漢代都市機構の研究	佐原　康夫著	13000円
32	中国近代江南の地主制研究	夏井　春喜著	20000円
33	中国古代の聚落と地方行政	池田　雄一著	15000円